王家範 著

中國歷史通論 （上）

全新增訂本

中華書局

目　錄

緒言

我對《中國歷史通論》的考慮

　　鑒於歷史專業研究生已經系統修讀過大學「中國通史」，始有在碩士生一年級設置「中國歷史通論」公共課程的動議。據我的理解，立足在本科「中國通史」的基礎上，從通貫和整體詮釋的角度，提高對國史的認識層次，使之成為「中國通史」教學的延伸，恐怕是設置本課程的基本目標。

　　現在擺在大家面前的，就是筆者為該課程授課的講義。能夠不能夠做到上面所要求的那樣？我只能報之以一句老話：盡心地去做。實際效應，必須由讀者諸君來裁決和評判。

　　我所以願意為之嘗試，是因為執教以來，除了不可抗拒的外在原因，始終沒有離開過「中國通史」教學的講台。歲月不饒人，竟已過了花甲之年。一遍又一遍地滾動，所歷甜酸苦辣諸味，記憶猶新。我曾感歎過，越教疑惑越多，頭腦裏生出的問題也越多。希望聽者千萬別以為這是筆者在故作驚世駭俗之論。歷史是口老井。關於老井的故事，一代又一代人總演繹不盡它的奧祕。在史學裏沉浸久了，都會有這種體驗。現在把歷年苦惱過我的問題，藉此在這裏再咀嚼一番。或許你們會諒解，我的感慨確實是發自內心的。有些問題完全可能是庸人自擾，那只說明我的智力有限或者思維有所偏好，但不能否定我的思考是假。

　　唯其如此，這本講義不可能有甚麼科學的體系（說實在話，我始終不敢存這份奢想），而且帶有極明顯的主觀色彩。所以先得申明，這是一份「講義」。因為，在我看來，課堂教學上，從來也不存在固定的或「標準」的模式。每個教師教的「中國通史」，都是他理解中的「中國通史」。「通論」亦然。

　　在整個講授過程中，我將儘量避免引證原始資料。一是為了文意的連貫。大段大段的古文徵引，常常會殺風景似的遮斷正欲展示的情景，半路

截斷思緒。二是相關資料完全可以自己去找來核對，重新審視，這對研究生尤為必要。何況還有那麼多的通史、專史論著為後盾，可以作為校駁、補充和進一步思考的依憑。我在相關的地方，也時時會推薦有價值的論著，以廣思路。

我認為，「通史」與「通論」同着眼於「通」，所不同的只是切入的角度和敍述的體裁有所區別。但若簡單地重複，那就成了無謂勞動。「通論」固然必須以「通史」為前提，但也必須對現行「通史」有所檢討，提出一些有意義的問題，促進「通史」的發展。所以「緒言」將圍繞「通史」展開話題，最後交代一下本《中國歷史通論》的基本框架。

通史旨歸

文化傳統中有些東西是可以超時空，一直光照後世的。例如，我國史學的開山祖無疑非太史公莫屬。「史」這一職業，由來已久，在原始部族時代早就存在。然而，只有當司馬遷說出「究天人之際，通古今之變，成一家之言」，由知識分子從事的、演繹的，通釋性的中國史學才正式成立。不管史學的手段和觀念後來怎樣變化，怎樣不斷演繹出新的意蘊，我認為，史遷的這三句話，作為通史的旨歸仍具有永恆的意義。

近代新式通史的編寫，是從 20 世紀初發其端的。1900 年，章太炎先生最先動議創制新的《中國通史》體例。在那篇名為《中國通史略例》，領風氣之先的短文裏，太炎先生立足於時代的變遷，融通古今、推陳出新的意思是明白無誤的。既沒有國粹派迂執陳腐的酸氣，也沒有後來欲橫斷而截流的那股殺氣。

看得出太炎先生對通史是經過很長期的思慮的。文章劈頭就對古來著名的多種體例史書一一作了評點，所論優劣得失俱公允不偏，而明確地把「策鋒、計簿、相斫」三類列為新通史應擯斥的目標。這三類歷史，在今日也還陰魂不散。所謂「策鋒」是專講政治謀略、治人法寶的，為對策敷陳提供模本。計簿，則是把典章制度弄成細末瑣碎的流水賬，史家降格為

書吏登錄文檔。相斫，宮廷、朝野、忠奸、華夷等所謂「君子小人」之爭佔盡舞台，成了窩裏鬥、窩外鬥的歷史大觀。太炎先生深致不滿，是因為這類史學遊魂無主，言不及義。大家知道，劉知幾有史學、史才、史識之說，章學誠加上史德，並謂「能具史識者必知史德」。可見「四具」之說，尤重史識。史德無有卓越的史識，也體現不出感染人的魅力。上述三類，無論策鋒、計簿、相斫，都心術不正，史識卑劣，與通史之大義相悖，故先生不取。

那麼，太炎心目中的通史應當是一種甚麼樣的境界呢？概言之，就是「靜以臧往，動以知來」。具體地說，通史既要條理制度的文野進退，這是「明變始終」的大關節；也不廢有關社會興廢、國力強弱的人事興替，以期明乎「造變」多因，目的是為人類「知來」指明道路。太炎的「通義」「例則」，明顯是由章學誠脫胎發展而來的。章學誠在《文史通義》裏第一次提出，治史之「通」，古有二義。一為「絕地天通」的「通」，史學源於神學，後來便演化為「天人之辨」。二為「唯君子為能通天下之志」（《易經》），史學降為人學，通古知今，以達天下。故史家必須能明「道」傳「道」，這是中國古今史學不廢江河的傳統。

通觀太炎先生的動議，立意無不與太史公三句話默然呼應。但也應該看到，古賢先知的直覺，到了太炎（也包括梁啟超的《歷史研究法》，讀者可自閱）等近代啟蒙大家的手裏，獲得了現代思想的支撐。例如太炎釋「動靜」，就用了孔德的「靜力社會學」與「動力社會學」作新註腳。再者太炎主張「今修通史，旨在獨裁，詳略自異」。是因為通史的靈魂在「通」，而「通」必須藉助於「觀變」和「明變」兩大手段，假若前者以歸納法為主，後者則轉而為以分析法為主。「歷史詮釋學」的概念雖然沒有跳到紙面上來，但其意味已昭然若揭。「旨在獨裁」一語，典出於史遷的「一家之言」，卻又是「歷史詮釋」的應有之義，是一種全新的觀念。80年代始流行「歷史，是人心中的歷史」，也就是這個意思。

由此可知，說太史公所倡導的通史精神超越時空，和史學必然隨時代而進的意思是不相衝突的。無論是「天人」「通變」或「一家之言」，它們

的內涵，用以思考的思維方法或者考察的理論手段，都必會跟人類思維成果的不斷積累、更新息息相連，有所發明，有所深化。但從通史的根本宗旨上說，「形」變而「神」不變。「通論」也應該透過「形」，着重於點明其「神」。

釋「究天人之際」

先說「天人之際」。古人與今人的理解一定有很大的不同。我們再不會過分扭結於「天人感應」的玄虛奧理，而會更看重人類歷史活動的內外環境，特別是自然生態環境對歷史的影響。例如我國至少從新石器時代早期起，先人已經顯示出「以農為本」的格局，並且有逐漸拋棄遊牧、畜牧，改事家畜飼養的趨向。大致到了春秋戰國，至少中原地區已經耕地連作、精耕細耨，走上了單一化栽培農業的道路，而把遊牧部族驅趕到長城以北。通過中西歷史比較，我們現在已經意識到，這一張一弛的特殊經濟格局，與中國的歷史走向迥異於西歐，政治生態常因北部邊境「生存空間」的緊張而反覆動盪，關係非小。探究這種經濟方式的演進，無疑是與我國內地處於溫熱帶，氣候溫暖濕潤，特別適宜栽培作物的發展環境有關。農副相兼，也是因為作物的殘稈和遺留或多餘的穀物，為家畜飼養提供了便利的條件，何樂而不為？所以，比較西歐放棄「二圃」或「三圃」的休耕制度（中國與之類似，西周曾有菑、新、畬的休閒制），我國至少要先進二三千年。1972 年竺可楨的名作《中國近五千年來氣候變化的初步研究》，是自然生態史方面的傑作。現在它已獲得了考古發現的充分支撐，印證了先秦時代黃河流域的氣候確實普遍比現在溫暖。何炳棣更進一步提出了對黃河流域植被分佈與黃土土壤性能的歷史分析（《黃土與中國農業的起源》）。這些都是以全新的「天人之辨」詮釋我國「農業文明」形成和中原地區長期處於文明「核心地位」的成功範例。自然科學史工作者還發現，我國王朝興衰、「蠻族」南下乃至統一分裂的態勢，往往與氣候的偏冷或偏熱有相關的概率。當然，引發動亂的原因是多種多樣的，但這一

「發現」至少值得通史界重視。張蔭麟先生僅從歷史文獻裏，也敏感地捕捉到這樣的信息：滅商之前，周族居住地區正遭遇饑荒，估計這與周族加速東進不無關係（《東漢前中國史綱》）。為甚麼許多人從未注意到滅商諸因素中，還有這麼一個生態危機的因素參與其間？從秦漢直到明代，北部遊牧民族遷徙不定，分合無常，部族名稱亦變幻多端，但其南下騷擾，總與大漠地區枯草期，特別是災害性乾旱的生態活動周期相關。這些都很能説明，「一分史料，出一分貨」（傅斯年語）。強調史學必須憑證據説話沒錯，但殊不知史料本身是不會説話的。只有當史家把考察的視域擴大到「人與自然」，意識到自然生態環境對人類歷史活動的制約關係之後，平日從眼皮下滑過的生態史料，才會眼睛一亮，頓悟到它們對史學詮釋的「意義」。

以上説的只是「天」對「人」的關係。「天人之辨」的另一側面，就是人類活動對自然生態的互動影響。20 世紀末，人類對「生態懲罰」有了切膚之痛（據報載，朱鎔基總理有「黃河水害為心腹之患」説），故而這方面的關注已延伸到史學領域。最近寫自然災變史十分走紅，便是一例。其實早在 1962 年，譚其驤先生就發表有當時震驚史壇的名篇：《何以黃河在漢以後會出現一個長期安流的局面？》，指出黃河泥沙主要來自中游黃土高原，下游水災與中游水土保持有直接的關係。西漢末年後，中游變農區為牧區，北魏到安史之亂，中游農業發展的速度也不快，故東漢以後，黃河出現長期的相對平靜，安流達 800 年。這種因農業過度開發而導致生態破壞的情況，後來在長江流域也重複出現，那就是明清達到高峰的圍湖、填江造田運動。在中國歷史上，天災往往是與人禍相伴而行，至今在「通史」中反映得還非常不夠。

其實，古人所謂的「天」還包括廣義的「天理」，引申開來，似包含有探索普遍性規律、規則的意思。關於這些問題，現代人的理解歧義頗多，容後面相關處再議。這裏想先説一點。我以為，史家為了打通古今，預知未來，對藏匿在人類歷史活動深層（布羅代爾稱「海底」）的，普遍性或概率性的動因，古今以來永遠都在不斷猜測中。王船山《讀通鑑論》，

即試圖以「氣理」說通貫歷史之變，為我國古代史學理論詮釋的登峰造極之作。遺憾的是，直至今日，人類探索社會的奧祕，比起自然的奧祕，收穫最少；正因為這樣，也特別具誘惑力。20世紀後半期，又有所謂「歷史系統論」「歷史結構主義」等等新的嘗試。法國年鑑學派第二代巨擘布羅代爾的《菲利浦二世時代的地中海和地中海世界》，便是以「長時段」理論試圖說明歷史深層結構的一部名著。這些都說明了「究天人之際」，實為古今中外史家所同好，必與人類歷史相始終。

釋「縱通」與「橫通」

太史公三句話，要數「通古今之變」最為核心。史學前賢多看重「通變」，即「原始要終、知所進退」，屬史家的史識功底裏最見深淺的。呂思勉先生一再感慨「通人之難得」，「讀書之人百，通者無一焉」。他在1944年《論疑古、考古、釋古》一文裏，抨擊當時史界的風氣，尖銳地說道：「今之人往往通識未之具也，必不可不讀之書未嘗遍也，而挾急功近利之心，汲汲於立說，說既立矣，則沾沾爾自喜……捨正路而不入，安得不入於棘叢者。」先生的意思，歷史通識乃是史家所必備的要素，而通識之所由來，必由讀書長期積累而得。讀多、讀廣而後方能不斷產生聯想，觸類旁通以至於豁然貫通。

史家可以有種種分工，而且通常的觀念，通史家總要比專門家矮一截。錢穆先生晚年久久未得授予（「中央研究院」）院士銜，就是一個突出的事例。但，歷史通感的重要，史家有識者對此都不會有異議。錢穆高足嚴耕望所攻術業與乃師不同，以「專」著稱。他那種「地毯式」地必窮盡相關資料而不休，畢三四十年之功成就《唐代交通圖考》（五冊），達一百六七十萬餘言，海內外史壇歎為觀止，堪稱一絕。他在關於恩師錢賓四的長篇憶文中，一再追念先生教誨他要向大處、遠處看，切忌近視，或規模太小，「總之，學問貴會通。若只就畫論畫，就藝術論藝術，亦如就經論經，就文史論文史，凡所窺見，先自限在一隅，不能有通方之見。」

（《治史三書》）耕望認為自己所做的考證，在意境上較為開闊，不限於一點一滴的考證，是與老師的引導分不開的。據同門余英時說，耕望從《兩漢地方行政制度》做起，到寫出四冊《中國地方行政制度史》，對中國政治制度演進有許多前人所未發覆的創見，在這一領域他可說是百無一二的「通人」。他和楊聯陞（治社會經濟史）都是海內外備受稱譽，博洽而精深的史學大家。可惜他倆的論著近年才慢慢為人所知，也還不易得窺（天津「中國現代學術經典」叢書，近有《洪業、楊聯陞》卷問世）。

但對「通」也不是沒有非議的。讀今某名家的《自序》，知道清代章學誠有「橫通」之說，並現身說法，要大家引以為戒。找來《文史通義》對讀，內有《橫通篇》，章氏果然說道：「橫通之與通人，同而異，近而遠，合而離」，似乎「橫通」確是要不得的。細讀卻又覺得章氏的意思未必如此簡單。從文意所涉，至少有兩意。一是比喻「老賈善於販書，舊家富於藏書，好事勇於刻書」，「然其人不過藝工碑匠，藝業之得接於文雅者耳。所接名流既多，習聞清言名論，而胸無智珠，則道聽途說，根底之淺陋，亦不難窺。」揣摩其意，大抵是指靠着道聽途說、玩物得志（像古董家），實則淺嘗輒止，一知半解，甚麼問題都喜歡插上一腳，甚麼問題都經不起追究，似通非通，就以博聞炫耀的，謂之「橫通」。後來這話頭大概被專門家接了過去，專用以輕薄「通家」，實際正好搬起石頭砸自己的腳。然而，章氏又有第二意，說道：「橫通之人不可少乎？不可少也。用其所通之橫，以佐君子之縱也；君子亦不沒其所資之橫。」所舉之例均為有一門專長知識的宿儒耆學。按我理解，這裏就有了「橫通」與「縱通」兩種。章氏是立在「縱通」的立場上朝專門知識與通達的關係說的，「橫通」成了「兩腳書櫃」，可供通家使用，但不能自通。這一層恰好與上面相反，「專」就不那麼值得自傲。

但我想從「縱橫」裏實際還可以引申出另一層意思，這是章氏注意不到的。通史的「通」為綜合性的「縱」通，每一專門領域也有一個「通」的問題，則可稱之「橫通」。今之專史、斷代史都可屬於橫通。橫通自有其不可替代的獨立價值，前提是不做井底之蛙，不可咬死見到的「天」就

那麼一點大，作繭自縛。縱通也必須建築在橫通的基礎上，其養料必然來源於橫通的供給，活水源源，巧妙經緯，方不至於膚淺飄浮而不落實地。張蔭麟先生在他的《中國史綱》自序裏對「通史」的相對、絕對限制條件闡述得坦誠真切，值得一讀。所以真正的「通人」總是稀罕，百世一出。我們一般人只能學着朝這方向思考，「雖心嚮往之，而不能至」。

在現代史家的通人裏，我想先介紹一位諸君不甚熟悉的許倬雲，以說明「通變」的當代風貌。許先生的書近年才在大陸傳播開來，其中《歷史分光鏡》輯錄較全，對系統了解先生各方面的學術見解，是一本入門的書。倬雲自述一生治學受韋伯影響甚大。他的博士論文《中國古代社會史論》，是闡述春秋戰國時期社會變動的，用了統計的方法，根據不同時代歷史人物（公族、大夫、士）的家世與社會背景，測量各時代變動的方向與幅度，再從這些現象探討政治、經濟、意識形態諸變數如何配合而有其相應的社會變動——不僅社會成員在社會階層間的升降，也顧及社會結構本身的轉變。

我很擔心現在的大學生讀先生的書，會很隔膜，不容易讀懂。原因是直至今日，大學「通史」幾乎已經將西周「封建時代」遮蔽得不見蹤影了。讀20世紀上半葉編著的「通史」就知道，中國由「宗法封建」進至「大一統帝國」，是決定中國而後二千年歷史走向的特大關節。許先生認為，在西周的政治秩序中，親親是宗法制度的基礎，支撐整個西周的封建體制。周的國家與社會，前者是封建，後者是宗法，兩者之間是重疊合一的。春秋之世，國家與社會逐漸分道揚鑣。分道揚鑣的前面一部分是封建秩序與宗法制度的分離，後面一部分則是封建邦國成了君主國家，最後變成了統一的大帝國。從上面可以看出，韋伯官僚科層理論對許先生的影響，但他非常注重從中國實際出發，不牽強附會。這一歷史通感，他是通過從班固《古今人表》中選出春秋516人、戰國197人，分別作社會地位升降、階層比例變化的歷史統計得出變動頻率與變幅，成功地完成了論題的實證。中國歷史這一重大變化，在張蔭麟的《東漢前中國史綱》裏，也體現得淋漓盡致（見後《被遺忘的個案》專題）。現在已比較清楚，許、

張兩先生所論，實關係到中國歷史的第一次重大轉折，就是世襲封建貴族的消滅，代之以皇帝任免的流動的職官階層（官僚體制）；諸侯封國的消失，代之以直屬中央的郡縣。從此國家乃一家一姓之天下，有國家而無社會，或者正確地說，是國家將社會吞噬了，有「臣民」而無「公民」。如果不是這樣，也許中國的歷史面貌就不會與西歐有後來那麼大的差異，以致「中西異路」，各走各的道。

秦統一之後，王朝鼎革頻繁，有所謂「六道輪迴」之說。這從中國大一統帝國政治體制發展長期遲滯，沒有質的根本性變化角度看，尚過得去。但它絕不等於各朝各代沒有異同，近兩千年間中國社會歷史就無變動，就無階段性區別。

非常奇怪的是，所謂「奴隸制」與「封建制」的「古史分期問題討論」曾一度熱鬧非凡，今日看來連它的前提都搖搖欲墜。而所謂「封建社會內部分期問題」，即自秦以來的歷史分期，至今少有人問津。「封建」一竿子到底，一盆「專制主義」糨糊，貼上「加強」「進一步加強」標籤，就可解決一切。現行「通史」教材，讀來無味，就因為讀不出異同變化。每朝每代都是政治、經濟、文化、民族關係四塊，初期休養生息—中期危機加深—末期農民起義三段論，一副面孔，一個模式，像翻燒餅那樣單調乏味。

從我讀書所得印象，20 世紀上半葉，並非如此。前輩史家對各朝特點的解析，發展脈絡的梳理，這方面的史學遺產，很值得我們重溫。這裏，僅舉兩例。

陳寅恪先生重顯光彩，是近幾年文史界的一大進步。據俞大維的回憶，早年寅恪先生也曾有志編著通史，惜乎未遂。但從他發表的諸多學術見解，仍處處可見他對整個中國歷史脈絡的把握，了然在胸，不同凡響。例如現在廣被徵引的「華夏民族之文化，歷數千載之演進，造極於趙宋之世」（《鄧廣銘〈宋史職官制考證〉序》）與「天水一朝之文化竟為我民族遺留之瑰寶」（《贈蔣秉南序》），都不只是從道德文化着眼，其中還包含了他對趙宋一代在中國歷史上獨特地位的歷史評價。據我所知，近半個

世紀來，日本學界要比我們更關注宋代的歷史地位。他們一般稱宋以後為「近世」，以區別於此前的「中古」。大家都知道寅恪先生在魏晉隋唐史研究領域最富建樹，為大師級權威。但就在《論韓愈》一文裏，他首次提出以唐中期為界，中國大一統時代可劃分為前後兩期：「綜括言之，唐代之史可分前後兩期，前期結束南北朝相承之舊局面，後期開啟趙宋以降之新局面，關於政治社會經濟者如此，關於文化學術者亦莫如此。」我認為，這是中國歷史繼春秋戰國後又一變化關節，論斷之精當，完全經得起史實檢驗。遺憾的是，寅恪先生對這些問題往往點石為金，只點到為止，未及展開。由此想到，秦漢與隋唐，隋唐與兩宋，兩宋與明清，期間究竟有多少異同和變革，真是問題多多。後面的專題研討裏，將試圖討論這些關節，此處剎住。

另一例，則要說到梁啟超先生對中國的「世界歷史」眼光。錢穆先生曾對耕望說：「任公講學途徑極正確，是第一流路線，雖然未做成功，著作無永久價值，但他對於社會、國家的影響已不可磨滅。」後一點尚可商酌，前一點是毫無疑問的。任公在《五千年史勢鳥瞰》一文便出言不凡。他說：中國不是一成不變的中國。先是中原的中國，中原的中國經秦漢一統，成為中國的中國；中國的中國經由與印度、日本等接觸，成為亞洲的中國；近世以來，中國進入世界舞台，與歐美競爭，而成為世界的中國。眾所周知，以這樣的視角來考察中國歷史的「古今之變」，只有到了海通之後，「開眼看世界」，才可能發此宏議。許倬雲先生就十分欣賞梁先生的這種「通變」新論，指出這裏面包含了人類群體大抵都經由接觸─衝突─交流─適應─整合五個階段，不斷在空間上獲得擴展，融合並產生新的更複雜的大型群體，直到全球融合。這是對梁任公新論予以人類學的昇華。倬雲說：西方歷史也是如此，「希臘古代城邦是希臘的中原，希臘化時代是地中海的西方；羅馬帝國時代是歐洲的中原；中古以後的歐洲是歐洲的西方；近古是大西洋的西方；近代是世界的西方」。

梁、許兩先生的歷史通感是敏銳的。現在中外史家越來越多地趨向於這樣的共識，嚴格意義上的「世界歷史」，是從近代才真正開始。中國古

來認為「天下」就是自己，除此而外，均屬「海外」，固然荒唐；歐洲人後來認為世界中心一直在西方，甚麼都是「西來」，也是一種莫名的自大。今天的中國通史，一方面「中國自古就……」論仍有不少人緊抱不放，開放時代的人缺乏開放的歷史心態，不敢批判「自我」；另一方面，有的地方正急着新編「中西合璧」的歷史教材，似乎中國一直處在「世界之中」。我真擔心，沒有歷史通感，把握不準歷史的脈動，畫虎不成反類犬。

釋「今修通史，旨在獨裁」

通史的意境，全在通古今之變，歷史由此才重顯出它的節律脈動，是一個活潑潑的跳動着的「集體生命體」，有它特殊的生命歷程和內在的新陳代謝機制。通古今之變又很不容易。這「變」從何而得？可以說這「變」字的出來，像是經歷選礦、探礦、採礦、冶煉、加工等一系列工程而後的終端產品，凝聚了史學創作的客觀全過程。但也有不同處，即史家所從事的是精神勞動。其巧拙優劣，自然與史家的素養、功力有關，也會關聯到時代、個性等特殊的要素。太史公的「成一家之言」，或許是他個人雄心的勃發，抑或「俠義」性格的體現，但也確鑿無誤地映射出了史學的特性。

這裏我不打算牽涉進史學主觀、客觀的認識論「弔詭」陷阱裏。個人這方面的思考已列入下面《回顧與反思》的專題裏，供閱讀批判。這裏想藉太炎先生「今修通史，旨在獨裁」一語，對通史現狀發表一些不成熟的感慨。

記得有次我出了一個題目：「當下史學研究最缺乏的是甚麼？」讓研究生討論。有的說中國史學缺乏理論的架構，少會通之義。絕大多數人則認為：「缺乏思想」，不敢說出自己的話，像是患了一種「失語症」。也有的認為史學當下急需要有像歷史哲學那樣的形而上思考；歷史學是一種民族記憶，它既需要尋因意識，更需要尋根意識，對人性——人的價值體系的批判性思考。

我個人則比較傾向於中國史研究當下最需要正視的是史學家沒有思想，而不採取缺乏「理論」的流行說法。這是基於以下兩個原因：一、需

要「理論」，按照以往的習慣，往往容易誤導為需要尋找一種可以解釋歷史或社會的標準理論或唯一理論。實際上這種捷徑並不存在。目下學術界有些人正在為這種主義或那種主義吵得不可開交。我很奇怪，怎麼到了世紀之末，世紀之初的「主義」之爭又熱鬧起來？假若想爭出個新的主義獨尊，說明百年是白過了。二、任何理論比較起實際生活，都要顯出它的貧乏和單調。人類生活，也包括歷史的人類活動，都是極其豐富多彩和奇詭多變的。史家只是在嘗試「理解」它。任何一種理論都只是一種假說工具，必須拿它來與實際的生活情狀相對質，清醒地意識到兩者之間必存在一定的誤差。所以我認為，到今日不缺理論，而且日有眼花繚亂之勢。重要的是，史家不能做思想的惰漢，必須勤於思考，獨立思考。不能為着某種個人的利害，寧願不思考，沒有思想。至於史家選擇何種理論解釋工具，那完全可以「自我選擇」，但必須倡導一種多元的和寬容的學術氛圍，為各種理論假說的相互碰撞和相互補充提供從容不迫的舞台。

調研百年來比較有影響的各種通史教材所得的印象，也說明對中國通史的理解和把握，仍然是處在「過程」之中，有成果積累，也有諸多問題的沉澱。我所獲得的印象，大致可歸納如下：

（1）自 20 世紀 30 年代開始出版各類中國通史教材以來，大體言之，新中國成立前教材的個性較突出，各家不僅體裁、文字風格各具特點而且對通史的理解也各抒己見（包括范文瀾 1942 年出版的《中國通史簡編》三冊與翦伯贊 1946—1947 年出版的《中國史綱要》第一、二卷）；新中國成立後漸趨一致，編寫者似更重「述而不作」，強調客觀性、穩定性（迴避爭論和作者自身的觀點），導致「千人一面」，大同小異。這種「千人一面」、不露真容的編寫風格，除了客觀環境的因素，還涉及蘇聯教育思想、教育觀念的影響，實際是把學生當作機械接受「知識」灌輸的對象。其實教材絕不是「經典」，教學過程更不是唯教師、唯教本為「標準模式」。教材只是引導學生理解和思考中國歷史的「階梯」，是一種「驅動的過程」，而絕不是一種「終結」。因此，教材不應該、也不可能離開編寫者自身的理解和方法論「示範」。否則，只能言不及義，變成知識點間

缺乏相互聯繫的「展覽」，不具啟發性。

（2）比較各種教材後，我們更深切地體會到，通史教材難就難在「通」字上。成功的教材，大抵都有一種貫通始終、前呼後應的「氣脈」，一種能體現中國歷史特徵和發展過程相續相變的「生命氣脈」和「中國韻味」。如錢穆《國史大綱》以體現「中國歷史生命精神」擅勝，本位文化、自戀情結呼之欲出；呂思勉以揭示中國制度變遷見長，冷峻的社會進化論色彩特濃。不管後人如何抉擇，他們都能自成一家，給讀史者以鮮明的歷史整體感。我們覺得，所謂「通史」，不可能面面俱到，更不能做成政治、經濟、文化三板塊，人物、事件、制度三要點的「知識拼盤」。歷史不能離開事件、人物、制度，但應服從於「通」的目標，圍繞揭示特徵和演變線索兩大主題有重點地展開，力求體現其前後疊進間的異同，突出階段性的標誌。所謂詳略取捨，就看編寫者剪裁調度的得法與否。而這一切，內在地都取決於編寫者必須融注自己對歷史的整體理解和對以上兩大要點的把握。所以真正有質量的教材必是富有個性特色的教材。

（3）綜合各種教材之長，我們覺得揭示中國歷史特性，大抵不離兩大板塊，一是文化，一是制度。在這兩方面，中國都有迥異於西方的許多歷史特點。寫得好，才能「傳神」（即凸顯中國歷史精神），既不墜入類同社會發展史的機械教條模式，也不再重複過去那種王朝紀事本末式的舊陳述套路。新中國成立前的教材，或是以文化通貫，或以單獨列出制度變遷輔以王朝沿革，雖各有所長，仍覺有所偏頗。《劍橋中國史》兩者處理就比較好，但國外學者對中國的體認總有所「隔」，免不了西方中心論的影響。如何融會貫通整個中國歷史進程，處理好這兩大板塊間的有機聯繫，這是最費思量的。

（4）重視制度變遷，把制度變遷作為揭示中國歷史演進的主線，力求環環相扣，前呼後應，有明顯的優點。這方面《呂著中國通史》就是一個突出的事例。因為無論是中國歷史曾長期領先於世界，還是後來追上世界潮流，關鍵都在制度的創新與變遷。任何制度都有其存在的歷史合理性和暫駐性。入至文明時代，中國農業社會的各項制度幾經變革（如商周之

際、春秋戰國之際、唐宋之際），因其具合理性，故能創造璀璨的華夏文明屹立於世界；歷史情勢無有大的變動，小變、微變仍能延續下去，顯得特別具生命力。反之，轉至近代，舊制度日益成為歷史發展的阻力，變革社會成為時代主旋律。儘管變革熱情高漲，然而，社會的轉型終究只能在制度的變遷中一步一腳印地漸進，制度的蛻變、創新才是標誌時段演進的界碑。

（5）以文化命脈為主線，如錢穆《國史大綱》，也別具個性和理解價值。因為文化實際上有兩大種。一種是最能凸顯中國對人類文化恆久追求的普遍性價值有所貢獻的部分，屬於具有中國特色的東西，且具共時性。這就是錢穆反覆申說的「歷史生原」和「生命氣脈」。另一種是隨時而進、與特定時段的社會需要適應的部分，屬於歷時性的東西，必有興衰更迭。例如特定的「禮」，是具歷時性的，會隨社會變遷而新舊更迭，但古賢所謂「禮」之內在精神為「和」，卻具共時性，不會因社會變遷而失卻其價值，意思同西人說的「社會整合」也可溝通。然而，我們也應該看到，文化與現人所謂的「制度」是相互交叉重疊的。文化觀念在特定的社會制度、歷史環境裏，展開為人的活動、歷史的活動，都必然要受到制度層面的制約。制度背後有文化觀念的作用，但任何制度都與文化觀念有偏離，更着重其社會功利性。終極性關懷的追求只存在於恆久的歷史長過程之中，很難落實在某時某地某制度之上。這就要求既能穿透歷史現象揭示中國歷史遺產裏具永恆價值的瑰寶，同時也要通過對制度的分析，把握「歷史感」，善於從時空的變化中去把握評價文化無形的觀念層面和有形的物化層面之間的異同。例如道德為人際關係整合所必不可少的「黏合劑」，但法律則是約束人際關係以服從特定社會秩序所必需的強制性手段。在中國古代，道德「言不顧行，行不顧言」，在官場乃為常規；反之，法家雖被擯斥於意識形態主流之外，歷朝歷代實際都通過「暗度陳倉」的手法，儒表而法裏。說中國只有「人治」、沒有「法治」，亦是缺乏歷史感的一個事例。當社會漸由傳統向現代轉型，世俗化的趨勢使法律的作用變得突出。由「人治」為主轉向以「法治」為主，就是文化轉型中的一個突出的標誌。然而，正是當法治流行之時，道德的關懷也變得更為強烈。如何處

理好文化觀念的變與不變、動與靜，對理解中國歷史進程，梳理清歷史動態演進的線索，還有許多問題，需要我們進一步思考。

（6）時段的劃分，從理論上說是把握歷史特徵和歷史發展線索後的一個自然結果。但在編寫實踐方面卻是一個大難點。若僅僅有宏觀方面的認識，而在微觀方面沒有紮實的依據，萬難做得恰如其分。新中國成立後的教材，顯著的一個缺點，就是在「五種社會形態」的大帽子下，實際仍按王朝框架陳述，各個朝代間的陳述大同小異，制度只按正史的法定文本客觀鋪敍，沒有着力在揭示其社會功能和社會結構演進的歷史作用方面下功夫。如何從制度方面的研究着手，充分吸收已有的制度研究成果，為時段的劃分奠定學理的基礎，是目前中國通史急需解決的課題。

為甚麼要把這些原來屬於「調研報告」的東西搬到這裏？因為正是通過調研，給我強烈的感覺，現行教材缺乏個性的狀況不能再繼續下去了。各地的史學同事也或多或少表示應予改善。這就使我對太炎先生「今修通史，旨在獨裁，則詳略自異」幾句話感到特別親切。太炎說的「獨裁」，絕非排斥別人，唯我獨尊，而是指必須有自己的個性，必須由自己來定「調度方案」，「詳略自異」。眾人拾柴火焰高，聚合個體的努力，始有整體的提高。這裏不去說認識的絕對性、相對性的大話，我想誰也不會、也沒這個膽量，宣佈我的「通史」已盡善盡美，別人無須再編。明朝的何景明在《與李空同論詩書》裏說得好：「譬之樂，眾影赴會，條理萬貫；一音獨奏，成章則難。」有了眾多的個性化的通史或通論，才會產生綜合會通，如「百川異源，而皆歸於海」，海才能成其大，浩浩渺渺。一花開後百花殺，則必萬馬齊喑。

正是基於上面的許多思考，《中國歷史通論》將分前編和後編兩部分。前編從縱橫交錯的角度，圍繞中國歷史發展的基本特徵和演進脈絡兩大主題，通過若干專題，進行研討。後編重在回顧和反思「通史」的百年經歷。現在都喜歡說「走向 21 世紀」，如果連 20 世紀的基礎都不甚了了，遑論創造 21 世紀的新局面？很顯然，這是我個人對《中國歷史通論》「獨裁」的結果。希望讀者也能這樣看待它。

前　編

通論專題研討

　　《中國歷史通論》，討論的範圍理應覆蓋直到今天為止的全部中國歷史。這明顯是我個人能力所不及的。因此，我的《中國歷史通論》只能半通不通，根據量力而行的原則，仍主要局限於傳統的「古代史」範圍，而用「中國現代化艱難性的歷史思考」的專題，飛流直下帝制結束前後的中國社會，作一總的交代。即使如此，還可能言不及義，這是要請讀者特別給予寬恕的。

　　在我討論的範圍內，至少也有九千年以上的歷史（目前考古發現，有跡象表明它極有可能會延伸至一萬年左右）。這一歷史大時段，何以名之？夏曾佑等先生採用的做法，是把中國古代史分為遠古、上古、中古、近古四段。這當然是一種苟且但也最少爭議的辦法。社會性質或社會形態的概念自西方傳入之後，很多史家開始嘗試移之於中國歷史，但如何準確定性和分期，歧異就紛紜別出，長期混戰不已。鑒於越來越多的經驗事實說明，各地區、各民族社會歷史呈現出強烈的多樣性，使原來那些由歐洲中心論推出的社會形態的分期概念不斷受到挑戰。因此，我在這裏就不再採納目前國內各類中國通史普遍使用的五種社會形態說。

　　在我看來，中國並不曾有過「奴隸制社會」（不是說沒有奴隸或奴隸制度的存在）；所謂「封建」，實是「天下共主」名分下的「封（邦）建（國）」制，也絕非西方意義上的「封建制」（即歐洲中世紀領主莊園制形態），所跨時段最多也只能延展到秦統一之前。[1] 至於流行已久的「資本主義」能否作為一種「社會形態」的指稱，在西方史學界亦成問題。可詳參布羅代爾《15 至 18 世紀的物質文明、經濟和資本主義》。[2]

1　黃仁宇：《放寬歷史的視界》，在「明《太宗實錄》中的年終統計」一文中陳述了使用「封建制度」一詞的最早來歷，頗可參考。他說：中國的封建制度，被譯為 feudal system，肇始於日本學者，迄今已近百年。當日譯者對中國封建的設施已經含糊不清，而對歐洲之 feudal system 之被稱為 feudal system 不可能更有深切的了解。因為歐洲 feudal system 之被稱為 feudal system，起源於法國大革命之後。當日學者僅以此名詞綜合敍述中世紀一般政治及社會組織的特徵，並未賦予歷史上的定義。對這些特徵的專門分析，則要到第二次世界大戰的前後。中國社會科學出版社，1998 年版。

2　布羅代爾：《15 至 18 世紀的物質文明、經濟和資本主義》第 2 卷第 3 章，對「資本」「資本家」「資本主義」等詞的出現情形，有專門討論。生活‧讀書‧新知三聯書店，1993 年版。

　　無論從其起源或者諸多基本特徵看，古代中國都是一個獨一無二、具有明顯特殊形態的農業社會，可以描述，但目前尚無以名之。為此，我寧願套用「傳統（農業）社會」這樣的大概念。假如說還需要第二個理由，那就是《中國歷史通論》立意在「通」，採取的是「大歷史」的框架，「宜粗不宜細」，作大而化之的時代劃分，可以避開許多不必要的史學糾葛，反倒更灑脫些。

　　「傳統社會」，大致就是現在已約定俗成的「傳統農業社會」的簡稱，它與「現代工業社會」相對應。這種大歷史的劃分法，大家知道，是借鑒於美國托夫勒的「三次浪潮」說。第三次（「信息革命」）姑且不論，第一、二兩次，我認為，確實可以作為人類自進入文明時代以來具普同性的社會歷史劃分大框架（「大社會」的分期框架）。由史前原始先民發動的第一次重大經濟變革，即農業的發明，使人類有可能脫離「野蠻」完成向「文明」的進化，這是自有人類以來的第一次歷史大轉折。以蒸汽機發明為始端開創的現代工業社會（前後經歷了三次科技革命），人類的生存狀態由此發生了一系列重大變革，整體上顯示出與此前的傳統農業社會完全不同的社會面貌。這是較「第一次浪潮」具有更為重大意義的歷史大轉折，社會各個方面的區別涇渭分明。以人類文明歷史的進程而論，儘管世界各個民族、國家原有的社會歷史形態不一（其中也有偏移農業社會大道，少數仍停留在狩獵遊牧階段的），但由傳統農業社會向現代工業社會的轉變，卻是所有民族、國家或遲或早都必得經歷的歷史性跨越（除非它中途消亡）。

　　採用「傳統」與「現代」兩相對應的時代概念，便以打通古今、中西。《中國歷史通論》既以勾勒輪廓、闡釋整體特徵為限，又包含着對百年來「傳統」向「現代」轉型的「中國情結」的特殊關注，使我更樂於選擇這種分期方法。故先特作說明如上。

背景：「大歷史」觀念與專題選擇

中國傳統社會由幼年、少年而至中年、晚年，漫漫萬年，獨享高壽。今天，以社會轉型為主題，全民族正高度關注着向現代社會急劇行進中的變革事業，對傳統社會的整體認識，也時時會牽涉。但我們能直接體驗的已經是它成熟期之後的許多特徵，其早年時期的境況已渺遠而依稀。這樣，我們認識的方法，只能逆向地從它的全部經歷中往復逡巡、細心體察，用一種互動式的討論，去接近它何以成為「它」的因果奧祕，獲得一種歷史的通感。

這就使我想到了「大歷史」。「大歷史」的概念，是黃仁宇先生的創意。[1] 先生中年始治史學（44—54 歲），但先前豐富的社會閱歷，無疑是助其治史自成風格的一筆寶貴財富。他以「大歷史」觀念寫作出的諸多論著，在大陸擁有廣泛的讀者，也多緣於論著富有現實感。[2]

以《放寬歷史的視界》為代表，還包括《中國大歷史》《赫遜河畔談中國歷史》等，以不同的表述形式，反覆強調中國歷代沒有能「在數目字上管理」，缺乏中層的技術操作環節，是妨礙向現代化順利轉型的重要癥結。這是黃先生多年堅持的重要史識。從這些論著裏，大致也可以看出，「大歷史」觀念，實際是一種考察方法，就是要把視野放寬到世界歷史走過的全過程，宏觀地由前後（時）、中西（空）的往復觀照，去考量審視中國歷史。這同我在前面說的，以「問題意識」為向導，採取逆向考察的方法，有許多愛好相投的地方。所以，當我看到「大歷史」三個字，特別感到親近，沒有任何阻閡地就採納了。

我覺得黃仁宇先生的治史路向，對我們是極有啟發意義的。治史的割裂，畫地為牢，分工過細，無疑已成為史學進一步發展的一個障礙。拆掉

1　黃仁宇：《中國大歷史》「中文版自序」，生活・讀書・新知三聯書店，1997 年版。

2　黃仁宇先生原專治明史，其專著《萬曆十五年》，1982 年由中華書局在國內出版，頗受史界推重。另一專著（博士論文）《16 世紀明代中國之財政與稅收》，2001 年也已由生活・讀書・新知三聯書店刊行。

圍牆，其中包括古代史與近現代史的打通，中外歷史的打通，實有必要。有比較才有鑒別。沒有中外歷史的參照系統作助手，既難以描述自身的特徵，也沒法解釋中國為甚麼必須由別人把我們「轟出中世紀」（陳旭麓先生語）。最突出的事例，就是所謂「明清資本主義萌芽」問題。身在國外的華人學者較早就對此提出異議，[1]而國內絕大多數人卻仍舊說，且日漸蔓延到文學史、思想史等相關領域。差別倒不在內外，而是我們自己對世界史研究方面新的進展缺乏必要的關注，甚至連世界名著、年鑒學派第二代傳人布羅代爾《15 至 18 世紀的物質文明、經濟和資本主義》的中譯本已經出版這樣關聯非常密切的信息，也有不知道的，就說不過去了。

　　但是我覺得還是有必要指出，中外比較的方法，逆向考察的方法，都只是史學方法大家族中的一員。任何一種方法實際上都不可能孤立地使用。正因為這樣，20 世紀後半期才會有整體史觀的強調。如果要說「大歷史」，整體思維、整體史觀，似乎更應該成為「大歷史」內涵的主體或者核心。

　　例如「在數目字上管理」這一概念，單從字面上看就很容易產生誤解。有人就反駁：只要有經濟活動，就必要用「數目字管理」。任何形態的國家管理都離不開「數目字」的計算。很明白的事實，古代中國為甚麼要由租庸調制演變到兩稅法，再到一條鞭法，最後到地丁制？不就是國家（王朝政府）意識到社會實際情形變化了，要保證一定的「數目字」到手，賦稅管理規則不得不隨時而靈活變化？到明代這一「數目字」原則表達得更清晰，叫作「量出為入」，政府必要的財政支出總量，是應徵賦稅總量的「底數」。更不用說在「計劃經濟體制」下，這數目字管理的嚴密，不是一直要管到「右派分子」的比例數的劃定？至於賦稅徵收效率的不很理想，賦稅「逋欠」不能收足的問題，說絕了任何管理制度都有漏洞、都有抗拒的對策，逃漏稅的問題今日發達國家也不能根絕。至於狀況特別嚴重，原因還在別的地方，不完全在經濟體制。

1　兩先生的相關議論，分見黃仁宇《放寬歷史的視界》「從《三言》看晚明商人」「我對資本主義的認識」等文篇；余英時：《士與中國文化》「中國近世宗教倫理與商人精神」，上海人民出版社，1987 年版。

但我也必須為此一辯。究其原因，作為一個概念像「在數目字上管理」，本有它的許多內涵和一定的外延邊界。只是由於該概念採用的是通俗易懂的表述方法，誤解即由望文生義而來，實在是與黃先生本義的核心內涵有很大的出入。這個責任主要在閱讀者，而不完全在概念的提出者。細讀黃仁宇的一系列相關論著，就知道他的「在數目字上管理」，是與西方現代化進程裏特有的「資本主義」作為一種「組織」、作為一種「運動」的大論點緊密關聯的；甚至可以說，前者是後者的簡化、通俗化。核心的一點，便是社會一切的一切，最終都得聽從「貨幣」的指揮、調度，國家的管理，特別是法制必須轉變到為這種「貨幣」自由流通和公平原則服務，提供可靠的保障。在這種過程的演進中，先是商業資本扮演了先驅的角色，而作為金融資本化身的「銀行」的出現，則才是關鍵的、具決定性的環節。[1]

與此相關，在黃仁宇「大歷史」論述的背後，我們還時時可以看得到韋伯和布羅代爾的影子。但按我讀書的心得，西歐現代化的實際進程十分複雜，是方方面面整體性演進的過程，甚麼環節都很難缺少。在這方面，韋伯和布羅代爾這樣的世界級大師，已經非常注意「整體」的關聯，但無論如何，他們的歸納依然逃不脫「歸納的不完整性」法則。如果要找關鍵點，布羅代爾關於「市場遍佈一切」的說法，似乎要比「數目字管理」更具實質性。市場、市場經濟實則古已有之（這一點至今尚被現在不少國人所誤解），而到了用市場交易的規則（過去叫「價值規律」，似不妥）滲透一切、改造一切、調度一切，「遍及社會」的市場經濟體制確立，也只有到了這個時候，現代社會典型、成熟的特徵才終於可以被指認，並足以成為區別此前社會形態最鮮明的標誌（布氏稱這為「過程的終端」）。[2]假若我模仿一下，也可以歸納為「社會的市場化」。但這也與過去用習慣的「資

1　黃仁宇：《赫遜河畔談中國歷史》「大陸版卷後瑣語」，對「在數目字上管理」概念作了總的說明。生活・讀書・新知三聯書店，1992 年版。另外《放寬歷史的視界》「第一部」，我認為前四篇文章都反覆陳述了這個意思，並對歐美現代化進程也有扼要的概括。我的歸納若有誤，自與仁宇先生無關。讀者還是直接閱讀原文為好。中國社會科學出版社，1998 年版。
2　布羅代爾：《15 至 18 世紀的物質文明、經濟和資本主義》第 2 卷第 1 章，生活・讀書・新知三聯書店，1993 年版。

本主義」一樣，都是藉以思考的一種坐標，而不是全部的坐標。治史者萬不能以一賅全、不及其餘。

歷史運動既持續不息，又在突破中繼續前行。現實是由歷史演進過來的，史學不能不關注現實。但以往的教訓一直警告我們：不能牽強附會，離開了整體的歷史感，史學「現實感」太強也是危險的。例如，今天我們進入了市場經濟的時代，過去一度陌生的「商業資本」「金融資本」名詞走紅，「商人」也備受青睞。但假若先不弄明白「商人」「銀行」的歷史內涵和功能是甚麼，也會鬧出笑話。

這就轉到第二個例子：余秋雨先生是以寫歷史散文出名的。他的《文明的碎片》裏有一篇「抱愧山西」，是專寫清代山西票號的。在此之前余先生是下了一番研讀史料的功夫，完全是有備而到山西的平遙，專程來寫踏訪古跡的妙文的。然而，我總覺得先生眼裏看到的，嘴裏不停向山西老鄉教誨的，還有隨時在頭腦裏迸發的思想火花，都有一種誇張的情狀，像是發現了一片海市蜃樓般曾一閃而過的現代化「新大陸」。例如說「這是今天中國大地上各式銀行的『鄉下祖父』，也是中國金融發展史上一個里程碑所在」。看來余先生對於中國宋以來就存在的舊式「錢莊」（櫃坊）與現代銀行間質的差別是不予關注的。又說：「當時我國的金融信託事業並沒有多少社會公證機制和監督機制，即便失信也幾乎不存在懲處的機制，因此一切全都依賴信譽和道義。金融信託事業的競爭，說到底是信譽和道義的競爭，而在這場競爭中，山西商人長久地處於領先地位，他們竟能給遠遠近近的異鄉人一種極其穩定的可靠感，這實在是很了不起的事情。」這裏且不去說山西票號的官方背景，與權力的糾葛，至少是余先生並不知道，有沒有私人資本發育的環境，有沒有「社會公正機制和監督機制」即法制對私人資本的維護，恰恰是傳統金融與現代金融的分水嶺；兩山相隔一個時代，而不是一山的上坡和下坡。看來他就是忘了看黃仁宇的書。下面的話就更顯得有些異想天開，主觀邏輯無限放大：「（入至民國）政府銀行的組建、國際商業的滲透、沿海市場的膨脹，都可能使那些以山西腹地幾個縣城為總指揮部的家族式商業體制受到嚴重挑戰，但這還不是它們整

體敗落的主要理由。因為政府銀行不能代替民間金融事業，國際商業無法全然取代民族資本，市場重心的挪移更不會動搖已把自己的活動網絡遍佈全國各地的山西商行，更何況龐大的晉商隊伍歷來有隨機應變的本事，它的領袖人物和決策者們長期駐足北京、上海、武漢，一心只想適應潮流，根本不存在冥頑不化地與新時代對抗的決心。」接着就時髦地把票號的衰敗歸之於革命和戰爭。我不想在這裏詳細辨明這些認識何以有誤（討論有關市場專題時再議）。類似的問題在史學界的徽商研究中也存在。我僅想藉此說明：抓住一點、不及其餘的做法，不明整個「資本主義」作為一種經濟組織、作為一種歷史運動所需要的整體環境和系統性的條件，就像看到有十幾張織機就聯想到「手工工場」，就引出了「資本主義萌芽」的結論一樣，都要冒曲解歷史的風險。

中國歷史從「大歷史」的角度看，我以為有兩大問題非常地突出。一是「五千年文明、兩千年大一統」，這在世界歷史上不能不說是罕見的成功，舉世無雙。何以能達此成功？總不能說沒有「合理性」存在，那「合理性」又如何解釋？二是「先進變落後」。先進發達的農業中國為甚麼要轉型到現代的工業社會，會如此地艱難曲折？「後來者居上」，此話也有歷史的根據，那我們憑甚麼能實現這種宏偉大志？

這兩個問題的解決，就不全是熟悉史料就可豁然得解的。也正為這個緣故，史家都重視整理史料的觀念與方法。前面說到的梁任公、張蔭麟是如此，稍後許倬雲先生也極端重視史學方法論。在我看到的同類書中，許先生的見解是屬於精深而切實的一位，頗能反映 20 世紀後半期認識的進展。他對歷史變數（複合變數、獨立變數、時間變數、文化變數、個人變數等）的研究很具特色，甚至為「歷史」一詞下了這樣一個定義：「變數之總和。」此外，對歷史的因果關係、英雄與時勢的關係等都有自己的見地。想對許先生觀點有一系統的了解，讀者可詳閱《歷史分光鏡》。[1]

我認為，無論宏觀的視野或微觀的考察，對我們理解中國歷史的發展

1　　許倬雲：《歷史分光鏡》，上海文藝出版社，1998 年版。

線索和整體特徵，都是不可或缺的。對一個史學家來說，理想的應該是宏觀與微觀兩者統一而不互相排拒。多年來我是心嚮往之，力所不及，而心猶不甘。這大概也就是我至今仍能學而不倦的動力。

至此，把我在下面作專題討論的「思想背景」交代得差不多了。此次共列八個專題，其中一、二、三、八是縱向的，對發展線索作些討論；而其餘專題是橫向的，多圍繞中國歷史的特點展開。這些專題並不等於有關討論應該涵容的全部問題。目前的選擇具有純主觀的隨機性，即它完全取決於目前我個人的能力和時間。以後能不能再作擴充，在教學中我想會有這個權利，而出版方面，可能性就很小了。

總起：對中國傳統社會特質的認識

中國傳統社會歷史的總體特徵有哪些？百年來史家圍繞着它，討論一直在進行中，成果不少，爭議也頗多。下面即將展開的專題研討，必然要面對這些問題；研討中也不可能不帶有我的選擇偏向和個人主見。所以，先在這裏提個頭，以作「總起」。

中國傳統社會的總體特徵，歸納擇取諸史學前賢的種種論析，摻和自己讀史得來的雜感，我初步歸納為下述八點：

（1）中國文明的早熟特性。從農業起源、農業經營方式（多肥多耨、精耕細作）、工商業水平、城市集聚程度以及中央集權體制、意識形態化文化確立等等社會要素而論，都顯示出較之世界其他民族早熟，而且善於借鑒歷史而不斷修正補漏，完善周密。可以毫不誇張地說，就世界傳統農業社會這一歷史時段比較，中國傳統社會屬最為先進、周密和成熟的少數類型。此一時彼一時，誠如《周易》所言，泰極否來，長處着眼即透出潛伏着的弊端；過度的發達，猶如長臂猿最難進化為人一樣，「早熟的孩子長不大」。這就註定了中國的現代社會轉型要經歷漫長的難產期。

（2）農業產權的模糊和富有彈性，是中國傳統社會的一大特點。我們通常所說的「所有制形態」，實際應正確地界定為「產權形態」，而產權

形態應包括三個層次：①使用權（或可稱經營權）；②佔有權（羅馬法稱「收益權」）；③所有權（羅馬法稱「處置權」）。從世界歷史上看，土地私有產權的產生和發展正是沿着這個次序由淺入深地演進的，但在大多數歷史場合，三權集中統於一身的情景在傳統時代並不常見。就中國傳統社會總體狀況而言，產權的「國有」性質，植根於政治強制度化與產權非制度化的體制環境，通過政治的、經濟的一系列策略，在各個歷史時期都表現得無處不在，根深蒂固。長期被看作「私有」形態的土地產權，細細考察就不難發現：它在收益權和處置權兩方面都不獨立、不完全，不論是自耕農還是地主私有土地，始終受到政治權力系統「主權就是最高產權」觀念或強或弱、或顯或隱的控制，處於「國有」的籠罩下，朝不慮夕，私有制極不充分、極不純粹。直至明清，三種權力仍處在被分割的狀態，沒有純粹的、能不受任何意志干預、由所有者自由處置、轉讓與買賣的土地私有制。總之，在傳統中國，私有制的發展不是太早、太多，而是太少、太不充分，缺乏健全發育的法制保障。如此，中國進入現代的艱難才可以被理解。

（3）在中國傳統社會中，人際關係主要有三種連接方式：血緣、地緣和業緣（業緣當作泛義解，包括政治的、經濟的「同業」關係）。細緻考察，不難發現歷史上的社會互動模式雖時有程度不同的變遷和演進（從上古的宗君合一、封邦建國，到中古的門第郡望、門生故吏，到近世的同鄉會、商幫、會館公所），但以家長制為核心的血緣關係在中國社會中始終是最具原生性的人際互動模板，屬於社會深層結構性質的東西。地緣和業緣無不受到血緣傳統力量的浸染融解，往往畸變為帶有亞血緣或準血緣色彩的混合型樣式，與西方有別。血緣（宗族）倫理色彩的意識形態高度發展。恩格斯關於國家產生的第一條標準（地域劃分代替血緣紐帶）在這裏必須有新的解釋。不少學者也多次指出，進入文明之初，血緣紐帶沒有被打破，可能是中西歷史歧途分走的一個癥結所在。

（4）個人崇拜的民族心理和習慣思維根深蒂固。這種個人崇拜，不是表現為宗教對先知神的崇拜，而是對世間道德人格化的政治權威的追慕和敬仰（很像馬克斯·韋伯説的沉溺於人格特有魅力的「卡里斯瑪崇

拜」）。「五百年必有王者興」，這是孟子對三代以來政權更迭歷史特色的歸納。而孟夫子的論斷卻總是被以後的歷史驗證（儘管出現的頻率和強度有一定的隨機性）。由天才人物（或稱聖君，或稱英主）扭轉乾坤、開出新天的夢一再重現，一再幻滅，又一再復活，難有夢醒時分。「好皇帝」「聖君賢相」成為古代歷史的主幹，從知識精英到民眾，都把這看作是歷史光明面，民族的驕傲。現在要問：這種心理定式是怎樣形成的？為甚麼如此牢不可破？

（5）社會三大系統：政治、經濟和文化，政治又是居高臨下，包容並支配着經濟和文化，造成了所謂「政治一體化」的特殊結構類型。經濟是大國政治的經濟，即着眼於大國專制集權體制的經濟，私人經濟沒有獨立的地位；文化是高度政治倫理化的文化，着眼於大國專制一統為主旨的意識形態整合的功能，異端思想和形式化的思辨不是沒有，而是總被遮蔽，了無光彩。一切都被政治化，一切都以政治為轉移。這種社會生態性的高度傾斜又是怎樣形成的？它是基因性的，還是後天性的？

（6）知識精英（可以遠溯至上古的巫、史、祝）始終是社會的主流力量。然而，古代知識精英與社會的關係，常常呈現出兩種極端的走向：要麼緊密地與政治實體粘連在一起，為其不斷地提供人才資源和思想資源，轉化為社會統治；要麼消極遁世隱居，逃避政治，沉醉於孤芳自賞的藝術意境之中，脫離社會和民眾。在古代中國，幾乎看不到第三種政治勢力，也沒有真正意義上的社會「異己」力量（眾所周知，反叛的民眾總以改朝換代、重建王朝為鵠的）。知識精英產生不出西方意義上的那種「社會異己」的新角色，又是甚麼原因造成的？這與文化深層次的基因有沒有關聯？

（7）如果深入觀察中國傳統社會的國家整合體制，「大一統」的成功常常被看作歷史的奇跡。但仔細觀察，可以發現兩種極端矛盾的景象，一方面是權力高度集中於中央（習稱君主專制），一切號令出自京城中的皇宮，執行刻板劃一，個人（除皇帝）、地方均無獨立意志，缺乏積極性；另一方面國家行政管理實際只到縣衙一級，加上幅員遼闊，鞭長莫及，發展參差不齊，情況千差萬別，中央對地方的有效監控程度，雖有強有弱（大致

與離中央的距離遠近成反比），總體水平卻遠遜於歐洲君主國。這種特有的大國統治格局，產生了一系列變局：「天高皇帝遠」，綿綿不絕的「土皇帝」，以及「上有政策、下有對策」，「自由散漫，一盤散沙」等等現象。名曰「大一統」，其實「統一」也是有限度的，往往是一國多制（長期存在的羈縻州與「朝貢國」；西南地區的土司，要到清雍正時代才改土歸流），政出多門（外戚、宦官、權臣、寵妃），更突出的是，國家的政府權力系統與社區的社會生活（特別是在鄉村）系統之間，保持着一種說不出卻可以意會的，若即若離的遊散狀態（有人稱之為官方系統與非官方系統的「二元平行結構」，也並非常貼切），民間的社會生活、社會經濟（除了賦役徵收）均按當地的自然狀態運行，上面無意也無力管（除非造反），百姓對外面的世界也漠不關心，以至像梁漱溟、許思園等前賢誤以為古代中國士民平日裏是「自由」地生活着的。總之，統一的堅殼，內部卻包容着許多鬆鬆垮垮、多元含混的板塊，「搗糨糊」式的一體化既虛假又脆弱，氣候適宜，也常常會弱化為名存實亡乃至分裂割據。[1]「話說天下大勢，分久必合，合久必分」，如同後來我們常感慨的「一統就死，一放就亂」，雖出諸稗史小說家之流，卻是民間政治智慧與平民歷史感的結晶，不可謂無由瞎編。這就啟示史家必須真切深入地體察傳統的「大一統」形成的歷史過程及其內在的機制，包括它與生俱來的許多「病理症狀」，否則既不能很好地解釋歷史上的許多現象（例如吏治腐敗、地方叛亂與周期性震盪），也不利於現代社會探索更好的共同體整合模式。

（8）變與不變，是構成歷史生命的陰陽兩極，負陰而抱陽才是歷史的

1　對古代中國權力高度集中的有效性，由於我們過去多關注對專制主義的批判，或是對大一統的頑固戀情，很少能正視它相反的側面。中國學者其實在感性層面上，體驗並不少，但從來沒有往這方面去思考。進入現代，國外的觀察家或許是因為有了現代化的「問題意識」，才開始提出中國政治體制權力的兩重性，揭示它還具有對地方監控能力低效的屬性（對明清士紳的研究熱也與此相關）。在這方面，晚年費正清（《劍橋中國晚清史》）、亨廷頓等人都有此感覺。近年黃仁宇的《中國大歷史》等作品系列，表述的中央集權體制的技術層面缺陷，也是基於同一種感受的啟示。對此，我在後文還會專題討論，此處不贅。

真諦。從「變」的意義上，「歷史是古老的，又永遠是新陳代謝的。」因此，說「中國封建社會停滯不變」，近乎數典忘祖，是不明乎中國既有變易的高明哲理，其社會變易之微、之漸，歷代都在進行，此中每每深藏着數千年中國人的政治智慧，故能數千年屹立而不亡。然而中國古代的變易觀與近代由西方傳入的進化論不可同日而語，兩者顯示出的正是古代社會與近代社會質的區別。「變易」的圖式是「循環的（同心）圓圈」，呈封閉型，六道輪迴，以不變應萬變，萬變不離其宗，故靠自身走不出中世紀。「進化」是「基因變異」，「新舊不斷起承轉合」，其圖式是不斷上升的螺旋，呈開放型。「變易」觀的特點是使人容易趨向於樂天知命、返古保守，是發達的中國農業社會和統治周密的封建帝國自足心理的真實寫照。只有中國失去了世界先進態勢，備嚐落後捱打之苦，方有接受進化論的心理基礎。這就是為甚麼外因在推動中國社會轉型中起着特別重要的作用。所以，旭麓老師說：進化論取代變易觀，是「古典哲學的終結，近代哲學的開始」，是一個新時代到來之前的第一聲「潮音」。[1]

　　由此往上追溯，我們將會逐漸感受到，中國傳統社會成熟期所收穫的「業」和「果」，是由許許多多的歷史因緣牽攀着的，剪不斷，理還亂。「源」與「流」既不同一，卻又因緣牽合。梁啟超先生當年在《中國歷史研究法》裏假借佛家語，說它有「親緣（直接緣）」「間緣（間接緣）」，「親緣」之中復有「主緣」「助緣」，但最終他還是強調「歷史為人類心力所造成，而人類心力之動，乃極自由而不可方物。心力既非物理的或數學的因果律所能完全支配，則其所產生之歷史，自亦與之同一性質」。對此，後人不管喜歡還是厭惡，都逃不過馬克思所說的「人們不能自由地選擇歷史」，而梁先生則稱之為「果報」。[2] 非常奇怪，梁任公的這層意思，我們過去是不屑聽的，但卻與現在剛剛走紅中國的英國吉登斯「結構化」理論的立場非常地相似，[3] 真是天道好還。同道與讀者諸君可以不同意這種立

1　陳旭麓：《陳旭麓文集》第 4 卷《浮想偶存》，華東師範大學出版社，1997 年版。

2　梁啟超：《中國歷史研究法》第 6 章，華東師範大學出版社，1995 年版。

3　安東尼·吉登斯：《社會的構成》，生活·讀書·新知三聯書店譯本，1998 年版。

場，然而卻不能迴避與此相關的事實本身：追溯探源，必牽涉於我們所理解的人類活動的特點，人類自身不斷選擇的多樣性，以及對這種選擇的解釋（解釋又因時代不同而顯示出其在後人心理上的影響，即集體無意識的「釋夢」）。[1]

交代：專題的安排

歷史考察總可分為縱向與橫向兩個方面。縱向以時間為經，以人事為緯，重在描述社會演進軌跡；橫向則以事為經，以時為緯，重在層面剖析，揭示社會諸方面的演進。一、二、三、八四個專題先以時間為經，對帝制結束前後的中國傳統社會歷史縱向作一輪廓式的概述。其餘則多屬於橫斷面的分析。

以中國傳統社會大歷史的主題而論，起點當以農業的初始發明為標誌。若再往前，關於人種的起源以及體質的進化，以及採集兼狩獵混合經濟時期，姑且當作「嬰兒」時期，在這裏都略去不討論。

依據目前考古發現，在距今 9000 年前後我國的農業文明遺址業已在個別地區星星點點稀疏地出現了。[2] 它的始點大約不會太晚於「肥沃新月地帶」（今巴勒斯坦、伊拉克、伊朗等兩河流域）。我們的討論也就從這段

1   弗洛伊德：《弗洛伊德晚期著作選》，上海譯文出版社，1986 年版。
2   據李根蟠《起源於中國的栽培植物及其原始農業文明》稱：從考古材料說明，中國農業栽培與選種歷史，從舊石器晚期至中石器時期已經發端。在中國新石器時期遺址出土的農業植物炭化子實中，保存了古文獻所記載的各個歷史時期的五穀菜蔬，即距今 4000 年到9000 年前的植物。文載《亞洲文明》第 3 集（安徽教育出版社，1995 年版）。同期所載石興邦《中國文化與文明形成和發展史的考古學探討》則稱：高級採獵文化向農業文化的過渡，大約是從距今 15000—10000 年期間實現的；中國農業文化的產生，約在距今 10000年前後。目前發現的最早農業聚落文化遺存當推湖南澧縣彭頭山，距今 9000 年左右；在澧縣城頭山還發現了迄今世界上最早的湯家崗文化水稻田（100 餘平方米），距今 6500 年前，見《1997 年全國十大考古新發現評選揭曉》，載《中國文物報》1998 年 2 月 18 日。在黃河流域迄今仍然以裴李崗、磁山兩遺址為最早，距今約 8000—7000 年前；關中、遼河流域、山東都有相應文化遺址發現，南方長江中游的城背溪文化、浙江河姆渡文化、羅家角文化大致也在這一時期（考古學上稱新石器時代早期）。詳參嚴文明：《中國新石器時代聚落形態的考察》，載《慶祝蘇秉琦考古五十五年論文集》，文物出版社，1989 年版。

「童年」的早期歷史開始。

在這大約近萬年的大歷史裏，如何劃分段落，是個難題。我想既以「大歷史」為由，自不必落入太細的「歷史分期」陷阱。這時候，「宜粗不宜細」的說法倒極有用。

目前在「傳統社會」的框架內，我採取的是三段分法：(1) 部族時代；(2) 封建時代；(3) 大一統帝國時代。帝制結束前後則以「現代化進程」統而括之，或可曰：「走出中世紀」。讀者或許會注意到，這與目前通行的說法有較大的不同。因此，對頭兩段會多費一點時間，以申明理由。

一

部族時代

談中國歷史，向來都是喜歡從盤古開天地、三皇五帝説到今，上古三代更是中國人心目中的「理想國」。「五四」後的人，知道了這些已很難足信，説的時候神氣頓消，多先以「傳説時期」申明在先。這多半要歸功於疑古派的衝擊。

我對「疑古派」，似乎要比當下好些人多點戀情。因為在我看來，中國人直至近世還一直揹着莫名自大的包袱，把自己「神祕化」。正是由這「第一次打擊」，才開始了以「認識我自己」為主題的歷史自我覺醒的長過程。「神祕化」中國與「妖魔化」中國，都是史學的敵人。

但是若因此誤會我對「傳説」持全盤否定的態度，則不得不在此先作説明：這些「傳説」只有把它們當作我們先人的集體性歷史記憶時，才會產生史料價值。然而當這些化為「集體無意識」後，史家的一個任務，就是必須重估這種歷史的「集體無意識」，使我們不致老是克服不了童年的「自戀」，就像被誤以為「天才」的兒童往往長不大。

現在先撇開三皇五帝的老話，説説「部族時代」名詞的由來。

「部族時代」的提出

百年以來，進抵「西學東漸」的中期（以西方社會政治理論的引進為標誌），才開始有了對本土上古歷史作系統化新整理的嘗試。20 世紀 30 年代前後的「社會史大論戰」，就是這種初期整理狀況的一次集中展示。

篳路藍縷，不能體會諸前驅者初試的苦衷當然是不應該的。但在後人看來，當時生搬硬套印痕所在多有，大體也是幼稚期所難免的通病。

其中大概要算郭沫若先生的變化最多。在極富詩人氣質的年歲，他曾

力持「據古代神話傳說為正史」之不可取，並主「商代和商代以前都是原始共產社會」（《中國古代社會研究》，1929 年）。後又屢作修正，到 1952年，當時夏代遠沒有現在那樣有若干考古跡象可作推論，遂果斷地宣稱：「夏、殷、周三代的生產方式都只能是奴隸制度」（《奴隸制時代》）。這是理念至上、「以論代史」最明顯的例子。

　　相比之下，堅持以新方法整理舊國故（即不廢國故）的學者，今天看來就平實得多。建立於 20—30 年代諸史家關於上古民族史開拓性的研究基礎上，[1] 周谷城先生 1939 年在所著《中國通史》中提出以「部族聯合」的假說作為連貫上古歷史的線索。他說：「歷史愈往後移，諸部族逐漸合併，部族之數一定減少，部族之體一定逐漸擴大。這只要看黃帝及夏禹時之萬國，商湯時之三千國，周武時之八百國，便可斷定。」[2] 前一段話是很富探索性的，雖「斷定」一詞亦顯有武斷之嫌。但從學術史上看，大概那時代人多有一股豪氣，很少顧忌，這是與後來的霸氣不能混同的。然因其不離本土「潛意識」之根，故「部族聯合」一說至今尚覺創意猶存。

　　1940 年，呂思勉先生在《呂著中國通史》（上冊）中，更明確地主張「封建時代」之前，應立一「部族時代」，或「先封建時代」，以統括上古時代「部族林立之世」。次年，他的第一部斷代史《先秦史》問世，再度申論前論，將前後發展脈絡作了交代：「封建以前，實當更立一部族之世，然後於義為允也（『部落曰部，氏族曰族』，見《遼史・營衞志》）……蓋古之民，或氏族而居，或部落而處，彼此之間，皆不能無關係。有關係，

1　其實早在中國考古學處於濫觴時期，有些學者已經從文獻的路徑試着爬坡了。他們力圖對
　　上古神話、傳說中歧異紛然的部族作一系統化的整理，以期梳理出上古中國族群的分佈格
　　局及其走向的脈絡來。這種努力在實際效果方面，似乎可以看作是從另一角度最早提出了
　　「中國文明起源多中心論」。其中有傅斯年的（西方）夏、（東方）夷、（南方）苗三大系統
　　說，蒙文通的海岱（泰族）、河洛（黃族）、江漢（炎族）三大系統說，楊寬的東系（殷、
　　東夷、淮夷、徐戎、楚、郯、秦、趙）、西系（周、羌、戎、蜀）兩大系統說，徐旭生的
　　夏、夷、蠻三大系統說。丁山先生則以北狄族、中原舊族、東胡族、氐族、羌族為對象，
　　逆溯其與傳說諸氏族的演化線索，也討論到了淮海、吳越、巴蜀地區的氏族發展線索，似
　　更像多線演進的模式。因不在本書討論主範圍內，此處不再一一註明出處。
2　周谷城：《中國通史》上冊，上海人民出版社，1957 年版。

則必就其有才德者而聽命焉。又或一部族人口獨多，財力獨裕，兵力獨強，他部族或當空無之時，資其救恤；或有大役之際，聽其指揮；又或為其所懾；於是諸部族相率聽命於一部族。而此一部族者，遂得遣其同姓、外戚、功臣、故舊居於諸部族之上而監督之，抑或替其舊酋而為之代。又或開拓新地，使其同姓、外戚、功臣、故舊分處之。此等新建之部族，與其所自出之部族，其關係自仍不絕。如此，即自部族之世，漸入於封建之世矣。先封建之世，情形大略如此。」[1]

誠之先生的這段歸納，完全是從舊籍梳理而得的，但在今天仍經得起檢驗。有一點值得注意，誠之先生對我國正史中少數民族志史料的重視，是獨具眼力的——當我們正熱心於引進西方人類學志的時候，往往忘了自家所藏的寶貝。其實，在少數民族早期歷史中不也潛藏着許多珍貴的人類學志嗎？

呂、周兩先生採「部族」一詞，係源自《遼史》舊籍，似乎很不為新進者所垂青，近四十餘年已從通史一類的論著中消失殆盡。但是，靜心而思，名詞的新舊，實不必多所計較，有一點卻是不容苟且的，即必須以名實相符為衡定的唯一標尺。

來自於西方理論的新名詞，「原始共產社會」暫先擱置，即如「部落聯盟」「軍事民主制」或者新近的「酋邦制」，因其所包容的歷史內涵，「所指」來自他鄉殊域，與本土「應指」契合得不密，南橘而北枳，也實所難免。新近有學者已據考古發現著書質疑，具代表性的如王震中。[2]

「部族」則為本土所自出的舊名詞，植根於歷史積澱的「集體性記憶」，特別是其中「族」一字（即家族、氏族、宗族的「族」，這是中國

1　呂思勉：《呂著中國通史》，華東師範大學出版社，1992 年版；《先秦史》，上海古籍出版社，1982 年版。

2　王震中：《中國文明起源的比較研究》，對過去習用的文明、國家起源的諸種標誌提出了許多質疑。這是我迄今所看到的最有見地的，依據中國考古實據，而亦有宏觀理論眼界的「起源」問題的力作。後面的討論還會經常提及此書。有關質疑，請詳閱該書「緒論：理論與方法」，陝西人民出版社，1994 年版。

歷史的「根」）尤為關鍵。[1] 初看無甚「理論色彩」，然「應知」內斂於所自出的「應有」，所指與應指之間容易默契。若能比照西方人類學的研究成果，進一步抉發出一定的理論內涵，也許反比較容易做到名實相符，符合國情。這也就是現在常說的，本土概念的現代闡釋與外來概念的本土化兩種方法的相互會通；舊用法因詮釋而重獲新內涵，亦可以達到殊途同歸的目的。

這種部族的早期歷史，除了「神話傳說」之外，我們恐怕將來也未必弄得清楚。但它的基本社會單元，卻已從地底冒將出來，成為史學可以認識的早期社會對象。

部族的出發地：「聚落」

「落」字，在古籍中本含有「落地居住」的意思。洞居山穴，出入山林曠野，大約舊石器時代的先民還沒有完全脫離類似獸類的原始生活。[2] 自進入農業經濟時代起，我先民才開始轉為定居或半定居（即一定時期後的遊動）的生活方式。群體以血緣關係相處一起的聚落（也可叫村落），成了那個時代社會生活的出發點，社會組織最基本的集合單元。以後漸趨複雜的社會組織，都是從這裏開始走出，又離不開這個基點。這就是中國歷史最重要的特點之一。我們的討論就從這裏展開。

當歷史考察的重點轉向以「社會」為中心，文獻史料捉襟見肘的弱點就越顯得突出。這也就是「史前史」和上古史越來越仰賴於考古發現的基

1　呂思勉：《蒿廬論學叢稿》「本國史提綱」，先生曰：「以血緣結合者曰『氏』，亦曰氏族。以地緣結合曰『部』，亦曰部落。二者兼有、抑其結合之原因不明者，則曰部族。」我認為遠古氏族、部落不斷擴展，進至擁有相對固定的地域範圍，自成一共同體者則曰部族。然先生所說血緣與地域二因素兼而有之，頗含新意，因其必包含依附的被征服的其他氏族部落。許倬雲先生就很重視「方邦」時間一長就容易滋生出地緣政治的因素。歷史就是如此連續地演進的。載《呂思勉遺文集》（上），華東師範大學出版社，1997 年版，第 635 頁。
2　據《中國文物報》報道，安徽寧國發現舊石器早期露天生活遺址，提供了約 40 萬年前早期人類有關露天活動的一些珍貴材料。1998 年 6 月 10 日第 1 版。

本原因。但長期以來考古注重器物的舊習往往不能有效滿足「社會描述」的需求。所幸近二十來年終於有了考古學界不斷公佈的新石器時代聚落遺址整理報告，據此我們已可依稀得知該時期社會組織基層的情形，人際關係的某些情景。

我國新石器時代早期聚落遺址，黃河流域地區在長期付闕後，終於有了突破：山東龍山鎮西河遺址發現了 8000 年前 19 座房址。[1] 在南方除河姆渡遺址有「干欄」式排房遺址外，長江中游有了重大突破，這就是在澧縣 9000 年前的城頭山文化遺址，發現有壕溝和圍牆圈定的聚落，並收集到迄今世界上最早的稻穀稻米，距今 8000—7000 年，並發現迄今為止國內最早大型祭壇，清理出數十個形狀特殊、遺存豐富的祭祀坑。[2] 可惜目前尚未見有對其聚落內部情形的詳細報道。稍後，進入到新石器時代中期，我國農業先民的人口、聚落結構已有眉目，可大致推斷出其時的社會組織形式。其中以距今 7500—7000 年內蒙古東部敖漢旗的興隆窪一期遺址和距今 7000—6000 年的陝西臨潼姜寨一期村落遺址[3]（有一百座左右房址）最為典型。據《文物報》1998 年 7 月 26 日報道，敖漢旗又新發現一處更大的興隆窪文化遺址，稱「北城子遺址」，總面積為六萬餘平方米，為興隆窪遺址的兩倍。該聚落三面環濠，一面臨河，發現房址 214 座，均南北向成排分佈，共 11 排，通常每排十幾座到二十幾座不等，最短的一排僅有 4 座，最長的一排共有 31 座（每排房子數不一，值得注意）。可以預計，隨着全國新聚落遺址的不斷發現，我們對它們的認識還會有更大的突破，現在才剛剛開始。

1　　有關報道詳見《中國文物報》1998 年 1 月 21 日第 1 版。第一類房址面積在 30—40 平方米左右，大的超過 50 平方米。第二類為貯藏場所。分佈格局，未見報道。

2　　有關報道見《中國文物報》1998 年 2 月 8 日第 1 版。「八十當遺址」被列入 1997 年全國重大考古新發現提名榮譽獎。聚落具體面貌，亦未見於報道。祭壇報道載《中國文物報》1999 年 3 月 3 日第 1 版。

3　　王震中博士據此曾發表了如下的看法，認為「從人類形成之初，最基層的生產和生活單位可能就是由一對臨時或長期結合的男女及其後代組成的家庭，而不問其是屬於母系繼嗣或父系繼嗣。無論從理論上還是從實踐來看，這種相對穩定的小單位和氏族組織是可以並存而向前發展的」。這一觀點，依我看是非常值得重視的。見前引書。

　　從上述兩處典型聚落，結合其他遺址材料，我覺得有幾點是值得提出來的：

　　一、以一對夫婦及其後代組成的小家庭已成為生產和生活的基本單元。這一時期各地（包括北首嶺、大地灣等）發現的聚落，面積不等的小房子都佔絕對多數。興隆窪比姜寨大，大抵也只能容納三四口左右的小家庭居住。目前仍以姜寨發現情況最詳。屋內既有成套的農業生產工具（包括狩獵、捕魚工具），又有火塘、炊具、飲器等生活用具，特別是普遍分佈於小房子附近一至二個不等的窖穴，表明他們平時獨立消費，也有自己的「小倉庫」。「小家庭」基本單元遠在六七千年前即已出現，對歷史學界很可能是一個「新聞」。而且出人意外的是：他們之間房屋面積與窖穴也不是絕對「平均」，略有差異。造成這種差異的原因，值得深思。這是聚落結構的第一層面，聚落組織的基本細胞。

　　二、中型房屋居住者的身份（興隆窪在 20—80 平方米的房屋中未分出中型房屋，分佈情況也不明；半坡、北首嶺、大地灣均缺中型一級，原因有待解釋）。在姜寨，我看更像是五個大家族族長家庭的居所（比小房子最小的也大 3—5 倍）。其屋前的窖穴各有三四個，為小家庭窖穴數的 2—4 倍。這與其說是大家族的公有財產，不如說是族長家庭的，更合理些。分佈在五座大房子前後左右的窖穴，其中最多的有 6 個，才是屬於大家族的公共財產。這裏顯示出聚落組織結構的第二層面。何以家族長家庭比小家庭略富裕些，也有待解釋。

　　三、大房子是五個大家族群體的象徵，它證實了「二元社會結構」（個體家庭與家族群體）的存在。姜寨的大房子裏有大型連通灶和灶台，有可容 20—30 人住的土牀，但未發現或罕見生產工具和生活用具。王震中推測土牀是供未婚男女談情說愛和夜宿用的。我傾向於認為這是家族未婚男子的住所（「完全雄性群體」）的遺跡。平均每家有 1—2 個男孩子住在這裏，也合情理），也可供接待外來女子談情說愛用（「野合」則在別處）。應該注意的是，按人類學志推測，家族內的未婚女子和未成年子女則隨父母住。無論男女，未婚成年男子平時還是回自家吃飯（故沒有生活

用具），不構成獨立消費單元。大型連通灶表明當時有節日大家族「共食」的儀式，這是目前可以看得到的以大家族為單位的群體性公共活動的唯一證據。

四、在姜寨，為五個大群落所圍繞的 1400 多平方米的廣場，是這一氏族群體的共同體象徵，顯示這種共同體內斂向心的格局。各處遺址，有的是廣場（如姜寨、北首嶺、大地灣），有的可能是居於中心地位的大房子（如半坡、興隆窪）。現在我們看到的聚落格局，既有圍繞廣場的圓形模式，也有成排的橫列模式（如興隆窪，後來成為我國農村村落最具普遍性的格局），何以不同，尚不能解釋。與此稍不同，壕溝或圍溝是普遍具有的，標誌群體內外世界的一道「邊界」。雖然在圍溝之外，還有他們的田地或工場，但這圍牆與壕溝，既是防衛猛獸襲擊與別的群體侵犯的「防禦工程」，又是心理上的群體界限的象徵，是顯而易見的。據嚴文明先生說，姜寨壕溝內側有用籬笆或柵欄做成的寨門、瞭望的哨所，更證明了圍溝是聚落群體對外部世界的一種表示。[1] 奇怪的是，在姜寨沒有發現群體最高一級「首領」的居所，因為大房子根本不像家庭居處，這頗費猜測。

五、與整個群體相關的還有：姜寨有相當數量的窖穴密集在一起，分佈在聚落的四隅周邊，已發掘多的一處集中 17 座，少的也有 6 座；以及分佈在五座大房子前後左右的窖穴，其中最多的有 6 個。那時的窖穴很像是現代的「銀行賬號」，標誌着財富屬誰佔有。王震中博士認為這些都歸屬為大家族所有。我認為，後一類確像是五個大家族各有的公共財產（因位於大房子周圍），由此更證明了族長居所屋前的窖穴為族長家庭所有。前一類窖穴所有權，可以商榷。它們密集地放在聚落四隅周邊，包括靠近東邊壕溝（有 11 座），這說明與大房子關係不大，更像是屬於聚落共同體所有。我們不能專着眼於房子的「法人」，也別忘了還有一個 1400 平方米的廣場，這是全聚落（氏族）公共集會的場所，它也應該有相應的「法

1　　詳參嚴文明：《仰韶文化研究》，文物出版社，1989 年版。

人」和相應的物質基礎。王震中認為除已發掘的西北隅、東北隅、東邊、東南隅外，尚有西邊、西南隅也應該有類似的密集窖穴，則總數為六，也不符合「五」這個大家族總數。此外，還有兩個牲畜圈欄和兩處牲畜夜宿場。前者位於北組房屋的分佈區內，在大房子的西北邊；後者分別位於西北組和西組大房子的門前。王震中判斷它們屬於大家族。但另二組大房子所代表的大家族明顯被排除在外，說他們不經營家畜飼養，似於情理上說不過去。我推測它們也應屬於全氏族所有，由大家族派工。製陶工場——陶窯所在情況似比較複雜。半坡的陶窯都集中在圍溝的對面、居住區的東北，這倒像是屬於全氏族所有，沒有別的可以解釋。姜寨的陶窯比較分散，有兩座在居住區內，一在東組的東北角，一在西組的北邊。另外幾座設在居住區外，一在東北寨門外不遠處，其他幾座設在村落西頭的臨河岸邊。王震中認為這些陶窯也歸屬大家族所有，理由似不夠充分。我看與半坡一樣，也還是屬於全聚落（氏族）所有；否則，就應該是圍繞大房子各有自己的陶窯，而不是像現在這樣分佈方位無規則性。自然，也還有一種可能，氏族內部有某種手工業的專業戶或家族，但分配仍歸氏族統調。從所處的歷史階段來看，產品所有權大頭在氏族共同體，似比較合乎邏輯。

以上的考古發現，給我們提供了頗具直觀性的「史前」（指有文字以前）村落生活圖像。這是一個我們迄今能認識到的早期農村社會，由小家庭—家族—氏族三級組成的大村落。據王震中估計，姜寨人口約有 350—450 人，不超過 500 人。

但由於發掘面還不夠寬廣，或其他客觀的困難，揭示的範圍不盡人意為學者所共識，例如聚落與周圍別的聚落關係目前尚一無所知，連外婚的對象在哪裏都不甚清楚。所以，蘇秉琦先生特別提出的「大文物」新概念，提倡要擴展掃描的視域，將某一大範圍內的遺址綜合起來，包括其中的「白地」，成群成群發掘觀察，[1] 以求有更大的突破。最苦的是物質遺存永遠不能「開口說話」，終究是一種難以彌補的缺憾。下面，參以人類學

1　詳參蘇秉琦：《考古尋根錄》，遼寧大學出版社，1994 年版。

志知識作一點推理，也是不得已為之。

這一時期聚落共同體內斂向心的格局，是以血緣為紐帶的，它雖不是一種絕對平均的「共產制社會」，但微小的家庭、家族間的財富差異（墓葬也佐證了這一點，從略），還不足遮掩濃濃的血緣親情，何況家族、氏族二級的共有財產還能起恤貧濟困的調節作用。王震中博士稱它們為「內聚平等的聚落」，也並不離譜，但還必須作若干的補充，才比較接近實際。

首先在經濟方面，各家庭、家族間基於人力、經驗等因素（族長可能還有「勞務」收入）存在一定的差異，如果遇到外來誘因的參入，還有進一步擴大的可能——雖然這將是較後來的事——絕對的平均分配，在這裏被證明是一種虛擬的「烏托邦」。更為重要的是，現在看來，過去對「原始共產制」的誤解，緣於過於簡單化專注於「歸誰所有」，沒有充分注意到結構上的多層次性，這是有缺陷的。由考古發現所呈現出的「所有制」源頭，也說明「產權」不僅是歷史的產物，即就「排他性」而言，它也有一個逐漸複雜化的發展過程。即使在其初始階段，「產權」的界線也是多級、多層次（所有權、經營權、收益權）交叉分割，並非想像中那樣清晰，更無法用「公有制」還是「私有制」一言以蔽之。上述收益的多樣分配模式透露，早期農人也懂得投入（成本）—收益（報酬）應該相關才有「激勵性」（這裏就是經濟人的性格成分在起作用）。他們是在一種自然狀態下選擇群體與個體協調的某種方式。推斷當時「產權」狀況大致是：作為主要生產資料的耕地，所有權應該屬於共同體——氏族（即產權的「法人」是氏族，「法人代表」是氏族首領，可稱之「集體共有制」；如果有多個氏族聯合成部落，則「法人」就上升為部落共同體）。實際經營，則可以有幾種假設。王震中的假設請參見其專著，此處不論。我的假設與之略有不同，經營也有三級：一是氏族「公田」，集體耕種並收穫，產品亦歸氏族享用，入「大倉庫」。其他全劃歸大家族經營（經營權實際上已開始分化），其中也有家族「公田」，類似前者，收益入「中倉庫」。餘下的則由小家庭「承包」耕種收穫（多數採取定期分配，好壞平均搭配），收益歸家庭「小倉庫」。其中不排斥氏族統籌兼顧、各種勞動互助協作，

以及一定數額的「上交」入二級公共倉庫。肉食與陶器用具大概由氏族按家族、家庭二級向下分配到戶，也可能有一定的分配規則。估計興隆窪聚落也大致是如此。是「三級分配」，而不是完全平均分配，這就比較容易解釋家族、家庭之間何以有「財富差異」但不甚懸殊。需要說明的是，不管我們怎樣假設，現實的早期農人的生產、生活方式，一定比我們的假設要多姿多彩。例如著名的特羅布里恩德人，實行的是母系繼嗣（卻是從夫居）。他們是以耕作隊（我想這是調查的學者給起的名字）為單元進行大片耕地開墾的。耕作隊選自全村的居民（雖然他們的世系繼嗣可能屬於不同的亞氏族）。已婚婦女參加丈夫的耕作隊（因為她們結婚後是住在丈夫處），而不參加父親居住地的耕作隊（她們未婚時是在父親處長大），也不參加自己居住地的耕作隊（她們的兄弟青春期時得搬到屬於自己世系的地方，即母系繼嗣所屬的亞氏族）。整個耕地分成若干小塊，每個男子擁有幾塊，由他的戶群負責耕種。整個耕地中需要大規模合作的工作和儀式則由整個耕作隊來承擔；日常的工作則由各個家戶獨立完成。每個戶群獨自在自己的耕地上種植薯蕷，收益也歸入各戶的倉庫。誰家的薯蕷多，誰家送給別人的薯蕷多，誰家就引以為驕傲和歡樂。[1]試問，憑我們的想像能構想出這樣獨特的分工和分配方式嗎？但是，在這裏，家庭（戶）同樣是生產、分配和生活的基本單位，難道這是巧合？

　　其次，小社會的管理。氏族或部落首領，是以不同等級的「家長」身份實施管理的，特別是在戰爭環境下，他們已逐漸具有「權力」的雛形——以其地位獲取「特權」，因此不能把它說成是絕對平等的社會。前面靜態觀察聚落內部面貌時，故意省略了它與外部世界的關係，而壕溝卻提醒我們：不同的聚落群體之間，還時常有發生衝突的可能，聚落間的「平等」（集體的公心），與發動對別族聚落的侵奪行為（集體的私心）同時存在——聚落之外的，距今7000年前後的社會，也不是一個平等的世界。

1　基辛：《文化·社會·個人》，書中所引「案例33：特羅布里恩德人的生產體系」。遼寧人民出版社，1988年版。

對姜寨這樣揭示得相當完整的聚落，我一直疑惑不解的是，它為甚麼沒有一個共同的最高首領？有，他住在哪裏？一種假設，在姜寨，整個氏族聚落是由五個大家族族長共同管理或輪流執政的——所有重大事件的決定，則是由廣場全體成員大會一致做出。如是，聚落實行的社會管理，具有家長制與原始民主制的雙重色彩，而族長的聯合議事，很可能是未來貴族政治的胚胎。[1]

我們在開頭就說過，這種聚落將是以後一切複雜的社會組織的出發點。隨着共同體的擴展，聚落的地位在不知不覺中也會被改變。然而以後的歷史還將證明，這種村落的格局和它的一些基本性質（如親情，即或後來不同姓，同村鄰居的「近情」，恰如俗話說「富親戚不如窮鄉鄰」，也有一份親情），都會保持得很久遠。中國歷史應該特別注意的是，隨後社會組織外延雖然不斷擴展，共同體離內核（圓心）愈來愈遠，但以家族聚居為主要形式的村落，在近世以前，始終是中國農民們最後一道生活世界的「港灣」——除非災荒、戰爭和農民革命（另一種戰爭）強行騷擾它。即使被迫流徙，他們也會像蚯蚓再生那樣，在異地他鄉重建起另一座村落，頑強地力圖保持原有的鄉土風情（語言、風俗、族規等）。

宗族、部族與「方邦」

前述新石器時代單個的早期聚落，我們既可以把它們當作目前所知的最早「村落」，也可以看作為以後相當長時期社會組織具有基層性質的「元組織」——也就是說，此後社會往前發展，即使演化出更高一層的社會組織形式，實際上只是它空間上的不斷複製、增多以及日趨複雜化（產生各種等級結構）的過程。要注意：這一假定將是我們討論「部族」的邏輯出發點（暫將遊牧部族擱置不論）。

1　細心的讀者一定會注意到，前面的描述省略了關於母系制和「母權時代」的關照。這是因為我對此有所懷疑，特意不談的。個人的觀點，有興趣的讀者可參閱拙文《母系制與母權制質疑》，載《中國研究》（東京）1998 年 4 月號。

　　人類為群居動物，最早必以血緣為紐帶。這種單個的血緣群體也勢必要擴大與分化。促成演進的因素，主要的有：（一）人口的增長，不斷由「母群」滋生出越來越多的「子群」，導致空間分佈的擴散；（二）生態的壓力，或是自然災害，或是疾病瘟疫，迫使群體流動，向四處自覓生計；（三）外來的掠奪，遭外來群體的侵迫，流散或遠走他方，等等。

　　現在先討論自然增長引起的正常演進模式。人類學家對原始人群由經濟改善而造成的人口增長，已經有了一種量方面的估算。[1] 據以目前我國新石器考古的新進展，也已經能大體把握這種由人口增長所引起的群體組織演進的基本輪廓。

　　我認為，目前王震中博士的立論最具前沿性。他將群體組織的發展演繹為三級漸進的模式，即從平等、內聚式聚落形態，發展為初步發展與分化了的原始宗邑與村邑相結合的中心聚落，再轉而變為都邑聚落，最後達到都邑國家文明的出現，並強調宗邑聚落形態的形成和發展，亦即氏族—宗族組織的演變和發展，是最具中國歷史特點的關鍵。他所確定的時間順序大致為：距今 6000 年前為第一階段；距今 6000—5000 年前這一段為中心聚落形成和發展時期，其中以甘肅秦安大地灣乙址為最典型；距今 5000—4000 年前為都邑聚落和都邑國家出現時期，以山西襄汾陶寺、山東泗水尹家城、浙江餘杭反山等遺址為代表（李學勤主編的《中國古代文明起源》沒有提到紅山文化東山嘴、牛河梁遺址，是一個不應有的省略）。[2]

　　王震中演繹的模式，自然還需要更多的考古實證補充和修正。聚落、宗邑與都邑三者之間是否具有時間上單線演進的邏輯關係，也有可斟酌的餘地。例如就在湖南澧縣城頭山，經中日聯合考察隊的清理，1999 年 3 月

1　詳參倫斯基：《權力與特權：社會分層的理論》第 5、6 兩章，易洛魁人部落聯盟，一般不超過 10 個村落，總人數一度達到 16000 人。浙江人民出版社，1988 年版。

2　詳參王震中：《中國文明起源的比較研究》，見前引。另可參閱李學勤主編的《中國古代文明與國家形成研究》。它實際是一部由多位著者分頭撰寫的合成專著，第一編即出震中之手。看起來，後幾編的觀點，並不完全沿着這一思路推進，全書觀點並不統一。雲南人民出版社，1997 年版。有關紅山文化遺址情況，可參閱蘇秉琦主編、白壽彝總編的《中國通史》第二冊第 4 章，上海人民出版社，1994 年版。

3 日《中國文物報》宣佈，那裏已經發現了一座距今 6000 年前的大溪文化
早期古城，且地層明確顯示係由湯家崗晚期水稻文化發展而來。城牆便是
在水稻田東邊的地面上建造起來的。該處還發現了迄今為止國內最早的大
型祭壇。這就預示中心聚落的出現時間還可能提前，中心聚落與都邑聚落
之間或許也很難有截然分明的時間界線。

　　但不管怎麼說，農業先民隨着人口的增長，一般都會比較快地不斷滋
生出「子聚落」，數量眾多的子聚落集合成由同宗血緣構成的大或更大的
群體（即「共同體」），後者必有一個中心聚落。這種共同體與前述的「元
聚落」不同，顯示出具有等級的層次：它是該血緣宗族的核心，高於一般
聚落。因此，宗廟的出現，在中國歷史上是特別值得注意的大事。目前典
型的例證為仰韶後期的（甘肅秦安）大地灣乙址的 901 號大房子。據專家
考證，它前有殿堂，後有居室，左右各有廂房，前有正門三個，還有與左
右廂房連通的兩側門。整座房子面積約 290 平方米，前有近千平方米的中
心廣場。這幾可與古書「明堂」「大室（太廟）」的記載相印證。中心廣場
上還有貢獻犧牲的祭台。王震中推斷這是一個大宗族存在的有力證據。[1]我
以為遼西紅山文化牛河梁遺址的著名「女神廟」，也具有類似宗廟的性質。
即使沒有宗廟，祭壇也具有共同體的象徵意義。實際的發展或許更多樣。

　　那麼「宗族」與「部族」之間是甚麼關係？遺址、遺物都不能張口說
話，因此這類情形（即人際關係）就不可能完全由考古學來給予確認。而
且，到現在為止討論還僅限於農業定居者。農牧混合或遊牧者，他們的宗
族、部族的集合形式，未必都能從「居址」或「宗廟」狀態去認定。但是
兩者之間發生學方面的規則應該是大同小異的。而後者保存在我國正史少
數民族志裏的材料反而相當豐富。因此，呂思勉先生等史學前輩關於「部
族」的概念，都從那裏汲取了不少「發生學」的靈感。陳守實先生據此分
析土地制度的早期形態，也非常成功。

　　據我的不成熟看法，「宗族」和「部族」，從發生學上說，原初意義應

1　　王震中：《中國文明起源的比較研究》。參第 27 頁註〔2〕。

該是相近的，即都出於同宗（持續多少代沒有一定），只是後來才使部族的內涵變得複雜起來。對後一點，必須予以充分關注。例如九、十世紀之交，蒙古人稱出自同一祖先的由父系傳嗣的子孫後裔為「同骨」的族人，漢譯「斡孛黑」「牙孫」都被稱為「骨頭」（氏族）。較小的為部落，再大的稱部族，這都是後世史家之指稱。但是蒙古史專家特別指出：說斡孛黑是早期蒙古社會組織的主體或基礎，並不意味着血族成員在此種部族、部落組織中必然佔據着數量上的優勢。出於其他斡孛黑的種種依附人口也許佔到該社會基本組織中人口的半數甚至更多。儘管前者人數上未必據有優勢，斡孛黑成員在相應部族組織中卻佔有主導的社會政治地位，附屬人口屯營仍然用主人的那個氏族的名字。「部落」「部族」的蒙古語漢譯為「阿亦馬黑」。[1]

因此，當討論部族的發生學時，需要特別注意到與我們前面假定的單純性質的「氏族」「宗族」不同，它有許多外來的因素摻入。這就啟示我們在社會組織形式變遷之中，外來的非自然增殖的因素起着重大的作用。其中最關鍵的莫過於戰爭引起的人口分合聚離、重新組合的因素。

人口流動的歷史或許可以追溯得很久遠，而人類內部的相互殘殺，也同樣古老。弗洛伊德的所謂「弒父戀母」（俄狄浦斯情結），正是人類對早年發生於血族內部攻戰的一種集體性記憶。否則何以解釋起源於某中心或某幾個中心的古人類會走向遙遠的世界各地？除了生態災害的因素，戰爭因素也必須加以考慮，而且這兩個因素也往往結合着發生作用。

不去說那些摸不着頭腦的遠古故事了。至少在我國新石器時代的考古發現中已經可以找到有關戰爭的許多蛛絲馬跡。最典型的是山東龍山文化的尹家城遺址，在一些房子裏發現了6具身首異處的人骨，有老有小，專家指出這是部落戰爭中受突然襲擊的結果；在四座大型或較大型的墓葬中還出現了掘墓揚屍的情形。河南臨汝閻村出土的「鸛魚石斧彩陶缸」，嚴

1　承友人復旦大學姚大力教授出示其研究成果《塞北遊牧社會走向文明的歷程》。原文載張樹棟、劉廣明主編：《古代文明的起源與演進》，南京大學出版社，1991 年版。若引用時理解有誤，概由本人負責，與大力君無涉。

文明先生即解釋為用以紀念鸛族戰勝魚族的一位戰功赫赫的元勳，並由此推論：「假如仰韶文化伊洛—鄭州類型代表着一個確定的人們共同體，則其規模至少夠得上一個部落聯盟，那麼，閻村遺址就很可能是這個聯盟的中心部落的居址。」[1]附帶說一句，以此也間接說明中心聚落的規模目前我們還很不確定——部落聯盟與部族之間很難定出個規模界線。

來自考古學界關於部族因各種原因流動的實例，從我看到的，以對內蒙古清水河縣境內岔河口遺址的說法，最為活靈活現。它幾乎像是在為前面轉述的呂思勉先生的論斷下註腳。

岔河口遺址是因發現數百米長的巨型魚龍夯土雕像而轟動的，據報道距今 6000 年前。內蒙古的考古專家稱岔河口為「眾多酋邦與部落的中心，而體態巨大的魚龍，應是各酋邦共同崇拜的圖騰」。並根據不同時期的遺址發現遺物的狀況，做出了如下的綜合分析：岔河口遺址共分三個階段。第一階段為距今 6500—6000 年的後岡一期和半坡時期，生活在晉北的後岡人沿渾河西進，與生活在陝中的半坡人沿黃河北上，在此交會成了新的酋邦。第二階段為距今 6000—5000 年的廟底溝人，沿黃河北上從陝西中部進入岔河口，他們戰勝了後岡和半坡人，建立了更繁盛的酋邦，在這裏生活了 1000 年之久，創造了巨型雕塑。第三階段為距今 5000—4500 年，廟底溝人逐漸成為當地土著文化的代表，隨着氣候變冷和乾旱，黃河與渾河水位降低，岔河口文化逐漸衰落，最終被拋棄，人們從高嶺上遷移，進入草原，最後發展為遊牧部落。[2]

這種情形在後來北部周邊地區的歷史上一再重演過，因此，我認為其描述的往復變動軌跡，有很大的代表性。這也印證了上引蒙古人的事例也不是偶然的。「部族」與「方邦」相聯繫，其內部宗族成分會帶上混合性質。這就是部族與原來單純的宗族有所區別的地方。

由此可知，戰爭所引起的影響是非常深遠的。至少它使當時社會組織

1   前引王震中書，第 801—802、119 頁。
2   有關報道載《中國文物報》1998 年 8 月 19 日第 1 版。

（共同體）變得越加複雜起來：（一）產生了因戰功而出名的氏族或部落首領，他們獲得了遠高於一般人的社會地位，成為共同體各級的核心；（二）原先不明顯的財富分化因戰爭而不斷拉大差距；（三）產生了因戰敗而歸入的依附氏族或部落，其中並非都出於同一「骨頭」；也有因戰爭威脅而主動結盟加入的；（四）這種戰爭過程的副產品，便是血緣通婚範圍的擴大，不同部落間的通婚長遠地產生了血緣的混合，產生新的部族。我們應該相信，在人類歷史上絕不存在純而又純的血統。血統的混合，平時也有，但頻繁的戰爭之後，這種情形往往更為突出。這在商周的歷史上也不斷可以找到證據。

現在我們還不能在這種部族共同體以何種情形可稱為「國家」的問題上達成一致的共識。關於「國家」確認的標誌，在全世界都爭議紛紜。這方面的討論資料很多，讀者可自行選讀。我只想說，考古事業的大發展，使我們越來越多的人感受到了古書裏提到的「方國」或「方邦」，正從地底慢慢湧出。關於「國家」的認識必將會隨着事實的清晰，有很大的改變。「國家」的出現要比我們想像中的早得多。

關於城牆的發現，今天已不再成為新聞，各處都有。如按恩格斯原先的說法，幾乎都可以看作是「國家」的標誌。由於考古發掘還無法做到像蘇秉琦先生說的大面積整體掃描，現在我們還無法確定哪是部族內的某一個等級中心（城邑），哪是最高共同體的中心（都邑）。因此，一看見城牆就認定為「方國」恐怕是危險的。至於試圖將遺址與古書的某方國、方邦對號入座，也有風險。例如有學者將紅山文化與共工氏聯繫起來，隨即遭到駁難。[1]

紅山文化牛河梁遺址發現有女神廟、積石塚、祭壇，合稱為「廟、壇、塚」兼具的群體建築，屬於這個群體的遺跡大約廣佈在 5 公里見方的範圍內，還出土了具有「禮器」性質的玉豬龍。但至今未見有聚落遺址發現的報道。「積石塚」一時被稱為中國「金字塔」，大小高低不等，暗示着

1　李先登：《紅山文化不是共工氏文化》，《中國文物報》1998 年 11 月 4 日第 3 版。

不同等級的身份，可惜最高最大的一座還未發掘。我去過牛河梁，總隱隱約約地有一種感覺，使人不能不受到這裏有一個不知其名的「方國」的想像誘惑。

現在浙江餘杭又傳來消息，反山良渚遺址群內的文化古城已逐漸露出真容。據專家考證，位於西天目山餘脈的大遮山丘陵間，很可能就存在過一個古良渚「方國」。那裏業已發現土垣、壕溝、宮殿（莫角山大型建築基址）、「王陵」（反山大墓）、祭壇（瑤山）、匯觀山墓群以及西部、東部的村落等，構成了一個迄今比較完整的「方國」建築群體。古城面積約 10 平方公里，而整個遺址群範圍則有近 40 平方公里。在反山和瑤山發現的玉鉞、玉琮，特別是那件神人獸面紋的反山大琮，專家普遍認為是巫政結合的特權象徵，早在 80 年代後期就曾轟動考古界。現在有專家認為，這裏不僅存在着一古「方國」，而且它後來漸趨衰落，衰落的原因也多有猜測。[1]

總之，由於近二十年來中國新石器考古發現的巨大進步，中國文明起源與演進的輪廓正在逐步揭開，日益清晰起來。現在大致可以確定，由聚落而城堡（中心聚落）而都城（方邦），是中國文明起源最初演進的一條主線。顧頡剛先生如泉下有知，當會欣喜地看到，當年他憑着歷史直覺而大膽預言的「四個打破」，正逐一地被考古發現所證實。不但中華民族非出於一元，中國亦並非向來一統。由蘇秉琦先生率先提出的中國新石器文化「滿天星斗」、多中心起源論，已經可以坐實（究竟中心有幾個，還不一致，也沒有必要急於一致）。不斷傳來各地關於城堡的發現，更證實文獻所保存下來關於古有「萬國」的集體無意識記憶，絕不是子虛烏有。

關於古有「萬國」的記憶，目前所見，最早只存留在春秋戰國典籍裏。如《左傳‧哀公七年》「禹合諸侯於塗山，執玉帛者萬國」；《尚書‧堯典》（顧先生考為成書於戰國初）「協和萬國」和舜「班瑞于群后」；《戰國策‧齊策》「古大禹之時，天下萬國」；《戰國策‧趙策》「古者四海之內分為萬國」；《荀子‧富國》「古有萬國」；《易‧比‧象辭》「先王以建萬國」等等。

1　蔣衛東：《餘杭良渚遺址群內的良渚文化古城》，《中國文物報》1999 年 1 月 13 日第 3 版。

很明顯，這裏已有後人增飾的成分，特別是「先王建萬國」「萬國歸於一」這類的觀念顯然屬於後來附加上去的，但「天下萬國」的遠古記憶卻由此而得保存，仍彌足珍貴。

「卡里斯瑪」型權力崇拜

現在想進而討論部族時代的權力現象。在這方面固然考古發現已經能夠證明權力現象的存在，但是對於它的來源與性質，則不能不更多地依賴於人類學的旁證。這是特別要說明的。

「卡里斯瑪型統治」，是馬克斯·韋伯的政治社會學所歸納的歷史上三種統治類型中的一種。「卡里斯瑪」，源於早期基督教用語，意指天賦的個人魅力和特殊的個人品質。具有這種特質的人，被認為超然高居於一切人之上，並被眾人無條件地崇拜，是「超人（偉人）」。這很像中國所謂的「天降大任於斯人」，那種「先知先覺」、具有特殊個人魅力的「天才」型人物。[1]

在中國傳統社會的歷史長時段裏，社會統治的實現和轉換，我們到處都可以看到這種特殊的「卡里斯瑪型」人物的作用。甚至可以這樣說，中國傳統的社會統治是由「卡里斯瑪型」創設的，而每次社會統治的危機和危機的解決，也離不開「卡里斯瑪型」的復活。這種「卡里斯瑪型」人物又都具有中國的特色——他們必扮演「父親」的角色。這是中國傳統統治的「內核」，是亙古不變的「體」，而不斷複雜化的組織形式和越趨發達的官僚構建，是這個不變的「體」應萬變而隨機流行的「用」。這就使我想到了它的原型——「原始父親」，這一關係到中國傳統統治特質的關鍵性概念的起源。

人類始祖中的那個「原始父親」，就是那時每個原始人群體中最強的「王者」。在人類學家和社會學家看來，「王者」的出現，是基於人類原始

1　詳參蘇國勳：《理性化限制：韋伯引論》，上海人民出版社，1980 年版。

種群兩個方面的生存需要。一是種族繁衍，素質優化和基因進化的需要。還有一點，就是由種群內部和外部生存競爭需要引起的——後者才是人類群體組織不斷演進的基本動力。

群體所處生態環境的生存壓力（早期常流徙），群體間的生存競爭（最早是爭生存空間），以及由此導致原始「戰爭」頻率和強度的增加，「原始父親」的角色地位愈益突出，並會發生種種質的變化。由「自然天賦」到權勢地位並制度化為社會分層（公共權力的設置），是一個極長期複雜的演化過程。隨着社會化程度的不斷提高，「原始父親」生物性成分減退，被賦予越來越複雜的社會性功能——而在中國，由於制度化特有的創造，「父親」的色彩不但沒有消退，而且還刻意地加以泛化和神聖化，這是特別需要關注的（這也是筆者使用這個概念的初衷）。

根據各種考古跡象，至少在距今六七千年前新石器時代晚期前段，「原始父親」早已演化為族長、氏族、部落（聯盟）首領等不同的角色地位，具有多樣的社會職能，並逐漸被賦予了「卡里斯瑪型」的神化色彩。在這點上，我覺得與其像當年顧頡剛、童書業等先生將「三皇五帝」說成是由「神（上帝）」變「人（偉人）」，還不如說「三皇五帝」傳說情景演繹的是由早期普通人（首領）——演化為神人（偉人）的歷史變異過程。所幸考古方面現在也有了若干進展，使我們對「原始父親」演化為「卡里斯瑪」式的「偉人」，有了相當生動的實觀認識。

下面想綜合考察一下，究竟需要甚麼樣的身份才可能擔任這一類「偉人」角色，取得這種身份的主要資源有哪些？

看來天賦優勢仍然是最重要的資源。20世紀初最有影響的人類學家威廉·格雷厄姆·薩姆納認為不平等在本質上首先是一種天賦才能的量度，同時也是一種社會價值的量度。[1] 所謂天賦條件，包括生理的、心理的先天條件（因為當時教育還只限於口耳相傳，先天素質就起了決定性作用），

---

1   薩姆納：《原始習俗》，轉引自倫斯基：《權力和特權：社會分層的理論》，浙江人民出版社，
     1988 年版，第 20 頁。

體現為體質（健壯）、性格（勇敢）、智力（機靈）的綜合。

　　戰爭中的英雄是承當首領的又一條件。而且歷史越往後演進，這一資源就越顯示出其極端重要的作用；戰爭是促使權威人物和特權、社會分層產生的重要溫牀。在一個部落或部落聯盟，在戰爭「創業」中起決定作用的人，總是會被該共同體尊為始祖，具有絕對的威望，死後還永受祭祀（而後出現的祖先崇拜，都應帶有這種政治軍事色彩，並非單純的血緣追認）。河南濮陽西水坡遺址出土了用蚌堆砌成的左青龍、右白虎圖案，那位青龍白虎「首長」，以及臨汝閻村那位鸛魚石斧的「首長」，就是這樣的英雄首領。傳說中的黃帝、炎帝、共工、蚩尤也是，不過他們在後來的「正史」中成則為「皇」為「帝」，敗則貶入「落寇」「兇犯」（共工、蚩尤就是這樣）。

　　第三種資源，便是精神性的或文化性的資源，這就是近幾年學者們已經普遍注意到的「巫」的身份。一般說來，從人類學的報告來看，巫師與首領可以分離，也可以合而為一。但是，具有絕大權威和影響力的首領，一般應該兼具「巫」的法術和魅力。這是在還沒有發明意識形態凝聚作用之前的一種替代，首領藉此特有的個人魅力才得以整合群體，組織和動員群體人員服從某種規則或某種目標。人類學家對此有詳盡的報道，不再贅列。至於我國，從考古發現來看，首領具有「神祕」色彩的例子不少，如濮陽西水坡「酋長」被認為騎龍駕虎升天（注意：濮陽又是傳說中帝顓頊的活動地區）；紅山牛河梁石塚呈天圓地方立體構架，都具有「絕地天通」的意味。北自紅山文化，中經大汶口、龍山文化，南至良渚文化的沿濱海一帶遺址均有「玉琮」出土，常伴大墓墓主隨葬。張光直先生即認為「琮」兼具天圓地方性狀，為巫者溝通天地的「神權寶物」。這裏，還想特別說一下北大博士、日本學者窪田池對「聖」字的考釋，我覺得這是一項很有價值的發明。他也是從巫術的意義上立論，並通過考釋論證中國哲學思想中的「聖者」實始源於「巫者」。其結論是「聖」甲骨文與金文都應該是「從耳、人、ㅂ」，其中「ㅂ」不是嘴口的「口」，而是巫師通神用的一種容器，猶如「工」一樣的法器，這在「占」「祝」「史」「君」等字的字形上都可以得到通釋；相反若作「口」解則不能通釋。進而他又從古文獻中

演繹了關於殷王、周王的「聖王」特徵，説明他們也無不與巫術宗教活動相關。[1] 關於中國上古「王即巫」，錢穆、呂思勉以及楊向奎諸前輩亦早就有論列，學術界已成通識。窪田池先生的貢獻，在我看，是以其文字學考釋的成果，為我們溝通整個中國傳統社會的「天才統治」提供了又一個重要的追溯線索，也為「卡里斯瑪」型「聖人」統治找到了遠古的根據。

最後，年齡在身份資格的獲得上也具有了一定的價值資源。中國古代以「齒」和「德」論尊（所謂「天下之達尊三，爵一齒一德一」），[2] 年高者被稱為德高望重，就是以「經驗」取勝的一種時代特徵。更不用説在尚未有文字和書籍傳播知識的早期農耕時代，「文化」主要靠年齡的積累，以及不超過兩代的口耳相傳，傳授者主要即為老人。

以上幾點現在已基本上得到學界的共識。在此，我還想補充一條，在不少場合，「偉人」的脱穎而出，不只是個人行為，而且往往帶有氏族或部落的集體背景。與此相關，社會分層，首先不是發生在個人之間，而是在宗族、部落之間，這是需要特別注意的。稍後還會説到這一點。

在討論了身份資源後，再進而討論身份的社會屬性。我認為，在正式的「社會公共權力」產生之前，曾有過一個從先賦地位到獲取地位的「質」的轉變，而不像有些「酋邦論者」所説的他們是「專制獨裁」者。在「原始父親」的次生形態階段，仍是以先賦地位為主要特徵，以其個人突出的表現而贏得群體的推舉。再下一步，就是獲取地位（再次生形態）。

在此之前，先交代兩點：一、聲望、地位、榮譽、特權，都可以看作是權力的函數，但每一項並不就直接等同於權力。在這裏，對「權力」的概念有廣義與狹義兩種。韋伯曾把權力定義為「處在社會關係之中的行動者排除（他人）抗拒其意志的可能性」，與此相關，統治是「具有特殊內容的命令得到特定人群服從的可能性」。因此，狹義的嚴格意義上的權力，才帶有鮮明的強制性質。二、由先賦地位到獲取地位，兩者不可能有

1　窪田池：《中國哲學思想史上的「聖」的起源》，載《學人》第 1 輯，江蘇文藝出版社，1991 年版。
2　參見《孟子·公孫丑下》。

截然分明的界線。這是一個緩慢的漸進過程，而且即使轉變後，前一因素仍然還在發揮作用。前面所敍述的廣義與狹義，也可以看作是「權力」產生過程的一有機部分，廣義是狹義的上游、始源，兩者之間並不完全隔斷。只是為了學理辨析的需要，才有這樣的區分。

　　從人類學提供的案例來看，早期的部落或部落聯盟首領並沒有具強制性的「權力」。他們看重的是聲望和榮譽，人們也是出於這種原因才尊重他們。政治人類學稱這種行為是屬於一種特殊的「交換互惠系統」。為此他在許多場合必須「身先士卒」，否則就可能失去其地位。這很像《荀子‧儒效》中說的「能則天下歸之，不能則天下去之」。又如韓非說的：堯、禹之「王天下」如同「臣虜之勞」「監門之養」，勞苦無比（《韓非子‧五蠹》）。可見我國先哲的頭腦中多少還保存着這種遠古記憶的殘痕。「原始父親」和他的次生形態「大人」（「王」）的這種特點，常常被後來統治特權時代的人所利用。「集體性記憶」轉化為「集體無意識」的歷史資源，並成為籠罩在後來統治者頭上的光環，公眾仍然仰之彌高，寄予幻想。

　　我覺得，在討論「不平等」現象時，要麼對「不平等」的原始形態不予承認（如生理天賦能力的不平等），要麼一說「不平等」，就與「階級分化」相牽涉。其實，具有政治學意義上的不平等，對人格的強制剝奪，首先發生在戰爭的環境中，群體內外有別是一個非常重要的原則。

　　政治人類學意義上的不平等不是首先發生於族群內部，而是發生在不同族群之間，除了滅絕對方（極少數），剝奪人身自由通常只涉及少數人（誇大奴隸制者往往不注意這一點）。這是常被忽略的一個關節。研究政治人類學的倫斯基對此發過高論。他從人類學的眾多案例中感受到，「有些群體在其內部關係中產生了如此之多的（自我）犧牲行動，但當他們對付外（來）者，常常能無情地追求他們的『黨派集團』利益，儘管這些外（來）者也是同一（人類）社會的成員。」因此，他得出一條定律：「群體內部犧牲傾向越強，在群體之間關係中的犧牲關係就越弱。」[1]

1　　蘇國勳：《理性化限制：韋伯引論》，第 39 頁。

　　細想在中國上古思想中，其實也有一些尾巴留着可以被抓來作證的。如「非我族類，其心必異」（《左傳‧成公四年》）即是；「異姓則異德，異德則異類」（《國語‧晉語四》）亦是。族類是一條決定情感取向正反的重要界線，研究中國傳統思想的學者對此常為親者諱，不予注意。其實這也是理解中國歷史現象的一個關節。

　　這條中國上古思想資料，還為我們理解這種人類「反覆無常」行為提供了線索。很明顯，先人是從血緣關係上立論的，我認為這是觸及了問題的真諦。無論何種哺乳動物，「母子之愛」都出乎天性，且旁及一起生活的成年雄者（真父或「假父」倒無所謂）。人類由母子、父子之親情而發展為同一血緣（同姓）集團之親情，其中實際上更多的是生物性在起作用，這難道可以否認嗎？只有到「人不獨子其子、親其親」，理性才上升到意識層面，然而前者的生物性作為潛意識（所謂「親親」之情）仍難以克服，「父子」被衍化為「族群」或「集團」。直至近現代，集團與集團、民族與民族、國與國之間的殘殺，不就是這種狹隘的生物性難以克服的例證！同理，出於凝聚的心理需要，人們也常常會將「親親之情」作泛義的推廣，以適應群體擴大的新形勢。據人類學家斯潘塞和吉倫的報道，西南非洲的伯格達馬人中，首領「受到普遍的尊敬，他被成年人稱作『偉人』，被兒童稱作『祖父』」，父親的概念已經超越生身的窄義而被泛化推廣。[1] 我國古代推及的範圍更寬廣。《國語‧晉語一》載欒共子言：「成聞之：民生於三，事之如一，父生之，師教之，君食之。非父不生，非食不長，非教不知生之族也，故一事之」，「君」「師」一律被看作「父親」的延伸，「生」之含義得到移情、昇華。正是據於此，我將「首領」「酋長」乃至後來的「王」「國君」之類統統看作為「原始父親」原型的複製、新版，以為是淵源於遠古歷史的真實，而非故意生造名詞或販賣舶來品。未知能否為同好讀者惠賜「同情的了解」？

　　無論是爭奪到生態優越區域，還是掠取被戰敗者的人員、財富，對於

1　蘇國勳：《理性化限制：韋伯引論》，第 131 頁。

群體和群體首領，戰爭都成為擴大財富分化和地位差異的催化劑。首領也由先賦地位向獲取地位轉變——首領成為獲取財富（首先是戰利品）的手段，由此也開始為獲取這種地位而謀求「制度化」，使推舉轉為家族世襲。

另一種變化更為深刻。群體間的戰爭，有勝有敗，卻無常勝者。頻繁的戰爭，逐漸產生出一種新的意向——為有利於戰爭雙方實力的較量，群體的聯合在更大的規模上展開。前面說到的內蒙古清水河遺址正是這方面絕好的例證；大概在新石器晚期，這種通過人流的移遷伴之以戰爭，族群分分合合——合是主導性趨勢——的運動在各個區域都相當活躍。恰如「倫斯基定律」所說，在戰爭的條件下，群體內部的向心力（凝聚力）越強，對群體外部勢力的攻擊性（侵略性）往往也越強。

然而，人類的創造力往往遠超出學者的理論思維能力。它還可能有另一種形式，在中國，就錘煉出了「化敵為友」，群體聯合的制度性的新創造：將定向的血緣關係予以彈性化和靈活化，充分利用人類心理本能上的「親子」凝聚的功能，通過擴大婚姻關係，使之保持以「原始父親」為象徵的血緣紐帶在空間上的擴展泛化。這是中國人在歷史上的一大發明。這方面，周族人在打敗了商族人之後，把這種「中國特色」的創造推向了極致，從而給中國歷史以深遠的影響。

二

封建時代

「部族時代」演進的結果，就進入了「封建時代」。「封建時代」很像是中國歷史前後轉折的一根「中軸」。向前翻轉，朦朧混沌，走向尚未定型。向後翻轉，世變時異，終於顯示出了與西方大異其趣的歷史走向。

現在通行的大學「中國通史」教材，都一律以春秋戰國之際作為「封建社會」的開端。這裏將要展開的「封建時代」，卻是指以西周為典範的一個時代。它經過春秋戰國的逐漸崩壞，轉入秦帝國大一統時代，嚴格意義上的「封建時代」即宣告結束。為此不得不先對現行教材的「封建」問題作必要的歷史交代。

現行教材「敕令」一致的古史分期，根據我的記憶，是在 50 年代末或 60 年代初由當時的教育部「定於一」的。在此之前，新史家中間，也包括呂振羽、范文瀾、翦伯贊，主西周「封建」的是主流。[1] 新中國成立後出現過三四家紛爭的局面。我就讀的大學也屬「西周封建」派，且戲稱為「老封建」。後來由教育部頒訂的教學大綱，決定以郭沫若《中國古代史的分期問題》為「經典」定於一。但它之所以成為「經典」，完全是因為當年毛澤東主席贊成此說。

學術問題由行政命令來干預劃一，今天我們已很難理解接受。然而，大學教材並不因時過境遷而有所改觀，絕大多數還一仍其舊，這只能説是我們這些做老師的惰性出奇地頑強。[2]

1　有關「古史分期」問題討論的學術史，可詳參林甘泉等主編的《中國古代史分期討論五十年》，上海人民出版社，1982 年版。限於當時的情況，編者的政治傾向性很強，特別對海外華人學者的研究情況，未予涉及，作為一本學術史性質的資料彙集，今日看來，不免有憾。

2　白壽彝總主編的 12 卷本《中國通史》最近全部出齊，成績赫然。但就在第 3 卷「上古時代」學術史回顧中還有「資產階級史學」「陶希聖之流」「國內外反動派叫囂」等詞句。有心人會注意到，這時候版權頁已到了 1994 年。歷史的慣性如此頑強，怎不叫人感慨繫之？

現在是到了應該重新檢討，「百家」可以自由爭鳴的時候了。否則，我們何以對學生説明白「自由的思想，獨立的人格」？

學術史追溯：「封建論」

西歐的「feudal system」（「feudalism」），直譯應為領地分封制度。據日知先生的考證，將「feudalism」轉譯為「封建」，始作俑者為嚴復。[1] 黃仁宇則説，其實最先是由日本人以「封建」一詞移譯「feudal」，庶幾近之。[2] 想不到經出口轉為內銷後，我們卻連自己的家當也鬧糊塗了，中國原來的「封建」也成了「feudal system」或「feudalism」。

其實，我們後來所採，不管「老封建」「新封建」，也不盡是按着西歐中世紀「feudalism」的模式，而大都是照着斯大林《聯共（布）黨史》教程裏的「經典定義」去解説的。斯大林是屬於最教條、武斷的一個人物；他最喜歡下鋼鐵一般堅硬的「定義」。但話一經説死，就承當不起活潑潑歷史事實的嚴格檢驗，現在已眾所周知。

且不説那死定義，西周的宗法封建體制即使與西歐「feudalism」的模式對照，也有同有異，不能全盤照搬。這方面國內的看法，具代表性的有馬克垚主編的《中西封建社會比較研究》。他們一般是從世界史角度去觀照兩者的同異，對歐洲方面歷史情形的介紹，有不少新的信息和各作者研究的新解，很值得治中國史的人注意。[3] 這裏，我還想特別推薦許倬雲先生的專著《西周史》。該書在大陸面世後，已引起了相關學術界的高度重視。[4]

在中國古代傳世文獻裏，「封建」一詞的原來含義應該是清晰無誤的。柳宗元的《封建論》就把由部落、方國（方伯連帥）、封建（裂土田而瓜

1　據馬克垚：《中西封建社會比較研究》「導論」轉引日知《封建主義問題》（載《世界歷史》1991 年第 6 期），學林出版社，1997 年版。

2　參見本書《前編　通論專題研討》第 3 頁註〔1〕。

3　參見註〔1〕。

4　許倬雲：《西周史》（增訂本），生活・讀書・新知三聯書店，1994 年版。以下敘述多有倚重，所引不再重註出處。

分之）至秦的「裂都會而為之郡邑」，「公天下之端自秦始」，看作前後相繼的時代脈絡，並認為這些都是無法倒行逆轉的「勢」，用現代話說便是「歷史演進的結果不可改變」。前面我說過的三個時代的演進輪廓，隱隱然均在其中。撇開分封與郡縣的「對策」性爭論，柳氏所代表的正是未受「西學」浸染前純本土的歷史通感，秦漢以後，在古賢之間從沒有異議。

「封建」一詞的歧義和紛爭，無疑是由「西學」引發的。其中也可分為兩端來說：一是由橫插進「奴隸制時代」引發的；一是由與西歐領地分封制比較引起的。

對於橫插進一個商周「奴隸制社會」，一般都是前提在先。若前提不成立，轉而正視歷史實際，我覺得問題不難解決。這並不是要否認奴隸、奴隸勞動的存在，因為這既可以追溯得更遠（戰俘），也一直存在到所謂「資本主義早期」。而像希臘、羅馬農業生產建築在奴隸勞動基礎上的情況，別說中國，在世界的其他地區也不容易找到；何況希臘、羅馬也有小農生產，並非原來想像的那樣「清一色」。其政治法律體制卻又與奴隸關係不大，貴族與平民才是對這種體制演化起實際作用的社會力量。儘管後來修正為「種族（殖民）奴隸制」「普遍奴隸制」，這種「人人皆奴隸」的「東方式」奴隸制，其實與他們所批判的「東方專制主義」同出一轍──把中國早期普遍存在的聚落村社「妖魔化」，稱「公社」成員實際身份是「奴隸」。若說到這個份上，恐怕他們自己也會感到驚訝！

餘下的，似乎只有「人殉」還具說服力。但即使希臘、羅馬隨意殺戮奴隸也並非正常的現象，且未聞有「人殉」現象。「人殉」更必須考慮到另外因素。例如人類學的研究不斷告示我們，這一類現象不僅與戰爭、「王權」的強暴有關，而且更關係到原始宗教習俗。說實話，我們對早期人類的思想、習俗知道得還不多，不知者還是不要強以為知。例如有些原始部落常有殺死第一胎「長子」的風俗，若以此定性為「家庭奴隸制」，不可笑？周口店「北京直立人」有「食人」的風尚，那我們的奴隸制社會不應該推前到幾十萬年前才好？

當年「古史分期問題」的討論，由於過度地意識形態化，對中國歷史

特點的忽視，恐怕才是這場討論學術上最大的致命傷。有些學者也意識到了古典史料遍處皆有的氏族、宗族、部族普遍存在的事實，以及中國以血緣為紐帶的村落聚合傳統始終變化不大，漠視這些本土「歷史常識」，難以通貫地說通商周乃至以後的中國史。因此他們也夾進了「氏族公社」「農村公社」一類的議論，但最終還得與意識形態的前提湊泊，方枘圓鑿，結果如前所說，反陷進了更尷尬的局面，無以自圓。最奇怪的，「奴隸制說」對勞動者身份的確認是他們辯論邏輯中的核心話題，可偏偏對勞動者收入的分配狀態不予理會。「夏后氏五十而貢，殷人七十而助，周人百畝而徹」，孟子的話雖說經過整理而被單線化了，但貢、助、徹三種再分配形態在上古時代的存在，是明確無誤的。以他們習慣用的「剝削率」（大抵在 1/10—1/9 之間）來衡量，怎麼也搭不上「奴隸制」的概念。在我看來，這幾乎成了他們最大的心病，故而只能不深談為妙。

　　從史實、史料方面起而駁難「奴隸制說」的，當以胡厚宣先生 1944 年發表的《殷代封建制度考》為早。[1] 還有一位重要人物差不多已經被我們遺忘，那就是雷海宗先生。1957 年 6 月，雷海宗先生在天津發表了《世界史分期與上古中古史中的一些問題》的講演。他認為像埃及、兩河流域和中國，當時地方上仍保留氏族公社的原始平等，而中央則呈現一種原始的專制主義，國家規模往往很大。土地為村社所有，實際上則掌握在各家族手中。因此，他表示「無論如何，早期奴隸社會一類的名稱是難予考慮的」。[2] 當時敢於表示必須對中國歷史特點予以尊重，真令人敬佩。可不久，他就被劃為「右派」並受到批判。

　　較晚，1973 年徐復觀先生在海外發表異議。他在自己新版的《兩漢思想史》中特意加進了一篇《有關中國殷商社會性格問題的補充意見》。之所以說「補充」，因為原版有過一篇《西周政治社會的結構性格問題》。

1　載於胡厚宣《甲骨學商史論叢（初集）》，齊魯大學國學研究所專刊之一，1944 年版。有關觀點及圍繞胡文的討論，詳參前引《中國古史分期問題討論五十年》，第 109—112 頁。胡先生後來改變了主張，這也是值得注意的。

2　雷海宗：《世界史分期與上古中古史中的一些問題》，《歷史教學》1957 年第 7 期。

兩篇都對以郭說為主的商周奴隸制社會說的史料根據與解釋提出駁議，例如對「勿鼎」釋文的理解、對「國人」身份的考證，特別是對「十千維耦」的通解，都很有分量。[1] 80 年代後，我國學術界在打破「學術禁區」的鼓勵下，逐漸也有學者對中國有沒有奴隸制社會重新質疑，如薛惠宗、張廣志、沈長雲、晁福林等。[2] 我相信這一問題遲早會得到澄清。[3] 由於本講旨在梳理線索，不擬再行展開。請讀者自行檢閱審讀。

現在回到第二個話題：與西歐領地分封制度的比較研究。

近世以來，我們對歐洲的「feudalism」發生興趣，並與西周「封建」關聯比附，自然是為了通過中西比較，試圖尋找中國落後的歷史原因。那時的學者之所以覺得兩者相似，實際也是順着古賢的思路來的。秦漢以來，凡提到西周，無不因為它與後世有非常大的不同。這不同就集中體現在「封建親戚，以藩屏周」（《左傳·僖公二十四年》）八個字上。初看起來，這與西歐由日耳曼人建立的封土分權與領主世襲的制度確實很相似，故以「封建」移譯「feudalism」，沒有覺得有甚麼不妥。

然後反觀新中國成立後「古史分期」的討論，有一現象很是奇怪，論戰雙方都對西周「封建」曾存在過的「王國（中央）」與「諸侯國（地方）」的二元政治格局，表現出了少有的冷漠，爭論的焦點完全轉到了別的地方，如生產力水平、勞動者的身份、階級剝削關係等等，話題越扯越遠。現在根據馬克垚提供的歐洲「封建制度」學術史的線索，我才弄明白，原來前是「長江頭」，後是「長江尾」，因此「景」隨人轉，話語體系自然

1　轉載於前引胡曉明等主編《釋中國》第 3 卷，第 1767—1831 頁。

2　薛惠宗：《原始社會之後不一定是奴隸社會》，《江淮論壇》1982 年第 2 期。張廣志：《奴隸社會並非人類歷史發展必經階段研究》，青海人民出版社，1988 年版。沈長雲：《關於奴隸制幾個基本理論問題的商討》，《歷史研究》1989 年第 1 期。晁福林：《夏商西周的社會變遷》，北京師範大學出版社，1997 年版。

3　最近有編著「中國大通史」的消息傳來。編著者稱「不再套用斯大林提出的五種社會形態單線演變模式作為裁斷中國歷史分期的標準」，「避免籠統使用含義不清的封建制度的概念」。參見曹大為：《關於新編中國大通史的幾點理論思考》，載《史學理論研究》1998 年第 3 期。

就不同。[1]

　　馬克垚「導論」中指出的一點，很值得注意：現在西方史學家所說「feudalism」的內容，中世紀歐洲實際只是在某些地區（主要集中於羅亞爾、萊茵河之間地區）零碎地存在過，且都集中在中世紀的早期，各地的習慣法也因時因地而異，多有不同。這一點，至少在我是聞所未聞。

　　據說最早對它發生研究興趣的是 16 世紀法國的法學家。17 世紀英國法學家也隨之參加了進去。當時他們都把「feudal」當作一種不同於羅馬法的法律制度，核心是「封土之律」以及國王與封臣（封建世襲貴族）之間的權利、義務關係。以後從孟德斯鳩、斯密着重批判，一直到法國大革命最後廢除的也都是這種特殊的政治、法律的權利體系。這也就是我們近世以「封建」移譯「feudal」時期的「西學」背景。因此，它與我們原先對西周「授土授民」的認識不相杯葛。這一時期史家對西周史的描述，一般都仍嚴格依據舊籍載述的史實加以條理化，重在用新史觀發現其因果關係。他們對中國歷史上一度出現的世襲貴族及其消失，都給予了高度關注，認為它改變了中國歷史的走向。這方面成績突出的有呂思勉、張蔭麟等。[2]

　　對歐洲中世紀史全面研究的高潮要到 19 世紀。在這一個世紀，史學家已經超越「分封領地」，而擴展到政治、經濟、文化以及社會生活各個方面。這時才正式出現「feudalism」一詞，並用以統括中世紀時代（又稱「黑暗時代」）的歐洲歷史。20 世紀法國年鑒學派的布洛克等人也還是把「feudalism」當作「西歐封建社會」的同義詞來對待的。馬克思主義者把「feudalism」看作為一種社會經濟形態甚至是社會形態，也出於同一背景。理解了這一點，再去看現在西方史家對「feudalism」特點的歸納以及他們中西比較的「漢學」成果，就知道這與狹義的「feudal」、與西周「封邦建國」都不是很對稱的。說句笑話，這時的「feudalism」已經成了一頂「大帽子」，扣在西周的頭上，不免有點滑稽。這也是我們後來討論「古史分

1　參見第 40 頁註〔2〕。

2　呂思勉：《呂著中國通史》「政體」，華東師範大學出版社，1992 年版。張蔭麟：《中國史綱》「西周」篇，遼寧教育出版社「新世紀萬有文庫」，1998 年版。

期」以及把「封建社會」一竿子插到底的「西學」背景。

　　海外因不受這種思潮影響，許倬雲、黃仁宇等學者對西周封建制的研究和評論，就仍是按着原來的尺寸來的，所以中西比較就切題入味。他們對我們至今仍流行的提法多有批評，也就在情理之中。

　　馬克垚和他的《中西封建社會比較研究》的同事們，利用熟於西洋史的優勢，在中西古代、中世紀歷史的比較方面提出了不少新見解、新視角，讀了獲益匪淺。馬克垚說他心中有一個試圖綜合中西，重新給出世界性的「封建社會」概念體系的雄心，對此我卻不敢苟同。在我想來，越是深入到各國、各民族的歷史裏去，越能感覺到歷史的多樣性、複雜性。歷史學的魅力，它的獨有的功能，不在給出共性，而恰恰在於揭示個性。「共性」的不斷抽象的結果，其內涵只能越來越濃縮——這件事還不如交給歷史哲學去做，反倒合適些。或許也是這個緣故，我有一種感覺，馬克垚的中西比較，已經做了很長一段時間，成績有目共睹，但越比下去，中西歷史卻越來越相像。我曾發過懷疑：這對勁不對勁？

　　因此，作為《中國歷史通論》，我更關心的是，中國歷史上曾經存在過的「封建時代」究竟有甚麼特殊的地方，它的基本特徵是甚麼？

由「天下萬國」到「封邦聯盟」

　　由「部族時代」進入「封建時代」是一個長期漸進的過程，是大大小小「方邦」分合離聚歷史運動綜合生成出的一個局面，其間很難有甚麼明確的標誌。假若有，那就是大的「方邦」成為核心「邦國」（如「大邑商」）——我稱之為「聯邦」式的「中央王國」的出現。這種一定範圍內的「中央王國」，實行的就是「封建制」，即有一核心部族以「天下共主」的名義統領下的「方邦聯合」和核心部族的逐步擴張（也有稱之為「殖民」的）二元並存的格局。夏目前還不能完全確指，商已成規模，到西周則形神俱備，故特別觸目。

　　歷史通貫的重要，就在於因果的連續思維可以幫助我們克服局限於一

時一事的狹隘性，不致犯當年傅斯年嘲笑拉鐵摩爾説過的：「誤認天上的浮雲為地平線上的樹木（mistake some clouds in the sky to be forests on the horizon）。」[1] 無論是早一輩的呂思勉，還是後一輩的許倬雲，他們對商周社會的論析之所以中肯可信，我的體會，正確的思維方法起着相當重要的作用。

對「封建」中「封」的字義，誠之先生有卓解。他説「封」就是「累土」的意思。兩個部族交界之處，把土堆高些，以為標誌，即謂之封。引申起來，任用何種方法，以表示疆界，都可以謂之「封」。如掘土為溝，以示疆界，亦可謂之封。故今遼寧省內，有地名為溝幫子。「幫」字即「邦」字，亦即「封」字。疆界所至之處，即謂之「邦」。相反，「邦」與「國」意義不盡相同，古籍中兩字相混，則是後來避劉邦名諱才造成的。[2]

誠之先生由文字訓詁得到的早期社會史新解，現在已經獲得了考古發現的充分證實——新石器時代大量聚落遺址無不發現有壕溝、圍牆甚至石牆。大小群體各有「疆界」的意識，在世界人類學志上也屢屢獲證。有些或是以成片樹林為界，恐怕要更原始些。[3]「夏后氏以松，殷人以柏，周人以栗」，[4] 估計就是這一種原始遺跡的集體意識沉澱。這再次説明，人類「群」的意識要早於「種」的意識；説「原始共產主義」的意識，還不如説大大小小的「集體」意識起源來得更早。

原先相互孤立存在的「群體」（氏族、部落），因生態、人口等因素的推動，隨空間的拓展（流動），必造成群體間的相互接觸機會逐漸增加。一系列突生現象就是從這裏開始沖出全新的歷史灘地：由部族而方邦，由方邦而聯邦，最後產生了越來越大的地域性「共同體」。在新的「共同體」裏，血緣聚合的形式變得愈來愈複雜，其統治者非復昔日的族長，而為

1　據余英時：《錢穆與中國文化》「中國文化的海外媒介」，遠東出版社，1994 年版，第 173 頁。
2　呂思勉：《呂著中國通史》第 3 章「政體」，華東師範大學出版社，1992 年版，第 44 頁。
3　哈維蘭：《當代人類學》，上海人民出版社譯本，1987 年版，第 449 頁。
4　分見《論語·八佾》《墨子·明鬼》。

「王」為「帝」；其統治也兼論及地域，有了實際的和虛擬的「大疆界」意
識——直到「四方」「中國」概念的產生。[1]

　　由上所述，可知部族時代最重大的事件，莫過於人口的流動和諸部族
的聚合。這種情形非獨發生於今日中國大地範圍之內，而是一種世界性的
現象。如加瑟人（Kassites）進入兩河流域，希克索斯人（Hyksos）進入
埃及，亞利安人（Aryans）進入印度等等，都是其中最著名的事件。20 世
紀人類學頗得力於這種遠古時代「動亂」情景的啟發，推動了「文化傳播
與擴散」學理的形成和發展。許倬雲先生對這一學理最為敏感，並由此成
功地運用於西周史，開拓出了新的歷史視域。

　　許倬雲先生自述說，在《西周史》中，他是以新出考古資料為據，兼
採傅孟真先生與錢賓四先生關於周人文化淵源及周人的遷徙路線，認為在
岐下成為氣候以前，長時期的先周，還須追溯到與夏人接近的晉西南，然
後北遷，進入草原與農耕經濟的轉移地帶，所謂淪於戎狄，終於在避狄
難時，又南徙達岐山的周原。他之所以追溯到更遠的時代，是因為周人自
己的譜系並不以「周原」為起點，而且華北新石器時代的晚期，大型國家
正在形成，草原與農耕轉移地帶又頗因氣候（變暖或變冷）而有生態的變
化，凡此情況都會引發出族群移動及文化分合的現象。周人搬到渭水流域
之前，差不多已有 3400—3500 多年的時間，這時中國的氣候整個都在轉
變，周人曾經生活過的地區氣候也在轉變中。與此同時，也正是亞利安人
進入印度的時候。而周人的遷徙線索，現已獲得考古發掘資料的佐證。

　　這種文化分合的現象，許先生把它看作是「接觸→衝突→交流→融合

1　根據專家的考證，「中國」一詞，傳世文獻最早見之於《詩·大雅·民勞》：「惠此中國，
　以綏四方。」很明顯「中國」是與「四方」對稱的，故「毛傳」註釋說「中國」是指「京
　師」。在文獻中也有稱「國中」的，如《周禮·司土》：「掌國中之士治。」「鄭註」說「國中」
　就是「（京）城（之）中」的意思。至於實物證據，當推 1963 年陝西寶雞出土的一件青銅
　器，為迄今「中國」一詞見於出土實物最早的記述。此器名「何尊」（成王時器），銘文載
　曰：「……武王既克大邑商，則廷告於天曰：余其（將）宅茲中或（國），自之（此）治民。」
　說的是武王伐商勝利後，定都於此。可見當時的「中國」僅指王畿之地。于省吾先生根據
　以上兩個重要證據，推論「中國」一詞的出現始於周武王。于省吾文載前引《釋中國》第
　3 卷，第 1515—1524 頁。

一整合」運動反覆進行的過程。我認為，這對認識上古中國歷史文化形成的特點，是一個極具開創性的重要史識——由此才能一通百通。[1]

我國近二十年來新石器時代考古的成績，已經顯示出它對「重寫中國上古史」的重大作用。在這方面，對蘇秉琦、嚴文明、俞偉超諸先生的相關研究成果，通史學界的關注、吸收還很不夠。現在已經看得到這樣的情景：在今日中國範圍內，各個地域先人的創業活動都十分活躍，真是「滿天星斗，八方雄起」。中國文化由中原向四方擴散的觀念已經被打破。東南西北四方，究竟誰先進、誰後進，都不容易輕下斷語。或者說各有特色、各有短長，似乎更符合實情。但是有一點還是不能忽視，在距今 5000 年前後，黃河流域地區部族移動和併合運動進行得最為頻繁活躍，這是其他地域所不能比擬的。人類學的經驗告示我們，凡是部族混合雜處最活躍的地區，文明的發展速度總是最快，也最具活力。因此，我直到現在，並不認為進到文明國家產生的時代，中原地區是先進的結論需要修改。它正是中國文化融合的核心地區，將來越滾越大。這與中國文化由多元融合而成的結論不僅不衝突，相反，正是更有力地支撐了這一論點。

進入到文獻所說的夏商紀年範圍之內，我想向大家推薦宋鎮豪先生最近出版的《夏商社會生活史》。[2] 我認為這是目前綜合考古、文獻和人類學志，對商王國情況所作的最詳盡的報道和研究。後面的論述得益於它所提供的資料，觀點卻有時仍不得不沿着自己的思路走去；如若有所誤讀或曲解，則全是我的過失。

先得申明，在上古歷史的有些問題上，我可能是一個極端的保守主義者。現在流行的方法，凡在文獻所說的夏紀年和夏人活動過的地域範圍內，出土的遺址均作「夏」看待，對此我持保留態度。例如二里頭遺址無疑從其發掘出來的總體情況而言，要比我們先前說的「城邑」更高級（宮殿、宗廟二組建築遺址，暗示此處當為國中之都），它可能是一個「王

1　許倬雲：《歷史分光鏡》，上海文藝出版社，1998 年版，第 5、6、7、169 頁。
2　宋鎮豪：《夏商社會生活史》，中國社會科學出版社，1994 年版。下引不再註明出處，僅在文後註明頁數。

國」的都城。但它是否就是傳說中的「夏王國」，我寧願追隨夏鼐先生之後，作孤立的「少數派」。我覺得總應該有一過硬的證據，證明此處確是「夏」。這似乎是一種嚴謹的科學態度所應該具有的標準。否則，為甚麼就一定不可能是別的甚麼「X」「Y」部族建立的「王國」？地層只說明時間，與前面文化層的相接，但並不能確指是「夏」。如若有一天發現了文字，即或刻劃符號，認出它的主人，還不算遲。假若以「夏」為一時間符號，是代表那段時間裏的遺址、遺物，也未嘗不可，但也得説明清楚。就像漢唐，某地域即或不在其版圖之內，仍放在這段王朝紀年內描述一樣，但要以不能讓人產生歷史錯覺為限（目前往往就是這樣含糊，似故意要給人一種錯覺）。我把這個看作有關「學術規範」的問題——也許言重了，但這是我的心裏話。如果有一天證明我確是錯了，那就應該做出深刻檢討。

據宋鎮豪介紹，甲骨文中邑的材料約略有 200 多條，金文中亦有一些。邑的規模有大邑與小邑之分（第 39 頁）。其中，目前已考出的方國約 51 個，方伯名 40 個（據〔日〕島邦男研究成果，第 108 頁）。金文中有族落地名或地緣組織名約 550 個，稱「侯」的諸侯名約 40 個，又有與其名相系的婦姓名 184 個，其中至少有半數以上的係取自族落名或自有領地名，可加於上二類，綜合計算所得，地方族落或基層地緣組織總數有 700 個上下（第 108—109 頁）。徐中舒先生據文獻（《史記·周本紀》《逸周書·度邑》）考辨，認為當周滅商時，接收的殷商遺族即有 360 個族氏及其族尹（第 96 頁）。我認為，即使憑現在掌握的這些數字（應該説這些多數與商關係都較密切，進入了商國王視野之內的），以商王為共主的方國聯盟或聯邦的圖景亦已呼之欲出了。我猜想，360 個族氏，很可能是商核心「部族」的下屬族氏，還不是與之「聯邦」的其他「部族」，例如周「部族」以及原臣屬商而後與周聯盟滅商的部族就不在其列。因此，商王國聯邦範圍內的部族與族氏的總數一定比這多得多，「方國」也絕不止 50 之數。

現在據許多專家的考辨，宋鎮豪歸納甲骨文中的「邑」大致有四大類：

商王都邑、方國都邑、諸侯或臣屬貴顯領地邑以及以上三種身份下轄之邑。

　　首先值得注意的是，商王都邑往往稱「大邑商」「商邑」（《尚書·召公誥》稱「大國殷」，《尚書·顧命》稱「大邦殷」，雖不一定為商人自稱，至少在獲得勝利後的周人嘴裏，它只是一個「大國」「大邦」而已）。這與其他方國邑以族氏名或地緣名命之並無二致，暗示它原先也是一個「部族方國」，猶如「丙方」存在於商中期至周早期，立國 300 餘載，其都城即稱「丙邑」（在今晉中靈石，其附近還有「並方」「黎方」及其相應方國都邑「並」「黎」，亦可見有些方國並不大，僅今山西就有許多邦國）。「大邑商」，時而也稱「天邑商」「王邑」「中商邑」，這才凸顯出「（天下）共主」的特殊身份地位。

　　商王國有自己直轄的下屬邑，都城外第一圈稱「鄙」，第二圈稱「奠」（即甸，它本是由王國區而起名），至此都屬於「王畿」，也就是世襲執掌先是「國王」後來又是「共主」權力的核心統治宗族的居住區域（就像後世以蒙古孛兒只斤氏、女真愛新覺羅氏為核心的統治部族）。在此之外，就泛稱「四土」「四方」。「四土」的邊地又稱「四戈」，隱約説明這些方國與商王國具有「軍事同盟」的性質，既成了商王畿周圍的一道屏障，又勢必經常成為與攻商敵國發生軍事衝突的前沿，它們之間有「捍衛」與「保護」的相互義務，這類記載屢見於卜辭，已成通識。「四方」，由於「方」此時通用於「邦國」之代稱，更可推測與商王國的關係更鬆弛。陳夢家先生在 1956 年出版的《殷虛卜辭綜述》一書中稱四土、四方為「商王朝宏觀控制的全國行政區域」，這「宏觀控制」四個字用得妙極了。宋鎮豪也説：「當時尚不可能如後世有明確的國界線，也未必有所謂中央與地方政府間嚴格政體統屬關係……是建立在維持域外大小國族固有的地緣性組織基礎上的，是王權對諸侯或臣屬邦國的冊封、認肯，而不是調遣、改變或打破。」（第 27 頁）這與李學勤先生申言商周都是「統一國家」的説法，[1]

1　李學勤：《失落的文明》，第 107 頁：「有些人主張秦始皇第一次統一中國，這是不夠確切的，因為夏、商、周已經有了統一的局面，秦不過是在春秋五霸、戰國七雄的並峙分立之後，完成了再統一而已。」（1989 年）上海文藝出版社，1997 年版。

明顯存有距離，這也很值得注意。

其次，再討論「聯邦」體制內方國的地位。現在比較清楚的，大約有以下幾點：

（一）在四土、四方範圍內的方國（宋稱「臣屬諸侯」）也各有「臣屬」於他們自己的邑眾，而且各方國境內也有「都」與「鄙邑」之分，方國至少是作為一個完整的共同體仍維持原樣、相對獨立存在的。有的方國群邑之數也很可觀。

（二）這些方國歸附於商，其中為數不少是通過戰爭強制實現的，時附時叛，關係很不穩固。例如「龍方」，即是由商令「並方」征伐而被迫臣服的，因此才有「其既入邑龍」的記載。武丁時曾令「師般」率軍征伐「彭龍」（今江蘇徐州銅山縣）這一南方邦國，取得「三十邑」。據《國語·鄭語》，這個「大彭」即彭龍方國，後來也成了「商伯」。土方、舌方、鬼方、夷方等強悍的方邦就長期毗鄰而未被征服，犬牙交錯於其間。聯邦的範圍反不成整體，東突西收，隨機而宜。[1]

（三）政治性聯姻也成為「聯邦」組成或穩固的一種經常採用的手段。甲骨文中關於殷商王國與異族方國間的政治聯姻，屢見不鮮，均寫作「取」（直至雲夢秦簡仍作「取」），婦方所出的許多族名或方國名很生僻（如奏、禽、女卒、汏等等）。其中有娶於「干國」（今河南濮陽東北，商滅後遷至蘇北淮水流域，春秋時為吳國所滅），已屬偏南。方國「主動」者則稱為「氏」，此外也有強制性的，稱「呼」，跡同「勒索」。也有殷商為穩固其方國「遠附」之心，主動將本部族之女「氏」於某族的，如「氏女之周」（卜辭多有「周侯」「周方」「令周」載錄）。這一手法既來自氏族「情感正當性行動」的傳統（族外婚的延伸），也是一種人為的刻意泛

1　李濟：《殷商時代的歷史研究》。李濟先生引董竹賓先生的考證，舌，讀若貢，高宗曾與之有「三年之征」。後舌方不見於祖庚以下，而文武丁世又出鬼方，意即為舌方的更名，武丁亦與之征戰三年又九個月。在商的西北方。李濟先生對商征鬼方的戰爭情形，考證備述甚細，並認為這一事件對形成殷商乃至中國文化精神關係甚大。《釋中國》第 3 卷，第1729—1744 頁。

化（即「異化」為「沒有愛情的婚姻」），演化為政治結盟策略，兩周時代更將它發揮得淋漓盡致。但這多少説明當時還沒有後世那種中央政權對地方的「威勢」，必須出於雙方意願，類似於「契約」性的結合。因此這種關係不是絕對牢靠的，商弱某強，後者隨時可以置之不顧，如周之伐商。

（四）方國「邑」在各地考古遺址中多有發現，如山西桓曲、夏縣商代前期城址等，都證明方國顯貴家族集團居於邑內中心或顯要位置，聯繫墓葬，貴族集團特殊的政治經濟地位已無可爭議。方國與殷商在其各自的權力系統內具有貴族政治的特點，亦很明顯。不同的是，在殷商「聯邦」的最高層，商王也已吸收了許多親近方國的首領人物擔任「中央」職務，但從甲骨文中可以看出，他們也並還保持着對原邦國的統領權，幾乎可以看作他們正是以這種身份參與「聯邦」管理的。

貴族政治，並不意味着沒有一個核心人物，例如「王」「伯」主政，其中個別人物或因有特殊魅力（如武丁），或因暴虐獨斷（如商紂王），會越出常軌（故很容易被誤作專制的例證），但在正常狀態下，還是必須遵循貴族政治大事集體「協商」的制度，這就是呂思勉先生所説的「民主政治」的遺跡。《書經·洪範》：「汝則有大疑，謀及乃心，謀及卿士，謀及庶人，謀及卜筮。汝則從，龜從，筮從，卿士從，庶民從，是之謂大同。身其康強，子孫其逢，吉。汝則從，龜從，筮從，卿士逆，庶民逆，吉。卿士從，龜從，筮從，卿士從，汝則逆，庶民逆，吉。庶民從，龜從，筮從，汝則逆，卿士逆，吉。汝則從，龜從，筮逆，卿士逆，庶民逆，作內吉，作外凶。龜筮共違於人，用靜吉，用作凶。」要通過五道程序，以其規則（上舉有六種分佈格局，並非包含全部概率）定吉凶。這一點已為出土的甲骨文研究所證實。其中「龜筮」的分量最重，這是殷商神權在政治中的作用特高的最好説明，而「王」的意願並非具絕對性，亦昭然若揭，其中二項規則可以置「汝逆」不顧，仍視作「吉」。這類遺跡在世界人類學志和我國後世少數民族早期歷史中均可找到許多例證，最初國王的權力都還是有限的，貴族聯合議事的傳統保持得很久。至於個別國王特別強悍

暴虐，那往往是個人因素在起作用。[1]

在這一時代，商王國以中原地區為核心的「王國」聚合擴張運動，是最為典型，也是目前所知最多的，但絕不是唯一的。與此同時，東南西北也各有若干以強大的部族為「核心」展開的地域共同體聚合運動，成為某一地域的「中心王國」。可惜我們對此掌握的材料尚少，只能依稀感覺到，西周乃至春秋時存在的那麼眾多的「諸侯國」，其中有些可能就是由此前零零星星的「方國」逐漸發展而來的。

許倬雲先生專致於西周史的研究，但對殷商情況時有涉及，也頗可參考。他說商代的政治單位有兩種平等的系統，一種是地區性的邑，一種是親緣性的族。我理解後者的「族」，即是指商部族以及與商部族有密切血緣關係的族群，是商王國內部的「核心」。又說：西周據以興起的環境是一大群小的邦國，邦國內部的結構都離部落國家不太遠，有一部分可能從部落國家的酋長的權威正在逐步演化到國王統治的制度。與當時周族相比，商族統治的地區很大。在商王國的時代，這些族群有些是屈服在商王國的軍隊之下，可以強迫他們向商王進貢。因此西周滅商後不能不考慮如何有效管住這些地域。[2] 很明顯西周及其周圍邦國對商王國而言，聯盟關係是比較鬆散的，後來西周的「封建制」就是在商統治方略的基礎上進一步改善和發展。

根據商王國時期的社會體制，試作如下總結：

（一）商王國只是下列歷史運動的一個成功範例：在各個地域曾出現過規模不等的「大共同體」（如後來的「巴」「蜀」）。這種「大共同體」雖處在不斷擴展的動態進程中，然其結構外形一般維持着由核心（征服族）與外圍（被征服族）在承認「伯（霸）主」的原則下構成的一種政治—軍

1　胡厚宣有專文論殷王稱「予一人」或「一人」，並指其為最高的奴隸主頭子，意謂與後世之「朕一人」「天無二日」相似。然則又說春秋時期秦、楚、魯等諸侯亦有稱「余一人」，豈非自相矛盾？這最多只是說明其「國王」的自我意識突出。不聯繫其他政治實施狀況，「望文生義」，很難信服。何況直到《左傳·昭公七年》楚芋尹無宇還在說「天有十日，人有十等」呢？文見前引《釋中國》第 3 卷，第 1745—1766 頁。
2　許倬雲：《歷史分光鏡》，第 204、213、214 頁。

事性質的鬆散聯盟。只是核心經歷過許多次的轉移，也包括較大的方國一度為核心，而後被兼併，服從別的更強的方國為核心。中原地區的商王國無疑是當時幅員最大的聯邦「共主」。

（二）不同等級的共同體的權力結構都奉行貴族政體和貴族職位的血緣世襲制（兄終弟及制與父子繼承制相平行，嫡長子繼承制要稍後才確立）。較大的共同體實行數姓或一姓數氏聯合執政的體制（春秋時代又有復活重演，如楚之昭屈景三姓、晉之六家、魯之三氏，逆向推測，前此亦然）。顯要貴族在政治上的發言權，不容低估（如周公、召公、姜太伯等。後來的「共和行政」也是這種政治習俗在特殊情景下的復活）。

（三）權力結構在共同體擴展過程中呈現出由簡到繁的不斷分化的狀態，垂直等級層次增多，但基層組織仍保持家族聚落（邑）的基本形態。隨着行政控制幅度的增大，行政權力也開始分化，產生了與之相適應的權力結構與權力分化系統，王國中央權力系統正在逐漸發育之中，到殷商王國，已有一定規模（甲骨文已發現了許多商王國的中央官名）。殷商王國對其臣服諸屬國的承認，就是最早的「封建制」。[1]但它是不是也像後來西周那樣，在別的邦國地域內插進自己親手分封的「邦國」（即「封建親戚」），現在還不得而知。所以，我暫時還只得稱它為「封邦聯盟」。

下面，就轉入典型意義上的「封建制」——西周「封邦建國」時代。

西周王國：「封邦建國」制

從「部族國家」分合聚散的歷史運動的連續性來看，西周之代殷商，不過是中原最大「共同體」核心的再一次轉移。孔子說夏商周三代之間是「相遞損益」的關係，他着眼的正是中原文化體系具有共同性和相互繼承性的一面。

1　1979 年在岐山鳳雛村發現的周原甲骨中有「醋周方伯」（H11，82；H11，84），而周則稱商為「大國殷」「天邑商」，說明兩者之間是一種聯盟關係，而商對周的冊封即是承認其在西部為一方之長（誠之先生解「伯」即為「長」）。

但若從中原「共同體」體制的改革層面來說，殷周之間發生過重大的制度變遷和制度創新，王國維也是極具史識的。正是在嚴格的「封邦建國」的意義上，呂思勉與諸多史學前賢，都把西周看作「封建制時代」的典範時期。

西周對中國歷史的貢獻，歷來被高度關注的，至少有三項：一是宗法制，二是分封制，三是周公關於「德」的概念的發明。王國維先生特別注意第一項，我則想先從第二項談起。在我以為，從制度創新的角度看，第一、三兩項都是為第二項服務的。

「封建」的事情，推想起來一定比較古老。一個共同體人口漸多，就得有分支流衍開去，很可能每一分支也會立一疆界以示區別。這樣，大的部族國家內部自然也存在着一種類「等級」順序，但這是依血緣的「自然規則」進行的。這好比後來大家族的「分家立戶」，是一種自然現象。大約這就是後來「封建」的原始胚胎。

殷商王國在其「聯邦」範圍內，實行不實行自身部族的「封建」，現在還不好說死。但依據目前掌握的材料，大抵都是對別的邦國的「承認」，滿足於「臣屬」就可以了。稱「侯」稱「伯」者，或是商給予，或是自稱，都為顯要方國。估計在此之前部族國家的兼併，也是採取這種最少「制度成本」的簡便辦法。因其鬆散，沒有監督制約的機制，也就成為後來商王國眾叛親離、「孤立而亡」的一個關鍵。

有鑒於此，西周王國才有了我們所關注的嚴格意義上的「封邦建國」制。對這種「封邦建國」，歷來都是上古史研究的熱點。然而，能從宏觀態勢上提出新解，跳出舊說束縛，給人耳目一新感覺的，是許倬雲先生的《西周史》。

許倬雲先生特別強調西周原來只是僻處西方的一個「方邦」，最多只是稱雄於西隅的「方伯」，勢力、人口、原統治的幅員都不能與商比。但他也有商沒有的優點，就是反覆遷徙帶來的包容性，既接受商人的影響，又長期混合了草原部族、西羌邊人的特點。西周正是因這種混合體的特點，在打敗商人後，人少，要治理那麼人的國家，而明智地採取了包容性

極強的政策，對於舊日的敵人商人採取尊敬、合作的態度，對於土著也採取合作共存的態度。許先生給了這種政策以一個現代化的名詞：由周人與殷人舊族、當地土著「三結合」構建的政治權力體系。

確實如此。我們且不論商周生產力水平孰高孰低，從實際施政實績來看，周人明顯比商人更懂得「文明」的特性；「郁郁文哉」，孔子的好感不是沒有來由的。生產力、技術水平並不是甚麼時候都具決定性的，文化素養的高低，治理方略的明智不明智，從長遠來說，更是決定一個民族興亡的樞機。

從這裏也得到一個啟發，「共同體」亦即我們後來所說的社會制度的變革演進，作為特定的選擇方式，絕不會平地而起，往往多取之於已有的或外來的經驗資源，懲前鑒後，「有所損益」，積小變、漸變為大變。

史書所稱的西周「封建」，實際包含有兩類性質迥異的「封建」，[1]其內涵和作用不盡相同；西周的管理體制也比較複雜，需要細加條析。現分述如下：

（一）第一類，舊史不作為「分封」，而我認為卻是西周「封建」體制必包容的成分，這就是對原屬商而改入周「聯邦共主」體系的諸邦國的承認，也包括一些原還未正式「臣屬」於商者。據《周書·世俘解》稱「凡服國六百五十有二」，其數雖不可信，然亦證明確有其事。因為這是傳統的沿襲延續，不是西周創制的重點，故語焉不詳，後人已無從知其細節了。（司馬遷《三代世表》言：「自殷以前諸侯不得而譜，周以來乃頗可著。」）

但有一點必須說明，這一過程也並非都是和平地進行的，如齊國來到山東半島，遇到「萊人」的反抗，說明這一方邦當時還不買賬。更著者，如武王克商二年後病死，即有「殷（紂子武庚）、東（管叔）、徐、奄（東夷二邦國，族屬淮夷、徐戎）及熊、盈（皆東方嬴姓國，助商者）」等東方邦國聯合叛周的重大事變，終為周公討平。

_____

1　呂思勉：《蒿廬論學叢稿》「本國史提綱」，先生解釋「封建」有兩種情形，一是征服異部族，或使之服從，或更易其酋長；一是本族向外拓殖新建的。此意不拘舊儒之說，切合當日史實。載《呂思勉遺文集》，華東師範大學出版社，1997 年版，第 637 頁。

　　（二）第二類才是關鍵所在。這一類分封，其實在剛滅殷後已進行，即分封其諸弟管、蔡、霍三人於東方（「分其畿內為三國」，國名說法不一），共監殷後裔武庚；也有說初封尚有燕、許、申、呂諸國，其中呂後來改封於齊、燕改封於薊。

　　史載周公東征，殺管叔、平殷亂後，此類分封大規模進行（稱第二次大分封），封周公子伯禽於魯，太公子丁山於齊，康叔於衞，微子啟於宋，唐叔於晉，蔡仲於蔡，且營東都雒邑，安置殷頑民於此。其中魯得殷民六族、衞得殷民七族，宋繼殷祀。

　　這一分封格局，錢穆先生言之最得要領，謂「（由南之蔡）北繞而與魯、齊，以及於衞、晉，而宋人自在大包圍之中」，「魯、齊諸國皆伸展東移，其時燕亦移於河北，大約在齊、衞之間。鎬京與曲阜，譬如一橢圓之兩極端，雒邑與宋則是其兩中心。周人從東北、東南張其兩長臂，抱殷宋於肘腋間」。[1]

　　一些學者（包括錢先生）認為周之代商，是後進者征服先進者並為之同化的典型事例。我認為還需要具體分析。

　　周之實力自然比不上商，何況商之發展已建立在「聯邦共主」的基礎上，有數百年的經營，怎麼能相敵？但從部族的屬性說，它們之間又像是遊牧性遠未褪盡的商部族與農業較發展的周部族（許倬雲說的曾為草原部族，那已是很久遠的事了）的較量角勝。前者尚武，講求力勝，具排他性、侵略性；後者尚文尚同，終以智勝。從各方面看，徙處至渭河流域後的周人已非常講求實際，有農業民族務實的作風，較少衝動，深沉而莊重，具包容性。大概我國善於總結歷史經驗，「資治通鑒」的傳統，亦始於周。讀周初文告，似讀唐初《貞觀政要》，一脈而相承。

　　對以上所述「封建」，與殷商時相比，有以下兩點值得注意：

　　一是以同姓兄弟或姻姓親信所封的「諸侯國」已非過去承認的原有「邦

1　錢穆：《國史大綱》（修訂本）第 3 章。本小節所談分封事跡多據此章。商務印書館，1996年版。

國」，而是以武力為背景，在原有眾多邦國的地域內人為「插隊」進去，新建的「殖民基點」，很像是「摻沙子」。許宗彥先生即說：「武王克商封國七十有一，所可限於封土之制者唯此，而其封，取之所滅國與隙地。」且每一新「諸侯國」都是該地域的次級「統治中心」，有監臨督察之責，故稱「封建親戚，以蕃屏周」。這是鑒於殷商孤立而亡的教訓，遠較殷商統治厲害的一手，屬於周的創造。

但必須看到，分封出去的邦國，按「授民授土」的原則，仍是「有其土、田、人民」的地方實體，並實行貴族世襲統治，地方擁有實權。必須再進一步，到了由中央直接委派任期制官員——實行流官制，才有了真正意義上的中央集權制度。這也就是我不同意把商周說成「統一國家」最具實質性的分歧所在。

從歷史演進的角度說，進步也是明顯的。從這一意義上，我認為第二類分封既可以說是「聯邦制」的深化，也可以看作為向「郡縣制」過渡的一個中間環節。但地方由分權向集權轉變還需要新的歷史動因推動——必須「禮崩樂壞」，然後才有「天下定於一」。

二是繼續拓展其領有範圍。許倬雲曾指出：「這個以華北黃土平原為領域的大文化圈，也就是夏商兩代活動的範圍。周初分封各國，大致也在這個範圍內。成康時代，克殷已數十年，對這個範圍的控制已大體完成了，也因此封建七十一國的工作即在成康時代，此後不再有很多可以封國的空間了。」這裏所說的，是指嚴格意義上的「封建親戚」，範圍僅限於中原。

但還有另一面，就是西周承襲了商「聯邦」擴張的路線，繼續以武力為背景，迫使更多的邦國臣屬於它，進入它領有的文化圈內。這就是舊時所說的「拓展」。

這種拓展直到西周中期，大體對東北、西北不算成功，對南方最有成績，淮夷基本上進入周的領有文化圈之內。而對長江中游及四川一帶也不甚有效，遂使四川的巴、蜀及長江中游的楚能有發展為獨立勢力的機會。

因此，從總體而言，西周仍像當日殷商，「聯邦」鬆散的架勢仍在，雖然比商有所擴展，但周的新制度推行實施範圍也有限，大體中原已為其所

「統一」，還説得過去。所以呂、錢二先生都説過周是中國統一的「第一步」，亦即中國的統一先是從中原開始起步的。而今日有些史家卻一定要説商周中國已「統一」，無異把自己放到了當日商王或周王的意識水平之上——商周自己確有一個虛擬的「四方」、以己為「中國」的觀念，這就像以後清朝的帝王以為自己是全天下（不論華夷、海內海外）唯一的「中心」，都是一種虛誇放大的意識。

（三）西周王國首次具有了「中央權力系統」性質的制度建設。除上述「摻沙子」舉措外，另一項也至為緊要，便是擁有了「宗周六師」與「成周八師」（也稱殷八師）兩支屬於中央政權統領的「國家兵團」（為出土諸器多次證實）。它們雖然與後世的中央常備軍不可同日而語，但也可以説是它們的前身。西周王國的東征南進，靠的就是這兩支「主力軍」。特別是周公在東都建立的「八師」，募集的是殷遺民，頗不可思議。我很懷疑它並不是徵集殷地「邦國」的兵力（這不很危險？），倒像是收集失去邦國、無處可歸的殷遺族「散兵遊勇」組成的「職業兵」，頗有宋代「養兵消寇」，一石擊兩鳥的謀略。殷商除自己部族的兵力外，一般都是調別的邦國助戰，周除沿襲舊技外，確有制度創新。另外正像許倬雲指出的，西周中後期有內朝逐漸權重的新趨勢，一些職務地位上升，中央政府制度化的過程正在開始。

但是對這種「中央權力」的性質不宜估價太高。不用説原來獨立的邦國臣屬於周，實際上只是承擔了出兵助周、進貢朝覲義務，其餘仍自治其事。即使是直接分封的「親戚」諸侯國，受封的不僅是土地，更重要的是分領了不同的人群，即所謂「賜姓」「胙土」「命氏」實為「封建」的三要素，同樣是一個自成發展系統的地方實體。

每一封國也都有自己的「國」「邑」「鄙」的分級體系，逐級再分封下去。聚落（小邑）數十家至百家，仍然是邦國的社會基礎。不同的是，其中有的是新建立的居民點（隨分封而來的親信人群），也包容了原有邦國土著的居民點（邑或聚）。時間長了，該地域內部產生了相互溝通的族群衍變，地區之內因這種族群的融合，也逐漸具有了地緣政治的意義。因

此，到春秋，許倬雲稱「這些事實上已獨立的邦國城邑，均已是相當不小的領土國家」。到這時，連「共主」的名分也成了問題——但各封國內部卻是朝着自己的君主集權制方向演變。此是後話。

　　總之，西周政治體制明顯是二元，而不是一元的——中央與地方權力並存共容。這種政治的二元性，也表現如魯國即有周社與亳社的並存。所以從宏觀和通貫的角度，說西周是中國政制由地方分權向中央集權演變的過渡時期，也未嘗不可。這一點與西歐的「feudalism」不盡相同，有中國自己的特色和發展趨向。

　　（四）關於宗法制，論者已多不勝計。現在要討論的是與分封制的關聯。有些學者太拘泥細節，似乎這是一項獨立的制度。錢穆先生有一批評，針對的是王國維的《殷周制度論》，說殷人自庚丁後已五世傳子，至周初頗有立賢的跡象，如太王立王季、文王立次子發而捨長子伯邑考，只是到周公奉孺子而攝政，東征後才正式確定嫡長子繼承制的法定傳統（否則管叔之叛，就不好解釋）。故批評「王氏謂因先有傳子之制而始封建，未窺周人政治上之偉大能力所在也」。

　　「封建制」與「宗法制」本各有自身獨立的發展路線，前者是「管理聯邦」的方式，後者是核心部族內部的「管理方式」，到這時配套成一個系統，故錢穆先生謂「相應於周人此種軍事政治之推進者，尚有宗法制度，必三者並觀，乃可以明了當時之所謂『封建』」。

　　對「宗法制」政治上的功能，呂思勉先生《先秦史》論之甚詳。最要者為「然則一人之身，當宗與我同高、曾、祖、父四代之正嫡，及大宗之宗子，故曰：小宗四，與大宗凡五也。夫但論親族之遠近，則自六世而往，皆為路人矣，唯共宗一別子之正嫡，則雖百世而團結不散，此宗法之團結，所以大而且久也」。[1] 這是說周王室的嫡長子主祭其生之所自出而為全姓的總宗。分封至諸侯國的，在其國內為大宗，對周王則為小宗，卿、大夫亦準此規則類推。所以《詩經・大雅・文王》說「文王孫子，本支百

1　　呂思勉：《先秦史》「族制」，上海古籍出版社，1982年版，第280頁。

世」，相互維繫，本支不亂，故周人稱鎬京為「宗周」，大宗宗廟所在也。這是周人為保證其分封出去的同姓諸侯國能持久維護周「中央」權力的絕對至高無上性質的一項發明。

還有一點，許多人都沒有提及，宗法「百支」，其中每一支都可以通過婚姻而有「母黨」「妻黨」，則合「父黨」「母黨」「妻黨」三黨之數，不可勝計。大約在周人看來，撒下這麼一張疏密有間、尊卑有序的人際關係大網，足可以收「天下」於「國中」了，所以敢有以「中國」自居的雄心。

然而西周制度的創制者不知道事情還有另外一面，人的利害相較之心本出於私心的本能，本能遠較理性（宗法制也是一種理性的制度）的能量為大，「親親」未必能恆久地維持「尊尊」。政治從根本上說是一種以強凌弱的「勢利」之爭。這就是後來西周之名存實亡，「天下無道」，親戚之國互相攻戰，公族宗族骨肉相殘的深刻根源所在。沒有哪一種制度是萬能的、永恆的，西周「宗法制」就是一個典型事例。中國歷史上唯一有過的世襲貴族時代，正是靠貴族的自我殘殺而告消滅——自殺總比他殺更具毀滅性。

此外，需要特別指出的，「宗法制」遠不是西周王國全「聯邦」統一的制度，現在知道至少楚國、吳國都沒有實行。

（五）意識形態的創制，也是西周的一件大事。這是有鑒於殷商神權統治觀念的弊端而立意革新的，其功當歸於周公。宗法制度產生的一系列規則（禮儀），在當時也具有意識形態整合的功能，自不待言。周公還創造了「德」（從直從心，講求自我反省、端正心思）的概念，用以矯正「天命」的偏頗，實為先秦思想史上的一大發明。

務實的周人從殷周鼎革的重大事變中很快就體驗出了「天命靡常」的「歷史哲理」來，故曰：「皇天無親，唯德是輔」（《左傳·僖公五年》引《周書》，詞語不一定是原狀，但表達的意思是可信的，類似的多見於《詩經》，如「上帝耆之……乃眷西顧」「神之聽之，終且和平」）。關於「德」的內容，論者已多，具體的已不可得而詳，但無論如何不能說這是完全拋棄了神權觀念。「德」只是對「天命」的補充、修正，且與宗法禮儀相表

裏，開始了對「君權」進行規範性要求的探索，並為後來儒學所發展。

上述利用傳統的血緣情感，轉化為「習慣正當性」統治方式，創制「封建」以推進統一，連同周公「敬天保民」的「德」，將天命與人事巧妙地統一起來，都是西周對後世產生深遠影響的地方。殷周間為中國歷史上一重大制度創新時期，確乎如此，因此王國維的史識不可謂不高明。

由此也可知，西周時期，實在是中國歷史真正進入「文明時代」的關鍵。這裏說的「關鍵」，指的是後世中國特色的「文明」，其深基正是從這裏才真正地紮下了根子。

為此，我想再借太史公的三句話，對文化演進作進一步的申述，以增感觀。

附論：關於「三代」演進的一種文化分析

孔子很追慕遠古「貴族政治」的遺風，所以說「殷因於夏禮，所損益可知也；周因於殷禮，所損益可知也；其或繼周者，雖百世，可知也」。

相比孔子，太史公富有歷史動感，更看重變遷。他寫完《史記·高祖本紀》後，突發大段議論：「夏之政忠，忠之弊，小人以野，故殷人承之以敬。敬之弊，小人以鬼，故周人承之以文。文之弊，小人以塞（薄）。」

這段議論，頗值得細細玩味。幾番尋思，我覺得這裏面似乎潛藏着一部早期人類心理演進的歷史。太史公所說的「忠」「敬」「文」，正代表着直到西周之時，前後三種心理特質的相遞演進。

試說明如下：

按照文化人類學的精神分析，[1] 早期原始人群的心理特質相當於嬰兒期（口腔期），處在自我、本我與外在世界不相區分的「蒙昧」狀態，具有誇張妄想的強烈自戀傾向。氏族血緣群體內部，母子、父子的舐犢之情，子女對「原始母親」或「原始父親」的親情，看起來是發自內心的，忠心誠

1　　白德庫克：《人類文化演進之謎——文化的精神分析》，浙江人民出版社譯本，1992 年版。

悅。究其實質，這是一種要求無限「愛」與「被愛」的自戀性相互依賴。這就是太史公率先說到的第一種心理特質：「忠」。

擺脫原始採集，進入到狩獵時期，人類便出現類似第二期（「肛門期」）的兒童心理特質：內在壓抑的強迫症傾向。狩獵的經濟行為，既是「英雄主義」表現的絕妙舞台，但又必須仰賴群體合作才能保證狩獵的成功（圍獵）和個人生命的安全，人們第一次體驗到了心理內在的緊張：利己主義本能與壓抑本能的利他主義（服從群體的命令）構成一種張力。此時「忠」已經昇華為對「英雄父親——卡里斯瑪」的崇拜，在他們面前可以有一種壓抑的「屈從」——前提是我比你弱（生理的和心理的，體能的和經驗的能力）。

太史公所說的「夏之政忠」以及「忠之弊，小人以野」，我以為並不一定實指「夏」，它恰恰大致與採集、狩獵混合期的心理特質相似。試想，我們在遊牧部落歷史上，不是一再看到過對「原始父親——卡里斯瑪」式英雄人物的強烈崇拜，也見怪不怪地看到兒子們弒父取而代之的「野蠻」行徑？此類為農業民族所不齒的反「倫理」行為，屢見於匈奴、「五胡」、遼、金、元早期史，最典型的莫過於安祿山、史思明的相繼被殺（在華夏、漢族歷史上也不是沒有，特別是春秋時期）。

因此「野」是「英雄崇拜」時代的民風，即古賢所說的「以力相勝」。這時的利他主義「本能節制」的能力還很弱小，對「英雄」的「忠（即崇拜）」，就很容易演化為無秩序的「原始兒子」們爭奪「原始父親霸權」，一系列以強凌弱的殘酷內戰。這也就是弗洛伊德「俄狄浦斯情結」背後真實的歷史原型。為甚麼「忠之弊」，小人又會趨向「野」，由此也就可以得到通解。

再往前，發展為畜牧或遊牧部落之後，人類的心理特質又發生一次變化。這是因為該時期人類的心理強迫症的特質明顯得到強化。

據文化人類學家的研究，說是畜牧或遊牧部落，面對的勞動對象是鮮活蹦跳的活的生命體，後者被殺前的掙扎痛苦，最容易產生心理恐懼和自責（實際上後來的「贖罪」，就是這種「自責」的替代）。農業栽培部落

則與之大不同，他們面對的是生命力內在而含蓄的植物，人類從它們身上感受到的是有節律的和諧（生而死，死而生）；接受它的賜予，靜謐而神祕。因此，農業部族，「天人合一」自戀傾向明顯，而畜牧或遊牧部落則更多地帶有強迫症性狀，容易迷信鬼神巫術，宗教傾向強烈。

因此，我傾向於相信，早期殷商部族，具有許多遊牧部族的特點（是不是受西方部族的影響暫且不論）。這才比較容易理解商王國統治濃厚的神權主義色彩。

按文化精神分析的研究，原始巫術或宗教都具有「昇華」內在壓抑性強迫症的「醫療」功能──包含有「贖罪」與「自殘」的內涵。遺憾的是，我們能據以追憶「蒙昧」和「野蠻」時代的材料，包括商王國時期「原始宗教」的細節，都已喪失殆盡，後來又被「文明」化為「三代模板」，更是假而又假。即使如此，我們仍然能夠從發掘出具有恐怖、威嚴的半獸半人的「面具」、祭壇、人祭，以至商史傳下來諸如剝皮、抽筋、挖心、炮烙等殘留的細節裏（無不與宰殺動物行為類似），捕捉到一些信息。

所以，我認為，「殷人承之以敬」，這「敬」就是類似原始巫術、宗教性的「威懾」，是用以壓抑節制「衝突本能」的心理機制，具有強迫症的傾向。附帶說一句，商人酗酒，我以為與「巫術」的宗教行為也不無相關，這只要從「薩滿教」就可以類推。「敬之弊，小人以鬼」，說的是過分迷信「鬼神」，失去理性的判斷，造成商王國的分崩離析，以至敗亡。這在周公為代表，後繼者周人總結商亡教訓的重要文告裏反映得非常充分。

到此，就可以接到「周人承之以文」的話頭了。從文意的邏輯上，至少知道，「文」是對「敬」的否定，猶如「敬」對「忠」的否定，即對過分迷信鬼神的一種否定。這也就是周公「德」概念提出和制定一系列禮制規範，「郁郁乎文哉」的歷史背景。已如前述，不贅。

至於「文之弊，小人以塞（薄）」，那就是東周時「禮崩樂壞」「人情澆漓」情景最妙的點題。留在下一專題「大一統帝國時代」歷史背景敘述時再行議論吧！

〔〕 三 〔〕

大一統帝國時代

　　秦始皇統一六國，隨後悉廢封國，改為郡縣，並宣稱「乃今皇帝，一家天下」，「六合之內，皇帝之土。西涉流沙，南盡北戶。東有江海，北過大夏。人跡所至，無不臣者」。全國設置 36—48 個郡，縣、道 1000 個以上，[1]「封邦建國」時代結束。中央集權體制的大一統帝國終於崛起於東亞。[2]

　　公元前 221 年作為時代的界標，不論過去、現在或將來，所有學習歷史的人都會記住這個年份：中國「大一統」時代的開端。

　　從這以後的歷史，與我們貼得越來越近，有一種似乎觸摸得到的感覺。但我們已經不可能再像 19 世紀的譚嗣同那樣，為「兩千年之政，皆秦政也」而憤激不已。百年來認識上的種種反覆，都教會我們，冷靜清醒地「認識自己」，知其「何以如此」，要比簡單否定過去，邈然與已往歷史決裂更難，但也顯得更為緊要。

　　這使人會不由自主地想到差不多貫穿近一個世紀的「中國封建社會長期停滯問題」的討論。這場討論始於 20 年代，屢起高潮，至今未息。讀黃仁宇的一系列史論專集，就感覺得到今日我們也還不能擺脫這一情結。儘管他使用的語言（例如他反對「封建」一詞貫通到底）與觀察的視角（重管理技術層面）並不相同，但仍是想回答中國何以不能順利地由「中世紀」

1　初置 36 郡，出《史記·秦始皇本紀》，《晉書·地理志》列載其名，史無爭議。後拓展調整之數，嚴耕望主全祖望 41 郡說，並說「以郡統縣，縣有蠻夷者曰道，縣道總計一千以上」。參見《中國地方行政制度史略》，載前引《釋中國》第 3 卷，第 1496 頁。譚其驤先生考訂終有秦一代，前後可能設置過 48 郡，其中 46 郡肯定存在。參見《長水集》「秦郡新考」，原載於 1947 年 12 月《浙江學報》第 2 卷第 2 期。這一說法現為史學界多數人接受。
2　「大一統」一詞始於何時，我未曾細加考證。有關始皇文獻，似未見涉及。猜想要到西漢。董仲舒即對武帝明言：「《春秋》大一統者，天地之常經，古今之通誼也。」載《漢書·董仲舒傳》。董說出於《公羊傳》對魯隱公元年「春王正月」之傳疏。

轉向「現代」。我們不難看到，討論所指目標都集中於秦以後的中國社會及其基本體制上。

當年金觀濤破門而出，檢閱了上述成果，稱這個問題類似「斯芬克斯之謎」，並一眼就發現史學界實際上是陷進了一張因果反覆循環的「大網之中」。[1] 例如持專制主義統治與持小農經濟結構的各為一派，都說這才是造成「中國封建社會長期停滯」的最基本的原因。試問：是「專制主義統治造成了小農經濟的落後」對，還是「小農經濟落後使專制主義得以長存」對？這不成了「雞生蛋」還是「蛋生雞」？

能不能跳出這張「大網」？我看也難。當金觀濤說出「斯芬克斯」時，其心裏的潛台詞已經包含着不敢自信的意思。事實上，「超穩定」說也常被質疑駁難。很有意思的是，黃仁宇也發出了同類的感慨，不過這回他換了一個典故，稱其為「潘多拉魔盒」（《放寬歷史的視界》）。他的「在數目字上管理」，也只是執其一端。

歷史會不會就是這樣一張斬不斷、理還亂的「大網」？歷史本來就因果相續，環環相扣，亦因亦果，非因非果，像莊子或佛家說的那樣？如果這樣，那大可不必為無窮的猜測煩惱——我們還得不斷猜下去。試着理解就是史學永不衰竭的一種樂趣。

這時我想到了黑格爾的一句名言：「存在就是合理」。甚麼時候對歷史的設計成功過？運動就是一切，過程就是一切。

就像「大一統」，秦始皇實現一統中國之時，肯定沒有想到過：大固然有大的好處，但大也有大的難處。大了，必須「統」，不統就神散形亂；大了，就難「統」，統死就生氣全無。這「統」字是門大學問，裏面有內外的應對、上下的應對，糾纏不清的華夷之爭、中央與地方之爭、集權與分權之爭，更深的還有秩序與自由之爭、人己之辨等等。

兩千年來的中國，「摸着石子過河」，分分合合，收收放放，修修補補，

1　金觀濤、劉青峰：《興盛與危機——論中國封建社會的超穩定結構》，湖南人民出版社，1984 年版。

為了做好這篇大文章，費盡心血，試盡了多少種法子？你能説那個法子當時就沒有道理？能説我們今天就已經擺脱煩惱，找到了十拿九穩的法子？

或許正因為這樣，歷史才有值得咀嚼的味道。

由列國紛爭走向大一統

漢承秦制。自漢而後兩千年，國家控制方略時有變易，由秦開創的大一統體制則一脈相承，分久則必合。然追究秦制，由涓涓之流匯成江河，實為春秋戰國社會變遷的集大成者，其變亦由來已久。

秦亡後六年出生的賈誼，在檢討秦興亡的名篇《過秦論》裏就説過，秦統一六國的功業，乃是「奮六世之餘烈」，非始於始皇一代。

相比起賈誼，顧炎武要追溯得更遠些。他説：「春秋時猶尊禮重信，而七國則絕不言禮與信；春秋時猶宗周王，而七國時則絕不言（周）王矣；春秋時猶嚴祭祀、重聘享，而七國則無其事矣；春秋時猶論宗姓氏族，而七國則無一言及之矣；春秋時猶宴會賦詩，而七國則不聞矣；春秋時猶有赴告策書，而七國則無有矣。邦無定交，士無定主，此皆變於一百三十三年間。史之闕文，而後人可以意推者也。不待始皇之併天下，而文武之道盡矣。」[1]

顧炎武是從社會風氣看變遷，着眼於春秋以來「封建」禮儀的喪失。133 年，他是從《春秋》終篇算到六國稱王之年。「六國稱王」，在舊史家看來，確實是乾坤倒轉的「大世變」。[2]

上面兩位古賢説得都不完全。商周「封建」體制轉變為秦「大一統」體制，雖然不能與「傳統」體制轉變為「現代」體制相提並論，但在一點上卻有相似處，即兩者都不是局部的、一事一項的變遷，而是由一系列相

1　顧炎武：《日知錄》卷 13「周末風俗」。

2　秦以後，分裂時期各國亦類稱「帝」，頗似「六國稱王」情態。如「五代十國」，除南平始終稱王，餘則皆稱「帝」，實則不過類似唐末時的一節度史而已。但有一點是可以注意的，分裂各國仍是各自範圍內的「一統」的「中央集權體制」，很像原來的大「中國」裂變為許多個同質同構的小「中國」。所以後來很容易重歸於統一。此點在中國歷史上實在非常之緊要。

關性變遷運動構成的一種大變局。這不只關係着治道、政術、教化，更關係到政體，亦即國家根本體制的大變局。我們完全有理由把它看作為在中國傳統社會的範疇內，最為深刻的一次具時代轉折意義的變遷。

這種變遷的特有情味，可以通過下面的事實得到應驗：「百家爭鳴」這樣的思想開放，只有這一次；戰國至秦這樣上中下「渦流式」的社會變動，也僅此一次。它們在以後長達兩千年的時段內再也不曾重現過，直到近代社會變遷開始。

今日我們若更為宏觀地來看，西周「封建」的蛻變，一開始就植根於體制內中央集權與地方分權的二元對峙，彼長此消，演變到春秋時代已經不成模樣。秦的「大一統」體制，正如「百川異源，皆歸於海」，它是會聚八百年的小變、漸變而終成大變局。凡是歷史上的大變局也莫不如此。

對這次變遷的情節，各種「通史」都給予高度關注（變遷的性質又當別論，現在多數仍以封建制代替奴隸制定性），重要環節都不會有大的遺漏，至多詳略不一。除前數次提到的呂思勉專著外，新出的白壽彝總主編《中國通史》第 3 卷，從官吏制度、郡縣制度、封君制度、俸祿制度、上計制度、戶籍制度、財政賦稅制度、爵秩等級制度、法律制度、軍事制度等十多個方面，備述了戰國時期變遷的細節。[1]白壽彝新編 12 卷本《中國通史》，前後甚至一卷之內觀點都不盡一致，這是「大集體」編寫難免的通病，但從綜合晚近各種研究成果的角度來看，頗可參閱。另外，比較忽略海外華人學者的一些重要研究成果，也是該書的一個缺憾。

總而言之，以周王「共主」地位喪失、「聯邦」體制解體為主要標誌的社會變遷，是諸多因素的合力促成的，其中長期的兼併戰爭與各諸侯邦國內部的各種權力鬥爭，都起着助燃爆破的作用。其重要關節大致有三：

一是列國的區域開發和地緣政治的拓展。

在講述這一問題之前，先得說一下有關區域發展與統一的關係。

與舊史觀不同，現在已經有越來越多的證據，說明中國的歷史發展同

1　徐喜辰等主編：《中國通史》第 3 卷（上冊），乙編第 5 章，上海人民出版社，1994 年版。

樣是多元的綜合。中國歷史不支持「一元起源論」。考古發現逐漸顯示，中國文明的起源絕非純粹是由中原向四處輻射的結果，相反四周也不斷地為中原的發展提供活力（魏晉南北朝那一次最為典型），兩者反覆互動，取長補短。因此，「統一」是一種長期的歷史運動，每一步發展都離不開各區域自身的發展。

　　商、周在由各區域發展整合為「一統天下」的歷史長途中，無疑是重要的兩站。但還是應實事求是地估定它們所涉的地域，用「統一」的長鏡頭給它們準確的定位。

　　首先，商周王國的自領區域跟與其聯盟的區域不是一回事，後者實際是地方自治的。再進一步說，即使就聯盟所涉的區域而言，也有一定的範圍，不能隨意放大。據現有的考古，商人曾到達過的地方，其東境最遠也只到今濰坊以西，西周才擴展到整個山東半島。[1] 從《中國文物報》獲悉，轟動一時的江西新淦大洋洲商代遺址，經長達九年的整理研究，終於以《新淦商代大墓》專著形式面世。著者認為「大量實物資料證明，商代贛都地區有一個大的政治集團，這裏的文化發展至少與中原相當，是一支與中原商文化並行發展的南土方國文化」。我覺得，這一結論比之「統一論者」更接近歷史實際。著者沒有明說，在我理解所謂「並行」，就是它尚未進入商聯邦的視界。[2] 南方究竟最遠到達哪裏，是不是跨過了長江，還需繼續尋找充分的實證，但四川與長江中游的巴蜀，西周時尚未到達，到了秦統一戰爭後才進入秦版圖，這是顯而易見的。相反，東北遼河流域以及中原北境，卻一直是商周及商周以前古部族交叉活動最頻繁的地區，它們很早

1　　欒豐實：《海岱地區考古研究》，山東大學出版社，1997 年版。1997—1998 年《中國文物報》發表了一系列討論「山東商代文化」的文章，其中有徐基：《山東商代考古研究的若干問題》（4.15—5.27 分四期連載）、任相宏：《從泰沂山脈北側的商文化遺存看商人東征》（1997.11.23）、張學海：《史家遺址的考古收穫與啟示》（2.4）、張國碩：《史家遺址岳石文化祭祀坑初探》（5.27）、《商王伐東夷事件之考古學佐證》（2.4）、劉延常：《濰坊會泉莊遺址考古發掘的意義》（3.25）等，都程度不同地提出商代東擴的範圍還有待繼續探索，並提出如何看待當地土著文化的長期性，以及商文化影響的估價問題。
2　　參閱彭明翰：《南方商代文明的新篇章》，《中國文物報》1989 年 8 月 12 日。

就與中原部族的活動聯結在一起。但這裏的分合無定的狀態也最嚴重，一直延續到秦漢以後。

回到西周「封建」各諸侯國，它們實際是包含着宗族血緣與區域地緣二元因素的混合體。各諸侯國之內，都有不同部族的土著方邦居住；三晉地區，更是長期與狄戎諸族交錯雜處。那時究竟有多少部族邦國，很難弄得清楚。《荀子·儒效》說西周「兼制天下」共 71 國，這是指大的邦國；而《呂氏春秋·觀世》則說有「封國」400 多，「服國」800 多。呂思勉先生在好多地方都說，準確的數字恐怕已不可而得了。

從西周建國到秦統一，歷時八百餘年之久。當初封建的諸國經長期經營，農業發展、人口增殖都很快，二三百年後已非昔日面貌，更不用說入戰國後。西周以親緣化解、融合地緣的政策非常成功——「同姓不婚」的族外婚制成了特異的黏合劑。在每個以大國為中心的區域內，接觸—衝突—交流—融合—整合的過程走了一圈又一圈，到戰國時期，以大國為核心，若干區域地緣政治的特色已十分明顯。春秋時代大約有一二百個邦國，經過不斷兼併，到戰國初年見於文獻的只有十餘國，大國僅七。[1] 不說大國，就以魯國為例，為其兼併而為附庸的，史載即有項、須句、邾、鄆、鄟、卞等小邦邑，[2] 它們都已經整合進了統一的魯文化圈。

從春秋戰國倒過去，反看清楚一個問題：不管西周建立初有多少邦國，邦國之內、邦國之間都存在有不小的空隙地帶。那時的人地比差很大，人少地多。由國君直接管轄的郡、縣，其中不少便首先是在邦國內空隙地帶或邦國與邦國之間交界的空隙地帶設置的。[3] 這就是區域人口和地緣經濟發展的標誌。郡縣與原來的封邑不同，官員都由國君直接任命而不世襲。

1　呂思勉：《先秦史》。據《公羊疏》《左傳》《晉書·地理志》《列國圖說》《春秋大事表》等書參酌，認為春秋時在 200 國左右，而見於《春秋》《左傳》者也只有 50 餘國，其他均已失載。參上海古籍出版社，1982 年版，第 150—151 頁。

2　劉寶楠：《論語正義·季氏篇》引趙佑《溫故錄》。

3　許倬雲先生指出「中國的移民形態是填空隙，而不是長程移民」，極富識見。因此，在中國，即使上古時期，基層鄉邑也仍是地緣與親緣相結合的，異姓同住久了，與原土著也就有了親緣的關係。見《歷史分光鏡》，上海文藝出版社，1998 年版，第 203 頁。

「大一統」就是這種地方行政系統「制度創新」的推廣和全面實施。[1]

　　但對於大中國的統一來說，歷春秋戰國 550 年，巴蜀對四川地區的統一、楚國對長江中下游地區的統一、吳越對東南沿海地區的統一，三者意義最大。如此到秦統一，「中國」不僅已入川，且越過長江而進至珠江流域。但也應該說清楚，秦對後兩個區域的整合程度遠不能與中原、河淮地區相比——「楚雖三戶，亡秦必楚」豈偶然哉？

　　總之，秦的大一統建築在諸國各自區域統一的基礎之上，是沒有疑問的。

　　二是貴族階級「自殺性」的內爭。

　　「大一統」與「封建制」最鮮明的區別，就在於以流動的官僚制代替世襲的貴族制，封國盡變為由中央任命的郡縣職官來治理。從此，嚴格意義上的貴族在中國不復存在。它對中國歷史未來的走向，其意義絕不可低估。

　　封建宗法制度，嫡長子繼承法則固然有穩定程序的作用，但使權力系統缺乏更新競爭的活力，也潛伏着日後的繼承危機。各級貴族，特別是諸侯國君素質的下降與腐敗成風，遲早會動搖統治的「合法性」，庸弱者不勝其職，強悍者不安其位。為着經濟和政治權益資源的再分配，貴族階級內部將一己之私利置於「名分」之上，甚至不惜「引狼入室」、援用「外力」，權力鬥爭自春秋起即持續展開。結果，誰也沒有想到，正是貴族階級無意識地自壞規則，自掘墳墓，導致變局的發生。

　　典型的事例恐莫過於晉國，史家多以三家分晉為戰國開始的標誌。公

1　　呂思勉：《先秦史》第 13、14 章對郡縣由來考之甚詳。特別需要注意的是，先生指出西周的制度本有「縣內諸侯」之名，縣是直隸國君的。新制度往往由舊名稱異變而來，「縣」也是一個例證。另據嚴耕望《中國地方行政制度史略》考據，秦早在武公十年、十一年即有設縣的記載，時為公元前 688—前 687 年。郡之名亦早見於春秋時，見《國語・晉語》夷吾對秦公子縶語。因此歷來說秦是仿照晉行郡縣制不確。秦的許多制度創新，被說成由晉移植過來的傳統觀點，看來有問題。不止這一項，另外說楚無「郡」名，亦不確。《史記・春申君傳》載楚王賜給他「淮北地十二縣」，十五年因「淮北地近齊，其事急」，春申君向楚王提出在此設郡，並以上述 12 縣「獻之」，得到同意。這條史料再次證實不少新設縣、郡近邊境，屬於向外開拓的地區。這是目前見到的以郡統縣的最早記載，時在戰國中葉。新出白氏《中國通史》第 3 卷沒有吸收耕望的考證成果，不應該。嚴文載《釋中國》第 3 卷，第 1494 頁。

元前 746 年，晉文侯卒，子伯立繼立為昭侯，昭侯分封其親叔成師於曲沃，號桓叔。曲沃的城大於晉都邑絳（翼），內亂之禍早有預兆。其間經歷了四代「同胞」相互弑殺，歷時 67 年內戰，曲沃武公「名不正」地獲取了晉國國君的名分。其子獻公繼位後，即重用異姓卿大夫，驅逐諸公子和桓莊之族。但此後晉國長期不得安寧，圍繞國君的政變層出不窮。為對付自己世族內部的政敵，每一新立的國君無不用弑殺公族、援引卿大夫的手段（「廢公室，裁世族」）以求穩固其權勢。晉國公族勢力就在自殺中衰微，以致有「晉無公族」之稱，造成六卿坐大。接着六卿內戰火併，一批強宗世卿亦被消滅，終至三家分晉。一個封建制的晉國演變成了三個君主集權制的新「領土國家」（許倬雲語）：韓、趙、魏。而後三晉常為制度變革的先鋒，故法家亦多三晉之士。與此相似的，即為田氏代齊。秦、楚與中原諸國不同，君權一向比較高，似乎部族時代「父權（家長）制」的傳統比中原濃烈。

　　許倬雲先生對貴族階級在殘殺中沒落、被消滅，以及東周以來的社會各階層變動，結合戰國官制變革做過翔實的考證，且用了數量統計方法，演示其變化軌跡，主要論點可參閱《歷史分光鏡》相關內容。其結論值得注意：「戰國的社會結構，與春秋不同，已經逐漸抽去了世襲貴族一層，剩下的只是君主與被統治者兩橛，沒有中間許多階層的逐級分權。」[1]

　　各國情勢雖各有不同，但總體而言，東方六國的高層權力都呈一種由上而下滑落的態勢，導致卿大夫專政、「政在家門」。時局就像孔子所描述的「禮崩樂壞」，沿着「天子—諸侯—卿—大夫」路線一步一步轉移。上層的無能與下層的僭越相互激盪，通過一系列內外交攻的政變（這一時期政變特別頻繁），「禮樂征伐」兩大功能逐漸由上向下轉移到強有力者手裏，貴族階級賴以生存的體制環境也就不復有效。各國都不同程度地朝着集權於國君的君主集權制方向發展。當時的趨向完全是不由自主地進行的，權力慾——像恩格斯説的「惡劣的情慾」——成了推動歷史發展的槓

1　　許倬雲：《歷史分光鏡》，第 46 頁。

桿。我有一種感覺，相比於後世，這一時期人們的野性尚未完全消失，自然競爭的勢頭正濃。因此，這一段時期，歷史的動感來得特別強烈。[1]

三是列國間的兼併戰爭。

隨着地區的開發與地方經濟的發展，各諸侯邦國的國力強弱不均，產生不平衡態勢。西周末的政治危機與東遷是先兆，春秋「五霸」時代的終結，更標誌着真正意義上的「共主」地位喪失。不斷自大的諸侯國已經戳穿「名分」這張「紙老虎」（張蔭麟語），不再恪守「共主」和尊卑有序禮制的不可侵犯性，並進而產生兼併的衝動，包括欲「問鼎中原」的楚國和僻處西陲的「虎狼之國」嬴秦。兼併與反兼併戰爭的新形勢，更加速了已腐朽的貴族階級的淘汰和新職官階層的崛起。各國出於富國強兵的動機，重用客卿，發展職官制度，以及實行徵兵制，推行軍功獎勵制度，成為推動新舊制度更替最重要的兩個輪子。

制度的創新是通過戰國時期一系列變法來實現的。其中，著名的有魏國李悝、楚國吳起的兩次變法，而秦國的商鞅變法，幾乎集成了各國已有各種制度變革的成果，組成創新系統，由此成為將來秦統一中國、創建全國性統一集權制度的母本。商鞅的出現，預示着歷史變革差不多已快到了水到渠成的前夕，只等待統一戰爭催生了。

商鞅變法的具體內容，已為大家所熟知。我想特別強調其中的兩項：

（1）新的職官實行任命制和俸祿制，既擺脫了血緣宗法制的直接干預，也掐斷了與地方政治經濟的直接相關性，成為中央權力系統的工具。與此同時，對世卿世祿制也實行以「軍功」論取捨，作為一種過渡，直到最後自行消亡。

（2）實行郡縣制，並逐漸推廣，以取代原來的分封制。秦國的設縣、郡看來都不全是學六國的（參見第 69 頁註〔3〕）。秦國本無封建制（封

1　呂思勉先生在《中國政治思想史十講》中說得很淺顯明白：「但是進到封建時代，還是不得安穩的。因為此等封建之國，其上層階級，本來是一個喜歡侵略的民族；在侵略的民族中，戰爭就是生利的手段。」這裏的「戰爭」，既指對外兼併，也包括內戰。參《呂思勉遺文集》（下），華東師範大學出版社，1997 年版，第 12 頁。

邑乃是食租稅），因此朝君主集權制演變要容易些。在統一進程中，對被滅六國，取消封建代之以郡縣，更是順理成章。

由此想到，如果沒有秦統一戰爭這種特殊的歷史手段，東方六國封建向郡縣的過渡，扭扭捏捏，恐怕還要拖好幾代時間，才能慢慢完成轉型。在這裏，我們再一次體驗到了所謂「惡」的歷史作用——戰爭，這一為人類良知所不容的殘暴行動，卻常常有幫着實現轉換歷史場景的作用，真叫人哭笑不得。

秦的統一只是「大一統」的始點，而不是終點。在中國歷史上，整個的統一運動非常像滾雪球——現在我需要稍作修正的是，這種雪球不是一個，而是好多個，東南西北中都有——但相當長時期內，中原始終是最大、最有活力的一個。商周時期形成的「華夏」，是「中國」這個大雪球最早的核心。「中國」的概念也是在這裏率先形成。

今天的中國，正是「華夏」用中原這個大雪球滾合了好幾個區域的雪球，歷秦漢、隋唐、元明，直到清雍正、乾隆年間基本完成，才成其為「大中華」。而且還須注意到，在我們講述的傳統社會範疇內，即使後來經濟重心向南方轉移，但政治中心還始終在北方。

因此，今天作為一個統一的民族國家，中國是經歷了很多歷史階段才逐漸成為這樣的規模。它是多元部族文化和多元區域文化長期融合的結果，是一個動態的長過程。唯其如此，在這五千年裏，不斷有新鮮血液的加入，不斷有民族融合的高潮。其中以商周之際、春秋戰國之際、魏晉南北朝、宋元之際和清前期為最著，至少有過五次高潮。作為這種歷史運動的總結果，統一的民族稱謂看起來還是應該稱「中華民族」。

就說今天人口最多的「漢族」，本身也是一個不斷混合的民族，其原來的核心則是西周時自稱的「華夏」，但「華夏」本身又是由先前許多部族（所謂東夷西夏等）融合成的。秦漢後，又融合了許多部族進來，也不再是「漢」朝時的那個「族」的原樣延續。我自己是蘇南人，或吳或越（故鄉正處於吳越交界處），但我不敢肯定我的祖先就一定不是從北方來的，就沒有「胡人」的血統。

「大一統」的歷史鏡像

前面講的都是事實層面，它是如何一步一步走過來的。但是，史家一般不會到此滿足，總喜歡追究何以會如此，難題也就出來了：中國為甚麼在兩千年前就進入「大一統」，而這「大一統」體制又能延續兩千年？

正像大家已經知道的那樣，這一問題有許多試解的答案，都有些道理，但也都有被反駁的地方。特別是前一個問題，我不敢說，現在有哪個可以被認可為「標準」的答案。後一個問題更容易把結果與原因絞合一起。有些明明是統一功能的顯示，如全國性的交通網絡（包括運河）、大灌溉工程、區域市場間的溝通、全國性的救災賑濟等等，卻都被當作了「統一」的前提，真是一團糨糊。

相比起歷史發展需要、人民群眾要求之類虛的說法，地理環境似乎更容易為實證的史家首選，且具說服力。例如中國是個內陸國家，四周基本封閉；大河流域，水利灌溉的需要；季候風的影響，水旱災害頻仍，救濟的需要，等等。

其中以「水利」說影響最大。魏特福格爾的說法在西方被廣泛接受，連李約瑟也接受，我國史學界中相信的人也不少。後來有人反駁，水利灌溉工程出現得晚，實際秦才開始有，西漢漸成規模，說是「大一統」的「因」，毋寧說是它的「果」反恰當些。何況有些人工河的開發，是基於軍事政治的目的。黃仁宇後來改強調「防洪」（排水、泄流），並在春秋史事中找到不少例證，就是補前面的史實漏洞。季候風的影響，也是黃仁宇加上去的。這既涉及救災，也關聯到北部遊牧部族不斷的南侵，但也明顯有倒果為因的嫌疑。[1] 至於內陸一條，前幾年「文化熱」時，大談「海洋文化」與「大陸文化」，其說即出於此。實際這一觀點在 20 世紀前期中西文化討論時就已經流行。近年來有人以東部沿海新石器文化為例，說中國也有

1　黃仁宇：《放寬歷史的視界》「明代史和其他因素給我們的新認識」，此書其他文章也多有提及。

「海洋文化」，而且中國文明起源也極有可能是由東向西發展的，其源頭在東部沿海。總之怎麼說都有疑問。

這個問題放大到中國之外，也有許多說不通的地方。例如印度有兩條大河，除西北一個口子向中亞細亞敞開外，其餘均呈封閉狀態，卻是長期不能統一，地方間的割裂性很強。兩河流域由部族國家走向聯盟、走向統一，與中國也很相像，但那裏就沒有出現中國式的中央集權，中央與地方之間不容易保持和平與持久的平衡，地方城邦的權力很大，城邦始終有獨立自主的特性。只有埃及尼羅河流域出現過內部認同性很強的一統局面，但又經不起外來的衝擊，新巴比倫王國為波斯帝國所滅。今天的埃及已經是兩河的後代，而不是古埃及的後代。許倬雲先生對此發表了不少中西比較的議論，可參閱《歷史分光鏡》有關段落。[1]

這樣討論下去有沒有盡頭，我不知道。是不是可以轉換一些角度，不是從「前提」，而是從「過程」中去觀察問題呢？我總認為事在人為，路是人慢慢地走出來的。歷史是積澱而成的。我不知道這可以叫甚麼「史觀」，反正我感覺反比較合乎實際。

例如我就比較贊同許倬雲先生從人群聚合的角度去討論中國的統一進程。人群的流動、擴展與文化的傳播、整合，大概是上古時代普遍發生於早期文明所在地方最重大的事件。所謂「統一」本是一個相對的概念，看你站在甚麼角度說，可大可小。若東南太湖地區或四川成都平原有一個涵蓋面很大的共同體，不也是一種「統一」？但這種共同體組成規則可能是聯合型的，也可能是兼併型的。按約定俗成的規則，後者即完成了「統一」，即諸「多」而歸於「一」（故後來孟子說：「天下惡乎定？定於一」）。但歷史實際要比我們的界定複雜，許多較小的共同體可以長期孤立地存在，不與外界發生糾葛。這種「世外桃源」即使到明清也還有。即使因兼併組成一個新的更大共同體（產生「共主」），其中也還有個集權與分權的約定——大體的情形，先總是部分集權，慢慢將小共同體的權一步一步

1　許倬雲：《歷史分光鏡》，第 314—329 頁。

收上去，最後走到君主極權的程度。[1] 這一過程不是所有共同體都能走完，走到半途或滅或併，轉變到更大的共同體中去的是多數。其中造成狀態各種差異的原因，是綜合的、多因素的，也不排斥偶然的因素（包括自然災變）。但有一條是基本的，所有比較穩定的聯合或統一，都必須有經濟的、文化的乃至心理的基礎，同質性必須大大超過異質性。否則強扭的瓜不甜，總要爛掉的。

我覺得對中國歷史而言，最值得研究的卻是商周「四方」概念的產生。[2] 現在還沒有在別的區域發現過同類證據，暫且只能假定只有商周部族有此觀念（周是抄襲商人的）。

很明顯，「四方」是一種「以我為主」的方位概念，即自居為「中」，進而整合為所謂「五方」。假若以今天中國版圖的地理方位而論，我們對這個「中」不免會感到可笑——不明明居「北」？但以我為核心的「統一」意識卻就是從這裏產生的。

現在我們還不能確定商有沒有「中國」的概念，但從自稱「天邑商」也已經透露出一種「王者之氣」。西周是個關鍵。它比商聰明的地方，就是能以彈性化的寬容精神處理共同體擴大後的凝聚問題。在我看，這就是所謂文武之道，一張一弛，兩者兼備的精神。既逼你進入，但又給你自治，慢慢同化融化。

我想特別要補充説的，這種「中」的意識還具有虛擬的特性。「四方」既包含已知的，也包含未知的，外延是虛線，可無限延展放大。唯其如此，概念模糊性的好處，是極具放大的功能——直到「四海之內皆兄弟」。這一特性不言而喻，已成了兩千多年來中國人的集體無意識，因此從無人

1　最近，我國世界史學者在分別審視了東西方諸多上古國家的歷史實例之後，認為無論東西方，上古國家都存在過貴族制、民主制、共和制和君主制等多種成分；起自君主制和終於專制主義則是共同的歷史軌跡。參見施治生《試論古代的民主與共和》，《世界歷史》1997年第 1 期；徐松岩：《中西古代國家發展道路的同異》，《光明日報》1998 年 2 月 20 日。

2　關於商周「四方」與「中國」概念的產生，可參閱楊向奎《中國古代社會與古代思想研究》轉引胡厚宣《論五方觀念及中國稱謂之起源》《甲骨文四方風名考》，上海人民出版社，1962 年版，第 141—142 頁。西周情況，已在于省吾先生註中揭出，不另贅述。

再細細推敲。

　　現在要追究「四方」觀念又何以產生並接受為一種共同體的虛擬概念，一般說來「四方」是從對太陽運行的觀察而得。若如此，又怎樣演化為地域方位的概念？沒有實證，目前只能靠推測。

　　我以為，最先產生這種觀念的必是流動性很大的部族。只有在很大範圍內流動過的部族，見的世面多，眼界才寬，方能產生「四方」的概念。商具備，周也具備這個條件。若是這樣，蘇秉琦說商可能起於遼寧「紅山」（較早金景芳即主張遼寧說）、許倬雲認為周曾遠走北部草原，或許真「猜」對了。商多遷，周也多遷，似無問題。一些真的居住在「中原」長期不動的，如山東、山西、河南的土著小部族反不易產生這類宏觀意識。楚國後來眼界寬了，才生出「問鼎中原」的野心，也說明「中原」無「故主」。你可以，我為甚麼不可以？當然那已是較晚的事了。但也說明這個「中」的意識實際是很靈活的，富有彈性。

　　還有一層意思，或許大家都注意不夠，「五方」還是一個中國特有的整體性「世界模式」。細加推究，東南西北中為一個整體，而與「天」的概念對應，則這「五方」即為「地」的總和，故「土」為「中」。由此到戰國後，便逐漸發展出五行、三才（天地人）的思想。據此，我認為，「五方」的整體概念恰恰是從華北大區域內，農業部族同質而少差異的現實狀況中產生的。這裏是中國「世界模式」的母本。這就可以理解何以周人在岐下還只滿足於「西伯」的地位，取商而代之，立足於中原，就勃發出了「中國」的觀念。

　　太史公在《貨殖列傳》說：「昔唐人都河東，殷人都河內，周人都河南。夫三河在天下之中……」這「三河」，擴大一點說，即今天處於黃河中下游的華北區域。在這個大區域裏，考古業已證明，至少從距今六七千年前起，農業遺址的分佈面很廣，而且越來越密；區域內聚落遺址的不斷發現，更強化了這種印象，彼此的相似性是一目了然的。黃土農業的優越性就像何炳棣先生科學論證的那樣，使這個區域的農業面貌在全國處於先進的地位，人口比其他任何區域都稠密。遊牧部族進入該區域，不久也必

被同化為農業部族（商周都經歷過這種同化過程）。這就是一種向心力——或者說向心力就產生於當時相對先進的農業經營方式之中。在這樣同質性很強的區域內，「四方」與「中」的概念就比較容易產生。

這個「中」最後能不能落實到一點上？李學勤先生就把它具體定位到了洛陽。他引《逸周書·作洛》裏周公說的話為證：「乃作大邑成周於土中……以為天下之大湊」，這「土中」意即「大地之中」。他更徵引《周禮·大司徒》記載的用儀器土圭測量日影以確定天下之中的辦法佐證。具體地說，就是在夏至那天建立八尺高的垂直竿「表」，到正午時分，竿影落在「表」下向北伸出的度尺「圭」上，長一尺五寸，符合這個條件的就是天下之中。這樣的地點在哪裏？李先生說即在今登封告成鎮，古代的陽城（夏禹的都城），離洛陽很近。李先生還說，告成那裏現存的觀星台，相傳即是周公測景台故址。[1] 我覺得，包括太史公的話在內，上述所引典籍或許都已經是戰國之後的觀念。因此，我寧願把這「中」看作較廣泛的華北地理概念，它是以「中原」為「中」，可以彈性地無限向「四方」延伸。

總之，我所要強調的是農業村落的同質性，是產生「中」的現實依據。這也可以從「國」與「野」的對應、「華」與「夷」的對立裏獲得信息。這「中」是指可耕種的「土地」（國行畦田，野行井田），而夷則處在「中國」之外，若夷變而為夏，則又進入了「中國」。這樣，中國歷史的一個非常重要的特色就出來了：任何「統一」其實都是同質（農業村落）相加，或者是同質（農業村落）的放大。從一個個「單元」說是相加，從共同體說是「單元」模式一圈一圈向外放大。同質的相似最容易產生「同心同德」的聯合心理，較少排拒的阻力。

這就使人聯想到一度被廣泛引用的，馬克思關於「馬鈴薯」的比喻（他也是引用別人的）：一袋馬鈴薯，倒出來是一個一個的馬鈴薯。但引用者似乎看輕了中國人的智慧——至少從西周起，中國人已經創造出了如何使一個個馬鈴薯具有朝「馬鈴薯總匯」凝聚向心的一套辦法，它絕不是只

1　李學勤：《失落的文明》「天下之中」，上海文藝出版社，1997 年版，第 114—115 頁。

簡單地把口子一紮就了事。而且對一些後進的邊遠的部族，秦以後都另行處理——有保留土司，稱為「羈縻」，一國多制等等變通的辦法。順着上面的比方，就好比大口袋外紮一些小口袋。在這方面，我們的祖先是聰明的，中國人不缺政治智慧。

許倬雲先生在他的論著裏，把西周創建的「普世體系」——親情加德行，「天下一家」（當時叫「親親尊尊」，後來就被説成政治的道德化和道德的政治化相統一）看得很重，非常有道理。但先得説明，這條主要也還是對「大口袋」説的。

文化詮釋是着重從觀念形態去觀察社會，有它的優點。社會生活的感受最後必凝聚結晶為觀念，因此能夠沉澱下來的觀念一般必具有典型性，涵蓋面大，時效性強，不像社會生活一事一相帶有片面甚至偶然的性質。例如「中」與「一」的概念，一經西周創制流行後，兩周的八百多年裏，成為深入社會生活的一種主導意識，影響十分久遠。它往往具有一種定向的引導作用——放眼世界，每一個國家的歷史裏，因這種或那種原因（這裏就有許多偶然的、殊相方面的因素，不一定帶普遍性），主流的觀念一旦形成，多會形成一種「定向發展」（張蔭麟《東漢前中國史綱》「自序」）的態勢。例如在西方，希臘羅馬城邦的「民主」「共和」觀念就起了這樣的作用。

在上古，以一個核心為代表的「中國」，它有可以隨意放大和靈活應用的特性。所以，它就可以因時而變，因時而進。試看春秋「五霸」，明裏不敢稱「王」，但「挾天子以令諸侯」行動的背後，卻仍是要「以我為中心」，「準天子」心理呼之欲出。到了戰國，索性連這層薄薄的皮也撕破了，終於先後紛紛稱王，連蕞爾小國宋也稱起王來。實際他們之中，沒有一個真甘心做一區域之偏「王」，誰都想「定鼎中原」，有沒有能力則是另一回事。孟子也每每以這種心理去打動他遊説的對象。他不僅對梁襄王大講天下「定於一」的道理，還勸到了「宋王偃」的頭上：「不行王政云爾，苟行王政，四海之內皆舉首而望之，欲以為君。」[1] 這雖不免有點滑稽，但

1　《孟子·滕文公下》。

也說明孟子懂得「眾星捧月」的心理引誘力是多強。「天無二日，國無二君」。這樣，秦漢以後歷次的分裂，不管是漢人還是非漢人，或漢化的胡人，強有力者總想一統天下，也就不足為怪了。例如「五胡」之中的鮮卑，到道武帝，其雄心勃勃，率兵「伐燕」，部下思北還，他便說道：「四海之人，皆可為與國，在吾所以撫之耳，何恤乎無民？」[1] 道武帝的「四海」概念就非常靈活，但欲將「四海之人」皆成「吾民」的一統意識，已與原西周的「中國」觀念無二致。此足見中國人的一統意識很頑強，很根深蒂固，西周之功真的大極了。

　　主觀上的求「大一統」與實際維護好「大一統」，這種主客觀的緊張，貫穿了秦以後兩千年的歷史進程，成為一個突出的主題。

「帝國」時代的內部分期

　　「話說天下大勢，分久必合，合久必分。」稗史小說家的話，已成了中國老百姓人人皆知的歷史常識。

　　在秦以後的兩千年裏，究竟統一的時間長，還是分裂的時間長，算法有好多種。說到底，看你怎麼界定「大一統」。例如兩宋，遼、西夏、金、蒙古與之長期對峙，似乎也不能算「大一統」？若以清版圖為準，雖歷代有盈有縮，但都比不上「大清」，那過去的「大」不也可打上問號？說下去，直到大清雍正以前，長期存在土司、羈縻州，也不能算完全「統一」。再有把先前春秋戰國也算作分裂（沒有統，哪來分？）。因為所持標尺不一樣，有把分裂時期算得很長的，更多的則認定「合」比「分」的時間要長得多，統一是主流。

　　我以為斤斤計較於長或短，對於理解中國歷史意義不大。重要的是必須把中國的「大一統」看作為一個動態的歷史過程。合與分作為兩種歷史力量，始終存在於統一的歷史過程之中，合中有分，分中有合。否則，歷

1　《（北）魏書‧本紀》皇始二年。

史就是靜止不動的了。

　　我想還是回到比較傳統的説法上來。明顯的分裂，東漢末、西晉亡一次最長，號稱三百年；唐末後一次，「五代十國」，六十來年；南宋與金南北分治，一百五十來年。三次大分裂總計不超過五百年，佔四分之一。但真正具有分裂危險，甚至可能改變歷史走向的，還是「五胡十六國」、南北朝那一次大動亂。元明清以後，大局已定，內部分裂的隱患漸小，其間宋的建制作用很大。容後再討論。

　　這裏想進一步討論的是：兩千年之內還可不可以分出階段來？或者説如何理解這兩千年歷史的發展脈絡？

　　在此之前，還得把歷史陳賬翻一下，再接新話頭。這兩千年，過去都是以「封建社會」稱之的。因此，近 50 年，在史學界，除了「古史分期問題」，還有一個叫作「封建社會內部分期問題」的討論。兩者相比較，非常之不對稱，後者一般都是因「通史」編寫引出來的，有一些零星的論文，不多；作為著作出版的，據我所知，只有一本，那就是我當助教時的業師，束世澂先生的《中國封建社會及其分期》（1959 年上海人民出版社版）。後者的討論有的還與「古史分期問題」相交錯重疊，例如「西周」説都主張有「領主經濟」與「地主經濟」兩個階段，前者就把西周春秋戰國也包含了進去，跟我上面説的「兩千年」還不是一回事。

　　1959 年又出現過一陣子關於「打破王朝體系」的討論。接着就有了以農民戰爭作為劃分標準的主張。這勢必弄成前尾（舊王朝）接後頭（新王朝），怪模怪樣。記得我獲准到「工農兵學員」班上恢復講課，教材就是按「三次農民戰爭」來編的，今天想來殊覺可笑。

　　後兩種「革新」明顯不妥，故當時學界就多以沉默待之。非常奇怪的，事情也就這樣不了了之。等到改革開放，教材編寫漸成風氣，又來不及從容討論，這麼長時段，總得分章，各種「通史」編寫也就只得自行其是，二、三、四、五、六、九，各種分段都有，一般的採前中後或早中晚之類的模糊詞，都有點勉為其難的意味。

　　最近 12 卷本《中國通史》已出齊。白壽彝先生在《總論》第 1 章第 3

節第 2 小節《歷史的分期》裏曾有一個簡單扼要的交代。看起來社會分期的大框架仍採郭沫若説。但先生把「秦始皇統一六國」看作為「封建制在全國佔支配地位」，正式的「封建社會」實際上是從秦統一算起的。這點與郭説非常不同。

白先生對「封建社會」又主張分為四期：秦漢——中國封建社會成長時期；三國兩晉南北朝隋唐——中國封建社會發展時期；五代到元末——中國封建社會的進一步發展時期；明朝及清朝大部分年代——中國封建社會衰老時期。這種分法大體也沒有超過現行各種「通史」的水平。

但是到了第 3 卷《上古時代》出版時，白先生在《題記》裏卻説：「從歷史發展順序上看，這約略相當於一般歷史著述中所説的奴隸制時代。但在這個時代，奴隸制並不是唯一的社會形態。我們用上古時代的提法，可能更妥當些。」這裏似乎隱含了一種不欲明説的轉向或躊躇，值得注意。明了這點，對下面的情形也就不致太奇怪。現行 12 卷統一框架採用了模糊法，分遠古、上古、中古、近代四大段。熟悉學術史的都知道，這又回到 20 世紀初夏曾佑先生著書的時代，實際是「存而不證」。但也有明顯的缺點，便是「中古時代」拉得太長，12 卷中竟佔了 8 卷。這不如 20 世紀上半葉編寫的「通史」，「中古」外也有再分出「近古」的；在日本則有分出「近世」的，它是從北宋開始。這麼長的「中古」總得分段。

這就是當下「通史」有關這一問題的現狀。

秦以來內部歷史分期所以會鬧得這樣半生不熟，我體會這裏面既有觀念方面的障礙，也有認識方面的難度。

觀念方面，主要關係到中國社會長期停滯的話頭。近世中國的落後使史家回頭去看歷史，心裏不免會懸着一個與現代社會的對比，自然就產生數千年停滯不前的強烈印象。所以，凡是作宏觀估量，容易把兩千年的歷史混煮成一鍋，只看得其中的「停滯」。與此相關，過分的否定，也使歷史合理性的關注幾乎從歷史視域中消失，對歷史上種種治國方略探索的甘苦不容易抱「同情地理解」的態度。

夏曾佑先生 20 世紀初就説過：每一個大的王朝大抵最好的時期不到百

年，接着就是危機，最後亡於內亂外禍，反覆循環。新中國成立後翦伯贊等先生的「鬥爭—讓步—再鬥爭—再讓步」，說的是王朝與王朝之間，也是一種類同循環的感覺。直到晚近就有了「六道輪迴」的說法。後者把中國傳統社會始終沒有發生質的轉變，在原有的軌道上徘徊不前的狀態，以宿命的色彩描繪得惟妙惟肖。

上述的歸納，過於大而化之，對欲求歷史細節，具體考察歷史軌跡的史家，自然缺乏吸引力。何況，真要想探求中國傳統社會何以走不出去，不從歷史的細部去解剖，恐怕也不容易搭準脈搏，找對醫方。前人遇到過的難題，今人就不再碰頭？事實說明，未必。

事情常常由一個極端走向另一極端。宏觀嘗試的受挫，使史家產生了一種厭煩心理，隨即向微觀方向奔去。近二十年來，除了最初一兩年重複了一陣宏觀舊話題，史學界總體上都趨向於微觀課題的開發，視宏議為畏途。正因為如此，這一話題冷落有時。最近才有跡象表明，或許又會重新活躍起來。從好處說，大概也正應了學術發展「合—分—合—分」的常軌：衰極始有轉機。

但這一問題的展開，也還有認識方面的許多困難。

首先遇到的，就是以甚麼樣的標尺去衡量同異，以裁定發展或演進。以前討論中比較有價值的成果，多半都集中在制度方面，例如經濟領域方面的所有制關係、政治領域方面的中央集權制度。此外工商業的地位、區域的發展、社會風氣的變化等等，亦有涉及，但判斷難度就相對要大些。

即使標尺集中了，接下來還有研究基礎的問題。從目前中國史研究的情形來看，我們反倒先注意了中外歷史的比較，而對本國各朝歷史的綜合比較長期忽略。無論斷代史或專史（制度史）課題研究多數都就事論事，以微觀爭勝，少縱橫比較，少會通的眼光。在這樣的研究基礎上，要想得到每一朝代的整體性估價已經很難，何況還得前後左右比較？因此，「形成」「發展」「進一步發展」這類不痛不癢的語詞，也是不得已而為之。

再進一步說，對某一標尺的理解，也還有史識方面的歧異。從現象上來看，近五十年的中國史學似乎很重理論分析，但這種理論上的認定有沒

有問題，反省還很不夠。最明顯的例子，就是「專制主義」貫通到底——
批判的情結導致對歷史上存在過的政治體制少一種清醒的辨析。

　　從我讀書所得的印象，「專制主義」貫通到底固然是大流，但也有不同
的聲音。20 世紀上半葉，不少史家對歷代君主的集權狀態還是有所區別對
待的。例如錢穆《國史大綱》，從其篇目安排就可看出與今天的説法有很
大的出入。他稱秦漢的政權為「大一統政府」，但其中卻還有「平民政府」
「士人政府」的子目出現；稱魏晉南北朝的門第為「變相的封建勢力」，該
時期為「變相的封建勢力下的社會形態」；稱隋唐為「新的統一盛運」，稱
北宋為「貧弱的新中央」；到明代，始出現「傳統政治復興下的君主獨裁」
的標題。

　　錢穆先生的上述看法，無疑是與他的文化生命觀相聯繫的。他的注意
力集中於文化與士人的作用，對「道」與「勢」的緊張，看重「道」的一
面，所以看歷史好的方面總比一般人為多。但他對明清的看法，我覺得
很有道理。他説：「明祖崛起草澤，懲元政廢弛，罷丞相，尊君權，不知
善為藥療，而轉益其病……故中國政制之廢丞相，統『政府』於『王室』
之下，真不免為獨夫專制之黑暗所籠罩者，其事乃起於明而完成於清。」
（《引論》）我在通史教學中也一直是把明清斷作「極端君權時代」。

　　與錢穆先生思路有別，但實際卻支持先生宏論的，則有許倬雲、嚴耕
望、黃仁宇等對官僚制度運作的實證研究。由秦而成全國系統的官僚體
制，在世界上很是特別。韋伯曾對此表示驚訝。也有英國文官制度取法於
中國的傳言。[1] 對中國這種官僚系統的實際情狀和功能，許、嚴兩先生辨析
更細，頗有説服力。

　　先說許倬雲先生。他對中國的文官制度曾給予特別的關注，諸多研究
成果在大陸還沒有得到應有的傳播。許先生對西方文化的熟悉程度給人印

1　對這一説法，我很懷疑。許倬雲先生説得比較平直：「文官制度一詞，有人稱科層制度，有
　人稱官僚，其實都是一樣的，英文是 Bureaucracy。中國歷史上文官制度早已十分發達，
　而西歐的歷史則未見如此發達的文官制度，其登庸人才的管道長久以來沒有制度化。近代
　國家組成以後，方有像樣的文官制度。」見《歷史分光鏡》，第 83 頁。

象至深，眼界自然不同，但他對中國歷史的判斷完全不離「本根」，並無牽強附會之弊。

　　許先生從秦漢以來文官的選拔、運作過程考察中得到的結論，便是中國的文官體系最大的特點是：「兼具工具性與目的性兩種功能。」為韋伯的工具性文官制度所缺少的，中國文官體系具有「儒家意念的目的論，所以與王權實際上不斷有對峙的緊張」（即「道」與「勢」的緊張）。下面的一段話，最能表達他的整體看法：「由於中國的文官體系具有地區的代表性，能網羅全國人才，因此，文官體系在國家與社會的對抗過程中往往並不落下風，所以說中國王權並不絕對專制。文官體系在國家與社會的對抗過程中，是主要的抗衡力量，具有特別的功能。又因為文官制度選拔的背後有一大堆社會精英，他們受過專業訓練，等着出仕，但能夠出仕者往往只是其中少數，而未出仕的人仍在社會的一端，站在儒家意念的立場，監督政府的作為。為了要培養文官制度，中國同時也培養了一大群以天下為己任的士大夫，帶動社會來抗衡國家。」[1]如果細細回顧歷朝歷代的王朝政治，我們能說這些話沒有來由？何況官僚的作用，在體制中的地位，明清時代，與漢唐以至兩宋相比，確實有顯著的不同，情味全變。陳寅恪先生關於中國文明造極於趙宋，大抵也是從士人官僚對王權政治的制衡和監督作用的緊張程度來估量的。我在讀明人筆記文集時，每每牽動這種情思，越發感到寅恪先生的感覺千真萬確，明清士人，比之宋人，則顯居下流。當然這是指總體狀態而言的。

　　許倬雲先生的另一高見，與我們上面的話題直接相關。他從上層、中層、下層三個層面的關聯角度探討了中國歷朝社會控制的得失利弊。這裏只能羅列他的標題：西周的包容——上層的堅凝；秦代的缺失——中層與下層的疏離；漢代政治權力的基礎——中層的堅凝；東漢的缺失——上層與中層的斷裂；唐代的用人——中層的變化；宋代的養士——中層的擴大；

1　　許倬雲：《歷史分光鏡》，第68—69頁。

明清的缺失——中層與下層的斷裂。[1]且不論這樣的斷語是否尚須斟酌，但它無疑是一種方法論的示範。只有經這樣相互關聯對比式的，一條線一條線地梳理，中國歷史內在的發展脈絡才有可能得以清晰地展示，擺脫大而化之的粗糙，逐漸落到實地。

　　與許倬雲相似，黃仁宇先生着重從政府管理社會的操作功能方面，對中國歷史發展脈絡作過整體性的分析。他的中心參照系統是「在數目字上管理」，前已作過交代。由此出發，他把兩千年的歷史分作三個標誌性大階段：第一帝國時代（秦漢）、第二帝國時代（隋唐宋）、第三帝國時代（明清）。第一帝國的政體還帶有貴族性格，世族的力量大。第二帝國則大規模和有系統地科舉取士，造成新的官僚政治，而且將經濟重心由華北的旱田地帶逐漸轉移到華南的水田地帶。在第一、第二帝國之間有過三個半世紀以上的分裂局面（晉朝之統一沒有實質意義）。若將第二帝國與第三帝國比較，則可以看出第二帝國「外向性」「擴張性」，帶「競爭性」。第三帝國則帶「內向性」「收斂性」與「非競爭性」。[2]看，這又是一種梳理思路。

　　有一點或許還沒有引起大家特別注意。黃先生對北宋、特別是王安石變法的見解，不同凡響。他認為北宋的財政政策已從農業轉向當時前進的工商部門。他甚至說：「如果這個政策成功，中國歷史可以整個改觀，而世界歷史，也不會發展到 19 世紀的狀態。」乍聽起來真有點驚世駭俗。他真正的用意卻在解釋王安石加速金融經濟、商業財政化嘗試的必然失敗，以強化他的中國不能從「數目字上管理」的先天病症。因此，下面的推論自然是很通順的：「明朝之採取收斂及退卻的態度者，也可以說是王安石新法失敗後的一種長期的反動。」所以他又稱明朝是帝國時代的「大躍退」。我們可以不同意上述的判斷，但它卻提醒我們：宋朝的歷史地位，不可輕忽。與唐相比，宋對中國歷史可能更有點像分水嶺的樣子。若兩千年分作兩段，一般都認為在唐中葉。我看可能以宋為分界更恰當些。唐中

1　同上書，第 213—234 頁。

2　黃仁宇的上述觀點遍見於他所著各書。較集中的論述可參《赫遜河畔談中國歷史》「大陸版卷後瑣語」；《放寬歷史的視界》「中國歷史與西洋文化的匯合」，第 150—166 頁。

葉到宋建國這一段是前後過渡的中間時段。一入宋代，社會各方面的風貌
迥然不同。容後專題討論時再議。

　　嚴耕望先生則在中央與地方的關係方面提供了新的視角。各種現行的
「通史」教材總喜歡渲染秦始皇如何宣佈皇帝的獨尊，至高無上，很容易
造成秦以後已是皇帝獨裁專制。嚴耕望先生研究的意義，就在於以其細微
的考證，揭示了中央對地方行使權力的實際運作過程，糾正了那種認為一
開始就將地方「統」得很死的誤解。例如據他的考證，秦漢時代，「郡守
有丞以佐之，由中央任命，但無實權，而太守自辟用之卒史、書佐反較有
權」；又指出漢之刺史、郡國守相丞尉、縣令長侯國相及丞尉雖不能用本
地人，但他們「自辟」的屬吏必為本地人，如「（郡）主簿於屬吏中最為
親近，猶今之祕書長，功曹總領眾曹，郡史進退賞罰皆由之，其職有類於
中央之丞相，故南朝時有謂當時宰相只如漢時大郡之功曹，故其權極重」
等等，且特別說明「此為漢代地方官吏用人重要而嚴格之條例也。此條例
之意義與影響極大」。[1]

　　這裏僅以嚴先生對秦漢地方行政的研究為例，說明集權與分權總不是
絕對的，沒有絕對的集權，也沒有絕對的分權。皇帝「一人說了算」，這
叫君主制，地方由中央直接管理，這叫「中央集權制」。但皇帝總得有一
套辦事的機構幫助其處理「萬機」，直到明代之前由宰相統領的一套官僚
班子，還是很有實權的。因此國外漢學家看到唐「政事堂會議」還驚歎它
多像「內閣會議」。地方的權也不可能一下全部由中央包攬。秦漢時地方
權力的行使實際還是掌握在本地人（實際是族長一類人物）手裏，只是首
長由中央任命。東漢地方世族掌發言權，一直管到選拔人才、評品人物。
要到隋文帝時代才有大的轉變。因此地方的權是一步一步往上收的。即使
如此，直至清亡前，中央的權力也只到縣一級，縣以下還是由「三老」「孝
悌」「力田」等等名義不一的義務性職務在管理，明清又有所謂「鄉紳」，
「其性質皆近乎自治」。其間的前後變遷、演進及其緣由大值得研究。可惜

1　　嚴耕望：《中國地方行政制度史略》，載《釋中國》第 3 卷，第 1499—1500 頁。

嚴耕望先生的《中國地方行政制度史略》四冊百萬字的專著，我還無從得見，殊覺遺憾。

「東方專制主義」，這是西方人在觀察東方政治形態時所得的對比印象。我對這一個詞近來懷疑漸多。君主制與「專制主義」是一回事還是兩回事？從君主與官僚機構的關係說，沒有一個皇帝真可以「日理萬機」，甚麼事都一人包辦的。何況還有許多規則，成文的、習慣的。例如萬曆帝想選自己心愛的鄭貴妃的兒子做繼承人，與大臣們鬧了很長一段時間彆扭，展開一場拉鋸戰，結果還是不成。一氣之下，從此「君王不上朝」。再如明朝遴選內閣部院大臣，即採取先為皇帝擬好候選名單，由皇帝抽取決定。這都能籠統地叫「專制」？「專制」更像是君主制的一種特殊形態——它更多地取決於皇帝個人的品格。中國人往往叫作「暴君」，這很貼切。至於「昏君」，像準木匠天啟帝，說他是「專制」，我總覺得有抬高的意味，他還不配。這個問題，盧梭在《社會契約論》一書中也說過，可以一讀。[1]

到這裏，對我自己提出的問題，只是說了別人已經做了哪些。我自己還不敢說有甚麼竹子在胸中。只是想在以後的幾個專題討論裏能不能理出一點頭緒來。結果如何，也不敢說。

我常常覺得，未知的很多很多，即使已知的，有的時候也會變成未知的。生活中最怕「打破砂鍋問（璺）到底」，史學上的事也是如此。

《歷史分光鏡》裏，載有許倬雲先生一則他在美國讀書時碰到的故事，

1　對「專制」一詞的用法，西方學者也漸有異議。如中世紀後期的法國，學界均習稱其政體為君主專制。安德森在其《專制主義政府的世系》（倫敦 1986 年版）一書中即說：「『專制制度』是個誤用的名字，在不受限制的意義上，沒有一個西方君主曾對其臣民有過絕對的權力。」但他本人卻是東方專制主義論的支持者。法國著名漢學家謝和耐卻認為孟德斯鳩關於專制主義的定義，更適合於舊制度時代的法國，而不適合於康熙時期的中國（《中國國家權力的基礎和局限》，香港 1987 年版）。他的這一觀點明顯受到利瑪竇的影響（《中國劄記》，中華書局，1990 年版）。馬克垚則稱在中國「法律對於王權也有一定的約束力，只是不如西歐那樣強烈而已」。「中國的君權還受到官僚制度的限制。」以上出處，均請參閱馬克垚主編的《中西封建社會比較研究》，第 294、336 頁。有關這一問題，我將在《前編：通論專題研討》七中再行議論。

很有趣。有一位名叫威爾遜的，某埃及學大師的門生。老師過世後，他就是這一領域在美國的首席教授。許先生記得在他的課堂上，只聽見他對這一問題也說「我們不知道」，對那一個問題也說「我們不知道」。有一日本學生聽了這種「不知道」近一個學期後，終於向他詢問：「究竟我們知道的是些甚麼？」威爾遜先生回答得很妙：「我們知道的就是我們不知道。」（他引用的是蘇格拉底的名言。——引者）這位日本同學頗有怏怏之色，以為先生在調侃他。講完這個故事，許先生最後意味深長地說：「我現在已把埃及王朝的年表忘去不少，但是威爾遜先生的這一句妙語我今生是忘不掉的。」

㸚 四 㸚

農業產權性質及其演化

上篇

　　中國以農立國。歷代帝王都無不聲稱「農為邦（國）本」。農業的發展環境與農民的生存狀態，對整個傳統社會方方面面都產生深遠的影響。農業無疑是帶動中國傳統社會歷史運轉的一根「中軸」。

　　現在先從農業的產權狀況討論起。「產權問題」，是近幾年才提出的。現在我們之所以要採用「產權」概念，因為它與過去一直使用的「所有制」概念不盡相同。「產權」概念將更多地關注社會分層（農民、田主的社會身份）和制度層面（政治的、經濟的）對產權的影響，有利於對歷史整體的動態考察。

　　五六十年代，「中國封建社會土地所有制形態討論」，曾被譽稱為「五朵金花」之一，熱鬧非凡。[1] 先後出現過不下六七種不同的觀點，爭論的焦點都集中於究竟是「國有」為主導，還是以「私有」為主導，或者哪一階段以「國有」為主導，哪一階段以「私有」為主導（「私有」中又分領主、地主與自耕小農）。各持各的理，長期爭執不下。

　　今天回過頭去看，這場討論之所以爭執不下，恐怕與就經濟談經濟，拘泥政府「田制」文本，以及把產權等同於「所有權」，對經濟體制理解過於褊狹等等的思考方式都不無關係。

　　當時討論者在概念上多着眼於「生產資料歸誰所有」，總想在土地所有權（即處置權）是「私有」與「國有」之間劃出個非此即彼的涇渭分界，

1　這場討論的成果，以結集形式出版的有：《中國歷代土地制度問題討論集》，《歷史研究》編輯部，生活・讀書・新知三聯書店，1957 年版；《中國封建社會土地所有制形式問題討論集》（上、下），南開大學歷史系編，生活・讀書・新知三聯書店，1962 年版。

而對土地經營方式、權益分配、佔有狀況的複雜性卻不甚理會。殊不知他們根據的中國歷代王朝官方文書（「田制」）所載明的產權概念，與實際佔有狀態、運作狀態存在嚴重的偏離，產權的處置和權益的分配往往缺乏制度化的保證，隨意性和變通性極大。[1] 因此史料總是跟史家開玩笑，你想一清二白，端上來的卻是一盆「國有」「私有」拌和的糨糊，不經過「化學分解」，容易爭得不可開交。

過去也有少數學者主張中國古代土地所有關係始終具「國有」性質，如侯外廬、王毓銓先生等。[2] 侯先生是從大家熟悉的「亞細亞形態」老話題上展開的，而王毓銓先生則另闢新境，提出了中國歷史上是不是有「獨立」的、「自由」的小農的問題。這一見解在當時沒有引起充分關注，今天看來，倒是真正觸及了「中國問題」的實質。其實何止「自耕小農」，就是通常說的「地主」，也同樣可以發問：他們的產權真是「獨立」和「自由」的嗎？

在我看來，在大一統帝國時代，農業的產權有多種多樣的形式。說不存在某種形式的私有產權，也不合乎實際。農業產權的模糊和富有彈性，實質都擺脫不了「國家主權是最高產權」的陰影，恐怕是中國所特有的一種歷史特徵。

辨析產權問題的思路

中國古代土地所有制問題討論，長時期沉寂後，現在為甚麼要舊話重提？

首先想說明這一疑問存在已久，並非心血來潮。向來通史界普遍都接受這樣的看法：自商鞅廢井田、「民得買賣」，到秦始皇「黔首自實田」，在中國土地私有制出現得很早，秦漢以後，地主土地私有形態已佔主導地

1　據我所知，在研究中國古代經濟關係方面，陳守實先生政治經濟學的功底最為深厚。他最早提出必須分清官定的「土地制度」（即「田制」）與政治經濟學意義上的「土地所有制」，二者不能混為一談。有遺著《中國土地關係史稿》傳世，上海人民出版社，1984 年版。

2　侯外廬：《中國封建社會土地所有制形式的問題》，《歷史研究》1954 年第 1 期；王毓銓：《萊蕪集》「中國歷史上農民的身份」，中華書局，1983 年版，第 362—378 頁。賀昌群先生則主張漢唐以前是「國有制」，見討論集。

位，並認為這是中國歷史區別於西方中世紀的一大特點。

初看這並沒有錯，確實有大量的事實陳述能夠證明這一命題是真。但在通讀中國歷史時，也仍然會發現同樣也有不少事實陳述可以對它證偽——例如既然中國那麼早就接受了私有制，為甚麼還會一再發生像佔田、均田、限田種種國家強制推行土地國有化的舉措？統治者按自己的意志，隨時都可以抄沒或「收買」民田為公田，記載不絕於史，憑甚麼可以如此做？雖說一般認為王莽是個不可思議的「怪人」，南宋賈似道又是個出名的「奸臣」，但王莽敢於宣佈全國民田為「王田」，賈氏敢於付諸實際，強賣民田為「公田」。這些「非常事件」難道就完全是他們個人頭腦裏生出來的「怪念頭」？還是有傳統的法權觀念在支撐？

我印象最深的還是許多歷史上被認為是非正常的事件，史家一般也給予積極評價。一是抑豪強。漢初、明初有過兩次規模極大，涉及十萬、數十萬以上人口的「遷徙豪強」。那些數代土著於此、「發家致富」的「豪強地主」及其宗族，一朝令下，原有田產悉化為烏有，能說他們擁有「私有產權」嗎？二是「抄家」。權勢財富再顯赫的官僚地主，一旦有罪被抄沒，所有動產和不動產，不只田宅、金銀珠寶、奴婢、女眷亦得盡數沒入官府。這種做法，現代人完全無法接受，一人做事一人當，怎麼可以這樣？即使貪污，那麼也應當扣除其正當收入部分及其家屬的正常收入。但上述的做法，古代視之當然，沒有看到誰提出過異議。聯想到「文革」大抄家，我們的銀行為配合「紅衛兵小將的革命行動」，不顧國際規則公開銀行私人存款，看起來也算是有歷史根據，古已有之。還值得注意的是，打擊豪強，通史界普遍都視之為「明君」「清官」的德政，評價不低。試問在這些事件的背後，是一種甚麼樣的觀念在起作用？在我看來，史學迴避這些事實，不給予一種合理的歷史解釋，是不正常的。因為這種名為私有的田產沒有制度化保障的環境，恰恰是以後中國難以走出「中世紀」的一個癥結。

最近又有一樁「學術新聞」，觸動了這一話題。海外《百年》雜誌1999年初登載了一組北京中青年學者的座談實錄，挑頭的是近來在論壇上活躍異常的清華大學教授秦暉，主題是「反思『大躍進』」。內中秦暉提

出了一個問題，為前人所未發。他説：「蘇聯搞集體化遇到的農民抵制要比我國大得多。現在我們根據蘇聯的檔案已經非常了解這個過程了。當時蘇聯消滅富農，把幾百萬農民都流放了，不是沒有緣故的。因為農民造反很厲害，對他們的鎮壓也很厲害，出動了成萬的軍隊，還出動過飛機、大炮、坦克。甚至一些地方還發生過紅軍部隊的嘩變，因為鎮壓太厲害，而紅軍大多數是農民子弟。但中國呢……反而比蘇聯要順利得多。到底是甚麼原因，為甚麼小私有的中國農民比俄國的村社社員更容易被集體化？那跟毛講的社會主義積極性當然是兩回事，因為我們講的是被集體化。但可以肯定，至少中國的農民在這個過程沒有表現出捍衛『不公有』的那種鬥志。這是個很值得研究的問題。為甚麼？因為它涉及我們對傳統社會的認識以及對改革開放以後中國現在的發展和未來的發展整個過程的很多特點的認識；而且在理論上也是一個需要搞清楚的問題。」

秦暉隨後的解釋，我不盡同意，但他提出的問題：「為甚麼小私有的中國農民比俄國的村社社員更容易被集體化」，為甚麼中國農民沒有表現出「捍衛『不公有』的那種鬥志」？確是發人深思。

在我看來，秦暉還是固守通史界原有的傳統觀點，認定中國小農是「小私有者」，因此大惑不解。他只好把問題歸結到農民的「小共同體」沒有社會地位上去。為甚麼不可以反問，這「私有」是真，還是假？假若是後者，那麼秦暉的全部立論——所謂大共同體壓抑小共同體——不就是個假命題？其實，在秦漢以後，中國的農民何曾有過自己的「小共同體」？這恰恰是中國與俄國非常不同的地方。

經過反覆斟酌後，目前我的假設是甚麼呢？扼要地說，我認為，在大一統帝國時代，農業的產權有多種多樣的形式。說不存在某種形式的私有產權，也不合乎實際。但究其實質都擺脱不了「國家主權是最高產權」的陰影，恐怕是中國所特有的一種歷史特徵。總體而言，這兩千年內，大一統體制內在的產權「國有」底氣，仍然或顯或隱、或強或弱地在發揮其無所不在的能量。任何名正言順的國有產權，都會受到各種形式的侵蝕，被「化公為私」；而任何看似私有的產權都會受到國家的限制，歷經掙扎，也

仍然逃不脫私有產權不完全的困境。中國傳統農業產權的「國有」性質，植根於政治強制度化與產權非制度化的體制環境，通過政治的、經濟的一系列策略，在各個歷史時期都表現得無處不在，根深蒂固。在中國傳統社會，由於缺乏健全發育和法制保障的社會環境，私有產權的發展是不充分、不獨立、不完全的。因此只有把產權問題放在整個歷史運動中，對政治與經濟的互動關係作動態的觀察，才可能透過各種游移不定、反覆搖擺的實際運作狀態，力求準確地把握住中國傳統經濟結構的特點。

　　當然，上面的假設也同樣必須經受經驗事實的檢驗。但令人苦惱的是，在對這一假設進行論證之前，先會遇到許多理論概念方面的難題。歷史上的產權性質之所以長期懸而難決，這是一個被卡住的重要關口。所有爭論，歸根到底，還會回到這個難題上來。

　　無論稱生產資料歸誰所有，還是今天我們改用「產權」的概念，解釋的理論手段無疑都來自西方。這些外洋舶來的「帽子」，對中國不是太大就是太小，因為它原本就不是為中國定做的。那麼拋開它們，「以中國解釋中國」，可以不可以？很明顯，古代中國不是一個法治國家，即使是「法」（律、令）也是以道德化的語言來規則和表述的，民法的傳統更為薄弱，因此在歷史文獻裏很難找到我們今天所希望的權利概念。

　　相反，中國語言的特點就是文字簡練而一字多義，極具靈活性。有關產權的史料陳述給予我們的，也往往是概念的模糊和靈活。我覺得這是由中國特有的語言思維方式決定的。在中國的歷史語言裏，無論是名詞概念，還是人們遵循的思考習慣，都跟西方來的分析概念不容易對號。我們不太喜歡發明新名詞，常常是「溫故而知新」，往舊瓶裏裝新酒。一個「道」字，一個「仁」字裏可以裝進歷代各種學派的思想。在經濟利益方面，「公」與「私」的含義都裝在「天下國家」同一個大網袋裏。就像孟子說的：「人有恆言，皆曰『天下國家』。天下之本在國，國之本在家，家之本在身。」（《孟子·離婁上》）直到明代，朱元璋做了皇帝，開口還是「農為國本」「民為邦本」，洪武十五年通過戶部曉諭兩浙、江西老百姓：「為吾民者當知其分，田賦力役出於供上者，乃其分也。能安其分者，則保父

母妻子，家昌子裕，為忠孝仁義之民；否則，不但國法不容，天道亦不容矣。」這裏的「分」是國法，「天道」是意識形態，兩者都高於一切。你說得清：這究竟是以國為本，還是以家為本，甚或以人為本？甚麼都是，甚麼都不是。這就要求我們嘗試在現代經濟學概念與中國歷史實際之間找到一種合適的切入方法。以我個人的體驗，很難。這也就是我長期疑惑而始終不敢去碰的道理。

先說現象。我們的先人很早就有了「公」與「私」兩個對應而統一的概念。《詩經·小雅·大田》裏說：「雨我公田，遂及我私。」且不論是不是像孟子說的那樣「八家共井」，通八家之力共事公田，這裏有「公田」與「私田」兩種不同性質的耕地，事實是清楚的。然而，我們還必須注意到其中的「我」字。公田是「我」的公田，私田也是「我」的私田。同一個「我」字，卻用在性質明顯不同的兩種田產上，如何解釋？照我們想，公田明明不是我的，卻說「我」的公田，當如何說通？裏面是不是隱藏着一些有別於西方觀念的東西值得推敲？為甚麼明明是我的「私田」，史家都不認為是一種「私人所有」的田產呢？理由也很簡單，「普天之下，莫非王土」。那麼秦始皇不也說「六合之內，皇帝之土」？怎麼又說第一次承認土地私有，於是再加一條，「田里不鬻」，不准轉讓、不准買賣。到了「民得買賣」，私有土地也就成立了。現在流行的「通史」都這樣說。可不可以質疑？暫且擱下不說。

與此相關，先秦文獻裏還經常有「公作」與「私作」的對應。如《商君書·墾令篇》說：「農民不飢，行不飾，則公作必疾，而私作不荒，則農事必勝。」這裏的「公作」，從通篇看，含義比《詩經》裏的要廣，你只要接受了授予的田地，你就必須承擔包括賦稅、徭役、兵役三類負擔在內的「公作」，這也就是上面朱元璋說的「分」。大家知道，這裏說的「公作」與「私作」的關係，已不同於《詩經》年代，它已經是眾所周知的「廢井田，開阡陌」土地政策大變革下的情景，公私還是兩相關聯，統一在「國以農為本」的指導思想裏。但古人並不覺得這裏有甚麼像西方邏輯學上說的「悖論」或「弔詭」存在。

到這裏，就想到了西方經濟學裏的「所有權」概念。甚麼叫作「私人土地所有權」呢？

馬克思曾經在《資本論》第 3 卷裏，分析過人類自從把地球表面的一部分看作是他們共有的或者集體所有的財產以來，土地這種自然物就具有了社會的意義。經過了許多由淺入深的發展階段，才產生了純粹的私人土地私有制。所謂「純粹私有」，就是人們把土地看成是「排斥一切其他人的、只服從個人意志的領域」，「它是拋棄了共同體的一切外觀並消除了國家對財產發展的任何影響的純粹私有制」。也就是私有產權應該具有絕對排他的性質。

私有產權具有排他性，應該在情理之內。按照馬克思的說法，古代中國當然就不存在純粹的土地私人所有制。但是，大家都明白，馬克思是在作學理上的抽象化的分析，或者我們後來說的「理想類型」的鑒別。同樣可以反問：今天西方發達國家，我們能說土地私有權就完全不受「國家」的「任何影響」？國家作為主權者向土地所有者徵收各種「國稅」，怎麼說？馬克思也注意到了這一點，因此在另外的地方，他特別說到東方的「亞細亞形態」，國家賦稅與地租「合而為一」是一個重要的特點，「凌駕於所有這一切小的共同體之上的總合的統一體表現為更高的所有者或唯一的所有者」，「在這裏，國家就是最高的地主。在這裏，主權就是在全國範圍內集中的土地所有權」。這就牽出了一個主權與所有權關係的難題。

馬克思作為一個西方學者，他憑藉許多來自東方的觀察報告，對中國土地所有權問題所表現出的歷史特點，應當說感覺非常敏銳。這也是旁觀者清。但他說的「賦稅與地租合而為一」，如同他說的商品價值是由「社會平均必要勞動」決定一樣，不具經濟學的操作性。也因為這個緣故，國內學者一般都把這段話看作只適用於東周以前。這就又把馬克思的最精彩的一個判斷：「主權就是在全國範圍內集中的土地所有權」給丟棄了。

這就不能不涉及這個問題的西方背景。在西方，「所有權」問題被突出，成為討論的焦點，據我所知，是在 16—18 世紀。霍布斯、洛克、盧梭在他們關於政治制度的爭論裏，無不關聯到財產權包括土地所有權的起源和

認定。了解這些背景，或許對我們如何正確移用西方概念，會有些幫助。

　　當初讀他們這些書的時候，有一點我覺得奇怪且疑惑：他們都是把所謂的「自然狀態」作為論證的起點，由此認定土地所有權是起於誰先佔有這塊地，並且勞動耕耘，那麼他就有權排除別的人，擁有了該地的「所有權」。然後再進入到「社會狀態」（盧梭又稱「新的自然狀態」）的討論。在我看來，這明顯是反歷史主義的，不符合產權發生學的歷史實際情態。我想，這就是西方分析思維的習慣——必須先找到一個抽象的「元概念」，作為分析的起點，正像馬克思先得從商品的兩重性假定起。

　　但根本性的原因不在此而在彼。他們之所以必須認定產權起於「自然狀態」，是基於他們對國家性質有一種我們所不熟悉的認定前提——「人們聯合成為國家和置身於政府之下的重大和主要的目的，是保護他們的財產；在這方面，自然狀態有着許多缺陷。」「政府的主要目的是保護財產。」（洛克《政府論》）讀盧梭《論人類不平等的起源和基礎》《社會契約論》，同樣可以看到類似的表達。前述三個人的分歧，只在於政府組成的體制，是君主制還是君主立憲的議會制，還是「公意」（全民政治）制。要說與中國有點相近的，只有霍布斯的「王權來源於父權論」。為此洛克在他的《政府論》裏用了上篇十一章的力氣反駁這一論點，今天讀來不免感到有點像「殺雞用牛刀」。盧梭的兩本書也是這樣，極力論證「父權」不是一種「統治的權力」。

　　如果了解了下面的情形，或許就可豁然得解：西歐從 14 世紀起，以「特權收入」為主的政府財政體制已經轉變為以「協議收入」為主體的財政體制（參馬克垚《中西封建社會比較研究》第 3 編第 14 章），作為國家主權者的政府同作為財產所有者的「公民（納稅人）」之間，應該也必須通過談判、協議來決定「國家賦稅」，這就是「契約」學說出現的現實背景，這也才到了私人所有制可以具體界定的時候。當然這裏還有羅馬城邦共和的傳統作為其歷史資源，但那是一種思想資料，現實狀態才具決定性的作用。

　　我認為，上面的這些背景性說明很重要，由此我們才可能對西方經濟學關於產權問題的理論概念有一個原本性的理解，然後才談得上靈活運用。

　　聯繫上面的認識，我覺得要想準確地把握中國傳統社會農業產權的特點，

使理論概念與歷史實際之間的偏差儘可能縮小，有幾個認識前提必須注意：

一是我們通常所說的「所有制形態」，實際應正確地界定為「產權形態」。

產權概念，按起源於羅馬法的西方經濟學概念，不是像我們過去那樣只關注「生產資料歸誰所有」，而應該包含三個不同意義的層次：①使用權（或可稱經營權）；②佔有權（羅馬法稱「收益權」）；③所有權（羅馬法稱「處置權」）。

無論從世界歷史還是中國歷史上看，土地私有產權的產生和發展正是沿着這個次序由淺入深地演進的，但在大多數歷史場合，三權集中統於一身的情景在現實生活中並不存在，這三種權利以不同程度的組合所形成的實際產權形式是多種多樣的。因此，在考察產權的歷史形態時，必須高度關注三種權利分割與組合的方式，以求做出不同的歷史辨析。

由此可見，圍繞着收益權（過去叫「佔有權」），對公共的和私人的分配狀態，亦即某特定時代的經濟的分配結構分析，就成為了判斷產權的關鍵環節。農業的產出是按多少種形態分割的，不同身份的人在這種分配中的收益比例，都是判斷產權性質不可忽略的事實依據。

二是考察經濟現象時必須考慮許多非經濟因素的關聯，置於社會的整體背景下，不能脫離整體分析。

人為群居動物，人類從其誕生之日起，就是社會動物。因此不能設想可以離開個人在社會體制中的地位，孤立地判斷產權性質。

私有制這個概念，是在近代由外國人給予我們的。西方希臘、羅馬時代的傳統雖一度斷裂，但畢竟源遠流長，「個人本位」觀念根深蒂固。但現實的社會體制究竟是根本的。西歐中世紀前期的產權就是一種特殊的產權形態。沒有獨立的、自由的個人主體，怎麼可能有純粹的私人所有權或獨立的個人產權？因此，國家體制、國家對經濟的管理方式和控制程度，乃至對人身的控制程度，都不會不作用於產權，影響產權的性質，或私有產權實現的程度。在西方，經濟學也注意到了制度與產權的關係，所以有「新經濟史」學派、產權學派（如科斯、諾斯等）的出現。他們的解釋方法對我們可能更有啟發。

　　三是要通過發生學，從歷史動態的演進中去反覆尋味「中國特色」。

　　在西方經濟學裏，以前是很不注意發生學研究的。到了諾斯一代才有很大的突破（參閱《經濟史中的結構與變遷》）。但中國的情況同西方有很大的不同，也無法照搬。

　　錢穆先生說中國歷史如「一首詩」，各幕之間沒有截然分明的場景轉換，「只在和諧節奏中轉移到新階段」。明乎此，就可能對中國歷史上種種「名稱」的模糊，以及新舊反覆現象有所警覺，循名究實顯得尤為重要。

　　從最早的氏族、部族的「集體（共同體）所有」，到進入國家時期的「王有」「國有」，其間的演進對基層成員來說，幾乎很難有明顯的天地大變的感覺——他們始終是在「共同體」名分下從事耕作的土地實際經營者，所變化的只是上頭逐漸演進的「共同體」名稱。

　　在中國古代世界，沒有西歐中世紀那種國王與各級貴族、商人、市民的「協議」關係，所有的關係都必須由各種形態的「家長」來做唯一的「法人代表」。各級「家長法人」之間又構成縱向往上「統一」的從屬關係——最後其頂端就是「產權」的最後「家長法人」——國王或皇帝。這種以「血緣宗族家長」為法人代表的「集體所有」關係，發展到「天下一家」，「國有乃人人皆有」的虛擬化，正是「血族」原則始終不曾打破，國與家「一體化」的歷史條件之下所特有的情景。

　　我曾經想過一個最簡單的問題：一個中國傳統家庭的財產歸誰所有？在沒有分家之前，或沒有繼承遺產之前，所有子女似乎都享有部分收益權，但都沒有處置權，這是很明顯的。但能說父家長擁有所有權嗎？從道理上說，他只是代表全家擁有它，必須從全家的整體利益去支配它。似乎只能說是「家庭所有」。一個只管自己消費而不顧一家老小的家長，從情理上，我們不會認可他是合格的家長。可惜這樣的家長，在中國歷史上還不少。再說，子女沒有所有權，那憑甚麼分家時他必須取得其中的一份財產呢？其中不是隱含了一個早已預伏的前提：全家的財產裏，他也有一份，只是必須按大家認定的習慣法則，由家長來決定分配時機和分額。

　　因此，從秦始皇第一次明令宣佈「黔首自實田」百年乃至千年以後，

仍然可以不斷出現「佔田制」「均田制」「人民公社制」等復古事件，就完全可以從中國歷史特色裏得到理解。然而，感覺是一回事，對這種中國特色的產權要作歷史界定，就需要許多理性的和實證性的分析支撐，才可能被學界認可。

產權的發生學詮釋

人為群居動物。人類的生存狀態，包括經濟生活方式，都關係着他們採取何種形式的共同體，以及這種共同體的規模和管理體制。其中共同體的規模往往決定着它對管理體制和管理方式的選擇。土地產權，在農業民族更是共同體生存的命根，必隨共同體的演進而演進。這是理解土地產權演變的一條重要主線。

部族「集體共有制」

按照世界民族志提供的通常情景，最早的土地產權形態都是原始的氏族─部落「共有」的，即歸共同體集體處置共享，故可以稱為「集體產權」。我不採取「公有制」的說法，是為了避免「原始共產」的誤解。現在的人類學志已經清楚顯示，當時的產權也是有邊界的，[1] 共同體的疆界就是它的邊界。「非我族類」者越界闖入「邊界」之內，則有殺身甚至被寢皮食肉的大禍（收養則另當別論）。不同共同體之間的衝突最先多發生在邊界毗鄰地帶。儒家所說「老吾老以及人之老，幼吾幼以及人之幼」，實

---

1 根據人類學家的考察，原始的邊界多以天然林帶分隔，後即演化為以「樹」為界。前者參哈維蘭《當代人類學》所引蒂維人案例，上海人民出版社，1987 年版，第 449 頁。後者即《論語‧八佾》所說的「夏后氏以松，殷人以柏，周人以栗」。《墨子‧明鬼》說：「燕之有祖，當齊之社稷，宋之有桑林，楚之有雲夢」，說明亦有以山（石）、湖為界的。直到西周，領地外圍仍有栽種防衛林帶的習俗，如《格伯殷》格伯的領地就是以「封樹」為界，《散氏盤》表明這種「封疆」甚至有三道。詳見楊樹達：《積微居金文說》，科學出版社，1959 年版，第 26、27 頁。

行無條件的「共產」，只有在自己的血族群體之內才存在。

　　由我國現有的早期農業遺址發掘所得到的不完全信息來看，對這種原始「集體產權」還不能理解得過於簡單。從其基礎模式──氏族產權模式看，經營權與收益權早就從處置權裏逸出，產權的三個層次業已分化（大概只有在原始群時代才是「三權統一」）。

　　目前我們所能掌握的最早形式，便是前面敘述過的姜寨。我暫且命之曰：「姜寨模式」，作為產權展開的「元模式（母本）」。

　　依據此種模式，推斷我國當農業進入「鋤耕」之後，耕地比較早就已分配到小家庭經營（小家庭已經成為生產和生活的基本單元），而且很可能有多級的集體「公田」（各類大倉庫的存在是一條線索），耕地是定期重新分配的，經營權並不固定於某塊土地。處置權歸「共同體」，實行三級（村落聚落至氏族再到部落）管理，由此收益權也相應由三級分享（小家庭也擁有自己的「小窖」即小倉庫），經營則以家族內小家庭耕作為主。這很像後來的「隊為基礎、三級所有」的模式（不同的是前者已經放棄集體耕種的方式，後者則復活了最原始的勞動方式）。其中「公田」仍採取集體耕種的形式，成果歸「共同體」處置，這是「三權統一」原始母本的遺存。「公田」的收益再加上由家族─氏族向部落「上交」的那一部分收益，姑且叫它為「公益金」，當時都還屬於集體的公益積累，主要用於公共開支（包括節日儀式和救濟，有戰事時則用作軍費）。因此，這一階段還不存在任何稱得上「私的」產權。[1]

部族國家「王有制」

　　促使這種集體產權形態發生變異的動力，主要來自共同體「滾雪球」式的兼併戰爭造成的共同體規模的擴展。隨着共同體規模的擴展，產權從

1　歷來都認為生活用品乃至宅地最早私有，即歸個人或家族支配。呂思勉先生則有別解。他認為這僅是由用途的性質決定的，歸於他或他們使用而已──我想補充的，此種物品沒有「產出」的價值，自然不應在我們的討論範圍之內。參《呂著中國通史》，第73頁。

單一的形態演化為多級、多層面的複雜形態。其間的變化是漸進的，不易被人覺察的。

看來爭奪領地——實質爭奪耕地，即使在中國農業早期階段也已經成為兼併戰爭的首要目標（這是與遊牧部族以「掠奪」為主迥然不同的）。由此，推動共同體以兩種方式擴展：或是為增強攻防實力主動聯合（「聯姻」，這種「政治婚姻」屢見於殷周乃至春秋戰國，而後亦縷縷不絕如線），或是戰敗者被迫併入戰勝者共同體（「臣屬」，入秦以後則被史家稱作「統一戰爭」予以肯定）。不管哪種方式，其最終的結果，都是共同體的規模在不斷擴張，越變越大。「大」了，管理體制勢必要有所變化。

從種種跡象看，隨着共同體擴展為「部族國家」，甚至後來變成更大的「聯邦」時，其所統屬的各等級共同體基層經濟、社會組織方式都是基本維持原狀（我這裏暫時稱之為「姜寨模式」），不輕易觸動的。這一點對理解中國傳統社會起源以至後來的種種變遷，都是一把不可少的入門「鑰匙」。

何以會如此？我想這一定與中國早期農業耕作狀態相關。從我們已經發現的早期農業遺址來看，即使近九千年前，我們先人的農業亦早脫離「刀耕火種」而進入「耜耕農業」的階段。這種農業對勞動力和勞動時間都有較高的要求，因此對兼併者來説，以「取而代之」的方式既很難做到（原來人口如何處置會成為大難題），也非常不明智（增加兼併阻力）。保持現狀，從勞動成果的分配上找「權益」，反倒是最上算的。即使統治族因人口增加而需要「移民」，也還有許多空隙地帶可以開發，不必奪走別人的熟地。秦最初的「軍功受田」，推測多數也是授權開發秦晉之間的隙地。這從秦「徠三晉之民」中多少可以獲得一點信息。[1]

1　隙地的存在，到春秋末依然隨處可見，據《左傳·哀公十二年》載述，宋鄭之間尚有隙地「六邑」。《爾雅·釋地》所説邑—郊—林—坰，「坰」就是「封樹」（邊界）外的隙地。根據湖北雲夢睡地虎出土的秦《田律》等法律文書，參以其他典籍，秦國確曾實行過授田制度。「軍功受田」，只是一種特殊的優惠授田。它的實際情形很類似於北魏的「均田制」的授田。由此可以推論，實質性的授田多是在空地、荒地上進行；原有耕種的土地，只是轉換一下登記手續，甚或淪為「附庸」（施之被征服地區）。有關秦律竹簡，請參《睡地虎秦墓竹簡》，文物出版社，1970 年版。

變化是悄悄地發生的。最大的變化，就是原有的「集體產權」產生了一種暫名之為不斷統而綜之的「上升運動」。隨着共同體幅員的橫向擴展，原有共同體的「集體產權」被縱向提升為最高共同體「所有」，成為「部族國家產權」或「聯邦國家產權」，而收益權則增加了向最高共同體納「貢」的分割分額，並逐級向下分攤，經營則仍維持個體家庭耕作的模式。這種不斷提升的運動，其直接結果便是形成了「金字塔」式的新共同體「上尖下寬」的分配結構。

我們目前還沒有直接證據能確知最初「部落國家」最高首領的稱謂是甚麼，現在流行稱其為「酋長」，雖亦見於我國正史，但那是出於華夏族對夷蠻部族首領的輕侮，並非他們自己的稱謂。如匈奴即自稱「可汗」。因此之故，我極不贊成「酋邦」的用法。

根據後世文獻的某些跡象，他們很可能或稱「大人」，或稱「王」，或稱「霸（伯）」（「霸」為「伯」的假借字，「伯」的本義為「長」），都具有父家長延伸的意義。[1]只有到了商代才能確知「大邑商」的最高首領是自稱「王」的（見《尚書・盤庚篇》），到西周則始有稱「天子」的。[2]我們姑且統一指稱「部族國家」到「共主聯邦國家」的產權都為「王有制」。與原先領地範圍有限的氏族—部落「共有」的「集體產權」不同的地方，是在領地幅員越來越橫向擴展的同時，產權的「集體」性質因為越來越遠離基層共同體，「共有」的感覺越來越被稀釋而淡化——特別是那些屬於「臣屬」性質的原共同體，則很可能在心理上還會產生被剝奪的感覺（故一有機會必叛變倒戈，謀求「獨立」。周之伐商也是利用這種力量；以後周邊

1　上述關於「霸」「伯」的論述參《呂著中國通史》，第 48 頁。《詩經・載芟》「毛傳」亦釋「伯」為「長子」義。另據甲骨金文考證，伯作白，像大拇指，是第一、老大的意思。這都旁證呂思勉先生「伯即長」之說不妄。徐喜辰先生認為「公」就是先公、公王，也是從家族稱謂而演變為等爵的，如公劉、古公、呂公、周公。周之慣稱父家長為「公」，猶商稱父家長為「父」，故春秋時還有稱華父、樂父、孔父的。參白壽彝總主編的《中國通史》第 3 卷（上），第 838 頁。徐先生對商周時等爵稱謂（包括子、男）來自家族的論證，合乎情理，值得重視。

2　據康王時《邢侯簋》銘文載：「朕臣天子，用典王令」；《獻簋》銘文載：「在畢公家，受天子休」，知周王亦稱「天子」。殷商甲骨卜辭只有「王」的稱號，至今未見「天子」之謂。

少數民族時叛時歸，同屬於這種情形）。

總結以上發生學的簡述，我們對這種中國特殊的「王有制」有兩點基本認識必須交代清楚：

一是「王有制」仍然是一種以「共同體」形態出現的「大集體產權」。「王」只是作為國家——最高共同體的象徵。古時之「家長」代表家族，或套用現代語即可叫作「法人代表」，產權只是歸屬於他名下。因此，「王有」絕非即屬於他個人或其家族所有，而是屬於共同體「大集體所有」，就像秦始皇時說的那樣，「四海之內若一家」，是「華夏一家」之產（至於「人人皆有」而變成「人人沒有」，則要經歷非常漫長的異化過程）。這是全部問題的「眼」。由此透視歷史，就比較容易理解後世何以會在「國有」「集體所有」「個人私有」三者之間可以通過概念的模糊而相互轉換。

二是這種「王有制」的產權擴展主要建立在軍事統治的基礎之上，本質上是軍事征服、軍事殖民的產物。「產權」的提升主要不是通過對土地實施重新界定（分配）來實現的，而是憑藉「權力」為後盾，通過徵調實物和人力的形態，間接體現其為「天下」的「共主」地位，這就是後來《詩經‧北山》「普天之下，莫非王土；率土之濱，莫非王臣」的本意。「王有產權」由軍事政治力量獲取並實施，即由權力創造產權，產權取決於權力，這一點對認識中國問題至關重要——識破後世「國有制」幽靈的無處不在，這是一面有效的「照妖鏡」；而產權通過改變分配權益方式來體現這一點，卻是透視「中國式產權」歷史真相的「顯微鏡」。

我們在歷史往後展開的過程中，將會一再體驗到，這種由「集體產權」放大的「王有制」，一直是「大一統帝國」時代國家產權的「模板」。它作為「歷史的集體無意識」，其觀念形態始終牢固地植根於中國人的心靈之中。

「王有制」下的收益分配方式：貢、助、徹

由於早期農業遺址沒有發現文字材料，探測早期「王有制」產權狀

況最緊要的側面——權益分配狀態，至今也只能憑藉後世文獻有限的相關「集體性記憶」。其中孟子的一段話廣被徵引詮釋，很是關鍵：「夏后氏五十而貢，殷人七十而助，周人百畝而徹，其實皆什一也。」（《孟子·滕文公上》）

我覺得許多人都被孟子狡猾地將依稀零星的古老記憶人為整理成有序的演進模式蒙騙了，以致連陳守實先生也當真起來，反駁說豈有實物地租（貢）在勞役地租（助）之前的道理。其實，馬克思沒有、也不可能料到中國當國家形態成形之初，三種「地租」形態竟差不多同時並存；而且它還成為後世賦稅制度的原生模板，影響至深。

先說「貢」。中國特有的「部落殖民」式兼併而成的最高共同體（「部族國家」或「聯邦國家」），對其下屬共同體成員採取交納實物即「貢」來體現其主權歸屬，既是古老習俗順理成章的活用，也實在是非常開明的「指令經濟」的初創，最少「制度成本」。

「貢」的形式，在「姜寨模式」即已存在。那些「大窖」不就是下面兩級「上交」的分額總匯？由這個母本（元模式）推演開來的各種形式的「貢」，已擴展到被征服的部族、方國向統治部族交納的實物（多數為地方特產或為統治族所缺乏的物品）。這一點，無論在人類學的民族志或西歐中世紀領主制裏都得到驗證，可以斷論這是一種非常古老而曾經普遍流行過的方式。《禹貢》篇雖屬晚出，但「九州」所貢方物的情景，仍保留着對這種古老方式的記憶。[1]

所謂「貢」，就是不必過問被徵收者的生產經營情況（包括耕地面積），監督程序簡單，十分便於操作，只要盯住「頭領」，責成其按時交

1　恩格斯在論及克勒特人和德意志人氏族時說：「氏族酋長已經部分地靠部落成員的獻禮如家畜、穀物來生活。」說明「貢」曾普遍地流行於「部族時代」。《馬克思恩格斯選集》，第 4 卷，第 140 頁。在西周金文中也發現了不少關於方國向周進貢的證據，如淮夷被稱為專門進貢「布帛」的《兮甲盤》《駒父盨》。參見《人文雜誌叢刊》第 2 輯李學勤關於兩器銘文解釋的專文。但斷「進人」為奴隸，是拘於舊說推理。新出 12 卷《中國通史》上古卷，微觀的描述極有新見，氏族農村公社的基層面貌揭示得有說服力，但時不時還得套上「奴隸制」的大帽子，不倫不類。看起來還不敢「脫帽」，有心理障礙。

納一定品種、一定數額的實物就行。這種最少制度成本的「財政政策」直到中古近世，不僅仍以變相的形式存留於賦稅結構之中（像「調」「折納」等），也還以更原始的方式一直保存在對羈縻州一類的土司轄區以及附屬國的管理方式上。因此，有理由相信，「貢」是用以體現主權（王有）與臣屬關係的一種方式，是指令經濟與習俗經濟混成的早期形式。

至於「助」，一般都解作以「公田」形式實現的勞役地租形態。至於「公田」是普遍的「九一」形式（即孟子所描繪的「方里而井，井九百畝，其中為公田，八家皆私百畝」），還是以一定的共同體單元（聚落—方邦）分別設立「公田」就不清楚了。但「公田」的形式其實起源更早，即使在氏族—部落共同體階段就已存在（或可稱作「公益田」，由集體成員共同耕作，文獻中保留的「十千維耦」，説的就是「公田」），此時不過將「公田」的所有權上升歸屬為最高共同體而已。後世「屯田制」和「族田」「義田」都是「公田」不同形式的復活。廣義的「助」，我認為還包括另一種形式，就是作戰時有義務出兵（即西周「勤王」「征伐」之類），為後世兵役的濫觴，所謂「有土即有卒」。[1]

最值得斟酌的是「徹」，一般認為西周始有，且行之於「國中」，故孟子曰：「請野九一而助，國中什一使自賦。」（《孟子·滕文公上》）「徹」的基礎是必須明確掌握耕地的畝數，實施有似後世的「分成租」，其優點是比較合理而有彈性（按平均畝產量計算出統一的交納分額），對發揮小農的積極性有作用，但這一制度的成立是有前提條件的——必須有明確的管理監督機制，首要的畝積要有統一的計量。

「徹」者，「徹田為糧」（《詩經·大雅·公劉》）。此處「徹」原義為開發田地、丈量邊界。這與甲骨文「田」字形狀相符，當進入到平原沖積之地後，在田多人少之時，必能做到四界平整。因此，我相信這無關乎

---

1 目前多數學者都認為只有「國人」才能當兵，「野人」無此權利。呂思勉先生亦堅持此説。我頗懷疑這種説法。最明顯的是，各方國都有出兵「勤王」或被派遣征伐別的方國的義務，其中有不少被征服的部族方邦。這在甲骨金文中一再獲證。不論何種部族早期都是「亦農亦兵」，這在少數民族史上也是普遍而無例外的。

「國」與「野」，也無關乎「助」與「徹」的區別。[1] 程念祺在討論該問題時注意到了鄭玄註的價值，我認為獨具慧眼。[2] 鄭氏註《周禮·考工記·匠人》時說：「周制畿內用夏之貢法，稅夫無公田。」「徹」與「貢」之相同處即在都是實物地租形態，故鄭玄以「夏貢」類比之。下一句最關鍵：「徹」法實行之處，「公田」形式即被取消。

由此，我推測，「徹」法最初只行之於大共同體核心部族居住區域，施之於「國人」的。因為這是管理水平所能勝任的，是對原始「助」法的一種改進，至於眾多被征服族的廣大地區，一時只能以「貢」法行之，對遙控的方邦比較簡便有效。進而言之，在有些農業進步的邦國，其核心部族可能或先或後也會實行以「徹法」取代「助法」，未必一定是周人獨有，惜乎無從證明。但從西周後期「不籍千畝」看，原始的「公田」形式之被拋棄，確實是遲早要發生的事。「公田」的消退，既是共同體越來越「虛化」所致，勞動者的積極性必遽然下降，「公田」低效；也是與國家「公共開支」的大幅度增加相關，舊「助法」已不能完全滿足國家的需求。

但需要說明的是，「公田」形式不可能被取消。它將來還會以各種形式復活，待後再議。

1　關於「助」與「徹」的區別，各家說法都不同。呂思勉先生一直主張「國人」係征服之族，擇中央山險之地築城而居；「野」則係被征服族，在四面平夷之地居之，從事於耕耘。平夷之行可行「井田」，有「公田」行助法；山險之地，不能行井田，故行徹法。見《呂著中國通史》第 56、73 頁。我覺得呂先生把問題簡單化了。事實上，所築之城只是管理中心的所在地，管理者及其附屬人口聚結於此。即使征服族絕大多數成員居於原來的聚落，但仍於平夷之地闢田耕耘。因此「國」與「野」，差不多就是原來聚落與聚落外農田對應的「翻版」。無論征服族或被征服族，其方國的範圍都不小，沒有一個統治族專居住山險之地的道理。當時地多人少，闢地者必都選擇易耕的平夷之地開發，至少到商周時已遷至河流兩岸，地形更趨平坦。從甲骨文看，「田」字呈平整有規劃形狀。所徹之田亦然如此。另從《詩經》所載西周史事，「徹」字亦有開發田地、拓展疆域之義，即「度其隰原，徹田為糧」（《大雅·公劉》）。周宣王時封申伯於謝，命召伯率軍一同前往，「定申伯之宅」，並一再告誡召伯要「徹申伯土田」「徹申伯土疆」（《大雅·崧高》），「宅」在高處築城，與此同時必須遣人開發平地，以增「土田」。「公田」的形式原始，故必進為「徹」法，這是在管轄範圍擴大後必然要改進的方便之法。只在「籍田」上保留「公田」象徵儀式，不忘共同體當年風貌，猶如元世祖在皇宮內闢一草地。

2　程念祺：《中國古代經濟史上的幾個問題》，《史林》1998 年第 4 期。

由上說明，當還在採取類似「部族」或「聯邦」形式的早期國家階段，對直接統治區域與間接統治區域，在行使產權的共主所有即「王有」時，選擇的體現方式可能是因地制宜，多種多樣的——整體則如孟子所說「力役之徵，布帛之徵，粟米之徵」，三種形式平行。其分額大體仍保持在收益十分之一的比例上。不論何種形式，產權的「王有」都主要體現在「收益權」的分割分享方面，不涉及經營權的轉移。也就是說，中國在其國家形態初始階段，「王有」產權的處置權（所有權）與經營權就是分離的。小家庭耕作的方式始終保持，沒有大地產經營的傳統。這是特定的政治形態所選擇的特定產權實施方案，最富中國人的政治智慧。由此也差不多規定了後世中國產權演進的基本路線。以後我們會一再遭遇到這個問題，因此不能不在此多所饒舌。

從氏族—部落的「集體共有」到「王有」，其間農業產權的性質究竟發生了甚麼樣的變化呢？

（一）無論「集體共有」還是「王有」，都是以「共同體」的名義存在的。從理論上說，產權是不能被分割的。它不歸屬於任何一個人或任何一個家族。「王」或王族也不例外。後者也同樣只能享受一定分額的收益權，關鍵則在所佔分額的比例大小。

（二）由部落上升為「部族國家」再擴展為「共主聯邦國家」之後，家族、部落、部族之間經濟的、社會的地位日漸分化，產生了可以支配別人的「特權階層」——孟子所說的專門「治人」和「食於人」的管理階層。這種管理階層，在《尚書·盤庚篇》中有「邦伯、師長、百執事之人」，《酒誥篇》中有「百僚庶尹」；西周中央有「卿事寮」和「太史寮」，以及「四方」有公、侯、伯、卿、大夫等。他們都不同程度地分享着國有產權的收益。

我們應該特別注意到「四方」即邦國的管理者，已經不同於昔日的「族長」或「部落長」。套用恩格斯的話，他們已由「人民的公僕」變為「人民的主人」。他們既是原「部族」的各級「族長」，[1] 又是西周「王有產權」

1　從《左傳》的許多記述裏都反映世卿和世族是相聯繫的，如「安定國家，必大（大族）焉先」（襄公三十年），「棄官，則族無所庇」（文公十六年）。故孟子曰：「為政不難，不得罪於巨室」（《孟子·離婁上》）。所謂「巨室」就是在部族之中最強有力，佔支配地位的大族（氏族）。

的各級「代理人」，兼具雙重身份。他們作為「代理人」的身份已完全脫離耕作經營，卻享有耕地上收益權分割分額的特權，出現了收益權與經營權的分離。原來屬於「公益金」性質的「公共積累」部分，異化為體現「國有產權」的「管理收益」，並利用「授田制」方面「近水樓台先得月」的地形，有可能逐漸侵吞新開發耕地的實際處置權。「化公為私」的漸變便悄悄地在進行。

（三）原始授田制的異化。授田制起源於氏族公社的計口授田，也緣於早期土地的輪休制，故必須定期重行分配。然而到「封建時代」，新出現的逐級「授土」（直到大夫受「采邑」），表面上看，似乎是在原有土地定期重新分配（「爰田易居」）的習俗上增加了一個管理層次，但這種再分配實際已經具有了「社會分層」的性質。在平等的「計口授田」之旁，出現了另一種不平等性質的「授田」——不經營而能享有收益分額的特權「授田」。原氏族公社成員的實際地位明顯下降了一格。這種下降的程度，必須聯繫他們對收益分額佔有的比例來確定其性質（詳見後）。大約在商周時期，這種下降還不甚顯著。因此我們還看不到「國人」「眾人」在經濟權益方面明顯的反抗跡象。

權力更新與「私有化」

誠如王國維先生所言，殷周之際發生了中國歷史上第一次「制度革命」，這就是通常所說的「封邦建國」制（具體論述詳見後編）。

這次具有「共主聯邦制」向「大一統」轉化的過渡意義的政治體制的重大改革，對經濟體制的重大影響，主要表現在諸侯國君在承諾「以藩屏周」義務的同時，也獲得了「受民受疆土」的特權。按其原初的意義，它只是增加了一個代理「國有權」的層次，被授者至多僅具有代行「處置權」的權力——表現為諸侯國君有權將其國境內的土地分封給卿，轉而再分封給大夫，但在各級貴族父子相替時必須履行再「受封」的儀式。我在前面已經強調過，這種「授土」往往具有開發新土即隙地的意義，因此受封者

的家族、氏族往往在佔有新墾田地方面得利甚多，產生了富裕者與貧困者的分化。

但不論國君還是卿、大夫所得「封地」，仍必須恪守「田里不鬻」的國有準則，產權的「國有」性質是不容動搖的。因此，以現代經濟學的概念實在很難給它一個名稱，過去有稱「佔有權」的，也不甚確切（因經營耕種者也有部分佔有權即收益權）。如若一定要類比，我想頗類似於「委託—代理」關係，是「國有產權」的代理人和管理階層的角色——正是利用這種角色地位，才漸有可能「化公為私」。

這裏我們已經可以看得到未來必將異化的潛在危險：西周王國為了避免重蹈殷商「大而鬆弛」管理體制的覆轍，建立起新的「封建」管理體制，以強化中央核心即「共主」地位時（這是為應付疆域日漸擴展新局面採取的政治選擇，應歸功於周公的政治智慧），不得不增加了多層管理層面（天子—諸侯—卿—大夫），按熱力學第二定律，客觀上就增加了「熵值」，即政治能源的耗散效應明顯增強，於是日後由名義上的代理人異變為實際上的處置者，天子名存實亡，下面層次有可能將「國有權」竊奪為實際己有。這就是春秋戰國時的權力與權益逐級下墜的歷史情境。由此再一次說明產權與權力的聯結，產權本身就不可能有穩定的性能——「國有產權」隨時都可能因管理階層的分割權益而發生異化。

變異的跡象大致在西周中後期即開始顯露，包括銘文中已發現土地質典抵押的記載。[1] 這種現象還只是對法定權利的侵蝕和弱化。其用意當時僅限於對所享有的收益權的轉移或交換，但產權不準「移動」的原則被破壞，仍具有侵犯「產權」的性質。這很類似後世的一句諺語：「租田當自產」，是不合法的。

真正有演進意義的是「法外」私田的出現，始自春秋，愈演愈烈，郭沫若稱之為「黑田」，倒是一絕，惟妙惟肖。

1　詳參李朝遠：《西周土地關係論》，第 279—313 頁。文稱目前已面世的有關土地交換的青銅器主要有八件，有以田易物、以田賠物、以田換田三種情形，並對土地交換的性質發表了自己的見解。上海人民出版社，1997 年版。

　　法外私田的出現，據我看有多種促成因素，而且是循着自下而上逐漸彌漫開去的。一是隨着各諸侯國對其國境耕地的開發熱一浪接一浪展開，[1] 新拓耕地隱而不報，即成各級「管理階層」囊中之物，不再與上一級分享收益，實際上已成法外私田，亦即「黑田」。二是耕地輪休制的取消，定期重行分配制度的終結，「授田制」再次發生異化。關於「廢井田，開阡陌」，歷來解釋紛出，徐喜辰先生曾歸納了歷來各家的說法，備述至詳。[2] 現在已由秦簡證明，這一舉措的歷史前提，是與耕地由定期再分配進至永久性分配相聯繫的。由於農耕技術的提高，轉入耕地永久性分配之時，不單單是秦國，各國或先或後都有過一次重新戡定「田疆」即重開「阡陌」的變革（與此配套的還有戶籍的管理）。以「徹田為糧」的財政政策，更誘使自諸侯至大夫都以隱田為有利可圖（有似後世的瞞報地方收入）。這是在「國有制」的大樹下漫長出「私有毒草」的第一次「冒富」。

　　土地的「國有制」，是權力系統賴以動作的經濟命脈，時異勢移，當由「禮樂征伐自天子出」一變而為「自諸侯出」，諸侯國取得了實際的獨立地位，並向君主集權制的方向發展時，國君也就站到了「國有」的實際法人地位上（儘管此舉從未取得正式法定的承認，但畢竟不能改變歷史事實本身），清除「黑田」，將其重新納入法定「國有」的範圍，也就是遲早的事了。晉國「作爰田」、魯國「初稅畝」開其先聲，鄭子產「田有封洫，廬井有伍」、齊管仲「均田疇」繼其後，都是經整頓田地入手，重定稅制，使私田又復歸為「國有」。我們不能樂觀地估計這種「割尾巴」的舉措成功率與實際收效，但卻說明「國有制」儘管會隨權力的盛衰而消長無定，但法定意義上「國有」還是萬世不易的「祖宗之法」，具有「合法」

1　如《左傳・昭公十六年》：鄭人「斬之蓬蒿藜藋而共處之」，指今河南新鄭一帶；《左傳・昭公十二年》：楚國初遷江漢「闢在荊山，篳路藍縷，以處草莽」，以及齊國對膠東地區的開發等。中國歷史上第一次耕地拓殖高潮為西周大分封，第二次則在春秋戰國。

2　參 12 卷本《中國通史》第 3 卷（上），第 821—835 頁；徐喜辰：《晉「作爰田」解並論爰田即井田》，《中國古代史論叢》第 8 輯，福建人民出版社，1983 年版。

的意義。

第二種「私有」的冒尖才是具有長遠意義的歷史事件。春秋戰國之際廣泛而持久的兼併戰爭，使許多明智之士懂得「農戰」的辯證關係，先後實行「軍功受田」法。創始者未必都有明確的意識，但這卻成了長達四五百年各級貴族血肉相殘的「工具」，直至借「刀」自殺。很清楚，正是這批「布衣將相」最後成為取世襲貴族而代之，徹底消滅貴族的新暴發戶。不同的是，他們的利益所向只聽命於「國家」，而不再與社會上原先的血緣共同體有關聯。

軍功受田法，春秋末最先由趙鞅（為攻殺范氏）行「克敵者，上大夫受縣，下大夫受郡，士田十萬，庶人工商遂」（《左傳·哀公二年》）。入至戰國，則有魏、齊等國相繼實施，至秦商鞅行二十軍功爵集大成，並與剝奪無軍功的世襲貴族特權相配套。粗看起來這不過是對原有「封建」的創造性發展，「封」與「賜」當時並不認為有多大區別。因為受「賜」之田法律意義上並沒有世襲的權利，不損「國有」本體。商鞅所封「商、於之地」，商君誅死，仍收歸國有；再如「秦乃封甘羅為上卿，復以始甘茂（乃祖）田宅賜之」，更明確說明甘羅並無直接繼承乃祖所受田宅的產權。這幾乎等於是新官僚的一種特殊的「俸祿」收入——後世的「衣食租稅」。[1]

但這一次「私有化」與上次還是有很大的不同：

（一）波及的面大大擴展，因軍功得到的權益，由卿、大夫至士、庶的授官爵，直至奴隸、附庸獲得人身自由，幾覆蓋社會各階層（詳參二十等爵的解釋），[2]產生了我們今天習慣意義上的「官僚地主」「地主」和「自耕農」的最早一批先驅者。

（二）更為重要的是，出於戰爭的需要，以及對付失去特權的貴族反抗的需要，國君為爭得「軍功」階層的強有力支持，出於機會主義的考慮，

1　孟子遊說滕文公時即說「卿以下必有圭田」，以「野人養君子」，謂之「分田制祿」（《滕文公上》），可見，「授土」原就有「制祿」的意義。

2　高亨：《商君書註釋》「境內第十九」，第146—154頁。頭四級均為免除奴隸或服徭役的身份。中華書局，1974年版。

逐漸放鬆了對一些根本性法規的恪守——於是，對土地買賣的限制終於被突破。

　　由土地抵押交換漸變、小變而匯成可以買賣的「大變」，其間至少花了三四百年的時間。據現有的史料，趙括「日視便利田宅可買者買之」（《史記‧廉頗藺相如列傳》），韓非說到河南中牟「棄其田耘，賣其宅圃」（《韓非子‧外諸左上》），土地買賣在戰國中後期似乎已見怪不怪。這都說明制度的異變總是從小「缺口」慢慢突破，久之習慣成自然，國家只好睜一眼閉一眼，默認既成事實。

　　與以前按宗族天賦身份受封不同，軍功受田是靠自己的「業績」掙來的，自然「這是我的」觀念就會冒出來。或許正是這個緣故，土地買賣顧忌更少，開始流行，董仲舒才會將「民得買賣」「改帝王之制」的罪名安到商鞅的頭上，並罵他為開兼併之風的罪魁禍首。然而我們在《商君書》或其他秦國文告裏還找不到正式允許土地買賣的文字，這也頗耐尋思。

下篇

　　進入大一統帝國時代，產權狀態隨時勢的演進變得越來越複雜。各種「國有」的、「私有」的甚至是「宗族」「部落」式的產權，兼收並蓄地共存於帝國體制之中。這種「和衷共濟」，很可能是世界其他國家所不曾有過的。

　　就其整體結構而言，產權「國有」的觀念仍佔主導地位，但「公」與「私」的兩種要素猶如陰陽兩極，負陰而抱陽地包容於這種特殊的「國有」產權形式之中，相生而相克，此消而彼長。這是一種動態的不穩定的結構。限制與反限制、侵蝕與反侵蝕，成為了帝國時代產權演進一系列戲劇性變化的基本情節。

「黔首自實田」辨

秦統一後六年，據說秦始皇在全國頒佈過「黔首自實田」的法令。[1] 儘管它沒有出現在《秦始皇本紀》的正文裏，是一個由後世載述的孤證。但我相信它就是前此實行的「授田制」更大規模的推行，聯繫到秦王朝全國性的戶籍登記和賦役徵收制度，不管有沒有法令的明文頒佈，事實上總是存在着這樣一種名義上由國家來授田的舉措。

對這一法令，流行的通史一般評價極高，稱其為「在全國範圍內確立（或承認）了土地私有制的合法性」。這是一個以訛傳訛最典型的事例。造成這種錯覺的直接原因，是望文生義。論者只從字面上去理解「登記」的詞義，而沒有與授田制的大背景聯繫起來考察。

事情正好相反，從法律上說，授田制是前提，「登記」是一種事後的手續。在國家授田的名分下，「黔首」才被要求將所受之田登記在冊，即所謂「黔首自實田」。而且也不是所有的人都有權利被「授田」。[2] 這正好證明農業耕地的產權具有國有的性質。

我注意到了最近出版的 12 卷本《中國通史》第 5 卷，在直接涉及這一法令時，說法已經有所保留：「這實質上是在全國範圍內，以法律的形式進一步確認封建土地佔有權，公開承認土地兼併的合法性。」注意：作者採用了「佔有權」一詞，是經過斟酌的，但有意地迴避了「國有」的話頭。在「土地制度」一章裏，作者卻將「主權就是全國範圍內集中的土地所有權」，說成是皇帝「享有在全國範圍內集中的土地所有權」，皇帝是全國

1　《史記‧秦始皇本紀》裴駰《集解》引徐廣語。謂下詔書時為統一後 6 年，即秦王政三十一年（前 216 年）。據雲夢秦簡《編年記》「十六年七月丁巳，公終。自占年」。秦國有讓「百姓」（亦稱黔首）申報登記人口的制度，但未見登記田地的證據。下面分析就會說到，當時實際上是靠控制「人」來控制「地」的。「自實田」一事是否單獨實施尚可存疑。最大的可能是在戶籍登記時附載「田宅」。如《管子‧禁藏》說「戶籍田結者，所以知貧富之不訾也」。

2　秦時戶籍除民籍外，還有各種特殊的戶籍，其中商賈有「市籍」，是不給授田的；屬於「賤者」的還有贅婿、後父等，也另立戶籍。秦時一般民戶稱「百姓」，多見於秦簡，也稱「民」「庶民」「黔首」。到漢代始稱「編戶民」「編戶齊民」。

「最高地主，有最高的所有權」，這與馬克思的原義不符，完全是為了迎合「地主經濟佔主導地位」的觀點，不免顯得牽強。[1] 全國產權屬於皇帝一人「私產」，是一種沒有經濟學知識作背景下的憤激說法，相關的分析，我在前面「王有制」一節已說過，不再重複。

　　這種爭論由來已久。我認為，全部的關鍵就在於：只要有充分的證據揭示，由國家實行「授田」的制度確實在歷史上像模像樣地實行過，那麼土地產權國有的性質，就是一個不容置辯的事實。

　　所幸有了秦漢簡牘的發現，對於基層社會的情況，包括「授田制」，總算有了一些真實的消息透露出來。近二十年來陸續在湖北雲夢、四川青川和甘肅天水出土了三批秦代簡牘，其中尤以秦代法律文書和地方郡縣吏治文書，最堪珍貴。漢代簡牘，除先前的居延、敦煌、樓蘭外，在甘肅懸泉置、山東銀雀山、湖北張家山和鳳凰山等地又有許多法律文書、契約賬目等重要社會史資料出土。對這些社會史資料進行研究的學者之中，以勞榦（《居延漢簡考釋》等）和高敏（《雲夢秦簡初探》等）兩先生的成果最受學界重視。

　　綜合上述資料和相關研究成果，我覺得有幾點是值得特別提出來討論的：

　　秦國不論在統一前還是統一後，對田制的管理都十分嚴格。

　　睡地虎秦簡《田律》表明對由國家「授田」給農民和農民按授田之數交納實物賦稅給國家，都有明確定量的法律條文。《為吏之道》則透露了秦國與魏國一樣，都有禁止「假門逆旅」（商人）和「贅婿後父」立戶授田的法規，說明授田與戶籍的登記是相互配套的，有些人被排除在「授田」範圍之外。四川青川《秦更修田律木牘》還詳列了田畝間修築阡陌的法定標準，涉及阡陌寬度和高度的規定，說明當時有法定的統一畝積，而管理的規範着實讓人驚訝。《倉律》與《廄苑律》則提供了另一種情景：國家有時還出租一部分「公田」，並為農民提供種子、耕牛和農具等生產手段，類似後世的屯田。許多律令顯示官吏對相關規定的違法事件必須負責，處

1　　12 卷本《中國通史》第 4 卷（上），第 224、489、497 頁。

罰甚重。[1]

授田法也行之於齊國。銀雀山漢簡《田法》（初步斷為齊國之律令）說明授田與規範基層區劃也是配套的：「五十家而為里，十里而為州，十州而為鄉，十州、鄉以次授田於野，百人為區，千人成域」，授田按好田與壞田搭配，交納實物數上田與下田標準也不同，且有受田年齡和免役年齡的規定，說明有「受」「還」的可能。[2]

過去多認「均田制」為土地國有制的顯例。現在已證明，這種制度至少在戰國後期就實行過，誠如前面所說，它的起源很是古老。這些都無不說明，農業產業法定的國有性質在當時是不容置疑的。《商君書》中有「算地」「徠民」兩篇，都對秦國的山川、河流、池澤、道路、壞田、好田等各種地形的比例作了估算，測算出可耕田地的比例（壞田 2/10、好田 4/10），認為目前還未充分開發，主張應依據「為國分田」「制土分民之律」，按「小畝五百」之數授田給農民；若勞動力不足，甚至可以招徠「三晉之民西來」墾種。[3] 這裏「為國分田」「制土分民」兩句不僅凸顯出了土地國有的觀念，而且也揭示了實施土地國有的用意：徵發定量的賦稅和徭役。秦併天下後，勢必將這一制度推向全國。

由此可知，在授田制下，受田的耕種者是以國家臣民，即秦始皇石刻所稱「黔首」的身份（必須有農民戶籍的），領受耕地的經營權，享有部分的收益權。按其性質，他們是為國家耕種田地，承擔法定的權利與義務。而且在理論上，授田也還有一個按年齡「受」與「還」的問題，經營權僅及身而止。

1　雲夢睡地虎秦簡，有的寫於戰國晚年，有的寫於秦始皇時期。像《語書》是關於南郡及其所屬縣的吏治文件，十分重要，其時代即在前 227 年，大統一前。法律文書，據研究者稱大多修於秦昭王至秦始皇初年。四川青川木牘則為武王時期（前 309 年）。有關原始資料詳參《睡地虎秦墓竹簡》，文物出版社，1978 年版；《青川縣出土秦更修田律木牘》，《文物》1982 年第 1 期。秦簡《法律答問》中有關於「匿諸民田」分「租」與「未租」兩類。研究者對此情況還說不清楚。「公田」「官田」名詞到漢代始出現於文獻。

2　參見吳金龍：《銀雀山漢簡釋文》，文物出版社，1973 年版。

3　高亨：《商君書註釋》，中華書局，1974 年版。《徠民》篇考證寫於秦昭王時期。《算地》篇一般也估計寫於商鞅死後幾十年。

　　自然「盡信書，不如無書」。對法律規定的條文亦當如是看。實際運作過程必然會出現的諸多問題，我們也不能不作充分的估計。

　　授田制的執行，在正常情景下，需要許多條件支撐。首先是可能達到的管理能力與管理者的素質，能不能切實做到令行禁止，秉公辦事？何況幅員遼闊之後，這更是個大難題。第二，必須按期授田，長期有田可授。這在地多人少的情況下容易實行，久而久之能不能堅持下去？也必須打上大問號。

　　這裏使我想起了黃仁宇多次使用的「間架性的設計」（schematic design；其實 schematic 也有示意、圖示的意思）。這種設計是用一種數學的概念，夾帶着一種幾何圖案，向真人實事籠罩過去。主要在使人口統計和土地測量技術尚未準備妥當之際，即在一個區域廣大的國家內，造成一種人為劃一的政治或經濟的制度規範。黃先生用這種概念來指稱西周的分封制和井田制。他特別對井田制發表了如下評論：「井田制度是間架性設計的代表。間架性設計是來自標準要求，這種方式影響此後中國三千年的政治。它意味着國家和社會的結構是可以人為地創造出的，同時也導致上層設計的形式遠比下層運作的實質更為重要的統治習慣。」

　　我覺得黃仁宇先生強調上層設計與下層運作的不一致性，上層的設計不管下面的實際情況如何，始終具有實質性，表明他對中國國情和歷史深層的了解遠比一般史家高明。這種認識既來自他切身的社會體驗，也得之於對明代稅收史研究的心得。因此，下面一段遠比上面明白易懂：「明代稅收章程一方面包括着一種中央體制，一方面又顧及地方實況，內中有永久的法則，亦有臨時條款，總之即不明不白，而係囫圇吞棗的套入，所以外表全國一致，實際當中則千差萬別。」[1] 我認為「授田制」在其發展過程中出現的種種演化，也應當這樣看待。

　　稍需要補充的，這種整齊劃一的制度規範，說是完全「人為設計」，

1　黃仁宇：《中國大歷史》第 2 章，生活・讀書・新知三聯書店，1997 年版，第 13、15 頁以及「中文版自序」第 3 頁。

也不盡然。任何統治的設計都有母本，都有曾經存在過的經驗作為依據。無論是規劃整齊的「井田制」，還是我們現在討論的按戶丁計算的「授田制」，在部族國家階段，範圍不大的共同體內，是可以做到的。趙儷生先生曾說過他的體驗：「某一次當我翻讀康熙時的詞人曹貞吉（珂雪）的詩集時，見一詩目《過滕縣見行井田處偶成》，是一首五古，中有句云：『經界犁然正，溝塗一一新』。這雖不是一張照片，但曹氏所見所詠定非子虛。那麼，井田遺跡 17 世紀人尚可赫然在目，其在上古必非烏托邦，就可以得到助證了。」[1] 在「文革」時期，我親眼見過江陰華西的「園藝式」的河渠和耕地樣板，直是直，橫是橫，井然有序，恍然大悟：在控制力極強的情景下，「井田制」確實是做得到的。正是由於這件事情的啟發，我才開始考慮起歷史上產權的國有性質問題。

從秦簡的法律文書裏也依稀感覺得到，授田法在實際操作方面有許多變通的地方。

例如《田律》規定：「頃入芻、稿，以其受田之數，無墾不墾，頃入芻三石、稿二石」，說明國家不管農民受田數足與不足，只是按統一標準數來要求官吏督促農民定量上交國家賦稅。從積極處說，這可以督促地方盡力開墾，即所謂「使民盡力，則草不荒」。但到底是說漏了嘴：一、國家並不保證按數授足；二、所謂授田數，實際只是規定容許墾佔耕地的法定數量限制，其中也包括在登記前實際已耕種的耕地。再如《商君書·徠民》篇提到有「彼民狹民眾者」，鼓勵遷往寬處開墾荒地（「草地」），說明早在秦孝公時就已經出現像唐代那樣狹鄉與寬鄉的區別。在人多地少的狹鄉授田不足，是一個明顯的事實。國家也承認，並容許在政府規範下實施移民墾荒。秦簡《法律答問》即有關於「更籍」即遷出的詳細法律條文。

還有一種情況，我們過去是不知道的。秦統一前後，歷經數百年變遷，社會分層情況也複雜起來。單一聚族而居的鄉邑混雜進了外來人。法律上，土著戶與外來戶的地位、待遇有明顯的分化。《商君書·徠民》就

1　趙儷生：《中國土地制度史》，齊魯書社，1984 年版，第 19 頁。

提到「令故秦民事兵，新民給芻食」，外來人是不能當兵的，但必須提供糧草等軍備費用。秦簡《法律答問》完全證實了這一條，並知道秦國的戶籍嚴格區分「故秦民」「臣邦人（新民）」（「臣邦人」中又區分「真臣邦」與「臣邦父、秦母」生的混血「夏子」）。[1] 這再次證明重視「血緣」的傳統在社會分層中是起作用的，同時也可以推測非統治族人口在授田的待遇上必有重大區別——所謂「其有爵者乞無爵者以為庶子，級乞一人。其無役事也，其庶子役其大夫六日；其役事也，隨而養之」（《商君書·境內》），這種「庶子」很像東漢兩晉的「徒附」。他們是不是由外來人轉變過來？而外來人是不是與各國貴族的沒落，或者與長子繼承制（庶子沒有繼承權）有關？還不清楚。

　　我一直猜測，軍功受田和「受稅邑」幾百家，其對象多半針對着開墾荒地和外來移民的，統一後則轉向了被征服區域的貴族采邑和隙地。原土著居民的田宅一般是確保不動的。關於社會基層情形，我們知道得還很少。但應該有一種認識，操作的複雜性是與基層的情形相關的。實際情景可能要比我們想像的更複雜。

　　按情理推測，任何變革都必然在其已有基礎上進行。因此，這裏面既包括承認前此已耕佔的田地，也包括新近開闢的田地「登記」在「籍」。雲夢秦簡已經證實「開阡陌」不是決裂「阡陌」，而是重置「阡陌」，即重立田地的疆界。雲夢《秦律》也顯示各家田地有多有少，甚至已有僱人（奴隸？佃農？）耕種的；偷移耕地的疆界要處予重罰。[2] 非常有意思的是，我們從《秦律》中幾乎看到了北魏「均田制」出現過的同類情景，證明由政府出面按戶分配土地絕不僅僅是紙上的東西，曾經確有其事。這也只有

1　收養外來人的情況在戰國時的齊國亦存在。《管子·問篇》列有數十問，亦知非常重視人戶是否受田足與不足，且問到「鄉之良家其所收養者幾何人也」？

2　參見 12 卷本《中國通史》第 3 卷。除雲夢秦簡外，四川青川《秦更修田律木牘》還詳載了耕地阡陌的法定標準，說明授田制度還相當規範。這再次告訴我們，在中國古代，國家權力實施的強度常超出一般人的想像力。該書第 829 頁對《封軫書·告臣》中不服從甲命令耕種的「臣丙」，推斷為「佃農」，我看明顯有誤——這正是富裕農戶家庭使用奴隸耕種的一例。這種情況，在西漢時代也不少。有相關漢簡為證。

在產權國有的前提下才能順理成章地進行。

我要強調的是，在新的歷史背景下進行的「授田」，已經與社會分層相關，即由於出現了各級管理階層，這種耕地的分配已經有了以強凌弱的態勢。《商君書‧墾令》開首即說「無宿治，則邪官不及為私利於民，而百官之情不相稽」。「私利於民」，就是指管理階層利用「國家代理人」的角色地位，「化公為私」。這種現象在秦簡法律文書中也有反映，突出的是把國家「公田」出租時隱瞞數量，侵吞為己有（《法律答問》「部佐匿諸民田」）。再有像雲夢秦簡《封軫式‧告臣》中那位「某里士甲」，勞動人手不夠要僱人耕種，他的田地明顯超過人地之比。這已依稀看到了孟子所說的「強宗」「巨室」的身影。土地的佔有權分額的不平等，實際也意味着部族成員在收益權的不平等方面的距離正在拉大，但產權處置權方面並沒有根本性的變化──它仍然是在「國有」產權的名義下進行的。「化公為私」的亮點總是以權力為背景，在佔有權和收益權的不平等狀況上才得到明確的反映。這一理解中國歷史的祕訣必須時常記得。

總之原始的氏族內按人口平均分地的傳統，當推行到更大範圍之時，操作方法不能不變化，社會分層的因素必須加以考慮。各地情況千差萬別，國家的法規只能以一種「數學模式」即人口與耕地之比（如人均五百周小畝或入漢後人均百畝，方百里應有 4/10 以上的耕地等），確定一個數量上的標準，以此鼓勵和督促地方開發農業耕地。這就容易理解從秦國起，戶籍管理都是一件大事。商鞅起秦國一直就執行「舉（登記）民眾口數，生者著，死者削」的制度，並強調國家必須把準確掌握 13 種數據放在頭等重要的位置，列在前三項的即是：「境內倉口之數、壯男壯女之數、老弱之數。」（《商君書‧去強篇》）

中國古代的賦稅徵收原則，直到唐中期以前，始終是以人丁為本，就是這個道理。這種制度深層次的意義，顯示不僅地是「國有」的，人也是「國有」的。作為國家，授田只是手段，它最終所關心的是嚴格控制人口，按人口將徵發賦稅徭役落到實處，最大限度地開發這種「綜合國力」資源，以達到富國強兵的目的。因此，所謂「登記」，就是確定你的耕地已

被國家承認是合法的，你是「在籍」的合法「臣民」。雖然田是由你開墾的，但在法律觀念上必須承認，這是國家授給的。

秦漢國家的「田制」與今天所理解的產權概念最大的差別，就在「田制」是先賦的概念，不顧經濟實情及其自然演變，由國家權力強行規定，由國家權力強制執行。這也就是古人常說的「天作之君，天作之民」，一切都是先驗的。這個「天」實際就是歷史的傳統。

聯繫秦以後歷代王朝興替的歷史，大致可以推斷：嚴格的授田制或國家按戶允許農民自佔一定量的耕地，都只能在建國初期或新開闢的區域才可能被較認真地實施。時間長了，多容易名存實亡，經營權幾易其主，「兼併」之弊叢生，政府只好默認既成事實。然而，正如黃仁宇所說的那樣，上層的規定始終是具實質性的，法律條文和觀念依舊會不顧與事實的背離，不可動搖。許多人對「私有制」估計過高，往往不注意這一點，把形似私有的現象看作為根本觀念或法律意義的改變。其實這只是法律的鬆弛或失效，條件成熟或認為有其必要時，國家又會舊態復萌，重新管起來。

授田制不僅是一種歷史傳統，更是一種法定的觀念，所以後世才不斷有「限民名田」甚至重新收回國有的嘗試（王莽「王田」、隋唐「均田」、賈似道「公田」等）。即使像西晉「佔田制」那樣，實際做不到，政府至少也會認定超出限額的田地，國家有權干預，是名正言順的。據《晉書》當初朝廷討論要不要限田限奴婢時，力主此項政策者是以歷史先例為依據，且主張「禁百姓賣田宅」，而反對者的理由也僅僅以「（今）井田之制未復」為藉口，認為尚不具備操作的可行性。[1] 這不也說明「佔田制」背後是產權國有觀念在起作用？這在西歐保護私有產權的歷史背景下，幾乎是不可理解的。

現在必須轉入另一話題：那麼入秦以後民間土地可以買賣、轉讓與繼承，不是說明中國傳統社會土地所有權具有「軟化」的品格（在此之前，頗有點像西歐領主制那種「硬化」的特性，逐級分封，封爵世襲，「田里

---

[1]　《晉書·李重傳》。

不鬻」）？有甚麼理由還要一口咬定「國有產權」仍然是中國傳統社會產權的歷史本質，而自耕農與私人地主不擁有私有產權呢？我想作以下兩點辯證，誠望高明者有以教之。

自耕農為「國家佃農」辨

相對活生生的歷史實在，任何理論概念都顯得力不從心。「所有制」概念也遇到了中國歷史特色的騷擾。表面上，耕地既可以繼承、轉讓、買賣，按西方人的觀念，即有了「處置權」，也就是馬克思所說的「生產資料」歸己所有。這是西人以個人本位的法權概念為邏輯起點的，順之推理，自不成問題。但古代中國呢？甚麼時候有過「個人本位」的法律地位，連「個人」本身也是從屬於「國家」的。套用西人概念勢必張冠李戴，驢脣不對馬嘴。

那麼我們應該怎樣稱呼自耕農擁有的那份「私有土地」呢？能不能說它實質是國家將其「國有」土地「租種」給農民？或者索性叫它「承包」給農民？

正如前節所述，從發生學過程來看，中國傳統社會的歷史是沿着一條自然演變的路線前進的，個人的「主體性」從來沒有獨立過。它最初只是全部交付給貼身的小共同體（氏族─部落）的，隨後一步一步地不斷上升，直至大一統國家成立，氏族─部落外殼剝離而變為府縣鄉聚，「朕即國家」「君臨天下」，「天下」之人也就盡入「吾彀中」，為「君父」的「子民」，仰天翹首等待「皇恩浩蕩」的「雨露滋潤」，很自然就成了唯一的選擇。

這裏還有一個關節，就是通過春秋戰國至嬴秦，世襲貴族被消滅（始於商鞅，基本完成於秦滅六國。詳見前述），此一事也非同小可。各級貴族的被消滅，意味着「王（皇）權」與基層百姓之間，再也沒有可以與之抗衡的「異己」社會力量。社區只是國家的一個從屬行政單元。過去農民曾與之多多少少保存着原始共同體感的「歷史」被切斷，顯得異常孤立（代

之「流官」既非本鄉本土，又絕對對皇權負責）。從事農耕的農民在其被安排好的社會結構環境裏，最關切的只能是「國泰民安，風調雨順」八個大字，後者是「天」，前者是「人」。這是很實際的，試問除了國家，還有甚麼實際的社會力量（因為入秦後的中國傳統社會，嚴格說只有國家，而無「社會」）能從根本上保障他們的「安全」呢？所以中國老百姓既怕「兵」，又不得不養兵。然而，他們為此不得不付出沉重的代價，必須傾其全力維護這個共同體，包括數以百萬計的軍隊。

前面說到過的，秦暉因為囿於傳統的「小私有」觀念，所以當面對國有化現象時，就大惑不解。這種「小私有」的小農，本質上是為國家「打工」的，他們必須看「國家」的臉色生活。要認識這一點，關鍵是必須切入成果分配領域，即「收益權」，才能夠曉其三昧。

事情還是從秦漢時期說起。通過許多專家的研究，我們對這一時期受田農民負擔的總體狀況，已經比較清楚。[1] 在雲夢秦簡公佈後不久，1979 年 3 月，王毓銓先生在《中國史研究》著文考釋兩漢賦役制度，歸納漢代徵斂項目共有田租、芻稿、算賦、口賦、獻、貢、力役七種，認為前兩項出自田土，後五項出自人戶，並得出了「出自人身的重，出自土地的輕」的結論。稍後，謝天佑先生曾將力役折換成實物，統一計算過西漢自耕小農全部賦役負擔與勞動總收入的比率，我則負責做唐代租庸調總額折換成實物或貨幣後所佔的比率，兩人的計算結果十分謀合，大致都在總產出的 50% 上下，其中力役及其變種（人頭稅、布調）比重最大。這再次驗證了王毓銓先生的判斷完全正確。[2]

王毓銓先生發表上文時最初只是強調兩漢政權嚴格控制人口的「封建」本質，到了 1980 年 10 月起草《〈中國歷史上農民的身份〉寫作提綱》（以

1　相關專著有錢劍夫《秦漢賦役制度考略》、黃今言《秦漢賦役制度研究》、高敏《秦漢賦役制考釋》，都利用了新出的考古資料，論析詳盡，讀者可參閱。

2　王毓銓：《「民數」與漢代封建政權》，原載《中國史研究》1979 年第 3 期。收入《萊蕪集》，第 33—70 頁。謝天佑、王家範：《中國封建社會的個體農業經濟和賦稅剝削率》，《上海師大學報》1980 年第 2 期。寫作此文時未注意到王先生的文章。與先生的基本觀點不謀而合，但我們當時沒有條件利用秦簡的材料，因此考釋方面仍當以王先生所析為翔實準確。

下簡稱《提綱》）時，看法明顯更深了一層，認為中國歷史上的自耕農絕
不像歐洲 18 世紀農民那樣是「自由」「獨立」的農民，並說這個問題是「了
解古代中國的一把鑰匙」。[1] 可惜這篇《提綱》當時似乎沒有公開發表，到
1983 年才作為「附錄」收入《萊蕪集》之末。

　　這麼多年過去了，等到我開始考慮「國有」產權問題時，讀到先生文
集，頓覺異常興奮，大大壯了我的膽。《提綱》曾提到這種中國特有的歷
史現象發生學方面的懸念，我在本專題前面部分算是回應了先生的號召，
因此也使這一專題的篇幅拉得很長，至於作得好不好，則有待學界批評。

　　在王毓銓先生分析的基礎上，我想稍作一些引申——因為先生並沒有
正式提出產權「國有」的結論，這是需要說明的。[2]

　　問題的關鍵就在「出自土地」的與「出自人身」的兩部分負擔，能不能
都作為考察產權的依據？我個人傾向於這是不能分割的同一問題的兩面。

　　王毓銓先生說：「往時讀兩漢史書，見縣鄉設置不以地域廣狹而以人戶
多寡為標準，官吏名號秩別也因人戶多寡而不同，以為此異於今制，不疑
其別有緣故。又見各郡國之下具列戶口細數而無墾田細數，嘗惜其體例未
必盡善，不識其另有道理。」[3] 這一疑問終於被先生逮住，由此而獲得史識
的重大突破。

　　確實，這是非常值得深思的現象，卻長期被史家忽略。我認為這答案就
在授田制裏。授田制變成以人口統一考核的原因已於前面討論過，不贅。

1　詳參王毓銓：《萊蕪集》「附錄」，第 362—378 頁。

2　我是據《萊蕪集》原文說的。據張顯揚《家長制專制封建社會論——記近年來王毓銓先生
　　對明代及中國封建社會形態基本特徵的論述》，先生是主「國有」說的。文載《明史研究》
　　第 4 輯，1994 年。

3　由於秦簡的發現，現在已經知道秦代即有比較嚴格的「上計」制度，並非像過去所說的起
　　始於漢。蕭何入咸陽首取贏秦的簿籍也由此得到佐證。秦代情況可參高敏《雲夢秦簡初探》
　　（增訂本），河南人民出版社，1981 年版。秦漢兩代「上計」制度主要集中於賦稅徭役的
　　管理，時間一般在每年的九月，即農業收穫之後，亦非偶然。兩漢「上計」更趨制度化，
　　形成一個規模不小的管理系統，由下至上集中，有專業人員司職。據《續漢書·百官志》
　　五劉昭註引胡廣語，「上計」內容已包含有「墾田數」項目。王毓銓先生所說無墾田數，
　　至少自西漢末起不確。起於何時，目前無考。

　　中國古代不可能有類似羅馬那樣的法制觀念，因此要想找到明確規定法權的條文，恐怕是水中撈月。這確實給史家解釋產權真相帶來了特殊的困難，但也不是沒有線索可尋。

　　我覺得《商君書·墾令》是一個非常值得重視的歷史文獻。這是商鞅為秦國起草的關於耕墾荒地的一道法令，共提出了 20 項對策，涉及地稅制度、商品稅制度、徭役制度、刑罰制度以及取消貴族特權、防止貪污、壓抑商人、制裁奢逸等政策，有似綱領性文件。其宗旨都服從同一個主題：督促民眾積極耕墾土地，實現以耕戰強國的目標。這一文獻不僅強調了國家必須確立以農為本的指導思想，而且也清晰地表達出這樣一種特殊的國家體制，所有政策都是圍繞着以耕墾田地為出發點展開的；只有這條落實了，其他的一切國家需求才能得到確保。法令中明確説道：「農民不飢，行不飾，則公作必疾，而私作不荒，則農事必勝。」這裏出現的「公作」與「私作」兩個概念非常重要——受田農民耕墾私田外，必須為國家負擔「公作」。「公事」「私事」是密切關聯在一起的，兩者不可或缺。《商君書·算地》有「任地待役之律」以及「待役實倉」的提法，説得多清楚：「任地」是為了「待役」。這更有力地證明授田不僅與賦稅（田税、芻稿）相關，而且與「役」（徭役、兵役）也緊相聯繫着的，二者同屬於「公作」範疇。因此，從整體上看，授田是手段、前提，賦役是目的、效果，相因相成，是一項不可分割的國家主義性質的體制。

　　王毓銓先生在《提綱》一文還提出過一個很特別的歷史例證，必須大力推薦。先生説這種按承當戶役而給予的土地（即授田），從明代稱「民田」為「當差地」，猶如孔府分配給它的匠作人戶的田地叫「糧飯地」一樣，其性質即可稱之為「役田」。這真是絕妙的論證。我想，這不也證明了當年傅斯年先生所説的，「語言」裏頭往往包含有沉澱下來的歷史晶體？歷史語言學確實具有不可忽視的特殊解釋功能。

　　如此也就對中國歷史上反覆出現的下列現象不會感到奇怪：表面看，自耕農負擔的田賦（古代文本稱「田租」，也包括芻稿）通常總在「什一」的比率線上下浮動，並不比西歐高。但其他負擔卻不可小估。孟子所説

「力役之徵，布帛之徵，粟米之徵」三管齊下，其中人頭稅（如漢之口算賦）不輕，然最不堪的是力役和兵役。這不僅因為勞動人手是農業中最珍貴的資源，更難堪的是力役和兵役常常會不遵法定的規矩，過量或逾時。凡是到了這種法外負擔不堪承當之時，逃亡就是唯一的出路。正因為這樣，也就比較容易理解歷史上為甚麼一再發生自耕農逃離「國家」而「依託於豪強」的特異現象（直至明清仍有所謂「投獻」）。因為所謂豪強總有許多法內法外「隱佔」的特權，託庇其下即可逃役。

大約從唐後期起，鑒於這種制度弊端嚴重，賦稅制度才由「稅人」為主逐漸轉變為「稅地」為主，有「兩稅法」「一條鞭法」到「攤丁入畝」的長過程改革。然而終至清亡，改革之難，只要看改革不久，即會出現稅外有稅、鞭外加鞭的復舊，攤派橫徵何其多，力役又何曾真正取消，就知道個中奧祕了。明代海瑞在浙江淳安知縣任上，為減輕農民負擔，曾大膽廢除了許多「規例」（即久成習慣的攤派）。所幸《海瑞集》保存着這些珍貴的地方性文件。在《興革條例》中明令廢除屬「知縣每年常例」的即有夏絹銀、夏樣絹、農桑樣絹、農桑絹、審均徭等 20 項，「縣丞主簿」常例 15 項，「典史常例」4 項，「教諭、陰陽官、醫官常例」各 1 項，「六房常例」 51 項；在「查虛稅」一節中直言「淳安虛稅甚多，百姓每因不能賠納，輕則逃流，甚則被苦而死」，下則分別開列各都圖虛稅項目與數字。但細看被保存下來，屬於不能「革除」的項目仍不下幾十條。這是我所看到關於基層「攤派」載述最詳細的文獻，淳安是個出名的窮縣，尚且如此，着實叫人驚詫莫名，難以想像。[1]因此，從一定意義上可以說：自耕農處境未必就比佃農好多少（大概「休養生息」的王朝初期最是「黃金時代」），故暫且名之曰：「國家佃農」。

正是針對這種現象，研究中國農民問題的學者得出了一條共同的認識：國家控制下自耕農人數的多少以及自耕農的生活處境，乃是大一統帝國盛衰興亡的晴雨表。最早說出這一真理的，恐怕要算《禮記·大學》：

1　《海瑞集》「興革條例」等，中華書局，1962 年版，第 38—144 頁。

「有人此有土，有土此有財，有財此有用」，而化為國家政策實施的則是商
鞅。他確實是一位能深刻把握中國國情、設計出了長達兩千年大國統治體
制藍本的大政治家。

　　這種特殊的「國家佃農」，在國家政治清平之世（每一大王朝最多不
過有六七十年的「清靜無為」），輕徭而薄賦，無太大戰事，不大興土木，
「賦斂有時」，應該說日子還過得起。這就是歷代農民一直保存着的關於
「聖君賢相」集體美好記憶（演化成集體無意識）的歷史根據。時過境遷，
統治階層呈幾何級數遞增，坐穩寶座的皇帝後裔更得意於「天下太平久
矣」，自大慾惡性膨脹，財政越來越入不敷出，隨意提高賦役種類和比率
勢所必然。這時農民便慢慢體會到「惡吏如虎狼」「苛政猛如虎」，與其面
對國家，不如面對「地主」，後者不具有無邊的權力，多少懂得節制。於
是兼併之勢洶湧，國家兩面開刀，既抑兼併，又轉嫁負擔，加重對碩果僅
存的農戶的榨取，直到內爭與內亂惡性互動，農民戰爭爆發，開始新一輪
的王朝循環。這最有力地證明了國有產權對自耕農應得利益的維護（通常
說自耕農是中央集權統治的生命線和晴雨表），根本沒有制度上的保障，
成了一而再、再而三地導致君—民之間政治緊張的最深層根源。唐太宗說
「水能載舟，亦能覆舟」，說明他也懂得「誰失去農民，誰就失去天下」這
個中國傳統政治學的重要法則。但他沒有，也不可能找到有效的辦法，他
的後代仍不免重蹈前朝覆轍。

權力背景下「土地兼併」辨

　　現在我們要接着「土地兼併」的話頭，把地主有沒有產權「私有」的
問題再深入討論下去。

　　首先想說明的是，「地主」是現代有了階級的觀念後才顯得突出的新名
詞。與古代文獻勉強可以對應的，似乎只有宋代的「田主」，偶爾也稱「地
主」。但其意義大不相同，「田主」也包括自耕農和小土地出租者在內，指
「民田」的全部業主。我們後來說的有些「地主」，其實只是富裕農民。他

們沒有任何「政治身份」，日子過得很不舒坦。王安石在鄞縣考察農村時寫下的許多文章，給人印象特深。[1]

自西漢以來，在官方文書中，土地產權一向只有「民田」與「官田」之分。「官田」又稱「公田」，其名始見於西漢，但秦時應該就有。它包括山林川澤（林木礦產均屬此）、園池苑囿（以上收入歸皇帝少府所有）、國家牧場以及其他直接歸國家管理或經營的田地（荒地、沒官地、新佔領地以及職田、學田等）。荒地大多用作國家屯田（民屯、軍屯），也用以賞賜或重新授民以田（「賦民公田」）。西漢時也有將皇家園池苑囿出租給農民耕種的，實際也屬開墾荒地，為出租型的「官田」，稱「假民公田」。以上所有土地產權無疑屬於國有性質，歷朝都佔不小的比例。

「民田」業主的成分很複雜，自耕農已在前面討論過。歷來首先被注意的是「兼併之家」。晁錯、董仲舒首發其端，所謂「無農夫之苦，有阡陌之得」，「或耕豪民之田，見稅什五」，為史家廣為徵引，稱之為「豪強地主」兼併土地。這類現象的產生，晁錯說是漢初商人兼併農夫（即《史記·貨殖列傳》所稱「以末致富，用本守之」者），而董仲舒則說禍起於商鞅的「（土地）民得買賣」，以致「富者田連阡陌，貧者無立錐之地」。董氏的說法牽涉範圍較寬，更被史家重視。

「土地兼併」確實是中國古代歷史上非常惹人注目的現象，歷代君主也無不給予高度關切。因此在與西歐「封建制」相比後，許多史家認為中國土地所有權具有「軟化」的性格。正是據以這種觀點，主張「地主經濟佔主導地位」的說法在史學界佔了上風。

現在要問，這種土地兼併，是不是意味着「六合之內，皇帝之土」，即原先認定的全部土地屬「國家」所有的觀念已經有所改變？

必須強調指出，直至宋以前，土地兼併一直不為國家認可，且為歷代政府重點打擊的目標。這也是所謂傳統「重農抑商」政策的實質所在。

1　《王文公文集》卷三《上運使孫司諫書》「鄞於州為大邑，某為縣於此兩年，見所謂大戶者，其田多不過百畝，少者至不滿百畝」，下述其處境之艱難備詳。上海人民出版社，1974 年版，第 41 頁。

　　晁錯、董仲舒首發抑兼併的議論，俱載入《漢書・食貨志上》。《食貨志上》通篇強調的是國家必須以「地著為本」，重申上古井田、授田之制是「善法」。繼之列舉李悝、賈誼、晁錯、董仲舒直到師丹、王莽諸家議論，多直指兼併現象不利於國家，必須強力制止，確保農民應得的份地（以五口之家、百畝之田為標準）。到東漢末，世家豪族兼併更劇烈，荀悅把問題挑得也更明白：「土地者，天下之本也。《春秋》之義，諸侯不得專封，大夫不得專地。今豪民佔田，或至數百千頃，富過王侯，是自專封也；買賣由己，是自專地也。」（《前漢紀》卷八）可見在正統人士看來，「兼併」並非合法行為，乃是一個貶義詞。

　　事實上任何私人所兼併的土地，都沒有法律上的保證。最顯著的例子就是秦初併天下，徙天下豪富 20 萬戶於咸陽。如果這還與滅六國的軍事敵對行為有關，那麼漢初徙齊楚大族昭氏、屈氏、景氏、懷氏、田氏五姓於關中則沒有理由了，他們並不是政治敵對勢力。但國家需要就是理由，不需要別的甚麼理由。其效果時人謂之「邑里無營利之家，野澤無兼併之民」[1]前者涉及人口百萬，後者十餘萬，牽涉面大。這就說明不論何種人、已佔有多少土地，只要國家一道法令，都必得聽任國家處置，因為國家有權支配任何土地。直到明初朱元璋還在效法前王所為，遷徙江南富民至安徽、河南等地，可見何等根深蒂固。漢武帝打擊富商大賈，就是實踐晁錯反對「商人兼併農夫」的意見，其不擇手段，史有明載，結果那些商賈所兼併的土地幾乎盡數沒入官府（明代朱元璋又重演過一次），並明令「買人有市籍者及其家屬，皆毋得籍名田以便農」。這裏「籍名田」三字，就是重申土地國有、必須由國家授予的法定傳統。[2]到西漢末，師丹屬反兼併的溫和派，主張「宜略為限」，而到了激進派王莽手裏，便有了頒行「王田法」的行動，原文詳載於《漢書・食貨志》。雖說當時要根絕兼併已屬

1　《後漢書・五行志》註引杜林疏。

2　俱見《史記・平準書》。武帝通過告緡法，沒收商賈「奴婢以千萬數，田大縣數百頃，小縣百餘頃，宅亦如之，於是商賈中家以上大率破」。而算緡的依據就是因為不務農，必須重罰，此乃漢高祖時的規定。

「空想」，但也到底説明產權國有在法律觀念上還是理直氣壯的。否則，王莽也不會那樣説得有根有據，敢於向全國頒行。直到東漢末，仲長統還在譴責：「苟能運智詐者，則得之焉；苟能得之者，人不以為罪焉。」[1] 可見運用智詐「兼併」，正派人士仍堅持這屬於違法有罪的行為。

今人看來這是一項非常矛盾和荒謬的政策。事實上從商鞅起，由於二十等爵的實施，土地收益權與經營權已經分離，「私有化」過程必不可免地要朝着權力與私利相結合的方向發展；農民的份地按其自然的趨勢（災害、傷病）也必產生分化，賦斂又重，避免破產戶經營權、收益權的轉移，並無政策上的保障。對此，晁錯分析甚細，人所熟知，不再複述。漢與秦戶籍管理上最明顯的差別，就是漢代已經有了戶等的劃分，大致分「細民」或「小家」與「中家」「大家」三個等級，屢見諸《史記》《漢書》，在居延漢簡上也得到有力的佐證，[2] 表明社會分化正與時俱進。因此，正如董仲舒感受的那樣，兼併之勢是一定要隨之發生的，到西漢中期已到了不能不關注的程度。只是董氏説商鞅容許「民得買賣」是指既成事實，還是確有正式法令依據？不清楚。目前尚無史料證明有法律依據。至少在東晉以前，並無「契稅」名目，買賣根本不經政府過手，不能認為政府已正式承認其合法性。[3]

把晁錯「今法律賤商人，商人已富貴」的話推廣開來，我們也可以説：國家法律抑兼併，而兼併之勢抑而不止，且愈演愈烈。晁錯首先揭示的這

1　《後漢書·仲長統傳》載《昌言·理亂》。

2　《居延漢簡甲乙編》24.1、《居延漢簡甲乙編》37.35 所載徐宗年、禮忠兩家田產，一為五十畝，一為五頃。兩戶主均有「公乘」爵位，尚且如此。轉引自宋昌斌《中國古代戶籍制度史稿》，三秦出版社，1991 年版，第 62 頁。《居延漢簡甲乙編》有中華書局 1980 年版問世。

3　現在有據可查的，東晉始有估稅，見《隋書·食貨志》，內容涉及「貨賣奴婢、馬牛。田宅有文卷」，稅率 4%。宋以後沿用之，稱「契稅」。性質稍後分析。《居延漢簡甲乙編》505.37 説到男子丘張買了一份客地，申請遷往該處。據此，很可能私人轉受間會有文書作憑。漢簡轉引自 12 卷本《中國通史》第 4 卷上，第 707 頁。另據瞿宣穎《中國社會史料叢鈔》二十「雜風俗制度·地卷」條，羅振玉《蒿里遺珍》説傳世地卷最早有建初、建寧二卷。上海書店，1985 年版，第 885 頁。未見原件，不得而詳。

一悖論，幾乎成了兩千年大一統帝國解不開的死結。

何以會如此呢？胡致堂説得好：「欲以限田以漸復古制，其意甚美；而終不能行者，以人主自為兼併，無異於秦也。」[1] 需要略微修正的是，這不只是帝王出於家族私利帶頭「兼併」，更是大國中央集權的權力結構整合機制的一種特殊需求所致。

由封建制度轉變為君主集權制，決定政治體制必須「誘之以利祿」，才能使作為統治基礎的官僚系統有效運作起來。這也就是漢雖代秦，而二十等爵仍沿之不改的緣故。農業帝國，國大官多，作為官僚收入的俸祿只能以實物為主，而且也不能太高；即使這樣，也已經不堪負擔。直到宋明清三代，官場還在普遍埋怨「俸祿太薄」，叫苦不迭。[2] 最初「賜田」與給「食邑」，創始者用意就是作為一項重要的補充舉措提出的。「食邑」是從國家田租收入分割一部分，而「賜田」就難免與民爭「田」，甚至發展為官與官爭。秦將王翦伐楚前「請美田宅園甚眾」，是我們見到臣下以「請射」形式公開爭田的先例，以後又發展出「請射」「橫賜」「假貸」「佔墾」等等名目，肆意侵奪荒地與無主地。漢初因軍功賜爵者甚多，以致許多人得不到田宅，「粥少僧多」，近水樓台先得月，故劉邦曾憤憤不平説：「且法以功勞田宅。今小吏未嘗從軍者多滿，而有功者顧不得，背公立私，守尉長史教訓甚不善」，[3] 可見侵佔田地之風在下層官吏中也很普遍。漢光武帝欲「度田」，「帝鄉」南陽、京都洛陽首先辦不到——這不是劉秀個人的過失，而是為體制所決定的既成事實。

1　胡致堂：《讀書管見》卷 20。轉引自錢劍夫：《秦漢賦役制度考略》，湖北人民出版社，1984 年版，第 7 頁。

2　王安石在著名的《上（仁宗）皇帝萬言書》裏即説：「方今制祿，大抵皆薄。自非朝廷侍從之列，食口稍眾，未有不兼農商之利而能充其養者也……故今官大者，往往交賂遺、營資產，以負貪污之毀；官小者，販鬻、乞丐，無所不為。」《王文公文集》卷一，上海人民出版社，1974 年版，第 8 頁。曾國藩在任翰林院檢討時寫的家書中説：「男目下光景漸窘，恰有俸銀接續，冬下又望外官例寄炭資，今年尚可勉強支持。至明年更難籌劃。借錢之難，京城與家鄉相仿，但不勒借強迫耳。」鍾叔河編《曾國藩家書》，「道光二十一年八月初三」，北嶽文藝出版社，1994 年版，第 600 頁。

3　參見《史記·白起王翦列傳》《漢書·高帝紀》。

　　當時那種機會主義的策略，可以概括為：俸祿的有限以鼓勵創收「法外收入」來互補，高度集權以允許有限度的「土地買賣」來補足各級權力不能滿足的缺憾，作為實際「人人無權」的專制制度又給每一統治成員使用所掌權力轉換成財富的「個人積極性」。這就是劉邦藏在「背公立私」後面沒有說出的奧祕：公私兼顧是可以的，但必須有「度」。所以，以權謀財，這是帝國最高統治者富有彈性的一種權術，雖充滿風險，歷朝仍不得不恪守這個「旁門左道」，說明它確是集權統治整合凝聚力的「黏合劑」和不二法門。

　　風險的存在是很明顯的。熟悉中國古代歷史的人不難明白，歷朝都有的土地兼併多數都有權力的背景，是依仗着其政治（權力）—經濟（俸祿和法外收入作原始資本）的特權強制與半強制進行的，這是土地買賣的主體、大頭。早在西漢，蕭何就已經識透這一點，故而奉行「置田宅必居窮處，為家不治垣屋」，理由是「後世賢，師吾儉；不賢，毋為勢家所奪」。然而，如若這種兼併無限制地任其發展，勢必釀成兩大禍害：一是國家財源越來越多地被挖走，二是形成氣候後坐大為地方分裂勢力。這就是東漢後長達三百年分裂和以科舉制、均田制兩大手段取消門閥勢力的歷史背景。前期以反兼併為主體內容的限田、佔田到均田制，無不說明「國有產權」仍是法定的準則，危及國家一統體制的非常時期，隨時都可以根據其需要限制直至收為國有。但基於體制內在不可克服的矛盾，缺乏實際有效的技術操作機構和手段，往往收效有限，故兼併之勢難以遏制，國家只得將負擔加重轉嫁到自己直接控制的農民頭上，飲鴆止渴，接着中後期「改革」的失敗，便是農民戰爭的爆發，結束一輪皇權統治，周而復始。

　　這種循環式的兼併——抑兼併模式在屢遭挫折後，到北宋開國統治者手裏，終於改弦易轍，宣佈「本朝不立田制，不抑兼併」。[1] 還是馬克思說得絕妙，任何帝王最終也得服從經濟的命令。北宋這一政策的轉向，實際

1　《宋史》卷 173《食貨志》。

是對大一統前期（大致以唐安史之亂為界）長期限制與反限制較量的一個總結。

　　秦漢以來，圍繞限制與反限制的較量，整個過程高低起伏不定，有高潮（如漢武帝打擊豪強、北魏興起的均田制），有低潮（如東晉南朝的門閥、唐中葉均田制崩潰），也有富妥協性、做表面文章的西晉佔田制，但總趨勢是「國有」產權的實際控制力步步後退。其中對官僚免役特權（「除復」）的擴展也起了惡化控制狀態的作用。官僚及庶民地主佔有的土地分額不斷上升，控制人口以控制自耕農的政策即因「隱庇」「脱漏」益趨嚴重而告失敗。自耕農逃入特權世家大族門下，成為「徒附」「部曲」。這種「隱庇」最嚴重的後果便是由東漢「世家豪族」的膨脹，發展到長達三百年的分裂。這一次分裂，後來摻入了民族（「五胡」）的因素，但最初的肇禍是「千丁共籍」的豪族。追究根子，還是出在政治方面──官僚特權的凝固化，特權滯留在某些家族範圍內，流動性太低。正是這種狀態，才推動「選舉」制度發生了由「九品中正」向「科舉制」的大轉折。因此從長時段看，這只是中央政權官僚體制的一次內部改革──或者説是中央對官僚權益授予、分配方式的一次變革。這一變革，從傳統國家的目的來説，無疑取得了極大的成功。從此，再也沒有足以與中央對抗的社會勢力。

　　但中國的統一與分裂，很有自己的特點。分裂的許多「小國」像是先前統一的「大國」的縮小；反言之，重新統一的「大國」又是許多「小國」的放大──同一張「底片」或縮小為半寸照，或放大為九寸照，「人像」即政治體制、社會體制不變，如此而已。我想這或許就是「分久」容易「必合」的原因。

　　何以如此説？不管登上寶座的原先是「世族」，還是「寒族」，還是「胡人」，他們還是得秉承「農為國本」的歷史傳統，堅持「主權為最高產權」的法權觀念（「主權」可大可小）。你看西晉，人都説司馬氏政權是「世族政權」，但「世族政權」還得對世族實行限制，不是要實行「佔田制」嗎？實際上仍是國家意在強化它所控制的「天下之田」，奪回它應該控制

的「課田」，縮小「不課田」應得的免稅役權益。說其妥協，也只是在能力做不到的情景下，現實地退讓某種分割分額，而不是改變基本觀念。北魏統治者也同樣如此。當他們入居中原，也接受漢人士大夫的建議，將三長制、均田制與租調役制捆綁在一起（三位一體，這一點對認識其性質，特別重要）。最典型的是東晉南朝各代統治者，反覆進行的九次「土斷」和「檢籍」與「反檢籍」鬥爭，雖都以流產告終，但還是說明秦漢以來的土地、人口實質上為國家所有的觀念，在分裂時期依然是「國家」的指導思想。實際事態能不能執行，執行程度如何，只是取決於中央政府實際控制能力的強弱——但這並不改變法權觀念的實質。

經濟越發展，私有產權的發展便越不可擋。特別是在商品經濟擴展的情態下，貪慾作為人性的一個側面，表現得很難受「禮儀」的束縛。其結果，便只能是國家步步後退，但有一條原則是不能退讓的——分割的方式可以改變，中央必須保證自己的財政收入有增無減。所以，自唐中葉起，到兩宋趨於明朗，「國家主權是最高產權」的原則，越來越傾向於在「收益權」上做足文章。所謂「本朝不立田制，不抑兼併」，表示國家「聰明」了，變得理智了——從田主叫喚「以田為累」的感歎裏，我們多少能得到這樣的消息：國家只是改變了控制的方式，或者說改變了「干預」的方式。

這種改變不是一朝一夕，而是經歷了自西晉到宋的長期漸進和摸索。例如東晉南朝時期收取田宅買賣的「估稅」，當時主觀上就是為了增加財政收入而不得已為之，無意中卻起到了將久成事實、為數不菲的土地買賣行為變為合法化的作用。楊炎「兩稅法」的實施，更表明國家從財政操作的有效性考慮，終於不得不放棄以人丁為本的準則，開始向以田畝為本的準則轉變。這是中國傳統社會財政體制前後不同的一塊重要界碑。

這裏要指出的是，即便如此，這也只是意味着土地「國有」實施方法的策略轉移，由先前直接控制自耕農以取得收益，變為國家通過「田主」間接取得收益。宋以後田賦的附加稅項明顯增加，而徭役變而為職役，都說明帝國統治者清醒過來，釘住「田主」（田畝）不是更明智、更現實嗎？宋以後，這種限制與反限制鬥爭轉變為分割收益分額的明爭暗鬥，只要從

官僚、地主叫喊「重賦」和呼籲「均賦」「均役」的動向裏就可以嗅出味道來。[1] 地主，特別是不享受政治特權的地主，多少都嚐到了過去帝國曾經施之於自耕農的那種強控制的苦頭。過去多把宋明士大夫言論裏「平均」兩字誤認為替農民代言「平均土地」，真是一個不大不小的史料玩笑——其實他們說的是「均賦」。「均賦」多出於沒有政治特權的庶民地主之口，也見其日子過得並不輕鬆。

　　非常奇怪的是，帝國政策的退讓，不僅沒有促成地主田產的集中，反而從宋代起，田產分散化趨勢越來越明顯。[2] 究其原因，恐怕是科舉制的權力高度流動性和遺產的眾子均分制兩大因素最後幫了極權統治的大忙，故此「千年田，八百主」，「田無常主」。私有產權的不發達、不穩固，也使集團性的社會離心勢力無以形成。因此之故，宋以後除民族的因素外，大一統再也沒有遇到地方割據或分裂勢力的嚴重挑戰。即使如此，對少數大田產擁有者，帝國政府也還常常要用「朋黨」、權臣和貪污等名義，動輒以政治的理由將其財產與田地盡數「沒入官府」——到此時就體驗「國有」的幽靈無時不在，不是不報，是時候未到。任何私產都沒有制度上的法律保證。直至清中期，翁同龢與曾國藩等「明智之士」都深知此中利害，故謹小慎微。讀曾國藩家書，勸其家屬不必多置田產，可謂感觸至深。

　　當然有一利必有一害。明清極權統治對自己統治成員的強控制（如明初的打擊豪富、清初的「科糧案」），果然消解了君與臣、中央與地方的政治緊張隱患，但所屬成員的慾望卻朝向另一方向宣泄——經濟上越來越

1　明顧公燮《消夏閒記摘抄》云：「明末，江南歲輸白糧於京師，例用富民主運，名曰糧長，往往破產。官為五年一審實，先期籍富人名。諸富人在籍中者，爭衣襤褸衣，為窮人狀，哀號求脫。」明范濂《雲間據目抄》卷四：「松賦正額，民已不堪，而額外又有均徭。練兵、開河、織造，貼役加耗，種種不經，難以枚舉。則如上鄉三斗六升五合起科之田，計有五斗之供矣。況兼凶荒賠納，其利安在，而士民何樂於有田也？」此等史料於明代數見不鮮。上轉引自謝國楨《明代社會經濟史料先編》下，第 146、153 頁，福建人民出版社，1981 年版。

2　宋代地產分散化傾向參見漆俠《宋代學田制中封建租佃關係的發展》，載《求實集》，天津人民出版社，1982 年版。清代情形參見楊國楨《論中國永佃權的基本特徵》，《中國社會經濟史研究》1988 年第 2 期。

強烈地謀求法外收入。果然每一王朝吏治總是在時間上呈遞減趨勢，但通觀歷代，貪污受賄之風，宋以後越刮越厲，一代不如一代，至明清登峰造極，不可收拾。究其原因多種多樣（如商品貨幣經濟的發展等），但政治上的不穩定感或許使他們更趨向於短期行為。顧炎武怪罪於「流官任期制」，每任官員都急着求「子母相權」，及時收回成本，增加盈利比例（《郡縣論》），但這不能解釋明清何以比宋代士風更劣、貪污更甚。

總體而言，這兩千年內，大一統體制內在的產權「國有」底氣，仍然或顯或隱、或強或弱地在發揮其無所不在的能量。任何名正言順的國有產權，都會受到各種形式的侵蝕，被「化公為私」；而任何看似私有的產權，歷經掙扎，也仍然逃不脫私有產權不完全的困境。中國傳統農業產權的「國有」性質，根植於政治強制度化與產權非制度化的體制環境，通過政治的、經濟的一系列策略，在各個歷史時期都表現得無處不在，根深蒂固。在中國傳統社會，由於缺乏健全發育和法制保障的社會環境，私有產權的發展是不充分、不獨立、不完全的。

「公私」就這樣混成於中國傳統社會，光憑文本是怎麼也讀不出它的奧祕的。最近程念祺君著文指出：中國古代土地佔有關係的非制度化是一個非常值得重視的問題。如果看不到這一關鍵性的特徵，不僅會掩蓋了中國古代土地「國有制」這一歷史真相，同時也會在土地佔有關係問題上，製造一系列關於中國古代經濟史的假問題。而對於這些假問題的研究，已經深刻地影響了學者和理論家們對中國問題的認識。[1] 我覺得這一提示是意味深長的。沿着這一思路體驗其進退演化，也才可能理解中國傳統社會後來為甚麼會難以「走出中世紀」。

---

1   程念祺：《中國古代經濟史中的幾個問題》，《史林》1998 年第 4 期。

五

農業經濟的內環境與外環境

上篇

　　中國向稱以農立國。誰也不會對農業在中國傳統社會中所處的特殊地位和作用發生懷疑。中國五千年文明，它的輝煌，它的種種驕人成就，發達的農業自然功不可沒。

　　至遲到戰國時期，我國傳統社會已經確立起一種世界上居領先地位的農業發展模式——以多鋤多肥、精耕細耨為特色的勞動力高度密集類型的集約農業。單位面積產量與耕地複種指數之高，是這種集約農業突出的兩大顯著優勢，世界其他國家的傳統農業均莫之能比。要說中國古代歷史上有哪些最值得驕傲的，傳統農業一定是屬於首選的項目。手工業、商業、城市，包括文化方面的諸多創造，都是靠着汪洋大海般的個體小農的支撐，才有厚實的經濟基礎。

　　然而當我們要開始艱難地「走出中世紀」之時，卻對農業產生了一種非常複雜的感情。有些人就懷疑：為甚麼發達的農業中國，非要等到工業強國用「堅船利炮」轟着我們才驅動？農業的傳統或傳統的農業，是不是成了我們向工業社會轉型的一種歷史包袱？

　　在「中國封建社會長期停滯問題」的討論中，這一疑問曾經以各種方式被提出來過。[1]到今天，我們至少已經覺悟到這絕不是簡單地說「是」或

1　提出上述疑問者，有一個共同的特點，都是從自然經濟與商品經濟的對立着眼的，明顯看得出有一種「倒過去」思考的傾向。其中以傅築夫先生的論述最具代表性。傅先生認為「這種小農和家庭手工業相結合為基本核心的自然經濟結構，是生產力發展的障礙……中國的特點——由於自然經濟的特別穩固性，它對於抑制新生力量的發展起着特別頑強的阻礙作用：一方面使新生產力不容易產生，另一方面即使新生產力已有所孕育，也不容易發展起來」。「小農制經濟是社會經濟發展的一個嚴重阻礙，特別是它嚴重地妨礙了商品（轉下頁）

「否」就能解決問題的。但是我個人多年來卻覺得，中國傳統社會之所以難以「走出中世紀」，深層的原因並不在農業經濟本身。何況西歐在「走出中世紀」以後較長一段時期內，農業經濟狀態未有大的改觀，也並未成為「歷史的障礙」。這就很值得我們反思原來據以思考的理論模式有沒有問題。

　　下面，想結合農業經濟的內環境和外環境，對這一疑點作些綜合性的討論。

農業起源概說

　　直到現在我們還不能確認經濟史已經在中國史研究領域取得了相對獨立的地位。表現在通史教材和教學中，它仍然泛泛而論，所謂「經濟基礎」云云，到頭來還是政治史、事件史的烘托點綴。浮光掠影的「經濟」章節，據我所知，沒有給讀者留下甚麼較深的印象，忘得也最快。

　　就以中國傳統經濟的「皇后」農業經濟而論，因其重要，故通史每一階段都列有專節。但無一例外地都採取「實話實說」，既不前後比較，更缺乏特徵、功能方面定性定量的判斷分析，至今沒有給出一個具有整體感的發展史輪廓。通史界對國內外農學、農業經濟學、農業經濟史的研究關注甚少，產生不了「問題意識」。單純藉重古代文獻的載述，自然只能作一般的事實描述。在這種情形下，怎麼可能期望弄清楚中國農業究竟是長期停滯，還是波浪形地在不斷前進？怎麼能期望對五千年來農業的真正進步，和它發展的真正障礙，有一個清醒的認識呢？

（接上頁）經濟和貨幣經濟的繼續發展，阻塞了通向資本主義的道路。」這一觀點先於1956 年著文發表，後又寫入《中國古代經濟史概論》一書，且列有專章。中國社會科學出版社，1981 年版。至於討論中將「長期停滯」其他許多原因最後歸之於小農經濟的說法更多。請詳參白鋼編著《中國封建社會長期延續問題論戰的由來與發展》所列諸家說法，中國社會科學出版社，1984 年版。

　　因此，我覺得有必要在這裏勉為其難，憑藉有限的讀書所得，對中國傳統農業起源及其發展歷程作一整體性的輪廓歸納，一些疑難未決的問題也照實存留給諸位去思考。

　　時間是一個可變的概念。例如我們總覺得五千年（實際一萬年）的中國農業社會，時間太長了。殊不知人類依靠農耕為生在歷史長河中僅佔有很短暫的時期。從原始人類產生起的大部分時間——現在一般認為，人類起源至少也有二三百萬年以上的歷史——人類是靠採集野生植物和狩獵過生活的。有意識地種植作物，只是從一萬年前才起步。然而這一萬年的進步大大超過了前此的數百萬年。農業（狹義的栽培農業）的發明是人類體質進化完成之後又一劃時代的里程碑，標誌着人類的經濟生活從攫食性經濟過渡到生產性經濟的時代，開始了孕育文明誕生的歷程。

　　農業既非一種突發性的革命，也不單純是人類控制環境的結果。説到底，農業是人類與環境兩大系統相互作用的產物，是長期漸進性自然選擇與人為選擇的綜合。因此，當探索農業起源問題時，現在國內外多數學者都傾向於否定由某中心地（例如西亞）起源，然後傳播各地的「一元論」起源模式。[1] 但這並不排斥各地農業發展進程中接受外來作物或耕作方法的影響。[2]

　　中國多數學者相信中國的農業是獨立起源的，並為世界若干個重要起

1　國內外學者關於農業起源的假說，大致有「大河理論」（如魏特弗基爾、柯斯文、湯因比）、「氣候乾燥論」（巴策爾、張光直）、「山前發生論」（巴策爾、嚴文明）、「山地發生論」（李根蟠、盧勳）、「非泛傳播論」（黃其煦）等。參見黃其煦《黃河流域新石器時代農耕文化中的作物——關於農業起源問題的探索》，載《農業考古》1982 年第 2 期。原先盛極一時的「大河泛濫説」，現在多數中國學者基於考古發現的事實，已捨而不取。

2　蘇聯學者瓦西里耶夫著有《中國文明起源問題》一書，仍基於傳播論的觀點，主張中國文明的不少因素來自西亞。他也廣泛利用中國的考古發現，但由於後來的許多發現，有些推斷明顯過時，如馬、麥並非西來，而出於本土。但論證商族有外來影響，仍當注意。文物出版社，1989 年版，有中譯本，可參閱。

源中心地之一。[1] 但問題又接踵而來：在中國，它是一中心起源還是多中心
起源？看來農史學界和考古學界都傾向於放棄黃河流域單中心起源舊說，
主張多中心起源。這個問題實際上也成了中國文明多中心起源的前提，後
者至今也有三、六、七、八、十二等多種說法。這裏應該指出的是，多中
心說最早是由蘇秉琦先生提出的。[2] 至於後來的劃分多半是基於現有考古文
化系列的地域範圍所作的歸納，大同而小異，範圍也日見擴大，更映射出

1　長期以來西方史家都認為農業最先產生於西南亞（又稱「肥沃新月地帶」），而後輻射至中
　　國、東南亞以及中美、南美。1931 年蘇聯遺傳學家瓦維諾夫在其《世界農業起源問題》一
　　文中首次提出世界八大農業起源中心地說。1968 年蘇聯茹科夫斯基繼而提出十二中心說。
　　1971 年美國哈倫又提出「三中心、三無中心地區起源說」，中國黃河下游屬於三中心地之
　　一，長江以南屬於三無中心地之一。參李根蟠、盧勛：《我國原始農業起源於山地考》，
　　載《農業考古》1981 年第 1 期。以上說法都是從栽培植物起源的角度去考訂的。我國學
　　者提出判定某種作物的起源地，至少要同時證明兩個問題，一是出土作物的文化遺址是否
　　處於這種作物野生植物祖本的分佈範圍之內，二是在野生植物祖本分佈地區是否存在着栽
　　培這種植物的早期人類文化遺址。例如西藏曾有人認為是「大麥起源地」，因為這裏發現
　　了大麥最早的野生祖本，但在沒有發現人類遺址之前，仍不能成立。同樣兩河流域美索不
　　達米亞平原南部至今考古尚未發現麥類的野生祖本，亦當存疑。但不管怎麼說，在以上諸
　　說裏，中國黃河、長江流域始終有其中心地的地位。李根蟠先生著有《中國栽培植物發展
　　史》，是目前為止根據植物學與考古發現對中國栽培植物起源所作的最系統研究的成果。
　　科學出版社，1984 年版。作者在首屆亞洲文明國際學術會議上又發表了《起源於中國的栽
　　培植物及其原始農業文明》，通過分佈在全國栽培植物野生種的核實性考察和農業考古（包
　　括史前炭化五穀）的綜合分析，闡明我國栽培的一百多種五穀、果蔬等栽培植物絕大多數
　　都原生在中國，可追溯到一萬年前。特別論證了中國是普通小麥生長的故鄉。文載《亞洲
　　文明》第 3 集，安徽教育出版社，1995 年版。
2　《中國文物報》1999 年 9 月 8 日第 3 版載有劉觀民、吳炎亮懷念蘇先生的文章，對此作了
　　扼要的介紹，可參閱。蘇秉琦先生 1965 年在《關於仰韶文化的若干問題》一文中最早提出
　　仰韶文化存着「多元發生的可能性」。1986 年，他依據紅山文化壇冢和玉器群的發現，
　　率先提出了「中國五千年文明曙光」這一驚世之說，比傳說中的夏朝往前推了一千年。後
　　來就提出了「滿天星斗」說。其代表作《關於考古學文化的區系類型問題》一文，已收入
　　胡曉明等主編《釋中國》第 3 卷，第 1586—1603 頁。原文載《文物》1981 年第 5 期。近
　　聞蘇先生 1997 年香港版《中國文明起源新探》已由生活·讀書·新知三聯書店重版，筆
　　者尚未讀到，引以為憾。
　　　有關這一問題的重要文章，還有石興邦《中國新石器時代考古文化體系及其有關問
　　題》，載 1992 年《亞洲文明》第 1 集；繼後石興邦又發表《中國文化與文明形成和發展史
　　的考古學探討》，載 1995 年《亞洲文明》第 3 集。後文將中國史前文化分作：①黃河流域、
　　黃土地帶的粟作農業文化；②長江流域、東南沿海的稻作農業文化；③農業文明的外緣、
　　東北到西南環曲形地帶的獵牧文化。

蘇先生「滿天星斗」之說的預見非常正確。

其實中國農業的起源問題，空白和疑點還很多。至今考古方面還沒有找到早期人類遺址「刀耕火種」原始農業的實證，只是據於南方少數民族遺跡而作的推論，在舊石器時代後期或中石器時代大抵亦應如此。大量實證確認大約起於一萬年的新石器時代早期農業，亦已步入了「耜耕（鋤耕）農業」階段。因此，說原始農業最早起於哪些地方，為時尚早。[1]農業的真正起源或許還要早得多，在數萬年甚至十來萬年之前。目前所說的「多中心」都是基於新石器時代農業而論的。這一點我覺得還是應該先交代清楚。

根據考古學家石興邦先生的描述，原始人類生活區域的第一次大遷徙，大約發生在距今一萬年，全球性最後一次冰河期結束後。狩獵採集群體為脫離日益不利於狩獵的生態，開始走出山林，尋找山麓地帶謀生，此時可能發展出高級採集經濟乃至刀耕火種農業，是採集—農業的過渡時期。我國考古還缺乏這一階段的資料。第二次大遷徙，在我國，即由山前走向河谷階地（又稱台地），相當於考古學上的前仰韶文化和前大汶口—青蓮崗文化和新樂文化期，距今 7000—1000 年左右。第三次，就是走向江河平原，順着水源流向，向適合農耕的更優良地區發展。由此發展出西北半坡仰韶文化粟作系統（內分五個分支系統）和東南大汶口—青蓮崗文化稻作系統（內分十四個區系）。自然也有向北、東北、西北和西南走去，尋找到了適合採集—狩獵方式新的居住區域，成為遊牧民族的先祖。這只是一種依據目前考古發現所勾勒出的粗略輪廓，其中必有許多複雜細節尚待補充修正。我在這裏要說的是，有種種跡象表明，鑒於撂荒制的影響，這種人群大流動，使一部分強者有走向最佳耕地的選擇趨勢，先進區與邊緣區的形成並拉開差距的格局大約就是從這裏開始的；與此同時，在若干

1　例如水稻起源就有發源於印度恆河流域、東南亞山地、雲貴高原、華南等說法。由於河姆渡的發現，就有主起源長江下游說；後因湖南澧縣的發現時間更早，但也沒有證據說是由中游傳播到下游，很可能兩地都是獨立發展的。故現在一般修正為長江中下游起源說。為甚麼華南就一定不是更早的起源地呢？蘇秉琦先生對此有一種解釋。參見 12 卷本《中國通史》第 2 卷蘇先生《序言》，寫於 1991 年。可見栽培水稻起源還有待考古的繼續發現。

區域範圍內，族群活動範圍越來越接近，競相爭奪最有利的生存空間，誘發出一系列的戰爭，同時也引起了社會關係方面的一系列變革。這大致已經到了前面所說的部族國家時代。

農史專家也一般推測中國農業最早應起於山前，到半坡、河姆渡時代已經由山地農業逐漸轉向低地農業，從出土的農具看屬於耜耕階段，從作物看，離開野生植物馴化亦已有相當長的時期了。由於湖南澧縣彭頭山遺址的發現，水稻文化也推進到了九千年前後，且發現了水稻田的遺跡。而後逐漸轉移到大河及其支流的沖積平原上。[1] 種種跡象表明，中國不僅是農業起源的最早中心地之一，至少到六七千年前農業發展的水平已不低。例如在河姆渡第四層 4000 餘平方米的範圍內，普遍存在着厚厚的稻穀、稻殼、稻草的堆積，最厚處有 1 米，經過換算，稻穀的總量高達 120 噸以上。我們還不知道這些堆積層的時間跨度有多大，但也多少反映出該處栽培稻穀收穫量之大，稻作的規模也不小。在華北裴李崗、磁山遺址裏也發現有些窖穴有堆積較厚的腐朽穀物。北方以粟為主的旱作農業和南方以水稻為主的水作農業兩大系統並行發展的格局業已形成。總之，從其為世界最早起源地及其早期狀態，都顯示出中國傳統農業具有起步早、擴展快的特徵。

黃河中下游以及長江中下游農業發展之早，專家一般都歸因於氣候和土壤方面的優越條件。這與西方學界的觀點基本接近，都認為一萬年以前，冰河期結束，氣候轉暖，地球生態發生了有利於農業的諸多變化（如野生植物茂盛、小型哺乳動物眾多等）。在中國華北，黃土由於其成因於風沙堆積，土壤結構均勻、鬆散，具有良好的保水與供水性能（保墒），且土壤中含較高的自然肥力；年降水量雖較少，但雨量集中於夏季，有利於抗旱作物的生長。因此華北地區的先人最早選擇栽培粟、黍，即能取得

1　李根蟠、盧勳：《我國原始農業起源於山地考》，《農業考古》1981 年第 1 期。同期還刊載了日本經濟史家西嶋定生《中國古代農業發展歷程》一文，文內批駁了華北農業起源於大河之濱的舊說，認為它應該起源於離開大河有一定距離的山腳或黃土台地上的接觸點。下一階段，大約到西周後，才進入到黃河及其支流的沖積平原之上，由此開始犁耕和水利灌溉。

較高的收成（此據何炳棣説）。長江中下游地區，據專家孢粉組合變化綜合研究的結果，獲知在六七千年前，該區域正處於氣候上的第一暖期，年平均氣溫比現在高 2—3 ℃，降水量多 500—600 毫米，基本上與現在的珠江流域氣候條件相當。[1] 由此該區域為水稻栽培起源地，其自然條件的依據也非常充分。這方面的研究成果顯然有助於史家對農業起源成因的理解。可惜通史編寫方面，除 12 卷本《中國通史》第 2 卷《遠古時代》（蘇秉琦主編）外，這種新的研究成果還沒有得到充分關注。

　　我認為，在農業起源方面，雖然已經充分注意到了自然生態的影響，但過分偏重「自然適應」一面，而對「挑戰與應戰」一面有所忽視。[2] 從以上研究成果也可以看出，長江中下游與黃河中下游相比，前者自然條件對農業的起源要顯得優越些。水稻的種植在這種條件下，極有可能與野生水稻的自然生長差別不大，收穫容易滿足需要。優越是好事，但因其承受挑戰的壓力小，不能不對往後的發展有所影響。相反，黃河中下游經受的挑戰要大得多，故由山前至低地再到沖積平原，耕作制度變遷明顯，其流動性極大，部族間的衝突競爭也特別激烈，文明的發展顯示出頑強的活力。我以為，這也正是中國前期文明的重心和華夏中心在黃河流域的一個原因。從起源和往後歷史發展的總體狀況來看，至少長江下游不能説與黃河中下游可以並起並坐──何況還有良渚文化神祕失蹤之謎，或許隱藏着一個承受不了挑戰的歷史故事。總之，多中心不等於無重心，這個問題尚可研究。

1　環境考古在我國是一門新起的學科。1990 年 10 月在西安召開第一次「中國環境考古學術討論會」，會議成果結集為《環境考古》第 1 輯，科學出版社，1991 年版。其中與本論題相關的有《姜寨遺址早期生態環境研究》（鞏啟明、王社江）、《環境與裴李崗文化》（張居中）等文。孢粉組合綜合研究主要是由同濟大學王開發教授等在進行，成果頗豐。王開發、張玉蘭《根據孢粉分析推論滬杭地區一萬多年來的氣候變遷》一文，載《歷史地理》創刊號。王開發課題組 1995 年有《從遺址文化層孢粉分析研究長江下游新石器時期人與環境相互關係》的詳細研究報告（油印本），分析更為翔實細緻。王開發教授慷贈報告複印件給筆者，在此特致感謝。

2　在我看到的諸書裏，哈維蘭對農業起源的解析最具新意。他認為發現某種植物的栽培並不是唯一的原因，歷史的惰性往往會阻滯變革的發生。變革在綜合因素的壓力下，往往只能在某些地區率先突破。單線進化論或直線進化論，都難以説明農業起源的許多具體史實。上海人民出版社，1987 年版。

農業發展進程鳥瞰

就筆者現在看到的，對中國傳統農業的發展歷程作整體考察的，有陳文華、吳楓、張亮采、閔宗殿、董愷忱等諸位先生。[1] 陳文華大致分為六個時期：（1）農業技術萌芽時期（新石器時代）；（2）農業技術初步發展時期（夏商周）；（3）精耕細作農業技術發生時期（春秋戰國）；（4）北方旱作技術體系形成時期（秦漢至南北朝）；（5）南方水田農業技術體系形成時期（隋唐至元）；（6）傳統農業技術繼續提高時期（明清）。吳楓先生也分為六段：（1）原始農業的產生及其簡陋生產技術；（2）商周奴隸社會的粗放農業技術；（3）封建社會前期（戰國起）耕作制度的改革與耕作方法的改進；（4）南北朝以來精耕細作農業技術的發展；（5）封建社會後期（唐中葉起）農業生產的發展與農業技術的進步；（6）明清時期農業技術的停滯不前。

兩家梳理都主要着眼於農業生產技術，因為這比較容易鑒別，若牽涉其他因素（例如全國性的統計、區域分佈的不平衡態勢以及其他的非經濟因素影響），目前確實還不容易說得清楚。兩家之間在判斷上也有明顯的分歧，一是對精耕細作農業形成期的估定有先有後；二是對明清農業是否停滯不前有完全不同的評價。

關於中國傳統社會農業長期停滯的議論一向比較流行。這似乎憑感覺也能捉摸得到——但是感覺不一定可靠，也是常事。農史學界的貢獻就在於他們注重科技細部的考察，改變了上述議論大而化之，從高處俯瞰的習慣。這種細部的分析是不是有見小不見大的毛病？這裏就牽涉樹木與森林的不同視察角度優劣比較，始終是認識論上的一個難題。

我覺得，目前整體性的考察，尚有許多環節需要深入研究，不忙下結論。是不是先可以觀察一下，中國傳統農業演進的標誌或標誌性事件有哪

---

1   陳文華：《中國古代農業科學技術成就》，農業出版社，1982 年版。吳楓、張亮采：《中國古代農業技術簡史》，遼寧人民出版社，1979 年版。閔宗殿、陳文華、董愷忱：《中國農業技術發展簡史》，農業出版社，1983 年版。

些，用以確定發展曲線上的某些有意義的「點」，然後再作些「面」上的推測或評估？

耕作制度由拋荒休閒到連作複種的變化

這是中國傳統農業與世界其他國家相比，最突出的優點。耕地的充分利用，經濟專用詞稱「耕地複種指數」，大概中國是居世界首位的。

一般都説農業促成了人類進入定居生活的巨大變革。然而，在頭七千多年的時間裏，這種定居還處於不穩定的狀態，「民無所定」，遷徙無常，與世界其他各地的早期農業沒有多大差別。商族歷史上的「八遷」（《史記‧殷本紀》），只是傳載下來的一個典型事例。其中一個重要的原因，便是原始農業由撂荒到連作輪耕的進化，經歷了極漫長的過程。這一過程走得並不容易。

狩獵採集時期與刀耕農業不用説，即使早期鋤耕農業，由於耕作方式的簡單，地力的衰竭，過一段時間必須拋荒，重新選擇耕地。因此，有「遊農」之稱。反映在居住方式上，便是每隔一段時間都要遷移別處。仰韶文化的許多遺址實際都經歷好多次的搬遷，走了又回來，直到永久離開此處，來到低地平原。[1]農耕技術的不斷改進，其社會效果完全可以從由仰韶文化到大汶口文化、龍山文化的聚落居址密度與人口數呈遞增的態勢上

1　關於這個問題，我國考古學界似乎不太重視。安金槐主編的《中國考古》只説：「仰韶文化大約經歷了兩千年的發展階段。在這漫長的發展歷程中，仰韶文化有着自身早、中、晚三個發展段落」，間隔時間不詳。上海古籍出版社，1992 年版，第 78 頁。王震中《中國文明起源比較研究》也提到姜寨房址有早、晚兩期，早期大約 15 座，晚期大約 20 座。陝西人民出版社，1994 年版，第 86 頁。對前後間隔時間，我看到瓦西裏耶夫《中國文明的起源問題》卻有比較具體的交代。他依據文化層堆積的厚度來推算時段，是一種考古學的方法通則。他説：「仰韶文化遺址是單層的，文化層厚度平均為 1—2 米，少數為 2—3 米」，前者不超過一百年，後者最多也只有兩百年。至於較薄的大多數遺址居住期都在一百年以下，「實際上相當於一群房屋的存在時期」。文物出版社，1989 年版，第 176 頁。這説明仰韶人在這兩千年裏曾多次遷出又遷回。這應該是與耕地的定期拋荒密切相關。

得到考古學的證明。[1]

　　穩定的定居生活，以及授田制的最後一次永久性分配，都是與連作制的變革聯繫在一起的。從《詩經·小雅·采芑》《詩經·周頌·臣工》等篇，反映在西周時代實行的還是「菑」（第一年休耕長草）、「新」（復墾為田）、「畬」（整治為熟地），說明當時已拋棄摭荒「生荒耕作」制，進入「熟荒耕作」制，耕地三年中必須休閒一至二年。到《周禮·地官·大司徒》則曰：「凡造都鄙，制其地域而封溝之。以其室數制之，不易之地家百畝，一易之地家二百畝，再易之地三百畝。」學界多推斷《周禮》成於戰國。那時，儘管有些耕地還需要休閒一至二年，[2] 但也已經出現連作的耕地（「不易之地」）。可以注意的是，這裏再次提到了授田制，三種田三種數量分配方案。究竟是因為地區先進與落後的差別，還是同一地區土壤肥瘠的差異，好田、壞田搭配，就不清楚。

　　連作制最重要的必須由「縵田」演進到壟作。比較確切的消息，要靠《呂氏春秋》，已經到了戰國後期。《呂氏春秋》非常珍貴地保存了我國迄今最早的四篇農學文獻，對當時的田制、耕地管理以及農業生產技術各環節的操作要求，都有詳盡的載述。[3] 其中的《任地篇》提到「上田棄畝，下田棄圳；五耕五耨，必審以盡」。夏緯瑛先生解釋，「畝」是地經耕整後田中所起的高壟，「圳」是壟和壟間凹下的小溝。高旱的田莊稼種在凹下處（北方），低濕的田莊稼種在高壟上（南方）。這很明顯已經拋棄過去曾經

1　嚴文明先生《仰韶文化研究》指出：仰韶文化遺址，「渭河流域每千平方公里約 6.5 處，河南伊洛—鄭州地區及山西南部每千平方公里約 2.8 處」。到二里頭時期，在豫西或晉南，遺址的密度明顯增加。詳參宋鎮豪《夏商社會生活史》，中國社會科學出版社，1994 年版，第 14—15 頁。有關聚落人口數的增加，詳參王震中《中國文明起源的比較研究》，不再細引。

2　能證明這一點的，有《公羊傳·宣公十五年》：「司空謹別田之高下善惡，分為三品：上田一歲一墾；中田二歲一墾，下田三歲一墾。」

3　夏緯瑛：《呂氏春秋上農等四篇校釋》，農業出版社，1956 年版。原文不容易讀懂，夏先生的校釋向為農史界看重。先秦文獻據《漢書·藝文志》「農」有九家，其中《神農》20篇，《野老》17 篇，至今一無所存。據夏先生校釋，《呂氏春秋》上農、任地、辨土、審時四篇，大致取材於《后稷農書》，因此反映的情況恐怕不只是戰國末的情景。參校釋本《後記——略談戰國時代的農業》。

採用過的大田撒播的「縵田」制，實行壟作條播以及「畝」「圳」互易輪休的辦法。這就是中國特色的同一塊田畝連作而內部輪休的耕作制度。英國行壟作則要晚兩千多年，到 17 世紀「農業革命」時代方始實行。文中的第二句「五耕五耨」，更表明反覆耕耨，十分注意中耕的環節，具有了精耕細作的特點。接着又有兩句：「其深殖之度，陰土必得，大草不生，又無螟蜮；今茲美禾，來茲美麥。」前面講的是深耕的要求（必見濕土）及其好處，後面卻出人意外地透露當時已實行粟麥輪作制──連作制又一種養地的技術。戰國時期耕種已趨向講究細作化，可為此作證的，還有《管子‧小匡》「深耕、均種、疾耰（耕地後將土塊打碎）」，《莊子‧則陽》「深其耕而熟耰之」。「疾耰」「熟耰」的目的都是為了減少水分蒸發，切斷土壤毛細管的蒸騰作用，以利播種。

　　從西周算起，經至少五六百年的漸變，到戰國後期完成向連作制的過渡，是各種因素綜合匯成潮流，水到而渠成。首先應該提到的，列國競爭的態勢，給每個大國都帶來了特有的「挑戰壓力」。農業的發展與否，被看成與國家興亡生死攸關的頭等大事。《商君書》《管子》《呂氏春秋》等文獻充分反映出從授田、田畝規劃到生產、技術的操作各個環節，都有強烈的國家行政干預參與其間，講求規範，管理是十分嚴格的。秦簡法律文書也證明了這一點。正是在「農戰」政策的推動下，農業有了長足的進步。[1]這就不難理解，為甚麼農業的變革，先進的農耕技術在黃河中下游──競爭最激烈的地區率先突破。南方則要在另一種情景下──北方戰亂，大量人口南遷，才繼之實現變革。此是後話。

　　實現連作制，從技術層面來說，需要許多要素的配合。最主要的有兩項：

　　（1）農具。商周都有一些青銅農具的出土，對其使用程度目前看法還很不一致；但春秋戰國時期鐵製農具的大量出現，無疑是我國農具原材料的一次革命，大大提高了墾耕的效率。其中與深耕細耨要求配套的農具，

1　關於糧食生產與戰爭的關係，陳平在 1979 年發表有《單一小農經濟結構是我國兩千年來動亂、貧困、閉關自守的病根》一文，當時頗引起震動。該文立論的主題可以商榷，但對糧食與戰爭的關係，分析很有見地。《學習與探索》1979 年第 4 期。

如長條形的鐵鎦、五齒鋤（用以深翻土地），六角形鐵鋤、耰、錢、鎛（用以碎土平田、中耕除草），都應運而生。後者作為中耕農具，在此之前長期是個缺項，至此中國各個環節農具開始配套成體系。春秋晚期起牛耕及其鐵鏵犁的使用，更被認為是對耕作技術的革新和開創精耕細作傳統起關鍵作用的兩項「技術革命」。連作制始於鐵製犁耕時代絕非偶然。

（2）施肥技術。中國傳統農業注意用地與養地結合，向為世界農學家歎為觀止，其中施肥最為突出。據歷史的記載，我國施肥的習慣起源較早，《詩經‧良耜》中反映最早是讓雜草腐爛作肥（「荼蓼朽止，黍稷茂止」）。到戰國已經施用「糞肥」，如《荀子‧富國》「多糞肥田」、《韓非子‧解老》「積力於田疇，必具糞灌」。然尚不知種類，到西漢《氾勝之書》，始知有溷肥（人糞）、廐肥（牲畜糞肥）、蠶矢和動物碎骨等。中國能做到「地力常新」，克服西方「地力遞減」法則，有機肥的使用，其功最大。西歐使用糞肥，要到 10 世紀某些莊園才開始推行，晚於中國一千二百多年。

除此之外，灌溉技術、作物品種選擇與改良，以及農業經驗的總結推廣等等，都對實現連作制起了推動或促進的作用。總之，這是農業技術水平的綜合體現。

儘管連作制在戰國出現是個事實，但文獻載錄與實現程度之間的偏差也必須充分估計。文獻載述的是最先進的技術，但考慮到地區之間自然條件以及社會經濟發展的不平衡，這一制度的較大範圍的推廣，恐怕要到西漢。

西漢猶如唐代，都是一個大總結的年代。西周以來八百多年的演進，無論政治、經濟、文化、科技成就，總收穫都是在漢代。漢武帝時期的趙過代田法，實際就標誌着《呂氏春秋》「畝、圳」壟做法的更大規模推廣，而《氾勝之書》作為現存的我國第二部農書，反映出對耕作技術有了更全面的總結，其中「趨時、和土、務糞、澤、早鋤、早穫」六環節十一字訣，更成了我國古代農業經驗的經典。該書還反映出連作制的進一步發展，開始採用了間作與混作。記載有瓜與韭、豆的間作，桑與黍的

混作。更為重要的是，已有關於穀子和冬麥輪作複種的記載。[1] 商周時期北方農作物一直以黍為主，到春秋戰國粟才躍進首位，而小麥到西漢開始較普遍種植，並逐漸上升。由此粟麥輪作，三年二熟，耕地複種指數就到了150%。到東漢，我們已經可以確知某些地區實行了禾、麥、大豆輪作複種的二年三熟制，在南陽一帶還出現了稻麥輪作的一年二熟制。但實施的普遍程度目前還無法估定。

我國的精耕細作農業，所以被稱為「集約農業」，最突出的優點就是耕地的利用率最高，表現在連作制的基礎上，不斷發明創造，充分利用時空交叉，實行作物搭配，立體使用，達到增產穩收、用地養地的雙重目的。這就是間作、混作、套作技術的配套。這一標誌着北方旱地農業耕作技術體系化的完成，決定性時間在北魏之前。著名農書《齊民要術》被認為自《氾勝之書》以來五個半世紀北方農業成就的大總結。[2] 全書不僅看到精細整地、適時播種、反覆耕耘（耕—耙—耮）等精耕細作的耕作技術和輪作倒茬等用地養地的措施對奪取高產所起的決定性作用，而且還貫穿了關於對天時、地利和作物特性的一系列科學認識，體現了中國傳統農學「天地人」三結合的思想。

大約以唐中葉為分界線，北方歷經戰亂以及農業耕地的開發過度，農業發展的重心逐漸向南方轉移。這在保存下來的農書上得到充分反映。自此之後，北方農書漸少，相反南方農書不斷湧出，如元代王楨《農書》，明代陳旉《農書》、徐光啟《農政全書》，清代楊燦《知本提綱》、張履祥《農書》等等，都是對南方農業技術的總結。其總體精神與耕種技術既與北方傳統一脈相承，但也有適應南方水田特點的許多發展，反映出精耕細作技術有了進一步的發展。

唐宋時期連作制的最突出成就莫過於一年兩熟制的出現。關於稻麥複種制產生的時間，原先有東漢說、南北朝說，都有些問題（至多個別地區

1　參中國農業遺產研究室：《中國農學史》（上冊）「第 6 章」，科學出版社，1959 年版。

2　詳參石聲漢校釋《齊民要術今釋》，科學出版社，1957 年版。這是迄今為止最權威的註釋本。

有些嘗試）。現在看來長江流域江南地區大致到唐代開元前後才逐漸推廣
的說法比較可信。南方粵閩地區還有雙季稻的種植。從兩熟制的技術條件
來說，首先要有移苗（做「秧田」）方法的推行；《齊民要術》始見「別苗」
記載。二是水稻必須有早、中、晚三種品種（唐以前僅有早稻一種），才
可能實行稻（多屬中稻，又稱中晚稻）麥兩熟和雙季稻制。雙季稻需要的
條件比較苛刻，地區有限。最先由日本學者揭出，唐代建中年間的楊炎兩
稅法，開創了夏稅秋糧一年兩次徵收的慣例，確實是最能強有力地支持農
耕兩熟制成立的經驗證據。[1] 因此唐宋以後，我國南方農業主要地區的耕地
複種指數普遍地已達到 200%。這在當時為世界所僅見。

耕地的拓展及其盈縮不定的動態進程

與連作制具有同等意義的，另一項重要標誌便是耕地的不斷拓殖。假
若說前者標誌縱向的進步，後者則代表着中國農業橫向的進步——空間的
擴展。

需要注意的是，耕地作為農業最基本的生產要素，在中國農業演進史
上，不像連作制那樣呈現出直線上升的態勢，而是起伏不定，有進有退
（原因待後再議）。

從我國現存官方最早耕地總數西漢平帝元始二年（公元 2 年）的
57645 萬畝（已折算為今畝），到清宣統三年（1911 年）則為 84048 萬畝，
顯然增長的幅度不大。即使以清光緒十三年較高的數據 91197 萬畝計，在
1900 年裏總計僅增長 65% 不到。這與人口的大幅度增長極不協調，因此
人均耕地亦從 14 畝減少到 2 畝左右。[2]

1　參西嶋定生《中國經濟史研究》第 4、5 兩章，農業出版社，1984 年版。李伯重《我國稻
　　麥複種制產生於唐代長江流域考》，《農業考古》1982 年第 2 期。同期桑潤生《長江流域
　　栽培雙季稻的經驗》，主雙季稻在長江流域廣泛推行要到明清。此說近是。但從二十年前
　　的經驗證明，雙季稻並不非常適合江南地區，因此實行的程度應估計得更低一些為好。

2　數據採自梁方仲《中國歷代戶口、田地、田賦統計》，上海人民出版社，1989 年版。

　　造成這一態勢的一個基本原因，我們並非像原先說的那樣「地大物博」。儘管中國以農立國，但自然生態提供給我們的耕地其實不甚豐裕。依據現代地理學家的統計，我國與歐洲的國土總面積大體相近，但歐洲適宜於耕作的平原面積約為 100 億畝，為中國平原面積（12 億畝）的 8.3 倍。1979 年我國的耕地面積為 15 億畝，這說明已經包括山地丘陵的利用在內，耕地的開發已近極限。由此逆推，清光緒年間的 9 億畝，大概不算少。

　　為甚麼從西漢末到清末，經過歷代耕地向四周的開拓積累，最後也只有 9 億畝，增長的幅度不像我們預想的那麼大呢？其中還有一個現象非常值得注意：中國耕地拓展雖有過多次高潮，但往往會出現一方面耕地在繼續拓展，一方面耕地卻在退化，進退盈縮互相抵消，總體增長的態勢被人為地遏制。它既是中國傳統社會內在社會緊張的產物，反過來又加劇了這種社會緊張。

　　從農業的起源來說，目前至少在八個大區域範圍內都發現有早期農業遺址，因此考古學家稱有「八大古農業文化圈」。[1] 但這種「滿天星斗」，也同樣意味着農業的開發在空間的分佈上只是星星點點、稀稀疏疏。此時農業開發還局限於山前台地。

　　西周是中國耕地拓殖的第一個高潮。從殷人盤庚前的頻繁遷徙以及周人由邰、豳到岐到豐、鎬的向東遷移，顯示出中國的農業由山前台地向低地平原轉移逐漸完成的運動軌跡。周人對我國黃河流域耕地的開發是做出了獨特貢獻的。首先，關中八百里秦川的農業區，是由周人首開，經秦漢兩代經營成為最早的先進農業區。但更為重要的是西周的「大分封」，列國諸侯在各地建立「次級中心」，無疑大大推動了以黃河中下游為主體向四周拓展的農業耕地的開拓，其中以齊國對山東半島的開發意義最突出。[2]

1　八大古農業文化圈為：①黃河中下游及其附近地區；②黃河上游及西北地區；③黃河下游地區；④長江中游地區；⑤長江下游及杭州灣地區；⑥東南沿海地區；⑦西南地區；⑧北方地區。參安金槐主編：《中國考古》，上海古籍出版社，1992 年版，第 19—62 頁。

2　這方面的記載極多。如齊國：「昔太公封於營丘，闢草萊而居焉。」（《鹽鐵論‧輕重》）鄭國：「庸次比耦以艾殺此地，斬之蓬蒿、藜藋而共處之。」（《左傳‧昭公十六年》）兩例都說明是在荒地上重新建立起耕作區域。

黃河中下游新石器時代由前仰韶文化——前大汶口文化，到仰韶文化——大汶口、青蓮崗文化兩大系統，近七八千年積累的早期農業墾拓，至此「點面」結合，填補空隙，獲得了整體性的開發，在春秋時期會聚成本次耕地拓殖的高峰。

　　戰國到西漢是我國耕地拓殖的第二次高潮。這次開發的歷史動因，包括政策的誘導，已在前面講過，不再重複。這次高潮的巔峰與前不同，卻在戰國時代。秦漢總其成，繼其餘緒而已。《史記·貨殖列傳》說：「昔唐人都河東，殷人都河內，周人都河南。夫三河在天下之中，若鼎足，三者所更居也，建國各數百千歲，土地狹，民人眾，都國諸侯所聚會。」司馬遷對「三河」地區「地狹人眾」的印象，有《商君書·徠民》《戰國策》蘇秦語等史料佐證，洵非虛語。至於關中，由於秦漢兩代帝國都對關中地區水利建設重點投入（鄭國渠與關中水利網），發展速度最快。因此司馬遷認為其開發更超過「三河」：「關中之地於天下三分之一，而人眾不過什三，然量其富，什居其六。」另一重要事件，就是漢武帝在河套地區（包括河西四郡）的屯田，促成了這一地區農田的開發，有「新秦中」之稱。由此可知，關中和山東（即關東，函谷關以東地區）兩大農業區到西漢已確立了在全國經濟中的先進地位。其優勢要到唐中葉後才宣告衰退、收縮。

　　黃河流域耕地的開拓到西漢時期，大抵已達到合理開發的「臨界點」。[1] 從司馬遷的描述來看，龍門、碣石以北，即華北大平原以北、長城內外直到東北的廣大地區仍屬於半農半牧地區，陝西北部、燕國都城以北森林茂盛，還保持着原始的自然狀態。自此以後，該區域由於開發過度，生態失衡，耕地始終處在不斷盈縮之中。因此就整體而言它再也沒有超過

1　　據《漢書·地理志》所載平帝元始二年全國土地總面積，參《後漢書·郡國志註》引《帝王世紀》，其中不可墾地佔 70.4%，可墾可不墾地佔 22.2%，耕地佔 6%，其他佔 1.4%。此耕地比例與今天平原佔國土的比例相近。如考慮到當時官方掌握的總面積只是今日國土總面積的 2/3，黃河流域的耕地比例就已經很高了。另據冀朝鼎《中國歷史上的基本經濟區與水利事業的發展》，在西漢，水利工程主要集中在陝西（18 項）和河南（19 項），而河北只有 5 項。可見當時的主要經濟區在關中和「三河」地區。中國社會科學出版社，1981 年版。

秦漢的歷史最高點。

　　另外，我們雖然應該估計郡縣制在全國推廣對耕地拓殖的作用——但絕不能與西周分封相提並論。各地方派出的流官與兩周諸侯列卿對耕地開發的參與程度恐怕有天壤之別。前者的職能主要限於政治軍事統治。至少秦和西漢時期江南廣大地區基本上還處於半開發狀態，人口稀少，大部分地區還為原始森林所覆蓋，「江南卑濕，丈夫早夭」。從晁錯、賈誼等人的言談裏，也時不時透出那是個「謫戍」充軍的場所，不免有談虎色變之感。[1]

　　耕地拓殖的第三次高潮出現在魏晉南北朝。與前兩次最大的不同，耕地拓殖的重心已由黃河流域轉向長江流域。因此，這一次也可稱為南方耕地拓殖的第一次高潮。

　　推動這一次耕地拓殖的原因，首先是軍事動亂。自秦末起直到隋統一，北方地區遭受到三次大規模的政治軍事動亂。其中東漢末到隋統一，動亂長達三個半世紀以上。關中和關東傳統農業經濟區遭受到嚴重的破壞，北方農業經濟的地位明顯下降。三國時期蜀漢對四川、孫吳對江東地區的開發其功最著。西晉末的政治動亂，特別是五胡十六國時期的動亂，更促成了大規模的人口南移高潮。人口南徙大致沿着三條路線向巴蜀、湖廣和江淮、江東方向移動，尤以第三條路線人數最多。江東地區在南朝時期得到了長足的發展，是為中國農業經濟發展史上的一大重要事件。上述三個農業經濟區繼關中、關東之後，逐漸上升為我國重要的農業三大經濟區域，由此揭開了我國經濟重心由北向南轉移的序幕。

　　但對黃河中下游地區所受破壞程度，傅築夫先生的估計太嚴重。無論曹魏時期還是北魏時期，只要政治稍稍安穩，該區域的農業就會較快地恢復元氣。關中由於歷次戰爭均受害最重，下降得較嚴重，關東農業區仍然不失其在全國的重心地位。這可以從唐天寶八年所載天下正倉、義倉的儲糧數字的比較得到驗證：正倉江南、淮南二道合計僅為河南道的 35%，義

1　有關秦漢時期江南地區的情況，傅築夫先生在《中國封建社會經濟史》第 2 卷第 1 章的論析，可供參閱。人民出版社，1982 年版。

倉則為河南道的 65%。[1]

另外，有一點甚為重要，就是譚其驤先生指出的，黃河中下游的生態環境，由於魏晉南北朝所造成的一定程度的退耕還牧，黃土高原上長出新的植被，黃河水患顯著減少，出現了一個長期安流的局面。這也為關東經濟區的農業恢復發展創造了一個極好的條件。[2] 反而進入唐宋時期，兩度對北方農業耕地的過度開發，才真正促成了該地區的生態嚴重破壞，從此一蹶不振。[3]

唐宋為我國黃河流域耕地衰退老化與南方耕地拓殖的第二次高潮時期。就後者而言，也可以稱為我國耕地拓殖的第四次高潮。

江南地區再次藉助唐末五代、北宋亡國兩次北方動亂，獲得進一步開發的契機。這一時期，耕地的拓殖已由長江流域推向珠江、閩江流域，整個南方興起了以築圩田、墟田、湖田、塗田、沙田、畬田等形式的開發新耕地高潮。南方在太湖流域、湖廣平原之外，又增加了粵閩農業經濟區。到南宋，中國經濟重心南移過程終於宣告完成。

與此相反，唐宋時期，北方的耕地經歷了由高走低的衰退過程。由於隋唐帝國中心在西安與洛陽（時稱兩都），北方的耕地拓殖再一次被強化。雖經唐末割據與動亂的破壞，但到北宋、遼、金，又一次被強化。但這兩度的強化不同於以往：一是帝國中心地，官僚豪強佔地奪地嚴重，逼着無地少地農民轉向山區、丘陵開墾。其中唐帝國為對付突厥、吐谷渾、回紇，還在新疆、內蒙、甘肅等北部、西北地區移民「屯田」，其規模更大。他們大多刀耕火種，不斷毀山毀草，隨種隨拋，結果數百年間青山變成禿

1　數據採自中國農業遺產研究室：《中國農學史》（下冊），第 3 頁統計結果。科學出版社，1984 年版。

2　譚其驤：《何以黃河在東漢以後出現一個長期安流的局面》，秦和西漢時期，由於實行「移民實邊」等政策，森林和草原遭到嚴重破壞，水土流失嚴重，兩百年間溢堤 4 次，決堤 7 次，改道 3 次，平均百年發生 6 次。東漢以後直到隋朝，六百年間僅溢堤 7 次，改道 1 次，平均百年 1.3 次。載《學術月刊》1962 年第 2 期；史念海：《歷史時期黃河中游的森林》，載《河山集》（二），生活·讀書·新知三聯書店，1981 年版。

3　同上註，譚先生文指出，自唐代到 1936 年，黃河流域共發生水患 1546 次，平均每百年發生 117.3 次。這情景遠遠超過秦漢時期。

山，水土嚴重流失。由此導致北方氣候惡化，黃河水患更趨嚴重，並開始
出現沙漠南移的跡象，農業勢必逐漸走下坡路。二是帝國對南方的依賴心
理日益嚴重，唐中葉起開創了所謂「以江淮為國命」的局面。如果説隋代
開通南北大運河，其主要還出於對江南控制的政治軍事目的，那麼唐以後
的統治者就把它看作為帝國的經濟命脈。在糧食供給（官糧和軍糧）上日
益仰賴南方。唐帝國寧願花費大力氣去打通漕運，也不願用心修築關中、
關東水利，就是一個説怪也不怪的例證。[1]北宋建都汴梁，更意味着帝國統
治者已經放棄對關中農業區的關注。上述兩點形成惡性循環，導致黃河流
域農業出現顯著的衰退老化傾向，加速了農業重心由北轉南。這種統治者
的狹隘心理，極像「猴子吃桃子」，吃一個丟一個，從整體來説，北退南
進盈縮抵消的結果，就是全國總的耕地面積增長速度明顯放慢。[2]

　　明清時期為我國耕地拓殖的緩慢發展時期。總體説南方耕地的開發，
到兩宋時期同樣也有一個臨近「合理開發」的邊界問題。由於帝國政府財
政向南方傾斜的強壓，以及多次人口南遷使南方人地矛盾逐漸突出，南方
的造田運動，已跳出平原河網地區，成為向江、湖、海、山爭地，耕地開
發差不多到了竭盡全力的地步。縮小湖面、攔截江湖，帶來了水利系統的

1　唐以前水利興修的重心在北方，有關數據詳參冀朝鼎《中國歷史上的基本經濟區與水利事
　　業的發展》，中國社會科學出版社，1981 年版。唐以後有李劍農先生續作，參《宋元明經
　　濟史稿》，生活·讀書·新知三聯書店，1954 年版，第 18 頁。水利工程項目按今省轄區
　　統計，唐代今浙江一省（44 項）已超過北方各省（其中陝西、山西最高，各為 32 項）；北
　　宋浙江 86 項，竟超過北方四省之總和（64 項）。
2　正史所載官方的墾田數之不真實，使史家幾無從利用的可能。僅舉一例：
　　　　隋開皇九年為 1940426700 畝，唐玄宗開元十四年為 1440386213 畝。即使以唐一畝
　　合今 0.783 畝折算，前者為 15 億餘畝，後者也有 11 億餘畝，隋比唐高已不合情理，而兩
　　者數字之高（已到了 1979 年的數字），更是明顯不可信。相反北宋最高的數字為真宗天
　　禧五年 524758432 畝，其餘時間更低。以宋畝合今 0.896 畝折算，則為 4.7 億畝，比西漢
　　末低。宋比隋畝少那麼多，令人難以置信。明洪武二十六年為 850762368 畝，出於明《萬
　　曆會典》，按明畝合今 0.911 畝折算，則為 7.75 億畝，這一數字應為官方掌握較準確的數
　　字。梁方仲先生在《中國歷代戶口、田地、田賦》一書中所作的歷代墾田比較統計圖表（第
　　581 頁），就是根據這些官方數據畫出的。數據的收集，梁先生功不可沒，但據此做出比
　　較統計，恕我不客氣地説，這是枉費力氣。許多數據之間的反常，頗多違反歷史常識的地
　　方，幾無從解釋，沒有可信性。

失調，水害也日甚一日，也存在一定的生態失衡的問題。明清時期南方農業就頗受其害，耕地拓殖也就進入了停滯階段。

到明清時期，雖說我國耕地拓殖的發展歷程基本終結，但也不是絲毫沒有擴展。明初強迫遷移江南過剩人口到江淮流域與河南，規模不小。僅鳳陽一府墾田數竟與山西一省等同，超過 4 萬頃。河南一省的墾田數竟躍居全國第一（近 15 萬頃）。但其效果實在可以懷疑。相反黃河的多次改道，造成大量鹽鹼化，長江以北的耕地從總體上說有極大的退化。大概清代對東北與新疆地區的開發，是這一時期耕地開拓唯一有成績可言的事件。其中東北柳條邊內農墾區的墾田數由順治末年的 2.7 萬頃，增至雍正時的 170 萬頃，增長 60 餘倍，業績最為可觀。這一過程延至民國時期尚在進行之中。

以上描述的大致輪廓，其細節部分實在問題甚多，但耕地開墾逐漸由北向南，由中原向四周作面上的擴展，從史書所載各種情況綜合判斷，應該基本成立。但直到清末，這種墾田的成績，正如開頭所說，增長幅度不大。其中除政治原因外，生態破壞造成許多墾田退為廢地，實在是一個很大的教訓。

耕地的進退、盈縮，還可以從另一個角度得到間接的說明。1979 年，我們已經有一個比較可靠的全國性統計。全國 15 億畝的耕地中，高產田僅有 4.8 億畝，平產田 4.1 億畝，而低產田則有 6.1 億畝，佔到了總耕地面積的 40.2％。固然造成低產的原因不止一種，但生態條件不好無疑是重要因素——許多耕地並不屬於優質合理的可墾田地，如山丘梯田、低窪易澇田等。高產田多集中於太湖流域、湖廣平原、成都平原以及珠江三角洲等少數地區，這些地區大致在宋以後才嶄露頭角。這證明農業經濟重心由北向南移動確是一個不爭的歷史事實。

農業產出：畝產量及其他

中國傳統社會農業經濟的發展水平，歸根到底要反映在經濟效益即投

入與產出的比例上。假若我們能通過各種辦法估算出每一朝全國糧食平均
畝產（單位面積產量），並據此估算出每一農業勞動力平均產出糧食量（勞
動生產率），據此再做出歷代比較，發展軌跡豈非就一目了然？它顯然是
一個最能反映農業演進的重要標誌。

　　非常遺憾的是，歷史文獻卻並沒有給史家提供這種數量統計最起碼的
條件——例如雖有偏差極大的全國墾田數，卻沒有全國農業總產量的數
據；有嚴重隱漏的全國人口數，卻沒有全國農業人口的統計數據。記得彭
澤益先生在大連一次學術會議上，曾就計量史學的可能性問題發表過一個
中肯的意見。他說很難，古代幾乎不可能，即使我們儘量設想各種的「加
權」方案，縮小誤差；大約到了近代尚可嘗試。我很欽佩彭先生的直言，
這是出自對學術負責的真誠。

　　勉為其難，就有了各種象徵性的或示意性的統計。我覺得這樣的嘗
試，總比完全「心中無數」為好。前提是必須說清楚，這是需要排除許多
限制性條件下的粗略「統計」，起一種類似「示意圖」的作用。

　　關於我國歷代糧食畝產的演進，蒙文通先生依其長期積累所得，在
1957 年就做過一次系統性的研究，極見功力。[1]「文革」結束後再次進行「封
建社會長期滯遲問題」討論，許多論者顯然就沒有注意到蒙先生的研究成
果，仍是憑印象說話，一口咬定即以農產量而言，就足以說明中國農業自
西漢後「基本停滯不前」。這種錯覺顯然來自讀史書時的「望文生義」。
粗看一般史書所載歷代畝產，從戰國到明清，確實低的至少也有一石，高
則也不過三石，平均大約在一石半上下波動。這不是「超穩定」地「長期
停滯」，又是甚麼？

　　錯誤在哪裏？首先就出在有些人論史全然忽視經濟學必要的知識，不
知道我國歷代度量衡和畝制的演進，是呈不斷放大的趨勢。同是畝產一
石，畝制、量制不同，其間就有不可忽視的數量上的差別。

1　蒙文通：《中國歷代農產量的擴大和賦稅制度及學術思想演變》，《四川大學學報》1957 年
　　第 2 期。

　　舉一個最明顯的例子，例如《漢書·食貨志》所載李悝、晁錯關於五口之家、百畝之田的議論，幾乎為論者所必引。從兩人所論得知，戰國時「畝產一石半」，到西漢卻「畝產一石」。從字面上看，這不是在倒退嗎？奇怪的是，似乎誰也不去管它，大而化之就說過去。殊不知李悝說的是周田（大畝，首由蒙文通先生揭出），一畝合今 0.51 畝，一石折今僅 0.2 石；漢初行東田（小畝），一畝折今畝僅 0.2882 畝，石同戰國。這樣，統一折合成今畝今量，則前者為畝產 0.5882 石，後者畝產為 0.69396 石。這一矛盾以此就化解，可以通釋無礙。若以一石為 135 市斤計，則戰國魏時畝產為 79.41 市斤，西漢初已提高到 93.68 市斤。西漢初的數字確實不低。據 1938 年陝西一省的統計，粟的平均畝產也只有 115 市斤，1949 年為 130 市斤。

　　其次，就是沒有花工夫去仔細收集畝產材料，作認真的前後比較。以粟的產量而言，同出《漢書·食貨志》，漢武帝實行趙過代田法後，畝產即提高到 2—3 石；《淮南子》更有畝 4 石的說法。但也千萬別由此得出與晁錯時比，畝產已翻番的結論──因為漢武帝時實行的又是周田大畝制，即以 3 石計，折算下來，合今畝今量，畝產為 0.8675 石（合今 117.11 市斤），比晁錯時增加 0.1736 石。估計這是高產田的產量，未必普遍。大致到唐宋，粟的畝產就較多地在 2—3 石。但考慮到唐石放大到合今 0.5944 石，北宋合今 0.6641 石（這是被許多論者所忽略而導致錯覺的一個重要因素），畝制也相應放大，折算結果，唐畝產 2 石（據《陳子昂集》）合今 1.4676 石，宋畝產 3 石（據《宋會要輯稿·食貨》）合今 2.2547 石，顯然比西漢時增長幅度不算小。雖然我們沒法把握這 2—3 石是否可以算作該時的平均畝產數值，但從這裏，至少也可以象徵性反映出北方旱田農業由戰國到西漢、唐宋，還是在緩慢直線上升演進的跡象。算與不算，所得印象就很不一樣。

　　我曾沿着蒙文通先生的思路，作過一個歷代畝產的統計。其中度量衡及畝制是以梁方仲《中國歷代戶口、田地、田賦統計》附錄《中國歷代度量衡之變遷及其時代特徵》為本，參考萬國鼎、王達及日本學者的修正

值，加以斟酌。歷代的取值史料也在蒙先生的基礎上，作了若干修正和補充。限於篇幅，換算及取值史料依據，不再在此一一註出，數值均取捨成約數，編成一個簡表如下，作為一種「示意」，供讀者參考。

附表：中國歷代糧食單產增長示意統計

時代 ＼ 項目	當時畝產 × 折合市石 ÷ 折合市畝 = 合今畝產				指數	比戰國增減%
	古石	折今市石	折今市畝	市石		
戰國（李悝估計）	1.5	0.2	0.5	0.60	100	
西漢初（晁錯估計）	1.0	0.2	0.3	0.66	110	+10
漢武帝後 (1)	1.5	0.2	0.7	0.43	72	−28
漢武帝後 (2)	2.0	0.2	0.7	0.57	95	−5
漢武帝後 (3)	3.0	0.2	0.7	0.86	143	+43 [1]
唐	1.5	0.6	0.8	1.12	188	+88
兩宋 (1)	1.5	0.7	0.9	1.17	194	+94
兩宋 (2)	2.0	0.7	0.9	1.56	260	+160
兩宋 (3)	3.0	0.7	0.9	2.33	388	+288 [2]
明清 北方	1.0	1.0	1.0	1.11	185	+85
明清 (1)	2.0	1.0	0.9	2.22	370	+270
明清 (2)	3.0	1.0	0.9	3.33	550	+450
明清 (3)	4.0	1.0	0.9	4.44	740	+640 [3]

附註：

[1] 漢代畝產，許多同志都斷為 1.5 石，其中一個原因是將《漢書·食貨志》李悝的估計推斷為漢代。蒙文通先生早已指出晁錯與李悝估計數之間存在的矛盾，並斷李悝為周田（八尺為步，百步為畝），晁錯為東田小畝（六尺為步，百步為畝），漢武帝後行大畝（六尺為步，240步為畝）始可通釋。現經統一折算發現，若斷漢武帝後仍為 1.5 石至 2 石，就會出現少於晁錯的矛盾。斷漢代單產為 3 石，才順理成章，蒙文通先生的考釋是對的。

[2] 蒙文通先生斷宋畝產與唐相同，平產 1.5 石。據宋人文集、筆記，宋畝產不是與唐相同，而是與明清相近，常產為 3 石。表列三種情況，供參考。

[3] 明清根據南北及各種不同情況，列四種估計數，並估定南方常產為 3 石。

由附表可以看出，中國傳統社會糧食單產在兩千年間曾經幾度上升，但北方的增長明顯放慢。明清南方畝產是戰國的 5.5 倍，是漢代的將近 4 倍。其中，糧食的畝產增長有過四個重要關節點：（一）漢武帝後，較戰國增長 43%；（二）盛唐，較西漢時增長 31%；（三）兩宋，較漢增長 171%，較唐增長 106%；（四）明清，較漢增長 284%，較宋又增長 41%。兩宋糧食單產增長幅度最大，很值得注意。然而考慮到上面所取值的史料，多數來自官僚士大夫所述的個案，反映的準確性和普遍性都問題不少，加以高產、平產、低產田即使到今日其間差別也甚大。因此，我寧願把這看作為一種「潛在」的農業生產力的演進示意，以此說明中國傳統社會的農業，若有一個良好的社會環境，它完全可以發展得更好。

下篇

中國傳統農業是以家庭型的個體小生產為主要經營形式的。即使是大地主田產絕大多數都不直接經營，而採取分散租佃的方式，收取地租；耕作形式也是小農類型的田圃農業。如何認識中國歷史上的小農經濟，不只牽涉對中國傳統農業的歷史評價，而且也關聯到農業中國在走向現代化過程中對許多現實問題的認識和處置。

小農經濟的歷史合理性

對小農經濟的批判，從近代以來一直很流行。在「中國封建社會長期停滯」的討論裏，無論論戰哪一方，都認為造成中國後來社會發展落後或滯遲不前，小農經濟不能辭其咎。有的聲色俱厲，有的溫和保留些，但少有為小農經濟作辯解的。直到近二十年前的那次「封建專制主義再批判」，所謂「小農經濟結構」是「落後貧窮愚昧的根源」論，也還很走紅。我們已經摘了那麼多的帽子，奇怪的是，小農經濟「落後」的帽子似乎就很難摘掉。

導致這種批判成風氣的原因多多。若論思維方式，則是「一點論」在

作怪，缺乏對整體歷史作全局性考察的視界；若論思想資源，則與半生不
熟的「西學東漸」大有關係。例如認為現代化（那時稱工業化或資本主義
化）必然要以消滅小農作為歷史前提，走大農場的道路，有英國「圈地運
動」的經典先例為證；社會主義農業必然要在國家指導下走集體化的道路，
「一大二公」，蘇聯的集體農莊，是我們仰慕追蹤的榜樣等等，不一而足。

　　上述囫圇吞棗吃進的「西學」觀念，現在看起來都成了問題。隨着 20
世紀後半葉西方史學研究的深入，以及世界範圍現代化進程的發展，越來
越多的經驗事實，正在不斷反駁並證偽這些似是而非的立論。

　　眾所周知，農業現代化道路，英國比較特殊，法國走的是另一條道
路。法國著名的農村社會史專家孟德拉斯，在他的代表作《農民的終結》
裏，就感慨「19 世紀的社會科學表明，它們對鄉村事物的不了解令人驚
訝。它們所有的分析和解釋的努力都是針對工業經濟和都市社會的。」[1] 從
全書對英國式道路多有批判，上段話的意思似應翻譯為「所有的分析和解
釋都是出自工業經濟和都市社會的邏輯」才比較貼切。這也就是我前面所
說的「上了大當」的那些觀念。孟氏直到著書的時候，仍然在強烈地反對
不顧農業和鄉村的特點，試圖用「城市」的方式改造「農村」，認為事實
已經並還將繼續證明：這種「農業革命」是一條不成功的道路。他不無幽
默地說道：「如果沒有城市，就無所謂農民；如果整個社會全部城市化了，
也就沒有農民。」這話很發人深思。[2]

　　也許浸染在現代生活的緣故，我們常常會「數典忘祖」，忘卻了家庭
型的個體小生產對土地的耕耘，其實曾經是傳統社會生產力水平條件下最
佳的農業生產結構，有其歷史的合理性。

　　對世界現代化進程全局的重新審視，任何國家的現代化，包括英國在

1　H・孟德拉斯：《農民的終結》，中國社會科學出版社，1991 年版。

2　孟氏下面一段話是很耐人尋味的：「大多數法國農業史家都慶幸『法國的明智』。由於這種
　　明智，我們國家避免了 18 世紀農業革命所帶來的極端社會後果，而英國人，由於他們向
　　工業經濟的邏輯讓步，為工業的發展『犧牲』了農業……在一些國家，如英國和美國，農
　　業完全服從於工業社會的邏輯，但農業仍然是無法消除的政治和社會問題，它過分地牽扯
　　着華盛頓和倫敦領導人的精力。」見上書導論「關於農民的研究」，第 6 頁。

內，都先有一個小農經濟較快發展的歷史背景——脫離農業支撐的「現代化」是不可能獲得成功的。[1] 根據國外中世紀研究的晚近成果，我們已經知道西歐的封建領主大地產在歷史上也呈現出自營地（大多僱工經營）減少和地產分散化的歷史趨勢，到了「15—16 世紀的英國」（馬克思說是 14 世紀），已經是一個「以自耕農為主體的社會」。[2] 也就是說，即使在英國也同樣有一個在現代化驅動之前走向小農分散經營的不短的歷史階段。再說中國和其他不發達國家的農業，將來的走向如何，也是個懸而未決的「謎」。在我想來，由勞動力密集、資本密集進到未來的科技密集更高一級現代農業之後，農業經營的規模仍可能是「小型」的、「家庭式」的。當然這種新一代「小農」必是在生產社會化的背景下，具有現代知識和專業訓練的新式農民。這話當然完全不足數。一切都得留待未來去證實。

國內學者對農民史的關注，恐怕要數孫達人教授為最。他從政八年後，毅然「解甲歸田」，重操農民史舊業，幾乎是以超乎生命的熱情全身心地投入，使我感動不已。達人在《中國農民史論綱》以及繼後專著《中國農民變遷論》裏，多次表述了他始終堅信不渝的一種看法：中華文明曾經長期領先於世界，創造了許多世所罕見的輝煌，精耕細作的農業和勤勞耕耘的小農，功不可沒。這裏，我想首先要提到的是，他關於春秋戰國時期「新生小農」和精耕細作農業四大優點的論析，十分深入精到。[3] 正如達人所執着認定的，只有在這個基礎上，黃河流域經濟的大開發、民族的大融合，華夏民族的形成和大一統的實現，世界「軸心時代」在東方出現特有的「百家爭鳴」局面等等，才可能從物質基礎方面得到通釋。下面我想接着前面說到的「個體小生產」是傳統農業最佳生產結構的思路，再作一點申述。

關於中國傳統農業的發生、發展，目前我們尚不能通解的環節還不

1　請參閱拙文《中國封建社會農業經濟結構試析》，載《中國農民戰爭史研究集刊》第 3 輯。

2　參閱馬克垚主編：《中西封建社會比較研究》第 1 編第 3 章，學林出版社，1997 年版。

3　孫達人：《中國農民史論綱》，發表於《史學理論研究》1993 年第 1 期；《中國農民變遷論》，中央編譯出版社，1996 年版。

少。例如我們何以在轉入農業後沒有採取兼營畜牧的方式，沒有保存林場、牧地，就不容易說得清楚。農牧結合的方式，加上人地矛盾不尖銳，西歐的農民不必像中國小農那樣精耕細作，與市場的聯繫也比中國小農為多。封建領主的田產雖然後來也趨分散化，但始終不像中國「食租」地主，他們有自經營、善會計的傳統，這很有利於後來適應商品—市場經濟的發展，產生「自轉變」。因此中西孰優孰劣的比較，都不能執着「一點」片面地去講，互有短長或許是最合理的說法。

回到本題上來，同樣也有問題：中國的傳統農業何以會較早就走上精耕細作的小型農業道路？這方面的解釋也不充分。無疑問，中國傳統農業的發展，春秋戰國是一個極重要的關節。正是在這段時期，中國傳統農業的多鋤多肥、精耕細作的經營模式得以奠定基礎，並延續兩千餘年而頑強生存下來，支撐了整個中華文明得以持續獨立地發展，而未像其他文明古國那樣中斷夭折。這是結果，那它的造因又是靠甚麼？

我與達人教授持有相同的觀點，中國傳統農業的精耕細作模式最初成因於黃河流域，而不是南北皆然（注意：這同目下有些人主張的黃河、長江並行論是不同的）。這種模式推廣到南方以及其他各地，那是後面歷史階段進展的成果。

何以要強調這一點？因為我贊同湯因比的「挑戰與應戰」的進步解釋模式。人類的任何進步都是在壓力的條件下激發產生的。從新石器時代起，黃河中下游是眾多部族頻繁出入和激烈競爭的場所，很符合人類學上說的進步產生於種族交錯混合的特定條件。農業發展的強弱，攸關每一部族的生死存亡。正是在這種強大的生存壓力下，不斷強化出「農為邦本」的觀念。農業由山前台地走向低地，再走向大河支流的沖積平原，其間無不有部族方國直至商周時代頻繁的兼併爭奪戰爭作為歷史大背景，春秋戰國間的列國戰爭只是達到巔峰而已。對戰爭曾經在我們早期歷史發展方面所起「惡」的動力或「槓桿」作用，應該理智地做出充分的估計，才可能通釋許多早期歷史現象。戰爭帶來了文化的交流與相互取長補短，產生文化融合的優勢。商鞅嚴厲的「耕戰」政策，絕不是個人主觀意識的產物，

而是長期歷史經驗的結晶。秦國是七國中運用這種歷史經驗在實踐上最為
成功的典範。如是看，農業在黃河流域進展得如此快，或許可以得到一點
理會——此乃事勢之必然。因此，華夏民族的融合，既可說成是農業發展
的「果」，而這一過程又何嘗不是造就農業發展的「因」。歷史就是這樣，
因緣果業總是很難截然分離。即因即果，亦因亦果，莊子的思維方法確有
道理。這只是我的一種假設。還有別的假設嗎？我想一定還可以找出許多
種假設辦法。總之，在我看這也是一個有待進一步解答的疑案。

　　憑着考古提供的印象，我們只知道早在仰韶文化時代，生產經營已經
採取氏族─大家族─小家庭三級分工的模式（見第一專題所述）。以氏族
為單位群策群力開拓耕地，而以家族或家庭為單位耕種管理田地，表明我
們的先人是很懂得「群體」與「個體」的辯證關係，使之在血緣共同體內
部互補短長，分工合作。或許這也是我們先人不願意放棄血緣紐帶聯結方
式的一個理由。早期集體耕種的方式在「公田」的形式裏曾被保存了很長一
段時間。到西周實行「徹田為糧」後，連這種「公田」也被取消，只有周王
表演性質的「籍田」儀式上，人們還記得這種象徵共同體存在的古老集體耕
種的傳統。看來個體小生產形式出現得早，也是中國的一個歷史特點。

　　春秋戰國至西漢時期的情況就比較清楚。發展到以個體家庭經營、精
耕細作為主流的農業，無疑在當時世界上是屬於最先進的。就以李悝所說
的「今一夫挾五口，治田百畝，歲收畝一石半，為粟百五十石」而論，總
產量合今為 794 市斤，據「服役者不下二人」，若以兩個勞動力計，則每
一勞動力產出 397 市斤；以三個勞動力計，則為 264 市斤。至漢武帝趙過
代田法後，畝產增加到 117 市斤，則平均每一勞動力產出糧食就是 585—
387 市斤。與西歐作一對比。直到 11 至 13 世紀，英國大多數份地農（領
有一半 Virgate 的莊農，佔領地居民的 40%—60%）平均佔有 15 英畝（合
90 市畝）的份地。一英畝收麥 8—9 蒲式耳，合 2.9—3.3 市石。按三圃制
計，10 英畝總產為 30 市石左右，連同 5 英畝休耕地在內，每英畝平均單
產為 2 市石，折合市畝是 0.33 市石。每市石麥 145 市斤，折合畝產 47.85
市斤，總產為 478 市斤。亦按二至三個勞動力計，則每一勞動力平均產出

為 239—157 市斤。[1] 列表如下：

英國	239	100%
戰國	397	166%
西漢	585	245%

這裏還沒有與同時期的北宋相比較（北宋畝產是當時英國的 5 倍多）。由此可知，早在公元前，戰國秦漢時期傳統農業達到的經濟水準即是令人歎為觀止的。

由於畝制與量制折算的複雜因素，上述的比較只具有參考的價值，未必準確。國內外學者後來則採取了收穫量與播種量之比，來統一比較各國農業的產出水平。日本學者熊代幸雄在其《中國農法的展開》一書中即採用這種方法製成了一個較為詳盡的中國與西歐中世紀畝產比較統計表，限於篇幅，此處就割愛。寧可先生參考此表，作過下面的表述：「歐洲中世紀一般的收穫量最低是播種量的一倍半到二倍，通常是三至四倍，最好的年成也不過是六倍。關於我國，從雲夢秦簡的材料看，收穫量至少為播種量的十倍或十幾倍，再據《氾勝之書》《齊民要術》記載，則已達幾十倍至上百倍。」[2] 當然，中國古代農書上很高的數字只是說明可能達到的「高度」，絕非現實的、一般的水準。我想通過上面兩種計算法，大體上也還是很能說明歐洲中世紀農業為社會發展所提供的剩餘勞動總量，肯定遠遠地落在中國之後。這也正是在傳統農業時代，中國先進的祕密所在。

這種農業經營之所以先進，完全是針對傳統時代的條件說的。在傳統時代，所謂農業生產結構，其主要生產要素可歸納為四項：①耕地；②作物；③農具；④勞力。至於肥料、灌溉等則可以看作為附加因素，為討論簡化計，暫且不論。在傳統社會，生產工具較為簡單，進化度極低（歐洲

1　據波梁斯基《外國經濟史（封建主義時代）》提供的數據折算。生活・讀書・新知三聯書店，1958 年版。

2　寧可：《有關漢代農業生產的幾個數字》，《北京師院學報》1980 年第 3 期。

比中國還落後）。勞動對象、作物差別也不大，而耕地的豐度提高有相當大的限制（在歐洲還有一個地力遞減的問題；中國則不嚴重，但耕作面積畸零又成了致命弱點）。如果作一種學理性的分析，前三者基本上可以看作為變動很小的「恆量」，唯一最活躍、最有彈性的就是第四要素——勞動者的競技狀態和生產的「主動性」和「創造性」，善於利用簡單的工具附加智力的因素精於經營管理（如培育優良品種、中耕管理、勤施肥、除草等）。因此，在傳統時代，農業經濟的效率，很大程度上將取決於勞動力這一潛力不小、最活躍的「變量」的能動作用。另外，我們還必須注意到，作為傳統的栽培農業，具有園藝化的特點，不需要許多人同時勞作在同一塊田地上；否則，就會像後來人民公社經常發生「窩工」現象。但它卻需要少數人長期精心地維護保養。因此，家庭型的個體小生產是最合適的一種經營方式。

這樣，我們也就找到了分配結構對生產結構發生制約作用的「接口」。正如上一專題所說，中國傳統社會農業產權極具彈性，比較「軟化」。在這種條件下，自耕農具有獨立的經營權利，以家庭為單位的勞動者對支配必要勞動和剩餘勞動有一定的餘地，扣除賦役負擔外的剩餘，密切關聯着家庭的物質利益，相關性強，生產「主動性」和「創造性」自然要高一些。中國傳統社會經濟結構，最突出的特點和長處，便是自耕農經濟產生得很早，每一新王朝初期所佔比重不小，成為傳統社會生產結構的主流，不像歐洲直到封建社會行將瓦解（英國在十四五世紀之際）才產生類似中國自耕農式的獨立小農經濟。再說中國地主制下的依附、租佃農民，也比歐洲份地農有較高的生產主動性和創造性。這也是因為歐洲中世紀的絕大部分時間都是勞役地租佔統治地位，中國地主制一直是以產品地租為主，沒有勞役地租佔統治地位的歷史階段（就勞役而言，國家對自耕農的徵發前期很重，唐中葉起也漸趨減弱，代之以實物或貨幣）。這是中國古代歷史的「幸運」，對於農業經濟的發展有積極的影響。在歐洲早期中世紀的農奴制下，農民的必要勞動和剩餘勞動在時間、空間上都被嚴格分開，勞動者無權支配剩餘勞動，從而也就根本不會去關心可變量——剩餘勞動量

的增長。與此同時，勞動者的必要勞動還時常受到領主的苛擾，在時間和勞力方面都得不到必要的保證，怎麼可能有較好的生產主動性和創造性呢（附帶說一句，中國王朝政權勞役徵發，對自耕農的騷擾，卻有點類似西方，非正常時期則大過之而無不及）？相比之下，中國傳統社會的農民，在正常情況下（王朝末年除外），就有較多的支配勞動時間與經營方式（包括兼營副業）的靈活性。特別是在實行必要勞動與剩餘勞動混一於租田產量的條件下，促使他們要比歐洲份地農更多地關心提高農田的單位面積產量，力求擴大在扣除一定分額的地租之後餘下的剩餘勞動量，這就比較能誘發勞動者的生產主動性和創造性。在這方面，「定額租」自不必說，就是「分成租」，也跟我們得自書本的不同，地主不可能每次親自監督收成，實際上也是由平均畝產估算出一個約定俗成的「量」，類似「定額」，只是在豐歉突出時才做出某種調整。由上面的分析可以得出：所有制和分配結構呈某種彈性，不是過於「硬化」，對個體小生產的約束力越小，那麼個體小生產的「自由」（當然不是資本主義制度下的自由）程度越大，生產結構的功能發揮就越佳。中國傳統社會的小農經濟應該屬於這種較佳的生產結構。

　　有些論者說：中國傳統社會小農經濟的最大弱點是「缺乏起碼的獨立生存和延續能力」。這樣的論斷也是不全面的。無論是自耕農還是依附、租佃農民，其生產結構都是以一家一戶的個體作為最大、也是最小的生產單元，生產單元縮小為最基本的人口自然單元，物質再生產和人類自身的再生產合而為一，使得這種生產結構系列簡單，具有頑強的自生產自組織的再生機制。傳統時代，生產工具極為簡單，因而，人與工具的結合形式也只需要如此簡單。在那樣的時代，大農業結構未必就優越於小農業結構。希臘、羅馬的大奴隸制莊園不是山窮水盡，迎來了歐洲的「黑暗時代」？[1] 被一些人視為「先進」的歐洲封建莊園經濟的最後結局，也不是自

1　達人在《中國農民變遷論》第 2 章第 3 節，用了不小的篇幅圍繞「何以羅馬衰敗了，而中國和日本卻多少獲得了成功」問題，轉述了西方史家對中西農業比較的有關論析，其中有李希霍芬、西姆柯維奇、懷特和布羅代爾。參第 85—87 頁。讀者可自行參閱，不再複述。

領大地產的擴大，而是向獨立小農的分散個體耕作過渡。在中國，小農經濟一鋤、一鐮（或者再加上一犁，不是家家都有畜力，那就用人力拉犁），一個主要勞力加上一些輔助勞力，一旦和土地結合，就可以到處組織起簡單再生產。這種再簡單不過的生產結構雖然脆弱，經不起風吹雨打（經濟兼併、政治動亂、水旱災荒），但破壞了極容易復活和再生，又非常頑強。古人所說「亂」而後「治」，其中一個緣由，便是這種既脆弱又頑強的小農生產結構在起作用。每次大動亂，特別是農民戰爭爆發之前以及進行過程中，雖然為數不少的個體小農遭到毀滅，然而具有頑強生存能力的個體小農又會在原地或異鄉僻壤重建起簡單再生產機制，恢復基本的生產活動，猶如蚯蚓，截去一段肢體，又會再生出更長的一段。這就是新王朝經濟得以恢復和發展的基本前提。大家都知道，在「四清」和「文革」時期，山東棲霞縣出了一個地圖上沒有名字的「世外桃源」——小草溝（《新觀察》1980 年第 9 期），重演了中國古代不少新縣、新鄉為流民所建、政府事後承認的歷史。這個現代事例，再一次說明小農經濟確實具有人們難以想像的頑強再生機制。

　　小農經濟頑強的再生機制，對於中國傳統農業經濟的發展有甚麼重大的影響呢？這一點，過去人們比較忽視。其實，它所造成的結果便是中國傳統農業經濟的水平位移——橫向發展，即經濟活動面的擴展和多元經濟中心（地區經濟）的形成。中國傳統社會經濟的發展，自入秦「大一統」以後，從橫向看，先進地區最早在黃河中下游的「中原」地區。以後，江漢流域、江淮流域、四川盆地、長江三角洲、錢塘江流域、珠江三角洲和遼河平原的相繼開發，都是中國古代經濟史上的重大事件。小農人口的大量流動，地區人口密度的增加，先進農耕技術與農作經濟隨人口遷徙而傳播擴散，都起着非同小可的作用。地區經濟的發展，實在是中國傳統經濟橫向意義上的突破，與縱向發展的遲緩形成鮮明的反差。僅以漢淮以南地區戶數來看，西漢與東漢間有一個較大的增長（東漢永和五年漢淮以南戶數較西漢末增長 113%），到唐代已躍居全國總戶數的 54.94%，與北方可以並起並坐了，明朝則已把北方拋在後面（明洪武十四年，南方戶數佔

全國戶數的 78%）。這是據梁方仲《中國歷代戶口、田地、田賦統計》有
關數據分別計算所得，其中也考慮到了行政區劃的變更，但仍不細緻，容
以後再行核證。耕地面積的增長情況，尚無系統的數據，其中北宋元豐年
間，南方官民田佔全國總數的 68.98%，明弘治十五年則增長到 69.80%。
這倒與宋、明朝時期南方戶數的比例大致相適應。由此推測，南方耕地面
積從兩漢到宋、明，大致也有一個由 20%—40% 增長到 60%—70% 的幅
度。總之，雖然由於政治動亂、生態破壞，北方農業經濟有所衰退，但由
於南方的發展，使整個傳統農業仍保持緩慢上升的趨勢。這些都說明中國
傳統社會的小農生產結構有其優點和長處。唯其系列簡單，具有頑強的再
生產機制，儘管中國傳統社會比歐洲中世紀有頻繁得多的政治震盪，歷史
總能保持它的持續性和連貫性，不致像有些亞非和歐洲國家陡興陡衰，曇
花一現。

　　中國傳統社會小農生產結構系列簡單，還帶來了另外一個長處，便是
它具有內涵的再生產潛力，即使沒有多少縱向（諸如國家和地方行政資助）
和橫向（諸如與其他勞動者的聯合）的支持，也可以在封閉的系統內自我
擴張。這種驚人的自我擴張力，也不能低估。過去常說小農經濟只能進行
簡單再生產，看來也不然。一般來說，它確實很難實現外延的擴大再生
產，但卻能利用內部的能量進行內涵擴大再生產，這突出地表現在所佔耕
地面積受到嚴重限制（王朝中後期且日趨縮小）的條件下，努力爭取單產
的提高。他們的基本手段有三：一、增加家庭勞力，用提高人口自然增殖
率來彌補生產條件的不足；二、與此相聯繫的，延長勞動時間，用擴大剩
餘勞動對必要勞動的比例，爭取佔有更多的剩餘勞動；三、在上述兩個條
件的基礎上，充分發揮勞動經驗與個人技術的作用，精耕細作。這些都不
一定與追加生產資料、擴大生產規模相聯繫，而是充分發揮人的主觀能動
性。故曰：內涵擴大再生產。「風調雨順，國泰民安」（或曰：「天時，地利，
人和」），小農的這種艱苦奮鬥是可以奏效的。觀察一下前面所列的中國
歷代糧食單產的增長情況，要知道，這往往是在生產工具沒有多大進步的
情況下取得的。

是甚麼阻礙了經濟的變革

　　儘管傳統中國曾經有過驕人的輝煌，然而它似乎存心要與進化論、決定論作對，發達的農業社會卻很難由自身主動地實現向現代社會的變革。於是人們就習慣性地懷疑起中國傳統農業的生產力水平——按照某種定律，社會進化總是生產力發展到一定程度引起的「革命」。後一場「工業革命」產生不了，一定是前面生產力落後的緣故。前面的分析，就是為了回答這一種論點，試圖說明中國傳統農業現實的與潛在的生產力水平，與西方現代化驅動的條件相比，我們並不算低下。

　　那麼，癥結又究竟在哪裏？對這個問題，我思考過很久。現在的看法經歷過反反覆覆的猜想與反駁。許多事實，使我不能不懷疑把經濟落後的原因歸之於「小農經濟的保守」，是不是一種偏見？特別是近二十年市場開放後的許多經驗事實，給予我最強烈的感受，就是農民並不像先前某些理論家所說的那樣對市場經濟存在甚麼「先天的排拒性」。他們感受和接受市場經濟的能力一點也不比別人弱。這就提醒我們，應該跳出固有的觀念，思考是不是毛病出在別的環節，出在小農經濟所處的外環境方面？

　　任何事物（包括社會制度）都不完美，有其長，必有其短。長處的反面就是它的短處所在，很像一個銅板有正反兩面。這道理聽起來非常淺薄，因為它太貼近生活常識。然而，我從現實與歷史相互往復的體驗裏感受到，它似乎比一些高深莫測的理論更要真實些。

　　前面幾個專題都說到過，中國傳統農業是在國家全力倡導、監督下得以發展成為一種進步的形態。「農為邦本」意識之強，非中國莫屬；而這種意識絕非停留在口頭上，它有一系列的政策舉措保證。春秋戰國的列國興亡史，也一再證明「國待農戰而安，主待農戰而尊」（《商君書·農戰》）確實是「治國之要」，故為後世歷代君王固守不替。看唐宗、宋祖、明祖諸君開國言論，一目了然，不煩贅引。

　　「農為邦本」，這話的反面，受到特別「照顧」的同時，也意味着國家一切的一切都得靠它滋養支撐，就像獨生子，必得挑起「大家庭」的全部

重負。正是國家——大一統高度中央集權的大國——對農業的強控制，使農業本身受到重壓，更使農業發展的成果無法擴散、轉化、輻射到其他的經濟領域，整個經濟結構缺乏自身運行的獨立機制，變得非常僵硬，難以變革。這裏真用得上一句老話：「成也蕭何，敗也蕭何。」這「蕭何」就是高度集權的帝國政治體制下的傳統的經濟政策。

　　大一統國家強制下分配結構的不合理，無疑是影響農業經濟進一步變革的大關節。通史的常識不斷告訴人們，由於帝國政府開支、軍事開支、其他「公共費用」，以及對龐大皇室官僚特權階層的支付費用一直居高不下，導致賦稅徭役負擔特重，農民（也包括被稱為「庶族地主」的富裕農戶）生活境遇每況愈下，小農經濟的積累極端困難，使各種變革渠道統統被堵塞不通。

　　在我看來，農業負擔過重，這是一個比起小農經濟的生產結構不符合現代要求更為嚴重、更為致命的病症。前者容易矯治，可通過「學習」而得改進；後者涉及利益分配結構，非傷筋動骨，不能解決問題。

　　有關情況，我在《中國封建社會農業經濟結構試析》一文裏作過歷代情況的數量統計。因為太瑣細，一概從略，有興趣的可參閱該文。這裏，我想重複由這種分析得到的若干與本題相關的看法：

　　（1）秦漢至隋以前，勞役之害最重，已如前述。唐中葉後直接勞役雖逐漸取消，變形為實物或貨幣賦稅，但每王朝屢變賦稅之法，變來變去，不是減法，而是連加法。且看示意表式：兩稅＝租庸調＋橫徵（「稅外有稅」）；一條鞭＝（租庸調＋橫徵）＋橫徵（「鞭外有鞭」）；地丁制＝〔（租庸調＋橫徵）＋橫徵〕＋橫徵；普遍式：$B=a(1+nx)$（n 為變革頻率，x 為橫徵）。這種賦稅絕對值的算術級數累進，實際上抵消了唐宋明清以來農業增長所帶來的全部積極成果。產量長一寸，賦稅量增一分，緊追不放，大體多佔總產出的 30%—50% 上下。帝國政府就是如此摧殘農業及其每一個可能產生的飛躍。正如王夫之在《讀通鑒論》裏所揭露的：「賦重而無等，役煩而無藝，有司之威不向邇，吏胥之奸不可詰……弱民苦於僅有之田而不能去……迫於焚溺，自樂輸其田於豪民，而若代為之受病。」

自耕農和無政治特權的「地主」經營農業的積極性被摧殘殆盡，落到僅為生計謀，「以有田為累」。農業經濟除了支撐國家財政賦稅之外，哪裏還有甚麼推動經濟全局性發展的機制可言？

（2）自耕農所佔有的耕地，隨時代的推移，人地矛盾的尖銳，呈遞減的趨勢，越來越分散畸零，而每一朝代自耕農的實際佔有土地面積大抵都被壓縮在最低必要耕地限量之下。這就意味着，小農經濟一直被滯留在維持人口自然再生產的經濟水準線上，無力發展出外延性的擴大再生產。農業經營方式和規模得不到明顯的改善，直到清末民國，都是如此。

（3）大一統帝國高額賦稅對農業經濟發展機制的摧殘還表現在「劫富」「分肥」的政策導向上。江南蘇松常嘉湖等地區，兩宋以來農業迅猛發展，成為全國的大糧倉。但是，隨着江南農業的富庶，重賦的災難又落到了江南。全國賦稅絕對值不斷上升，而蘇松常嘉湖又畸重。明中葉丘浚在《大學衍義補》說得最為概括：「韓愈謂賦出天下，而江南居十九，以今觀之，浙東西又居江南十九，而蘇松常嘉湖五郡又居兩浙十九也。」江南農業在兼營商品性作物和手工業中尋找擺脫困境的出路，取得了可觀的成果（表現為市鎮經濟的活躍）。然而歷經幾個世紀苦鬥而獲得的較高經濟效益，卻被不合理的高賦稅所吞食。本來可以有所飛躍的江南農業實際上被「均調」拉平了，處於與北方相差無幾的積累水平上。如果不是這樣，江南地區經濟的突破恐怕會出現得較早；就一個地區而言，撇開大環境，難說就不能率先經濟轉型？

（4）我們通常所說的「地主經濟」，按其形成的途徑，大致有二：一是經濟性的土地兼併，一是政治性的賞賜或分配（賜田、品官佔田、官僚永業田等）。進一步說，所謂經濟性土地兼併（土地買賣），細緻考察其資金來源與性質，又可分用直接取自農民剩餘勞動（地租）的純經濟手段兼併土地與靠政治俸祿、法外貪贓和政治暴力強取豪奪等手段兼併土地兩種，顯然前者是小巫，處於絕對劣勢。因此，在「地主經濟」中，政治身份性的官僚仕宦居絕對優勢。這使中國的「地主經濟」帶有濃厚的政治色彩。他們與其說依仗經濟實力，不如說背靠政治權力，權力決定財富，財

富是權力的延伸。這些人往往享有免役、免稅特權，是純粹寄生性的「食租者」。於是，高額賦稅自然就轉嫁到廣大自耕農和非身份性的「庶族地主」頭上。在宋明科舉大行之後，加以「黨爭」日趨激烈，官場「險惡」動輒得罪，再也不可能出現能持續數代以上的官僚世族。葉夢珠的《閱世編》，曾把明代中後期松江地區仕宦人家興衰無常，不出「三世」的情景，數落得詳詳細細，「讀之慘然」。因此，宋明之後，「田產」的分散化趨勢明顯，「庶族地主」為數不少。這些非身份性的「庶族地主」的處境也十分艱難，備受壓抑。有關記載，俯拾皆是。王安石關於浙江鄞縣的情況，已在上一專題中揭出。司馬光對陝西也有類似感歎。[1] 這類議論到了明、清更是夥不勝計，愈趨憤激：「由是人懲其（指明代的職役）累，皆不肯買田」「顧視出以為陷阱」「受田者以田為仇」「遭重役繁，弱者以田契送豪家，猶懼其不納」等等。[2] 歐美現代化進程的歷史顯示，代表現代經濟的社會力量雖然不少來自工商、金融界，但同樣也離不開農業領域。他們或係舊的領主轉化（如英國、德國），也可以由獨立小農分化而來（如美國），也有像法國，由進城致富後返回鄉村的「貴族」或其後代去率先變革。但在傳統中國，這種由「地主」轉化的「異己」社會力量，只是到了打開國門之後（正確地說，是在太平天國之後），才開始稀稀落落地在東南沿海出現，但也不成氣候。這是很值得深思的。

　　以上是就農業自身而言，還有農業與工商業的關係，我要特別推薦達人教授的另一個精到論點。他在《中國農民史論綱》第 3 小節特別說到了「重農抑商」政策。[3] 儘管史學界對這一政策多持批評態度，並不新鮮，但達人通過對該政策的剖析，揭示農業經濟的成果受此政策之害，不能順利地擴散轉化，促成「農、工、商、虞」四業同步發展、相互推動的局面。應

1　司馬光：《溫國文正司馬公文集》卷 38《衛前箚子》。
2　分見俞弁：《山樵暇語》卷 8；張萱：《西園閒見錄》卷 32；葉夢珠：《閱世編》卷 6；光緒《湘潭縣志》卷 11《貨殖》。
3　參見第 159 頁註〔1〕。在《中國農民變遷論》裏，達人沒能將這一觀點寫進去，並作進一步發揮，殊為可惜。

該說這是一個完全新開拓的視角。

達人從董仲舒關於秦末農民戰爭爆發原因的議論引發開去，分析商鞅等人之所以主張實行重本抑末政策，旨在抑制小農因貧富分化破產而削弱「國本」，並把原因歸咎於商品經濟。他認為從現代經濟科學來看，隨着小農經濟的興起，必將引發商品經濟迅速勃起；商品經濟的發展反過來又將促進小農經濟的分解，造成貧富對立的加深。當時對這一新出現的社會矛盾，只有司馬遷獨具慧眼，清醒地認識到國家的經濟政策必須「善者因之，其次利導之，其次教誨之，其次整齊之，最下者爭之」，矛頭直指漢武帝的「重農抑商」政策和實行「鹽鐵官營」，反對政府對農工商虞四業的國家直接控制。可惜無論商鞅還是漢武帝，他們都是站在富國強兵的「國家主義」立場，推出「重本抑末」，亦即後來說的「重農抑商」政策（商鞅與漢武帝之間還有些區別，參見註）。[1] 在秦以後的兩千多年裏，它一直成為大一統帝國的基本國策。保護小農經濟，抑制商品經濟，再加上手工業商業的官營，便成為中國傳統經濟結構的基本格局和發展定式。

需要特別注意的是，達人對重農抑商政策內涵的分析，在通常所說的兩條外，加進了他所「發現」的第三條：在打擊民間工商業的同時，政府還加強了對工商業的直接控制，實施官營或專賣，以增加國家財政。稍後，陳長華君有《抑商質疑——兼論中國古代的賦稅制度》一文，對先秦以來背景、形式各不相同，名為「抑商」、實為「重商」的史實，作了較為翔實的考辨和解析。他得出的結論：中國歷代統治者實際上大多重商，搞官商結合，與其說是抑商，倒不如說是重商。[2] 兩位對抑商與官商相聯結、一體兩面的揭露上，可謂不謀而合。

這種「二加一」新分析的重要性，通過達人的下面一段議論，便可理解其深意所在。達人說道：「精耕細作的小農經濟儘管有較高的生產水平，

---

[1] 從《商君書》的許多篇章看，當初法家對國家以及官僚的收支都有許多限制，不准法外濫取，不允許任意增加農民負擔。如「官屬少，徵不煩。民不勞，則農多日」（《墾令》），「秩官之吏隱下以漁民，此民之蠹也」（《修權》）。比之商鞅，後世之君臣則大不如初。

[2] 陳長華：《抑商質疑——兼論中國古代的賦稅制度》，載《史林》1995 年第 2 期。

能給社會提供一個較高的餘額，但封建統治者總是用勞役、租稅和所謂鹽鐵之利等方式，從農民那裏拿走比農民能夠提供的還要多得多的剩餘，結果是造成越來越多的農民破產，出現『或耕豪民之田，見稅什五』。但如果農、工、商、虞四業是由民間經營的，那麼，即使有不少農民因剝削太重而破產了，農民提供的剩餘，會通過富商、手工業者的積累而在農、工、商、虞四業中化為各種形式的產業，從而導致生產的發展和社會財富的增加。然而抑商政策的作用恰恰相反，它割斷了農業和工商業之間的通道，阻隔了它們之間的交流。結果一方面使所謂『鹽鐵之利』『不事蓄藏產業』，變成政府及官僚的奢侈消費，另一方面使商人、手工業者積累了的資金，會因這種政策而僅僅熱衷於博取一官半職和求田問舍。社會生產的剩餘既然統統無法用來擴大再生產，被浪費掉了，農民的經濟狀況勢必惡化，社會生產勢必日益萎縮，經濟生活勢必陷入『農桑失業，食貨俱廢』的絕境。於是一場新的農民戰爭勢不可免，從而帶來一個新的（王朝）周期。」眾所周知，中國傳統社會就是在這種反覆循環的「王朝周期」裏「混」（林語堂語）過了兩千年。

達人的上述論析精彩之處，即在揭示所謂「重農抑商」是把雙刃劍，既傷害了小農經濟，又扼殺了民間工商業，阻斷了兩者之間良性互動，改善各自處境的通道。關於工商業和市場問題，我將在下一專題裏再作討論——正如達人所敏感的，「工商虞」能不能由民間經營，與中國社會轉型艱難的關係更為直接。然而，如果不先關注農業的背景以及農業與工商業的關聯，前一問題的考察也會變得十分狹隘。這是一個連接着整體結構的命題——缺乏良性循環的機制，勢必陷入惡性循環的困境。這一角度過去的研究者注意甚少。

前面的這些論析，無非想說明中國的傳統農業，無論從其現實的經濟效益，還是潛在的發展可能，它自身不是不能轉變，而是其「自轉變」的通道，受到來自帝國政治、經濟體制的阻扼，被堵塞以至堵死。

下面想通過中西比較，再對上述話題作一點深入的討論。

儘管中國與西歐曾在不同的時間、空間條件下，同樣經歷了傳統農業

社會的歷史階段，也都實行君主制，但它們之間政治、經濟體制方面的差別，實在非常明顯。這種不同的體制，決定了社會控制、財政徵收等制度層面，以及由此造成的農業經濟外環境，總是同少異多。但不管怎樣演進，王權在西歐作為主權的最高代表，其運用國家權力對全國的控制干預能力，明顯要比中國弱得多。甚至可以說，那裏，根本沒有出現過中國帝國時代下的那種對社會強控制的「一體化」趨勢。這是中西傳統社會最根本的不同之處。中西歷史走向的歧異，只有在這種整體性的背景下，才可能獲得通解。

從世界範圍看，君主制的權力配置是多種多樣的。高度中央集權類型的「大一統」只是中國的特色。在中世紀的西歐，王權、貴族、教會三種權力系統始終保持着一種既合作又對峙的態勢，權力結構不是一元的，而是多元並峙，具有張力。大體輪廓為：先是實行君主制下的逐級「分封」的地方分權體制，而後則演變為具有協議規則的「等級君主制」，直到晚期才出現不同程度的君主中央集權趨勢。[1]

這種多元對峙的政體格局，特別鮮明地表現出一種完全不同於古代中國的財政徵收體制。例如 9 世紀以前的法蘭克王國和英格蘭王國都建立了君主政體，但帝室與政府的財政長期以來都是分立的。前期君主的收入主要限於個人領地和向封臣徵收的封建稅，偶爾徵收全國性賦稅（「國稅」），但必須徵得某一權力集團的同意（在英國是賢人會議，法國是以地區為基礎的僧侶、貴族、城市市民組成的聯席會議）。英國隨着諾曼征服的完成，貴族大會議取代了賢人會議，國王徵稅必須取得它的同意。但是貴族大會議的批准徵稅並不具有決定性意義，王室稅吏還須同納稅人就徵收稅額、估值方式等問題進行具體協商，如果納稅人不允，貴族大會議的決議也就成為一紙空文。這就是英國歷史上著名的「協商制」。據說在

1　以下的敍述基本上都來自馬克垚主編《中西封建社會比較研究》第 3 編各文提供的國外研究動態。書中各作者如王加豐、孟廣林、顧鑾齋的論文之間觀點也略有歧異，大概國外學界對這些問題的認識也不盡一致。但他們所提供的總體情景，對認識中國的特點大有幫助。引用時理解有偏差，概由引者負責，與他們無涉。

法國，國王的勢力還不及英國，更得低三下四地與教會、封建主、城市居
民商議徵稅諸辦法。每次徵稅都不得不接受納稅人提出的苛刻條件。13、
14世紀之交，英法封建政體發生重大轉變。造成這一轉變的根本原因是兩
國都形成了等級代表組織——議會（在法國即為三級會議），而這一原因
的核心之點是議會控制了國家財權，從而形成了西方封建社會獨具的等級
君主制。此時賦稅協商制演進為議會授予制，這是協商制更高級的形式。
議會的權限不僅涉及制稅權、用稅權和審計權，而且還關涉財產估價權。
議會自始至終都高度關注財產估值問題，並把這一權力控制在自己手裏。

　　上述財政體制，在我看來，它不僅反映了西歐中世紀社會結構與中國
的不同，即社會勢力的組成及其相互制約的格局，而且對而後社會的演進
關係至深。非常明顯，在那種社會體制裏，雖然不能說已經具備了現代意
義上的「私有產權」，但封建主、以工商為主體的城市居民作為「納稅人」
具有的與國王「討價還價」的協商權利，表明他們的社會身份還是相對獨
立的。徵收各種「國稅」必須與他們自身的利益相關，而不是過度摧殘其
利益。這與中國的「庶族地主」和工商業者備受重賦和苛捐雜稅之苦，欲
告無門，真有「天壤之別」。這就可以理解中國上述身份的人只能有一條
出路——自己也變成國家官僚，或與官府勾結，背靠大樹，不可能像西歐
那樣，從他們中間產生「自轉變」的新的「異己」社會力量。

　　上面說的還只涉及農業經濟的一種主體——在西歐即為「封建主」。
現在我們必須關注另一種人數眾多的主體——「農民」。

　　從現在所看到的關於中世紀西歐農民的身份、賦稅負擔以及收支統計
等國外研究的新進展來看，至少跟我大學讀書年代所得的印象出入很大。
首先，在14世紀之後，西歐舊式的莊園制度已變得有名無實，正如湯普
遜所說：「農奴，其中至少有幾百萬人，已上升到自由人的地位；如果他
們還是被稱為農奴，那是一個法律上的虛構。」通常被稱為「公簿持有農」
的農民成了農業耕種者的主體，他們的耕種方式也就是我們所常說的「個
體生產」的小農經營，「事實上的自耕農階級」。第二，農民的負擔，從
12世紀中期起，貨幣地租逐漸取代勞役地租成為主導形態，其負擔常常為

總收益的 1/3 到 1/10。更重要的是，西歐農民主要或僅僅向莊園主承擔義務，不像中國那樣，即使佃農也得承擔國家的賦役和苛捐雜稅。第三，正因為如此，西歐農民的商品率和儲蓄率一定比中國高。據英國羅傑斯、貝涅特，美國格拉斯，俄國拉斯那特等學者對英國農民生活水平的諸項研究，以一個中等農戶的糧食、畜牧及其他打工收入估為年總收入為 99.1 先令，而口糧、種子等直接消費為 55.1 先令，地租交納取高值為 7 先令，再加任意稅、法庭稅、磨坊稅等總計 15 先令。這樣，在農民全部總收入中，直接消費 55.1 先令，地租稅收負擔 15 先令，剩餘為 20.1 先令，則剩餘率（已扣除口糧）為 20%。[1] 這一情形與中國大相迥異。我曾對漢、唐、明、清自耕農民的生活水平也有過一次粗略的計算，顯然無法相較。大多數農戶往往都必須節衣省食，兼營副業才能苟活；僅靠農田收入，大致所剩無幾。[2] 也正是這種體制環境下，西歐小農進入市場的機會以及總收支中的商品率都比中國為高，小農的分化也更為明顯，中等水平的農戶居多，而貧窮與富裕農戶居兩頭，呈橄欖形。[3] 這種分化態勢又是中國古代所不曾有過的。關於中國傳統社會農民與商品經濟的關聯以及進入市場情況，將在下一專題再作討論。

　　總之，農業經濟效果、歷史效應，不只取決於它產生的內環境，還要受制於它的外部環境的有利與否。對傳統中國而言，後者更是致命性的障礙。

餘論

　　「如果沒有外國帝國主義的入侵，中國能不能緩慢地發展到資本主義去」？現在看來，這很像是一道考驗史家的智力遊戲題。過去把它視為不容許爭鳴的禁區，是不正常的。但是，目前要想有一個能被多數認同的肯定或否定答案，恐怕為時尚早。

1　以上材料取自前述《中西封建社會比較研究》第 1 編侯建新文。
2　請參閱拙文《中國封建社會農業經濟結構試析》，載《中國農民戰爭史研究集刊》第 3 輯。
3　參《中西封建社會比較研究》第 1 編侯建新、黃春高兩文提供的情況。

　　前面的解析，實際已經暗含着欲言又止的不成熟的想法，我總覺得從經濟發展的自然趨勢而言，似乎在東西方之間不應該存在「能與不能」的根本性設問。只要回顧一下百年以來，直至近二十年的經濟方面的變化，中國人天性中也不缺乏「經濟理性」的衝動和「最大利益化」的經濟動機，即使是窮鄉僻壤、向被視為「保守、落後」的農民，對「市場經濟」的應變能力和運用「商品規則」的機靈「狡黠」，實在大超出書本的想像。如此，阻擋現代化通行的「關卡」是不是還有比經濟更為關鍵的障礙存在？值得進一步探問。

　　現在仍接經濟的話題說開去。對所謂「資本主義」的產生，即今所謂的現代化進程，討論中往往容易把目光專注在工業的發展，或者商業和城市的繁榮等現象上，忽視農業對現代化驅動所起歷史作用的另一側面，更有甚者，把傳統農業視為現代化障礙。其實，它至少是一種錯覺。長期以來我們關注於現代化的一些「目標系統」，而疏忽了歷史學更重要的要關注和研究「過程」，考察由不明顯狀態到明顯狀態的過渡。系統地看一看歐美現代化史就知道：現代經濟社會的發生、發展，一點也離不開農業。首先必須有農業勞動生產率較大幅度的增長，促使商品經濟發展到一個相當高的水平，產生飛躍，於是才在工商業領域首先出現變革。工商業變革不斷向前推進，它必然又要求農業提供更多的糧食、原料和廣大的國內市場，於是第一次「農業革命」就不可避免地發生了。農業革命又以強大的力量推動工業領域發生重大的變革，「農業革命」帶來了「產業革命」，「產業革命」又引發出第二次「農業革命」。現代化進程終於由於兩支主力軍的互動激盪而獲得了穩固的發展基礎。限於敍述上的方便，我們只能作如上平面鋪敍，其實際過程卻是——工農業疊相交互發生作用與反作用的立體過程，很難截然分開。瑞士經濟史教授保羅・貝羅赫在其專著《1900 年以來第三世界的經濟發展》中就說：「產業革命的研究，似乎已經指明，給西方國家在工業化道路上起步以巨大推動力的正是農業這個部門，……農業的支配地位過去在西方國家中也是至高無上的。」據原作者書中註，貝羅赫還有一篇名為《1810—1910 年期間的經濟發展水平》專題論文，詳

細考察了歐美發達資本主義國家在產業革命前後農業的歷史作用，有許多珍貴的數據，可惜我們還沒有找到該文的英語本，找到了我也看不懂。[1] 翻譯方面的落後，使我們這些「外文盲」大受其苦。貝羅赫尖銳地批評了第三世界許多國家的決策者忽視提高農業勞動生產率的極端重要性，企圖繞過發達資本主義國家所經歷過的「農業革命」階段，一味片面追求工業增長率，並以強有力的統計數據證明，結果是事與願違，工業並沒有因此得以「起飛」，社會問題卻日益嚴重。這種見解，對於我們研究中國傳統社會向現代社會轉型，倒是頗有啟發的。

如果深入考察一下歐美現代化史，就不會那麼妄自菲薄。歐美一些發達國家在其「早年時期」農業所佔比重也是相當大的。美國在第一次「資產階級革命」——獨立戰爭前，農業人口佔總人口 95%，這個比例絕不比中國傳統社會低。直到第二次「資產階級革命」——南北戰爭前一年，農業淨產值還佔工農業淨產總值的 63.8%。直到一百多年後，即 1889 年，美國才開始改變工農業結構的比例，工業淨產值總算上升到 59.1%，也僅僅比農業多 18.2%。[2] 與此相適應，農業勞動力在全部在業勞動力中的比重，1820 年還佔 71.8%，到 1890 年才第一次下降為 42.6%。[3] 其中，糧食單產，直到 1901 年玉米也僅為 660.4 公斤，而我國明清時期玉米單產多數也達到千斤以上，可見美國獨立戰爭前後一些穀物單產水平，也不比中國明清時期高多少。[4]

可能更為令人吃驚的是，給現代化「起飛」以巨大推動力的農業增長，在歐美許多國家，也都首先是由獨立小農來實現的。在英國現代大農場佔統治地位之前，也曾有過一個獨立小農擺脫封建土地所有制而蓬勃發展的「中介」環節（或曰：過渡階段），這是為一些歷史比較學探索者所忽視的。他們似乎根本不知道歷史上還有這麼一個「天方夜譚」式的「過渡」。

1　　保羅‧貝羅赫：《1900 年以來第三世界的經濟發展》。

2　　樊亢等編著：《主要資本主義國家經濟簡史》，人民出版社，1973 年版。

3　　廣東哲學社會科學研究所編著：《美國農業經濟概況》。

4　　陳樹平：《玉米和番薯在我國傳播情況研究》，《中國社會科學》1981 年第 3 期。

其實，關於這一點，現在的許多國外經濟史家提供了詳盡得多的史實和數據，而其基本面貌，則在許多人早已熟讀的馬克思、恩格斯的論述中亦有清晰的介紹。在英國，農奴制實際上在 14 世紀末期已經不存在了。當時，尤其是 15 世紀，絕大多數人口是自由的自耕農。在 17 世紀的最後幾年，自耕農即獨立小農還比租地農民階級的人數多。這些自耕農還是英國資產階級革命的「完成者」，他們的消亡要到 1750 年，其時離英國資產階級革命也已經有一百多年了。在法國，獨立的小農土地所有制恰恰大規模形成於資產階級革命之後，直到 19 世紀後半期，法國的小農經濟不僅在農業上佔絕對優勢，而且在數量上也有所增加。法國農業現代化的真正完成，要到 20 世紀的前半葉（據孟德拉斯《農民的終結》）。在美國，小農土地所有制對封建制的擺脫遠較英、法要徹底，名副其實地可稱作獨立的自由小農，正是在此基礎上創造了頗具特色的「美國式」的農業道路。日本在明治維新前有「發達的小農經濟」曾為馬克思所注目。只有德國，農業勞力中有眾多的容克莊園半農奴僱農，但小農仍佔總戶數的 71.4%（僅擁有耕地 9%）。[1] 這些簡明的史實說明：儘管各國農業資本主義發展的具體道路不盡相同，除了普魯士道路稍有特殊外，都是沿着農奴→自耕農→農業僱傭工人（或租地農）的路線，走的是獨立小農分化的道路（在美國、英國，自耕農的消亡要經歷數十年至一百年的分化過程；在法國，小農則長期存在）。比較一下，中國傳統社會的農業生產結構沒有甚麼特別不同於它們的地方，現代經濟變革產生需要的那一部分鄉村土壤──個體小農經濟在中國早就好端端地存在着。問題的根本就出在「農工商虞」四業哪一個都不能獲得相對獨立發展的環境。

　　因此，歷史比較學給我們的啟示，中國小農生產結構完全有可能循着自身的發展趨勢，跟隨利益原則的轉引，與「資本主義」市場經濟接軌會合，可惜缺欠「東風」，演不成「火燒赤壁」。

1　分見馬克思：《資本論》第 1 卷，第 785、790 頁；恩格斯：《〈社會主義從空想到科學的發展〉英文版導言》。

　　有關「資本主義萌芽」的研究，大家的目光集中在明清。但是，兩宋社會經濟的發展，或許更有它的特殊意義。有些學者（如孔經緯、束世澂）對它高度重視也不無道理。中國歷代農業單產增長幅度最大在兩宋。從史實看，南方個體農民（包括佃農）的經濟活動能力有明顯的進步。中國古代農村面貌的顯著變化，開始在宋朝，明清只是在此基礎上稍有發展，正是由於小農經濟的強大推動，商品經濟才別開生面，出現了前所未有的許多新氣象：市制、坊制的廢除，鎮、市的勃興，中外貿易的發達……其中鎮、市的興起，其意義遠在汴京、臨安、北京一類「王都」繁華之上，不可低估。這些鎮、市的勃興基本上都建築在農村經濟發展的基礎之上，與小農的經濟生活息息相關，具有純粹地方經濟的性質，不像縣城以上的大中城市是統治者的政治堡壘與奢侈消費中心，具有病態與虛假的特徵。明清鎮、市在進入近代後，經受新的經濟環境考驗，又有一輪興衰，但其根植於地區經濟、特別是農村經濟的性能不變。從這一意義上，也可以套用現代語，它們是傳統經濟的「邊緣」，最容易變異。兩宋經濟的許多新跡象，雖然還不能硬套「資本主義萌芽」（「資本主義」是一個整體性的歷史運動，而不是個別經濟現象。這一點留待後面再議），但卻像濃密的雲層中透出點點的曙光，證明小農經濟長足的發展，完全有可能導致經濟方面產生新的突破。假設不是金、元具有強烈種族壓迫色彩的統治，假設明、清兩個王朝政權不是與經濟發展反方向地高度強化政治專制主義，而是循着兩宋對經濟實行「開放」的寬鬆路線前行，說不定中國傳統經濟也會發生像西方那種類似變遷的趨勢，市場經濟可能會出現某種突破，至少社會面貌也會很不相同。但這種假設畢竟敵不過歷史「實在」的力量，政治體制是一道逾越不過去的「鐵牆」。即使在經濟最為先進的江南，這種轉變的可能性事實上也不存在。

　　總而言之，「如果不是外國帝國主義入侵」云云，很像是一道多角度思考中國問題的「智力遊戲題」。但嚴酷的歷史事實卻已經向我們表明，傳統中國無法逃避被別人「轟出中世紀」的命運。既然它根本就不存在，史學家也許就永遠沒有能力去解開這道「智力難題」。

六

特型化的市場與商人階層

上篇

　　眾所周知，農業社會與自給自足的自然經濟結有不解之緣。中國古代的田園詩更濃重地渲染了這種與世隔絕的恬靜氣氛。曾經有一種很權威的說法，中國「封建社會」自然經濟始終佔主導地位；農民不用說，即使貴族與地主剝削來的地租也主要用於享受，而不是用於交換，交換在整個經濟中不起決定性的作用。

　　然而中國的歷史總是表現得有點離奇，着實不容易被任何人為的概念套住。與自然經濟相對峙的商品經濟，在古代世界也不是無所作為。遠距離的部族間交換，據說「商（族）人」早就領先一步，[1]「相土乘馬」「王亥服牛」故事大約反映了最早的交換行為是由部族首領進行的，行於部族之間。所謂「神農日中為市」「祝融作市」固不論，「日中為市」的記載明確保存在古老的《周易》裏，年代或尚須推考，但起源於「以井聚市」的集市，其久遠存在卻是不容見疑的，使人不得不懷疑即使早期歷史上的

1　商業、商人，徐中舒先生最先倡說源於「商族」之名，文載《國學論叢》1927 年第 1 卷第 1 期，第 111 頁。後郭沫若、李亞農、吳晗都繼持此說。從現在史實看來，商人之大量從事商業活動，或係商亡之後的殷商遺民。「商人」之名亦起於此時。上古之商人多半都由身份較低之「遊民」主之，此亦賤商的一種社會背景。孟子云：「古之為市，以其所有易之所無，有司者治之耳。有賤大夫焉，必求壟斷而登之，以左右望，而罔市利。人皆以為賤，故從而徵之。徵商自此賤大夫始矣。」（《公孫丑下》）這是孟子據古之傳說而自己推演出的「商稅起源說」，不可信，然商人「賤」之為傳統，卻是事實；又云：「在國曰市井之臣，在野曰草莽之臣，皆為庶人，不敢見於諸侯，禮也。」（《萬章》）這些都隱約透露出商人由異國沒落貴族轉化的特殊身份。

農民，與交換發生聯繫的事實也並非只是偶然、個別的。[1] 貨幣的使用也很早，在安陽殷墟出土的三枚銅貝，展示了金屬貨幣歷史的古老。由於司馬遷的慧識，特創設《貨殖列傳》，戰國西漢工商業乃至高利借貸資本的活躍，成為有籍可考的經濟奇觀。入至大一統帝國時代，還先後出現過六個百萬以上人口的都會，加上成千府縣城邑，近代以前中國城市的發達狀態，曾使西方世界一度瞠目以視。宋以後市鎮崛起，商品經濟向鄉村的滲透，以及跨地區貿易的發達，更為現代史家提供了大做「資本主義萌芽」文章的舞台。凡此種種，都說明在中國傳統社會，自然經濟與商品經濟很早就平肩而行，相互交織，商品經濟的發展程度並不很低。[2]

　　提醒我們必須充分關注古代商品經濟發展程度的，在 1949 年後，傅築夫先生應是比較突出的一位。傅築夫先生較早就提出了「戰國西漢資本主義因素說」，雖言之有據，在當時着實冒很大風險。他的《中國經濟史論叢》與《中國古代經濟史概論》作為姊妹篇在改革開放後的出版，[3] 表明即使是「少數派」的意見也得到了應有的學術尊重。然而，不管是「資本主義因素」，還是「資本主義萌芽」，也不管是在戰國、西漢，還是在兩宋、明清，這些商品經濟的獨特「繁榮氣象」似乎都是浮雲過眼，到頭來兩千年的中華帝國終究還是走不出「中世紀」。對此，試問我們將何以通釋？固然可以把它歸諸政治體制的壓制，但也應該同時追問：是

1　《史記‧平準書》，張守節《正義》云：「古未有市及井。若朝市聚井汲水，便將貨物於井邊貨賣，故言市井。」據說傳世殷商青銅器銘文發現有「市」字，但並不可靠。到《管子‧乘馬》所云：「方六里命之曰暴，五暴命之曰聚，聚者有市，無市則民乏」，這已經屬於縣級以下的鄉邑性質的「大市」。馬王堆帛書《戰國策》釋文 26：「（梁）小縣有市者卅有餘」，似可作為上說的旁證。於此亦見對《管子》的材料不宜看得太死，它雖成書於西漢，其中必包含不少戰國史實。

2　把封建社會與自然經濟等同起來，本源於歐洲中世紀封建莊園的傳統說法。現在西方史家對資本主義經濟之前的農民經濟也作了重新檢討，認為具有「謀生」與「謀利」的「二元經濟性質」。參馬克垚《中西封建社會比較研究》轉引美國經濟史家劉易斯‧索勒爾所論，學林出版社，1997 年版，第 152 頁。其實，所謂「謀利」，無非是指農民為某種目的進入市場交易。中西的不同，在中國多半是為應付國家賦役，並侵入部分必要勞動。分析詳後。

3　傅築夫：《中國經濟史論叢》，生活‧讀書‧新知三聯書店，1978 年版；《中國古代經濟史概論》，中國社會科學出版社，1981 年版。

不是任何商品經濟或市場經濟都必然會引導出「資本主義」的經濟形態？中國古代特殊的商品經濟與市場、城市的發展，到底與我們期望中的社會轉型有何種關聯，是幼芽與大樹的關係，抑或另類異種，原本就不在一個道上？

我們通常都把生產—流通—消費—分配四大環節，看作為社會經濟反覆循環運行的一個整體動態過程。下面，我想試着用兩頭夾攻的辦法，解析一下中國古代流通環節的特性，以便說明中華帝國時代商品經濟、市場經濟在其「繁榮」的背後，確實隱藏着許多虛假病態的特徵。

帝國體制下商品生產辨析

在「資本主義萌芽問題」討論裏，似乎有一種默認的邏輯，商品經濟總會腐蝕舊的「封建社會」機體，猶如看到市場經濟，都一概指其為「社會進步」的表識。事情果真如此嗎？

胡如雷先生的《中國封建社會形態研究》，是我所看到的中國古代經濟史研究領域頗多獨到創見的一部學術專著。如雷先生以他素所擅長的政治經濟學切入中國歷史實際，務去陳言，不落俗套。他率先倡論「中國封建社會中既存在商品生產，也有很多商品並非商品生產的產品」。這就提出了古代市場上的「商品」，按經濟學概念嚴格判斷，是不是有真與假的區別？

我以為這一提示，幾乎可以看作開啟中國古代商品經濟之謎的一把「鑰匙」。[1] 它啟迪了後來的研究者，必須透過現象關注其真實的經濟的與非經濟的社會背景，不能為表面的市場行為所迷惑。只有對中國古代商品經濟的「肺腑內臟」，以及它所運行的社會環境進行雙重解剖，才有可能理解中國古代特殊的「市場經濟」，特殊的市場「生理」機制。

1　胡如雷：《中國封建社會形態研究》，生活‧讀書‧新知三聯書店，1979 年版。需要指出的，胡先生在全書中對當時學界公認的「資本主義萌芽」問題談得極少，但在我讀來，隱含着懷疑的意思，可以體味得到。這是頗值得注意的。

　　儘管市場古已有之，但古今市場都需要賣方與買方的互動方能成立；流通領域的活躍與否，要取決於生產與消費兩方必要的交換能力，這恐怕是誰都知道的經濟常識。但出現在市場上的商品究竟是由甚麼樣的機制或動機產生，以及消費能力是由何種因素誘發，生產與消費兩方的社會屬性如何，無疑都會影響到商品經濟發展的潛力與前景。對此，以往古代經濟史研究得很不夠。我也是由一件事情的觸發，才突然感到這種疏忽，有時會影響到對大局的判斷，省悟胡如雷先生的提示的確不能忽視。

　　先舉一例以說明之：大家都知道，明清松江棉布產銷曾盛極一時，有「衣被天下」之稱。談及「明清資本主義萌芽」，商賈雲集蘇松，松棉走銷八方，是一個被史家煮熟了的話題。想不到來自東洋的經濟史家西嶋定生用其無可爭辯的考證，往這個美麗的「氣球」上戳了一個洞，「神話」破碎了。

　　西嶋定生在其《中國經濟史研究》的第三部「商品生產的發展及其結構——中國初期棉業史之研究」，對明代以來棉花、棉布的生產、流通過程與市場結構都作了詳盡的考察，而松江府在其考察中尤居於突出地位。[1]戲劇性的突破發生在該部第二章的第二節：「出現在明初財政上的棉花、棉布」。西嶋定生從檢閱《明實錄》所得的資料，確鑿無疑地證明自洪武年間起，除了皇室宮廷以及官僚服用高級棉布外，軍隊所需的棉花、棉布數量亦極巨，總數棉布達一百幾十萬至二百萬匹、棉花五十萬至百萬斤（中後期棉布總需求數，加上「互市」，增至五六百萬匹）。這就揭出了一個重要事實：王朝政府充當了一個特殊的、長期被忽略的棉花、棉布消費的「大主顧」。最初政府還是直接通過賦役途徑徵派（包括本色、折納），「促進」了棉花在全國的普遍種植。此時棉花、棉布大多數還保持着「實物徵調」的古老形式，與市場經濟沒有發生多大的關聯。變異先由「折變」開始，實施一條鞭法之後，農民的棉花、棉布成為一種特殊的「商品」湧入市場。由於稅糧大多改為納銀，蘇松農民的棉業成了緩解田租「不能承

1　西嶋定生：《中國經濟史研究》，農業出版社，1984 年版。

受之重」的主要補救手段。農民生產的棉花、棉布表面上獲得了「商品」
的形式，正式進入市場以換取交納賦稅所需的貨幣，實際上卻成了賦稅的
一種變態。而國家由賦稅所得貨幣，除委託地方收購（《布解》）外，還
通過秦晉山陝商人（大多為鹽商）南下採辦，以滿足北方特別是「九邊」
軍區的需求。所謂「富商巨賈操重貨而來市者，白銀動以數萬計。以故牙
行奉布商如王侯，而爭布商如對壘」[1] 云云，若洞穿「商品生產者」究竟為
甚麼生產，最終「消費者」又為誰、其消費「基金」來自何種「收入」來
源，那麼棉業市場「繁榮」的背後，究竟是我們期望中的商品流通、市場
經濟，還是國家財政賦稅的特殊怪胎，也就大可思考了。

　　西嶋定生與許多日本學者不同，他對「中國封建社會長期停滯論」持
批判的態度，因此特別注意發掘能夠表識經濟演進的史實，且確有不少新
的收穫。但上述的「發現」，在我看來似有違他的初衷。因此西嶋定生僅
走了半步就不由得收住了腳步：他雖然已經注意到了國家財政需求與市場
經濟「變態發展」的某種因果關聯，指出棉業的啟動最初完全是由於財政
上的原因，但在因賦役貨幣化而棉布輸納介入市場中間環節之後，產品徵
調與賦役在空間上被隔離，產生了許多假象，他卻不願循原有的思路再深
入追究下去。他不像藤井宏和寺田隆信那樣，對陝晉商人與新安商人準
「官商」的屬性（與明清「開中」「鈔鹽」法的關係）予以高度關注，並注
意到鹽商兼營糧棉的事實，[2] 竟把他們看作為與「一般」商人無異，故不免
會誤判明清松江的棉業生產已發展為「純粹的商品生產」。事實上，正是
活躍於松江市場上的這兩種「特許」商人，最能體現帝國後期正常的「生
活市場」之外，還存在一種特殊的、適應財政要求而產生的「市場」——
最近程念祺君對此有較深入的討論，著文稱之為「財政市場」。[3] 西嶋定生

1　葉夢珠：《閱世編》卷 7《食貨》。
2　藤井宏：《新安商人的研究》，載《江淮論壇》編輯部編輯《徽商研究論文集》，安徽人民
　　出版社，1985 年版，第 131—272 頁。寺田隆信：《山西商人研究》，山西人民出版社，
　　1986 年版。
3　詳參程念祺《論中國古代經濟史中的市場問題》「大一統後的國家財政市場」，載《史林》
　　1999 年第 4 期。

的發現，正好不期然地旁證了帝國時代有些市場交易是假性的「商品經濟」，即如棉業賣方、買方的行為大都出於國家財政賦稅的變相誘導，體現了國家權力這隻「有形的手」對市場的扭曲。

由「西嶋定生發現」啟示，深入追究出現於市場上「商品」的生產屬性，應該成為考察中國古代「商品經濟」特殊性質所必不可忽略的環節。

若對出現於市場上的大宗商品，從其「上家」，即初始供應方的屬性來看，不外乎有以下兩大類，試概括分析於下：

一、農副業產品

糧食

糧食無疑是廣泛流通於古代市場上的大宗「商品」。國家歷來都高度重視市場糧食價格的波動情況。所謂「穀賤傷農」，頻繁出現於自商鞅、晁錯以來歷代主張「重農」政策的政治家議論裏，並有許多國家調節糧食價格的相應對策，證明古代有着一個影響十分廣泛的糧食大市場。進至明清時期，米市遍及各地城鎮市集，星羅棋佈，赫然見於各地方志，其勢更有甚於前代。

考察分析各時代農戶家庭收支情況，可以肯定：農民在交納國家賦稅或地租之後（約總產出的 30%—50%），手裏餘下的糧食十分有限。[1] 農民為了換取自己不能自主生產的必要產品，如油鹽醬醋、農具等生活、生產用品，不得不用糧食去換取。這也是農村集市、挑伕小販較早形成的一個動因。然而歷史常識告訴我們，傳統社會的農民即使在稍晚的年代，仍然維持着節衣縮食的消費方式，這類必不可少的消費總是被壓縮到最低的水平，數額極微。能自給自足者，則他們絕不會上市場——此非不願，而乃不能也。為此，我們不得不進一步追究，農民既然剩餘糧並不多，何以糧

1　各時代農民家庭收支的粗略統計，不再細列，請參見拙文《中國封建社會農業經濟結構試析》有關統計表，載《中國農民戰爭史研究集刊》第 3 輯，上海人民出版社，1983 年版。

食市場卻又相當發達？是出於甚麼動機使農民必得忍痛將其至屬於其必要勞動部分的糧食出售於市場呢？

這一謎底，就隱藏在國家賦稅的各種變化策略裏。隨後的分析將一再說明國家賦稅形態對市場行為的作用之廣泛深刻，超乎一般的想像，絕非僅限於糧食一項。市場的「國家行為」，是中國古代經濟萬不可忽視的歷史特點。

非常值得注意的是，中國古代的賦稅，從國家形態比較成熟起，就沒有遵循馬克思所說的勞役、實物、貨幣三階段相繼演進的模式。至少是從兩周時代起，三者平行不悖合為一體，此即孟子所謂「有布縷之徵，粟米之徵，力役之徵」（《孟子·盡心下》）。從現有的記載來看，大一統之前，兩周列國只有「關市之徵」，即對商稅才實施貨幣徵收（時稱「泉布」），其餘均徵派以實物及力役。但從《管子·輕重篇》所得的各項信息來看，戰國時代的統治者已經懂得在糧食、布帛等實物賦稅之間通過「輕重折變」謀取財政利益的策略，迫使生產者不得不以米易布或以布易米，誘導出畸形的市場行為，並產生了相應的投機商人。[1]中國貨幣出現與使用之早，與統治者尋找最小交易成本的財政徵收方略不無關聯。在這方面再次體現了中國統治者的高度政治智慧。

真正的變化出現在實現大一統之後。大國政治必誘導出特有的大國財政格局。早在西漢（估計秦亦如此），國家賦稅明顯出現了向農民徵收貨幣的項目，計有口賦（未成年者）、算賦（賈人、奴婢加倍，一度還對達婚齡未嫁女子課以五倍）、獻費（限郡國）、戶賦（由封君徵收）、更賦（以錢代役，其中頗多強迫者）等多項。另外由於國家對鹽、鐵兩項產品實行國家專賣，強制農民也必須以貨幣購取官鹽、官鐵。到此，我們才可以理解何以晁錯、賈誼等人對「穀賤傷農」要如此高度關注，正說明農民被迫

1　詳情參馬非百：《管子輕重篇新詮》，中華書局，1979 年版。該書前半部分載錄有馬非百先生《論管子輕重》長篇論文，對「輕重理論」解析甚詳，極有學術價值。馬先生斷《輕重》等篇為西漢末之作品。我則認為，其中所引案例應包含不少戰國的經濟史實，而其理論之總結則要到西漢武帝之後。參見第 179 頁註〔2〕。

以其農產品易取貨幣以完納「國課」，已經成為關係政府財政與農民穩定具雙重關聯意義的一大國家事項。

此後，我們也必須注意到國家出於自身減少「制度成本」的自私考慮，不斷玩弄「折變」的手法。據《後漢書・光武帝紀》即有將田租附加稅——芻、稾稅折變為貨幣的記載。這種折變自唐宋以後，更是變本加厲，彌漫到各種稅項。農民與市場的聯繫，從這種情景就可以想見，大多出於無奈，純粹屬於被動型，其結果只能使「賦稅率」變相提高，侵及農民必要勞動部分。到了兩稅、一條鞭之後，賦稅貨幣比重增大，就發展到了如前所論及的極致程度。[1] 於是二律背反的事實就擺在我們面前：一方面農民與市場的「虛假」交易日見增多，另一方面農民向市場購買的正常消費能力卻日趨下降。中國古代市場的擴張能力受到這層限制，就不能期望有多大的發展前景。

讀者可能會發問：市場上糧食的出售者還有地主，或許他們才是供應方的大頭？應該是這樣。事實上，不僅以收取實物地租為生的地主（指食租地主）必須出售多餘的糧食以換取貨幣，而且各級官僚的實物收入部分亦然如此。秦漢的各級官僚的年俸祿收入都是以糧食（石）計等的，三公以上此處不論，首屬三公，年收入為 4200 石（相當於 28 個農戶的年總產出），次則中二千石為 2160 石，再次二千石實為 1440 石，直至最低的一百石為 192 石（相當於 1.28 個農戶的年總產出），共計 15 等第。[2] 以後歷代官吏俸祿均有米穀一項（故均以「石」稱。輔以錢、絹之類），直至明代中葉以前，明朝各級官吏的俸祿仍以糧食為主，輔以俸鈔（亦有以布估給者）。如此，他們理應是糧食出售者的一個方面。但若估計其家口眾多，一般所餘也不會太多。

1　田賦折銀較早見於北宋仁宗、神宗年間。明正統年間始於南方各省行「金花銀」，繼而推廣及南北各地，此為我國田賦貨幣化開始制度化的標誌。見《明史・食貨志二》。

2　詳參拙文《中國封建社會農業經濟結構試析》有關統計表，載《中國農民戰爭史研究集刊》第 3 輯，上海人民出版社，1983 年版。此數據取自《漢書・諸侯王年表》《漢書・百官公卿年表》。

　　自戰國以來糧商囤積居奇、賤買貴賣，其收購對象有二：一為農民，趁其按時交納賦稅之際，故意壓價收購；青黃不接乃至荒年饑歲，更是高價出售。二是官僚地主（祿米加租米）糧食貯藏也有限度，一般地主又因交納賦稅急於換錢，乘人之困伺機壓價收購，商人當然不會放過商機；若有權勢者（官吏）則可能勾結奸商，夥同投機。因此，我很懷疑「穀賤傷農」的呼籲，其中也包含有地主、官僚的苦衷在內，特別是一般無政治身份的地主，他們所受糧商之折弄機會更多，感到憤激也在情理之中。

　　總之，我們由上可知，糧食作為商品出現於市場，直接間接動因都與國家賦稅有關，從其出售動機而論，為交換而生產的商品生產成分有限。而且，對市場上流通的糧食數量也絕不能估計太高。直至明中葉之前，數量日鉅的官僚軍吏祿米、廩米多由國家漕糧供給，地主及其附屬人口賴有租米之入，農民完全靠自給，只有城鎮一般平民（私人工商業、服務業及其僱傭者）才不得不吃商品糧，數量必有限。事實上只有漕糧才走遍天下，糧食作為商品，很長一段歷史時期內跑不遠，故西漢有諺曰：「百里不販樵，千里不販糴」，糧食的流通範圍可見也有限。

　　糧商之真正活躍恐怕要到明中後期才開始。這當然與賦稅普遍貨幣化（白銀成為社會上通行的貨幣）大背景相關，是國家權力為節省交易成本所造成的一種特殊經濟現象，很難說對農民糧食生產有多少促進作用。藉此機會，我想對史籍有關明清蘇松地區糧食仰賴「湖廣」「川米」，以至稱「米船稍阻，入市稍稀，則人情惶惶，米價頓漲數倍」[1] 之類的公私議論稍作一點辨正。

　　綜合考察江南糧市的活躍，一個相當重要的原因，就是在實行田賦貨幣化之後，官吏的俸祿米亦改為貨幣收入（其實這也是促成田賦貨幣化的一個動因，參見《明史·食貨志二》有關金花銀之創議），官僚及其附屬人口成為了消費商品糧的「大戶」。反對糧商投機，叫喊得最凶的也正是他們，其中還包括已經轉變為城居、收取貨幣地租的純食租地主。我們常

1　《清高宗實錄》卷 314。

常被他們「代民請命」的假象所迷惑。其實這一史實的意義，最多只能反映作為政治性城市的蘇州、杭州及其他縣邑城市，各種消費功能膨脹，奢侈人口及其為奢侈消費服務的非農業生產人口劇增而已。當然也與蘇杭松湖等城市紡織帶動的手工業與銷售業人口的增長有關。事實上，江南除非兵荒馬亂、水旱饑荒的歲月，糧價一般還是平穩的。這多少也說明缺糧情況並不嚴重。其二，湖廣川米出口之多，未見得是該地糧食消費過剩所致，反是那些地區其他賺錢機會不多，經濟落後，迫使農民不得不仰賴出售必要勞動部分以應付貨幣的需要（交納貨幣賦稅和購買生活必需品）。其三，史料表明來江南的湖廣川米，中經江南轉販閩廣及南洋海外者比例亦不低。這是一種特殊的轉運貿易，並非全由江南當地消費。這一點過去注意得不夠。其四，才是江南市鎮的興起的因素，糧食消費人口亦隨之有一定的增加。至於所謂嘉定、湖州等棉絲區農民需要糴食，已有研究者指出情形被方志大大誇張，並不屬實。此種議論多緣於欲改變交納漕米（白米）的動機，希望改折為棉布或貨幣，故意叫苦不迭。這一點，大凡熟悉江南鄉情者都比較清楚。誇張米市，以糧商的活躍，欲證明江南市場經濟有大跨度的進步，很值得懷疑。

絲、布

中國古代向重「足衣足食」，衣着類當係市場的另一大宗商品。然而，有一點是清楚的，農民和鄉村地主長期都是靠「女織」（包括地主女眷及其奴婢）自給，一般不外求於市場。王朝官府紡織手工業向為官營手工業的重點，皇室、官僚（俸祿、賞賜多含布帛）亦多取給於此。這兩類產品都不具有商品生產的性質。衣着類商品明顯形成大市場稍晚，還有一個因素，便是國家賦稅長期列有徵調布帛的常項。這種徵調從性質上說，應該是勞役的變種或替代，其初源或可追溯到早期部族國家的「貢」法，其名則曰「調」。在「布調」存在的背景下，農民除自給外，除非需要交換其他生產、生活用品，並無多少剩餘可供市場流通，自不待言。

我國紡織類經濟，以植養桑蠶的歷史最久遠，新石器時代南北皆有發

現。[1]但因其數量有限，長期以來始終為少數貴族官僚所特恃的高級衣料，一般平民百姓少能染指，故有「布衣」之稱。大麻因其種植適應性強，長期以來一直是民間普遍的衣着原料，直到被棉布所替代。其次為葛與苧麻。苧麻質地雖較大麻為細，然地宜較濕潤，東漢後轉至南方才大量種植，其加工有一定難度，使用亦不能超越大麻。棉花的種植，可以說是中國紡織業史上具有革命性的事件。目前比較謹慎的說法，棉花的種植先始於西北與西南少數民族地區（隱含了兩條引入的路線）。自三國起棉布始進入中原，一直視為珍貴之物，多為「貢品」。服用棉布在唐宋已經多見，但尚未發現中原地區種植棉花。[2]棉花種植進入內地，一沿着閩廣—江南—黃淮路線北上，一沿着關陝—豫魯方向東進，宋元之際為推廣期，元明之際則為普及期。至明初則由於國家行政強制，全國普遍種植已成事實。[3]應該指出，經濟作物的種植一直是與糧食作物並行，多利用時間與空間交叉間作複種。[4]這就構成了我國農業的另一特點：「男耕女織」，農業土地與勞動力的使用都達到「高度密集」的水平。

正如「產權」專題所述，歷代統治者都認為「地」是國家給予的，「天地所生之財」理應屬於「國家」。因此，徵調布帛作為傳統，並未有疑義。然頗可怪異者，遍查各書，秦漢賦稅諸項中未見有徵收布帛一類名目，殊

1　經濟史一般多認為絲織重心先在黃河流域，唐中葉後南方絲織才上升且逐漸取代北方的重心地位。此說或據以史籍所得印象。有跡象表明，南方絲織之起也不晚。1958 年在浙江吳興錢山漾良渚文化遺址率先發現絲麻，後河姆渡遺址發現蠶紋，但不能肯定為家蠶。殷墟發現蠶桑與絲織品證據充分，說明商代貴族服用絲織品，已成風尚。

2　南宋末詩人謝枋得作詩云：「潔白如雪積，麗密過錦純，羔縫不足貴，狐腋難比倫……剪裁為大襲，窮冬勝三春」，足見棉袍在宋末仍被看得比絲錦、皮裘都珍貴。轉引自《古今圖書集成》「木棉部」。

3　有關棉花種植史考辨，詳參李根蟠：《中國植物栽培發展史》，科學出版社，1984 年版。與前引謝枋得之說迥然不同，明中葉丘濬在其《大學衍義補》裏說得很肯定：「（木棉）至我朝，其種乃遍佈於天下，地無南北皆宜之，人無貧富皆賴之，其利視絲枲蓋百倍焉。臣故表出之，使天下後世，知卉服之利，始盛於今代。」載《大學衍義補》卷 22「治國平天下之利」。

4　棉農並非只種植棉花，常與小麥間作，或一年種稻二年種棉。此據〔清〕包世臣《郊縣農政》與光緒年間《嘉定縣志·土產》，轉引自許滌新、吳承明《中國資本主義發展史》第 1 卷《中國資本主義的萌芽》，人民出版社，1985 年版，第 204 頁。

不可解。我們知道，至少自商王國起，絲、麻、葛均列入「貢」物之列，見於殷墟卜辭。西周亦然。春秋戰國時期，民間家庭紡織隨之興起，已有史籍可徵，冀、魯、豫三地為絲織業之重地，四川、吳越所產布、絹亦負盛名。雖官家徵調之法不傳，據孟子「布縷之徵」，佐以商鞅之法「大小僇力本業，耕織致粟帛多者復其身」（《史記·商君列傳》），推測是時列國都應有徵調布帛之法。[1] 漢初指責秦暴政時多用「男子力耕不足糧餉，女子紡績不足衣服」形容（如《漢書·食貨志》《史記·平津侯主父列傳》），雖尚不能斷言必為徵調織品，但《漢書·平準書》所載元封四年事，明言該年民間輸帛即達五百餘萬匹。這數字或許有問題，但確切地透露了有「輸帛」一項。暫且擱下此懸案不說。據通常說法，賦稅項目中「調」之成立，始於曹魏建安五年（200 年）頒令「其收田租畝四升，戶出絹二匹、綿二斤」，史書即稱「租調制」[2] 此後歷三國兩晉南北朝、隋唐，直至兩稅法改革之前，徵「調」內容或按戶或按丁，門類數量亦多有變更，其法則沿而不革。在這種時代背景之下，農戶兼種麻葛、兼營桑蠶，納調、自給而外，所餘不多，勢難形成上市氣候。

在相當長的歷史時期之內，以絲為主的「布帛」在市場上具有「稀貴」的性質。司馬遷在《史記·貨殖列傳》曾列出三十餘種商品數量等值的清單，並稱是時誰若能擁有其中的一項（如穀一千鍾、牛車一千輛等等），即算富「可比千乘之家」（百萬之資本，年利潤二十萬）。清單中等值的紡織類則為「帛絮細布各一千鈞（三十斤為鈞），文采一千匹」（此處應指年銷售量）。此可見布帛的稀貴，故兩漢至南北朝時期，布帛常起「準貨幣」的作用，也就不足為怪。除官府手工業外，若出現於市場上的絹帛，當出

---

1   《墨子·非命》：「今也農夫之所以蚤出暮入，強乎耕稼樹藝，多聚菽粟……今也婦人之所以夙興夜寐，強乎紡績織紝，多治麻統葛緒綑布縿，此亦其分事也。」這裏的「分事」，古時通常含「公作」之意。《韓非子·外儲說右上》載有吳起之妻紡績「幅狹於度」，吳起將其趕走的故事。不管其事是否出於編造，說明官家徵調布帛且有規範標準。種種跡象表明列國都有徵調布帛之法。這正是曹魏實施「戶調」的歷史源頭。

2   《三國志·武帝紀》建安九年註引《魏書》。

自城市民營手工業，或豪族家庭手工業，故數量一定不多。[1]

紡織類產品獲得市場活躍的功能，從後來的事實來看，除了棉花介入這一革命性變化外，還需要兩大因素的推動：一是賦稅貨幣化，迫使農民必須以家庭紡織來應付困窘局面，並由此使官員俸祿貨幣化得以實現。其結果卻是把農民和官僚（甚至皇室）雙重推向了市場，從生產與消費兩個不同方向為市場經濟輸入「能量」。二是國家因官營手工業效率低下，逐步退出「自給」狀態，採取包賣、採購方式供給。農民紡織產品獲得了更多的市場空間。後者是前者的連鎖反應。意想不到的是，明初實施行政干預，強制全國普遍種植桑棉，用權力迫使農作物結構向糧棉結合轉向，也為後來的賦稅貨幣化奠定了經濟基礎。很明顯，農民僅靠糧食的出售，是很難承擔貨幣賦稅的。這一演變過程事後看來像是連環套，實際都是國家出於節省與改善制度成本的一種「集體無意識」的推動。明乎此，也就不太會對農業經濟商品化的發展，脫離具體社會背景，作過高的估計。

賦稅的轉折，應始於兩稅法，至明行一條鞭法，方始有大的轉折。據《新唐書·食貨志》，開元時曾對非蠶鄉可變通以歲銀十四兩替代所納之「調」。這說明國家財政方面漸有將實物賦稅改為貨幣賦稅的意向。到建中楊炎兩稅法頒行，「調」名義上併入兩稅，然直到宋元，仍是錢物並收，夏稅一般還徵收絲絹、布帛或木棉諸物（始於元代江南）。[2] 兩宋且多以「折變」「和買」等名目徵收絹帛。這非常典型地反映出制度創新或變遷，傳統習慣定式的克服還需要一定的過渡與適應。

明初曾有一個非常奇怪的「倒退」逆向運動，如北部九邊軍事地帶實行軍屯、民屯，軍隊全部實行生產自給，以及對全國農戶實行含穀、棉、絲的田賦徵調，表面看又強化了國家實物徵收的舊局，回歸自然經濟。

1　這方面的史料至今發掘尚少。朱熹曾在其文集中說到台州知州唐仲友在婺、台二處開設彩帛鋪，且有染坊，「動至數千匹」，「發至本家彩帛鋪貨賣」。這恐是官僚非法經商。載《朱文公文集》卷18《按唐仲友狀》。

2　最早則由陸贄揭出：「定稅之數，皆計緡錢，納稅之時，多配綾絹。」載《陸宣公奏議》「均常賦稅恤百姓」。馬端臨在《文獻通考》卷3《田賦考》中亦云：「自初定兩稅，貨重錢輕，乃計錢而輸綾絹；既而物價愈下，所納愈多矣。」

然而，我們應特別注意的是，衝破數千年舊制度，造成風氣轉向的壓力，首先恰恰來自官員的提議，其背後的動因即是統治層對貨幣經濟的認同。事實上對大國來說，完全靠實物流通顯然是不適宜的，制度成本太高。據《明史·食貨志二》，正統元年（1436 年），副都御史周銓奏言：「行在各衛」的官俸祿米必須到南京支取，「道遠費多」，不得不以低價將祿米換成貨物，[1]「十不及一」，「朝廷虛糜廩祿，各官不得實惠」，建議在南畿、浙江、江西、湖廣地區改行田賦折銀。正統帝經質詢戶部尚書後，正式決定於南方實行「金花銀」新制，所得田賦銀兩悉數解入國庫，再以白銀支付俸祿。[2]到成化年間，又將此項改革推行於北方，田賦貨幣化的改革遂告完成。隨之職役、雜役徵銀的改革也逐步跟進。萬曆年間張居正頒佈「一條鞭法」，實際上只是對這一變革既成事實的最終法制認定。

由此想到了與大明王朝同時期的西歐。14 至 16 世紀，西歐領主制經濟正經歷着深遠影響而後歷史走向的一系列變化，其中尤以英國最為典型。因連續好幾個世紀的黑死病襲擊，人口銳減，土地相對豐裕，勞動力的稀缺，迫使領主縮小自領地，領地更趨租佃化和分散化，出現了「獨立小農」（自由租佃農）成長的時代，有些史書甚至稱這一時期為農民的「黃金時期」。據有關西方經濟史家的晚近研究，14 世紀中期及整個 15 世紀，在領主經濟商品化比例下降的同時，由於人口減少，使農民處於較為有利的地位，故租稅型商品化程度有所減低，而產品剩餘型商品化及部分專業產品商品化有所提高。其中關鍵的一點，農民的租稅負擔與中國同期相比顯然要低得多。儘管許多經濟史家的估算不盡一致，經折中後的概算，地租加上各種封建捐稅，僅佔總產出的 10%，進入市場部分（貨幣地租和生

---

1   《明史·周忱傳》：「時京師百官月俸，皆持俸帖赴南京領米。米賤時，俸帖七八石，銀一
      兩。忱請重額官田，極貧下戶，准納銀每兩當四石解京代俸。民出甚少，而官俸常足。」
      這與上述周銓的建議如同一轍，但說得更實在。其實改革前官員大多都以米易銀，而不是
      易物。

2   此項改革，在王圻《續文獻通考·田賦考》裏說建議是由江南巡撫周忱提出，而後由周銓
      上奏，奏文內容與《明史·食貨志》悉同。周銓其人，《國朝獻徵錄》卷 87 有傳。「金花銀」
      意謂成色好的銀，正統時只稱「折色銀」，至嘉靖時「金花銀」之名方通行。

活、生產性消費）的商品率為 44%，由此知剩餘率即儲蓄率為 15%。經一個半世紀農業經濟的休養生息，進入 16 世紀，人口復甦與農業商品化呈同步增長態勢，羊毛業與毛紡織業生產更加快了商品化進程，中等農民構成了鄉村人口的絕大多數。科斯敏斯基在《11 至 15 世紀英國封建地租形態的演變》中指出：「甚至在溫切斯特大主教領地這樣一些與市場有密切聯繫的地產經濟中，農民交付的貨幣地租也大大超過了封建領地經濟從出售產品得來的款項。由此證明，市場的供應首先依靠着農民經濟」，「市場上農產品的供應進一步操縱在獨立的農戶手中」。基於這種情形，西方有些史家稱西歐城市手工業，正是仰仗這種靠得住的農村生產者提供的商品化農業，才有相對獨立的城市特權和比較穩定的「巿民巿場」。[1]

　　西歐農業三個世紀所經歷的變化，其社會意義，我認為還必須與該時期國家財政變革、工商業發展狀態聯繫起來作綜合考察，才能比較完整地理解它在社會演化中的作用。首先，正是在 14—15 世紀，英法等國家發生了由特權制財政向協議制財政的歷史轉變，形成了西方封建社會獨具特色的協商制，國王和他的代理人必須向徵稅對象說明徵稅理由，在取得對方理解的基礎上方可商議徵稅數量、時間等事宜。在這方面，同時期中國商人正苦於屈從國家權力無所不至的強制之下，假若他們知道了自己西方同行有此等社會待遇，真不知作何感想！與此同時，西歐以羊毛紡織為馬首，雖然也根植於農民家庭手工業，但因受到出口貿易的刺激，再加城市行會有較多的獨立處置的權利，因此農村呢絨業在 15 世紀中葉後有明顯的發展，市鎮化的發展速度也日趨加快。同期的中國的紡織業就沒有這種海外貿易市場的機遇，其發展前景受到限制，一度「興盛」（這是與過去「布調」時代相比）之後，就不再可能有更大的飛躍可以期待。

　　關於工商業方面的情況，稍後再談。現在還是回到中國當時棉紡織業商品化的農村背景上，再作進一步的分析。

1　以上敍述均採自馬克垚主編《中西封建社會比較研究》第一編「農業」提供的國外相關研究成果。學林出版社，1997 年版。

　　必須指出的是，明中葉「一條鞭法」實施賦稅貨幣化，固然起到了把
農民進一步推向市場的作用，但農民的賦稅負擔也同時有加重的趨勢，境
遇更為艱難。我認為這是探究「農村市場」興旺現象背後，「商品生產」
究竟有多少真實性，不能不加重點關注的問題癥結所在。鑒於「資本主義
萌芽」問題討論中對江南棉絲市場的估計大多偏高，這裏我想對江南有關
農民的賦稅負擔稍作煩瑣的疏列，實亦出於不得已。

　　在上一專題已經說過，所謂「一條鞭法」，實際是將兩稅以來歷久增
加的各項正雜稅、職貢盡數合併滾入，絕不會比原有稅額減少。[1] 國家不吃
虧，這是一條雷打不動的基本原則。而所謂「折色以米值為斷」，各地折
算時往往又高出一般市價，以至有人揭發山西聞喜縣有將原米價銀三四錢
折成銀三兩者。[2] 這是山西藩王府仗勢欺人的惡劣個案。在蘇松周忱改革時
規定金花銀一兩折稅糧米三石八斗（後改為四石），但到成化年間松江府
金花銀一兩只能折稅糧米「二石或二石五斗」。[3] 丘浚在《大學衍義補》裏
也說「米價有折至銀七八錢者，有一二兩者，參差不齊。令即下而民盡以
米變賣，非所願也」。以上說的那就是常情。再說官方即使以糧食市場出
售常價（按說應按收購價）折算，而到交納時糧商乘農民之急徵壓價，出
入之間，農民利益又受一番損害，結果農民賦稅負擔較前必有增無減。

　　另有一層隱情，時人論之亦詳。一條鞭法之實施，既以田畝為本，清
丈釐清田畝實數當在情理之中。但官僚制度之下，其執行成本之高，受害
者必為小民無異。劉仕義說得最真切。他在其《新知錄》中也肯定海瑞在
南直隸將各種賦役合併為「一條鞭法」的做法，意在糾正以往徵收名目過
繁、關節舞弊多端，稱之為「權豪莫肆，貧困少甦，誠良法也……此法行

1　顧炎武《日知錄集釋》卷 10：「往時夏稅秋糧，及丁銀、兵銀、役銀、貼役銀，種種名色
　　不一，或分時而徵，或分額而徵，上不勝其頭緒之碎煩，下不勝其追呼之雜逕。自嘉靖
　　四十年侍御龐公尚鵬按浙，改作一條鞭法，最簡便直捷。」於此最見一條鞭法只是併合，
　　而原先雜稅名目之多，恐未能盡數羅列，僅所列名色亦為史家不甚說得明白的。對於民間
　　負擔，經濟史研究向稱薄弱，尚容改善。
2　《明憲宗實錄》卷 210。
3　顧炎武：《天下郡國利病書》第 8 冊《松江府志·田賦一》。

而天下平矣」。然而一旦付諸實施，「惜書吏為奸，奉行無狀，一丈量之餘，虧口有大小，冊籍有虛偽，甚至有勢者除沃壤為荒地，無勢者開曠土為良田，隱弊百端，難以枚舉，雖訴訟繁興，有司莫能清稽規正，民但鼓腹含冤，仰屋竊歎而已。嗚呼！除一弊，滋一弊，改革之難，誠難哉！然則小民何時而獲甦息也。」[1] 實際上，權勢之家在田畝上的花樣百出，有飛灑在別人戶頭上的，叫「活灑」，有暗藏在逃絕戶頭上的，名「死寄」，還有畸零帶管者，有懸掛掏回者（買田不過割賦稅者）等等，全通過賄通書吏，[2] 實際將負擔轉嫁到無權無勢之家均攤。因此，勢必造成賦稅折算數高於原實際應納之數。

說到棉絲重地蘇松嘉湖地區，有明一代為「江南重賦」而發的議論遍處可見。顧炎武作《日知錄》《天下郡國利病書》，於此收集尤多。其中有關「一條鞭法」前背景者，曾節錄杜宗桓上巡撫周忱書云：「（雖歷經前代減免，）松江一府稅糧尚不下一百二萬九千餘石。愚歷觀往古，自有田稅以來，未有若之重者也。以農夫蠶婦，凍而耕，餒而織，供稅不足，則賣兒鬻女。又不足，然後不得已而逃。以至田地荒蕪，錢糧年年拖欠。」[3] 歷檢有明一代所論，唯明末徐光啟對其熟悉的家鄉及其附近地區的農情，論析最切中要害。他在《農政全書》關於木棉一章，藉丘浚「至我國朝，其（棉）種乃遍佈於天下，地無南北皆宜之，人無貧富皆賴之」，有長段議論，大發感慨曰：「嘗考宋紹興中，松郡稅糧十八萬石耳。今平米九十七萬石；會計加編，徵收耗、剩，起解、鋪墊，諸色役費，當復稱是。是十倍宋也。壤地廣袤，不過百里而遙；農畝之入，非能有加於他郡邑也。所由供百萬之賦，三百年而尚存視息者，全賴此一機一杼而已。非獨松也，蘇杭常鎮之幣帛枲紵，嘉湖之絲纊，皆恃此女紅末業，以上供賦稅，下給俯仰。若求諸田畝之收，則必不可辦。」[4] 讀此概論，我們還能說江南農民

1　劉仕義：《新知錄摘抄》。

2　陳子壯：《昭代經濟言》卷 3。

3　顧炎武：《日知錄集釋》卷 10「蘇松二府田賦之重」。

4　徐光啟：《農政全書校註》卷 35「蠶桑廣類」。上海古籍出版社，1979 年版，第 969 頁。

的紡織生產可看作非謀生而乃謀利的「商品生產」乎？

　　由徐光啟的話，還引出了一個常為史家疏忽的問題。實際上，「一條鞭法」後，賦稅項目並非像文本所說的已經單一簡化。時至明末天啟元年（1621 年），蘇松巡撫王象恆有《東南賦役獨重疏》，幸為炎武先生錄入《天下郡國利病書》，開列了一份較詳的賦稅名目的清單，讀之愕然：「據四府冊開，每歲漕糧正改兌並耗米共一百五十三萬一千九百七十八石八斗一升零，白糧並耗腳夫船及各王府祿米共二十七萬七千七百七十二石八斗八升零，南糧並耗腳等米六萬四千三百九十一石三斗零，軍儲存留恤孤等米一十二萬三千八百三十二石三斗七升零，此四府本色之概也。而本邑三梭闊白布匹共三十二萬二千七百七十四匹猶在外矣。金花銀三十六萬五千一百三十九兩零，京邊銀二十七萬一千六百七十一兩零，輕賷過江米折蘆席等銀一十六萬九千六百七十餘兩，南北等部馬牲價、藥材四司料價等銀七十萬五千五百五十餘兩。此四府折色之概也。而加派遼餉二十一萬一百五十八兩五錢零猶在外矣。」[1]

　　江南多佃農。因此也應該將佃農的經濟情況稍作介紹。從各種資料來看，江南農民一般耕田都在 10 畝上下。[2] 畝產按常年平產稻米二石、春花（小麥）七斗，以高計不過三石。[3] 地租按平均量計為畝一石半。則所餘為一石半。除去地租，十畝之餘值十五石得銀為 15 兩左右（均以明常價米石銀一兩計）。每年每戶農戶織布推算最多不過 18 匹，折得銀 5 兩左右。合計除地租外家庭總收入約得銀 20 兩。口糧食物（9.5 兩）、[4] 衣着（1.5 兩）、[5]

1　顧炎武：《天下郡國利病書》第 7 冊「蘇松」。
2　張履祥《補農書》下：「上農夫一人只能治田十畝。」這是浙江桐鄉縣的情況。陶煦《租核・推原》：「一夫所耕，不過十畝」，說的是江蘇崑山縣水鄉的情況。
3　綜合張履祥《補農書》、包世臣《郡縣農政・齊民四術》等相關資料。
4　我曾據《沈氏農書》與《陳確集》提供的長工生活情況，算得長年口糧與副食品消費總計約為十一兩。當然這是最高數。此處則按最低標準混算為全家消費數。
5　洪亮吉：《意言・生計》「一人之身，歲得布五丈即可無寒」。此處已經依低標準，合全家老小混算為 16 丈。

農本（4 兩）[1] 以低標準折算需銀共約 15 兩，剩餘 5 兩。這 5 兩正是棉織所得之收入。這就印證炎武先生所錄松江舊志的説法不虛：「嫗晨抱棉紗入市，易木棉以歸，機杼軋軋，有通宵不寐者。田家收穫，輸官償外，未卒歲，室廬已空矣，其衣食全恃此。」[2] 入至清代，松江葉夢珠仍云：「吾邑地產木棉，行於浙西諸郡，紡績成布，衣被天下。而民間賦税，公私之費，亦賴以濟。」[3]

上述推算實際略去了兩大變數：一是水旱災荒。由於各種原因，本處低窪地區的江南，入至明清，澇為大害，旱蝗亦時或作虐百端。大熟之年不可多得。浙江桐鄉張履祥生於明清之際，長期潛居不仕，深諳鄉情，曾備載晚明、清初湖州地區歷年災荒至詳，其總言之則曰：「十年之耕不得五年之穫。」[4] 這最能概括明清太湖流域的實際。因此，上述收入概算必須打一個不小的折扣，才符實情。

二是政府的各種疊加的攤派。這方面的細節因資料蒐羅不易，故對此項實關農民生計的社會經濟史基礎性研究向稱薄弱。前面我曾舉海瑞淳安縣二三十項「規例」，説明縣級政府的各種開支多取自對小民的攤派，不勝其多。近讀吳煦在做幕僚時載錄的道光二十年與二十三年烏程縣賬冊，各種開支備錄至詳，向上級主管（含藩、臬、道、運、糧、學、府）送禮的各項開支（三節、二壽的節儀及門包等）亦不隱諱，盡數開列。[5] 這些錢的來路他沒有交代，只知重要一項即為「加耗」。當年周忱在蘇松率先推行所謂「均田、均役」改革（一條鞭法先聲）時，即創「加耗均徵法」（又

1　章謙：《備荒通論》「一畝之田，耒耜有費，米子種有費，圖斛有費，祈賽有費，牛力有費，約而計之，歲率千錢」。棉田農本更高。此處壓低計算。

2　顧炎武：《肇域志》江南九「松江府」。

3　葉夢珠：《閲世編》。

4　張履祥：《補農書》。陳恆力先生《補農書校釋》（增訂本）最稱善本，輯錄校補用力甚勤，且有許多實地調查附以註釋內，更增加了對張氏書的理解。農業出版社，1983 年版。有關災荒詳參下卷「總論」所錄《書改田碑後》《桐鄉災異記》《祈雨疏》及沈氏《奇荒紀事》等篇。

5　詳參太平天國歷史博物館編：《吳煦檔案選編》第七輯「浙江烏程縣道光二十年漕用各費賬冊」「浙江烏程縣收支賬冊」，江蘇人民出版社，1983 年版。

稱平米法），已將耗米納入正稅，然而後來卻又重新恢復，不啻「耗上加耗」。這種加耗俱見於前所舉賦稅項目中多有「耗」字即知，大清沿襲如明。耗米的徵收，不僅是為了彌補稅糧徵收過程中的損耗，而且主要是為了籌劃地方公費、官吏收入以及其他無法報銷的費用的來源。[1] 另外，明一條鞭法已將各雜稅項併入，沒多久，中央及地方政府不時又將舊項雜稅恢復。清時人就指出「明季一條鞭之法頗便，然併南米在內，後復徵南米、顏料、油藥等項無不在內。此條銀中未詳註名件故也」。[2] 其中「顏料、油藥」之攤派不見經傳，可見名目之繁多，以致史書不屑記載。明松江范濂在其《雲間據目抄》裏即説：「蘇松正賦，民已不堪，而額外又有均徭、練兵、開河、織造、貼役、加耗，種種不經，難以枚舉。則如上鄉三斗六升五合起科之田，計有五斗之供矣。況兼凶荒賠納，其利安在，而士民何樂於有田也」。[3]「種種不經」四字，道盡苦楚。還有一項變相攤派，通史都很少提及，就是強制性的「戶口食鹽法」。大明政府的強橫，就是不管你吃不吃官鹽，城鄉居民必須按戶丁交納鹽鈔或鹽米，大致是大口食鹽12斤，小口食鹽6斤左右，各時各地不一。賦稅貨幣化後改為納銀。明末談遷感歎道：「蓋以鹽給民故徵鈔（城市徵鈔、鄉村徵米），今官不給鹽而徵鈔如故，其弊不知所始（其考南唐即有『鹽米』）……南唐偏安何足論，而全盛如今日，何流弊至不復問也？」[4] 其實談遷完全是明知故問，他心目中「盛世大明」理應輕徭薄賦方不致亡國滅族，故感慨特深。至於「子民」原一切都屬於「國家」，「國家」當然有權利按需收取各種「國用」，宋元明清無所區別。這一道理，談遷是沒有能力洞穿底蘊的。

如果再深入追究下去，不唯農民，就是明清江南庶民地主的境遇也不如意，常有「以田為累」的感慨。初時至少我自己對此並不以為然，猜想

---

1   參閱伍丹戈：《明代土地制度和賦役制度的發展》，福建人民出版社，1982年版，第76—77頁。伍先生認為耗米之徵是由周忱創設的。

2   章大米：《偶陽雜錄》。

3   范濂：《雲間據目抄》卷4。

4   談遷：《棗林雜俎》智集。

總是故意向政府「哭窮」成分居多。後檢閱史籍有關賦役制度細節稍多，方知「富者」確實也有他們的難言「苦衷」。史家共知，北宋以來富戶地主最苦於各種職役。明初朱元璋更新添糧長之役，後畸變為貼賠代納的苦役，常致富家傾財破家，亦為史家熟知。徵役的原則向來「富者編重差，貧者編輕差」。殷富上戶所僉派的糧長、里長兩役，負責錢糧催徵與運交，更兼出辦上供物料和公府公費。又有各種名目的雜役，也依人丁多寡產業厚薄分為上中下三等，統稱之「均徭」。然凡有科舉身份的各種縉紳地主，下至舉監生員，都有各種優免的特權。因此蘇松富戶地主若無政治身份，必不堪政府百般騷擾，致有「士民何樂於有田也」之慨。葉權下面的說法頗反映當時的情狀：「蘇松嘉湖，東南上郡，但有力之家，買田不收其稅糧，中下之家，投靠仕宦以規避。故富戶一充糧長、解頭，即賠累衰落矣。」[1]一條鞭法雖將各種差役折納為銀併入田賦，但執行稍久，里甲、均徭等科派陸續又恢復，庶民已交丁銀而被派徵差役如故。[2]蘇松地區更有「白米」「布解」兩種特殊的差遣，均需由殷實富戶來承當，庶民地主田畝多者首當其衝。對此松江府人葉夢珠論明之情形頗詳：「吾鄉之甲於天下者，非獨賦稅也，徭役亦然，為他省他郡所無。而役之最重者，莫如布解、北運。即以吾邑（上海縣）論，布解每年一名，後增至三名，俱領庫銀買粗細青藍素布，僱船起運至京交卸。北運（白米）每年二十三名，俱領漕米，春辦上白粳糯米一萬三千餘石，僱船起運至京，交與光祿寺，祿米供用諸倉，必簽點極富大戶充之。次則南運，運至南京，每年二名。次則收催坐櫃秤收，概縣銀二十餘萬兩，每年四十八名。」[3]政府雖給予一定量貼解銀，但中途有種種意外損耗，以及各個關節的勒索、刁難，賠貼甚多，故例被看成苦役。萬曆年間華亭聶紹昌曾作有《布解議》，對

1　葉權：《賢博編》。

2　據伍丹戈先生的判斷，周忱行田均役法時，以戶丁為對象的「四差」（即里甲、均徭、丁壯、驛傳）僉派原樣保持，並沒有歸併入內。參之文集、筆記所揭江南情形，似當初合計徵銀，曰「編丁徵銀」，然而，日久又生各種派役。伍先生意見參其專著《明代土地制度和賦役制度的發展》，福建人民出版社，1982 年版，第 76 頁。

3　葉夢珠：《閱世編》。

布解的各種費用一一開列，算出細賬，說明賠累在哪裏，勒索在哪裏，大
致每匹布價不過七錢，而賠銀自二三錢至五六錢為正常，若被驗收退回，
則幾無措手之地，「所以吳中一聞此役，如赴死地。」[1]

凡此種種瑣考，無非想說明，在中國傳統社會歷史上，即使以商品經
濟最為活躍的蘇松嘉湖地區而言，一方面農民為應對政府強加的各種苛重
的負擔，逼出了一種多種經營、商品化比例較高的農業經營的新路子；
另一方面這種投入市場的商品多半是基於賦役、地租的原因而被動產生
的，假性成分居多，窮於應對。農民與庶民地主的經濟狀況雖比其他地區
為好，基於國家剝奪性的賦役過重，剩餘率與儲蓄率仍偏低，基礎十分脆
弱。因此，它向市場經濟輸送的「能量」就在這點可見的限度之內，不可
能再有多少繼續發展的潛力。直至近代以前，即使號稱最富庶的江南，也
仍長期徘徊於「中世紀」狀態，看不出有新的希望曙光，根子即在國家強
控下，頗多假性商品經濟，「富國」有功，民富則譽不符實，徒有虛名。

二、手工業產品

中國傳統社會的手工業素稱發達，許多手工業部門不僅歷史久遠，所
創造的技術成果，也多為現代社會之前世界工業技術史上的亮點。有關史
實，一般通史著作都備述甚詳，此處均略過不贅。

按照馬克斯·韋伯在《世界經濟通史》中的說法，手工業作為經濟概
念，應具有以下兩個主要含義：一是原料加工的含義，即原料經過人的勞
動改變了形態，獲得新的使用價值。二是為銷售而生產。[2] 這就把為滿足家
庭自給需要的加工活動排除在外。事實上，從歷史角度考察傳統手工業，
很難拘守這樣規範的定義。「銷售」與「自給」的界線是模糊的，否則就
無以理解遍見於明清江南方志「着衣不是織布人」「寸絲寸縷不上身」，農

1   顧炎武：《天下郡國利病書》第 8 冊「蘇松」。

2   馬克斯·韋伯（舊譯維貝爾）：《世界經濟通史》「第二編：資本主義開始發展以前的工礦
     業」，上海譯文出版社，1981 年中譯版。

民不能自給卻必得出售必要手工產品的特殊苦衷。因此，為了揭示傳統市場的複雜性，僅着眼於手工業產品門類或市場流通狀態是不夠的。轉換角度，改從手工業的社會屬性、技術屬性以及產品的消費屬性等方面細作考察，就不難發現它與農副產品商品化一樣，也包含有許多深層次問題，值得探究。

手工業在其原始形態即屬於氏族─部族集體共有（請回憶「姜寨模式」西邊臨河岸邊的製陶窯場），而後成為部族國家的「國有」生產部門，多聚集於中心聚邑。所謂商周「工商食官」（語載《國語·晉語》），至春秋戰國始有私人手工業的出現，也是治中國史者耳熟能詳的老話題，都略過不表。

值得指出的是，進至大一統帝國時代，手工業者，不管是國營還是民營，其社會身份大多仍不能與一般的「編戶齊民」相侔，始終被看低一格。這是與西歐中世紀大異其趣的地方，中國傳統社會手工業發展命運之不濟，這像是一道難以打破的「鐵幕」。

中國古代手工業的經營模式，細分有家庭手工業、官府手工業、民營手工業三種基本類型，後者還可以細分出單純的私人手工業與商業資本型手工業。三類基本形態的分佈態勢，極像啞鈴，兩頭粗壯，中間細長。細長者即為民營手工業，備受歧視壓抑，活像舊時代既瘦弱又不敢吭聲的鄉村「童養媳」。「啞鈴」一端為官府手工業，就其基本性質而言，除專賣產品外，與商品生產無緣。另一端為農民（含部分城市貧民）的家庭手工業，其主體誠如上面所說的是農副兼業，全為應付賦稅生計的不足，究其實質也並非原為商品而生產。上節已作過討論，不贅。

如果從討論市場經濟的角度，似乎官營手工業本不屬題內之義。然而，有兩點理由決定了討論還得從這裏開始。首先，官營手工業由中央到地方，覆蓋了所有手工業主要門類，諸如武器、紡織、陶瓷、機械、金銀工藝、建築和礦冶等傳統手工業最有影響的部門，還將民生日用的鹽酒茶等大宗產品實行專賣，充當了為國家開闢財源的特殊角色，搶走了原可屬於民間手工業施展身手的市場分額。它對市場經濟的破壞作用是雙重的，既把皇室官僚乃至政府工程所需產品排斥於市場之外，依靠直接勞役實行

自給，同時也使民生日用商品帶有濃厚的政治財政色彩，成為一種假性商品經濟。其次，官營手工業長期以徵發民間手工業者為其勞動力來源，直接剝奪其必要勞動時間，民間手工業在這樣的壓抑處境裏，決定了其在相當長的歷史時期內，不可能有較大的發展潛力。在這種雙重壓迫下，中國傳統社會市場經濟不僅發展有限，而且備受扭曲。

官營手工業勞動者的身份雖歷經變遷，但始終極低。據史籍所載，秦漢時期官營手工業作坊、礦場勞動者的來源有四：一是官府奴婢，曰「隸」（雲夢秦簡男稱「隸臣」、女稱「隸臣妾」）。他們或由戰俘、沒官而來，或為奴婢後代，世襲為奴，均屬於終身服役者；即使因軍功赦免其奴隸身份，也仍得為「工」。二是犯罪刑徒，曰「徒」。礦場、鑄銅鐵、建築工程等體力繁重的部門，此類勞役多由刑徒承當，刑滿則止（大多從事苦力，生還可能不大）。三是由官府徵發的服役者，曰「（更）卒」。這是每個民間成丁工匠必須按規定服的徭役，其中部分還被分配與刑徒同在手工作坊、礦場勞動。四是有一定手藝的自由身份的工匠，曰「工」。他們除了少數由官奴婢免除奴隸身份轉變而來外，主要都是從民間手工工匠中徵調得來，多為能工巧匠，其中有稱「工師」者還負責傳授技術，帶教「徒弟」。從許多出土文物看，他們對產品的質量負有責任，似兼監工之職，故產品上往往刻有「工某」的名字。前三種人都為非自由人、無償服役者，後一種實質也是服役，不過算是高級服役，身份表面上是自由的（實際也不得自由離開），猜想也有一定的「工薪」收入。很明顯，早期官營手工業具有嚴重的勞役性質，形同「牢獄作坊」。

秦漢時期不僅官府手工業，就是所謂民間由豪強富商經營的手工業部門，勞動者亦類多奴婢。[1]中國手工工匠身份之被看低，大概與這種歷史傳

1　《史記·貨殖列傳》所載因經營鹽鐵致富的卓氏、程氏、孔氏都使用奴隸生產，其中有的還是「放流人民」。後來鹽鐵官營，部分也是為了管束「流亡」可能產生的社會治安問題。西漢豪強世族之家多蓄奴婢，據《漢書·張湯傳》，張安世「家僮七百人，皆有手技作事，內事產業」。秦漢的民間手工業，除農民家庭副業外，主要是豪強地主的家庭手工業，其部分產品倒是面向市場，以謀利為目的。史稱張安世「能殖其貨」，富有超過了當時的大將軍霍光。

統極有關係。此外，還有一層歷史淵源，當追溯到第四種人：「工」。他們是從史書上所能見到的最早一批私人手工業前驅者。呂思勉、童書業先生都做過推考，認為「百工」淵源於早期部落內部分工，出現個別專長於手工業的某些「專業氏族」，即所謂「族有世業」（《考工記》鄭註）。進至部族國家乃至方國聯盟，一部分專長手工業的氏族淪落為依附者或被征服者，如傳説中的昆吾製陶冶銅、薛國前身為「夏車正」，成為某種產品的「專業生產基地」，產品必須「貢獻」給共主，如同農業方國必以其農特產品上「貢」，性質頗相類似。《尚書·洛誥》有一段嚴厲教訓屬於殷商遺民中的「百工」，説不要再「湎於酒」，這次不殺是對你們客氣，也證明「百工」往往來源於被征服者，故身份必低人一等。隨着西周禮崩樂壞，「王官」失散，「百工」就陸續流落入民間，成為私人手工業者。大一統後再度為國家收錄入冊籍，必須隨時聽候徵調。這種徵調制度長期沿襲至明清，説明民間私人手工業者古來就不與一般編戶齊民同等看待。童書業先生稱「百工」，又像自由人，又比一般自由人低，但非奴隸。西來「階級」概念於此就顯得手足無措，然而這種介乎自由人與非自由人之間的特殊身份，恰恰是中國傳統社會私人手工業社會地位的真實反映。

官營手工業產品具有兩極分化的特點。一些精美絕倫、極高檔的產品多出於此，多服務於高級奢侈消費。[2] 特定的服務對象決定了這種產品不惜工本，不具市場價值，是在嚴格的監督下完成的。但一旦監督不嚴，或供應民間以牟財源，低效劣質在所難免（見《鹽鐵論》賢良文學的揭發），怠工乃至鬧事，亦時有發生。因此，以非自由人為主體的官營方式終究要被徵發勞役的方式逐漸替代。

1　參童書業：《中國手工業商業發展史》「第一篇」，齊魯書社，1981 年版。呂思勉：《先秦史》「第十二章」，上海古籍出版社，1982 年版。下文轉述，隨亦參以己見，讀者自可親閱原書以甄別之。

2　最著名者當數長沙馬王堆漢墓出土的「素紗襌衣」，長 160 厘米，兩袖通常 190 厘米，領口、袖頭都有絹緣，而總重量只有 48 克，被譽為「薄如蟬翼」。該墓出土的大量紡織品工藝質量，繅、織、染、繪、印，都極高檔。至於龍袍鳳冠、名窯瓷器，則不用説，人人皆知必為「名牌」產品。

　　第一次轉折發生在南北朝至隋唐。長期戰亂，政府官營手工業一再解體、重組、再解體，為民間手工業乘機發展提供了不少機緣。社會緩慢性的蛻變積澱到唐代，官府手工業勞動者的結構顯示出與秦漢有較大的異變。其時雖仍有相當數量為奴婢、刑徒和賤民，但徵調民間手工業者的比例明顯在上升。這種被徵調的工匠稱之為「番匠」。他們的「上番」期已從北魏時期每年 6 個月縮短為 20 天，而且也可以「納資代役」，讓願意工作的「番匠」為其服役。前者稱「短番匠」，無償服役；後者則稱「長上匠」，期滿後領取由「代役資」發放的「幫貼錢」，算是有償勞動。第三種則是新的類型，他們由政府專門出資僱用，稱「明資匠」「巧兒匠」「和僱匠」。據《新唐書·百官志》，「和僱」的工資為每日「絹三尺」，看來屬於臨時僱用性質。「明資匠」「巧兒匠」則多為有特殊手藝或技能的工匠，待遇更高些，但與番匠同樣具有強制性，所謂「散出諸州，皆取材力強壯，技能工巧者，不得隱巧補拙，避重就輕」（《唐六典·尚書工部》），也絕非自願受僱。各種不同屬性的勞動力比例，依據部門與產品質量要求有所不同，大致中央重點部門和工藝要求高的僱用的比例高些，依次而降，礦冶、建築等粗壯簡單勞動需求較多的部類仍以非自由人為主。總之，帶強制性的出資僱役，在唐代最初還是「新生事物」，越到後期就越成氣候。

　　第二次轉折當數宋明。由於以資代役的制度漸成氣候，到北宋，官營手工業就以僱募制為主體，由政府支給錢米，工資級別也已經有籍可考（如下等工匠月糧二石，添支錢八百文；依次上升）。[1] 但細分起來，「僱」與「募」之間亦有不同。被「募」工匠具有「官身」，終身不得離開；而被「僱」者，當時工匠稱之「當行」，又稱「糾差」，仍屬強制性輪派，但有一定的期限。[2] 與以前徵役制的不同，在於後者不再為無償勞動。元

1　　參《宋會要·職官》一六之五、六、七。

2　　此說為童書業先生據招兵與募兵之別而創，似尚無直接證據可資坐實。我以為聯繫唐之短番匠與長上匠，明代有長住匠與輪班匠，當合情理。參《中國古代手工業商業發展史》，齊魯書社，1981 年版，第 155 頁。

代、明初雖然有一定的倒退，匠戶身份低落，但從明代官府手工業輪班匠與住坐匠兩種基本成分分析，仍是唐代僱募的延續。住坐匠附籍於京師及京師附近，每月 10 天，支給錢米。較唐倒退的是，輪班匠被徵調的服役期一度增加到 3 個月，後減少到 22 天，但卻為無償服役。較大的變化發生在成化之後，政府推行「以銀代役」制，民間工匠被徵調服役的制度終於可以用「贖買」的形式獲得一定的解脫。直接勞役制經歷了一千七百多年，才從手工業領域悄然隱退。

官營手工業民間徵調或僱募比例的提高，也與官方直接經營從某些領域後退的趨勢有關。金、銀、銅均為幣材，金銀且為皇室權貴階層特殊裝飾用品，採冶和產品收購一向由國家嚴格控制，此處不論。這裏要說的是原本與民間生產、生活相關密切的鹽鐵官營，為中華帝國經濟的一大特色。鹽的官營將放在商業一節討論。這裏重點討論生鐵的採煉冶鑄。

我國進入鐵器時代之早，當居世界之首。戰國至漢初，鐵的採冶曾是民間工商巨子致富的兩大利源之一。作為新型金屬材料，在武器、農業、手工業工具方面所具有的使用價值優勢，獲利之厚，可以想見。唯其如此，沒有多久，自秦國統一前後起，即開始將利權收歸國有，陸續有「鐵官」的設置。全面實行生鐵採冶官營，並禁止私人經營，則出於漢武帝財政利益應佔首位的考慮。是時全國有 49 處「鐵官」，加鐵礦產地兩處，共 51 處，分佈於 40 個郡國，長江以南只有桂陽郡（湖南郴縣），顯然這個地區進入廣泛使用鐵器較中原為晚。[1]

武帝後，終東漢之末，雖間有廢罷寬弛之舉，但鐵官之設始終不廢，其應變辦法大多是在維持一定量的官營礦冶外，逐漸增開一些口子，或是允許部分民營，但必須官收官賣；或是委託民間經營，歸鐵官統一管理（類

1　西漢鐵官設置數，各書說法不一。此據夏湘蓉等編著《中國古代礦業開發史》，第 45 頁及表二《漢代全國金屬礦分佈地區表》。該表還列有若干未設置鐵官的礦產地，均據《漢書·地理志》和《續漢書·郡國志》考出。地質出版社，1980 年版。

似官督民辦）。[1] 被迫變革的主要原因是官營礦冶以非自由人勞動者為主體，難以管理（多次發生「鐵官徒」武裝暴亂），技術也日臻複雜，管理監督成本太高，不如坐收「租稅」，但總以官收官賣，不減少財政收入為目標。

到唐代，由政府直接經營管理的方式更趨守勢，不少「鐵官」成為只管收稅的官吏，制度的蛻變格局大致成形。入北宋，朝廷明令准許百姓自由開採，民營鐵冶業開始興盛，官營也改為募役。[2] 變革後效率明顯提高，有宋一代的生鐵年產量達到 500 萬斤至 800 萬斤之多，較之唐代高出數十倍。[3] 然而元至明初，又恢復官營，以致洪武二十八年內庫積存生鐵達 3743 餘萬斤，鐵多為患。洪武帝於是「詔罷各處鐵冶，令民得自採煉，而歲給課程，每三十分取其二」（《洪武實錄》），民營鐵冶又重新獲得生機。清代康熙時一度嚴禁開礦，乾隆即恢復明制，但較之前代也沒有明顯發展。

由上述概論可知，就像生鐵這樣一項重要的產業，本可以推動社會經濟的技術改造，但由於長期處於政府直接控制之下，勞役制度和官營方式雖然在管理、監督、效率諸方面弊端明顯，但真正要以民營為主，頗費周折，反反覆覆，歷時一千六七百年，此其一。其二，雖然自唐代起，民營比例逐漸上升，但產品仍然要由國家控制支配，以致寧願在國家內庫堆積如山，採取禁開或關閉的方式收縮採冶，也不願放開民間市場。究其因，

1　高敏先生在《東漢鹽鐵官制度辨疑》中指出東漢章、和時期曾有「縱民鼓鑄」之詔，並認為東漢雖設置鐵官，卻已下歸郡國管理，但收取鐵稅。文載《中州學刊》1986 年第 5 期。東漢時，據司馬彪《續漢書·郡國志》所載鐵官有三十四處，除新增七處外，其餘都較西漢減少。據此，目前只能說東漢已開允許民營或官督民營的先例，直接官營的比例較西漢有所後退。至唐始為之大變，「但收官稅」的類型才成為了主潮流。詳下註。

2　據《舊唐書·職官志》：「（鹽鐵特使）掌冶署，令一人，丞一人，監作四人……聽人私採，官收其稅。」然而，據《唐六典》卷 30 載明「凡州界內，有出銅鐵處，官不採者，聽百姓私採……官為市取」，說明並非取消官營，而民營產品也仍由政府收購出售。這可與《唐會要》卷 88 載劉彤上言「得收其利，貿遷於人，則不及數年，府有餘儲矣」相印證。北宋一方面下令聽民自採，一方面鑒於官營效率太低，大多改為募役，取消原來的勞役制。官營、民營、半官半民營三種形式平行不悖。據蘇軾云，「（徐）州之東北七十餘里，即利國監，自古為鐵官、商賈所聚，其民富樂。其三十六冶，冶戶皆大家，藏鏹巨萬。」（《東坡奏議》卷二）證明此處鐵官已撤銷多年，悉由民營。

3　北宋英宗時生鐵年產量達 824 萬斤，高出唐宣宗年間約 76 倍。元豐年間為 550 萬斤，減少的原因不知是不是表明鐵產量已經過剩。

政府固執地認為鐵之大用在武器，又生怕民間從事武器生產。中國歷史上最著名的民營鐵冶業如清代廣東佛山，其大宗產品為鐵鍋，其次為鐵絲。其餘小型鐵鋪則多為打造農具。何以北宋以來，擁有世界頂級年產量的生鐵，除了供應數以百萬計軍隊的武器裝備外，只能大量堆積存放於政府倉庫，而不能用以推動其他手工業部門的技術改造（例如紡織機械都是木機，鐵紡織機械要到近代才有），頗值得深思。與此相類似的還有煤的開採。據說遠在新樂文化時期即有煤雕出土，西周亦有同類煤雕，煤的發現極早。煤礦的開採和用以煉鐵，有的認為可以遠追溯到西漢（河南鞏縣、鄭州兩冶鐵遺址），較可靠的說法則要到北宋（河南鶴壁煤礦遺址）。蘇軾的《石炭行》就說到採徐州西南煤礦之煤用以煉鐵（該處為四大冶鐵基地利國監所在地），煉出的刀劍鋒利異常。但是直至清末，煤礦的開採始終不發展。有關研究者還對西漢以來各種礦產特別是生鐵的冶煉作過燃料分析，結論是絕大多數使用木炭，而極少用煤。民間亦是用柴火而不用煤，甚至在有煤的地區亦然如此。按照馬克斯·韋伯的說法，蒸汽機的發明源於煤、鐵礦的開發需求，煤鐵的「重大聯合」。[1]因此，可不可以說煤被冷落的命運，蒸汽機的發明與中國無緣，早隱伏在手工業的病態發展格局裏，是一種歷史的預設？

其實真正的根子還在手工業的社會地位。帝國統治者固執地認為只有農業才是創造物質財富的「本業」，而工商則是耗費財富、損害農耕基礎的「末業」。帝國重本抑末的傳統國策，決定了帝國長期以來經濟結構重心嚴重傾斜，手工業始終處在被強制、被壓抑的地位。這種強制、壓抑最突出地反映為人身的歧視。

手工工匠自秦漢起，始終是外在於一般編戶齊民的一種特殊人群。且不說隸、徒之類的非自由人，就是民間工匠，法律強制必得世襲為業，不能自由遷徙，不能入「學校」讀書（《魏書·世祖紀》載太平真君五年詔

1　馬克斯·韋伯（舊譯維貝爾）：《世界經濟通史》「第二編：資本主義開始發展以前的工礦業」，上海譯文出版社，1981 年中譯版，第 162 頁。

書），政府可以根據需要隨時調遣強遷至別處（如京師或國家生產基地）。唐代由於民間手工工匠人數顯著增多，因此法律規定比較清楚。如「一入工匠後，不得別入諸色」（《唐六典》卷七），由此推測他們必別立戶籍，元明之專立「匠籍」必有歷史依據。政府還加以組織編制，「凡工匠，以州縣為團，五人為火，五火置一長」（《新唐書·百官志》）。自唐宋以來，「行會」之名稱日見於史籍。這種行會與西歐行會大相異趣，其成立全係官府管理的需要，宋人對此說得明確：「市肆謂之行者，因官府科索而得此名」（《都城勝紀》），「市肆謂之團行者，蓋因官府回買而立此名」（《夢梁錄》）。從後者「團行」的名稱，即知與唐工匠「州縣立團」的關聯。「行頭」實則為官府的代理人，徵調勞役、強制「和買」（勒索）和課以賦稅，都是通過這種嚴密的組織系統實施，滴水不漏。由於官方文本都語焉不詳，我們對其細節部分向來不甚了解。據康熙五十九年（1720年）《長洲吳縣踹匠條約碑》，得知政府對「不下萬餘」的「蘇州內外踹匠」，每十二家編為一甲，設「甲長」每月輪值。另從包頭中擇一人設立「坊總」，每一作坊設「坊長」。「坊總頒給團牌，管押各甲」。「踹匠五人連環互保，取結冊報」，由坊長、包頭、甲長填簿逐級彙總到「坊總」，各負有「一體治罪」的法律連坐之責。下開九條「條約」。幸有這樣的史料，我們方知對工匠管制之嚴。[1]這除了治安考慮外，更有徵調勞役和徵用產品的目的。由此可見，工匠比農民更少人身自由，是一種只有在中國方可理解的非自由的「自由人」。直到明代實行代役銀制度之前，他們始終必須輪番為官府手工業服役。就以最少每年 20 天計，包括往返路程、官府拖延，至少要耽誤二三個月的必要勞動。如此社會處境，中國手工業的發展自然舉步維艱。

手工業者的上層，包括作坊師傅（小老闆）或工商相兼的小店主，他們也還必須承擔各種城市居民的賦役負擔和工商之稅（包括產品抽分）。地方官吏衙胥的百般勒索，見之於各種地方碑刻，多如牛毛，習以為常。

1　載《明清蘇州工商業碑刻集》，江蘇人民出版社，1981 年版，第 68—71 頁。

生產銷售的產品也有嚴格的限制。例如紡織房舍車服之類不得製造屬官僚等級享用的產品，民窯不得燒造「官樣青花白地（後擴展到黃、紅、綠、青、藍等地）瓷器」，不得染指專賣品領域，如此等等。因此民營手工業大多只能生存在農村家庭手工業與官營手工業的隙縫之中，拾遺補闕，活動餘地極小。

　　各種通史在敘述手工業時往往渲染工藝創造以及它們的「科技成就」。事實上，整個傳統社會手工業技術，明顯帶有「大一統性」「工藝封閉性」和「勞動密集性」三個基本特性。重大的技術發明多服務於皇室官僚系統的大一統需求以及追逐好奇的個人癖好，缺乏技術改造的動力。精美產品都為少數特權階層獨佔。它們追求的是不計成本的質量競爭，而不是價格競爭，不能造成市場經濟效應，刺激手工業經濟的發展。許多重大工藝多屬心靈手巧為基礎的個人即興創造，既不可能有理論性的總結，更無複製程序的重構觀念（故中國科技始終缺乏實驗環節），經驗高度保密，父子單傳，有的甚至為朝廷獨佔，世多失傳，不具普遍推廣價值，更不用說引起技術改造的連鎖效應。絕大多數手工產品多為簡單勞動，分工不細，與家庭手工業無多少差別。特別是礦冶、機械行業，勞動強度大，工作條件惡劣，但或因其為官營，或因民營者處境困窘，只得顧眼前利益，缺乏必要的資本投入，勞動密集型的手工部門始終產生不出技術改造的刺激機制，甚至有些節省勞力的技術也寧願棄之不用。金觀濤、樊洪業等學者圍繞中國為甚麼不能產生近代科技革命的中心題旨，曾對中國傳統科技作過出色的結構性解剖與批判，因與本題有所疏離，不能再作介紹，讀者可自行參閱。[1]

　　再從手工業產品結構來分析，生產資料部類與生活資料部類的比例嚴重失調。由於帝國軍事—官僚政治體制所造成的病態消費極為膨脹，其需求不僅數量可觀，而且幾乎深入到生活資料部類的所有領域，促使手工業

1　金觀濤、樊洪業等：《文化背景與科學技術結構的演變》，載《科學與傳統文化》討論集，陝西科技出版社，1983 年版。

部門結構惡性「浮腫」。紡織、陶瓷、釀酒、製茶、金銀首飾、宮廷園林以致造紙印刷等都病態地偏向政府官僚的奢侈消費一頭傾斜。生活資料部類的生產，留給民間手工業的空間很小，只有在官僚收入基本貨幣化以後，才顯得比較活躍——然而究其實質，也只是原來官營消費的變態轉移。反觀生產資料部類，不僅缺乏必要的資金投入，而且大多被強制納入軍事—大一統的需求陷阱，限制民間發展；民間手工業的困窘反過來也限制了生產部類生產的需求。因此，從經濟基礎性的需求來看，農業、手工業的技術改造在生產資料部類萎縮的狀態下，根本不可能產生變革的可能性。這是與西歐因戰爭的需求而推動私人工商業者乘機壯大的社會環境不能相比擬的，科技沒有市場強大的需求推動，也難以形成氣候。因此，中國傳統社會手工業官營獨佔格局，其造成的社會後果，不只影響市場經濟的片面發展和病態萎縮，而且彌漫性地影響到中國社會變化的一系列環節，實在是不可輕易放過的。

由上面各種分析，想到了通史界有些人常把城市手工業者看作為「市民」，他們的某些反抗當成「市民運動」，恐怕都是求之心切產生的一種幻覺。他們實際上仍是農民，而且比農民的社會身份更低，是破產了的農民走投無路後的一種無奈的選擇，逃出了一隻鳥籠，卻又被關進控制更嚴的另一隻鳥籠。自由對他們是一種奢侈品，可望而不可即。說到底，中國傳統城市，更像是農村的複製品；即使是由商人或手工作坊老闆組成的行會、公所，也有點像農村社會的空間移植。這一切，將是下一討論議題的內容。

下篇

傳統中國的市場不可謂不發達，其城市的規模也曾居世界之首。早在公元前，戰國秦漢之際，史遷的筆下，就已出現「天下熙熙，皆為利來，天下攘攘，皆為利往」的形容。[1]不管馬可・波羅、雅各・德安科納等人與

1   載《史記・貨殖列傳》。

其所寫中國遊記是否實有其人其書，但可以推想，只要西人來到宋明時代
的中國，面對諸多中心城市「市場繁榮」景象，一定會感到驚訝莫名。[1]

　　美國學者錢德勒在《城市發展 4000 年》一書中列舉了不同歷史時期
35 個世界最大城市，中國有 5 個城市先後 8 次位居世界第一。[2] 僅就歐洲而
言，11 世紀號稱「城市復興」之初，人口最多的英國城市倫敦或溫徹斯
特，也不超過 8000 居民。[3]1150—1200 年，大城市巴黎、倫敦、科隆坡和
布拉格才升格至 3 萬人。直到 1348 年大瘟疫襲擊前夕，巴黎、威尼斯、
佛羅倫薩和熱那亞的人口方接近 10 萬，而倫敦、米蘭等也只有 5 萬多
人。1500 年左右，西歐居民達到 20 萬的城市一個也沒有；到 1700 年，
才有 12 個城市的居民人數突破 10 萬大關，其中在 20 萬以上的有 4 個。[4]
相比起同時期的中國，不用說前後已出現過 6 個百萬以上的都會（長安、
洛陽、開封、杭州、南京、北京），縣邑城市，明約有 1400 個，清增至
1500 個，[5] 其中人口在 10 萬以上者為數不少，像盛澤一類的著名市鎮，居
民亦已達到 5 萬之多。西人怎能不為之驚歎？

　　即或今之國人，若無歷史閱歷，讀着孟元老《東京夢華錄》以及相似
的《都城紀勝》《西湖老人繁勝錄》《夢梁錄》等關於昔日百萬人口都會「繁
華」的載述，所謂「金銀彩帛交易之所，屋宇雄壯，每一交易，動即千
萬」，「酒肆瓦市，不以風雨寒暑，白晝通夜，駢闐如此」，恐怕也多少會

1　對《馬可·波羅遊記》一書的真偽，海內外一直存在爭議。1995 年，英國不列顛圖書館吳
　　芳思博士新著《馬可·波羅到過中國嗎？》出版，重開爭端，國內報刊相關報道甚多，此
　　處從略。最近上海人民出版社推出由英國大衛·塞爾本覓得並編譯的《光明之城》。據說
　　原作者為意大利猶太商人雅各·德安科納，比馬可·波羅還早 4 年來到泉州，歸國後寫下
　　這本一直祕藏至今的遊記。此書的真偽也將引起學術爭訟。上海人民出版社 1999 年版。
　　書前有李學勤先生的「導讀」與陳高華先生中譯本「序」。陳高華先生提出的疑點，至為
　　關鍵，讀者可參閱。
2　轉引自寧越敏等著《中國城市發展史》，安徽科技出版社，1994 年版，第 391 頁。錢德勒
　　（T. Chandler）關於漢唐長安、北宋開封以及明南京、杭州、清北京的城市人口數，與中
　　國史家所估算的頗有出入，不知其所出。如北宋開封僅 44 萬餘，顯然過於偏低。
3　布瓦松納：《中世紀歐洲生活與勞動》第 10 章，商務印書館，1985 年版，第 114 頁。
4　以上數據採自奇波拉：《歐洲經濟史》第 1、2 卷，商務印書館，1988 年版。
5　據周振鶴：《中國歷代行政區劃的變遷》，中共中央黨校出版社，1991 年版，第 71 頁。

跟着墜入「夢境」。

　　遺憾的是，在我們的通史裏，也常常會跟着這些「夢華錄」，極盡所能地展示歷代都市的「繁盛」，表現中國古代「工商業的發達」。這些描述是不是片面，會造成甚麼樣的歷史錯覺，似乎都無暇顧及。相比之下，我倒要敬佩起「局外人」布羅代爾。他在《15—18 世紀的物質文明、經濟和資本主義》第一卷設有「城市」專章，對 15—18 世紀東西方許多城市作了生動的歷史描述，不時提到中國，也引用了諸多歐洲旅行家對明清中國都會繁華景象的遊歷觀感。作為一位冷峻的社會史家，他顯然並不為那些旅行家誇張的好奇心迷惑，一眼看出了他們觀察的片面性，諷刺道：「不幸的是，（由於他們的報道）我們對於（北京）宮裏的大場面比市井細民的生活了解得更多。我們更感興趣的倒是用木桶運來活魚的魚市，或者是那個野味市場⋯⋯這裏，不常見的東西掩蓋了日常事物。」末一句話特別深刻。他自己則敏銳地注意到了他們關於城市裏衣衫襤褸的腳夫苦力和撿破爛者的敍述，並由此推斷出「中國潛在的貧困無所不在。皇帝、官吏高高凌駕在這貧困之上，一味享樂靡費，他們的奢侈好像屬於另一個世界。」當時的中國，城鄉儼若兩個世界，而兩個世界的對立也集中投影到了城市的空間裏，布氏的感覺是對的。

　　如果布羅代爾的議論僅僅到此為止，有些學問家或許會因其人道主義的色彩太濃而不屑一顧。布氏提出的下一個問題卻使所有學問家都不能不屏息靜聽：相比東方「通常是國家贏了，於是城市隸屬於國家，受到強有力的控制」，「歐洲城市享有無與倫比的自由；它們自成天地，自由發展。城市勢力之大，竟能左右整個國家」。他將這種東西方城市迥異的歷史命運比喻為「兩名賽跑選手」，一個贏了，一個輸了，並說：「這一巨大事件的起源還沒有研究清楚，但是它產生的重大後果十分明顯。」[1] 布氏很明智，他不想包攬問題的全部答案，巧妙地將「為甚麼會如此」的啞謎甩給

1　布羅代爾：《15 至 18 世紀的物質文明、經濟和資本主義》第 1 卷，生活・讀書・新知三聯書店，1992 年版，第 650、651、608 頁。

了世界同行，留下許多懸念。

　　事實也確是如此。要想說明這一「起源」，勢必牽出千絲萬緒，絕非三言兩語所能道明。但是，布氏的結論是無可辯駁的。傳統中國在城市和市場兩個領域的「賽跑」中最後卻成了輸家，它走的是一條歧路，沒有能朝通向「現代」的目的地跑去。

　　這裏將繼上篇商品生產的辯駁之後，從消費和流通兩個領域，接着剖析帝國時代市場的性質。至於對布氏上述提問能否有較滿意的解答，只好試着討論，實在不敢說有多少把握。

帝國時代消費形態解析

　　人類的經濟活動，歸根到底乃是為了改善人類自身的生存狀態，創造更好的生活環境。經濟發展的動力，必然也只能來自人類不斷增長的物質與精神的消費欲求。因此，考察經濟系統的動態運行，不能想像可以忽略消費的環節。市場的性質也要受制於消費的性質及其社會效應。中國古代經濟史研究，對消費的關注非常不夠，通史對此也往往付之闕如，不能不說是一個缺憾。

　　當然，生產與消費互為因果的關係，只有到了發達的商品經濟時代，才有可能被人充分認識，也始有「市場槓桿作用」（或看不見的手）概念的提出。在傳統農業社會，這種關係為種種非經濟因素和傳統觀念遮蔽，消費經濟受到傳統思想家與史學家的冷落，是完全可以理解的。但這並不能勾銷經濟實在的規則，既有市場，就會有買方與賣方的互動，市場的發展不可能不受到消費需求與消費性質的影響。反過來說，要探究傳統市場的性質，在說明生產供應方的狀態之後（詳見上篇），也還得深入剖析另一方——購買者消費形態的種種歷史特性，才可能從生產與消費互動的視角，再來作綜合的判斷。

　　我想先從消費能力的來源說起。一個社會的整體消費能力，歸根到底來自物質生產創造的成果，即供給市場產品的能力，這是沒有問題的。貨

幣有時也可以創造「虛擬」的消費能力。在中華帝國時代，不時也出現過因幣材不足而導致貨幣短缺，商品貶值，更多的卻是國家利用貨幣「改革」侵奪平民的財富，創造出「泡沫」性的國家和官僚消費行為。這種情形下，由此增長的消費能力具有虛假的性質。但從經濟學上來看，短期的反常，並不能改變商品總量與貨幣總量動態平衡，才能有正常的經濟秩序的法則。

在中國傳統社會，購買力首先來自農業和手工業兩大主要生產部門物質成果的分配與再分配，而商業除了具有刺激農業、手工業發展，並使產品增值的作用外，商業以及服務業的勞務收入也應該看作產生社會購買力的一種來源。如果把前者看作產生潛在購買力的「本源」，那麼出現於市場上最活躍的現實購買力，恰恰是由前者轉型而來的間接形態，例如賦稅及其變形——官吏俸祿與其他法外收入，高利貸和官營、專賣商業的超額高利潤，以及各種官私地租收入等等，其次才是經營者（農民、手工業者、小商小販等）的各種勞務收入。

誠如上篇所述，中華帝國時代，生產主體階層農民和手工業者的購買力總是被壓抑在維持人口生存與人口再生產的最低水平線上下，他們的市場消費能力微乎其微。即使入至明清時代，顧炎武曾以農業經濟發達的松江為例，稱「農家最習勤以為常，至有終歲之勞，無一朝之餘。苟免公私之憂，則自以為幸」。又說「田家收穫，輸官償外，未卒歲，室廬已空矣」。[1] 謝肇淛感慨道：「黃雲遍野，玉粒盈艘，十幾皆大姓之物，故富者日富，而貧者日貧矣。」[2] 身歷「康熙盛世」的唐甄根據其在蘇州一帶所見，描述甚為真切，說道「行於都市，列肆炫耀，冠服華嫵。入其（平民）家室，朝則囷無煙，寒則胴體不申」，吳中嚚男女為優倡遍處皆見，「困窮如是，雖年穀屢豐，而無生之樂」。[3]

從實際情況看，佃農、自耕農家庭的消費具有濃厚的自給自足色彩，

---

1   顧炎武：《肇域志》江南 9「松江府」。
2   謝肇淛：《五雜組》卷 4。
3   唐甄：《潛書》下篇上「存言」。

屬於「壓縮性」的低消費。相當多數家庭大都滿足於果腹粗衣，向市場購買小額消費品需斟酌再三。究其原因，除了自然因素（旱、澇、蝗及瘟疫之災）帶來的不穩定，影響經濟生活之外，主要是官稅特重與私租苛刻兩大因素，前者使業主（包括中小地主）難以施展手足，後者則壓得佃戶喘不過氣來，故顧炎武曾有一奇想：「故既減稅額，即當禁限私租，上田不得過八斗。如此則貧者漸富，而富者亦不至於貧。」[1] 手工業者的收入狀況，恰如上篇所描述的，絕不比農民好多少，始終擺脫不了官府勞役的桎梏，生活更不穩定。這恰好表明，消費不僅取決於生產，且要受到分配環節的制約。不合理的分配制度可以起抑制消費，反過來阻抑生產發展的作用。

　　從傳統消費模式而言，上一種我們可稱之為「壓縮性」消費，那麼相當數量的中小地主則屬於「節儉型」消費，往往要以半自給為主，必要時才輔之以市場消費。略舉清初留居吳中的唐甄的自述為例：「唐子有治長經之田三十畝，謝莊之田十畝，佃入四十一石，下田也。賦十五，加耗、加斛及諸費又一也，為二十三石。大熟則餘十八石，可為六口半年之用；半熟則盡稅無餘；歲凶則典物以納。嘗通七歲計之，賦一百五十四石，豐凶相半，佃之所穫不足於賦，典物以益之者六斛，而典息不與焉。」[2] 足見明清江南官糧之重，使一般小地主的生活也相當拮据。最後，唐甄不得不出讓田地，改為經營絲綢貿易，處境才有所改善。當然，像唐甄單純靠坐收田租持家，這在江南不算是善籌家計的，困苦更在理中。一般若經營有方，庶幾可得「小康」。吳偉業曾說到太倉諸生王鑒明，精天文地理之學，明亡後遁入浙江天目山中，力田十餘畝，「躬耕於野」，經營自養，自得其樂。[3] 王鑒明作為明「遺民」「隱士」的生活方式固屬特例，但從記述看其基本生活資料多依靠奴童僱工以及家庭手工業自理，在歷代「寒士」之家，頗具代表性。這說明即使中小地主也仍然難脫自給自足的窠臼，無力全部

1　顧炎武：《日知錄》卷 10。

2　唐甄：《潛書》上篇下「食難」。

3　吳偉業：《吳梅村詩集箋註》卷 2「壽王鑒明五十」。參見《歸莊集》卷 2「曹翁壽詩序」、卷 7「陸翁家傳」。

依賴市場消費以維持自身的生活。此即通常所説的「小康」消費方式。

除以上兩種消費模式外，也確實存在着另一種令人觸目驚心的「豪奢型」高消費模式。歷代事例，各種史書所載俯拾皆是。我曾以明清江南為例，歸納為九類消費項目，並作了一些歷史計量描述，此處不再贅述。[1] 現在需要重點分析的倒是，這種高消費能力是怎樣形成的，以及這種豪奢型高消費的性質與社會效果。

沒有疑問，這種高消費能力在傳統社會與廣佔田產（也不排斥兼營某些商業、高利貸）不無關係。入至宋元明清，私人田產的分散化傾向逐漸突出，唯有所謂官僚縉紳才可能擁有大田產至千畝、萬畝以上者。僅以明代為例，華亭徐階一度入嘉靖內閣出任首輔，權勢顯赫。據説其家族擁有田產 24 萬畝，富於嚴嵩；[2] 湖州董尚書（董份），「田連嘉湖諸邑，殆千百頃」；[3] 華亭董其昌擁有「膏腴萬頃」；[4] 常熟錢謙益總田產不詳，僅據其死後親戚威逼勒索去「膏腴六百畝」，[5] 生前田產亦當以數千計。這些「尚書」級的縉紳，家有千畝租入，即為千兩白銀，歲有數千成萬兩白銀之入，當然完全可以支撐他們豪奢的消費方式。

然而，有一點常常容易被人忽略，即使廣有田產，也很難支撐無限度的豪奢性消費。當消費水平降不下來，而家產收入因眾子均分的緣故，今不如昔，家庭經濟就必然陷於崩潰。古時有所謂貴族之家「五世而斬」的説法，但到了科舉時代，多數僅能維持「三世」，周期大大縮短。號稱富庶的江南，明清田產轉移之頻繁，門祚興衰之無常，私家筆記、野史記載頗詳，作者每以「欷歔不已」作結。清初錢泳在蘇州府見到許多田產巨萬之家因揮霍無度而轉眼沒落，有詩詠道：「生前佔盡三州利，死後空留半

1　請參閱拙文《明清江南消費風氣與消費結構描述》，載《華東師大學報》1988 年第 2 期；《明清江南消費性質與消費效果解析》，載《上海社科院學術季刊》1988 年第 2 期。

2　伍袁萃：《漫錄評正》。

3　范守己：《曲洧新聞》卷 2。

4　無名氏：《明抄董宦事輯》引《控董其昌辯冤狀》。

5　《虞陽説苑》甲篇「河東殉家難事實」所載「孝女揭」。

畝墳。堪笑世人貧益富，不知於我似浮雲。」[1]葉夢珠在《閱世編》卷五「門
祚」中更一一羅列松江府諸多由富轉貧、家道中落的事例，不勝感慨：「以
子所見，三十餘年間，廢興顯晦，如浮雲之變幻，俯仰改觀，幾同隔世。
當其盛也，炙手可熱，及其衰也，門可張羅。」[2]「三十餘年間」，僅隔一代
而已。這種門戶敗落，雖與豪奢揮霍不無關係，究其根底，多半是由祖上
官宦，後裔則降落為「素封」，境地每況愈下所造成。王士性說得好：「縉
紳家非奕葉科第，富貴難於長守。」[3]

　　王士性真是一語道破天機。奢侈性消費強大、持久的經濟後盾，恰恰
主要不是來自田產經營，而必須依賴於政治性的官僚俸祿與巨額的法外收
入，亦即權力的支撐。歷代擁田萬畝、千畝者，查其家世，多屬顯宦家
族，出身非尚書即侍郎部曹，身居六卿，官運亨通。更應該指出，奢侈性
高消費的經濟來源，與其說主要來自官俸，毋寧說依靠法外收入。錢謙益
雖兩度出仕，高居要職，然都曇花一現，瞬即下野，其數萬家產，縱情揮
霍之財力又從何而來，似乎是一個謎。張漢儒劾錢氏疏稿，雖竭盡告訐之
能事，不可謂完全無中生有，畢竟也透露出錢氏一類明代鄉宦倚勢恃強、
弱肉鄉民、恣意刻剝的種種劣跡，如薦舉受賄、侵吞錢糧、把持鹽政、
冒頂騙餉、接受投獻、包訟官司等等，俱為錢氏等生財致富之道。[4]其非法
收入正不知為官俸的幾十、幾百倍！又如錢謙益的情敵謝三賓，亦為華亭
人，曾任太僕少卿，其視師登萊時，藉戡平「盜寇」，「乾沒賊營金數百
萬，其富耦國」。[5]「百萬」之數可能出於誇張，然貪污巨款是實。他靠着這
抹黑的巨額白銀，買宅西湖，放情聲色，比錢謙益從容自如得多。還乘人
之危，從錢氏手中奪得宋版《漢書》，竟使「風流教主」錢牧齋雖奪得嬌
娘柳如是而沾沾自喜，卻不得不以失此殊寶抱憾終身。至於受門生故吏、

1　錢泳：《登樓雜記》。

2　葉夢珠：《閱世編》卷 5「門祚」。

3　王士性：《廣志繹》卷 4。

4　張漢儒：《疏稿》，引自謝國楨《明代社會經濟史料選編》下冊，上海人民出版社，1980 年
　　版，第 361—364 頁。趙翼《廿二史劄記》卷 34 列舉明代縉紳鄉宦之惡，事例甚眾，可參見。

5　全祖望：《鮚埼亭外集》卷 29「題視師紀略」。

下屬官員之種種「贄禮」，在歷代都屬公開納賄，常常是一筆難以計算的可觀收入。崇禎時嚴禁受賄納賄，官場賄賂卻愈禁愈烈。談遷在《棗林雜俎》中提到當時士大夫的「薦賄」，即說「崇禎末士大夫苞苴輒千百金，苦於齎重，專用黃金、美珠、人參、異幣，時都門邏嚴，而經竇愈廣」。史載周延儒依靠張溥等集資 20 萬鉅款買通關節，得以再度入閣任相，上任途中即收受人參巨賄，「積若山阜」。[1] 明末上等人參一斤價值達 16 兩白銀。所賄人參堆積如山，堪稱價值連城。地方官獻媚行賄用盡心機到此等田地，亦可知官場用於此等消費（我曾戲稱為「發展性消費」，即官場投資性消費），上下成風，朝野彌漫，已到了人盡皆知，幾為公開的「祕密」，它在官宦消費結構中具有突出地位。清初廣泛流傳合肥龔鼎孳因小妾顧眉力阻其殉節，甘為「國賊」（降清）的笑話，所謂「我願欲死，奈小妾不肯何」？[2] 其實，「妻管嚴」的背後，正是對沉湎難捨的奢靡淫逸生活方式的眷戀。與龔稍不同，吳偉業是因維持不了百口之家的巨大消費，為高消費的經濟重負所迫，也不得不出仕清室，自歎「誤盡平生是一官」，又不得不以「一官了婚嫁，可以謀歸耕」自嘲。[3] 究竟是甚麼使其畏死而戀棧官場，「誤盡平生」？據說吳上任時，「多攜姬妾以往」，[4] 如此迷戀於擁姬挾妾，揮霍無度，亦就不得不「入吾彀中」。復社成員吳昌時，明末在江南算得上是豪奢巨子，在嘉興南湖據有鴛鴦樓，名聞遐邇。「酒盡船移曲榭西，滿樓燈火醉人歸。朝來別奏新翻曲，更出紅妝向柳堤。歡樂朝朝兼暮暮，七貴三公何足數。」[5] 雖有 20 萬巨額遺產，仍不足維持，於是勾結周延儒，「通廠衛，把持朝官」，終因「贓私巨萬」而棄首東市。[6] 豪奢型高消費的來源，除了廣佔田產、官場俸祿賄賂兩大支柱外，便是商賈長袖善舞。縉紳地主兼營商業高利貸不在少數，富商大賈更靠串通官府，買賣亨通，

1　劉輿文：《五石瓠》。
2　葛昌楣：《蘼蕪紀聞》引紐琇《臨野堂集》《紳志略》。
3　《吳梅村詩集箋註》卷 5「自歎」、卷 6「送周子椒」。
4　林時對：《荷插叢讀》卷 3。
5　《吳梅村詩集箋註》卷 2「鴛湖曲」。
6　《明史‧周延儒傳》。

加入到奢侈性高消費行列，容後再論。

　　我們從以上三種個體消費模式裏，已經看到了中國傳統社會消費行為的兩個極端：一頭是處在貧困線上下，多數勞動者以及部分貧寒的士紳消費嚴重不足；另一頭是窮奢極欲，消費過限，造成了種種不正常、不合理、不道德的經濟生活與精神生活的病態。處於中間狀態的「小康之家」的消費水平只是相對地稍微寬綽，實際也僅屬自給或半自給性的低消費水準。這種消費模式，以消費主體區分，大致有貧困型、小康型、豪奢型三種；以消費方式分，又有自給型、市場型與自給市場混合型三種。消費水平高低懸殊，突出地體現了傳統社會消費的鮮明等級性與強烈的政治色彩。

　　以上都是着眼於個體的消費形式。事實上還有一項不可忽視的社會消費未予涉及，那就是：帝國政府的巨額軍事—行政消費。為了維護大一統的帝國集權統治，帝國政府必須擁有龐大的軍事—官僚系統，並實行繁複的軍事—行政管理，造成了一種特殊的以國家財政支付為手段的「社會消費」。這些消費項目除支付巨額俸祿（還包括恩賞獎勵）日常開支外，諸如武器裝備、道路（水陸）設施、內外軍事防衛設施、上至宮殿下至各級政府衙門的修建，以及時不時動用軍隊內外作戰的戰爭費用等等，其總量雖無法統計，但從官僚軍事機構的規模即可窺見一斑。帝國官僚軍事機構規模，歷代發展的總體趨勢都是由簡至繁，官吏軍士數量直線上升。《漢書·平帝紀》載元始五年詔：「惟宗室子皆太祖高皇帝子孫，及兄弟吳頃、楚元之後，漢元至今，十有餘萬人」，明代分封藩王，皇族人口繁殖更是駭人。以官吏人數而言，根據《通典》《續通典》「職官」極不全面的統計，西漢文武官員為 7500 餘員，包括吏屬總計為 13 萬餘至 15 萬餘員；唐文武官員倍增到 18000 餘員，包括吏屬總計達 37 萬餘員。北宋文武官員上升到 42000 員，估計包括吏屬將近 100 萬。宋真宗一次裁減各路冗吏就有 195800 人。北宋真宗至仁宗 40 多年，文武官員增加 1 倍，包括吏屬，據宋祁估計，猛增 5 倍。這麼日益膨脹的官僚機構，僅俸祿一項，在兩漢約佔全國財政開支的一半，到宋、明，由於軍費激增，相對比例下降為 1/3，但絕對值卻有增無減，不斷上升。軍費，始終是一項更為沉重

而且不穩定的非生產開支，平時養兵，所費甚鉅，戰火一開，錢糧就像流水般淌去，難以勝計。東漢永和中僅對西羌的幾年戰爭，據蒙文通先生的估計，平均每年耗費 70 億，約佔年收入的 1/5。中唐後，古人即有用兵 10 萬「不得農桑者七十萬家」之歎，德宗建中元年籍兵 768000 餘人，則將禍及農家 513 萬餘戶。[1] 唐元和後，南方地區竟達到「二戶養一兵」的程度，即使京西北、河北地區也「率三戶以養一兵」。[2] 帝國後期實行募兵，軍士人數猛增，達到驚人的地步。宋初廂、禁軍總額為 22 萬，8 年後，仁宗慶曆年間已達到近 120 萬，猛增 4.8 倍。明朝一開國，基數就高，洪武二十五、二十六兩年分別為 120 萬至 180 萬，永樂時期又增加到 280 萬，[3] 為歷朝開國初期所未有。軍費的比重陡然上升，宋代已佔全國財政開支的 1/3，而明更是畸形，隆慶年間，一歲錢穀所入為 230 萬兩有奇，而邊餉竟至 280 萬兩，遂有明末「加派」之舉，直至亡國。

　　國家財政支出，除了前面說到的官僚軍士俸祿支出，間接轉化為這些階層的個體消費，成為市場消費的大主顧外，應該特別指出的，官府、軍隊以及其他「公共工程」所需公共用品的直接消費，也會部分地進入市場，成為一種特殊的「買方市場」。如果說這些「公共用品」，前期大多取自派徵上貢和官府手工業，那麼自唐宋而後，政府採辦（包括強行勒索性質的「和買」）的比重越至後期越大，故程念祺君遂有「財政市場」之說（他說的範圍比之更廣，還包括因財政需求而造成的特殊市場行為，我將在商業一節再行討論）。[4] 上篇說到的明代「九邊」軍需棉布、棉花數量之巨，就是一個典型的事例。再如向來被作為「資本主義萌芽」依據的明清蘇州絲織業「機戶出資，機工出力」，經專家研究，此類機戶實質是服務於政府採辦的「外包工」，是在官府「織造」萎縮後，政府通過市場定

1　《資治通鑒》德宗建中元年。

2　《文獻通考·國用一》。

3　轉引自吳晗《讀史劄記》「明代軍兵」。生活·讀書·新知三聯書店，1956 年版。

4　詳參程念祺《論中國古代經濟史中的市場問題》「大一統後的國家財政市場」，載《史林》1999 年第 4 期。

點採購，完成政府消費行為的一種特殊形式。[1]

至此，我們可以將中國傳統帝國時代社會消費結構的主要特徵歸納如下：在消費結構內部，國家軍事——行政消費大大超過社會個體成員的消費，非生產人口的消費大大超過生產人口的消費，生活性消費大大超過生產性消費，奢侈性消費大大超過正當性消費。四大比例失調，消費重心嚴重傾斜，説明這是一種在大一統集權統治體制下才可能產生的，具有強烈政治軍事色彩的，畸形病態的社會消費結構。這種畸重畸輕的病態消費結構所產生的社會後果，很值得分析。

若要追究造成生產主體消費嚴重萎縮的原因，首先離不了帝國賦稅徭役的苛重。生產者前期苦於勞役無度，後期困於賦稅太重，特別是經濟先進的東南沿海地區，備受「平調」之害。地租、高利貸乃至官商色彩的專賣商業，與國家賦稅結伴而行，成為剝奪生產者剩餘勞動的又一利刃。畸形的勞動密集型生產方式還帶來人口膨脹的惡果，使勞動生產率被人均分割而更趨下降。帝國的土地政策與商業政策阻斷了生產經營者向規模經濟求得改善生存境況的機緣。如此等等都促成生產主體消費的嚴重萎縮。其結果便是生產發展缺乏更廣泛的需求刺激，表現為生產經營者的積極性低落與技術的保守停滯。

市場的發展，正因為建築在生產主體與消費主體嚴重背離的沙灘上，沒有了廣泛生產主體的參與，缺乏向縱深發展延伸的動力，個別豪富市場的繁華與普遍平民市場的萎縮適成鮮明對比，點與面脫節，使市場在整體上更像是一張此斷彼裂的破網，網漏幾可吞舟。

就以城市人口而論，古代中國城市均建築在政治軍事中心之地，為歷代行政建制的產物，通過由上而下建立。作為帝國都會，人數超過百萬，只能説明帝國官僚——軍事機構的龐大，寄生性人口以及為他們服務的附屬人口眾多，財政負擔之重，絕非西歐君主國所能想像。然而虛假繁榮畢竟

1　參閲西嶋定生《中國經濟史研究》第 3 部「中國初期棉業史研究」，農業出版社，1984
　　年版。

掩飾不了它的基礎脆弱。當生產主體陷於經濟困境，發生「再生產危機」，並給予懲罰性的打擊時，沙灘上的大廈頃刻倒塌。這就是我們常常看到的每兩三百年一次的戰後「經濟蕭條」，城市凋敝乃至一蹶不振。當開封失去其北宋都會地位之後，其當日的畸形繁榮也就煙消雲散，淪為二級城市。《東京夢華錄》說的不正是這樣的噩夢嗎？孟元老還不知道更慘的是，待到明末戰亂，開封水淹，歷朝建築悉數廢於一旦。如今唯有水淹不了的鐵塔，如白頭宮女孤獨地殘存下來，訴說着這一中國古代都會特有的興衰史！

　　威廉·湯普遜說得好：「按照自然之理，對於生產的最強有力的刺激（也就是最大生產所必需的刺激），是使生產者在完全享用他們的勞動產品上獲得保障。」[1] 當然，這是一種理想化的觀點。但生產者在佔有勞動產品方面權益的多少，即社會分配中所佔分額的大小，應該是社會進步的一個標尺。歐洲中世紀向現代的轉變，與許多傳統描述的不盡相合，其契機正在於對農民處境的某種改善，包括人身自由與賦稅等封建負擔的減輕，然後才有耕地的拓殖、農業經營的改革與家庭手工業向工場規模的發展等新氣象。[2] 農民的被剝奪與小農階級的消滅，則是將近一百年以後（工業革命）的事，主要也只發生於英國。現在不少人只是記住了這一英國農業革命的最後結局，卻沒有注意到農業突破性的發展即使在英國也是現代化展開的一個基點，它是依賴於小農階級積極性的「解放」才取得的。[3]

　　按照明清江南農副業所取得的生產力水平，農業經營地主在經營方面取得的成就，如果鬆弛國家的田糧雜賦和高額私租兩大繩索的捆綁，即使進行一定幅度的減輕，也可能會像顧炎武所設想的，「貧者漸富，而富者亦不至於貧矣」，江南完全有條件率先在農業手工業領域出現突破性的變革。這更有力地說明，明清社會轉變的根本性障礙，主要不應歸咎於生產力結構，而必須追究分配結構以及決定這種配置結構的政治體制。

1　威廉·湯普遜：《最能促進人類幸福的財富分配原理的研究》，商務印書館，1981 年版。

2　可參考布瓦松納：《中世紀歐洲生活和勞動》，商務印書館，1985 年版；皮朗：《中世紀歐洲經濟社會史》，上海人民出版社，1964 年版。

3　請參看前編《農業經濟的內環境與外環境》。

　　生產主體消費水平的被壓抑阻礙生產的發展是比較容易理解的。那麼，傳統社會居主流地位的高消費現象又應怎樣評估？為甚麼它同樣也不能刺激生產的發展，使之成為推進社會經濟結構轉變的動因呢？

　　我曾通過對九類社會主要消費項目的粗略數量分析，得到的結論是：日常食用消費僅佔微弱的比重。相比之下，室居器用的消費稍大，然多為耐用消費，一次投資可子孫傳代，比例也不算大。巨額的高消費卻用之於追求雕琢、新奇或足以炫耀門第的豪奢消費，如操辦豪華的婚喪喜慶、儲藏珍寶重器與競建園林別墅等，更有甚者，則是為追求功名利祿、官場拚搏的政治性發展費用，以及滿足青樓姬妾、歌舞徹夜、酒池肉林的費用，幾似無底之洞，非傾囊而盡，絕不罷手。這說明，官僚縉紳階層的高消費具有傳統的特權奢侈消費性質，它與宮廷消費相互激盪，形成病態的畸形消費。這種病態的高消費，實際上只能導致商品經濟的虛假繁榮，無益於社會經濟的健康發展。

　　首先，奢侈消費的大宗都是工藝複雜、不惜人工的精緻產品。這類消費品的生產奉行質量競爭的原則，而同實行價格競爭的合理化生產宗旨（即改進技術、降低成本、擴大產量、提高效率的近代生產宗旨）格格不入，時代精神迥相殊異。他們珍藏、饋贈的大量珠寶、翡翠、瑪瑙、象牙、金銀首飾、擺設及金銀用具，都屬於傳統工藝品範圍，材料稀貴（有的取之於海外），製造工藝取決於傳統工匠世代相傳的雕琢手藝，不可能擴大再生產，而價格的昂貴使大量的貨幣被消耗於這類不實用的消費上，阻抑了投資的慾望；特別在金銀貴金屬方面，特權階層更表現出強烈的「儲藏」意識，[1] 妨礙了社會游資向其他實用生產部門的轉移。即使像絲綢棉布的紡織生產，在歐洲是率先向合理化生產轉移的起跑點，然而在我國傳統

1　詳參楊聯陞：《中國貨幣與信貸簡史》「前言」，載「中國現代學術經典」《洪業、楊聯陞》卷，河北教育出版社，1996 年版，第 572 頁。楊先生提到的是清朝和珅，同樣，在明朝嚴嵩的抄家清單裏，也反映出其儲藏的金銀數量之巨駭人聽聞。歷代窖藏金銀不時被發現，更突出地說明了官僚豪紳將大量金銀用以儲藏，不能轉化為投資資本，實是一種普遍現象。此點經由楊先生指出，我認為至為緊要，應引起史家足夠重視。

社會，奢侈消費追求的不是服裝衣着的大眾化，而是帶有特權等級特色的
服飾精緻工藝化。據葉夢珠、范濂所述明清時內服皆尚刻絲、織紋，後又
流行「以綾紗堆花刺繡，繡仿露香園體，染彩絲而為之，精巧日甚」，「繡
初施於襟條及肩帶袖口，後用滿繡團花，近灑墨淡花，衣俱淺色，成方
塊。中施細畫，一衣數十方，方各異色，若僧家補衲之狀，輕便灑瀟」。[1]
「綾絹花樣初尚宋錦，後尚漢唐錦、晉錦，今皆用千鍾粟倭錦、芙蓉錦」，[2]
更有一種龍鳳牛頭麒麟袍服，染大紅、真紫、赭黃等色，「一匹有費至白
金百兩者」，[3]即由民間折技、團鳳、棋局花紋棉袍發展而成，後為宮廷所
專用。服飾的工價與原料成本嚴重不成比例，往往高出幾十至百倍，從經
濟的眼光看來，純屬豪奢的高消費。這類奢侈消費也普遍見於希臘、羅馬
與歐洲中世紀的宮廷、貴族消費。這是一種現代化以前的消費特色，「為
了毫無意義的享樂，支出莫大的費用，消費支出的數量多本身成為它的目
的」。[4]它只能穩固偏重傳統手工藝的陳舊生產結構，而不能產生那種現代
化所需要的新的刺激，促進「為通過減少生產成本和降低價格以牟利的獨
特的資本主義趨勢」。[5]與此相反，農副產品的價格偏低[6]。肉類（豬、牛、
羊）與家禽的消費價格之低，突出地反映了廣大民眾階層的副食品消費基
本自給，他們在這方面的市場購買力低落到最小限度。反過來它又使農副
產品的生產缺乏強有力的刺激，僅限於農民的家庭副業，無以產生新的誘
因推動農副業走上專業化生產（大規模擴大生產）的道路。這種情況正與
西歐現代化前後農副產品價格上升的現象截然相反。因此，儘管官僚縉紳
盛筵成風，卻不會帶來任何促進生產發展的積極效果。農副產品的商品化

---

1   葉夢珠：《閱世編》卷 8「內裝」。

2   范濂：《雲間據目抄》卷 2。

3   褚華：《木棉譜》。

4   威廉·羅習爾：《歷史方法的國民經濟學講義大綱》第 17 節「奢侈」，商務印書館，1981
     年版。

5   馬克斯·韋伯（舊譯維貝爾）：《世界經濟通史》，上海人民出版社，1981 年版。

6   我曾對明清江南地區的副食品與其他商品的比價作過一些描述，請參閱拙文《明清江南消
     費風氣與消費結構描述》，載《華東師大學報》1988 年第 2 期。

只局限於中心城市周圍極狹窄的四郊，寥若晨星。農業變革的前景渺茫得看不見一絲微光。

其次，過多的財富在奢侈的名義下所造成的罪惡，不僅在中國，就是在世界其他國家，也一直是道德家們非難的一個題目。明清之際關於澆風日滋，「人情以放蕩為快，世風日以侈靡相高」，「黠傲之俗，已無還淳挽樸之機」的眾多議論，剔除其傳統世俗的偏見（對任何有悖於傳統的新現象的敵視），關於奢侈所帶來的道德方面的弊害，他們批評得還是有道理的。奢侈消費使這些極端富有者的心靈受到污染，不會珍惜財富的來之不易；極端的官能享受，必然使這些人缺乏堅毅的精神（明清之際，縉紳的失節行為從這裏也可以得到一點解釋）。入至帝國時代，我國與西歐很不相同的是，地主多不事經營，以食租為主，而在宋時之後，城居地主的比重不斷上升，成為寄生性極強的食租階層。具有政治身份的地主更以超經濟的手段，助紂為虐，夥同官吏強取豪奪。因此，在他們中間無法造就出一代社會變革者所需要的堅韌不拔的素質。他們只知道如何不擇手段地攫取為滿足官能享樂所需要的大量財富，根本不會考慮如何通過艱辛的經營（更不用說冒險）去積攢財富。我們在明清之際雖然也看到過一些（也許最多還不到幾十個！）經營地主，但他們多半都不是身份性縉紳；而且，也隨時有可能會蛻變、倒退為縉紳（徽商則又是另一種蛻變，容後再論）。與西歐中世紀後期的領主貴族相比，明清的縉紳應該是自歎不如的。這不能不說同強有力的專制政治支配下所造成的財富分配極端不平等，以及由此產生的糜爛的奢侈生活方式有關。

還有另一種社會後果也不能忽視。「極端的富有將引起羨慕與模仿，並以這種方式把富有者的惡行傳播給社會上其餘的人或者在他們當中造成其他罪惡。」[1] 威廉·湯普遜的這段議論也十分切合中國的明清社會。圍繞着這些驕奢淫逸的官僚豪紳身邊的，既有東施效顰的富商大賈（容後再議），

1　威廉·湯普遜：《最能促進人類幸福的財富分配原理的研究》第 2 章，商務印書館，1981 年版。

還產生了諸如豪奴衙蠹、男優女娼、市儈幫閒、三姑六婆等各色人等，造成了各種社會惡行，儘管後一類人的身份實是可憐，不過是富有者罪惡的殉葬品。在這方面，馬克斯·韋伯的某些論點不無參考的價值：現代化在歐洲，也絕不是單純靠奢侈這類不合理的經濟貪慾發動起來的。[1]

最嚴重的社會後果則是來自政治方面。以政治一體化為主要特色的中國古代傳統社會結構，一方面用政治強有力地統治着經濟，政治、經濟融為一體，所有奢侈性的高消費無不是靠着政治的力量才得以持久地支撐着，經久不衰，綿綿不絕；另一方面，正因為如此，為着追求奢侈性的高消費，更鼓勵着極端富有者必須緊緊地攫取政治權力，將政治權力視作生命，從而又強固了官僚軍事性質的集權政治結構，並且使權力的壟斷與濫用成為無法克服的社會痼疾，任何新的力量都難以搖撼這棵盤根錯節的千年老樹。帝國後期，隨着白銀成為流通貨幣以及賦稅貨幣化的推進，吏治的腐敗，官場朋黨角爭，都愈演愈烈，並出現了嚴嵩、和珅一類前所未有的巨貪，都從這裏可以得到解釋。

當然，帝國時代長達兩千多年的消費經濟也並不是沒有一點變化的跡象，這方面當然要以明清江南最為典型。該地區的消費經濟，在明清兩代，從縱向（歷史）或橫向（地區）比較看，都有某些進步。如果將視野擴大到城鎮，那麼，也絕不是毫無變革的端倪。由於江南的農業經濟結構已經發展出糧食、經濟作物與家庭副業、手工業並舉的複合式多種經營結構，農業內涵發展的潛力得到較為充分的發揮，提供維持人口生存與再生產的必要消費量的勞動生產率有明顯的增長，這就為從農業中擠出過剩的勞動力轉到其他經濟部門成為可能（這不同於舊式的流民群）。家庭手工業的發展、市鎮人口（其中絕大多數為手工業、商業以及其他服務業人口）的劇增，以及流向一、二級城市人口的增加（例如蘇、杭、寧的踹工、染工，還有龐大的服務業從業人員，多數來自江陰、紹興等農村），都形成

---

1   可參考馬克斯·韋伯：《新教倫理與資本主義精神》，生活·讀書·新知三聯書店，1987年版。

了一定容量的人口流動群。這種農村人口向城市的流動，在歐洲中世紀後期，曾經是推進資本主義經濟關係產生的歷史前提之一，是現代化歷史展開的序幕。市鎮、城市的這些新增人口，為城鎮消費經濟增添了新的成分，推動了消費的大眾化。從地方文獻記載中，我們經常可看到城鎮屬於社會底層的人群正在向原來的消費階層挑戰，騷擾了後者的消費習慣。所謂「服飾器用競相僭越，士庶無別」，「自明末迄今，市井之婦，居常無不服羅綺，娼優賤婢以為常服，莫之怪也」，「至今日而三家村婦女，無不高跟履」等等感歎，[1] 說明這種新的消費主體的參與，尚難為傳統觀念所理解。消費主體的擴大，推動了某些消費品的大眾化，從而為該類產品的生產提供了刺激。最能反映這種消費變革的便是該類產品由於大眾化而價格趨賤。例如製袍服的姑絨，明時每匹價值銀百兩，到康熙時已降至一二十金，次者僅八九分一尺，下者五六分，「價日賤而絨亦日惡」，富貴人改以皮裘標榜；茶葉明時得二三兩一斤，到康熙時有二錢一斤的，「然色如舊而味無香氣矣」；瓷器價格也拉開，崇禎時最上者三五錢一隻，醜者三五分銀即可買十隻；煙葉剛進江南一兩二三錢一斤，康熙時已降至每斤不過一錢二三分；水蜜桃露香園佳品剛出，每斤值銀一錢，後「種日廣而味日淡，質亦漸小」，每斤只賣四五分……[2] 馬克斯‧韋伯在《世界經濟通史》中說過：「走向資本主義的決定性作用，只能出自一個來源，即廣大群眾的市場需求，這種需求只能通過需求的大眾化，尤其是遵循生產上層階級奢侈品的代用品的路線，而出現於一小部分奢侈品工業中。」[3] 當然，馬克斯‧韋伯也並沒有把這「決定性作用」看作是他現代（「合理資本主義」）理論的唯一內容，實際上他在其他地方還論及更多比之更為重要的「決定性作用」的內容。但是，他確實為我們提供了理解上述某些消費品「價日賤而質日惡」現象的鑰匙，告訴我們不要忽視這種新消費現象包含的社

1　葉夢珠：《閱世編》卷 7「食貨」。

2　同上。

3　可參考馬克斯‧韋伯（舊譯維貝爾）：《世界經濟通史》，上海人民出版社，1981 年版，第262 頁。

會意義。但是，社會變革是一種綜合性的總體變革，僅有一小小隙縫是不足以使舊社會的大廈傾覆的。在明清江南，首先是從農村中擠出的大量過剩人口往往被官僚貴族所吞噬，成為男優女婢，成為青樓娼妓，成為輿夫傭僕。江南大家蓄奴之風盛行，以至被人稱為「第二次農奴化」，即是一個例證。人口的價格低賤，一個婢女抵不上一斤人參，家養奴婢千人，在縉紳之家是負擔得起的。這從另一個側面又說明了官僚縉紳在高度集權的專制政治庇護下十分強有力，中國古代不可能出現與傳統政治壁壘相對抗的、具有「自由空氣」的西歐式的城市，使人口流動群得到良好的、有利社會轉變的歸宿。城鎮中的手工業太薄弱，無法容納更多的流動人口，少量流入城市的農業人口更多的是被附庸於官僚縉紳奢侈業的服務業所吸引。他們還受到奢侈消費的風氣的浸染腐蝕，不能合理地支配其經濟收入。我們從地方文獻與碑刻中看到，踹工、染工的僅有收入往往被胡亂花在酒肆、賭場與戲館中，缺乏必要的儲蓄慾望。[1]有益於社會生產發展的，從質量競爭變為價格競爭的新消費經濟沒有能形成一股勢不可擋的潮流。在明清江南，實在談不上有所謂「市民經濟」與傳統經濟的對抗。「端倪」之謂，最多也只是一束微光，沉重的傳統黑箱仍然緊鎖着，不容也不可能被打開！

帝國時代商人的歷史命運

進入改革開放時期，流通領域率先活躍起來。一改數千年輕商、賤商的傳統觀念，竟有「全民經商」的謔語流行，着實叫世界為之驚奇。反映到學界，中國傳統商人的話題，包括失落已久的徽商、晉商研究，近十餘年由冷變熱，從經濟史而彌漫到文化、倫理、文藝各界。此中有喜亦有憂。經濟史流通領域的研究，從來沒有像現在這樣得到廣泛關注，絕對是

---

1   參見《明清蘇州工商業碑刻集》有關碑文及《蘇州府志》《吳縣志》有關官府嚴禁踹工、
     染工觀劇賭博的材料。恕不贅引。

一件可慶賀的事情。但也不得不指出，其間一些傳述者無暇咀嚼消化，急於應世，缺乏必要的歷史縱深感，甚至人為地變味，恐怕也會幫倒忙。

例如一些出版物渾然不顧傳統商人與真正的現代商人之間隔着一條歷史的鴻溝，專以重現傳統商人的「輝煌」和「智慧」為主題，甚至還聲稱「只要把傳統中國商人的方方面面亮出來，今日的中國商人也許會突然洞達自身」。在我看來，此話離譜得出奇，頗有點像期盼「植物人」奇跡般醒來，「傳統商人」朝夕間就站立變為「現代商人」。先撇開「社會轉型」根本性主題不說，僅就中國傳統商人社會性格和歷史命運而論，他們的許多描述也是不真實的。殊不知在帝國時代，中國傳統商人扮演的，絕不是他們筆下那種充滿喜劇情味的社會角色。其悲多於喜，種種歷史苦澀，若被這種非歷史的「尋根意識」刻意遮蔽，很可能會變成一種嚴重的誤導。文學界尚情有可原，在史學領域也有這種現象出現，就不能不感到遺憾。

縱觀帝國時期一代又一代的傳統商人，他們苦於與政治的關聯，不得不在帝國超經濟干預環境下討生計，屈從權勢，匍匐而行。與西歐同行相比，他們只有「苦惱人的笑」，終究無力走出中世紀峽谷，成長為一種相對獨立的社會勢力。有商人而無「市民」，這是不爭的歷史事實。我認為，這才是史學工作者在中國商人面臨歷史轉折關頭，需要向全社會認真做出的一筆歷史交代。同理，現代商人如不能掙脫陳年舊夢，對歷史有深刻的檢討，也很難獲得真正的自我。

古代中國商人確曾有過一次風光，其「青春時代」全虧了司馬遷的神來之筆，被描述得栩栩如生。惜乎《貨殖列傳》僅為千古一現的「絕唱」。繼後各部官修《食貨志》卻一步步淪落為國家財政流水賬冊。究其原因，修史者官家身份的氣短識淺固然不能辭其咎，但自西漢中葉以降，列國紛爭年代富商「結駟連騎」「所至國君，無不分庭與之抗禮」的「良辰美景」，奈何均成「明日黃花」。時異勢衰，商人的歷史命運一步步淪入漫長的「黑暗時代」。縱再有神來之筆，也無法勾勒出根本不存在的，可與范蠡、計然、白圭一代倫比的偉業。

關於此種情境的開端，我以為，通過《貨殖列傳》與成書於西漢的《管

子‧輕重篇》對讀，[1] 便可以觀察到中國商人命運的歷史性轉折。

　　傳統時代商人的最佳舞台，乃是可獲取巨額利潤的遠程貿易。利用市場足夠大的空間，調動地區差價和季節差價，則是他們長袖善舞的兩大「絕活」。此為傳統商業的基本特點，中外皆然。在古代中國，唯春秋戰國時代，才有此種千載難逢的最佳商機。因此之故，那個時代的商業先驅者對商品市場價格規則和成功經商經驗的總結極精彩，可參閱司馬遷轉述的計然、范蠡、白圭諸人言論。那時雖然沒有希臘、羅馬似的海上大舞台，但中國地域之廣大，列國資源物情之多姿，還是為商人提供了廣闊的自由發展空間。列國必須藉此才得以「互通有無」。正是憑藉穿梭於列國之間的「國際貿易」大舞台，范蠡、白圭、呂不韋之輩才可能施展身手，謀如伊尹、呂尚，智如孫吳用兵，趨時若猛獸鷙鳥之發，縱橫捭闔，數致千金，乃至富可敵國。

　　在《貨殖列傳》裏，太史公從關中起首，然後由三晉、巴蜀、三河……一直說到南楚、吳越，詳盡列論各地域風土物情、都會勝景。司馬遷如此着力烘托「天下經濟大勢」，正合了流通基於資源多樣和勞動分工、區域差異的經濟學原理，說明其對富商大賈致富的市場背景有深刻的理解。另一旁證便是李斯著名的《諫逐客書》。他為了說服秦王放棄拒絕吸納各國優秀人才（時稱「客卿」）的錯誤決策，拿來駁辯說服的論據，便是秦王享受的種種珍奇玩好無不來自各國，「物」既如此「國際化」，何獨棄「人」而不「愛」？李斯不厭其煩羅列的各方珍奇，正好坐實了當時「國際貿易」的活躍，以及這種「國際貿易」的特定對象主要是各國國君及其他公卿大夫的奢侈消費（與此伴生的還有高利貸資本的活躍）。這與西歐中世紀市場經濟的早期發展格局有極相似之處。試想，所謂弦高犒秦師、鄭商救荀罃，[2] 乃至人盡皆知的呂不韋以子楚作「奇貨可居」的故事，其主角哪一

1　關於《管子‧輕重篇》的成書年代，我基本上同意馬非百先生之說。可參閱馬非百：《管子輕重篇新詮》，中華書局，1979 年版。有關此書，我個人的意見已見前篇附註。下文論述略有不同馬先生之處，也請讀者有以教正。

2　分見《呂氏春秋‧悔過》《左傳》成公三年。

個不是因從事國際貿易而成巨富的，弦高帶領的似乎還是一個規模不小的「國際」長程貿易商幫？

另一類大商人即為鹽鐵商人。經濟活動的核心是資源的利用及其配置。誰佔有該時代主要資源的支配權，誰就能贏得經濟的主動權。春秋戰國時代商人另一致富的緣由，便是當時最重要的物資——鹽、鐵以及其他礦產尚由商人自由經營，還沒有完全納入「國營」的鐵籠子裏。那個時代鹽鐵關係國計民生，真不亞於今日之石油、電器，是遠程貿易的大宗。《貨殖列傳》所列如猗頓、郭縱、寡婦清、蜀卓氏、宛孔氏、齊刁間等等，在司馬遷所舉著名商賈名單裏幾佔大半。他們都無不由鹽鐵致富，佔盡風光，極盛一時，直至漢武帝實施鹽鐵官營。除此而外，《貨殖列傳》篇末寥寥數筆點到的「販脂、賣漿、灑削、鼎食」之流，皆屬小商販「勤勞致富」性質，在該年代的市場經濟氛圍裏實只能充當點綴，不足以成氣候。

《輕重篇》是以藉託「管仲」的形式加以改造新編的。在我看還不能完全否定其中引用了許多春秋戰國時期的歷史資料和思想資料，以致前人也有真相信此為管仲之書（如梁啟超《管子傳》）。《管子‧輕重篇》的許多內容還與《史記》的《太史公自序》《貨殖列傳》《平準書》多有類同。然通觀《輕重篇》所着力論述的經濟思想，南橘北枳，其整體精神正好與《貨殖列傳》所肯定的春秋戰國商人的經濟思想形似而實反。最關鍵的是，經濟思想的主體已由私人轉向了國家，或者像馬非百先生所説的：由「自由主義」轉變為「干涉主義」。[1] 這是兩書對讀時必須注意的大關節。

馬非百先生對《管子‧輕重篇》的研究歷數十年心血，凡七易其稿，辯證《輕重》成書年代為西漢末，從名物制度、思想演變到語言詞彙考辨，不放過一字一詞，歷歷有據而不蹈虛空。但在我看來，還有一極成功之處不應忽略，先生正是通過對該書經濟思想的整體詮釋，從兩種具有時代轉折意義的經濟思想對立，坐實了該書寫作的特定時代——它只能出現

1　馬非百：《管子輕重篇新詮》「論《管子‧輕重上》——關於《管子‧輕重》的著作年代」，中華書局；1979 年版，第 44 頁。

於帝國經濟政策大逆轉的年代，西漢中期「鹽鐵官營」等一系列干預政策出台之後。《輕重篇》與《鹽鐵論》御史大夫（桑弘羊）一派多同調，而頗可與西漢中後期的國家經濟干涉政策相印證。馬先生這一招厲害至極，可謂點準「要穴」，足可以置信古論者「非偽書論」於死地。《鹽鐵論》「干涉主義」一派的理論根據也因此浮出水面，説明它絕非如「烹弘羊，天乃雨」者所認定為某一人之過，實是一群有知識者對新政權貢獻的「集體智慧」結晶。更深層地説，它還是帝國知識分子乃至商人階層，其社會分化由潛轉顯的歷史運動，從文獻角度截獲的一個重要證據。

限於本篇題旨和篇幅，這裏只想舉一最典型事例以説明之。

《管子·輕重篇》所主張的，其核心經濟理論乃是對價格法則的重視，即所謂「物多則賤，寡則貴，散則輕，聚則重」，由此設計出一系列由國家主動運用該項法則嚴格控制和干預全國經濟活動的經濟對策。其源蓋出於《貨殖列傳》所載計然的「貴賤論」：「論其有餘不足，則知貴賤。貴上極則反賤，賤下則反貴。貴出如糞土，賤取如珠玉。」然而計然的「貴賤論」明顯來自市場經驗，表達的是一個精明的民間商人如何利用價格隨貨物量與貨幣量之比上下波動的經濟法則，正確判斷商機，採取與平庸反其道行之的大膽決策，以贏取最大利潤。然而到了《管子·輕重篇》，立足點卻已經轉變為「（人君）不求於萬民而藉於號令」（《國蓄》），實質是要變市場經濟為指令經濟。它主張通過國家行為來操縱和變動物價——所謂「藉於號令」——改變貨物的「輕重」關係。例如，由國家直接控制穀物和貨幣兩種核心資源，時而使穀在上、幣在下，時而使幣在上、穀在下，人為地造成物價「用什而相百」的劇烈波動，再由政府賤買貴賣，以獲取最大的壟斷利潤。這就是後來帝國政府一再實施的「均輸、平準、六筦」以及改變幣制、農業信貸等經濟干預手段的理論依據。甚至它還為賦稅貨幣化的政策轉向伏下暗線，如建議人君賦稅徵收期限必嚴，而徵的是貨幣，那農民為了換取貨幣以納稅，不得不急於賣出農產品，則農產品價格就必會降下來。

更要害的是，這種國家調節的宗旨，正好與司馬遷力主的「貧富之

道，莫之奪予」，「善者因之，其次利道之，其次教誨之，其次整齊之，最下者與之爭」思想背道而馳。其經濟政策旨在「予之在君，奪之在君，貧之在君，富之在君」（《國蓄》），「夫富能奪，貧能予，乃可為天下」（《揆度》），強調必須把經濟的貧富予奪之權掌握在國家政府手裏，使經濟活動完全納入政治體制的鐵籠子裏，服從政治一體化的社會架構。由此而提出的穀專賣、官山海（即鹽鐵專賣等）、官天財（山財礦產漁業管制），都體現了《輕重篇》的主題乃是國家壟斷性的「干涉主義」，特別是「奪富」的主張，更無疑為打擊富商大賈的舉措明目張膽，實為春秋戰國以來「自由流通」思想的大反動。

在傳統社會以權力為中心的體制下，一切經濟活動不可能不受權力體制的牽制，商業也不例外。春秋戰國時期的商人多有貴族的背景，甚至有些還是貴族經營的，商人為其所僱用。但在封建分權、列國紛爭的格局下，列國及其各種貴族間利益的對峙，畢竟留下許多隙縫和可利用的矛盾，使商人有自由運作其間的空間。諸侯國出於「富國弱敵」的考慮，也多縱容商人縱橫捭闔，更為商業創造了許多「國際貿易」的商機。子貢「結駟連騎，束帛之幣聘享諸侯」，絳之富商「能行諸侯之賄，而無尋尺之祿」，宛孔氏「連車騎，遊諸侯」等等，[1] 雖均語焉不詳，無從得知其細節，但從中都可窺得一絲消息，證明上述推論庶幾不誤。即使在被視為重農抑商始作俑的《商君書》裏也不乏此類旁證。如秦國亦有「軍市」，證明秦國如同其他各國，也委託商人從事軍需物資的採購與運輸，此類商人還經常偷盜軍糧私售，故有「使軍市無得私輸軍糧」的禁令（《墾令》）。另如《去強篇》「粟生而金死，粟死而金生」一節，初讀不知所云。細辨其味，講的是國內糧食生產與「國際貿易」的互動關係，主張國內大力鼓勵糧食生產的同時，還必須積極發展糧食出口貿易（更反對糧食進口）。其好處既避免國內因糧食多餘而穀賤傷農，更可趁別國缺糧而高價出口，為國家

1　分見《史記》「仲尼弟子列傳」「貨殖列傳」，《國語‧晉語》。

換取貨幣儲備，如此則「金粟兩生，倉府兩實，國強」。[1] 看起來《商君書》不是一味機械地重農抑商，也很懂得如何利用商人為其謀「國強」，糧食商人因此也可藉機耀耀游刃有餘。雲夢秦簡《法律答問》稱東方諸國入秦國貿易的商人為「客」「邦客」或「旅人」，只要到所在政府登記（「請簿傳於吏」），即可在秦地做「進出口」生意，亦見不禁「國際貿易」。

進入統一帝國時代，自秦至西漢之初，戰國商業自由發展的勢頭仍習慣性地滑行了一段時期，終於在武帝時期止步。由武帝始，鑄錢權收歸中央、告緡令、鹽鐵官營以及均輸平準等一系列經濟政策出台，特別是「告緡遍天下，中家以上大抵皆遇告」，「於是商賈中家以上大率破」（《漢書·食貨志》），商人群體蒙受歷史上從未有過的重大打擊。從此中國商業「自由流通」的「黃金時代」終告謝幕。過去商人是「一僕多主」，尚有迴旋折衝的空間。帝國一統之後，雖「海內為一，開關弛禁」，周流天下無阻，卻落入了「一主一僕」的陷阱，昔日可利用的「縫隙」彌合，無論如何再也逃不出「如來佛」的掌心。改弦易轍，商人的社會性格為之大變。這是有關中國傳統社會發展全局的大關節，實在沒有理由輕忽。

此次經濟政策大逆轉的緣由，雖多有成說，我以為其中尚有可深究的餘地。說武帝因連年對匈奴作戰，財政極度拮据，導致漢初寬鬆政策逆轉，一般也只是作為導火線看待，而且這種抑商政策也並未因武帝統治的結束而中斷，其基本精神歷代延續不替，說明它絕非一時一帝的臨時性舉措。

另外歸諸「賤商」的觀念（如秦之「七科謫」、漢之「不得衣絲乘馬」）也難以成立。社會上普遍賤商的觀念存在於整個傳統時代，即使就在上述兩項身份性歧視法令頒佈的秦及西漢之初，也正是「富商大賈周流天下，交易之物，莫不通得其所欲」（《貨殖列傳》），「法律賤商人，商人已富貴也」（晁錯《貴粟疏》）之時。可見社會地位即使低賤，只要能自在地做生意，也並不妨礙商人發財致富。

1　可參閱高亨：《商君書註釋》，中華書局，1974 年版。《去強篇》釋義，本文對高先生之析釋略有異同，亦請讀者注意。

　　最堂而皇之的理由，則莫過於「商人兼併農夫」會導致「農本」基本
國策的動搖（文景兩帝詔令及賈誼、晁錯、董仲舒等所論），以及商品經
濟造成道德風尚倒退（陸賈、賈誼等）兩條。說實在的，我很懷疑這些都
未見得是帝國政府「抑商」的真實動機。後者的議論直到明清亦代不絕
人，恐怕多屬「人文關懷」「書生之見」。生死離不開奢靡消費的特權階
層，從來都把這種高論當成「精神奢侈品」，充耳不聞；更不論官商橫行、
官僚兼商的行為歷代有之，總多口是而心非。前一條，在傳統農業社會聽
起來最振振有詞，也歷來被史家作為「充足理由律」對待。我相信有些思
想家發此議論，或基於傳統農業經濟思想，或對商品流通的積極作用缺乏
必要認識，其憂慮以致發展到對商業持排斥態度，都可能是真實的。然而
按之實際也多有疑點。首先歷代帝國政府從來沒有從「農本」考慮，將糧
食如同鹽鐵那樣列入專賣範疇，而平抑糧價又是「雷聲大，雨點小」，措
施時斷時續，極少認真做過。構成最大悖論的，還在於帝國政府自西漢起
即廣開向農民徵收貨幣賦稅的先例，更賦、口賦、算賦等貨幣賦稅在整個
賦稅中的比例不低。這豈不是硬逼着農民在規定的期限必須急售糧食，為
商人趁機壓低糧價「助紂為虐」？歷代傳統糧商因囤積居奇而多負「奸商」
惡名，農民對此多無可奈何，是誰之過？帝國政府為穩固「農本」而抑商
的口實，至少在這個節骨眼上也是極端虛偽的。

　　帝國時期當權者對待商品流通的態度，事實上相當矛盾。有些史家往
往誤信官方「抑商」的聲明，忽略了生活強過於觀念。在傳統中國，市場
經濟首先是為着服務於特權者的消費需求而存在的。這在上節消費結構嚴
重傾斜的分析裏已看得清楚。陳長華君發表有《抑商質疑——兼論中國古
代的賦稅制度》一文，對先秦以來背景、形式各不相同，名為「抑商」、
實為「重商」的史實，作了較為翔實的考辨和解析。他得出的結論，即與
傳統説法大異其趣：中國歷代統治者實際上大多重商，搞官商結合；與其
説是抑商，倒不如説是重商。[1] 即如武帝所謂的「鹽鐵官營」，也是「除故

1　　陳長華：《抑商質疑——兼論中國古代的賦稅制度》，載《史林》1995 年第 2 期。

鹽鐵家富者為吏」（《史記・平準書》），實際是私商官營化，鐵器質量下降，價格反比民營時高出許多；均輸平準更是官營商業，政府直接充當行商（均輸）坐賈（平準）的角色。[1] 從此，商人之中的狡黠者，踏上了官商勾結的不歸之路。中國傳統時代，商品經濟既發達又不發達的怪現狀，就與這種結構性的病態密切相關。

不可否認，與此前封建列國時代相比，帝國政府對民間商人的打擊壓抑確實非常嚴重。帝國政府與商人之間的矛盾，説穿了，乃是權益分割方面的利害相交。帝國政府自有難言的苦衷。龐大臃腫的軍事—官僚體系需要巨量的財政支撐，政府成員也需要開浚財源以「養生送死」（王安石即云「人之情不足於財，則貪鄙苟得，無所不至」，針對官員俸祿之薄，出此感慨之語）。[2] 不從商業這塊「肥肉」上割點肉、榨點油，何以為生？因此站在「國家主義」的立場上，「抑商」也是勢之必然，不得不為之。

桑弘羊最懂得此道。他為了對付賢良文學派的高調，還祭起一面大旗，叫作「民不加賦而國用足」。[3] 此間所藏「玄機」也不難拆穿。如果戰國時代政治家還固執於農戰政策，經歷秦漢易代的變動，新一代政治家已經意識到農業賦税的增加是有限度的，超過 50% 的臨界點無疑形同社會性自殺；秦之速亡，記憶猶新。政府不是不想「加賦」，乃不能無限「加賦」也。那麼與商人「爭利」，在財源上「奪流」（「奪流」為《管子・輕重》用語），轉向控制「鹽鐵」等資源以「富國」，成了「國家主義」財政強本之道。此話只説對了一半，「國用」較前是充足了，但農民卻不能不受官商之害，如《鹽鐵論》中文學賢良所揭露的鹽鐵質劣價貴，「強令民買之」。商人官税加重，也要設法轉嫁到消費者頭上。所謂「見予之形，

1　馬元材：《桑弘羊傳》，中州書畫社，1981 年版，第 84 頁。
2　王安石：《王文公文集》「上（仁宗）皇帝萬言書」，上海人民出版社，1974 年版。
3　《史記・平準書》講述桑弘羊用鹽鐵官營等法治理財政取得業績時，用了「民不益賦而天下用饒」語。此語大致確可概括桑氏在鹽鐵會議上全部辯護的主題，見《鹽鐵論》的《輕重篇》：「賦斂不增而用足」，《禁耕篇》《非鞅篇》：「不賦百姓而師以贍」等。至《管子・輕重》仍繼續鼓吹這一理論，梁啟超稱之為「無籍主義」。王安石行「熙寧新法」，即向神宗宣傳「民不加賦而國用足」。此語較前貼切，也更易理解，故改用此語。

而不見奪之理」（《管子‧輕重‧國蓄》）對農民全成了謊言。明裏的「予」根本說不上，暗中吃虧倒是一點不假，無異於變相加賦。[1] 天佑在其專著中指桑弘羊為「國家商業資本派」，是非常恰當的。[2] 因此，帝國政府出於財政的考量，以行政手段介入商業，與商人奪利，這才是歷代帝國當權者在「抑商」口號下隱藏的真正利益動機。

如果說還有甚麼動機，有一條也不可忽視，就是防止任何有可能構成對帝國集權統治具威脅的集團性社會勢力形成。依然是桑弘羊道得最明白：「今放利於民，罷鹽鐵以資豪強，遂其貪心，眾邪群聚，私門成黨，則強御日以不制，而併兼之徒奸形成也。」（《鹽鐵論‧禁耕》）這是帝國政府「抑商」深層的政治考慮，也不得不於此揭出。縱觀中國傳統社會史，桑弘羊正可謂屬深謀遠慮者——「中世紀城堡」歷兩千來年，即使牆敝屋漏，也終形成不了如西歐那樣，由城市商人拋頭露臉地從內裏新造一種社會體制的力量。桑氏「禁私門成黨」這一條，其功則莫大矣。雖然歷代抑商寬嚴不一，手法多變，也未必所有皇帝都能有此自覺的意識，客觀效果卻不期然地吻合桑弘羊這位商人後代設計的目標。商人個體的精明，為着一己之私利，甘心犧牲商人整體的生存環境，桑弘羊只是開了個頭，而後中華帝國的歷史還將一再重現這種悲喜劇（例如商業行會異化為政府代理人甚至鷹犬，詳後）。

帝國政府以國家身份介入商業流通，不是一件很容易的事。眾多物流必須通過市場方能連接賣方與買方，而市場時空兩大因素變化多端，操作程序上的複雜性，信息成本和監督成本的高昂，足以使官方直接介入流通顯得十分笨拙，步履維艱（有官鹽、官鐵，必有私鹽、私鐵，「走私」活躍，即為顯例）。官營商業欲一手遮天更是不可能。桑弘羊策劃的直接由

---

[1]　關於鹽鐵專賣對農民的危害，在鹽鐵會議上，文學賢良多有揭露。如說「夫秦楚燕齊土力不同，剛柔異勢，巨小之用，居局之宜，黨殊俗異，各有所便。縣官籠而一之，因鐵器失其宜，而農民失其便」，「縣官鼓鑄造鐵器，大抵多為大器，務應員程，不給民用。民用鈍弊，割草不痛」。這些缺點，多為官營事業的通病，今日之人亦多能理解。見《鹽鐵論》「禁耕」「水旱」「非鞅」等篇。

[2]　謝天佑：《秦漢經濟政策與經濟思想史稿》，華東師範大學出版社，1989 年版，第 163 頁。

官方經營鹽鐵（官產、官收、官運、官銷）的方式，不論是在兩漢，還是在而後歷代王朝都時斷時續，只是在財政困難時才不得不重操故伎，就充分說明此為「偏鋒」，而非正道。正常情景，則必由「經理型」改而採取多種變通靈活的方式，如代理制、稅收制等等，總之還是離不開商人這一中介環節。[1]

在這種社會情勢下，恰如寅恪老所言，「對實事之利害得失，觀察過明」的中國傳統文化長處，也充分地體現在商人的「應世機變」上。[2]他們必須與層層疊疊的官僚機構虛與委蛇，除政策性苛稅外，還得備受多頭勒索。[3]其中有些人非常注意捕捉官方經濟利益的動向，不惜「吃小虧、佔大便宜」。可以這樣說，在傳統中國，凡在商業上能拋頭露面，稱富商巨賈的，靠經營有方遠遠不夠，只有通過權財交易歪打正着，爭得「政策性優惠」方能操持勝券。其中獲取某些重要資源的「專利權」則是最具優勢的主項。自然成功者也畢竟少數。因此，從整體上說，帝國時代真正的富商大賈很少；即或上述少數成功者，也因其政治背景的不穩定，沒有「持續性發展」的保證。陡興而陡衰，則為難免的結局。盛極一時的徽商、晉商，終究沒有能隨清末時局的變動而步入「近代」，就是一個很值得深究的課題。

綜觀帝國時代商業經濟形態，若從經營者身份上區分，則有官商（含專賣、特許商）、私商和非法商（走私商、「海盜」）三大類。從經營方式

1　關於食鹽專賣由「官營」轉變為「專利」，並稱為「經理型」向「稅收型」的轉變，為程念祺君之發明，所論甚詳，可參閱《論中國古代經濟史中的市場問題》，載《史林》1999年第 4 期，第 20 頁。

2　此時，不禁記起寅恪先生世紀初說的一席話：「（中國）其言道德，惟重實用，不究虛理。其長處短處均在此。長處即修齊治平之旨；短處即實事之利害得失，觀察過明，而乏精深遠大之明……此後若中國之實業發達，生計優裕，財源浚闢，則中國人經商營業之長技，可得其用。而中國人，當可為世界之富商。然若冀中國人以學問美術等之造詣勝人，則決難必也。」引自《吳宓與陳寅恪》，清華大學出版社，1992 年版，第 10 頁。

3　關於歷代商稅門類及負擔狀況，周伯棣《中國財政史》有較系統的概述，此處不再備述。上海人民出版社，1981 年版。各級官吏乃至衙役不勝數計的勒索，雖史書偶有涉及，但都不及各地明清工商碑刻所提供的資料來得真切。可參閱《明清北京工商業碑刻集》《明清蘇州工商業碑刻集》《上海碑刻資料選輯》等。

上區分，則有集市貿易（含販夫販婦）、轉運貿易（行商、長途販運商）、鋪商貿易（坐賈）、域外貿易和走私貿易等。從經營商品上區分，則有鹽商、糧油商、衣布商（絲綢、棉布等）、茶商、瓷器商、金銀商、竹木商、紙商、酒商、錢莊商（含典當業）、洋廣商和船商等，號稱「三百六十行」，另外還有如茶館、瓦子等服務業。儘管中國傳統社會商品經濟觸鬚細如蛛網，深入城鄉的商業門類眾多，但商業經營狀況天差地別，極不平衡。一是商業高度集中於城市，鄉村民間生活市場極其分散窄小；[1] 二是經營一般日常商品居多，因消費對象購買能力局限，價位偏低，利潤微薄，而少數奢侈性行業利潤特高，尤以長途轉運貿易，或利用資源稀缺性，以滿足權貴豪富者奢侈消費心理，或利用地區差價，賤買貴賣兩頭刻剝，常能獲取超額利潤。與消費結構相應，商業結構也是重心嚴重傾斜，具有病態的特徵。

　　要論富商，經營奇珍異寶獲利最豐，往往在巨商中佔有一席之地。這類通過遠程貿易而來的特種商品，銷售中心多匯總都會城市。元稹有「求珠駕滄海，採玉上荊衡……經營天下遍，卻到長安城」之詩句傳世，而明張瀚描述京師（北京）則說：「四方財貨駢集於五都之市，彼其車載肩負，列肆貿易者，非僅田畝之穫、布帛之需，其器具充棟與珍玩盈箱，貴極昆玉瓊珠，滇金越翠，凡山海寶藏，非中國所有，而遠方異域（從上文看，此處『中國』『遠方』均應靈活理解。——引者）之人，不避間關險阻，而鱗次輻輳，以故蓄取為天下饒。」[2] 除國內遠程珍奇貿易，由東南海上進口的犀象、玳瑁、珊瑚、貓兒眼、香藥等稀缺商品，亦向為權貴者所好。唐宋後它們大部為官方市舶司所壟斷，屬國家「專利」，而私商或勾通市舶官吏多取「餘貨」，甚至不惜走私海上，不避風險經營之，可見利潤誘

1　關於民間生活市場的窄小，可詳參程念祺《論中國古代經濟史中的市場問題》，分析甚細。文載《史林》1999 年第 4 期。

2　元稹：《元氏長慶集》卷 23「估客樂」；張瀚：《松窗夢語》卷 4。

惑非同尋常。[1]《太平廣記》所載嶺南富商陳武振，即號稱「家累萬金，為海中大豪，犀象玳瑁，倉庫數百」，[2] 這是唐時情景。至明清則難有如此「明火執仗」的富商，多演化為「海盜」之流。一般府縣城邑的富有者，亦不乏追逐時尚的風氣，明中後期尤甚。如明末清初江南開始盛行皮裘，一襲之裘，值二三百金。[3] 海獺暖帽每頂紋銀二兩。帽最貴者為細草編織名「得勒粟」者（產自北方少數民族），每頂三四兩；更可駭者，有一種西寧長纓涼帽，一頂值銀三十餘兩。[4] 此為北貨南運。同理，南運至北，如明松江絲綢棉布運至西北少數民族地區，主顧多為酋長一類權貴，其銷售價格雖史無明載，估計其價亦不菲，且轉賣北貨南下，兩頭得利。這些都很能說明傳統商人適應上節所說的社會消費重心的嚴重傾斜，利用富貴者追逐時尚心理，通過遠程貿易獲取超額地區差價的成功。

　　帝國時代最顯赫的富商，當推鹽商。自春秋戰國至秦漢之初，鹽鐵兩業曾聯袂傲視群商。茲後鐵業地位明顯下落，在商品流通領域遠不能與鹽業平起平坐。關於古代採鐵冶鐵業產權及其經營情況，已在「商品生產」一節揭出。生鐵業當初首先是佔盡「材料革命」初起的風光，而在列國軍備競賽激烈的背景下，更是「春風得意」，大贏其利。然而待到「六合為一」，帝國實施強有力的中央集權統治，鐵之使用於軍備大項盡為「官營」獨佔，無求於市場。私商僅能局促於民間市場一隅。宋以後雖然「官營」製鐵業逐漸讓出陣地，民營的比重有所上升，但鑒於農業與手工業技術更新遲緩，農民和私人手工業者購買力極度低下，鐵器的市場需求萎靡不振可想而知，故經營規模不大，多為工商相兼的中小鐵鋪，其境遇甚至不及城市餐飲酒肆業紅火。秦漢之後，史書鮮有鐵商稱富的載錄，殊不足怪。

1　最典型的事例，莫過於明中葉的「倭寇」，實與海上走私活動密切相關，多為中國「海盜」混跡其間，並非盡為日本「浪人」。明王士性《廣志繹》、明燮《東西洋考》、何喬遠《閩書》多有載述。近著以林仁川《明末清初私人海上貿易》收錄梳理最為詳備。華東師範大學出版社，1987 年版。

2　《太平廣記》卷 286「陳武振」。

3　唐甄：《潛書》下篇上「富民」。

4　葉夢珠：《閱世編》卷 8。

鹽業的境遇卻迥然不同。鹽商依靠「食鹽」這一家家必不可少的特殊商品資源，鑽營於國家「專賣」政策起伏多變的隙縫之中，左右橫通，俯仰有術。朱明中後期至大清前期更發展到巔峰狀態，揚州鹽商雲集，其富驕四方稱羨，有《揚州畫舫錄》極其形容。現今「食鹽」在商品大家族中已微不足道，後之學子對上述情景恐會大惑不解：何以鹽商會凌駕諸商之上，有如此獨領風騷的「輝煌」？作為帝國時代商業的一大怪異現象，在現今頌讚傳統商人的時文裏，往往避而不談，總有點「為親者諱」的嫌疑。然而，正是在鹽商身上，最能體現中國傳統商人特有的社會性格及其歷史命運。

鹽作為一種食物調料，雖極不起眼，卻家家必備。食鹽所含之鈉為人體健康所不可或缺的重要金屬元素。體內缺鈉，輕則四肢乏力，重則全身浮腫。食鹽且有平衡體內酸鹼、調和腸胃以及解毒等生理功能。故古人稱「鹽為食之將」，「無鹽則腫」。[1]

在古代中國，「鹽法」無疑與國家財政息息相關，政策隨時俯仰而曲折多變，情節比較複雜。其中以宋代鹽政最具代表性，可分為四類：（1）民製（或官製）、官收、官運、官銷，稱「官般專賣制」。（2）民製（或官製）、官收、商運、商銷，稱「引（鈔）鹽制」。（3）民製、官收、官運、商銷，其中亦有「撲買制」和「分銷制」之別。（2）、（3）總稱「官間接專賣制」。（4）民製、商收、商運、商銷，稱「自由貿易制」。[2]準之歷代鹽法變革，大致也不出此四種範圍，且以官、商勾結謀利為其大端。

根據「六合之內，皇帝之土」的國家觀念，自秦始皇起，帝國政府歷來都將「山海池澤」與全國田地均視為「天下之產」。因此，鹽鐵茶與金銀銅等同樣都屬於「國有資源」，為國家財政的利益淵藪，這是沒有疑義的。然而採用何種操作手段實現財政目標有效，這是一個政策實踐問題，要取決於多種因素。歷代鹽法多變，此中有許多機巧，其主軸則始終是政

1　前者見《漢書‧王莽傳》，後者出於《管子‧輕重甲篇》。

2　此據戴裔煊：《宋代鈔鹽制度研究》第 2 章，中華書局，1984 年新 1 版，第 56—57 頁。戴著對鹽法之研究，不僅於有宋一代鹽法考辨特細，更以史識見長。

府與鹽商分割利權的糾葛。鹽商的命運也隨之而波動起伏——但鹽商似乎是商人之中最善於利用政策、屈伸自如的「蜥蜴」。鹽商為傳統中國的特產。在帝國絕大多數年代，他們之中能暴富者，多走官商串聯、權錢交易的門路，老實經營者的處境則始終不脫「艱難」兩字。

漢初鹽法實行的是「自由貿易制」，史家都無異議。鹽的開採、加工和運銷，人力成本和墊付成本都較高。正是緣於鹽業特定的「成本—收益規則」，只有規模經營，包括必須招徠眾多奴隸與無業流民（「天下亡人」）從事生產，走銷四方、經營多門，方能有巨利之收。所謂「（刁間）逐魚鹽商賈之利」，就是為了克服單程走銷運輸成本偏高的經營弱點，兼營別業往復轉販，降低成本、增加收益。因此「豪強擅障山澤」，鹽商多為大賈（史稱鹽民「依倚大家」），一點也不奇怪。司馬遷云刁間「連車騎，交守相」，推測一則依靠官府背景，避免郡國追捕「亡人」，次則必有逃稅漏稅的考慮。此時官商勾結，尚局限於「利稅」環節，空間有限。

武帝「籠天下鹽鐵」，實施「鹽鐵官營」，為中國鹽法一大歷史轉折。桑弘羊主持的鹽法與前此「民營制」完全相悖，實行嚴格的「官般專賣制」，即官督民製、官收、官運、官銷，政府行為貫徹始終，具極強烈的國家壟斷性質。除個別大鹽商搖身一變而為「鹽官」，小零售商寄身於「官鋪」勉強謀生之外，鹽商的生財之道斷絕殆盡。這是鹽商蒙受的一次厄運。

以政府機構直接介入食鹽的供產銷，雖獨擅其利，但操作上的困難甚多，弊端百出，收益未必理想。桑弘羊時的具體實施細節，因史料記載與宋明相比稀缺至極，實不得而詳。有些情節目前似難於通解。如西漢鹽官之設，可考者凡 37 處，[1] 今之江浙兩省廣大地域，僅浙江海鹽一處，而甘肅、寧夏、陝西、內蒙古、山西共有 10 處，江浙的銷售效率，大成問題。再如非鹽產地各郡縣行銷的鹽，通過甚麼樣的轉運環節到達，是由專門機構負責轉運，還是由各郡縣直接去產地「官般」，也成了懸念。唐宋

---

1   嚴耕望：《中國地方行政制度史》，第 196—197 頁。轉引自郭正忠《中國鹽業史》（古代編）
     第 33 頁。

「官般」都是與漕運環節接軌，利用運粟空船從漕糧集結地所設鹽倉運回，多少解決了運輸成本過高的一重困難。而從《後漢書・賈復傳》看，賈氏時任南陽冠軍縣掾，與同僚十餘人往河東「迎鹽」遭遇盜賊，僅賈一人將鹽運回南冠。南冠與河東相距不短。此雖王莽時事，卻可窺見西漢時可能郡縣所分配的官銷鹽，得由自己去產地或「鹽官」所在地「官般」。若此，則今之江浙地區，僅「海鹽」一「鹽官」機構如何轉運，各郡縣食鹽的「官般」轉運成本更高（效率也成問題）。再加由郡縣銷往所屬城鄉各個角落，勢不得不藉助零售商，又增加一道批零差價。怪不得連宣帝詔書也不得不承認：「鹽，民之食而賈咸貴，眾庶重困。」[1] 從王莽以「六筦」名義重新宣佈食鹽「官營」，透露西漢後期食鹽的「官營」多半名存實亡。

正是因為「直接專賣制」操作上的困難，至東漢一代，鹽之管理權下放郡縣，且恢復「私煮課稅制」。從此，除戰亂和分裂割據時期，如魏晉以至北朝（官鹽軍事化時期），五代軍閥割據時期，以及宋、明建國之初，一度恢復過官府直接專賣的「食鹽官營制」外，間接專賣制為帝國鹽法的主流。

帝國前期的財政實踐說明直接「官營」並非理財的良策。但鹽之大利卻又不能放棄，於是「大國之善為術者，不惜其利而誘大商，與商賈共利，取少而致多」，[2] 此即為「間接專賣制」的微言大義。帝國中期鹽法變革的這種導向，自然為鹽商長袖善舞提供了某些周旋的空間，但同時也規定了鹽商必須與官方「共利」，其經營一步也離不開如何用足國家政策的新格局。

以「官商共利」為特徵的鹽法，其源蓋出於唐安史亂後的鹽政改革，第五琦發其端，而終成於劉晏。劉晏鹽法史稱「就場專賣制」，實則為民製（或官製）、官收、商運、商銷。政府在產鹽地設置機構「榷售」（現場發賣），鹽商就「場」買得官鹽後，即商運商銷，賺取官府「批發價」與市場實銷價的差額（純利潤則要扣除運銷成本）。政府從鹽民與鹽商兩

1　《漢書・宣帝紀》。
2　歐陽修：《歐陽文忠公文集》卷 54「通進司上書」。為上下文通達，引用時詞句略有刪改。

頭獲利，財政收入數十倍增長。史載劉晏改革前，政府鹽利收入為 40 萬貫，僅佔歲入的 1/10；至大曆末僅東南鹽利（海鹽）即達 600 餘萬貫，超過國家歲入的一半。[1] 這一制度雖起因於安史之亂後財政困窘的特殊情景，卻預示着帝國財政新熱點的轉向——開了帝國後期商稅在國稅比重中逐步上升的歷史先河。

從唐中期實行「榷售」政策後，鹽商開始重振雄風，韓、白諸賢均謂「上農大賈」「豪宿之家」爭相冒庇「鹽籍」，「五方之賈，以財相雄，而鹽賈尤熾」，[2] 推測經營「官榷」鹽業獲利必異常豐厚，才趨之若鶩。但若不細細推敲高額利潤的來歷，鹽商「財雄擅響，鼎食提衡」的底牌不可能全盤托出。

據《新唐書·食貨志》所載鹽法改革前，海鹽每斗僅售 10 文。暫以此 10 文作為政府付給鹽戶的收購價（「鹽本」），到第五琦「官榷」時規定的專賣價格（「榷價」）上升至 110 文，「鹽本」僅為「榷價」的 1/10（直至唐末最高時也僅及 1/8）。此後 40 餘年間又猛漲 2 至 3 倍，最高達 370 文。國家鹽利收入的陡增，於此得解。鹽商首先是從批零差價中得利。政府售給大鹽商的批發價多少，未見載述。據《唐會要》卷 88 所載，「諸處煎鹽場亭」賣給「小鋪商」的「糶價」為 190 文，低於「榷價」250 文或 300 文，其間差價為 60 文或 110 文，毛利潤率為 31%—57%。這還是元和後在產地就近機動增加的小批量交易，大批量「納榷」所得差價必更大。再有一層，唐中後期鹽商賣出的市場價普遍高於官府「榷價」。據杜甫《鹽井》詩云：「自公斗三百，轉至斛六千」，每斛十斗，則鹽商賣給消費者的鹽價比「榷價」多出一倍，為 600 文。即使杜詩有所誇張，但統計兩項差價，「坐收厚利」（韓愈語）超過 100% 以上（以 190 文增至 400 文

1　關於唐後期鹽利收入變動情況及其在國家財政總收入中的比例，詳參郭正忠《中國鹽業史》第 205—209 頁。總體估計鹽利所入佔全國歲收 1/5 至 1/2 左右。這一比例大致與唐人文集中的議論還是吻合的。

2　分見《白居易集》卷 63「策林」、《文苑英華》卷 423「會昌二年四月尊號赦文」、《韓昌黎集》卷 40「論變鹽法事宜狀」。

計），應是最低的估計。其中經營規模（「納榷」）越大，獲利越豐厚。顯然鹽業買賣要比一般商業貿易利潤高得多。

然而，大鹽商僅僅靠這些「差價」是絕不可能陡成暴富的。即就唐中後期而言，大鹽商尚有許多「額外」生財之道。其一，利用買鹽農民缺乏現錢實行賒銷，[1]收穫時農民用米穀布帛以償，鹽商趁價落之時按最低收購市價折值，多出一層盈利。農民不准買私鹽，只得聽其擺佈，此為倚「官鹽」欺侮小民，足見其「詐」。其二，夥同官吏一起「公利私入」，這才是鹽商暴富的隱祕，可謂之「奸」。「蒼蠅不叮無縫雞蛋」，「官榷」也總會有許多「縫隙」。有案可查的，一是藉「賒貸」故意壞賬。因「納榷」數量非小，鹽商有時湊不足巨額現錢，鹽鐵官吏為完成任務，常通融賒銷。此舉原亦無可厚非，然從事後中央政府再三追逼無效，甚至被迫「疏理減放」（即抹掉一部分「欠款」）的跡象看，鹽商「壞賬」多半與所屬官員「勾當」在前，能賴則賴，虧空的是「公利」。二是利用「虛估」賄賂官吏，此為大頭。劉晏初時為解決戰士春服，鼓勵鹽商以絹帛（後來擴展為漆器、玳瑁、綾綺等）代鹽利，折值時優惠給價（即高於市價），後來就成為唐後期鹽利「虛實估」一大公案。略去財政「公案」不提，鹽商從「虛估」中得到的好處非小，其間又必與過手官員「好處」，故意高估其價。這一筆「外快」非小；而從這裏又引出另一生財之道，即利用銷鹽、納鹽之便，往來兼營絹帛等物的長程貿易，低進高出，多頭賺錢。雖後來政府曾有令禁止鹽商兼業，亦一紙空文。這正是鑽營有道，無孔不入。還是白居易看得分明，說道鹽法之弊，「上不歸於人，次又不歸於國，使幸人奸黨得以自資」。鹽法初行，國家收入大增，隨後每況愈下，原因多多，商蠹、官蠹串通侵吞「鹽利」，即為大端。僅敬宗時福建鹽監院官盧昂一案，貪贓數達 30 萬貫，家有「金牀」，其金枕「大如斗」。奸商養貪官，貪官肥奸商。可以憑常識推理，凡因鹽利成大貪的，因其放縱而造就

---

1 韓愈即說：「貧多富少，除城郭外，有現錢糴鹽者十無二三，多用雜物及米穀博易。」這是當時農村的實情。見前《韓昌黎集》卷 40「論變鹽法事宜狀」。

的「大奸商」其富必有過而無不及。此類弊端實為「官商共利」的孿生物，並非加強管理所能完全根絕，唐代韓、白諸時賢談到官場腐敗，最後都歸諸「官權」，可謂洞徹見底。

唐中後期鹽商的「雄起」，還只是一個序幕。經兩宋跌宕轉折，至明、清（前期）大鹽商的暴富才達到巔峰狀態。此中的奧祕，還得從北宋實施「鈔鹽法」關節說起。

北宋鹽法，游移不定，繁複多變。其中「官般官賣」係由政府一手經營到底，而所謂「通商」是在鹽產「國有」基礎之上，開放商運或商銷一二環節讓鹽商「代理」經營，時稱「官商共利」，大凡不出前面說過的四大類。其中唯「交引法」或「鈔引法」為北宋所首創，對後世影響深遠。

「交引」在前，「鈔引」在後。宋初商人用現錢或實物向「榷貨務」購置「交引」（「引」有「憑證通行」之意），商人憑「交引」至產鹽地支鹽，然後運至規定地區貨賣。中期起基本停止以實物購兌交引的辦法，改為一律用現錢購買「鈔引」，支鹽運銷，時稱「鈔鹽法」或「鈔引鹽法」。政府所發的支、運、銷通行憑證，就稱「鹽鈔引」。[1]

「鈔鹽法」屬官製（或官督民製）、官收、商運、商銷，其精神一承唐劉晏鹽法。與唐後期、五代十國所不同者，一是權轉歸中央，鹽商直接與中央主管部門打交道。北宋政府最初是出於解決北邊駐軍軍備物資（芻糧）供應的諸多困難，招募商人納芻糧於「沿邊州軍」，商人再至中央政府領取現錢或茶鹽等專賣物資（「折博」），時稱「入中」。「交引」「鹽引」都由「入中法」發展而來，目的是為了節省政府軍需物資購、運費用與效率。到行「鈔引法」，已逐漸演變為中央政府以籌集經費（只收現錢）為主要目的，[2] 鹽利為餌，成為開拓財政利源的重要招式。這正是北宋起財政

1　鹽鈔版式及鈔紙，詳見戴裔煊《宋代鈔鹽制度研究》「鹽鈔」章，第114—116頁。

2　此一關節，戴裔煊先生言之最切：「在此時期以前，解鹽之通商，不過為應付沿邊糴買，政府可以賴以減少現錢之支出而已。自鈔鹽法推廣於東北東南之末鹽，鹽息之入，固不僅在乎應付沿邊糴買，固成為國用所仰給之主要泉源。」見戴裔煊：《宋代鈔鹽制度研究》，第369頁。

事權一統中央的體制在財政政策方面的一個重要變化。其二，與此關聯，「鈔鹽」商人憑藉着政府對之需求甚切的這層「共利」背景，取得了某種「專賣特許權」（可簡稱「專利」），具有準官方的「中央代理商」身份，因此有「黃旗鹽客」之稱。鈔鹽商所至之處，無不放行無阻，以致一些州官甚至冒充或「假借商賈，率用大舟載鹽，雜販禁物，植以黃旗；所過關津，皆莫敢問，往往得志」。史載僅浙江處州的客商，一年內竟購買鈔鹽引高達 50 萬貫，可見鹽商資本之雄厚，其他商人莫與倫比。[1] 同時亦可窺見鹽商藉運銷「黃旗官鹽」名義，多從事各種違法貿易（包括走私物資），官商勾結，牟取暴利，其眾多幕後「新聞」，多被正史湮沒，不得而詳。

　　明朝的「開中法」即由北宋的「入中法」演變而來，主要是為了軍事目的而實施的招商代銷制度。其法推行範圍較廣，影響最著當推開中鹽糧與北部九邊軍事地帶軍需供應的關係。有明一代，為防禦北邊蒙古、女真等部族，自西至東設置「九邊」（特殊軍分區），財政支出尤以此項軍事費用所佔比重特大。在朱元璋設計的自給性質軍屯制度失效後，明政府便利用「開中法」轉向主要依賴於「召商入粟中鹽」，以支持九邊繁重的軍需。商人入「米」（含米麥粟豆，也有時兼折布、鐵、茶、馬，甚至折銀錢）於沿邊，憑其發給的「倉鈔」親自至運鹽司比勘發給「鹽引」，然後下場支鹽運銷，其法與宋「鈔鹽制」同中有異，基本精神仍一脈相承。鹽商的活動實際已成為國家財政體系（側重軍事財政）的一部分，並由於放寬「折博」範圍，也與國家控制下的物流運行網絡發生廣泛關聯，有機會藉政策之便，參與更多合法與非法的商品交易。

　　「開中法」關聯着國家財政軍需與鹽業「官商共利」兩層關係，因此具體運作環節十分複雜，在實踐過程中弊端百出。為切實保證國家財政利稅不流失，操作管理制度也變化多端。成化以後，開中鹽商實際已轉變為以納銀為主，並分化為邊商、水商、內商三種商人，原先「開中」所包含的沿邊納糧（報中）、領引支鹽（守支）、鹽貨運銷（市易）的「三

1　參閱郭正忠：《宋代鹽業經濟史》，人民出版社，1990 年版，第 818—819、836 頁。

位一體」變為「三商分立」。其中領引支鹽的內商由於「萬曆綱法」的改革，規定必須由資本雄厚的商人包攬承運官方鹽引所上納的鹽銀，以「綱」為單位，「佔窩」承賣。這些資本雄厚的鹽商以「佔窩」的形式遂取得承領鹽引、擁有「鹽綱」壟斷權的「綱商」。「綱商」的出現，意味着寄生性極強的鹽業壟斷型大鹽商的成立，而水商、邊商落到了受內商支配的地位。

清前期鹽法基本沿襲明制。《清史・食貨志》即云：「引商有專賣域，謂之引地。當始認時，費不貲，故承為世業，謂之引窩。」與明代不同，鹽商「佔窩」「引窩」更趨向集團化。各地多以「公所」「總局」等名義，由財力雄厚的大鹽商領銜，眾多鹽商合伙進行有組織的結綱興販。領銜者名稱不一，兩淮、兩廣稱「總商」，兩浙稱「甲商」，山東稱「綱頭」「綱首」，而河東稱「綱總」。一般「總商」或「甲商」之下，還設有「副甲」「商經」「公商」等多層管理者，他們「身不行鹽……皆出入公門，攀援官吏」。[1]「公所」「總局」不僅管理發鹽派銷、課餉、捐輸，還負責緝私，有巡船、巡丁協同官府查緝，儼若官府派出的「代理機構」。至此，大鹽商半官半商的壟斷地位已升至巔峰。

自明後期起，明清大鹽商富奢顯赫，解囊「報效」，動輒數十萬兩，官府待之若上賓，甚至個別還蒙受皇帝「御見」恩寵。[2] 對此，史書記載不絕，好事者更極其形容。然對其致富之道，商人多諱而不言，後為之作傳者，如汪道昆《太函集》之類，又常以艱難起家、「儒商」風範掩飾其他難言之隱，故「盡信書，不如無書」。若將那些「傳記載述」盡看作信史，不免霧裏看花，走神失真。現在大概只有在政府查處有關「鹽政」瀆職貪贓、違法違規的眾多案例裏，才可能窺得其暴富隱祕之一二。

1　呂星垣：《鹽法議》，載《皇朝經世文編》卷 50。

2　官吏對「總商」的諂媚，史家多引李煦密摺，參奏兩淮巡鹽御史張應昭「恩威不立，疏通無術……閣眾總商有公務進見，或議論參差，應詔不能決斷，輒云『太爺們，你饒了我罷』，兩淮傳為笑談」。鹽商顯赫、富奢諸多事例，可詳參《徽商研究論文集》所收王思治、金成基《清代前期兩淮鹽商的興盛》與蕭國亮《清代兩淮鹽商的奢侈性消費及其經濟影響》兩文。安徽省人民出版社，1985 年版。

　　大鹽商陡成暴富，隱祕多端，隨時而變。擇其要者，大致有：（1）「報中」環節：串通邊方官吏，少納多領，納賤折貴，甚至「虛出通關」（不納米糧而給倉鈔）。其初報中商人多就邊地（由明初商屯軍屯演變而來的商品糧生產基地）購糧納中，藩王宗室、朝廷權臣插手其間，稱「勢豪佔窩」。因此這類商人都串通當地「勢豪」，賄賂主管吏胥，買賤（壓糧農）賣貴（抬高納中折值），上下其手，成為富裕的「邊商」。最早一批徽商由此北上，而山陝商人得近水樓台之便，由此崛起，成為主體。（2）「支鹽」環節：憑「鹽引」到場支鹽，由於支鹽候待，候待周期越來越長，甚至多壅積難支，因此出現「兌支、代支、積支」等現象。明以後海鹽成為大宗，支鹽必須到淮、揚、浙鹽場。邊商鞭長莫及，不得不多將鹽引售與專以守支、市易為業的內商。內商重操邊商故伎，串通有關職能部門，對邊商壓價賤收，排擠弱商取得優先領鹽權，迫使弱者變為「水商」，不得不轉從內商手中高價支鹽分銷。強悍內商兩頭盤剝，盈利可觀，而納銀開中的轉折，以及「萬曆綱法」更縱容了內商奪取壟斷鹽引的支配地位，內商就成為鹽商中的主體。時稱「內商佔窩」。身居內地的徽商遂乘時雄起，其勢逐漸蓋過山陝商人。（3）「支鹽」與「市易」的中間環節：內商佔窩除賤買貴賣鹽引外，還有「套搭虛單」和「佔窩囤戶」兩手。前者類同「虛出通關」，勾通官吏支鹽實為虛單（假賬），而實單卻擱置壅積，時稱「浮引」。後者則利用支鹽上述各種弊端，內商故意囤積「鹽引」投機買進賣出，反覆炒作，有點像「投機炒股」。以上兩項表面看是商人之間爾虞我詐，「大魚吃小魚」，實則邊商、水商還是要把損害轉嫁到消費者身上，因此市場「官鹽」長期價高不下，民怨沸騰，一直是明清社會生活中非常嚴重的社會問題。私鹽猖獗泛濫，就是反證。（4）「收鹽」環節：弘治後開禁「餘鹽」（灶丁交納官額後的餘數），內商開始獲得直接向鹽場購買餘鹽的權利。入清後更因北邊軍事形勢緩和，遂廢「開中法」，鹽場出產悉歸商收，內商更直接插手收購，擁有收鹽壟斷權。其刻剝灶戶常不擇手段，有乘灶戶缺資以借貸「權衡子母，加倍扣除」者，有以大小桶「浮收灶鹽」，「每桶實多一二十斤」者，有強行壓價者。據兩江總督陶澍事後的估

計，僅內商從收購環節所獲超額利潤竟至數十倍之多。[1]（5）「市易」環節：運銷過程內商更是賄賂官吏，百端奸詐。最甚者為「影射夾帶」，買通地方官吏，大肆夾帶走私，從私鹽直至各類違禁物資（如海上走私物品）。明末至清初，私鹽泛濫猖獗，恰恰是緝私機構夥同「總商」，互相「攀染勾連」，以致乾隆帝也承認「凡遇奸商夾帶、大梟私販，公然受賄放縱……此弊直省皆然」。正因有官吏勢要參與，愈革愈厲，以致朝野上下憤慨申斥各類緝私機構「形同虛設」「徒增官費，而無成效」。至於鹽商藉運鹽之便，兼營糧米等其他商品貿易，名正言順，獨得多頭經營之利，還不在其列。

鹽商作奸諸法，非親歷其時者，總想像不周。鄭祖琛《更鹽法》有一總括，揭出了前所不及說到的其他作弊情節：「（鹽商）之世其業者，遂轉其利以病民，百弊為之叢集。出於場灶，則偷漏有弊，夾帶有弊；驗之於監掣，則掌稱有弊，捆包有弊；運之中途，則換駁有弊，改包有弊；行之於口岸，則加鹵耗有弊，加三帶有弊；售之於水販，則摻和有弊，輕稱有弊。」[2]連清官方也不得不感歎：「奸商之鹽日多。」（嘉慶《兩淮鹽法志》）其作奸之法也日甚一日。

關於鹽商「輝煌史」幕前幕後舊聞，雖然未必都說清楚了，卻已經費去太多篇幅，至此必須剎住了。我之所以斤斤計較於此，是因為從鹽商身上最能切問中國傳統商業肌體的脈動，檢測其健康與否——嚴酷的史實昭示，它絕非像當今走俏的時文裏所高唱的一曲「中國現代商業先驅」頌歌。不切斷這種深厚的歷史遺傳基因，中國的商貿是走不出傳統病態畸形的，更談不上經濟結構的現代化。

現在關於中國古代商幫的熱銷書文越出越多，尤以徽商、晉商走筆更濃，幾成文人的「徽晉情結」。殊不知徽、晉商人的「雄起」，雖然不能完全抹殺個別商人起家艱難、經營有道的情節，但能成其「大」者，無不

1　陶澍：《敬陳兩淮鹽務積弊附片》，載《陶文毅公全集》卷 11。
2　《皇朝經世文編補》卷 49。

與此種不光彩的鹽業經營有關;「非奸不富」，亦非此類人獨有的「人性」，而是「時勢」刻意塑造了他們，成全了中國人常認同的「識時務者為俊傑」，捷足則先登。這裏不能不提到一位日本學者——藤井宏。其連載於1953年的《新安商人研究》，實發端於1943年的《明代鹽商的一考察——邊商、內商、水商的研究》。他以充分可信的論證最先揭出徽商「雄起」實緣於明清財政背景下官督商辦鹽業的史實。看來在中國學術界，傅衣凌先生至遲不晚於1947年即注意到這一重要學術信息，在其論著中加以引申，且有1983年翻譯上書之舉，國內學術界才逐漸紛起呼應。在日本，寺田隆信在藤井宏的影響下，於1972年完成了《山西商人研究》（1986年始有中譯本推出），更詳盡地剖析了山陝商人與明代北部軍事消費地帶的特殊關聯，其成果也不離藤井宏所揭示的主旨。到此，徽、晉商人靠官商勾結、利用國家政策暴富的老底已被晾曬於光天化日之下。今之某些作文頌商者，似乎無暇再讀上述非讀不可之書，若全然不知其存在，真可為之長太息也！

　　從桑弘羊開始倡論「民不加賦而國用足」，直至清道光十年開始陶澍「廢引改票」，大鹽商走完其「光輝路程」，前後歷經兩千餘年。帝國鹽政下的鹽商命運跌宕起伏，多數鹽商備受官府苛稅勒索相兼，艱難苟存，[1]唯有與官府背景最深的少數大鹽商從政策性的壟斷性經營之中，侵蝕公私之利，陡成暴富之勢。然其所帶來的社會後果卻十分深遠廣泛，於市場經濟的發展有大害而絕無大利。概括言之，至少有以下幾項：

　　（一）官鹽「專賣」以來，平民百姓所必須購買的食鹽價位長期居高不下。在商運商銷之後，各種附加成本疊壓，兼之鹽商奸詐百端，更使鹽價高昂之勢難以遏制。另有一層情節必須指出：政府在官賣情形下為着強

1　鑒於主題所限，文內着重討論的是大鹽商的暴富背景，有關中小鹽商艱難經營的種種情節，均從略不及。這是要請讀者特別留意的。例如北宋蔡京時期政府濫發乃至屢屢更改鹽鈔，舊鈔如同廢紙，鹽商「家財蕩盡，赴水自縊，客死異鄉，孤兒寡婦號泣籲天者，不知其幾千萬人」，最堪稱歷史大悲劇。明清一般鹽商受官府和「總商」雙重盤剝，境遇亦較困苦，為之呼籲者議論甚多，恕不再轉述。

制抑配，曾有「蠶鹽錢」等名目的成立。[1] 改為商銷，政府實不再支鹽，宋
明政府卻仍依舊規，按戶或人丁以各種形式預徵配額的「鹽丁錢」「鹽糧」
「鹽鈔」，遂成一種額外賦稅。此等橫蠻無理的苛斂，直至雍正「課歸地丁」
方始作罷。唐太宗曾以「割股啖腹」比喻官吏貪贓的愚蠢，想不到宋以後
歷代帝國政府竟明知故犯，竭澤而漁。其結果「民不加賦而國用足」遂成
歷史笑柄，廣大農、工諸業生產者階層市場購買力落到最低點，民間生活
市場日形萎縮凋敝。此點已由程念祺君專文論證揭出，學界亦多贊同，不
贅。[2] 此足見明清市場有其不可忽視的「空洞」，市場點與面的斷裂，外強
中乾的虛弱，絕非城市權貴者的奢侈消費氣氛所能掩蓋。帝國市場經濟不
因其表面繁榮而有性質上的根本性轉折。

　　（二）富國強兵與藏富於民，始終是傳統中國經濟政策與經濟思想爭論
的焦點。司馬遷在《貨殖列傳》中強調「貧富之道，莫之奪予」「淵深而
魚生之，山深而獸往之，人富而仁義附焉」，鮮明地站在「藏富於民」一
派的立場上。可歷代帝國政府聽不進去，都耿耿於無所不在的鹽利，煞費
經營，方便多門，其理由也不出「富國強兵」四字。實踐的結果，表面看
國家財政收入確實也曾陡增數倍。凡大動干戈、興師動眾，更依仗多方苛
斂鹽利而得解軍需之困。漢武、宋祖、洪武皆用此道，康、雍、乾亦何嘗
不是？以「十全武功」自詡之乾隆帝，鹽商「捐輸」報效軍前，大項就有
八次之多，總計捐輸不下 1310 萬兩白銀之鉅，方成全其「十全武功」。
至於官吏食墨、吏治腐敗，更是與鹽政形影不離，成為緊追不放的「副產
品」。雖每度鹽政改革總因國庫收入嚴重流失，制約「奸弊」的舉措不斷

1　「蠶鹽」制度始於後唐，由北宋承襲。政府先以鹽貸人戶，到蠶事既畢，人民以錢糧或絹
　　帛隨夏稅償官。後來政府既取消官賣，由鹽商供鹽，卻仍令農民輸蠶錢如故，無異於多了
　　一種額外賦稅。此外尚有「乾食鹽錢」「丁鹽錢」等名目。明代更實行「計口給鹽」制度，
　　不管其吃不吃官鹽，民戶都得按標準交納「鹽米」，後又發展為「納鈔」、折銀，實際國
　　家並無鹽支給，這一額外加賦遂被制度化為「常賦」。此弊政直到雍正「課歸地丁」，才
　　被攤入田畝。
2　關於民間生活市場因此萎縮，請詳參程念祺《論中國古代經濟史中的市場問題》，分析甚
　　細。文載《史林》1999 年第 4 期。

翻新，極欲封死口子、紮緊籬笆，卻都被鹽商無孔不入的行賄手法一一破招，無濟於事。

北宋末年蔡京屢改鹽法，大肆聚斂。徽宗得下屬報告說所納鹽錢積滿國庫，還不敢相信，遂問「丞相」商英：「直有爾許邪？」商英答曰：「啟陛下，皆虛錢。」據說經派人清點果然庫盈不假，商英也被申斥。但從另一角度考量，商英所言之「虛」真是「諍言」，只是商英不敢往深處申明其「微言大義」。宋南渡後，始有胡安國首揭發蔡京鹽法的危害：「諸路空乏，乃復百般誅求，猶不能給，民窮為盜，遂失歲入常賦以數千萬計，則鹽法實致之耳。」[1] 社會不安，百姓流亡，政府「常賦」嚴重流失，無異於顧此失彼、釜底抽薪。

何獨北宋若是，整個帝國時代，以鹽政為典型，百般誅求，甚至不惜權力介入，視市場為盈利之淵藪，假鹽商之手，將區區之鹽當成「搖錢樹」，結果地方官吏勾結鹽商，層層盤剝，小民不堪負擔，遂失「民為邦本」之根本「大義」。其聚斂所得鹽利，從根本上看都像商英所說的，乃是「虛錢」。宋亡於金、元，明亡於清，清遂於列強前頓成「弱國」，「富國強兵」的終極目標不都成了泡影？

權力與經濟的結合，最大危害即在於吏治腐敗，國之大蠹侵蝕根基，以致國衰政亡。權力可伸手市場，貪利之人必不顧「公利」，恣意弄權「謀一己私利」。權力介入愈深，任何蠅頭小權無一不可「生財先富」。故明代人即言之不諱：「其勢要貪利之人，必藉此致富；而無恥官員，多假此夤緣進身。」[2] 清嘉慶帝得知鹽商「夾帶走私」，也說「押運官弁，恐不免包攬縱容，地方文武及總運催趲各員弁，亦必有得其規賣放情事」。[3] 顧炎武則站在民間立場，說出另一番道理。他說鹽法「非通商以裕民，乃厲民以惠商也」。這是指地方官員因散放商鹽有利可圖（「回扣」匪淺），以其

1　胡寅：《斐然集》卷 25「先公行狀」載胡安國《恤民論》。

2　戴金：《皇明條法事類纂》卷 13《禁止勢要賣鹽鈔例》。

3　《清仁宗實錄》卷 231，嘉慶十五年六月甲辰。

家鄉崑山而言，官員「急商課嚴於國課」，[1] 竟養肥了一班大官鹽商，害苦
了百姓。再進一步追究，不也同時養肥了一大幫地方「貪官」，「厲民以惠
奸」嗎？咸豐元年，戶部曾對「廢引改票」有一總結，其中説道：「夫票
鹽之所以愈於長商（指壟斷性鹽商）者，何也？長商受官管束，官吏因之
侵漁，長商無可如何，故有費（今之所謂「回扣」之類），而鹽日滯（指
私鹽猖獗、官鹽滯銷）；票商隨時認領，官吏即欲需索，票商立許告發，
故無費，而鹽易銷（私鹽不行）。則減費所以裕課。」[2] 此話也有水分。「告
發」之類彼時未必都有效，但因切斷了壟斷一途，權力與經濟的聯繫明顯
減弱，領票成了「自由市場」，鹽商此處不行，改投他處領票，官吏奈何
不得，才是最厲害一手。

　　帝國歷代鹽法改革各種方案足可彙編成巨著，但「上」（指國家）不
「受惠」，下（指小民）被其「禍患」的批評也不絕於史。究其根由，蓋出
在權力與經濟牽引太緊的下下策上，竭澤到頭必池淺無魚。入至清中期，
帝國政府與鹽商之間的利害衝突愈演愈烈，鹽引壅積、官鹽滯銷，政府與
鹽商兩敗俱傷，於是絕境之中，始有道光年間陶澍「廢引改票」的變革。
由於此法將重點轉至收稅，放開食鹽的自由販銷，效果一度不錯，説明市
場經濟自有其內在發展的理路，強行違背必受商品流通規則的懲罰。可惜
不久因內外戰事緊張，各地督撫又走上收斂「鹽厘」一路。這也説明鹽政
植根於帝國體制深處，政治利益至上，市場不振，終為沉痾。

　　（三）在前節消費形態的解析中，曾經將富商大賈的消費形態暫擱置一
旁，現在到了必交代的時候。關於明清鹽商的消費形態，特別是驚人的奢
靡消費，有些學者曾作過較詳盡的收集描述，文篇俱在，此處不再贅述。[3]

　　值得注意的是，以徽商為代表的富商大賈，其消費品格實具有「嗇

1　顧炎武：《天下郡國利病書》卷 4。
2　《皇朝政典類纂》卷 70「鹽法‧鹽課」引邸抄。
3　代表性的論文，有蕭國亮《清代兩淮鹽商的奢侈性消費及其經濟影響》（原載《歷史研究》
　　1982 年第 2 期）、葉顯恩《徽商利潤的封建化與資本主義萌芽》（原載《中山大學學報》
　　1983 年第 1 期），俱收入黃山書社出版的《徽商研究論文集》，1985 年版。

儉—奢靡二律背反」的悖論。它在商業資本形成和發展的初期，往往十分
注重節儉，甚至被人視為吝嗇，對人對己均異常刻薄，寸銖必較。馮夢龍
《三言》最極其形容。待資本積累達到一定規模後，卻又顯示出相反一面：
爭奇鬥富，「窮極華靡」（雍正對鹽商批評語）。一正一反，都同出商人本
性。因此若把這種「豪奢消費」僅僅歸之於模仿官僚權勢消費，就不免有
失膚淺。通過畸形的大鹽商消費形態，我們能看到的不只是商賈消費的畸
形，更深層地反映出傳統中國商人的歷史命運。

　　仔細分析其巨額利潤花費去向，大端有四：

　　①官場消費。大致用於賄賂官府關卡，廣結政界要人，宴請送禮，也
包括主動被動地「捐帑」「報效」。其費佔其利潤比例，有人估計約不低於
40％。[1]平心而論，當視錢如命的商賈拱手請官僚勢要「笑納」賄金之時，
心底必「惡罵無恥」。然而，他們也很清醒，為了求得官府庇護，以謀進
一步利用官府牟取非法暴利，不得不預付這筆節省不了的「成本」，故謂
之「子母相權」。這是符合鹽商特定的「成本—收益規則」的。只要賄賂
的收益大大高於成本，商人絕不會收住這隻「黑手」，腐敗也必彌漫而不
可收拾。

　　②科舉消費。這是對前述那種社會壓抑的心理逆反。長期處於「人在
屋簷下」的屈辱感，使其懂得權力才是獲取和保障財富的可靠「法門」。
改換門庭，當為長遠之計。他們或以捐納的方式，謀一「功名」虛銜以求
保護，更將希望寄託於子孫後裔「光宗耀祖」，投資科舉，以擺脫「賤籍」。

　　鹽商在家鄉乃至經商之地廣建書院、縣學、社學、私塾，其「助學」
之費亦不菲，且多傳為美談。現在許多人很喜歡引用汪道昆「弛儒而張
賈，弛賈而張儒，一張一弛，迭相為用」[2]的議論，渲染上述「壯舉」，美

1　據宋應星《野議·鹽政論》云：「萬曆盛時，（鹽商）資本在廣陵不啻三千萬兩，每年子
　　息可生九百萬兩。只以百萬輸帑，而以三百萬充無妄之費，公私俱足，波及僧道丐橋樑樓
　　宇，當餘五百萬兩。」由此得知正常情景，官場交易費（輸帑與無妄之費）佔利潤44％。
2　汪道昆：《太函集》卷52「海陽處士金仲翁配戴氏合葬墓誌銘」，載《明清徽商資料選編》，
　　第438頁。黃山書社，1985年版。

之曰「儒商走向」。我以為這多少還沒有讀出故紙背後的東西。

殊不知汪氏筆下暗藏千種情萬種苦，欲説又止，這是他老於世故的地方。唯有一處感慨，稍露消息：「（徽州商人）遞廢遞興，猶潮汐也，不戢者犯禁，不羈者作荒，不覆即敗。」[1]寥寥數筆，徽商受盡權力者的簸弄，把握不了自己命運的悵惘、失落，盡顯紙上。汪氏曾説過：「吾鄉業賈者什家而七，贏者什家之二。」可見業賈不易，走在權力與經濟交織的鋼絲繩上，能長久保持平衡不摔落的極少。他們不能不心有餘悸。正是出自權力壓抑下的經濟乃至人身的高度不安全感，徽商有一種莫名的「權力妒忌症」，誘使其發生必與權力同化的微妙心理變化，可稱之「反向認同」。人人具有「利益最大化」傾向之説不錯，但並非像韋伯所説取決於有無「經濟理性」那樣簡單。一切都要受制於「結構」——在政治一體化的格局下，以權謀財「低成本、高收益」的格局不變，商業貿易沒有相對獨立的市場保障，「朝不慮夕」，徽商朝官宦一途逆向轉變，尋求安全感，尋求新的發展前程，能説不是另一種「理性」嗎？

以上兩種「消費」，若從商人的眼光看，恐怕還是一種特殊的「投資行為」。前者為短期投資，後者則為長期甚至長長期投資（為子孫後代計）。

③社會公益消費。徽商除了在其家鄉廣建縣學私塾、宗廟祠堂、助學恤貧外，經商之地也「樂助公益」，尤以救災恤貧、修橋鋪路、助建書院寺廟等最為突出。此類消費的動機，實起於「自卑情結」，也有結好地方利於經營的考慮。「無徽不成鎮」，徽商之「富」往往成為注目的焦點。明清方志多有江南各地嫉怨徽商「精於搜括」的議論，遍及城鄉各階層，類似於東南亞土著居民對華僑富商的那種不健康心態。鑒於此種情景，徽商的「善舉」，必有擺脱困境、改善形象乃至克服自己「自卑心理」等多種需求。儘管這種行為未必一定能直接帶來經濟效益，但也不能説絕無經濟理性的考慮。這多少也反映商人社會地位的低下，不得不惜痛將其部分利潤用於「公益」。明清方志例無商賈入傳的，但徽商因救災而入《災異志》

1　《太函集》卷55「處士吳君重墓誌銘」，載《明清徽商資料選編》，第360頁。

的不少，說明此舉也有成功的地方。

④轉向投資：購置田產。其中多數回鄉購地，也有落戶經商之地，息商歸田，「以長子孫」的。對這一點，以往學者稱之資本「封建化」，多有批評，無異議。對何以如此，我想在這裏多說一層意思。

如今頌商者多不能深入體恤徽商心理，一味渲染如何如何成功經營，而對其內心諸多苦澀反倒抹去不提。細讀徽商資料，屢多洞察「天人盈虛之數，進退存亡之道」的議論，大有深意可探究。如明嘉靖歙縣人黃鑄，號稱洞悉此道，「年幾耳順」，遂「幡然來歸」，「猶早夜習勤，益拓田宅」，曰：「吾將以遺安也。」[1] 此一「安」字道盡商賈種種苦澀，讀時必得深況其味，方不負黃老苦心。

徽商經營失敗的事例在傳記中所佔比例頗重，常被讀者輕忽。關於徽商浪跡天涯，客死異鄉，甚至無顏返鄉，其子千里尋父，幸者尚得「父子相持而泣」，慘者「扶持（屍骨）而歸」，種種情節堪成絕好悲劇題材。今之文人多「媚」，失敗者幾不值此輩一顧，可歎！[2] 不明此種情景，就讀不懂休寧查道大歸田自命「慎齋」，曰：「天道忌盈，可不慎乎」；汪勳晚與西山鸞鶴訂交，曰：「與其流浪湖海，戰惕風濤，孰與陶寫丘林，偃仰雲石。」[3] 回想馬克思《資本論》所說歐洲資本家若獲利300％甘冒殺身之危，肝腦塗地在所不辭，而中國徽商卻深陷於那種「克己」「知足」、退歸田園的心境，東西商人精神判若天地。這種差別，豈止是文化觀念的差異，更是政治經濟構造的殊別：「天不同，乃道不同」──試想中國商人若富過了頭，會有多少麻煩，「可不慎乎」？

上類徽商還算懂得近謀遠慮者。更有高度壓抑無處宣泄，化為及時行樂者，則可歸之「心理變態」。史載揚州鹽商中有「欲以萬金一時費去者，門下客以金盡買金箔，載至金山塔上，向風颺之，頃刻而散，沿沿草樹之

1　歙縣《譚渡黃氏族譜》卷9「松澗黃處士傳」，載《明清徽商資料選編》，第95頁。
2　就我讀到的，就有胡士畿、程世鐸、詹文錫等事例，讀之不覺潛然淚下。請詳參《明清徽商資料選編》，第241、245、246頁。
3　參前書，第84頁，錄《休寧西門查氏祠記》《休寧汪氏統宗譜》所載。

間，不可收復。又有三千金，買盡蘇州不倒翁，流於水中，波為之塞」。[1]

因此，以徽商為典型事例，其消費形態折射出的是中國傳統商人品格的嚴重扭曲。業賈、仕宦、退隱種種不同面目，變幻多端；刻薄搜刮與揮金如土，一嗇一奢，若是反常，洞穿其歷史境遇，均可通解。

帝國時代的商業資本，即使獲得某種機遇，有相當規模的積累，到某一臨界點便呈萎縮後退態勢，更無可能進一步深入產業領域，轉化為產業資本的可能。因為傳統商業資本大的積累必與政治關聯太緊，具有突出的寄生性和欺詐性。它並不建築在社會購買力不斷增長的市場經濟正常發展的基礎之上，也無生產領域擴展的空間可供施展身手，只能依恃病態的消費結構，攀緣於國家財政政策提供的「非常空間」，既要與政治權力同流合污，也要時時受到政治權力強烈的干預和百般勒索，更受國家政策和政治形勢波動，肌體脆弱，命運無常，絕沒有把握「自我」的主動權。他們無力也無法進一步擴大資本積累，依然是在帝國設定的鐵籠子裏「跳舞」。鹽商毀於「改票」，票商廢於戰亂，便是顯證。

從本質上說，帝國時代富商大賈的存在，表明傳統時代的商品經濟的發展，在政治一體化的框架內，商品經濟不能獨立運作，不僅沒有能對舊的生產方式—政治體制起所謂「解體」的作用，相反它卻淪為政治權力的「婢女」，造成了權力與財富畸形「聯姻」，刺激官僚特權階層貪慾惡性發作，加劇政治腐敗與社會震盪。明清市場的表面繁榮與兩朝政治腐敗愈演愈烈，互為因果，豈是偶然巧合？因此，若想從傳統中國富商大賈身上找到社會變革所需要的新的社會力量，乃至「資本主義的曙光」，無異於癡人說夢。

1　《揚州畫舫錄》卷 6，見前引書，第 363 頁。

七

政治構造與政治運作

中國傳統時代的社會控制機制，政治體系是其中的堅核，主流文化是為這樣的政治體制作意識形態支撐的。經歷了長達數千年歷史進程的不斷選擇、再選擇，進入帝制時代，方基本定型。其間又經歷代王朝多方修補、充實，最後在時空坐標系統上畫出的整體圖像，確實很有歷史個性。

現下學術界多半根據最後定型的那種形態，名之曰「封建君主專制主義中央集權統治體制」，西人則有稱之為「東方軍事—官僚專制主義極權體制」的（如魏特福格爾）。[1] 依我看兩者差別不是很大，前一種冠以「封建」對帝國時代實不倫不類，後一說法對體制的「軍事」性質，及其與「專制」的關聯有特別的敏感。但是在眾多的相關論述中，往往有「先天命定」的色彩，仿佛如嬰兒墜地時的第一聲啼哭，就註定了他一生必須在「專制主義」裏討生活。魏氏是如此，國內共鳴者也有意無意地在加重這種渲染。晚近通史又因「五種形態論」的遮蔽，「封邦建國」的一長段歷史被冠以「奴隸制時代」，其時分權政治體制的特色悄然打入冷宮，更強化了中國自古以來就生活於高度一統「集權統治」之下的歷史誤導。

我覺得且不說曾有過與帝制不同的「封建時代」，即使用「專制主義」惡諡一筆罵倒「帝制」，固然痛快，卻無益於通解這種社會控制機制產生及其演變的歷史長程，而且也會把這種體制的內在機制和社會功能簡單化，不屑花力氣悉心研究這種體制持久存在的「歷史合理性」，即不能揭示其曾經有過的「合法性資源」的多種選擇。它的存在全然成了證明中國「國民性」傾向「極權」（即所謂「奴性」）的「歷史根據」，而且成了一種影響深遠的思想成見。由此，對變革這種體制的條件和途徑也難有清

1　魏特福格爾:《東方專制主義》。中國社會科學出版社中譯本將作者譯為魏特夫，1989 年版。

醒深刻的認識，盲目性很大。盲目最易激發躁動。前賢屢為之痛心疾首的「破壞尤過於建設」，近代激進主義的事與願違，恐怕都與這種認識誤區不無關聯。為此，呂思勉、錢穆、陳寅恪先生等前賢在其學術論著裏都有諸多深切的批評（詳見《呂著中國通史》《國史大綱》以及本書外篇學術史相關評述）。

因此，這裏想先從關於辨識中國傳統社會，特別是帝制時代政治體制特徵的相關學術史說起，看看能不能從中提出一些問題，以供進一步討論。

辨識政治體制特徵的方法論策略

大家知道，早在明末清初，諸先賢就曾將傳統時代一切政治體制的弊病悉歸之於「一家一姓」的君主專制，謂曰「後世之君，私天下以利己」（黃宗羲），「自秦以來，凡為帝王皆賊（天下）也」（唐甄），「今之君人者盡四海之內為我郡縣……郡縣之失，其專在上」（顧炎武）等等。這些議論直斥「君主集權」，在傳統時代固屬驚世駭俗、不世出之諍言。但若認定傳統政治制度僅僅是因君主「私天下」而造就一切，君主制能維持兩千餘年就成為不可理解的「啞謎」。事實上，支撐中國君主制長期存活的社會機制極為複雜，而且在一種特定的社會體制內還長期有效。唯其如何，帝制廢除後「民主制度」建設遙遙無期，「專制主義」一再復活，才可能被釋解。

百年以來，正是由於政治體制改革的屢次失敗，許多學者在辨識中國傳統社會政治體制特性方面篳路藍縷，開出了許多新的認識領域，多有超越前賢之處。這裏，我想首先提出王亞南先生的《中國官僚政治研究》（初版於 1948 年，再版於 1981 年）。[1] 它是繼「社會史大論戰」之後具有承前啟後意義的一部學術專著。

1　王亞南：《中國官僚政治研究》，中國社會科學出版社，1981 年再版本。書前有高足孫越生撰寫的「再版序言」，對先生本書學說思想多有精彩的闡釋和發揮。

20 世紀二三十年代，由陶希聖在《讀書》雜誌上開始挑起的那場「社會史論戰」，主義、黨派的色彩和「當下情結」都極濃。然撇開政治成見不論，即就秦以來中國社會性質的判定，即有所謂商業資本主義社會說、前資本主義社會說、亞細亞生產方式說、專制主義社會說、佃傭制社會說等等名目。[1] 這種認識上的混亂，多少反映了中國新史學草創時期很難避免的那種迷惘，面對遽然外來的眾多社會政治名詞概念，一時不辨所以，容易把別人的謎面直接當成猜測自身的謎底。

但陶氏當年的代表作《中國社會之史的分析》也決非一無是處。頗值得一提的是，陶氏在書中對中國傳統政治體制中士大夫獨特的身份以及由此建立起來的「官僚制度」，具有特殊的敏感。這是他的高明之處。他斷言「官僚是集權國家的一個傍生的制度（系統）」，「破壞舊國家，必須破壞舊國家的官僚制度」，並預感到廢除帝制，名義上的專制君主可以沒有，但仍有「革命黨官僚化」和「官僚制度死灰復燃」的可能。他當時的主張是：「徹底打破官僚制度的方法便是直接民權中直接選舉權和直接罷免權」（亦見當時對西方政治學的認識之片面膚淺。——引者附識），「中國數千年來後封建時期（指封建制度崩潰以後、資本主義發達以前）的官僚國家，這樣才可以打破」。[2] 不管人們後來如何評論他，這樣的識見已經遠遠超越明清至辛亥前後諸賢達的識見，絕沒有理由以平庸視之。可惜他自己所投身的「革命黨」不期然地按着他曾經擔憂的方向走去，自食其言。

等到王亞南先生於 1947 年將該書的各篇在《時與文》先期連載時，陶氏當時杞憂的新一輪官僚政治（連同新官僚資本）再生，「專制主義」在蔣氏王朝再度肆虐，傳統政治體制並未隨帝制終結而終結，都已成為天人共怒的事實。王書與陶希聖《中國社會之史的分析》相隔一個歷史時段，但其主題卻仍一脈相承。而待到「文革」結束，新一輪「專制主義」批判又開始，弟子孫越生整理再版並撰寫了意味深長的「再版序言」，與先生書初版時，

1　鄧拓：《論中國歷史的幾個問題》「再論中國封建制的停滯問題」，生活・讀書・新知三聯書店，1979 年版，第 61 頁。

2　陶希聖：《中國社會之史的分析》，遼寧教育出版社新世紀萬有文庫本，1998 年版。

又經歷了一個歷史時段。前者相距 19 年，後者則有 32 年之隔。「專制主義」與「官僚政治」相伴相生的話題，在現代中國歷史的兩大時段裏仍然不斷被「沉痛」地接着講下去，就足夠説明這一話題與中國歷史特性關聯的深刻程度，亦見辨識中國傳統政治體制的特質，由君主專制展開去，深入探索它存活甚至僵而不死、再生復活的社會機制，顯得特別重要。

王亞南《中國官僚政治研究》顯著的特色，便是具有突出的世界眼光，頭兩篇即從世界已經存在過的各種政治體制的異同分析起，引出中國「官僚政治」的特殊性。全書聚焦的中心，已經從一般的「專制主義」批判，轉移到探究「專制主義」在中國存活的深層根基——「官僚政治」和「權力經濟」（這一名詞為筆者所加，但其意不離先生所指「兩税制」與「科舉制」兩大「槓桿」説），以及建基於「權力經濟與官僚政治」之上的集權體制何以會具有「延續性、包容性、貫徹性」（先生對集權體制都冠以「封建」一詞，那是時代風氣使然，不應苛責）。「三性」以及對「三性」根基的論證辨析，無疑是先生凝聚其對中國歷史長期深沉思考得出的深刻洞見。我覺得先生對「官僚政治」根由的揭示，明顯比陶氏更進一層。先生首先認定傳統中國的「官僚政治是一種特權政治」，是在「國家的」或「國民的」名義下被運用來「管制人民、奴役人民，以達成權勢者自私自利的目的」。這種政治形態的生命延續，實依賴於「前資本主義」的經濟體制、民眾的「愚昧無知狀態」以及對外封閉如「木乃伊」三大條件，並指出上述前提是密切關聯着的，三足鼎立，相互扶持。先生還説：「官僚政治既然是當作一個社會制度，當作一個延續了數千年之久而又極有包容性、貫徹性的社會制度客觀地存在着，我們要改革它，要鏟除它，就不能單憑一時的高興，也不能單憑外面有力的推動，甚至也不能完全信賴任何偉大人物的大仁大智大勇或其決心與作為，而最先、最重要的是要依據正確的社會科學來診斷它的病源，並參證當前世界各國對於根絕那種病源所施行的最有效的內外科方術。」[1] 這些話在 50 年後的我們聽來，幾近「預言」

1　　王亞南：《中國官僚政治研究》，中國社會科學出版社，1981 年再版本，第 179—195 頁。

的性質，仍具很強的震撼力。

從傳統政治體制裏發現知識階層（士大夫）與「官僚政治」的特殊關聯，揭示出「特權政治」的性質，無疑切入了中國歷史肌體的腑臟經絡，是最富「中國性」的研究境界。但若由此多走一步，以為只要解決「知識官僚階層」的問題，甚至誤以為只要知識官僚階層完成向「理想人格」的轉變（所謂「內聖」），一切問題即可迎刃而解，就會變得極其荒謬。

當年陶氏之書，就有這種偏向，不必再論。這裏還想對海內外新儒家「新內聖開出新外王」之說，表示一點異議。我不否認新儒家在中西交融的背景下，以開放的心態，吸取世界文化之神髓，回頭致力根基於中國自身，側重道德昇華方面的學術建設功業。但有些新儒家人物試圖進而「通過儒家來開出民主與科學」，通過儒家「聖道」來開出「政術」，來定住「政術」的思路，比之王亞南等前賢確是大大後退了。

其實早有人引用朱熹感歎「堯舜三王周公孔子所傳之道，未嘗一日得行於天地之間」，作為對「內聖外王」有力的歷史反駁。當今海外新儒家的代表人物之一杜維明先生更意識到：「使得孔孟之道一蹶不振的殺傷力不是來自學術文化的批判，而是來自非學術、非文化的腐蝕。」這一洞見似乎並沒有引起新儒家群裏許多人的足夠注意。

事實正是如此。不同於文化道德層面，政治體制的轉型，首先關涉政治經濟層面的安排，正如王亞南先生強調的主要是「社會科學」起作用的地方。西方社會學、政治學較之中國儒學高明之處，即在他們認定考察的邏輯的起點應確認「人」是「經濟人」與「政治動物」，其理路是以惡制惡，在權力作為一種稀缺資源的開發與分享上，在權力的制控上實行的是遊戲法則（或雅名曰：協議）。這與道德領域所崇尚的「內聖」是兩股道上跑的車。道德政治化的結果，到頭來往往損傷自身的純潔性。這方面的教訓，中國歷史上不勝枚舉。

西方哲人說得好：「國家是人類必要的禍害」，「權力必導致腐敗，絕對的權力必導致絕對的腐敗」。「內聖開出外王」，從歷史的經驗上看，各種各樣的「內聖開出外王」，總有一種想建立「文化天朝」的衝動，以

某種文化（有人曾明倡曰：「思想上的太祖高皇帝」）「大一統」的絕對權威型的霸道意識，竭力排拒文化的多元化張力的存在。道德政治化、政治道德化的進路，從「內聖」衍化為「外王」，必得尋覓一個能操作的「實在載體」。這個「載體」在中國就是「卡里斯瑪」式的天才領袖，最終總歸於復活不同形式的「至高無上者」，為某種畸形的專制政治招魂。[1] 我對「新權威主義」的反感也是由此而來的。至於所謂的亞洲四小龍由儒家開出「資本主義」一說，我向存懷疑態度。事實上他們既非靠「儒學」經濟起飛，而「權威政治」也推遲了真正走出傳統統治「峽谷」的進程；他們由於經濟的變遷將來可能走出「政治峽谷」，依仗的也不是今人所指的那些「儒教（內聖）文化」，而主要是一套新的政治經濟運作機制——「自由市場經濟＋自由民主政治」。與這種社會轉型相應的文化變遷，最好的前途就是能夠包容東方文化中原有人類性和普世意義的傳統，而不是簡單的「西化」，失去本土化的根據。由此而再回味王亞南先生 1948 年上面說的一長段話，亦見後人未必全勝過前人。

　　這裏我就想到另一個問題：歷史的「感覺」與歷史的「理解」兩者之間的異同關聯。

　　提醒「事實強於概念」，有其深刻之處。國人對本土的政治體制弊端有着許多切身的體驗，處在「情景」之中，感覺的敏銳是外人遠所不逮的。傳統中國的帝制為西史所未有，其獨特即在君主專斷一切的剛性與官僚高度流動的柔性巧妙結合，因此中國學者特別困惑於「專制主義」儘管十分討嫌，必欲去之而後心安，卻總不乏再生的新舊官僚支撐，得以一再復活苟存。魏特福格爾的「水利社會說」之所以隔靴抓癢，也就是不明此種「再生」的根據。據我所知，李約瑟最初也是相信魏氏說的，但當李氏在 1944 年前後目睹國民黨官僚政治腐敗之時，心裏也就產生了對魏氏說的「不滿足」，故有對王亞南先生之發問（見《中國官僚政治研究》「自

1　有關評論詳參拙文《當代新儒家的價值定位——「內聖開出外王」質疑》，原載《中國研究》
　　1996 年第 3 期。

序」）。隨後西人的看法也在變化。等到 1966 年巴林頓‧摩爾寫作《民主和專制的社會起源》時，他明顯理解到了中國學者感覺的準確性，在討論中華帝國政治體系時，即把科舉制度產生的「行政官員和儒生階層」作為一個重要話題展開（實際摩爾的分析大多本於韋伯，稍後即會談到）。[1]

　　但感覺到的不等於就是理解了的。整體性的感覺若沒有分析概念的助力，也很難深入到它們生命機制的肌膚深層，弄清其何以能存活。新儒家把問題歸結到「知識官僚」的「人格」，走向偏鋒，就是過於執着於上述的感覺。而亞南先生當年追溯「官僚政治」，已經意識到探究「官僚政治」依存的「生理根據」，要比改變官僚「成分」更顯得緊要。這種時候，正如亞南先生所指示的，西人社會科學的分析概念對於理解中國歷史，就具有原來「中學」所不具備的優勢。

　　對理解中華帝國政治體制極有幫助的諸種「西學」中，我想特別推薦韋伯及其「理想類型」的方法論策略（詳細的論述，可參閱蘇國勳的《理性的限制——韋伯研究引論》）。[2]

　　大家知道，韋伯與迪爾凱姆（一譯「涂爾干」）不同，走的是「個人—社會」的社會學分析路線（吉登斯稱之為「個人本位」，與之不同的是「社會本位」，構成西方社會學兩大流派）。[3] 我覺得從基本的「人性」作為邏輯的認識出發點，總是比直接切入「社會」的話題要來得深刻——更能體現一切人文社會學科歸根到底是「人學」的主體精神。韋伯依據他「社會行動單位」——以抽去個體特徵的普遍性的「人」為邏輯出發點，細析「人」賴以行動的各種動機和利益機制，得出了辨識政治體系特徵的基本認識路徑，簡言之：五種社會行動的正當性（情感正當性、價值合理性的正當性、宗教正當性、習慣正當性和法律正當性），四種行動類型（情感型行動、

1　巴林頓‧摩爾：《民主和專制的社會起源》「第 4 章」，華夏出版社譯本，1987 年版。
2　蘇國勳：《理性化及其限制：韋伯引論》，上海人民出版社，1988 年版。另可參閱洪天富為韋伯《儒教與道教》中譯本所寫「譯者序」，也有精到的評述。江蘇人民出版社，1997 年版。
3　安東尼‧吉登斯：《社會的構成》「引言」，生活‧讀書‧新知三聯書店，1998 年版。

價值合理型行動、傳統型行動和目的合理型行動；前兩種通常稱「信仰倫理」，後兩種稱「責任倫理」），以及三種合法統治類型（卡里斯瑪型、傳統型和法理型）。如果理解了韋伯所說的「理想類型」只是一種方法論的策略，就不會誤解上述三種統治類型並不能一一對號任何民族、國家特定的具體歷史形態。以上所提煉出來的成分、要素幾乎大多數都包容兼混在每一種具體的統治形態裏，最多只是哪種特徵更突出鮮明，成為主體性特徵而已。但前述的概念體系將來對我們討論中國傳統社會政治體系形態特徵，無疑有啟發路徑的作用。

韋伯《儒教與道教》[1]一書比較集中地討論了中國，他關於中國社會中央集權的權力高度集中與地方政治控制的脆弱渙散兩重性的分析，關於中國倫理規範性質的法典與西方形式化法典的不同，關於中國「家產世襲官僚制」與近代西方「法理型官僚制」不同的分析，都屬於「旁觀者清」，為國人增加了多種觀察的視角。

但還應該指出的是，韋伯關於傳統中國政治體制的評論，從方法論上來說，最具啟發意義的並不完全局限於上述的一些具體論斷。韋伯的分析，更重要的是，他通過對統治的各種「合理性」的分析，給出了一種辨識政治體制構成的普遍性原則（或可稱之為廣義經濟學原則）：政治體制實質上是一種對「稀缺資源」配置與支配的體制。這些資源既包括經濟的、財富的，也包括文化的、情感的，例如權威、聲望、榮譽等資源。在傳統中國，則表現為皇帝以「全國」或「全體國民」的名義集中一切資源於「國家」，一切資源（土地、財富、知識、權威等等）都被「權力化」，全部「官僚」都是這種「權力資源」的「代理人」。由此就造成了與西方不同的社會進路：在集權體制下，權力決定財富，以權力謀取財富。權力與財富緊密結合的程度為世界之最。如此，特異的社會現象就必出現於中國：只要這種單一以權力決定財富佔有的國家集權體制存在，它的統治「合法性」的基礎也就難以動搖。在我看來，讀《儒教與道教》時，若忽略韋

1　　韋伯《儒教與道教》仍以洪天富中譯本為佳，江蘇人民出版社，1997 年版。

伯在其獨創的「家產官僚制」概念下所包藏的這一理論主旨，就不能説已
經完全讀懂了這部名著。

　　看來摩爾是讀懂了韋伯所説的中國「家產官僚制」的內在涵義，因此
他曾以生理學做比喻，「沒有一個生理學家只滿足於知道人體中骨骼和肌
肉各佔多少比例。他要知道的是在身體運動中，骨骼和肌肉是如何同時在
起作用的」，「同理，在研究中國時，我們須知的是地產、知識所有者和政
治機構之間的相互關係」。由這種側重「結構關係」的方法論導引，他就
觸摸到了「權力決定財富」這一他稱之「中國社會面貌最重要的特徵」，
並由此揭示出一系列由知識獲取權力、由權力獲取土地金錢等財富的中國
社會運動的「規則」，使他的著作較之其他西人更切合中國的實際，也更
富歷史通感。[1] 我建議讀者不妨將以上兩書互讀對讀，會更有收穫。

　　在辨識中國政治體制特徵時，在方法論上還有一種視角不可忽略，那
就是「傳統」與「現代」的比較研究。這方面，阿爾蒙德和小鮑威爾合著
的《比較政治學：體系、過程和政策》，也是一部值得一讀的參考書。該
書儘管主體部分主要是針對現代西方政治體制的，但該書所指出的，如政
治體系不同於民族、國家、政府以及政治機構，它是一個生態學的概念，
強調考察體系內環境（政治體系內部各部分之間的相互依存關係）和外環
境（政治體系與外部國內、國際環境的相互依存關係）的重要性，以及政
治過程輸入、轉換、輸出、反饋回路的系統分析方法，都為我們認識政治
體系形成機制及其特徵，提供了有價值的方法論策略。更重要的是，通過
由他們提供的西方現代政治模式，再與我們自身作比較，很容易感受到中
國傳統社會「社會化程度」之低，甚至可以説只有「國家」而無「社會」（一
説「國家強於社會」），[2] 可能是一個最與將來現代化相逆的傳統特徵。由此
展開，傳統中國政治體制諸如社會分化度（組織分化、功能分化、角色分
化等）低、社會成員（政治）參與度低、結構分化度低、社會橫向流動度

1　　巴林頓・摩爾：《民主和專制的社會起源》，華夏出版社譯本，1987 年版，第 131—132 頁。
2　　唐德剛：《晚清七十年》，嶽麓書社，1999 年版。

低以及垂直流動壓抑或扼殺橫向流動（不允許產生任何具有「公共空間」性質的實體或中間團體）等諸多相關特徵，也都一一凸顯無遺。這些特徵若離開了上述比較研究，就不可能從傳統中國的「歷史實際」中直接分解辨識出來，亦是顯而易見的。

「封建」與「郡縣」之辨

長久以來，有一種以訛傳訛的「歷史成見」，認為上古希臘羅馬一開始就是「民主與共和」之源，而古代東方卻先天性地陷入「專制統治」的陷阱。[1] 中國人接受這一看法，最初起於近代「落後情結」的刺激。當時學界接觸西史有限，作為中西比較簡單化時期的產物，尚不足為怪。[2] 可是直到現在，「專制主義自古就有」的觀念在通史著作中仍有市場，就有點不可思議了。

史實昭然。在中國歷史上，君主「獨制」[3] 體制充其量也只有兩千多年

1　這一誤解或許與亞里士多德《政治學》中的一段話有關：「君主政體的另一屬性，其權力類似僭主（專制）。常常見於野蠻民族（非希臘民族）……因為野蠻民族比希臘民族更富於奴性；亞洲民族又比歐洲民族更富於奴性，所以他們常常忍受專制統治而不起來叛亂。」商務印書館，1997 年版譯本，第 159 頁。按照亞氏對「古代歷史」的認識，認為「古代各邦一般都通行王制，王制（君主政體）所以適於古代。因為地方賢哲稀少，而且各邦都地小人稀」。而後逐漸產生「立憲政體」「寡頭（財閥）政體」「僭主政體」「平民政體」。自然這主要是針對那時以地中海為中心的歐洲歷史而言的。參上書第 165 頁。

2　儘管在西哲的政治學、歷史學著作中確有類似的「歐洲中心主義」的偏見，但若細讀亞氏《政治學》、孟德斯鳩《論法的精神》、洛克《政府論》、盧梭《社會契約論》等名著，他們對歐洲上古、中古出現過各種政體的歷史分析，就不難明了歐洲歷史上也存在過多種政體並存與演進的局面，與非歐地區歷史總體上也無甚大異。上舉諸書，稍後我將會議論到，詳後。

3　考察春秋戰國諸子之說，儒法兩家都主「君主制」，然儒重「親民」，而法倡「尊君」。由此形成中國傳統帝制的治政兩大要則（中國帝制的複雜性由此而來）。法家多以君主「獨制」有別於諸家。然細究之，其「獨制」的涵義則為「在君則制臣」（《韓非子・內儲說下》），重在駕馭臣下；其要旨則歸於「民一於君，事斷於法」。它與絕對君主專制主義（即亞里士多德所說的「僭主政治」）仍略有區別，吏治仍是一個重要的政治原則。故這裏仍取文獻原有的「獨制」，而不採西方習用的「專制」一詞，以示中國政體有西方所不及的自在特點。

的歷史（在我看來，極端君權即真正君主專制時代，自明初算起，六百年還不到）。[1] 既非自古就有，也絕不會「萬古常存」。早在 1940 年，呂思勉先生寫作《呂著中國通史》上冊時，大概出乎同類感觸，就特地說了下面一番話：「貴族政體和民主政體，在（中國）古書上，亦未嘗無相類的制度……貴族政體，古代亦有其端倪，不過未嘗發達而成為一種制度。至於民主政治，則其遺跡更多了。我們簡直可以說，古代是確有這種制度，而後來才被破壞掉的……有人說，中國自古就是專制，國人的政治能力，實在不及西人，固然抹殺史實。有人舉此等民權遺跡以自豪，也是可以不必的。」[2] 這裏，想對呂先生的話，依我的理解稍作申述。先生所云的「民主政治」，多半為早期部族時代崇尚「集體議事」與「（共同體）眾意」精神的延續（可由帝國時代少數民族政權早期形式佐證），而上古的「貴族政治」則因為混合着「寡頭政治」（國王甚或「共主」獨大）而顯得不純粹。多種政體混合的特點，西方上古歷史上亦然如此。如果仔細閱讀亞氏《政治學》、孟氏《論法的精神》、盧氏《社會契約論》等書，就不太會籠統地將「君主制」一概指稱為「專制統治」。稍後將議論到。

　　中國歷史向被視為「靜」的歷史。以秦後兩千年觀之，或尚勉強能傳達其整體意韻；若再往前推去，則大謬不然。實際中國早期歷史，並不乏類似西方上古那種風雲劇變、婀娜多姿的色彩。傳說中的黃帝、炎帝、共工、蚩尤，其叱咤風雲、此起彼落，應不讓「荷馬時代」。上古眾多方國彪悍雄極而曇花一現，恐亦頗多「英雄主義」悲劇情味，惜其名其事多失載不傳（良渚匯觀山「方國」即為一例）。直到晚商，紂王尚有濃烈的「英雄主義」氣息，秦末項羽似乎更像最後落幕的「蓋世英雄」。[3] 而後每當王

1　關於這種與時論頗不合的看法，建議讀者可注意錢穆先生《國史大綱》目錄所顯示的歷史分期，於明代後始揭出「君主獨裁」字樣。

2　呂思勉：《呂著中國通史》，華東師範大學出版社，1992 年版，第 44—45 頁。

3　我在「部族時代」一節中所舉的閻村「鸛鳥石斧」、西水坡的「青龍白虎」，都隱約透露這方面的信息，參前。《史記·殷本紀》描述「帝紂資辨捷疾，聞見甚敏。材力過人，手格猛獸」云云，亦證商末尚有「英雄主義」遺風。項羽實是一個欲回歸舊時代的「末路英雄」，別姬一幕，似可視為送終中國「英雄主義」時代的「輓歌」。

朝鼎革，亦或多或少仍有「英雄主義」復活的嘗試，但氣度風範則大不如前，已今非昔比。大抵演進到現代，進入所謂的「世俗社會」，「英雄主義」在政治領域才光彩不再。

中國政制由「質勝於文」進至「文勝於質」，達臻「文明」一途，實應歸功於西周的創制。仲尼夫子稱頌西周為「郁郁乎文哉」，絕不為過。今日看來西周政治顯然有濃厚的貴族色彩，而「共主」名義下的地方分權體制，部族「民主」和聯邦「共和」的成分也隱約可辨。此類政制均與秦以後一統的君主「獨制」格局涇渭分明。因此古賢多稱周秦之間為「天下一大變局」，但其中也不乏往後看，發思古之幽情者。

這一大變局始於春秋戰國之際，成於秦皇統一，而真正穩定下來，「三代世侯世卿之遺法盪然淨盡」，則要到西漢文、景、武三帝「嚴諸侯禁制」，前後總計不少於三四百年，其中秦以後制度反覆期亦有百來年。[2]這一大變革由長期漸變到最終穩定成形，大致與世界歷史上任何重大的社會制度變易所需時段長度基本相似。[3]它將與我們今天正經歷的這次社會轉型，一起構成中國文明史上前後相繼的兩大歷史性轉折。其餘大大小小的變局，看似重要，其實都只能算作同一社會類型歷史演進中的一些漸進插曲而已。

關於秦開創君主集權大一統體制成立之前，我國政治體制變革情景，已在本書頭兩篇「部族時代」和「封建時代」專題裏做了交代，不再重複。

---

1 在討論中國古代政權政體性質時，傳統的做法往往傾向於單一性的確認。其實這完全沒有考慮到歷史的複雜性。亞里士多德在《政治學》一書中曾說到斯巴達政體，當時許多思想家認為它屬於君主政體（一長制）、寡頭（少數制）和民主制（多數制）政體三者的混合組織。而亞氏本人則認為它是貴族和民主（平民）的混合政體。這一點對我們認識西周政體應該有所啟發。參《政治學》，商務印書館，1997 年版譯本，第 66 頁及註。

2 關於「世侯世卿」漸變為「布衣將相」之局，其間的曲折，清代趙翼在其《廿二史劄記》「漢初布衣將相之局」中作了極精彩的整體概括，可參閱。中華書局，1963 年版，第31—32 頁。

3 唐德剛先生在其《晚清七十年》一書裏多次說到社會轉型，中外歷史均證明至少需二三百年以上，才得最後走出「峽谷」。並說由商鞅變法到武帝，從封建到郡縣的轉制，一「轉」就二三百年。這一論斷史識卓立，特推薦於讀者，有興趣者可找唐先生原書一讀。嶽麓書社，1999 年版。

此處將以戰國至秦的歷史性轉折作為討論起點，以期為探究帝國政治體制的特徵做一歷史鋪墊。

　　秦統一全國為郡縣，意味着特定的中國「封建時代」體制基本終結。自秦漢以來，中國歷代政治家、史學家都無一例外地看重「封建」與「郡縣」之間的區別，認定它是前後兩種不同的政制。關於它們之間的優劣利弊，從李斯初與諸臣廷對，引發「焚書」之禍，到唐柳宗元再作《封建論》、明末顧炎武新翻《郡縣論》，入至大清，雍正帝針對「曾靜案」還在大發宏論，爭論始終不斷，足見由「封建」轉向「郡縣」，確實是中國社會演進中的「歷史大關節」。

　　以「封建」與「郡縣」為歷史性標誌的兩種政治體制，其間的重大區別，今人據以判斷的視域自然要比古人寬闊得多。蕭公權先生在《中國政治思想史》中概括為兩項，言簡意賅：「秦滅六國為吾國政治史上空前之巨變。政制則由分割之封建而歸於統一之郡縣，政體則由貴族之分權而改為君主之專制。」[1]第二項之中，實還包含有另一要項，即趙翼在《廿二史劄記》藉「漢初布衣將相之局」所申述的由「世侯世卿」，改為中央政府任免的「流官制」，布衣白身（理論上）均有機緣進入政界，貴族世襲政治格局墜壞。從行政層面上亦可簡言之為：由貴族政治轉至官僚政治。因此，秦開創的大一統君主中央集權體制實包含有三大要素：君主「獨制」（最後裁決權歸於君主），地方集權於中央（郡縣），以及官僚任免而不得世襲（流官）。

　　兩漢以來，凡有識見的賢達人士多認識到由「封建」進至「郡縣」，乃取決於種種社會情勢的演進，絕不是任何個人或集團的好惡所能左右，歷史也無法往後逆轉。今之史家更持同類立場，絕不至於因集權專制之苦，而認為由封建進至郡縣「不當如此」。但有一點也是清楚的，歷觀古往今來，任何政制都不會盡善盡美，有得有失、有利有弊，亦在情理之中。盧梭說得好：「如果有人要絕對地提問，哪一種才是最好的政府，那

1　蕭公權：《中國政治思想史》（二），遼寧教育出版社，1998 年版，第 241 頁。

他就是提出一個既無法解答而又無從確定的問題了。」[1] 我想，集權統一體制固然有類似人們常樂道的諸如「書同文、車同軌」，以及有利經濟文化交流、民族融合等等優勢，但也絕不能因此就說原來的分權貴族政治體制絕無其內在的合理因素。

旅美學者楊聯陞先生曾以《明代地方行政》為題，在「封建論與集權論」的標題下，有一段道人所未道的議論，很是精闢：「在傳統中國學者的心目中，這兩種制度是完全對立的，因此他們往往不考慮到任何定義問題而熱烈討論它們的利弊。事實上，我們無須把兩種制度看成是兩種互不相容的政府組織形式。從整個政治制度史來看，我們發現如果把這兩種傳統的政治形式當作是具有極為寬廣的光系的兩極的話，似乎更有意義。」[2] 這一提示表達了一個更為深刻的理念：集權與分權乃是一切國家權力統治必難避開的兩極，相反而相成，猶如廣闊光系的兩極。向心力與離心力構成一種彈性張力，僅執其一端，必偏執僵硬而喪失生機活力。以此言之，「郡縣」與「封建」所包含的政治學意義，細究其潛在的權力資源，遠遠超越我們看到的具體歷史，它具有更複雜、更值得研討的許多內涵，需要我們去體味。

歷史實是人們不斷選擇自身存在方式的歷史。曾經有過的歷史選擇，後人固無權苛責，但在今人再選擇時，檢討前人的各種選擇的得失成敗，斟酌取捨，思遠慎終，亦當是後來居上者應具備的智慧。

集權時代，重新檢討反省「封建」的合理性，歷代不乏議論。[3] 當帝國中央集權制發展至明末已成爛熟之勢，百病困擾，則更有以顧炎武先生為代表，出而大膽倡論「寓封建之意於郡縣之中」。[4] 其名言即曰：「知封建之

---

1   盧梭：《社會契約論》，商務印書館，1980 年版譯本，第 110 頁。

2   楊聯陞：《明代地方行政》，載入著者審訂的文選集《國史探微》，第 94 頁。遼寧教育出版社，1998 年版。

3   有關歷代古賢論述，前引蕭公權《中國政治思想史》多有介紹，可參閱。另外，前引楊聯陞先生名篇《明代地方行政》，在「傳統學者對封建制度與郡縣制度的爭論」一節對此有集中的討論，值得一讀。

4   顧炎武：《顧亭林詩文集》卷 2「郡縣論九篇」，中華書局，1959 年版。

所以變而為郡縣，則知郡縣之敝而將復變。然則復變而為封建乎？曰：不能。有聖人起，寓封建之意於郡縣之中，而天下治矣。」「窮則變，變則通」為我中華民族所特有的智慧。亭林先生據此做出「敝而復變」論斷，在當日似幾近空想，卻不期然地猜測到了數百年後終將要發生的政體變化。這一判斷無疑有似預言，具有一定的前瞻性，難能可貴。

　　亭林先生針砭古今，常出奇論。如謂：「封建之失，其專在下。郡縣之失，其專在上」，可謂一針見血。關於「郡縣」過度集權之弊，先生則曾具體展開為：「今之君人者，盡四海之內為我郡縣。猶不足也，人人而疑之，事事而制之。科條文簿日多一日，而又設之監司，設之督撫……有司之官凜凜焉救過之不給，以得代為幸，而無肯為其民興一日之利者。民烏得而不窮？國烏得而不弱？」

　　細究先生議論，過度集權之危害，除造成官僚主義、文牘主義等嚴重弊端，吏治效率低下外，還有一個中央與地方利益的不平衡，更需注意。先生痛感高度集權，一切歸之於上，甚且「以東州之餉而給西邊之兵，以南郡之糧而濟北方之驛」，國家歲費無所底止，地方窮以應付且不及，其害無窮。梨洲先生也持同見，在《明夷待訪錄》中即直斥其「利不欲其遺於下，福必欲其斂於上」，為集權之最可惡者。[1] 在《日知錄》裏，先生曾舉一例以證過度集權損害地方利益。他說遍遊天下，有一印象特深：凡郡縣為原來唐舊治者，「其城郭必皆寬廣，街道必皆正直」，原衙門的舊基「必皆宏敞」；相反，凡「宋以下所置，時彌近者制彌陋」。[2] 僅以宋後市容衙舍局促狼狽一端，即足夠說明自趙宋財權完全集於中央以來，地方財力窮窘日甚一日，集權過度之害，不言自明。

　　然則「封建」之意又何以有其利用價值？亭林的基本立論，與梨洲《明夷待訪錄》「論方鎮」所揭主旨不謀而合。[3] 他們都是基於「天下之人各懷其私，各私其子，其常情也」的新「人性論」立場（注意：這確是對傳統人

1　黃宗羲：《明夷待訪錄》「原法」，上海古籍出版社，1955 年版。
2　顧炎武：《日知錄集釋》卷 12「館舍」，上海古籍出版社，1985 年影印本。
3　黃宗羲：《明夷待訪錄》「方鎮」，上海古籍出版社，1955 年版。

性論的重大突破），肯定「用天下之私，以成一人之公」，或曰「以我之大私為天下之公」（梨洲語），乃為「三代」治法的精神所在（此處且不論有「我註六經」、以義改史之弊，即所言之「私」作個人利益解，抑或作地方、部族利益解，語義也是模糊的。古賢不重概念的界定，與西方古哲迥異，稍後將有評論）。而秦之後一變而為「以君為主，天下為客」，「所謂法者，一家之法，而非天下之法……固足以害天下」（梨洲語）。故兩賢認為盡革「封建」，「古聖王之所以惻隱愛人而經營者蕩然無具」（梨洲語），誠足感歎。

　　綜合兩賢所述，從深層發掘，他們之所以主張「寓封建之意於郡縣之中」，似乎還有點「現代味」，包含有這樣的立意：凡有效的政治體制，必須適應人的「利益自我化」的原則，應該具有促進「人」利益需求的激勵機制。反言之，凡不能適應和促進「人」利益需求的政治經濟體制，都不能達到「天下共治」的目的，也就違背了三代「天下為公」的精神。他們所主張的「私有公用」，是一種很具中國特色的「公私觀」，隱含着對帝國時代產權「國有」性質的否定。可惜的是，這是一個極其模糊的命題，「公、私、有、用」四個字都沒有內涵、外延的意義界定，當然不能導致「契約」性質的約定規則，更無法發展為積極的政治實踐。

　　但有一層意思是明確無誤的，他們都主張適當地實施地方分權。在他們看來，與「封建」分權、保護私有產權制度不同，過度集權之弊，即在於專事聚斂，一切利權均操於中央，以成「君主之私」。在這種體制之下，中央委派的郡縣官僚，不像原先宗法貴族，均為外地異鄉來客（此為迴避制所限定的原則），又限定任期，不免產生短期行為，對上而不對下，缺乏致力於地方事業的內在利益動機和長遠考慮是必然的。反之，若取「封建之意」，放權於地方，允許以縣為單位實施自治，「以復井田、封建、學校、卒乘之舊」（船山語）；郡縣「令長」不由中央委任，而是由當地民眾推舉本地賢明人士主政，方能如「馬牛以一圈人而肥」（猶今之承包到戶）。本地推舉的「令長」，因其家屬、親族、鄉鄰都在本地，切身利益休戚與共，必能產生發展地方自身利益的主動性和積極性，故能造富一

方。天子放權於地方,「藏富於民」,四方富足,則天下不治而治。亭林、梨洲所謂「用天下之私,以成一人之公,而天下治」的意思大抵如此。

這一設想後來竟為清末民初一度倡導「地方自治」者奉為祖本,不能說沒有一定的邏輯內在關聯。但若將上述議論直接就當成提倡「地方自治」的「現代啟蒙思想」,我期期不敢苟同。當今世界盛行的直選、民選制確實不失為治療集權痼疾的良方,但此決非「鄉舉里選」的「古為今用」。兩者社會情景實風馬牛不相及。顧、黃兩賢的設想,因缺乏體制環境的鋪墊,新的獨立社會力量缺席,各種必備條件空缺烏有,無疑緣木而求魚,新瓶裝舊酒。社會總體結構依舊,若真能付之實施,難免重蹈魏晉「世族統治」乃至唐藩鎮割據之覆轍。辛亥後之混亂,各省多軍閥政客,鄉間不乏土豪劣紳,也多少旁證了這一點。這一切,均非古賢不願為之,實不能也,即起「聖人」亦無所施展其睿智慧識。因此,只要「明夷」之期不足窮而且盡,則黑暗後的黎明,現代體制的出現,只能讓智者一直「待訪」下去,「喟然而歎」不止。

楊聯陞先生看得明白:「顧炎武『寓封建於郡縣』一語,事實上是傳統中國學者反對過度中央集權的延續。」[1] 觀念是現實的影子。正是通行至明清之際,秦制所代表的那種高度中央集權體制的各種弊病凸顯無遺,才使顧、黃一代學者的病理診斷顯得特別有深度和力度。他們對明亡的檢討,是在前此無法比擬的更廣闊背景上展開的,幾包含了對清以前歷史的全方位檢討(亭林畢生寫作的《日知錄》和《天下郡國利病書》,便是最好的說明),其境界自然遠遠超越歷代學者。這是一面。

還有另一面也不能不看到。從他們往往只能採取「倒回去」的思路,也充分暴露中國傳統學術致命的弱點,亦即錢穆等先生批評的:「只研究治道,不研究政體。」若將顧、黃等先賢的文論,與西方古哲的政治學著作互相對讀,就不難發現亭林、梨洲先賢因為得不到類似亞氏那種政治學理念的支撐,既撤不走政治道德化的心理屏障,也跳不出「封建、郡縣」

1　　楊聯陞:《國史探微》「明代地方行政」,遼寧教育出版社,1998 年版,第 104 頁。

「公天下、私天下」固有的概念陷阱。試看顧、黃兩賢都將「三代封建」之君認定為「藏天下於天下……未嘗為一己而立」，是「以公心待天下之人」；相應則簡單地指斥秦以後的中央集權體制為「獨私一人一姓」「一人之產業」，均無法通解前後歷史。在後人看來，這種不顧具體的社會分層，即社會成員構成狀態，而以籠而統之的「公、私」模糊地定性時代，未免有言遠而意淺之歎。可見中國傳統的思維方式在政體分析面前，實在捉襟見肘。期望由此找到「走出中世紀」的有效醫方，無疑是過於天真了。

反觀古希臘先哲亞里士多德。其生活的年代（前384—前322），約略相當於戰國孟子時期。亞氏的傳世名著《政治學》，既有對政治學原理的發揮，對各種政治學說的檢討，更為精彩的是以特有的政治學眼光全面審視以往歷史，致力於解析各種政治統治要素的組合，展開對各種政體的比較分析。全書關於政體類型（有所謂「品種」和「品種的變態」的六種分類）得以成立的條件、內部構成與關聯、利弊得失及其存亡演變，都有詳盡論析，極盡邏輯論證和分析歸納之能事。東西方思維方法的差異於此體現得真是淋漓盡致。

亞氏對政體的討論，非常關切歷史的複雜性。具體而微，是全書最顯眼的特色，為中國傳統學者遠所不逮。他在闡述政體發生的由來後，將歷史上曾經有過的政體具體區分為君主制、貴族制和共和制三種「正宗」政體，[1]並相應衍生出三種「變態」政體：僭主政體為君主政體的變態，寡頭政體為貴族政體的變態，平民政體為共和政體的變態。對「變態政體」，亞氏明顯表示反感，認為僭政最惡劣，寡頭次劣，而平民政體是在三者之中最可容忍的政體。對各種政體的相應社會條件，亞氏有一總論，說道：「適於君主政體的社會應該是那裏的民族或種姓自然地有獨一無雙的英豪，其才德足以當政治領袖而莫可與競。適於貴族政體的社會應該是那裏

1　亞里士多德對此界定說：政體（政府）的以一人為統治者，凡能照顧全邦人民利益的，通常就稱為「王制」（君主政體）。凡政體的以少數人，雖不止一人而又不是多數人為統治者，則稱「貴族（賢能）政體」。以群眾為統治者而能照顧到全邦人民公益的，人們稱它為「共和政體」。《政治學》，商務印書館，1965年版譯本，第133頁。

自然地既有若干政治才德優異的好人又有樂於以自由人身份受貴族之輩統治的民眾。適於城邦憲政（共和制度）的社會應該是那裏自然地存在有勝任戰爭的民眾（武士），那裏在小康階級之間按照各人的價值分配政治職司，他們在這樣的氣度中既能統治，也能被統治。」[1]亞氏的上述概說未必完全得當，而其「正宗」三政體，頗類似於韋伯的「理想類型」，不可能一一對應具體歷史。正因為如此，亞氏強調三種「正宗」政體都各有其合理性，應視不同情勢而定；但更多的現實政體卻頗多混合型，純而又純的政體只是一種空想。

亞氏的精明還表現在對政體的分析一點也不僵硬呆板，總是儘可能細化。例如他就指出「王制（君主制）實際上包括若干不同種屬」，其中斯巴達的王制是「君主政體的真實典型」，而僭主（專制）政體則為君主政體的另類，此外還有民選總裁（「艾修尼德」）形式、史詩（英雄）時代王制和全權君主（「絕對權力的君主」）形式（指波斯王室），總計不下五種。

亞氏的政體類型分析方法，應該說對於我們具體判別中國歷史上出現過的君主政體的各種特性，很有借鑒意義。例如殷商、西周固然也有「君主」，但絕難與秦以後的君主「獨制天下」同日而語，似乎更像是亞氏所說的「貴族政體」的變態──「寡頭政體」。入至帝國後，通過正史一直關注的「君權」與「相權」之爭，當前期「相權」極重的時候，我們不也可以考慮按亞氏的思路，把那種集權體制看作「非全權君主」，不應該用「君主專制」一把尺量死？再如中國人說的「君主獨制」，是不是與「專制」完全同義？具有開明色彩的君主，理應與獨斷殘暴的「僭主」（專制君主）有所區別，一概用惡諡「專制君主」加之於所有帝王，是不是恰當，也頗值得斟酌。如此等等。

然而更為重要的是，中國傳統思維方式總愛把治理國家方式的好壞歸

1　亞里士多德：《政治學》，商務印書館，1965 年版譯本，第 133、172、179 頁。以下凡引自本書者，不再另行註明。

之於道德、人心、世道之類精神性因素，而對社會其他因素的作用輕忽，甚至一切都被「道德化」，因此對各種政體的內在機制缺乏分析綜合的眼光。相反，亞里士多德卻十分重視構成政體條件的社會綜合分析，包括人口的量與質、領土面積、自然生態（如氣候）、社會分層構成以及產業、產權狀態等等。唯其如此，他對政體成立條件有着非常冷靜和深刻的分析，給人以智慧啟迪。

亞氏就社會成員構成的上、中、下三層狀態與政體的關聯發表的議論，就特見精彩。他說道：「很明顯，最好的政治團體必須由中產階級執掌政權；凡邦內中產階級強大，足以抗衡其他兩個部分而有餘，或至少要比任何其他單獨一個部分為強大——那麼中產階級在邦內佔有舉足輕重的地位，其他兩個相對立的部分（階級）就誰都不能主治政權——這就可能組成優良的政體。」這一點，在西方現代民主社會裏已被證明為政治學通則，雖然古之「中產階級」與今之「中產階級」涵義完全不同。

亞氏最反對上層與下層完全斷裂的那種政體，下面的一段評論，幾乎更像是針對中國歷史而說的：「如其不然，有些人家財巨萬，另一些人則貧無立錐，結果就會各趨極端，不是成為絕對的平民政體，就是成為單純的寡頭政體；更進一步，由最魯莽的平民政治或最強項的寡頭政治，竟至一變而成為僭政。僭政常常出於兩種極端政體，至於中產階級所執掌而等於中道或近乎中道的政權就很少發生這樣的演變」，又說「凡是平民政體中沒有中產階級，窮人為數特多，佔了絕對的優勢，內亂很快會發生，邦國也就不久歸於毀滅」。

自然亞氏的分析方法對中國只有借鑒意義，切入中國歷史實際，還有一個契合史實的難題。在現代學者中，許倬雲先生也曾運用社會分層理論，從上、中、下三層關係縱論中國歷朝政治統治的得失，別具隻眼，異峰突出。限於篇幅，恕不能詳引，僅舉其標題或可略窺大意：西周的包容——上層的堅凝；秦代的缺失——中層與下層的疏離；漢代政治權力的基礎——中層的堅凝；東漢的缺失——上層與中層的斷裂；唐代的用人——中層的變化；宋代的養士——中層的擴大；明清的缺失——中層與下層

的斷裂。[1]這是切入到政治體制架構的內部觀察，將中國歷史細化的理路，得出的理念與亞氏相似，特別重視中層的作用，認為凡是具有堅凝的「中層」，並能起上下轉合作用的，一般治理國家都比較成功。

　　然而，在我看來，中國傳統的政治體制恐怕很難像許先生所說的，具有真正社會分層意義上的「中層」。先論「封建時代」，先生所說的「中層」，實際只是諸侯分權體系下「邦國」貴族。由於他們與其治下的下層（本族平民）血緣相連（同族同宗），方圓不大，距離極近，容易整合成一個「上下」緊密溝通的板塊。而所謂「上層」的「中央之國」（共主），與所謂「中層」的諸侯「邦國」保持「聯盟」關係，「中央之國」主要負責「禮樂征伐」，猶今之國防外交和意識形態的主導，「共主」並不直接管理諸侯國治下的「下層」。這樣「中央之國」與「諸侯之國」兩者之間又構成一個「上下」板塊。因此，可以說這只是兩種上下「板塊」的黏合，而並不存在「上、中、下」直系整合的整體結構。在經濟和政治關係比較簡單的條件下，這種「封建」式的分塊整合的效果確實較理想。這也是顧、黃兩賢之所以將「封建」看作為發展地方利益的「理想模式」的緣故。蕭公權先生有言：「當封建鼎盛之時，生活大體有序，上下守分相安，固不失為一太平之世。然而時遷世易，政治與社會均起變化，乃由安定以趨於騷動。」[2]說得極為得體。

　　進到帝國時代，國家管理的幅員特遼闊，又實行統一的垂直統治，情形完全不同。在這一點上，黃仁宇先生從「大歷史」着眼，得到的觀察似更為準確。他認為，歷代帝國集權體制的致命弊端是結構性的「中間缺失」，並把它比喻為美國式的「潛水艇夾肉麵包」：「上面是一塊長麵包，大而無當，此即是文官集團。下面是長麵包，大而無當，此即是成萬成千的農民，其組織以淳樸雷同為主……上下的聯繫，倚靠科舉制度」，而科舉制造就的「成千上萬的官僚既不能公開堅持本身利益，也不便維護地方

1　　許倬雲：《歷史分光鏡》，第 85 至 91 小節，上海文藝出版社，1998 年版。

2　　蕭公權：《中國政治思想史》（一），遼寧教育出版社，1998 年版，第 18 頁。

利益，只好用非經濟及非法制的名義去維持組織上的邏輯」，不能承當起
「中層」的作用，結果就出現「沒有一個中間的經濟機構」，無法「在數目
字上去管理」。[1]黃仁宇先生對帝國時代的官僚機構設置狀態，還有一個形
象的比方，叫作「倒砌金字塔」。中央機構最龐大繁複，實際管理公眾的
府縣級機構，卻簡陋而人員稀少，居中的道、路、省一級大多只是派出代
理人性質的官員，並無像樣的管理機構。管理深度與管理寬度的比例（如
管理的深度越深，則層次必相應增多，層次管理的寬度亦應增大）違反
政治管理常識，最能突出地說明上述「中間缺失」的弊端非常突出。當然
以今天現代社會的經驗來看，這種「中間缺失」，不僅僅是沒有「中間階
級」，沒有「中間性的經濟組織」的存在，更重要的是沒有任何「公共空
間」——除了垂直型的權力系統之外，沒有任何對權力實行制衡的橫向性
的社會團體和社會組織。正是在這一意義上，我們才說：中國傳統的社會
治理體制，僅有「國家」而無「社會」。這種「中間缺失」、上下斷裂的
政治體制，自然就會造成像亞氏上面所說的那種政治結局：最容易產生暴
政和暴亂。

　　亞里士多德在《政治學》裏還討論到國土面積、人口的數量質量與政
體的關係，值得我們注意。此前，柏拉圖早在其《理想國》的「法律篇」
裏，已經提出「國境的大小和境內的居民（人數）」是「立法家」必須考
慮的「兩個要素」。亞氏曾不無幽默地說：「事物如為數過多，就難於制定
秩序。為無定限的事物創造秩序，只有神才有可能，神維繫着整個宇宙的
萬物，為數既這樣的多，其為積又這樣的大，卻能使各個依從規律，成就
自然的絕美。」他據歷史的實例，認定「一個城邦，如果像一個民族國家
那樣，人口太多，在物質需要方面的確可以充分自給，但它既難以構成一
個真正的立憲政體，也就終於不能成為一個真正的（民主和共和）城邦」。
國土面積大小與政體的關係亦然。盧梭或許是接着這個話題說下去，表達

1　黃仁宇：《放寬歷史的視界》，中國社會科學出版社，1998年版，第61、153頁。「中層缺
　　失」與「不能在數目字上管理」兩層意思，同構成黃氏中國歷史觀的核心，始終貫徹於《萬
　　曆十五年》《中國大歷史》《赫遜河畔談中國歷史》諸書。

得更為清晰。他在《社會契約論》裏就政體的「土地廣袤與人口的數量兩者得以相互滿足的比率」問題作了專門的討論，很艱深。但他的結論是清楚的：「民主政府就適宜於小國，貴族政府就適宜於中等國家，而君主政府則適宜於大國。」當然他也承認有許多「例外」。他對「國君制」作了歷史的考察，說發現一點：「當政府是操在唯一一個人手裏時，這一比率（指君主與臣民的比率。──引者）便達到最大的限度。這時候就發現君主和人民之間的距離太大，而國家也就缺乏聯繫。為了建立聯繫，於是便必須有許多中間的級別；就必須有王公、大臣、貴族來充實這些中間的級別。然而這一切完全不適合於一個小國，這一切的等級會毀滅一個小國的。」這就是他認定「君主制適宜於大國」的一個理由。但他立即又為自己設問：「如果一個大國要治理得好是很困難的，那麼要由唯一的一個人來把它治理得好，就更要困難得多」，由此展開他對「國君制」治理一系列弊端的批判。例如「個人專制的政府，其顯著的不便就是缺乏那種連續不斷的繼承性」，「陰謀和舞弊必然插手進來……遲早一切都會變成金錢交易」，「在國王治下所享受的和平比起空位時期的混亂來還要更壞得多」等等。[1] 由此可見，前面提到的上下斷裂，幾乎是大國君主制與生俱來的痼疾。

　　正如我在前面說過的，中國傳統學者囿於道德化的思維方式，從沒有也不可能以這樣的政治學視角考察君主政體在中國歷史上所遇到的各種困境，並予以反省。在傳統中國，假若說有政治學，那就是「治術」和「治道」。前者為法家所創，歷代君臣都藏諸內心的暗處，「只做不說」；後者則為儒家所創的「仁政（王道）」，但在政治實踐裏卻事與願違，大抵落入「只說不做」的套路。唯其如此，像顧、黃諸賢欲以「治道」定住「治術」，才顯得壁立千仞，光彩異常。然而，他們為思維方式所限，也畢竟開不出「新天」。

　　現代學者中有人是看到了「大」對中國傳統政體帶來的困難。他就是撰著《東漢前中國史綱》的張蔭麟先生。他在《史綱》第七章「秦始皇與

1　盧梭：《社會契約論》，商務印書館，1980 年修訂 2 版中譯本，第 66、87、96─102 頁。

秦帝國」意味深長地寫道：「在這幅員和組織都是空前的大帝國裏，怎樣永久維持皇室的統治權力，這是始皇滅六國後面對的空前大問題，且看他如何解決。」[1] 事實上，這一「空前大問題」不僅始皇帝沒有解決好（迅速滅亡便是明證），歷代帝王都無不為之處心積慮，一代又一代不停地補苴罅漏，直到清亡，仍然懸而未了。這便是下一個話題所要討論的內容。

剛柔相濟：帝國政治體制運作機制

有關中國傳統社會的總體特性，學術界曾有各種不同的說法。其中「長期停滯」說、「三性」說（王亞南）和「超穩定」說（金觀濤）等，異曲同工，都是對體制千年不變的「歷史實在」作形體解析。而傅衣凌先生提出的「富有彈性」說，則是以傳神的方式表述出中國特有的政治運作意境。中國傳統的君主集權體制能夠維持兩千餘年，絕非西人想像的那樣僅靠所謂「亞洲人的奴性」。「奴性」云云，其實質正如韋伯所說，乃是「處在關係之中的行動者排除抗拒其意志的可能性」，為所有權力必包含的內容，東西方之間並無差異。權力運作的現實性，服從強制程度的高低，則取決於這種統治「合法性」資源的狀態。中國的兩千年一貫制，沒有諸多政治運作的高招，沒有一張一弛的應變智慧，是斷難成就這種世界歷史「奇跡」的。說傳統時代，中國的政治權謀不低於西人，僅從「彈性」一點即可領略其風味。

儒家都相信良好的政治擁有共通的原理。他們把這些原理用一個最模糊的名詞「道」來表述。孔子說：「殷因於夏禮，所損益可知也；周因於殷禮，所損益可知也；其或繼周者，雖百世可知也。」[2] 這就是撇開具體的「治術」，專就理想政治的準則（「治道」）而言。這種「治道」頗有點類似西方政治學的「理想類型」，所以夫子敢說雖「百世」而不變。但落實

1　張蔭麟：《中國史綱》，上海古籍出版社，1999 年版導讀本。我的有關議論，請參讀「導讀」拙文。

2　《論語·為政》孔子答子張問。

到具體的歷史層面，孔子也知道「道之將行也與，命也；道之將廢也與，命也」。[1]這「命」是人所無法預測和把握的歷史變數，說不出、也道不明，猶如西人在這種無奈狀態也常會脫口說出「只有上帝知道」。因此，說儒家絕對否認「變」也不近情理。孔子不就說「齊一變至於魯，魯一變至於道」？「變」與「常」之中，儒家重視的是「常」。

法家則反其道，他們把「變」的重要性放在「常」之上，特講求「治術」的變異。商鞅即向秦孝公建言：「當時而立法，因事而制禮……治世不一道，便國不必法古。」[2]韓非更是藉編寫歷史故事大講「治術」，並力主「古今異俗，新故異備。如欲以寬緩之政，治急世之民，猶無轡策而御悍馬，此不知之患也」。[3]這層意思，幾乎被後來所有主張「世急用重典」者奉為經典。

秦始皇用法家之言而統一六國並建「獨制」之體，一時頗得志忘形於「乃今皇帝，一家天下……黔首康定，利澤長久」。但畢竟為「初嚐螃蟹」者，有勇而少謀，面對一系列新出現的難題，不思進退，無遠慮即有近憂，以致速亡。故漢初賈生總結秦亡原因，有一名言，謂之：「仁義不施而攻守之勢異也。」（賈誼《過秦論》）

繼後之漢，畢竟有前車之鑒，變得聰明。雖說漢初曾有行黃老之治的一段過渡期，但賈生的話實際早已預示此後的帝國統治終將歸於「霸王道雜之」，「陽儒而陰法」。修定治道，只是個時間問題。到武帝時確立這一大原則才到火候，距商鞅也已兩百餘年。此後凡升平之世，儒家的「治道」倡行；到危難治急之時，法家的影子由隱而顯。讀北宋中期王安石的「萬言書」（《上仁宗皇帝言事書》），不得不拾起商韓「事異則備變」的話頭，給人印象至深。因此，治道與治術，兩極隨事而張弛，儒法相反而相成，實是帝國政治體制運作的大框架。

1　《論語・憲問》答公伯寮問。
2　《商君書・更法》。《史記・商君列傳》亦載此篇，文字稍有不同。
3　《韓非子・五蠹》。韓非《內儲說》六篇大抵都是針對歷史經驗而大談君主如何「獨制」的「治術」。

　　「治道」尚可以像儒家者言，大而化之地說「政者正也」，有許多教條味。「治術」則不然，必須隨事應變，計較利害，面對一系列生死攸關的現實問題。一統帝國與「封建」之世最大的不同，統治幅員遼闊而又必須一竿子到底，不容橫插枝節。「一家」皇帝如何能籠住六合之內的「天下」，是個空前大難題。撇開經濟民生問題（前幾個專題已作了討論），僅就權力層面說，至少也有兩大難題需要面對：一是如何防止危及「乃今皇帝，一家天下」的皇權「獨制」格局。韓非雖早就提示出危害皇權的若干因素，但歷代外戚、權臣（權相）、佞臣（弄臣）、女寵（后妃）、宦官（閹人）乃至悍兵悍將（軍閥），還是一再成為皇權顛覆的禍因。這些禍端都是由皇權內在滋生的「病毒」造成的，費了多少代人的診斷試方，吃盡苦頭，到明清兩代才算病情略有減輕。二是如何防止危及中央集權的一統體制。這就涉及了前面楊聯陞先生提示的權力光譜（結構）的兩極：中央與地方的關係，垂直統治與橫向發展的關係。嚴耕望、許倬雲、楊聯陞諸先生都矯正過史家的一種通病，指出中央集權體制並非一開始就非常僵化。前期地方的權力行使尚有一定的自由度，只是宋以後才出現過度集權的弊端。但由此也還必須思考：何以中央要對地方權力越收越緊？何以要切斷一切橫向聯繫，不容任何危及集權的中間性機構成立？這種對策亦有不得已的苦衷。它們多半都是針對可能誘導分裂的因素而隨時之宜制定的。「扶得東來西又倒」，只能說明有些病症則產生於「生理結構」本身，雖有扁盧，最終還得因醫治無效，蹈入死亡一途。

　　下面將圍繞上述難題，對帝國政治體制的機制及其運作過程，作一俯瞰式的總論。限以文體，多語焉不詳，其細節自可檢閱當下許多政治制度專史著作。

一、「卡里斯瑪崇拜」及其演繹：中國傳統政治體系的核心特徵

　　關於「卡里斯瑪崇拜」，在「部族時代」一節作過交代。這種對個人特有魅力的崇拜，在原始部族時代都普遍存在過，非中國獨然。但在中

國，大一統的國家是由「滾雪球」的方式長期推進而演化成的，歷史的連續性顯得特別突出。因此原始的「卡里斯瑪崇拜」就融入新的政治體制裏，成為維繫「君主」絕對權威的光環。試看兩千年帝制史，中國人根深蒂固的觀念，國家的命運總希望繫於一天才人物，儒者稱「天縱英明」的「明君」，老百姓則稱之為「救民於水火之中」的「好皇帝」。每當社會震盪，必有「真命天子」將出的期盼，企求能有一位非凡人物，憑藉其特殊的人格或精神魅力，汪洋恣肆而又任性地調度歷史舞台，重整綱紀，帶領社會走出峽谷，再開「新天」。這就使我們有理由堅持，「卡里斯瑪崇拜」，或者叫作「天才史觀」，是帝制時代政制的一個核心特徵。

　　韋伯曾經依據其「理想類型」的分析方法，將統治類型分為三大類：法理型、傳統型和「卡里斯瑪型」，並對其相應的統治資源作了分類。中國傳統政治體系，不論是「封建」還是「帝國」時代，依據其政制的規模和複雜結構，都應該歸入「傳統型」大類裏，已經不再是那種單純的「卡里斯瑪型」原始形式。然而任何現實的統治形式都不可能像概念演繹那樣單一。很顯然，帝國政制的「卡里斯瑪」色彩極濃，它所依賴的資源，既來之於原有的「情感正當性」與「習慣正當性」，同時也加進經由儒家改造而成的「價值（信仰）正當性」，三位一體。因此，中國傳統的政治體制的內涵實在要比韋伯說的複雜得多。

　　將原始的「卡里斯瑪崇拜」演化為「天才統治」史觀，有一個從口耳相傳到文獻載錄「層累地」積澱的過程。這種流傳中不斷被賦予「意義」改造的過程，實質也是政治被意識形態加工的過程。司馬遷在作《五帝本紀》時，曾廣泛閱讀過當時存世的，一切有關遠古先史的「百家言」，並遍訪東西南北，蒐集各地民間「長老」口耳相傳的史實，「擇其言尤雅者」入錄。從史料的來源來說，《五帝本紀》已經竭盡所能，最能充分反映從「薦紳」到民間關於先史「集體性民族記憶」的早期狀態。在這些「集體記憶」裏，我們能強烈地感受到前述的「卡里斯瑪」色彩。那些為部族創業建功的特殊人物，不是「生而神靈，弱而能言」（黃帝），「其仁如天，其知如神，就之如日，望之如雲」（帝堯），就是「順適不失子道，兄弟孝

慈」「入於大麓，烈風雷雨不迷」（帝舜）；舜所命「二十二人」亦各司其職，「咸成厥功」，「天下明德」。呂思勉先生多次指出這些載述多有「輕事重言」的通病。其實這些人無非是部族時代的「部族長」或「聯盟共主」。[1]所託之「言」，既包容有以前部族「英雄主義」的古風，亦摻入流傳過程中加進的對政制「意識形態」的支持。

戰國時代類似「卡里斯瑪」天才統治的議論，要數孟子「五百年必有王者興」一語最出名，百代之後，猶有餘音。孟夫子曾引《書經》：「天降下民，作之君，作之師，惟曰其助上帝寵之，四方有罪無罪惟我在，天下曷敢有越厥志。」這一段話，說明古老的「英雄主義」已被改造為支撐君權「唯予一人」的「意識形態」，其中既有宗教式的君權神授成分，又有儒家「王道」理想政治資源加入其中。試看他是怎樣為武王「伐商」、以下弒上的暴力行為辯護的：「一人橫行於天下，武王恥之，此武王之勇也。而武王亦一怒而安天下之民。今王一怒而安天下之民，民惟恐王之不好勇也。」這一人、一怒、一安，神情畢顯地道出後來帝制時代「卡里斯瑪」完全可以藉着「弔民伐罪」的名義肆行誅伐，「王道」中混合着「霸道」。剛柔相兼，富有彈性的雙重人格，是新一代「卡里斯瑪」的歷史特徵。[2]

照孟子的說法，每當政治資源枯竭似久旱「苗槁」，則「天下之民皆引領而望之」，歸之猶水之就下，此時「卡里斯瑪」的魅力「沛然誰能禦之」，是所向無敵的。與戰國時代社會轉型同步，原先部族英雄主義時代情感的、宗教的、習慣的「正當性資源」，經文化精英的提煉，終於轉化為服從一統君主權力體制的行動意志。維護君主集權體制統治「合法性」的意識形態由此歷經反覆強化，歷史沉澱，終於演化成了帝國時代公眾的集體無意識。這種「集體無意識」不經脫胎換骨的改造，現代民主就很難在該種社會裏生根。

1　呂思勉：《先秦史》第 2 章、第 7 章，上海古籍出版社，1982 年版。
2　《孟子·梁惠王下》答齊宣王。

1.1：「卡里斯瑪」品格辨析

帝國時代「卡里斯瑪」的真實品格究竟怎樣？政治的實際運作總比「文化精英」的構想要豐富複雜得多。準之於歷史，我們看到的，真正體現「卡里斯瑪」品格的，就是王朝鼎革中出現的「開國之君」。他們大凡必須靠戰爭的強暴力量才能實現其功業，最多只是「不嗜殺人」，或者像李善長勸朱元璋「不妄殺」而已。

這類人物的出現，首先要有「天授」的因素，就是「時勢造英雄」。小亭長劉氏、窮和尚朱氏之類，生不逢其時，還不是一輩子窮死鄉間的命運？當年朱元璋起兵不久，初至滁陽，「里中長者」李善長來迎，即分析天下形勢說：「秦亂，漢高起布衣，豁達大度，知人善任，不嗜殺人，五載成帝業。今元綱既紊，天下土崩瓦解。公濠產，距沛不遠。山川王氣，公當受之。法其所為，天下不足定也。」李善長的所謂「山川王氣」云云，說明「卡里斯瑪」神化的傳統，久已深入中國城鄉；一般稍有歷史常識的公眾都懂得適逢亂世，「土崩瓦解」之時，必有「王者」取而代之。待兵進金陵前夕，儒生陶安來投，他的話就更能說明儒家意識形態的特點：「方今四方鼎沸，豪傑並爭，攻城略地，互相雄長，然其志在子女玉帛，非有撥亂安民，救天下之心。明公率眾渡江，神武不殺，以此順天應人而行弔伐，天下不足平也。」陶安進言則由「天下土崩瓦解」進至更高的層次，即「王者」須「撥亂反正、為民弔伐」，將「卡里斯瑪」的雙重品格及其成功要素說得言簡意賅。

亂世英雄夥矣，最終成功者畢竟「唯予一人」。如若多人並雄，則依「天無二日」的規則，必須拚出一人。試觀歷代成功「帝業者」，除適時地利用亂世形勢，善於舉起「順天應人而行弔伐」的政治大旗之外，還需要具備兩大主觀要素：有勇有智。「智」者，富權謀，長機變，善用人，豁達大度。「勇」者，果敢決斷，堅忍不拔，不行宋襄公式的「不殺二毛」蠢「仁」，也鄙夷項羽式的「婦人之仁」。為掃除前進道路上的一切阻礙，絕不心慈手軟。有勇無智者，烏江自刎；有智無勇者，如李善長、劉基，終當為人所用。

在帝國時代一治一亂的周期性運行中，前述「卡里斯瑪」的品格表現得比世界上任何民族都要來得典型。當年鴻門宴前，范增對項羽就説過：「沛公居山東時，貪財，好色，會入關，財物無所取，婦女無所幸，此其志不在小。吾令人望其氣，皆為龍虎，成五采，此天子之氣也。」後半段明顯抄襲歷代傳説中的「卡里斯瑪」的神化故伎，不足論；前半段則頗能説明，亂世諸雄，懷有「唯予一人」的大志，才可能百折不回，獲致最後的成功，此即所謂有「天子之氣（氣度）」。秦末之項羽、隋末之李密、元末之張士誠，都敗在這一「卡里斯瑪鐵律」下。

唯其有取天下之志，故當決勝千里之時，他們都有能容納「天下之賢」的大氣度。漢高祖置酒洛陽南宮慶功時，曾就「吾之所以有天下，項氏之所以失天下」，對群臣説出了下面一番大道理：「夫運籌帷帳之中，決勝千里之外，吾不如子房；鎮國家，撫百姓，給餉饋，不絕糧道，吾不如蕭何；連百萬之軍，戰必勝，攻必取，吾不如韓信。此三人皆人傑也，吾能用之，此吾所以取天下也。項羽有一范增而不能用，此其所以為我擒也。」

但光這一條還不夠。廣武對陣，漢高祖面對項羽要挾，鎮定自若地説：「約為兄弟，吾翁即為汝翁，必欲烹而翁，則幸分我一杯羹」，弄得項羽手足無措。史家據此譏諷劉氏有「匪氣」。彭城戰敗，劉數棄子女孝惠、魯元於車下，幸有滕公救之。常情之外，才見「非凡」。再觀劉邦擒韓信後對話，笑曰：「多多益善，何為我擒？」史家又感慨劉之不念當日戰功，「擅殺功臣」，斥之無情無義，「流氓行徑」。這都是從道德觀念着眼，殊不知亂世，每成者為王，敗者為寇，豈劉邦、朱元璋獨然？唐初李氏兄弟血濺玄武門，骨肉相殘。太宗若崇尚「道德至上」，退讓一步，不也就沒有他後來的「貞觀之治」了？這就見得「卡里斯瑪」品格還有「殺氣」的另一側面。

道明這種「卡里斯瑪」統治雙重品格的，韓非算一個，但還比不上馬基雅維里。韓非説得最多的只是「參驗而行誅、見功而爵祿」，畢竟還講「法制」式「理性」。馬氏在《君主論》裏則語出驚人：君主必須兼有獅子和狐狸兩種獸性，像狐狸以便識別陷阱，像獅子以便使豺狼驚駭。下面一

段話於中國情形也頗切合：「所有武裝的先知都獲得成功，而非武裝的先知都失敗了……當人們不再信仰的時候，就依靠武力迫使他們就範。」「如果沒有那些惡行，就難以挽救自己的國家的話，那麼，他也不必要對那些惡行的責備而感到不安……如果照辦了，卻會給他帶來安全與福祉。」[1]

這種情形在中國帝制歷史上也屢見不鮮，但話語系統畢竟有東西之別：西人常直率，而國人則多含蓄。宋初有一則故事，讀歷史的恐無不知曉。趙匡胤「黃袍加身」後，緊接着要進行一系列的統一戰爭。其中南唐名為大國，實為弱國，一向稱臣於北周和剛易鼎於手的趙宋。南唐後主以為憑着這份甘心稱臣的情義，太祖或可寬容了他，故遣特使徐鉉以「江南百姓」的名義前來求和。出身兵營的太祖卻答得斯文而頗近人情：「天下一家，臥榻之側，豈容他人鼾睡？」徐鉉一聽，就懂得一場兵戎相見、生靈塗炭是不可避免了。於此亦見得後主李煜原應該去做他擅長賦詩填詞的文學家，稱皇稱帝不是那份材料。雄心勃勃的太祖，識字不多，才真是一世英主，故能成就大宋王朝。馬氏說的那種「武裝先知」，到了東方人那裏，話語委婉之中暗藏殺機，果斷不「仁」同樣不輸西人「先知」。

1.2：「卡里斯瑪崇拜」的政治效應

「卡里斯瑪」型人物的出現，客觀、主觀條件齊備的概率是很低的，周期較長。「卡里斯瑪」的基因又往往很難靠遺傳獲得。[2]因此，歷代王朝大多

1　馬基雅維里：《君主論》，商務印書館，1985 年版中譯本。

2　歷代帝王後繼者年幼即位及在位日短、年壽極促的事例極多。僅從生理條件上說，也是一代不如一代。此生於深宮、長於婦人之手使然，莫可奈何。趙翼《廿二史劄記》「東漢諸帝多不永年」一則，曾舉最突出的東漢為例，詳考之曰：「國家當氣運隆盛時，人主大抵長壽，其生子亦必早且多。獨東漢則不然。光武年 62，明帝年 48，章帝年 33，和帝年 27；殤帝年 2，安帝年 32，順帝年 30，沖帝年 3，質帝年 9，桓帝年 36，靈帝年 34，皇子辨年 17 即為董卓所弒。唯獻帝禪位後，至魏明帝青龍二年始薨，年 54。此諸帝之年壽也。人主既不永年，則繼體者必幼主。幼主無子，而母后臨朝，自必援立孩稚，以久其權。殤帝即位時，生僅百餘日。沖帝即位才 2 歲。質帝即位才 8 歲。桓帝即位年 15。靈帝即位 12。宏農王即位才 9 歲。」實際此種情形，歷代皆有，唯不如東漢之典型。中華書局，1963 年版，第 82 頁。

數時段，實際是靠這種統治合法性的意識形態支持，繼續生活在「卡里斯瑪」的光圈下，其效應必然呈遞減的趨勢。但對一個大王朝而言，高潮過後，也尚能維持大約一二百年的殘局，又是靠甚麼？

一是靠儒表法裏珠聯璧合的配套，維護「光環」。

以儒家為主流的意識形態，已經在臣民心裏牢牢地埋下了「君主」為一國之主，安危所繫，須臾不可離卻，「集體無意識」根深蒂固。只要看史書，即使到了王朝中後期，君主已不成君主模樣，如明正德、嘉靖、天啟之類，有良知的大臣心中未必無數。但在進諫書中還得稱他們「天縱英明」「睿智天寵」，把一切過失盡推到「奸佞」欺隱作惡的賬上，委婉地勸其不要丟失了他們固有的「卡里斯瑪」（「聖君」）天性。這不盡是套話，其中還應包含有靠「投影」的虛弱光圈，勉力維護「君主敬且畏」效應的苦心。

最典型的事例，就是海瑞「罵皇帝」。經歷「文革」的人都知道，為着這則歷史故事，著名明史專家吳晗還不幸命歸黃泉。但真的找來海瑞諫文從頭到尾細讀一遍，也就明白，海瑞絕沒有想破壞嘉靖皇帝頭上的「卡里斯瑪」光環。他在那篇《治安疏》裏，固然寫下「嘉靖者，言家家者皆淨而無財用也」空前大不敬的話，但前前後後卻有一大堆鋪墊、轉折的話，不能略去不看。文首即援引漢文帝恕諒賈誼直言的先例，為自己諫諍開道。接着一口氣說了那麼多中聽的，肯定嘉靖的好話：「陛下天質英斷，睿識絕人，可為堯、舜，可為禹、湯、文、武，下之如漢宣帝之勵精，光武之大度，唐太宗之英武無敵，憲宗之志平僭亂，宋仁宗之仁恕，舉一節可取者，陛下優為之。」尖銳批評諸種過失之後，也不忘強調一切都只需要「陛下一振作間而已」，「一振作而百廢俱舉，百弊剗絕」。[1]嘉靖帝不殺海瑞，多少也看懂了這層苦心——海瑞畢竟還是希望「卡里斯瑪」的光環能由闇淡轉為輝亮。

海瑞的這種進諫方式，可說是歷代臣下諫諍的通用格調，絕無例外。歷來明智之士都懂得，「君主」是大國「秩序」的象徵，即使不滿意，總

1　《海瑞集》「治安疏」，中華書局，1962年版，第219、221頁。

比鬧起「無君無父」的動亂要好得多，這就叫作「無秩序中的秩序」。用荀子的話是「維齊非齊」。魏徵有一段進諫的話，最能説明這種統治的特質。他對太宗説：「臣聞知臣莫若君，知子莫若父。父不能知其子，則無以睦一家；君不能知其臣，則無以齊萬國。」[1]中國既闊大又多「不齊」（發展不平衡），農民似汪洋大海，沒有一定的規則，就不能整合；這個整合的規則，在當時只能是「君君、臣臣、父父、子子」（按迪爾凱姆的標準，是靠家庭同質放大的「機械整合」模式）。唐太宗也算是非常有悟性的君主，他也順勢反覆告誡諸臣僚：「君臣本同治亂，共安危」，「君失其國，臣亦不能獨全其家」。儒家意識形態正是從這種大局出發，要求自己的成員苦心期待、精心維護「聖君」的光環效應，如此方能為君臣子民俱帶來「福祉」；知其不可為而仍必勉為之，謂之「忠臣」。

　　但假若認為光靠意識形態就能維持，也不免天真。因此，歷來傳統統治者骨子裏總不放棄「法家」的一套「棍棒」統治手段，故又稱外儒內法。如果説儒家提供的倫理至上的道德教化，重在「敬」；法家則提供了一整套法術勢結合的統治權略，重在「畏」，具體操作後代有諸多發明，留待稍後「運作機制」再説。這裏要特別強調，數以百萬計的軍隊，是這種統治得以維持「威嚴」的根本保證。所以任何地方性動亂，不難戡定，全國性農民起義成氣候的條件是非常苛刻的。這已為了解中國歷史的人所熟知，不必多説。我們可以看到一條不成文的規則，對軍隊的依賴，每一王朝後期必比前期更強；前後王朝，越到後期軍隊數量有增無減、愈增愈多，就明白此中奧祕。

　　朱明王朝更創造出「廠衛」這樣的「特務統治」，臣僚也成了假想中的敵人。宋濂與劉基俱為洪武時代一代「文宗」，宋濂更有當代「太史公」之稱。太祖甚為倚重，開國文稿大都出諸渠手筆，常出入禁中密語。即便如此倚重，洪武皇帝竟還派人祕密偵察其日常行動。一天上朝，問濂：「昨飲酒否，坐客為誰，饌何物？」幸好宋濂具以實對。史載，太祖笑曰：「誠

1　吳兢：《貞觀政要》「擇官」，上海古籍出版社，1978年版，第93頁。

然，卿不欺朕。」後世可以對此不齒，且斥之為「蠢」，實偵不勝偵，終
難免被「欺」、被騙。但也確實有效——畢竟死亡恐懼，是人本能的弱點。
這只要回憶一下明天啟年間，魏忠賢淫威肆虐之時，除少數「東林黨人」
以死抗爭外，絕大多數臣僚不都紛紛上表「獻忠心」？到崇禎「清查」時
開出的一長串名單，今天還保存在史書裏。

二是靠「賢相良臣」的「補救」效應。

秦始皇所創立的「今皇帝併一海內」「朕為始皇帝，後世以計數，二世
三世至於萬世」的君主獨制的體制，確如其臣僚所言，「自上古以來未嘗
有，五帝所不及」。然而這種體制並不能「自然」地確保君位長久、「至於
萬世」。賈誼《過秦論》即譏其「以六合為家，殽、函為宮，一夫作難而
七廟墮，身死人手，為天下笑」。說秦始皇缺乏統治經驗，其言不為過。

僅靠一人獨制不能保有天下，「卡里斯瑪效應」亦有限度。唐太宗算
得上是明達這種政治事理，不世出的傑出明君。他在臣僚面前毫不諱言：
「豈得以一日萬機，獨斷一人之慮？且日斷十事，五條不中。中者信善，
其如不中者何？以日繼月，乃至累年，乖謬既多，不亡何待？」因此宣佈
自己的施政方針是：「以天下之廣，四海之眾，千端萬緒，須合變通，皆
委百司商量，宰相籌劃，於事穩便，方可奏行。」[1] 這種聰明，得之於歷史
經驗。太宗目睹隋末之變，震懾於「天子者，有道則人推而為主，無道則
人棄而不用」，故特重「君臣同體」的治道。

我之所以不滿意以「專制」一詞說死中國帝制，因為這種來自西方的
成見，每每看不清中國兩千年帝制實依賴於發達的行政官僚制度。其中丞
相一職，乃為百司的首揆，理論上應代表整個文官集團的意旨，舉足輕
重。[2] 古諺曰：「天下安，注意相；天下危，注意將。」直到明末，梨洲先生

1　吳兢：《貞觀政要》「政體」，上海古籍出版社，1978 年版，第 15 頁。
2　錢穆先生《國史大綱》云：「有丞相即非君主獨裁，即非專制。」且引宋人洪咨夔之言：「往
　古治亂之源，權歸人主，政出中書（即宰相），無不治。權不歸人主，則廉級一夷，奚政
　之問？政不出中書，則腹心無寄，奚權之攬？」先生認為：「判劃政、權分屬君、相，實
　中國政治自秦以下一重要進向也。」商務印書館，1996 年修訂第三版，第 147 頁。

著《明夷待訪錄》，對相權一事特別看重。他反感明太祖廢丞相幾近痛恨的程度，憤慨地寫道：「有明之無善治，自高皇帝罷丞相始。」丞相一職何以如此重要？梨洲的觀點是：「古者不傳子而傳賢，其視天子之位去留猶夫宰相也。其後天子傳子，宰相不傳子。天子之子不皆賢，尚賴宰相傳賢，足相補救，則天子亦不失傳賢之意。」梨洲之言，道出了當「卡里斯瑪效應」因君主世襲而必然遞減，丞相則可以起「補救」的作用，尚可依賴其統攝官僚集團以維持政局。

「丞」「相」，按字義均有副、貳的意思，以「副貳」天子的身份當行政官僚集團的首衝。秦始皇時，承秦國任客卿為相的歷史傳統，丞相之位極高。此於《李斯列傳》可盡得其實。漢初蕭曹雖號為名相，實與軍功有關；武帝以前，非封侯必不拜相，歷任丞相皆拔自軍功封侯者，周勃、灌嬰、周亞夫等純軍人亦得名列相位。武帝後始由儒臣入相，昭、宣以下，非儒臣絕不能居相位，丞相選拔的正常規則方始確立。這一前後相異的選拔規則，凡由戰爭而創新朝者，大抵類此。這與「卡里斯瑪」的效應相符——前者實是對開國者麾下軍功集團的回報，頗能體現「卡里斯瑪」原始性質；後者則體現帝制成立後「以天下世襲不必賢，而丞相足以彌其缺憾」的「補救」功能。其中以儒臣承當，又有「以古聖哲王之行摩切其主，其主亦有所畏而不敢不從」（黃梨洲語）的意義。儒學的意識形態的作用，正是通過這種渠道進入政治體制內部，發揮其整合的功能。

西漢昭帝死後無嗣，後繼人選武帝子廣陵王、孫昌邑王皆因行為不端，為霍光等群臣否決，最後則自民間選取武帝廢太子之孫迎立為帝，是為宣帝。其中昌邑王因太后旨意曾一度入主龍宮，淫戲無度，「群下鼎沸」。霍光猶豫於「古未嘗有」否決嗣位之舉，大司農杜延年即搬出「伊尹相殷，廢太甲以安宗廟，後世稱其忠」，力勸霍光。光即召集丞相、御史、將軍列侯、中二千石、大夫、博士會議，延年再次直申其理由：「漢之傳嗣常為孝者天下，令宗廟血食也。如漢家絕祀，將軍雖死，何面目見先帝於地下乎？」事實證明他們議決選定的宣帝，不負其所望。雖其事或有霍、杜串演「雙簧」之嫌，但整個故事極典型地可為梨洲「補救」效應

下註，其中「漢家絕祀」一語最重，意即關乎大漢王朝存亡，高祖帝業是否墜地，「忠臣」理應擔負「安定社稷」大任，其理論依據則純出於儒家之說。而後明神宗萬曆帝幾度欲徇私愛（鄭貴妃），廢長立幼（福王），終於拗不過群臣異議，不得不憤憤然放棄。可見儒家意識形態的「規範」作用也不可小視。這事梨洲先生寫作《置相》一論時必定記憶猶新，最感痛快的。

中國傳統政治的主流，確有規範君主言行的意識形態要求。因此從政體的「合法性」角度說，君主須受「聖哲之教」的監督。「君君臣臣」之意，後一「君」即指君主須合規範，君主必須像一個「君主」模樣。除此還有「天道」「天意」的儆示，天象諸「不祥」徵兆，雖荒誕不經，實則也是一種監督手段。這種「正當性資源」也就成為以丞相為代表的官僚集團諫諍君主行為不端的「合法根據」。當「卡里斯瑪」式君主強有力時，「良相賢臣」最多只與君主光環相輝映，起陪襯的功能；但當後代「不必賢」的君主襲位後，這些資源卻可以起維護「卡里斯瑪」虛假光環的功能。

「卡里斯瑪」型，在時間之維上常表現為不可重複性。其有效時段多長？偶然性諸多，但大抵也有一個平均概率可以觀察。一般大王朝開國後的二三代之內，帝位世襲總多事端，但威權並不減於開國之初。西漢高祖僅有一嫡子（名盈，史稱惠帝，呂后所出）。繼位之前屢起「易儲」風波，幸張良、叔孫通等死諫，呂后力爭，得以繼立。當年叔孫通勸諫的理由就是：「太子天下本，本一搖，天下震動。」說明他深通維護「卡里斯瑪」光環的重要性。高祖畢竟非凡，彌留之際，「（呂）后問陛下百歲後，蕭相國死，誰令代之。曰曹參。其次曰王陵，然少戇，陳平可以助之。平智有餘，然難獨任。周勃厚重少文。然安劉氏者，必勃也。復問其次，上曰：此後亦非而所知也。」高祖及其君臣皆出於戰爭環境，由「自然競爭律」而崛起，文武均為一時之雄。故其時仍在「卡里斯瑪」有效時段之內，雖有呂氏「外戚干政」之禍，劉氏天下終得再顯「文景」風光。而高祖對相、將等關鍵臣僚的人事安排，事後證明確鑿起到了維護劉家「卡里斯瑪」光環不墜的效果。

　　明太祖所面臨的後繼問題，處境要比漢高祖慘得多。嫡長子早死，嫡長孫幼而柔弱，竟至不禁臨風而泣。雖其「行事多仿漢高」，但在人事處置上走極端，必欲將有威脅性的第一代「精英」人物殘殺殆盡而後安。建文繼位，幾無任何有力人物可足倚重。死無歸宿，乃祖父「不學（經、史）有術」，實應負最大罪責。清代趙翼語及此，不免感歎明太祖效漢高祖殺功臣，「學之而過甚者矣」。[1]然有明與大唐相仿，「卡里斯瑪」效應則體現在他們強有力的第二代人身上——出於戰爭環境的李世民、朱棣無疑是高祖、太祖的複製，而世民之才幹實遠勝於乃父。趙宋兄終弟及，據説出於「明智」的抉擇，不在此列。而隋初楊廣代父，似應屬於前述同一類型，惜國祚過短，不入史家視野。因此，這些帝國型王朝國初君位風波，實可以看作「卡里斯瑪」型統治的延續。

　　盛衰轉折一般多發生於中期。其初六七十年，撥亂反正，休養生息，吏治尚稱清明。承平既久，必出現高峰期，如漢之武帝、唐之玄宗、明之世宗、清之高宗，皆當其時（北宋似無明顯高峰期）。然以上四人亦不得相提並論。漢武帝尚有雄主氣概，頗得「卡里斯瑪」遺風。玄宗氣度遠遜漢武帝，然能倚重姚、宋兩名相，「開元盛世」光彩亦算不虛。後不聽張九齡「宰相繫國安危，相林甫，臣恐異日為廟社之憂」，遂至天寶兵亂。世宗、乾隆則完全坐享其成，敗家有餘，漸露出帝國下滑光景。故以每一大王朝而論，極盛必衰，「花團錦簇」之後，便是「衰草枯楊」、落花飄零的時日。然而有一現象出人意外，世人皆謂其「離亡國不遠」，實際卻還可以拖上七八十年之久。其間還偶有一閃而過的亮點，夕陽殘照一景。何以致此？這就又回到梨洲先生所説「補充」效應的話題上來了。

　　這裏，僅就傳統學者多所貶抑的霍光「輔主」昭宣兩代的極端事例，略申前意。武帝皇后不育，諸妃誕有六子。除一子病死外，因種種事端，「立儲」風波迭起，致使晚年武帝在繼後問題上陷入絕境，最後不得不演繹一幕殘忍的「殺母立儲」慘劇，把最幼的 8 歲弗陵託孤給霍光等四大

1　　趙翼：《廿二史劄記》「明祖行事多仿漢高」，中華書局，1963 年版，第 673 頁。

臣，撒手西歸。昭帝在位 13 年，死後無嗣。霍光等自民間迎立原廢太子
孫詢繼位為宣帝，年方十八，已如前述。按理這是一段君主風采最為闇淡
的時期，卻能贏得「中興」之譽。霍光雖非儒臣出身，傳統且都以「外戚」
目之（武帝創內朝，故其領尚書事的地位實高於外朝宰相，應視為真相）。
然追溯昭、宣兩代能繼續維持在「卡里斯瑪」光圈效應之中，獲「中興」
之名，霍光之功萬不可沒。

　　頗耐人尋味的是，班固作《漢書》，對霍光評價有褒有貶。在《漢書·
昭帝紀》藉周公輔成王典故，表彰昭帝與霍光君臣「各因其時以成，名大
矣哉！」接着所敍政績「承孝武奢侈餘敝，師旅之後，海內虛耗，戶口減
半。（霍）光知時務之要，輕徭薄賦，與民休息。至始元、元鳳之間，匈奴
和親，百姓充實。舉賢良文學，問民所疾苦，議鹽鐵而罷榷酤」，件件皆
出霍光之手。可見班固心底很清楚，漢業能在昭宣兩代衰而不墜，實為霍
光及其所統攝的官僚集團（如杜延年等）全力「維護帝業」的結果。但班
固對霍光不能不加貶責，見於《霍光傳·讚曰》。班氏雖仍肯定其「匡國
家，安社稷，擁昭立宣，光為師保」，但批評也甚為嚴厲：「（霍）光不學
無術，闇於大理，陰妻邪謀，立女為后，湛溺盈溢之慾，以增顛覆之禍。
死才三年，宗族誅夷，哀哉！」班氏的立場也可理解，其用意也無非是要
維護君主的「卡里斯瑪」式的威權，不得有任何僭越的言行乃至心跡。在
我看來，「不學無術」，亦屬於「莫須有」一類的欲加之罪何患無辭，霍
光豈無學？況且其尊崇儒臣、文學賢良有加，史載俱詳。至於那點為子女
圖利祿的私心塵慾，怎比得上君主「九五」所享有的一切？然而想不到的
是，班固如此，船山先生在《讀通鑒論》裏也持同樣見解，大加鞭撻光「不
學無術」。[1] 於此方大悟「相權」云云，實質還是被關在「君主制」籠子裏
的「小鳥」，註定飛不高，也根本不允許其飛高！儒學的整體作用從來都
不允許越出「君君臣臣」正統的閾域，「鳥籠」之內就是「補救」所能達
到的最大值。

1　　王夫之：《讀通鑒論》上冊，「宣帝一」，中華書局，1975 年版，第 89—90 頁。

但若以現代眼光看來，所謂昭宣「功光祖宗」云云（《宣帝紀》班固評語），其實也只是借重臣僚苦心維持的「卡里斯瑪」光環，昭宣僅為「借光」獲虛名者，又何足道哉！若以任賢選能的規則，霍光憑其才幹，在另一種體制下，未嘗不可以親秉國柄，身為一國之主，而其功業或許還不止這些。可惜他也只是「籠中之鳥」，還得受縛於君主制禮法的桎梏。霍光如此。張居正何嘗不是如此！

讀班、黃史評，不免生出「此一是非，彼一是非」的感慨。不知梨洲先生可知民間「伴君如伴虎」的民諺否？魏徵有「願臣為良臣，不為忠臣」之求，言外不勝悲愴。李泌最通達，聲明只願與君主保持「師友」關係，「自由出入」，臨難可助其一臂之力，事成迅即隱退華山，悠悠然做他的道士先生。然如魏、李者畢竟寥若晨星。試看帝國時代，多少為相為權臣者，其命運如何？即或巧於周旋，保得身家名譽者，都有忍辱負重的一本難唸的經。還是曹雪芹寫得好：「昨憐破襖短，今嫌紫蟒長。亂哄哄你方唱罷我登場，反認他鄉是故鄉。甚荒唐，到頭來都是為他人作嫁衣裳！」

在君尊相輔的體制下，選賢任能，終究是一場夢、夢一場！這也就是我總不敢以「啟蒙思想」恭維梨洲先賢《置相》論之諸多理由中的一條理由。

二、傳統統治恩威並用的官僚運作機制

中國傳統統治自從世襲貴族政治退出後，實行的是流動任期制的官僚制。海內外現代學者都已經意識到，中國帝制的長期存在，與發達的官僚制度有密不可分的關聯。「唯予一人」的君主體制又是如何控御龐大的官僚系統的呢？不管前期的推舉制還是後期的科舉制，控制的機制，無非兩個大原則。

一是利益分享原則。

權力與利益分配的關係，有一個漫長的演化過程。關鍵性的轉折，則是由「先賦地位」變為「獲得地位」。前者權力主要基於聲望和榮譽，

而後者則已經利用權力去獲取利益，在物質資源分配方面享有某種「特權」。[1]但不同的權力結構，特權獲得的方式及其結構也絕不相同。

由權力獲取物質資源佔有的優越地位，見於戰國諸子，大多均視為天經地義。其中孟子說得最堂皇，強調君子必以仁義為先，「不義之祿」不取，但也申述「無君子莫治野人；無野人莫養君子」。這還是基於「封建」田產的世襲分配規則而言的。荀子則從形式理論的角度提出了「分」（讀若「份」）的概念。「分」即利益分配準則。他認為「辨莫大於分」，「制禮義以分之，使人貧富貴賤之等，足以相兼臨者，是養天下之本也。《書》曰『維齊非齊』，此之謂也」。如此，方能避免因人性慾惡之同，「物不澹矣則必爭，爭則必亂，亂則窮」。[2]荀子所說只是一般通則，真正適應帝制時代權力分配結構制度化理路的，則見於《商君書》諸篇。其重點則在打破原有貴族佔有世襲田產的特權格局，代之以按軍功授田的新分配動力機制。這一進路大致也就規定了後來帝國利益分配必基於流動性的權力佔有的進路，而其深處則體現了帝國體制正是一種以權力規範經濟利益分配的「特權統治」格局。在帝制由列國初創到形成全國性制度的過程中，最引人注目的變化，就是職官俸祿制，最後成了按權力分配利益的主導形式，論功爵授田則為輔助形式。韓非論及君主「治術」時，直言不諱「二柄」：「明主之所導制其臣者，二柄而已矣。二柄者，刑、德也。何謂刑、德？曰：殺戮之謂刑，慶賞之謂德。為人臣者畏誅罰而利慶賞，故人主自用其刑德，則群臣畏其威而歸其利矣。」其中「慶賞」的內容，當時包括俸祿與賞田兩項。韓非提出的這一治術的雙刃法則，實際漢以後仍為歷代帝王恪守不怠。然祖此說的韓非卻被打入地獄，亦是中國歷史一怪。

帝國時代君臣利益共享的形式多種多樣，不再細述。[3]總體上說，俸祿

1　請詳參格爾哈斯·倫斯基：《權力與特權：社會分層的理論》第 3 章「分配制度的動力學」，浙江人民出版社中譯本，1988 年版。

2　以上分見《孟子·滕文公上》《韓非子·二柄》《荀子·王制》等篇。

3　不久前出版的《中國俸祿制度史》（黃惠賢、陳鋒主編），對歷代官吏的分配狀況敘述整理甚詳盡。可參閱。此處不再細加羅列。武漢大學出版社，1996 年版。

是賦稅的再分配，為主項；允許佔田是地租的再分配（國家拿小頭），默認法外收入（如饋贈、規例）是對收入不足的補償，均為輔助項。如果前期地方推舉制還一定程度上基於財產狀況的差別（門第），容易造成門閥世家，不利於國家集權向心力的凝聚，那麼科舉制的妙處，它基於考試錄用原則，表面上「人人有份」、高度流動。然而即使到宋明科舉名額大為增加，也還是「粥少僧多」，競走「獨木橋」，士大夫實際已失去了與君主分庭抗禮的現實與心理的任何依據。故唐太宗有膾炙人口的名言：「天下英雄盡入吾彀中。」太宗還算是歷代君主中最善於對臣僚進行「政治思想教育」的一位皇帝。現在在收在《貞觀政要》裏關於君臣為「頭首」與「股肱」的比喻，關於「割肉啖腹」的告誡，關於如何真正懂得「愛財」的教訓，講利益分享、「同舟共濟」的道理，講得都娓娓動聽。如曾對臣下明言道：「朕終日孜孜，非但憂憐百姓，亦使卿等長守富貴」，奉勸諸臣「若能備盡忠直，益國利人，則官爵立至」，強調「體用合一」。然對臣僚來說，既入仕非常不易，保住官爵也就是保住利祿，仕途必須處處小心，是一種常態。君主善於利用心態，牢籠臣僚也顯得駕輕就熟。明嘉靖、萬曆長期不上朝，原因有諸多解釋，但「朝政懈怠」一條為多數人接受。然細想起來，這種統治方略或亦可以看作君主運用利益原則，實施「無為而治」：閣臣間為誰當「首輔」爭鬥不已，說不定正是君主求之不得的。事實只要誰秉政久了，政敵遂多。到皇帝厭煩了，想換一新人以示「恩寵」，不愁沒有可利用的把柄——彈劾首輔的奏章早堆滿案頭，借勢下詔處置，選用新首輔，不就得了？反正「圍牆」外想衝進來的大有人在，不愁沒有人爭當「首輔」。想到這裏，有時真不得不佩服這兩個賦閒「不上朝」皇帝，深諳「無為而無不為」的道家法門，與太宗皇帝說的「盡入吾彀中」確有異曲同工之妙。不過前者尚有幾分正氣，講究選賢用能；後者則充滿歪邪，完全靠製造官場亂局，玩弄深藏不露之術。這也正是大唐與有明帝國氣度前後迥異的地方。

任何統治體制都實施利益分享，但中國傳統帝制不以財產為權力獲取的基礎，由此規定經濟權益必須首先來之於政治權力，以權力換取財富，

同時又實行高度流動的原則，權力除君主外都不能世襲。後者既使任何社
會成員都沒有對抗國家政權的經濟背景和社會勢力（魏晉門閥例外），更
使他們必須嚴重仰賴國家的保護、君主的賜惠。這就是帝國時代與「封建」
時代不同，所謂社會精英，一日無君，「惶惶然如喪家之犬」。主父偃在
漢武帝時，以力主削藩、擊匈奴而深獲君主賞識。其先「家貧，假貸無所
得」，北上遊說頻遭冷遇，狼狽落魄至極。以上書言事擊中武帝心機，被
委以重任，一路順風。偃專迎上意，肆意檢舉揭發，「大臣皆畏其口，賂
遺累千金」，估計家貲頗豐。有朋友勸偃不要「太橫」，應預先為自己留
有餘地。主父偃的答覆妙極：「臣結髮遊學四十餘年，身不得遂，親不以
為子，昆弟不收，賓客棄我，我厄日久矣。且丈夫生不五鼎食，死即五鼎
烹耳。吾日暮途窮，故倒行逆施之。」[1] 恣意貪婪的結果，終以在齊相任上
「受諸侯金」、逼齊王自殺事，為老政客公孫弘參奏，遭武帝「族誅」。這
類人物在歷代官場都不少見，但像主父偃那樣能袒露心跡無遺者，後世罕
有。武則天稱帝，就曾利用這種心理，慫恿貪圖利慾者自薦，試以官職，
「寬進嚴用」；凡言過其實不合格者多加殺戮。故宮女每見新官入宮參拜，
即私下笑曰：「新鬼來矣。」此事雖屬可笑，卻也道出帝王以利祿誘之，
確為牢籠臣僚一大法門。

　　二是無限褫奪的原則。利益的分享是有前提的，就是必須恪守「為臣
之道」，除奉行職守等正常要求外，不得僭越禮法尤屬要害。歷代刑法中
最嚴重的是「十惡不赦」，「謀逆」則列為首惡。何為「謀逆」，最後解
釋權則歸皇帝，最具彈性。帝王或臣僚要置政敵於死地，都可以往這一條
款上綱上線，「莫須有」三字即可定案。岳飛之冤死，絕非個案。即如胡
惟庸之死，實是其執秉相權日久，結黨營私，排斥異己，構成對皇權的威
脅。但明太祖定其罪狀時，卻安上「通北元、結日本」等駭人聽聞的大逆
之罪。且把胡「裏通外國、圖謀不軌」說得有板有眼：「惟庸逆謀益急。
而是時日本貢使適私見惟庸，惟庸約其王，令以舟載精兵千人，偽為貢

1　《史記·平津侯主父列傳》。

者，及期，會府中力士掩執帝，度可取而取；不可，則掠庫物泛海就日本（即叛逃）」；「上（太祖）悟，乃登城望其第，藏兵複壁間，刀槊林立（此時沒有望遠鏡等現代工具，不知憑甚麼能看得如此真切？　——引者）」。[1]今日讀之似「天方夜譚」，當時卻被認定「鐵案如山」，誰敢懷疑？歷朝所謂「狡兔死，走狗烹」，所謂「權高震主」，所謂「伴君如伴虎」，都證明以褫奪原則威懾、儆戒臣僚，確是帝國時代君主通用的權術。

　　有賞有罰，亦為普遍之理。問題是中國傳統帝制時代，「一朝天子一朝臣」，褫奪缺乏嚴格的法律操作順序，君主愛憎喜怒就是最高法律。表面也有皇帝發下廷議的順序，「三堂會審」，煞有介事，但誰都知道這是形式。何況辦案人更多的怕被牽連，廷議上的定罪總重於帝旨，好人寧願讓皇帝去做。讀清史康雍時代「廷議」史料，每多這種「法律鬧劇」，殊覺可惡。如年羹堯案，議政王大臣刑部議後題奏，稱其有大逆之罪五，欺罔之罪九，僭越之罪十六，殘忍之罪四，貪黷之罪十八，侵蝕之罪十五，凡九十二款，「律應大辟。其父及兄弟子孫伯叔之子、兄弟之子年十六歲以上皆斬，十五以下及母女妻妾姊並子之妻妾，給功臣家為奴。」此種判決，無異於殺盡殺絕，表明參與議決者「立場鮮明，態度堅決」。雍正遂以念年氏平青海之功，令年羹堯自裁，子年富立斬，而父、兄俱「加恩革職免罪」，十五歲以下子孫發極邊充軍。[2]這就算顯示了雍正對待舊臣的「皇恩寬大」。

　　在那樣的體制下，臣僚生死禍福真是莫知朝夕。大臣要麼恩寵有加，即使碌碌混跡，也能逍遙法外。然一旦「龍顏大怒」，甚至皇帝厭煩，都難免以「你死我活」終局。發配或終身禁錮，已算幸運。明此事例者，前曾引魏徵對太宗言願為良臣毋為忠臣，讀之最堪斷腸。另一位要算開元玄宗名相宋璟。他主動以年老為由請求致仕。面對皇帝勉力挽留，他有一段絕妙答詞：「陛下未厭臣，故得從容引去；若已厭臣，首領尚且不保，安

1　谷應泰：《明史紀事本末》卷 13「胡蘭之獄」。中華書局，1977 年版，第 180—181 頁。
2　蔣良騏：《東華錄》卷 27「雍正三年」，中華書局，1980 年版，第 445—447 頁。

能自遂。」史書載曰：「泣下，上為之動容。」我想這還算是大唐時代，到了明清末運之際，連說上這等牢騷話的膽量恐怕也沒了。

最不講道理的是株連家屬，女眷沒為官奴。讀明永樂殺戮「建文諸臣」，真是毛骨悚然。死者女眷沒入為官妓後，生下子女，永樂即下令「拉出去餵狗」。如此無人性，魯迅先生曾作雜文鞭撻。再說張居正十年顯赫，死後鞭屍不算，兒子竟難逃一死，受居正師教的萬曆毫無情義，亦屬可惡。然而正是利用這等全方位的死亡恐懼感，君主才得坐穩寶座。因此，有時對君主時代臣僚的人格扭曲苛責太深，亦覺於心不忍——真切地體會生活於此等帝制情境下，亦知人性本有西人所說的「死亡恐懼」的弱點，少能超越。

以上兩條可謂「陰陽互補」，軟硬兼施。君主正是靠它們「規範」官僚政治，使其圍着「君主」統治的規則不停運轉。韓非若泉下有知，自己的先見之明，竟能為長達兩千餘年的歷史不斷豐富發展，不知是喜是悲？

然有利必有弊，君主既以二柄對付，臣僚亦有自處之法。帝國上升時期，為政尚寬，臣僚有儒家真信仰者也還不少。景帝時郅都，史稱「酷吏」，卻與則天時期的酷吏迥然不同。郅的人品頗可敬，行法不避貴戚，「問遺無所愛，請寄無所聽」，非常廉潔自重。人憂其必為皇親貴戚所不容，他則慷慨申言：「已背親而仕，身固當奉職死節官下，終不顧妻子矣。」時勢移至帝國下游，君主控御之術日嚴日酷，臣僚則孜孜於利日甚。臣僚於得失生死之間，專求避害趨利，節氣一事漸為大多數人視為「芻狗」。明清時人對官場風氣多有尖銳批評。迨至明亡，自成進京，文武臣僚大多貪生怕死，叛降成風，為歷代少見。[1] 自成尋得崇禎遺體後，予以殮葬，在東華門外設廠公祭。據說李巖、宋獻策散步經過，唯見兩僧供養靈位，「誦經禮懺」，而「降臣繡衣乘馬，呵尋而過，竟無慘戚意」。由此感慨，兩人間有長篇對話，為清初計六奇收入《明季北略》。雖李、宋是否真有

1　拙文《李自成和大順政權》曾據軼史筆記，對明降官的各種醜態，作過較詳盡的描述，可參看。載《中國農民戰爭史研究集刊》第 2 輯，上海人民出版社，1979 年版。

其人，尚難斷論，但李、宋的議論，足可以代表明亡前後一些冷眼觀世者對朝政的批評，極為可信。往昔讀時，曾為之久久不能平靜。茲錄其中關鍵一段於下：

　　嚴曰：「明朝選士，由鄉試而會試，由會試而廷試，然後觀政候選，可謂嚴核之至矣。何以國家有事，報效之人不能多見也？」

　　獻策曰：「明朝國政誤在重制科，朝廷高爵厚祿。一旦君父有難各思自保。其先進者，蓋曰：『我功名實非容易。二十年燈窗辛苦，才博得紗帽上頭，一事未成焉。』其老成曰：『我官居極品，亦非容易。二十年仕途小心（此話足見明祖以臣僚為假想敵人，廠衞統治行之既久，後果卻適得其反。——引者註），始得此地位。大臣非止一人，我即獨死，無益！』此資格之不得人也。二者皆謂功名是己所致，所以全無感戴朝廷之意。無怪其棄舊事新而漠不相關也。可見如此用人，原不顯朝廷待士之恩，乃欲責其報效，不亦愚乎？」[1]

三、傳統統治消除內部隱患的運作機制

　　中國帝制時代的統治體制，前期專制獨裁的色彩還不甚突出，即使被普遍罵為「暴君」的秦始皇，他的政治體制裏「丞相」的權力很大，讀《李斯列傳》就知道，二世、趙高當日也懼他三分，可惜私心太重，患得患失，喪失時機，終至戮死咸陽而悔之已晚。東漢多經學世家，也不乏累世三公，在政治上舉足輕重。即使末年，「黨錮之禍」，士大夫也都能大義凜然，可以說出「高自標持，欲以天下風教是非為己任」（出自李膺）的大話。唐代「政事堂會議」，大臣集體議政，有名有實，最重要的是，那時御史的職責是進諫皇帝，而不像後來異化為專門彈劾臣僚同事，變成君主控制臣僚、臣僚相互內爭的工具。大抵君主專制傾向的趨強是宋代開其

1　計六奇：《明季北略》卷 23「宋獻策與李巖論明朝取士之弊」。

端，惡性的發作在明初，廢丞相、設廠衛，而後一發不可遏止。

　　對上述問題的考察，往往着眼於君主的獨斷，似乎是皇帝變壞了，這幾乎是研究中國傳統政治制度史常見的認識誤區。中國傳統政治體系越來越趨向極端君主專制，從根本上說，是由君主中央集權體制內在矛盾的發展所規定好了的，因果相連的一種「業報」。這種體制從其產生之日起，便先天地包含有多重矛盾，其中有君與相的矛盾，君與臣的矛盾，政與軍的矛盾，中央與地方的矛盾等等（這裏還不包括君、臣與民眾的矛盾，它涉及社會控制問題）。

　　「資治通鑒」，何止是一部迄於五代編年史的書名，更是一部推動全部傳統中國政治演進的「發動機」。上述諸種內在矛盾，大大小小的事端歷代都發生，但只有到了造成極大危害，成為注目的焦點時，才會由善於總結歷史經驗的臣僚提出改革方案。你看一朝之內，每代新皇帝登基，往往必檢討前任的失誤（這是通過授意顧命大臣代寫的先帝「遺詔」來昭示全國的）；朝代鼎革，更是討伐前朝「罪惡」，宣佈撥亂反正，反其失敗之道而行之。然而，它們往往「扶得東來西又倒」，補東牆拆西牆，矛盾沒有從根子上解決，卻越走越極端。因此，這種演進，從局部看，多半是隨機的、微觀的，它們宏觀的歷史後果是事隔幾代之後才清楚顯示出來。今天我們作為後人總結時，才會說：它實際上是為消除內部隱患而做出的舉措，其客觀效果便是阻止了一切可能產生的社會化和地方分權趨勢，凝固了它獨有的社會化程度低下的傳統社會特徵。這一類的運作機制，可以歸納為兩大類：

3.1：反集團化機制

　　反「社會化」，廣義是指不允許任何社會性集團的存在（在工商業一節已略作交代），此處狹義地指嚴禁官僚集團化或官僚幫派（古時稱「朋黨」）。大致的操作手段有：

　　（一）權力分散和相互牽制的原則。這是防患於未然的「治本」之策。韓非當日早就預見到威脅君主集權的各種因素，如權臣、弄臣、外戚、內

寵，但要變為一種成熟的政治操作，總是由「事後諸葛亮」來完成。

首先遭遇到的是相權的威脅。帝國時代中央權力體制的沿革，君權與相權的矛盾，及相權的下落，有一條明晰的線索。大致從兩漢先後虛三公、創「內外朝」，到隋唐三省分治、分割中樞，再到明廢丞相、六部直接隸屬皇帝，至此相權的威脅基本消除。此後內閣、軍機處為首者官場雖仍尊稱「相國」，卻威嚴全無（明廷杖最典型），職能形同文字祕書或辦公廳主任，收轉文件而已。梨洲先生曾從禮儀一節講述相權前後輕重的變化：「古者君之待臣也，臣拜君必答。秦漢以後廢而不講。然丞相進，天子御座為起，在輿為下。宰相既罷，天子更無與為禮者。」（《明夷待訪錄·置相》）丞相進見賜座，禮儀有加，唐宋時猶存古風。明代則已不成體統。入至清代，軍機大臣為首的一班臣僚進見，必長跪而受旨，口稱「奴才」，更是不堪其辱。奏摺送中央稱「廷寄」，明由通政司轉達內閣，首輔執筆代皇帝草擬處理方案，稱「票擬」。權歸皇帝「批紅」，實多由主筆太監代筆。清皇帝多自批奏章，且行密摺制，朝臣至督撫大員均不敢擅權，人人自危，獨斷始名實相符。[1]

將行政權、財政權、司法權分散在三個機構手中，相互牽制，以分中樞之權，這是宋代自創的中國式的「三權分立」。軍人世家出身的宋太祖，聽從趙普等高級參謀，針對五代以來「方鎮太重，君弱臣強」的歷史教訓，提出「稍奪其權，收其錢穀，收其精兵」的十二字方針，對官制進行了全面調整，使之疊牀架屋、權力交叉，達到事事牽制，甚至官、勳、職、差遣名實分離，無人能獨攬某一項權力，可謂中國傳統政治操作規則上的一大發明。宋代常以同中書平章事名義授為正相，參知政事為副相，數人同時受職，本無專權之可能。然財政權又分歸主管鹽鐵、戶部、度支的「三司使」，號稱「計相」。軍事則分歸樞密使主管（其分權狀況見下），

1　關於清帝密摺制度，有楊啟樵《雍正帝及其密摺制度研究》一書論之甚詳，可參閱。其總結密摺制度的作用，歸納有十條，其中「官員間相互牽制，彼此監視」「督撫等大員不能擅權」「人人存戒心，不敢妄為，恐暗中被檢舉」列為前三條。廣東人民出版社，1983 年版。

號「樞府」「西院」，丞相亦無權干預。與相權類似，司法權則由審刑院（明稱都察院）、大理寺與刑部分別掌執檢察、審理與司法行政，相互牽制，也是一分為三。

分權牽制體系固然有利於君主獨尊，但付出的代價也是高昂的，從此「潛水艇夾肉麵包」上面一層越做越大，機構疊牀架屋，事權不一，「三冗」（冗官、冗兵、冗費）豈止只是北宋一代弊政，明清實變本加厲。由此統治素質和統治效率的低劣，成為不治之症，推諉和混跡成為普遍的吏習。仍有個別清廉和幹練負責者，卻往往反遭同僚妒忌，「四面楚歌」，亦很難辦事。早在北宋中期，王安石當年力主變法時，就對宋開國以來的吏治狀況有許多憂慮：「以今制祿，而欲士之無毀廉恥，蓋中人之所不能也。故今大官者，往往交賂遺、營貲產，以負貪污之毀；官小者，販鬻、乞丐，無所不為。」這是大實話，只有安石能為之。他認為根子出在國初體制，造成「方今官冗，而縣官財用已不足以供之」，因此當今雖「重禁貪吏」，實「禁其末而弛其本」。[1] 荊公所見極是。但他執政後既因體制根本無法動搖，「裁機構、裁冗員」流為空文，他的「高薪養廉」（增吏祿以養之）方案，同樣也是治末而不治本，「竹籃打水一場空」。

（二）軍權的處理，要到募兵制取代徵兵制之後才尖銳起來。在此之前，士兵多由民間調發，「兵民合一」。然社會狀況變化到唐中期，傳統軍制勢難維持，「府兵即無兵」，乃漸有職業軍隊的產生——時謂之「募兵制」。唐後期的藩鎮割據釀成五代十國大分裂，其根子就在當時對職業軍隊「將兵」結合及其嚴重後果缺乏經驗。「吃一塹，長一智」。宋太祖終於「從舊營壘裏」殺出來，給予致命一擊，才找到了治病的藥方。這就是設立中央統一的常備軍，將精兵全部集中於禁軍，且把練兵權（歸兩衙三司）、統兵權（歸兵部，管行政）和調兵權（由樞密院執掌，權歸皇帝）三者分離，「兵不識將，帥無常師」。此法一行，而後雖名稱有變，但均不離其「三分」宗旨，軍閥割據以及軍事政變的危險基本解除。明清二代分

1　王安石：《王文公文集》「上皇帝萬言書」，上海人民出版社，1974 年版，第 8—9 頁。

裂不再，能保持六百年長期統一，宋太祖之功莫大焉。

　　但付出的代價也很沉重。陳登原先生曾針對上述軍權分割，綜析其弊端有：以中央獨當戎務，集於君主；命出多門，權非一貫；以文馭武，似狗捕鼠；用將不專，兵與將離；各面之官，少有處分，不能統一指揮。謂有宋一代武力不振，屢敗於遼、西夏、女真，蓋出於此。[1] 明代更走極端，作戰統帥多為文官，武官低人一等。晚期更以宦官監軍，統帥動輒受制，不成體統。結果軍隊愈養愈多，素質反而下降，軍隊腐敗不減官場。北宋時即有箭落馬前、軍士僱人領俸糧的笑話，而「文官不愛財，武官不怕死」，作為民間諺語，廣泛流行於宋明清三代，朝野史書不絕於載，極具諷刺意味。

　　在這種體制下，軍隊雖不再構成對權力的威脅，軍官卻效法文臣，專以貪黷應付為務，勢所難免。不說自宋以來，外戰外行，屢戰屢敗，內戰亦未必「內行」。對付小股叛民，尚能狐假虎威，遇到較強的農民義軍，都窘態百出。大明之亡，軍隊腐敗和指揮不靈在眾多因素中亦是重要一項。明末吳偉業作《綏寇紀略》，曾對此作過詳盡的材料收集和精到的評論。如楊嗣昌精心佈下「四正六隅」，就毀於各路、各省軍隊的不合作，各保一方，以放走出界了事，故義軍得以周旋有餘，此處不贅。僅以崇禎末年京營而言，兵餉高達 170 萬兩白銀，又京支（上京班番）70 餘萬，居戶部兵餉的 1/3。然而 10 餘萬京營卻根本守不住一座京城。軍權一向操於權貴宦官，冒佔軍籍成為他們一大法外收入。「京兵註名支糧，視軍府如傳舍，一不樂，輒賄司總以買替而去之，朝甲暮乙，雖有尺籍伍符，莫得而識也」，說明軍官根本無從確知手下究竟有多少兵，故當事者稱之「有糧無軍」。崇禎下詔練兵，到場的「日不過二三百人，勒習未終，昏黃遽散」，無甚軍紀可言。故自成一旦兵臨城下，京兵「即渙然離矣」。其間曾調撥 3 萬京兵築營新橋南，方圓 15 里為屯，軍資運輸即費 10 日。自成

1　陳登原：《國史舊聞》，生活・讀書・新知三聯書店，1958 年版，第 274 頁。

軍剛到，即作鳥獸散，所有「甲杖火器，盡棄之資賊，賊且用之攻城矣」。[1]

（三）「朋黨」即為謀逆的原則。對臣僚而言，「朋黨」最為大忌，也是致殺身滅族的大禍，歷來都不敢踩這個政治地雷。東漢有「黨錮之禍」。宋歐陽修雖曾作《朋黨論》，欲為之正名辯誣，畢竟敵不過權力政治本身的需要。雍正曾親自寫了一篇「御製朋黨論」，竟稱「朋黨之風至於流極而不可挽，實修階之厲也。設修在今日而為此論，朕必誅之而正其惑世之罪」。

官僚間私下門生故吏相互攀緣，是科舉時代形成的一種官場「習慣」，無非結成爭名奪利的關係網，豈有結黨與皇帝作難的事？在中國傳統帝制時代，經濟問題比政治問題的風險要小得多，因此只要不捲入政治鬥爭漩渦，大多無礙。試觀歷代，史書上所謂「某黨」，絕非自己所稱，均由政敵誣陷而成立。「東林黨案」最初的名單即出於閹黨顧秉謙一手編定的《縉紳便覽》，後又有崔呈秀進呈的《同志錄》《天鑒錄》，哪有東林諸人自稱「黨人」的？

相反，嚴嵩、和珅的用事，許多人猜測受寵原因，其實有一條常被忽略，就是「不結黨」與「孤立無援」。實則嚴、和既當權勢，諂媚趨附者總不少，但皇帝卻是這樣認為：既滿朝都説他壞，不得眾心，越發説明他在朝中並無黨援。因此，常常出現怪現象，某人被攻擊得越厲害，無人為他説好話，位子就坐得越高、越牢。明世宗時歷任首輔最久者為嚴嵩，歷內閣 21 年，首輔 15 年。其任首輔期間，臣僚上章彈劾者數遭廷杖謫戍或死於詔獄，前仆後繼不絕，殊為悲壯。何以屢扳而不倒？其中緣由，谷應泰在《明史紀事本末》「嚴嵩用事」文末曾有如下評論：「帝以剛，嵩以柔；帝以驕，嵩以謹；帝以英察，嵩以樸誠；帝以獨斷，嵩以獨立。臟婪累累，嵩即自服帝前。人言籍籍，嵩遂狼狽求歸。帝且謂嵩能附我，我自當憐嵩。方且謂嵩之曲謹，有如飛鳥依人。即其好貨，不過駑馬戀棧。而諸臣攻之以無將，指之以煬灶，微特訐嵩，且似污帝。帝怒不解，嵩寵日

1　吳偉業：《綏寇紀略補遺上》「虞淵沉」，上海古籍出版社點校本，1992 年版，第 402—403 頁。

固矣。」[1]有關世宗與嚴嵩一對君臣的心理,谷氏刻劃得惟妙惟肖,入木三分,堪稱歷史心理學精品,令人叫絕。其中「嵩以孤立」一語,最發人所未覆。

大清開國之後,鑒於亡明門戶之爭,特重「朋黨」之懲。順治年間更明令嚴禁「生員糾黨、立盟結社」。然康雍乾三代,時興「朋黨」大案,實出於皇權需要。康熙年間,明珠一案,關係索額圖、明珠與熊賜履、徐乾學、湯斌等滿漢大臣間縱橫捭闔的關係,其間是非殊難辨清。據說康熙得到口頭祕密揭發,即召高士奇責問:為何無人揭發(明珠)?高答道:誰不怕死?康熙即說:有我。我欲除去即除去了。有何可怕?[2]於是高士奇即與徐乾學密謀起草彈劾奏章,先呈皇帝改定,交由僉都御史郭某提出。這一事例最能說明「朋黨」是君主對付臣僚結黨威脅皇權的一把撒手鐧,該出手就出手。權臣雖炙手可熱,「有何可怕」?真正可怕的是皇帝。

(四) 高度流動的原則。這是接受魏晉門閥豪強釀成三百年大分裂教訓後,實行科舉制的最大好處。古時所謂「君子之澤,五世而斬」,到明清恐怕能維持二三世,就不容易了。明清田產越分越細,少有前代那種田連阡陌的大地主,土地畸零的狀態更加突出,「千年田換八百主」,就是這種政治地位急劇浮動在經濟產權方面的反映。「三十年河東,三十年河西」。讀《閱世編》,就知道東南最繁華的松江地區,望門大族在明代後已很難維持四五十年。看到嘉靖年間顯赫一時的徐階,後裔淪落到如同乞丐,窮酸而架子放不下,真覺得世道多變。怪不得曹雪芹能寫出「金滿箱,銀滿箱,轉眼乞丐人皆謗」「擇膏粱,誰承望流落在煙花巷」這等令人潸然淚下的詞句。西方漢學界都對所謂鄉紳看得很重,似乎在他們身上有甚麼潛在的「政治動力」。對此,我一直不敢置信。僅憑其緊緊抓住「君主」一根稻草,在「科舉」水面上漂浮不定的政治經濟命運,就不可能成為新的、異於傳統社會體制的「社會力量」。

1　谷應泰:《明史紀事本末》「嚴嵩用事」,中華書局,1997 年版,第 836 頁。
2　李光地:《榕村語錄‧榕村續語錄》「續語錄」卷 14,中華書局,1995 年版。

3.2：反地方分裂機制

中國的地方分裂釀成大禍的有數次，其中以三國兩晉南北朝、五代十國和宋遼金三次為最著。此中有生存圈外部環境的因素（即北部遊牧民族的南下），也有政治體制內部的機制問題。前者始終未能找到良策，反倒造成必須保持龐大的軍隊，軍費支出成為累贅，軍隊的素質卻每況愈下，「內戰內行，外戰外行」。後者確實形成了一系列行之有效的操作法則，擇其要者有二：

（一）軍權集中於中央，內重外輕、內外相維。該項原則最早為唐府兵制所創，後為宋代繼承發展，明代更是用衛所制度，使軍隊遍佈全國，軍區犬牙交叉，統於五軍都督府，而權歸皇帝。軍隊與地方無直接統屬關係，且經常實行調防制。這對防範和戡平地方性動亂，極為有效。

軍權集中於中央，也有諸多不便。明清以來，鑒於地域太廣，逐漸有督撫制度產生。明巡撫始初都因事而設，代表中央對轄區內的軍民財刑諸事實施統一調度，由明後期入至清，遂成為居都布按三司之上的省級最高長官。總督明時都因軍事行動而設，負責統一調度各路軍隊。入清總督多轄兩省，形成督撫重疊。督撫並不直接管理軍隊，只是有事負責調度。基層的知府、知縣，地方治安無疑是其一大事責，既無權調動軍隊，但卻必須對其治區內的民變或遭遇流竄「盜匪」攻陷等事項負全責，《大明會典》規定重則可處以斬首，蠻不講理。因此，大部分錄取的進士都喜歡在京師任職，知縣、知州一級官員以監生、舉人居多，年紀偏大，常有超過五六十歲的。可見地方官員在皇帝和朝廷心目中的地位。設若一旦有事，就必設法隱瞞，大事化小；追查得緊，又往往草菅人命，敷衍塞責。明末陝北出事，及至彌漫至山西，朝廷一直以為是「疥癬小疾」，已經戡定平息，都是由於各地謊報軍情所致。待已成燎原之勢，則已經剿不勝剿。

（二）地方權力制約分化原則。從宋代開始，收人事、財政、司法終審等權力歸中央，特別是地方官不得自行徵辟僚佐，本地人不得任本地官（迴避制）以及任期一般為三年等，確實切斷了地方政府與地方豪強聯手的可能，消除了地方分裂對抗中央的隱患。

　　宋以後，分裂的內部條件不再具備，保證了明清兩代的「大一統」。地方政府，元以來正式成立行省一級機構，明布政使司（稱藩司）、按察使司（稱臬司）與都指揮使司（稱都司）三權分立，各自奉行垂直領導，歸口六部和五軍都督府，既強化了對府縣的督察，也使省級權力不歸於一人。清雖設巡撫、總督，號為「疆吏大員」，但皇帝對他們的督察極其嚴厲，甚至以密摺形式，有專人隨時反映動向，相互檢舉揭發，形同特務統治。早在康熙四十三年，任職江南織造的曹寅（此人為康熙幼年伴讀，視為心腹，派駐江南，作為自己耳目），接御批由：「朕體安善，爾不必來。明春朕欲南方走走，未定。倘有疑難之事，可以密摺請旨。凡奏摺不可令人寫，但有風聲，關係匪淺。小心！小心！小心！小心！」[1]四個「小心」，足見曹寅所負使命的機密性何等重大。據專家研究，雍正年間在各省總督、巡撫、布政使、將軍、提督、按察使多重關係之間，已形成相互以密摺形式監督報告對方的「情報網」，大小文武官員無不在這種監視網絡的掃描範圍之內。[2]這種做法的代價，是使地方吏治幾無主動性和創新精神可言，嚴重扼殺了地方相對獨立發展的可能性。前一時期，美國學者孔飛力《叫魂——1768 年中國妖術大恐慌》一書譯介至國內，引起學界注意。這本書的成功，就在於通過一個莫名其妙的「叫魂」妖術事件，充分暴露出在所謂乾隆「盛世」的年代，地方吏治的混亂，也根本無效率可言。孔氏書末即評論說：「如果說，弘曆的清剿撞上了官僚們設置的路障，那麼構成路障的恰恰是最令他痛恨的官場惡習：謹慎地隱匿情報，小心地自我保護，隱瞞真相以掩護人際關係，百促不動以墨守常規程序。」最後他意味深長地寫道：「沒有人會哀悼舊中國的官僚制度。」[3]

　　以上的敍述分析，未必已經將帝制時代政治體制得以維持的各種手段一網打盡。但有一點是清楚的：救一弊則又生一弊。行至帝國末年則已成

1　《曹家史料》，第 23 頁。轉引自楊啟樵《雍正帝及其密摺制度研究》，第 162 頁。廣東人民出版社，1983 年版。

2　楊啟樵：《雍正帝及其密摺制度研究》，廣東人民出版社，1983 年版，第 173—175 頁。

3　孔飛力：《叫魂》，上海三聯書店中譯本，1999 年版，第 305—306 頁。

滿目瘡痍，氣息奄奄，這一體制已經耗盡了它的「合法性統治資源」，油乾燈盡。

船山先生曾經以其極富哲理思辨的頭腦，思考過許多權力統治運行的規則。《讀通鑑論》就是這種歷史哲學思考的精粹。時代無法提供超越他觀察到的歷史之外，有別於當時中國的另一類政治體制，因此只能在哲學的空間裏，展開他對政治前途的期望。他敏銳地感覺到：「成而不傾，敗而不亡，存其量之所持而已。量者心之體，智者心之用。用者用其體。體不定，則用不足以行。體不定而用或有所當，惟其機也。機者發而可中，而不足以持久，雖成必敗，苟敗必亡。故曰：非智所及也。」[1] 此處的「量」取之於佛學概念，整個議論都有「心學」的痕跡，強調重在人心之把握，一切存乎「理」。有感於此，我此處寧願將船山的「心之體」歪解為「政體」。事實恰如上述思辨所言，體制才是定於百年、千年的「恆量」，雖以智謀救弊用利，可以維持一時而不能長久，「雖成必敗，苟敗必亡」。自然這裏所說的「一時」，是指歷史時間。在體制合法性統治有效的時間內，雖有成敗生死，但仍可能以其機制的修補，「生死死生，成敗敗成」，敗而知其有所成，死而知其固所以生。但一旦體制合法性耗盡，生機已斷，則「非智所及也」。這些道理，如哲者船山也是不可理會的——誠如唐德剛先生在其《晚清七十年》裏所說的，中國在經歷「千年不變」之後，行將進入歷史的「三峽」。不論時間長短，「歷史三峽」終必有通過之一日。但歷史沉重的負荷註定了它一定會很痛苦。

---

1   王夫之：《讀通鑑論》卷 28，中華書局，1975 年版，第 1038 頁。

八

中國現代化艱難性的歷史思考

正如開頭交代過的，限於個人能力，《通論》半通不通，到這裏就只能一瀉千里，聊以作結。但讀者如若有心讀完全書，或許能夠理解：本話題從筆者《通論》的寫作初旨而論，也算前呼後應，絕非突兀而來。

「問題意識」

歷史有三大要素：時、地、人。在時間—空間—人類三維構成的歷史坐標系上，圍繞着求生存、求發展的主題，落實到各個民族、國家，凸顯出來的整體圖像，多是升降不定的波浪形曲線，有起有落，絕少一路飆升。

試看世界大歷史，有多少落後變先進的。美國是其中的一個典型，一批批從英國盲流來的「西部牛仔」，靠個人奮鬥和歷史機遇，開出了一片舊大陸無法與之比擬的「自由天地」。也有多少先進變落後的。兩河流域曾經是人類最早的居地，也是孕育今日西方文明的搖籃，而今兩伊地區仍是干戈不息，生靈塗炭。記得因寫過《癲狂與文明》等名著而震驚當代的福柯說過：「人類把自己的命運交給了帶有千條支流的水道，帶有萬條航道的大海，交給了處在一切事物之中的偉大的不確定性……他將去的地方是未知的——可他一旦上了岸，那地方其實就是他的故鄉。」

歷史是人創造的，但它絕不是任何個人意志的產物。就個體而言，再精於計算，算天算地算人算己，精心安排後事，結果還是要隨海浪漂泊，被衝擊到他不曾想到過的海邊淺灘，供歷史憑弔——馬克思常說「歷史走錯了房間」，大概也是指的這種「偉大的不確定性」。諸葛亮算是「上知天文，下知地理」的天才，就在他的《出師表》裏也隱約流露出事勢不可測，唯盡人事而已。

中國人則常常喜歡把這種「偉大的不確定性」叫作「氣運」。在歷史學家那裏，就演繹成了高深莫測的課題：必然性與偶然性的辯證。我卻更願意把它變成憑生活常識可體會的感覺——猶如人生是一種過程，歷史（群體的人生）也是一種過程。甜酸苦辣，甚麼滋味都嚐遍，這才叫「完美」。如果真有甚麼「歷史命運」存在，那麼「命運」也絕不偏袒任何民族，而是將民族的、國家的盛衰榮辱都公平地交由他們自己去抉擇，自己去一一品嚐。

每個民族都沒有永久的輝煌，也沒有不能自我救贖的沉淪。佛家人有一偈說得妙：「欲知前世因，今世嚐着是；欲知後世果，今世做着是。」這對單個的人，是無法驗證的。但相對在時間流中不斷流淌的群體歷史檢討，卻不無深刻性。歷史效應裏深藏着正負潛顯四大種子。輝煌時已經隱伏着日後衰微的潛因；沉淪中卻蓄積着將來可能直沖雲霄的勢能。我想，歷史學家若不再滿足於扮演擅長敍述故事的「說書人」，更願意往深處開發，是能夠為這種瞻前顧後、參透因果，提供一種富過程性的思考智慧的。

中國在傳統農業社會的長歷史時段裏，曾經持久地獨領過風騷，極盛數千年。然而極盛之中，由後來之人檢討，不乏種種歷史隱性弱點。「千里搭涼棚，沒有不散的宴席。」大約走到明清鼎革之際（暫以 1644 年為始點），中華帝國再度陷入「內戰」和新舊王朝易代的歷史輪迴，卻已經意味着沉淪的開始。在此之前兩年，英國革命已經揭開了西方開闢「資本主義」時代的歷史序幕。當時的中國人尚沒有意識到，東西方社會的差距正是從這裏被拉開，越拉越遠。此後所謂的康雍乾「盛世」，投影到世界大歷史的屏幕上，那不過是晚霞餘暉。相比西人以其「理性資本主義」的時代精神，變落後為先進，大步走向工業社會，那時的中國依然沉浸在帝國「繁華舊夢」裏，不思長進。我真不能理解今日文藝界何以如此熱衷於清宮戲，「雍正王朝」已經演完，「康熙王朝」卻又將獻演。雍正的精幹、康熙的大度，摻以御宴富闊，深宮畸戀……沒完沒了地咀嚼帝國舊夢，不覺得很苦嗎？

　　歷史在流淌，背影漸遠，濤聲依舊。[1] 歷史翻到距今百年前，那些既悲又壯的故事才真正值得咀嚼。

　　從 19 世紀的末葉起，先進的中國人，百折不回、夢寐以求的經歷只能用「苦澀」兩字形容。其全部主題或許可以簡單地概括為「不甘落後，再鑄輝煌」。可是，那時的中國真多災多難，國運不濟，事事難順。

　　百餘年過去了。我們這一代人生而有幸親逢改革開放的歷史轉折，在不到二十年的時間內，其變化之快已足夠令世界為之震驚。不斷開拓未來的人們，實在不應急於向前奮進而忘懷過去。過去了的東西，人們往往會有一種莫名其妙的健忘，不珍惜，不復細加深究。我誠摯地建議讀者諸君，在忙碌於世務之餘，有必要付出一份閒心思，靜心地回眸歷史，細細咀嚼和品味過去。任何個人，任何民族，如若遺忘了歷史，無異於再度由零開始，又怎麼能超越現在，走向未來？

　　我們時常感歎中國在現代化進程中一再失去歷史機遇，多次與幸運之神交臂而過。

　　依據目前史學界多數人的說法，第一次是明中後期以來的「資本主義萌芽」。對此，我個人持懷疑態度，已見前述。在邏輯上也許可以成立一種假設，憑明清帝國的經濟發展狀況，改變國策，內重工商，外則開放，則……可惜即使近百年的歷史也沒有能證實這一主觀邏輯可以輕易化為事實。有一道門檻畢竟不像天真的人們所期望的那樣，輕易跨得過去——帝國政治體制是命根，賈寶玉的「通靈寶玉」是萬不能摔破的。

　　確實不錯。1368 年朱元璋建立大明帝國之後，中國在技術的某些方面還保持着世界領先的地位。鄭和下西洋，說明當時我國的造船技術和航海水平是世界第一流的。著名的法國年鑒學派第二代扛鼎人物布羅代爾，著有三卷本《15 至 18 世紀的物質文明、經濟和資本主義》。他以不凡的功力展現了 4 個世紀歐洲現代化進程的全幅歷史，把他的整體史觀體現得活

1　摯友劉九生君近日自古城西安寄呈新作：《歷史流響：人的花朵——獻給歷史學家周一良》
　　（目前尚未刊出）。上句即為其文開首數語，微有改易。君與我出於同一性情檢討古今，然
　　其激越深沉，幾混合着血與淚，余則遠所不逮。

靈活現。這樣一位具有新的史觀和嚴肅態度的當代史學大師，在世界經濟背景中時而也涉及同時代的中國，卻常常會表現出某種迷茫。例如他感歎明朝（永樂皇帝）於 1421 年由南京遷都北京，認為這實際上是「背離了利用大海之便發展經濟和擴大影響的方針」，不無遺憾地說：「不論這一選擇出於有意或者無意……中國在爭奪世界權杖的比賽中輸了一局。」當他說到鄭和下西洋，那種對中國歷史「怪謎」無以自解的神態就完全袒露無餘。他這樣寫道：「我們不妨想一下，如果中國的帆船當時向好望角以及印度洋和大西洋之間的南大門埃吉海角繼續前進，那又會造成甚麼結果？」看起來他對鄭和下西洋志在「誇耀國威」，奉行「朝貢」式的「虧本交易」，違背「經濟理性」等等，未有真切的理解，還是按西方人的思維往下想，假若中國人再往前走幾步，搶在歐洲之前享有「地理大發現」以及由此展開的全部「上帝之手」賜予的優惠，為甚麼不可能奪得「領先權」，走向世界？

可惜中國歷史並沒有像那位法國史學家想像的那麼樂觀。由貧農朱元璋創立的明帝國比以往所有帝國都頑固保守，甚至從北宋對市場開放的心態上後退，又回到小農封閉乾枯得像「木乃伊」那樣的狀態。「廠、衛」的特務統治表明權力層裏面也沒有多少行動的「自由度」。更不用說由白銀通用激發出的貪慾，黨爭門戶愈演愈烈，官僚政治更趨下流墮落，終究由盛轉衰，農民再度暴動起義。從李自成殺進北京，崇禎皇帝煤山自盡，接着漢滿兩族交火，直到康熙平定台灣，60 餘年間一直處於內戰之中。正當中國人習慣性地把「窩裏鬥」鬧得最歡的時候，大洋彼岸的英國人正從資產階級革命進到「光榮革命」時代，確立了適合其國情的君主立憲類型的民主制度，為產業革命鋪墊好了社會的、政治的發展平台。順便說一句，我們過去過於偏重「產業革命」的決定性作用，殊不知沒有政治上的民主制度和有利於自由市場經濟運行的法理制度，產業革命也不可能發生並獲得巨大成功。

第二次是「洋務運動」和「戊戌變法」。一系列外戰的屈辱，終於使一些當權者意識到需要「自救」。滿族舊貴不行，起用漢族士大夫，曾左

李張算是遭逢時運崛起，平「洪楊」，興「洋務」，史稱「中興名臣」。

　　中國現代化進程從甚麼時候開始算起？我認為，關鍵性的轉折發生在19世紀五六十年代之交。晚清由曾國藩、李鴻章、左宗棠等地方實力派，開始在安慶、金陵、上海、武漢等地創辦新式軍用工業，是一個時代性的標誌。此時，中國政府第一次改口，把與外國人相關的事務，不再鄙稱「夷務」，而一律稱「洋務」，並設置「總理各國事務衙門」（外交部前身）。[1]為了對付外國的「堅船利炮、聲光化電」，開始引進外國科學技術，創辦新式機器工業，發憤自強。因此以「自強」為目標的第一次改良運動，歷史上稱「洋務運動」，也叫「自強運動」。當時的指導思想集中起來有兩點：一是「師夷長技以制夷」，即通過辦「洋務」以「自強」，目的是為了不受列強的欺侮；二是堅持「中體西用」，只是選擇性地用它對中國富強有利的「技藝」，中國原來的國體，也包括傳統政治體制、傳統思想文化的「立國之本」，是絕不准許變易的。

　　眾所周知，日本的明治維新與曾、李等人創辦「洋務工業」站在同一時間起跑線上。日本也是被西洋的炮艦「轟」着離別中世紀的，可它成功地走出來了。中國卻步履艱難，一唱而三歎。嚴復的英國同學伊藤博文成了明治新內閣的首相，而且據後來的史實證明正是他最早策劃了甲午戰爭。而嚴復回國後卻一直懷才不遇，只能用翻譯《天演論》以喚醒沉睡中的國人，「物競天擇，優勝劣敗」八字深入人心。「洋務」雖然辦了不少新式工業，但官辦或官督商辦所造成的腐敗，決定了它的低效。當權的慈禧等滿貴又不把洋務放在心上。甲午一仗的慘敗，宣告了「洋務運動」破產。於是就產生了學習日本，需要改革政治體制，建立君主立憲的要求，這很快就到了19世紀和20世紀之交。1898年，舊邦維新的曙光剛剛顯露，年輕的光緒帝急召康有為等一班書生，宣佈「變法」，史稱「戊戌變法」。由於種種原因，一絲希望瞬間卻化為泡影。中國近代第一次政治體

1　1861年清政府設立「總理各國事務衙門」，曾國藩設立安慶內軍械所。1864年李鴻章在蘇州設立炮局。1865年上海江南機器製造局、南京金陵機器局成立。1866年福州船政局成立。

制改革試驗，僅維持百日，即以六君子流血而宣告流產。改革不行，老毛病又犯。1899 年，激憤的中國農民組成義和團，燒教堂，殺洋人，在大河上下掀天翻地。接着八國聯軍長驅直入，攻佔北京，再遭國恥。這已到了 19 世紀的最後年關，即 1900 年。20 世紀的頭一年，1901 年，中國人迎來的不是甚麼「新世紀」的「獻禮」，而是喪權辱國的《辛丑條約》。

以後可能還有三次機遇的失去。對此，史學界目前尚有爭論。這裏也簡單說一下。

一是 1905 年慈禧宣佈「新政」。慈禧狼狽逃竄西安，沿途備嚐苦楚，終於痛感有國破家亡的可能，下決心實行立憲新政以自救。從宣佈的新政綱領來看，它甚至比戊戌時期的改革內容更全面，變革的幅度更大。但它並不立即實行，總想慢慢來，能拖則拖。不久慈禧病死，接着清末最後一個當權的精英人物張之洞也緊跟下世，剩下的都是昏庸之輩。人無遠慮，必有近憂。還沒有容得他們再拖，武昌的槍聲響起，辛亥革命結束了他們藉變法自救的「美夢」。各省紛紛獨立，看似一種新的歷史局面即將出現，以致今人仍在惋惜它可能造就「聯邦制」新政體的實現。歷史的嚴酷就在於清政府改革留下的唯一實際成果：「新軍」，很快演變成軍閥，新一輪的內亂把所有「民國」的美夢撕得破碎。辛亥後對民國的普遍「失望」，在魯迅、陳寅恪、章太炎、嚴復諸前賢的書中都表現得十分強烈，也成為今人經常在破譯的一個重要歷史情節。

二是 20 世紀的二三十年代。由於北伐的勝利，軍閥割據時代的結束，此時正逢世界列強忙於「一戰」，中國的民族工商業遇到了一次發展的極好機緣。這一時期經濟的發展狀況之好，甚至被稱為中國「民族資本主義發展的黃金時期」。然而日本的侵華戰爭把這一歷史進程打斷了。接着八年抗戰，戰後「五子登科」，國民黨空前大腐敗，終於迫使蔣氏王朝逃到孤島，另謀生計。他們很像猴子為突然隆起的喜馬拉雅山阻隔，被逼開始了「猴子變人」的進化。這一變革目前還在進行之中。

三是 1949 年新中國成立後，本可以按照原定的「聯合政府」「建設新民主主義秩序」的計劃，逐漸推行現代化的目標。結果眾所周知的原因，

當初回答黃炎培的妙語（即如何避免中國王朝輪迴，答曰：「實行民主」）被置之腦後，卻發生了急着向社會主義甚至共產主義過渡的悲喜劇。一花開後百花殺，一系列極左的政策又使現代化的進程中斷。

　　我個人與史學的交往屈指數來，已過四十載。總覺得中國歷史走過的軌跡很像那個由陰陽魚巧妙組合而成的八卦太極圖。這個包藏着一陰一陽、變化無窮的圓，是中國先祖傑出的思維創造物。它所構建的宇宙—世界模式是最完美的——正像希臘哲人畢達哥拉斯所說的，還有比圓更完美的平面幾何圖形嗎？唯其如此，中國人思維的深處總是「以不變應萬變，萬變不離其宗」，就像六十四卦到了「既濟」該有圓滿的結局了，可接下一卦卻是「未濟」——中國只有跳出「圓」的怪圈，像量子力學所描述的，從一個能量級軌道跳躍到另一能量級軌道，才有中華民族偉大復興的真正希望。

　　到了近世，每次像是出現了巨變的情景，卻轉眼發現又似乎回到原先的狀態。近一百餘年，波濤連天，峰巒迭起，幾乎每二三年就有一次風雲突變。雖然人物的變化跟不上時代的步伐，先進的變得落後了，激進的成了保守，更有許多曇花一現的匆匆過客，但總不乏一顯身手的「弄潮兒」。反觀執掌權力的人物，情景卻全然不同。大約到了咸豐前後，滿族顯貴中的明智派，如肅順、奕訢等，自知腐敗昏庸的滿洲貴族已不足依仗，開始了「重漢輕滿」的人事政策的大轉折。漢族儒臣如曾胡李左等乘時崛起。在太平軍震撼下搖搖欲墜的大清王朝，確然仰賴於這班「中興名臣」受命於危難之際，「挽狂瀾於即傾」。當時漢族知識分子中有些人寄希望於曾李可以一舉「滅清復明」，開出新局面。讀一讀《曾國藩家書》，就明白這是海市蜃樓式的幻覺。曾不敢，李也不願，他們只是做「補天」的工作，就害怕「君臣錯位」，會亂及體制根本，「綱紀墜地」，不可收拾。再說「清末新政」雖沒有成功，但當時改革的主體力量和主動權已經由中央向地方轉移，新的「社會精英」地方士紳大張其勢。他們仍以有科舉功名的官紳為主，包括日益活躍於各界的原洋務幕僚。其中不少人也逐漸轉向投資工商業，被稱為新「儒商」。藉「制憲新政」之機，似乎很可以走出一條地

方自治的新路。很不幸，這一機會又被軍閥混戰所粉碎——還是「槍桿子勝過筆桿子」。到蔣介石率國民軍北伐，士紳工商急尋「新主」，必擁戴一「真龍天子」而後一統天下的習慣心理發作。「4‧12」大屠殺，上海的工商紳士曾合計拿出 300 萬元資助蔣介石，當時可謂是一筆鉅款。後又拿出 700 萬元貸款助蔣介石北上。他們萬沒有想到，將來有一天會被蔣氏官僚資本整得苦慘，重又淪入任人宰割的命運。

如果説在古代，我們的社會機制較之世界其他國家並不遜色，一治一亂，分久必合，循環輪迴尚且情有可原，那麼近代的沉淪，我們確實並不甘心。然而無始無終的圓還是縈繞不去，跳不出舊軌。忽而波濤洶湧，忽而峰迴路轉，熱情滿懷常常變成沮喪悲歎。這就不能不讓我們思考一個問題：中國傳統社會向現代社會的轉變何以如此艱難？何以不能再度走向輝煌，卻必須經歷百年苦難的低谷？

辨識理路

如何走出「中世紀」，是一種特殊的中國情結。百年來，所有願意獨立思考的中國人，不管其接受的觀念、政治主張如何不同，都為着它魂縈夢繞。每一個時代都有自己的時代精神。百年來中國的時代精神，就是面對現代化挑戰的壓力，重新審視和檢討全部中國歷史，期望中國民族再度復興，重鑄輝煌。

這種挑戰對百年中國人來説，經歷了許多「死去活來」的痛苦，留下的困惑也很多。而且，等到我們把中斷了的現代化進程重新驅動時，可以毫不誇張地説，百年前的所有爭論，幾乎全又重新擺回到我們面前。如「中西之爭」「物質與精神之辨」「效率與公正之辨」等等。

這些兩難命題多與特殊的中國歷史情景相關聯。

首先，數千年來的中國歷史曾經非常輝煌，留下許多文化瑰寶，值得珍惜。因此，在海通之前，中國人從來沒有想到輝煌之後會有沉淪。歷史的這種積累和自愛自重的情結，將使我們在接受挑戰時心境特別複雜、特

別尷尬。我們既想保存舊的美好的東西，又希望能接受新的外國人有的東西，只要精華，拒絕糟粕，既患失也患得。看不慣蒼蠅蚊子一起跟進來。「水至清則無魚」。這點大有別於歷史底氣薄弱的日本，沒有害怕失去的面子觀念。

第二，我們是在一種非常特殊的情景下開始「走出中世紀」的。大家都知道，我們是在列強的「堅船利炮」打擊下才被迫打開國門，然後才有「東方睡獅」的「覺醒」，開始「自強」運動。但百年來正逢西方列強商品輸出、資本輸出兩次高峰，列強一再蠻橫地欺侮中國，動刀動槍，割地賠款，「救亡」成了第一主題。雖然我們不得不向西方學習，但總感到「先生」很可惡，老欺侮「學生」。救亡與啟蒙成了一對矛盾，不容易處理好。激進的民族主義情緒常常會使我們的頭腦不夠清醒，該進不進，該退不退，誤了時機。西方人常說要敢於同魔鬼打交道。中國人則向來最痛恨「洋鬼子」，動輒以「賣國」惡諡棒殺所有同魔鬼打交道的人，斥之為「假洋鬼子」。

面對上述這一特殊情景，迫使我們不得不往內裏看，重新審視全部中國歷史，於是就產生了有關認識中國歷史的許多特殊難點。這種疑難是過去傳統中國史學從來也不曾想到的，屬於全新的課題。歸結起來，至少有兩大問題：

一是曾經長期領先於世界的農業中國，為甚麼從 17 世紀中期起，反倒落在歐美之後，不能率先實現向現代社會的轉型；不僅不能率先，甚至還不能由自身主動地實現「走出中世紀」，必須被別人「轟出中世紀」？這一問題很像是要給進化論以特殊的難堪，似乎要創造一種有別於內因決定論的「外因決定論」。不管怎樣，看來中國人要「走出中世紀」，就得面對善處內外因互動的世界性難題。

二是即使被迫着開始「走出中世紀」，150 來年的歷史充分說明，這一歷程走得特別曲折、特別艱難，一波三折，進一步退兩步。雖然多數人不會甘心接受悲觀宿命論，認定中國歷史命定地「走不出中世紀」，但至少必須面對這樣一個嚴酷的現實：中國由傳統向現代的轉型過程一定很艱

難、很漫長。這種艱難的根源，歷史學可以給出哪些解釋？

一種是吃「後悔藥」。李澤厚與劉再復有《告別革命》一書出版，反映的不只是他們兩個人的心態。我們經常聽到這樣的議論，如果慈禧當年不殺六君子，早點覺悟把「變法」旗幟拿在自己手裏；如果辛亥黨人不鬧暴動，清末新政成功；如果日本人不打進來，如果毛澤東與劉少奇思想一致……我總覺得這些人要麼沒有讀過歷史，要麼讀了等於白讀。這就叫沒有歷史感。歷史既已如此，說明它有不得不如此的「歷史合理性」。你應該做的是，說明它們何以會如此發生，積極地去清理阻礙現代化的歷史基地，而絕不是責怪為甚麼要發生。只要這些不該發生的悲劇發生的歷史根基還在，誰有那麼大的能力去阻止它們發生呢？

還有一種較前者來得深刻的看法，是埋怨「國民性」。歷經辛亥失敗的低潮後，嚴復曾經悲觀地說過：「（中華）強立之先，以其有種種惡性根與不宜存之性習在，故須受層層洗伐，而後能至。故欲問中國人當受幾許磨滅，但問其惡性根與不宜存之性習多寡足矣。」將現代化的受挫歸之於中國的「國民性」，曾是經歷辛亥挫折的一代人的普遍心態，集匯成一種思潮。嚴復的想法，今天我們也有。我們不也常常說，沒有人的現代化，也就不可能有社會的現代化。但是不是也可以反過來駁問：沒有社會體制或結構方面的現代化，沒有制度環境的孕育、造就，人的現代化又怎麼能實現呢？平心而論，現代化艱難的根子固然與民族素質有深切的關聯，但是不是還可以追問：民族素質又是甚麼造就的呢？這就不能不進一步追究到造就這種「素質」的歷史環境——特有的中國傳統社會結構，從體制或結構中去尋找「歷史基因」。

當我正為這些問題大感疑惑之時，忽然讀到洪峰在小說《極地之側》結尾處有一段小說人物之間的「對白」：

後來的人都走了。只有我和小晶依舊站在墳前。

西邊的天空鮮血一樣彌漫。

小晶碰我一下，說：「我們也該走了。」

我說：「該走了。」

……這時候天已經很昏暗，出現了我前面說到的那種青紫顏色。

四周很安靜，天大極了人小極了。

興許是職業的習慣，我的眼睛久久盯在「天大極了人小極了」八個字上，輾轉反側，想到的盡是中國歷史上種種詭祕莫解的疑惑，忽有所悟。大家知道，戊戌殉難六君子中譚嗣同死得最壯烈。臨死前他手書遺言：「有心殺賊，無力回天。」似乎他也省悟到：數千年煉鑄的「天」強過於人，「天大極了人小極了」！

我不是「有神論者」。上面說的是個比喻，只是針對過去太強調人的主觀能動作用，過了頭，變成唯意志論，絕無「天」不可變的意思（因為這畢竟是人造的「天」）。我想將董仲舒的話改裝一下，換成「天不變，道亦難變」。這裏所謂的「天」，無非是形象地借指經濟、政治、文化諸項子系統整合而呈現出來的社會制度、社會大系統。它們一旦成形，相當長（！）的時段內，「人」都在它的籠罩之下，顯得很「小」。因此，結構、制度的系統分析有其特別重要的方法論意義。與其想靠人改變自私自利的本性，還不如先改革制度，用制度去約束、制衡。制度變了，人也不得不改變，不得不適應。在西方叫作「以惡制惡」。這方面，我們這些年多少都已經有了一點體驗。例如人一旦到了外資企業，就變「老實」了，經受得起「委屈」。因為他從自利的角度認可了這種「制度」，在經濟學上叫作「外在利益的內在化」。

歷史探源

從歷史根源上去追溯中國現代化的艱難性，是一個無所不包的大題目，筆者絕無此野心包攬全局。這裏只想據個人思考所得，從歷史結構方面去檢討，試說它有四大難：「老、大、多、後。」

第一個難是難在「老」字上。諸難之中，數千年歷史積澱形成的種種

結構性習性，不經長時間磨損，勢難消融化解，故顯得特難。我曾開玩笑地說，長臂猿就因為「手」（上臂）發展過度，終究不能進化為人。大凡某一社會形態發展得過於成熟周密，就難以變革突破。新的變革最容易在薄弱的甚至荒野不毛之地創造奇蹟。

林語堂先生曾以其特有的調侃，幽默地說過：「中國向來稱為老大帝國。這老大兩字有深義存焉……無論這五千年如何混法，但這五千年的璀璨被我們混過去了。一個國家能混過上下五千年，無論如何是值得敬仰的。中國向來提倡敬老之道，老人有甚麼可敬的呢？是敬他生理上的成功，抵抗力的堅強，別人都死了，而他偏活着。」

「文革」末期，我因一個偶然的機緣有幸去曲阜拜謁孔老夫子的故里。當步出東門，向孔林走去，沿途的景象，真使我驚訝莫名。試看那些千年古樹，一排排一行行，有規則地向遠處延伸，是那樣蒼老，傷痕累累，有的內囊全都蛀空，只剩一層枯黃的樹皮艱難地包裹着，垂垂老矣，氣息奄奄。然而抬頭一望，那枯樹的枝頭上，悠悠然地竟生長出好些翠綠的新葉，在空中隨風搖曳。奇哉，老樹枯藤。那時突發感觸，這不正是古老中國最逼真的寫照嗎？二十多年過去了，還始終忘不了那一刻。

中國歷史，現在已經可以確定有一萬年的農業、五千年的文明、兩千年的大一統。四大文明古國，唯有中國逃脫了滅國、分裂的厄運，文明未曾中斷。歷數千年的長期積累、完善，中國傳統社會，從其社會結構的整合而言，應該說是非常成功的。它至少具有以下幾個特長：

（一）結構簡單，整合容易，具有頑強的再生能力

中國傳統社會的內核是以一夫一妻為要素的父家長制家庭。這種父家長制家庭，形象地說，像是一種「負陰而抱陽」的特殊單細胞生命體，由此複製放大，逐級演變為氏族—部族—部族國家，再由成千上萬的部族國家經軍事兼併，像滾雪球似的逐步合併為龐大的軍事官僚專制主義的中央集權大一統國家。在外延不斷擴展的同時，其社會結構的內涵卻像單細胞放大，仍保持同一性：由內向外看，它是「家」的圓周逐級放大；從下往上看，又是父權逐級上升，疊築起父權的金字塔。國以家為本，家以國為

本，同質同構，故始皇帝稱之為「六合之內，天下一家」。天子或者皇帝就是普天之下最大、也是最至高無上的「父親」，君父御臨萬眾子民。父與子的關係，是所有各類社會關係的原始模板。由這一模板不斷複製出其餘的人際關係或社會角色，名雖異而實相同，如兄弟、夫婦、官民、君臣，以至同僚、師生、親朋等等。以孝悌為本，邏輯外推為忠君愛民。儒家提倡的從修身齊家到治國平天下，也是循着這種社會單一整合的內在邏輯，去塑造精英人格的。因為社會整合建築在最直觀、最原始的家庭人倫基礎之上，簡潔明了，從孩提時代起，就可以在家庭中接受這種制度化的熏陶，很容易被理解、被習得。因此只要這種簡單的社會結構還建築在單一小農經濟的基礎之上，沒有市場經濟的重大變遷，不產生急劇的社會分化，社會角色的分化就很容易複製再生。中國古代王朝的一滅一興，嬗代更替，靠的都是「父家長制」這塊複製模板。它很像生物界中的蚯蚓，斬斷一段，又可以長出一段，生命力特別頑強。

（二）盛行「父權崇拜」，迷信個人魅力

建築在父家長制基礎上的社會，其治理方式究其根本都不脫家長制，一切應由「家長」說了算。這就是中國傳統統治根本的合法性資源。按馬克斯·韋伯的說法，它屬於由「情感正當性」支配的「情感型行動」，稱「卡里斯瑪崇拜」。因此中國特別盛行父權個人崇拜，迷信天才人物。

孟子即云：「五百年必有王者興。」入秦以後，二三百年間必有一雄才大略者出來革故鼎新，漢唐宋元明清是也。後來社會節奏加快，進入近世，大抵是四五十年一輪，必有一傑出人物驚天動地。不管怎樣，中國人根深蒂固的觀念，國家的命運必須也只能繫以一天才人物的拯救，稱之曰「聖君」「國父」「偉大的父親」等都可以。每當社會震盪，必有造神運動出現。連那些不倫不類、七拼八湊的民間雜教，也都要捧出一個教主「君臨」教徒，教徒視之若「神靈」。人們總期盼有這樣一位非凡人物，能憑藉他特殊的人格魅力，汪洋恣肆而又任性地調度歷史舞台，「救民於水火」，重整綱紀，大亂後大治。幾年前有一本書很轟動，名叫《第三隻眼睛看中國》，不還在呼喚未來中國需要有一個「神」的復活嗎？

　　這種由「父權崇拜」引出的「天才崇拜」，經歷史長期的積澱，內涵變得非常厚重。中國傳統統治在反覆的「一治一亂」中不斷總結經驗教訓，積有極端豐富的閱歷，駕馭權力的技巧嫻熟而富彈性。論政治權謀之善變老練，中國恐怕當居世界之最。這一點，歷史學的貢獻最大。二十五史，説到底都是「資治通鑒」。歷代帝王之道都講究以前朝覆亡為鑒，善變、多變，但最後總不離「以不變應萬變，萬變不離其宗」的「根本大法」。

　　試以《周易》為例。八八六十四卦，頭一卦稱「乾卦」。全卦都用「龍」的形象設喻。前後有六期（六爻）變化：初期「潛龍勿用」，當「龍」還沒有露頭，位卑力微時，須韜光養晦，養精蓄鋭，善於隱藏自己。據説「龍之為物，能飛能潛」。能潛能藏，唯龍能之。朱元璋初時擁戴「小明王」，甘心「作賊」（後來有人就因「為天作則」掉了腦袋），大概屬於此道。二是「見龍在田，利見大人」。陽剛漸增，頭角初露，開始邁出重要一步，但距最後成功尚遠。此時最重要的是要按照「大人」的標準（即帝王之道）塑造、充實自己。定縣李善長教他的，將來劉基到金陵面授機宜的，大抵不出這類大學問的套路。三是「君子終日乾乾，夕惕若厲」，是説已經有了一定的資本或地位，為着遠大的目標，必須時時警惕慎行，如臨深淵、如履薄冰般地待人處事，一步步開拓。這就是朱元璋在金陵設計的「高築牆，廣積糧，緩稱王」。四是「或躍在淵」，已經具有行動實力，就必須敢於面對一切，或進或退，或躍或沉，審時度勢，從容自在。從歷史經驗看，背後似還有不擇手段、不行「婦人之仁」的意思。西征陳友諒、南滅張士誠，北至大都而放元帝北歸，朱元璋這階段好不從容。五則為「飛龍在天，利見大人」。「九五」之尊的地位終於獲得，也就是孟老夫子説的「五百年必有王者興」的天才人物出現的時候。《周易》的註釋者就説：「猶若聖人有龍德，飛騰而居天位，德備天下，為萬民所瞻仰。」六則以「亢龍有悔」最後作結，意味深長。《周易》講究事物的發展盛極必衰，「亢龍」忘乎所以，高飛窮極，勢必遭受挫折。故警戒「亢龍」知進而不知退，知存而不知亡，知得而不知喪，一定會後悔莫及。朱元璋大殺功臣，自以為可以為長孫排除繼位的阻礙，結果卻害得其左右無助，眼

呼呼讓皇位被親叔奪走。《周易》這一卦，可以説把中國王朝歷史的興衰過程全説盡了。遍觀歷代開國君主，大抵不出這些路數。這裏僅以洪武為證。歷代王朝都跳不出最後「亢龍有悔」的結局。

　　遠的不説，再説較近的蔣介石，一生多變。蔣氏是一個複雜的歷史人物。剛從四明溪口小鎮上走出來，還滿身鄉氣。來到上海，混跡於十里洋場，當過兵，也出入賭場、交易所，流氣、霸氣都學會了。湖州南潯的張靜江，恐怕算得上是蔣氏的「李善長」，是助蔣完成「見龍在田，利見大人」階段的一個關鍵性人物。後來蔣氏有負於張靜江，但比起朱元璋殺李善長，還不算太惡。此是後話。經張推薦到了黃埔，收斂流氣，矢志革命，連中山先生也不懷疑他是三民主義信徒，當上黃埔軍校校長。蔣氏一生對「校長」這一稱呼最看重。曾幾何時，軍權在手，一路兵進上海，就翻臉不認人。「4‧12」大屠殺露出真容，接着既清「共黨」，也壓「本黨」異議人士。這一長段經歷，很像《周易》由「潛龍勿用」到「或躍在淵」。在黃埔還「如臨深淵」，到上海就「大動干戈」。因為他相信只有這樣，才能「飛龍在天」。在蔣氏身上儒家影響很深，也為史家所共識。《曾文正公集》常備於案頭，誦讀不輟，絕不虛假。手下又蒐羅一大批留洋飽學之士，各有專長，更有與外國保持密切聯繫，生活完全洋化的宋孔兩氏與之攜手合作。既舊又新，色彩斑斕。但要蔣氏王朝真正實行歐美式的民主政治，那也是「南柯一夢」。即使宋美齡對蔣介石再有影響力，也不過規勸其皈依了基督教，跟着走進禮拜堂而已（據説到晚年越發虔誠）。生活方式淺表層面的變化，不足以搖撼千餘年歷史積澱注入其心靈深處的「集體無意識」。特別到了觸及傳統社會的要害——政治權力，這些人物都會堅如磐石，不為所動。蔣介石真正信仰的東西，恰如他對其親信私下坦言的：「三民主義為體，法西斯主義為用。」前者乃儒家之轉型，後者更是法家的變種。骨子裏仍不離中國本土的帝王之道、治國大經。但蔣氏還算是百年一遇的人物，慘然離開溪口，漂泊海上時，天良發現，説道：「不是別人，正是自己打敗了自己。」沒有這份「覺悟」，恐怕也就不會有後來的改革。到晚年，看其照片，似乎又返回到溪口，成了身着長袍，雙手

插進袖管，蜷縮在屋簷下「孵太陽」的十足鄉下老頭。雖氣息奄奄，臉上卻顯出一絲過去從未有過的慈和與溫良。我想，這大概就是他所以還能容忍小蔣（經國）「改弦易轍」的緣由。

當然我們不是否認個別突出人物在歷史上的作用，也不是否認權威的作用。問題是中國傳統社會缺乏充分的社會分化，沒有足夠可靠的權力制衡機制。現代社會則迥然不同，它是在高度分化基礎上的高度整合，法國社會學家迪爾凱姆稱之為「有機整合」。在有機整合的社會模式中，權威依然必須有，但這種權威首先是非人格的法理權威，法律至高無上，任何個人都不能超越法律之上；人格權威又呈現出多元和多樣性，各類權威間相互制約，形成動態平衡。沒有絕對權威，也不相信天才統治。「二戰」後，西方現代政治越來越顯示出世俗化傾向，就說明了這一點。

深入下去，就必須說到中國傳統社會結構的第三個特點。

（三）「政治一體化」，缺乏經濟、文化子系統的相對獨立性

中國傳統社會的三大子系統，政治、經濟和文化，政治是居高臨下的，不僅居第一位，而且包容並支配着經濟和文化，造成了所謂「政治一體化」的特殊結構類型。經濟是大國政治的經濟，即着眼於大國專制集權體制的經濟，私人經濟沒有獨立的地位。文化是高度政治倫理化的文化，着眼於大國專制一統為主旨的意識形態整合的功能，異端思想和形式化的思辨不是沒有，而卻總被遮蔽，了無光彩。政治高於一切，一切都被政治化，一切都以政治為轉移。這種社會生態性的高度傾斜，造成了產生不出甚麼別的力量去制衡、約束政治系統。政治系統出了問題，只能靠政治方式即權力鬥爭去解決，即所謂「以暴易暴」，大亂之後才能大治，和平的改革常流於失敗。

假若說現代社會的整合，仰賴充分的分化以及這種分化之間的制衡，那麼，中國傳統社會的整合，則主要是靠駕馭權力的謀略，即法家所說的「法、術、勢」一套控制手段。「制衡」是在一個立體模型中尋求各個多面體之間的平衡；「駕馭」則是在一個同心圓的平面上，謀求消弭離心因素，穩固眾星捧月的格局，權力圍繞着一個太陽——獨制的君主旋轉。中國傳

統政治講究萬古不易的最高準則是「天無二日，國無二君」。在群雄並起、稱兄道弟的農民起義的後期，必會演出首領火併、血肉殘殺的慘劇；假若成功地坐穩江山，則多嗜殺功臣，鞏固皇權，此即所謂「狡兔死，走狗烹」。中國傳統社會的政治體制，其核心是保障皇權的絕對權威，確保中央的「大一統」。因此在不斷豐富的政治實踐中，製作出一套周密的制度設計，預防和制裁一切有害於上述目標的離心因素。除了君主深藏不露、寬猛恩惠相濟等等個人技巧外，細緻分析中國傳統政治制度演變的脈絡，其要領不外乎：一是制止官僚的集團化，絕對不允許政治反對派的存在；二是剝奪地方的自治權，制止一切可能游離「大一統」、導致分裂割據的因素；三是誘之以利祿，籠絡社會精英，逼其走科舉制「華容道」，使之離開皇恩，一無所有，消解可能產生具煽動性的異己精神力量及其社會基礎。在這種政治體制下，不僅沒有獨立的人格，也沒有任何可以稱得上獨立的社會主體力量。以此言之，傳統體制「千年不變」，絕非偶然。

　　經濟系統的不獨立，這裏舉產權為例，試說明一二。從秦始皇統一六國之後，「黔首自實田」，耕地都必須登記在冊，看起來是歸佔有者經營，但必須承認「天下一家」，都是「皇帝之土」，都是為「國家」打工。因此中國傳統社會的產權狀況特別奇怪，不容易看得明白。說不存在某種形式的私有產權，也不合乎實際，平日裏佔有者之間可以轉賣轉讓。說「私有」，甚麼時候都可以宣佈「土地國有」，像王莽時的「王田」、北魏到隋唐的「均田」，南宋的變民田為「公田」，後來的「人民公社化」等等，究其實質都擺脫不了「國家主權是最高產權」（馬克思語）的陰影。這恐怕是世界上很少有的、中國所特具的一種歷史特徵。

　　無論農民還是地主，佔有的土地其實都不是完全獨立的。這種不獨立突出表現在收益權方面。國家硬性規定必須負擔各種賦稅勞役，還有地方政府的各種攤派。今人最不可理解的是，在整個兩千多年裏，農民產鹽都是由國家管理的，鹽戶（灶丁）是世襲的專業戶。鹽最初都實行官產、官收、官運、官銷，老百姓只准買官鹽。這種靠行政系統銷鹽的制度成本很高是可以想見的。弊端百出，官鹽質差、價高，老百姓寧願吃私鹽，鄉村

更不願意跑到縣裏買官鹽。國家鹽的收入不保證，就想出一個辦法，強制按人口攤派，從夏季的田稅裏加一筆「買鹽錢」，不管你吃不吃。後來改為官收、商運、商銷，就是「特許包銷制」，奇怪的是原來按人口收的「身丁鹽錢」卻不取消。有田就有稅，有屋就有稅。官商結合的鹽專賣制度，由於層層權力的盤剝，成為一種苛政，一直到清亡。國民黨時代也仍然不准販私鹽。宋明清三代國家靠鹽獲得的財政收入佔總收入的 1/3—1/2。那為甚麼鹽必須要由國家專賣？根據就是「六合之內，皆皇帝之土」。說任何私有都是不可靠的，一點也不誇張。順便說到，現在許多出版單位都忙着推出傳統商人的暢銷書，極力渲染他們的「輝煌」和「經商智慧」。其實在帝國時代，任何老實巴交、靠正道做生意的，都不可能大富，而那些暴富顯赫的大商人，無不是依仗權錢交易、官商勾結，走歪門邪道的「識時務者」。因此，靠這些富商大賈，傳統中國從來沒有產生出像西歐那樣一代新的社會力量（「市民」），從獨立的城市走出來，由他們來摧毀中世紀「城堡」。

國家對私有經濟的限制，指導思想是「平均」「不患寡而患不均」。「抑豪強」「抑富商」就是由這種指導思想產生的傳統國策。漢初、明初兩次打擊豪強規模極大，涉及數十萬以上人口，名之為「遷徙豪強」。那些數代土著於此、「發家致富」、沒有政治背景的「豪強地主」「富商大賈」及其家族，一朝令下，原有田產財寶悉化為烏有，能說他們擁有「私有產權」嗎？二是「抄家」。權勢財富再顯赫的官僚地主，一旦有罪被抄沒，所有動產和不動產，不只田宅、金銀珠寶、奴婢，女眷亦得盡數沒入官府。這種做法，現代人完全無法接受，一人做事一人當，怎麼可以這樣？即使貪污，那麼也應當扣除其正當收入部分以及家屬的正常收入。但上述的做法，古代視之當然，沒有看到誰提出過異議。因為一切的一切都是「皇帝」給的，給你是「皇恩浩蕩」，收回亦理所當然。聯想到「文革」大抄家，我們的銀行為配合「紅衛兵小將的革命行動」，不顧國際規則公開銀行私人存款，看起來也算是有歷史根據，古已有之。因此對私有產權沒有清晰的法律界定，公私含混不清，私有產權沒有制度化保障的環境，恰恰是以

後中國難以走出「中世紀」的一個癥結。

　　第二個難字是「大」。

　　先說「大一統」，中國早在公元前 221 年就實現了，這在世界上也是一種奇跡，我們常為此自豪。然而當秦始皇為實現一統中國志得意滿，號稱「天下一家，皇帝之土」時，肯定沒有想到過：大固然有大的好處，但大也有大的難處。大了，必須「統」，不統就神散形亂；大了，就難「統」，統死就生氣全無。這「統」字，在兩千年裏始終是一門高深的大學問，裏面有內外的應對、上下的應對，糾纏不清的華夷之爭、中央與地方之爭、集權與分權之爭，更深的還有秩序與自由之爭、人己之辨等等。各代人都在「摸着石頭過河」，一走就走了兩千來年。等到《紅樓夢》出來，一個頗有政治頭腦的女人王熙鳳才有所覺悟，說出了一句男人沒有說出的名言：「大有大的難處。」

　　我們通觀中國古代歷史，最容易感受到的首先是大的好處。它可以也有能力高度集中全國的人力、物力、財力，無論何等壯觀宏偉的公共工程都能掘地三尺，突兀而起，令世人為之一震，長城、運河、阿房宮、兵馬俑……這是歐洲中世紀諸侯王國做夢也不敢想像的。然而，不顧國力、民力做的許多蠢事也因此特別多，秦速亡於長城，隋促命於運河，古代翻來覆去的災難，至今想來尚令後人為之黯然神傷。

　　「大」的第一個難處，就是發展高度不平衡。按照自然生態（地勢、氣溫、降水量等），中國南北、東西都不平衡，其中東西之間的懸殊尤其嚴重。古代中國大致經歷了由西至東、由北到南的經濟重心轉移的演進軌跡。從宋朝起，經濟重心逐漸轉移到東部偏南的沿海地帶，形成政治重心在北、經濟重心在南的分離格局。傳統政治體制人為地加劇了這種不平衡。鑒於大一統的政治格局，必不可免地要實行財政上的「平調分肥」的國策。結果「肥的拖瘦，瘦的拖死」，個別經濟先進地區率先發生社會變革的可能性被扼殺，而動亂卻常常從落後的西北地區爆發，「兩頭不討好」。

　　「大」的第二個難處，就是權力高度集中與地方失控的矛盾。

　　俗話說：「天高皇帝遠」。帝國幅員的遼闊決定了必須層層設置官僚

機構，而要保證權力高度集中於中央，又必須使中央擁有「日理萬機」、事事必統的龐大機構。歷史學家黃仁宇就說，結果出了一個怪現象，與社會統治基礎呈金字塔形相反，管理機構卻是一個倒金字塔。上面是一個大平台，越到下面管理人員就越少。古代行政機構只設到縣一級，上面千條線，到這裏就變成綜合一切的「收發室」，窮於應付。中央政策由近及遠，其信息的準確性與執行的有效性，正好與距離成反比；距離愈遠，熵值愈高，即通常說的「走樣」、失真。因此國外高明的漢學家早就看出，中國歷代王朝權力高度集中，世界罕見，但對地方的有效管理反不及中世紀歐洲的君主國。歷史上王安石變法的失敗，其中一個原因，就是政策再好，例如「青苗法」猶如今之農業信貸，初意甚好，結果地方各級官府為「邀功表態」，競相爭標，然而圖操作上的方便，即按家按戶攤派（「抑配」）。結果地主、農民都怨聲載道，王安石後來也落了個「拗相公」的罵名。甚至極端的還說北宋亡國，王安石是禍首。

對大多數統一大王朝來說，社會穩定的最大難題是農民。帝國政府的物質基礎，不說唯一，至少也是絕大部分來自農民有限的剩餘勞動，積少成多，支撐着社會的運作。龐然大物般的帝國，後來幾乎每十來個農民要養一個官吏士兵。口頭上「農為邦本」叫得最響，為了維持這龐大的財政，不可避免地要走到自毀經濟長城的絕路上去，更管不住不少地方官吏恣意刻剝小民。一旦王朝由盛轉衰，走向末運，吏治敗壞，越發不可收拾。一部數以千年計的中國傳統社會史，一再顯示出嚴酷的事實：失去了農民，就得垮台。

中國古代社會的一個悲劇，那就是「政治精英」們常把農民大眾遺忘在村野角落裏。平日，他們是最不起眼的芸芸眾生，不因被冷落而輟耕，背負青天，面朝黃土，為一家之生計終日牛馬般勞作。他們是如此老實順從。殊不知他們是可以欺生卻絕不畏死。如若把他們置之死地，在生死必擇的關頭，鋌而走險，那破壞性的力量也着實可怕。中國歷史上就一再領教過了，從山村裏噴發出來的暴怒，會讓二三百年的物質積累毀於一旦。直至近世，多次現代化的嘗試，其失敗的原因之一，便是過分冷落了農

村。晚清如此，蔣氏民國也是如此。

　　一般地說，中國的文化是最富人情味，倫理至上，政治也是被濃重地道德倫理化了的。關於理想人格的議論，也很精彩。可是，有正面必有負面。翻開正史、野史，迎面而來的不乏人與人的「窩裏鬥」，君臣相鬥，臣臣相鬥，連帝王之家，骨肉相殘，也幾乎歷朝皆有。也免不了隔一段時間，小民與君臣大打出手。最可驚駭的是，每二三百年發生的大規模的農民戰爭，常致生靈塗炭。我一度曾大惑不解，為甚麼從「咸陽三月火」始作俑起，漢宮唐殿明園都非得付之一炬？為甚麼不坐下來冷靜想一想，保存下來讓自己也消受「春華秋月」，何樂而不為？可見，中國文化乃至國民性也非「中庸和柔」。為甚麼會有這種反常？這是對「皇恩浩蕩」的一種逆反。長時期由失落、失望到絕望，蓄積起來的情緒能量，必須尋求一種特別大的刺激方式才能宣泄——據心理學家說，「放火」刺激釋放量最高。

　　第三個難字是「多」，人口眾多。

　　中國的傳統農業有着與歐洲截然不同的特性。大約從春秋戰國起，我國的農業就走了一條勞動力密集、精耕細作的集約農業的道路，其增產的主要途徑不是擴大經營規模，而是通過提高單位面積產量（畝產）和耕地複種指數來實現。農具和農本投資長期停滯不前，農業生產力唯一的也是最活躍的變數即是人口增殖——添進勞動力。我們常常責怪國人「多子多福」的舊觀念，豈知彼時實有不得已的經濟動因。由唐入宋，往後隨着土地所有權的日益分散，耕地的經營更是畸零小塊，糧食的需求推動着人口的上升，開始了經濟—人口的惡性循環。宋已越過 1 億大關，明估計要到 2 億，鴉片戰爭前即已達到 4 億的高峰點。因此，在我國進入社會結構變革期，與歐洲大不相同，必須承受一個世界罕見的人口負荷過重的包袱。有的學者把它形容為「人口懸劍」。

　　人口負荷過重，無疑會對社會變革帶來某種長期而深遠的制約。在歷史上，歐洲的人口負荷狀況一向就比中國好。當進入「過渡時期」，它的人口增長幾起幾落：1100—1350 年增長，1350—1450 年後退；1450—1650 年呈 W 形增長態勢，特別是 1550 年前後一度因自然災變（瘟疫）而

跌入低谷；1650—1750 年又再次減速後退。西人信奉「馬爾薩斯人口論」，是因為對此他們有難以抹去的噩夢：歐洲在「過渡期」中多次遭遇到「黑死病」（即鼠疫）猖獗的恐怖災變，長達幾個世紀，不少城市損失慘烈（法國馬賽於 1720 年人口死亡近半）。據專家估算，這一災難總體上使整個歐洲人口較起始時期減少了 1/5。人口的驟減直到 1750 年方被刹住，由此進入長期緩步上升的態勢。真可謂不幸中的僥倖，「天助西方」也。歐洲此時正值工業革命的關鍵時刻，人口負荷較輕（當時歐洲人口總量為 1.5 億左右，而與歐洲近乎同面積的中國，同期人口數已突破 4 億大關）顯然是一個有利因素。據《歐洲經濟史》所披露的史料，工業革命前期，英國除棉紡織行業外，當時多數行業普遍從業人員不足，像後來造成社會動盪的失業危機那時卻並不突出。很明顯，人口壓力比較寬鬆的社會生態環境，對當時以機械化為特徵的技術革命的推進，初始阻力要小些。

在社會轉型期，社會各子系統之間的協調能力相對脆弱。城市化必不可免地要受到來自鄉村流動人口的衝擊，而人口負荷過重，無疑為人均經濟指數的優化帶來不利，更增加了就業、教育、衛生與治安等社會問題的壓力。不注意協調，稍一失控，難免會誘發震盪，阻緩經濟發展進程。如果注意中國近代經濟史的研究，就不難看到我國早期現代化遭遇到的這種人口負荷過重的困境，又沒有合適的應對，這是近代社會多次動盪另一個深刻的社會—經濟背景。

第四個難字是「後」，落人之後的「後」。時間具有不可逆性，歷史從來只有相似的重複，而沒有原模原樣的翻版。正像希臘名言：人不能走進同一條河流，由傳統走向現代也無法照抄別人的舊徑。其中除了空間（民族）的差異，也還有時間的變數——捷足先登，領天下風氣之先者，「上帝」似乎特別開恩於他們。後起者較之先行者，會在更為嚴苛的條件下經受考驗。後起者的難處很多。

依據對歐美市場經濟歷史的考察，先說兩種情境，是後來者特別是中國所不能比擬的。

第一，市場經濟拓展的國際環境。當代法國著名史學家布羅代爾在其

《15 至 18 世紀的物質文明、經濟和資本主義》三卷本中説道，歐洲人獨立地發現大西洋，是歐洲市場經濟發展中具有關鍵意義的偉大業績，「這一勝利為歐洲人打開了（通向）世界七大洋的大門和通道。從此，世界的整個海洋都為白人效勞。」此種論斷的背後，隱藏着一個冷酷卻又非常實在的經驗事實：從傳統的市場經濟到現代市場經濟的過渡，仰賴於一個決定性的驅動力量，便是市場活動空間的最大限度的拓展。顯而易見，任何一個民族、國家內部市場購買力的增強，需要相當長的漸進過程。其發展初期、增長的限度必然受到原有的經濟結構、經濟實力的制約。因此，正像布氏所分析的，先行國家與落後國家由發展不平衡造成的空間上的「經濟壓差」（又稱「勢能差」）就成為市場經濟拓展最重要也是資本積累最易見效的歷史前提。歐洲市場經濟的發展，如果沒有「落後」的亞洲、非洲，特別是當時美洲供其施展魔法，斷不能成功。布氏的這一結論並不新鮮。這就是早為我們所熟知，來自馬克思揭示的血與火交惡的海外殖民掠奪、「資本原始積累」的歷程。

　　當然，稍後一些，個別後來者如日本也仍有機會故伎重演。它的資本原始積累不就沾滿中國、東南亞人民的血汗嗎？當代中國面對的國際市場環境則已大不相同。從好的方面說，我們不必背負沉重的道德十字架，坦蕩蕩面對世界而無罪疚感。從困難方面講，在日趨成熟、發達的國際市場面前，在諸多為別人捷足先登的領域，我們的拓展競爭，有時有點像輕量級與重量級「拳手」之間的較量。我們的資本積累也將比先行者更多地仰賴於自身的積聚，特別是國內公眾購買力的漸進增長。單從這一角度來考慮，我們寧願將市場經濟成長的過程看得困難些，時間上估算得長一些。

　　第二，在社會轉型期，社會各系統之間的協調能力相對脆弱。就以歐洲「過渡期」而論，雖然人口壓力相對要小，社會仍然長期震盪不安。既有前述的天災，也夾雜着無以掩飾的人禍。這是因為資本主義市場經濟，任憑私慾伴着貨幣跳舞，「少數人得利，多數人被捉弄」（布羅代爾語），並直到 1750 年前，商業、工業的發展繁榮多是以犧牲農民的利益為代價。黑死病的肆虐，並非純是天災，其中鄉村人口的貧窮，城市因人口過

度密集而衞生狀況惡劣，以及因農業衰退而造成的糧食危機等等，都起了火上澆油的作用。某些西方正直的經濟學家不無辛酸地說：「英國工業革命犧牲了整整兩代人。」（見布羅代爾書）現在真不知道還有多少人讀過恩格斯的《英國工人階級狀況》，要知道直到 19 世紀後半葉，英國的市場經濟還混合着畸形與病態，公眾動盪不安也不足為怪。我國當今的市場經濟既不可能遭遇歐洲那種誰也不願逢到的僥倖「機遇」（西方人權論者或許已經忘記，以飢餓和瘟疫減輕經濟的人口壓力，畢竟是最不人道的），當然更不能走犧牲公眾和農業利益的歧路（歐美資本主義市場經濟之所以要經歷如此長的歷程，與此也不無關係）。因此，後來者最難過的一關是心理關。必須直面現實，清醒地認識任何現代化模式在實際推行過程中，總是有利有弊，有善有惡，進步中包含有某種退步，利益也不可能一體均沾，穩定所必需的社會福利、社會保障的建立，也有一個過程，有賴於經濟的增長。後來者期望完全避免先行者之「短」、之弊，雖然是一種良好的願望，但也應該意識到很難很難，有些是過程中所難以克服的，只有走到一定階段才能做到。先行者的好處，當時沒有任何前例，他們的嘗試是一種自然演進，走到哪裏算哪裏，後起者往往就特別挑剔，容易產生一種不切實際的對變革完美性的期望，不懂得結果全在於過程之中。這也是中國近百年反反覆覆，走了又重轉回來的一種心理根底，保守主義很有市場，在民眾中也很有影響力。

近代中國的當權者，如晚清政府，只望學到增強國力的「富強之本」，特別是堅船利炮之類，而對政治體制、思想文化的改革則諱之甚深。這是一道難過又必過的門檻。因此中國思想文化界的不少有識之士，對西方近代化的後果有相當理解深度，不忍中國重罹「物質富裕，精神貧困」災變，面對變態的中國近代化痛心疾首，多持嚴峻的批判立場。在思想文化領域，他們甚至超前地對資本主義理性做了許多深刻有價值的批判，領 20 世紀世界「理性批判」風氣之先，顯示出特有的哲理智慧。這種心態的缺陷，就是不能正視社會變革的過程性和不完美性，否認經濟操作有別於道德，現代法理制度的最大特點只能制惡而不可能止惡。後起者在近代化問

題上的爭論、糾葛不清，往往造成多歧，使各種社會力量消耗於內部摩擦，增加了變革成功的難度，近代化進程必曲曲折折，延以時日，呈現出特有的長期性和反覆性。

餘論

我們不必為百年來的曲曲折折感到沮喪。假如說哲學使人聰明，文學催人產生激情，那麼史學教人冷峻。甚麼叫「歷史感」？歷史感就是一種大時間感。胸中有了大時間格局，就能像斯賓諾莎說的：「不笑，不悲，也不怨，只是為了理解。」歷史的時間單元不同於生理時間，它往往以百年、千年為一單元。且看世界上較早實現現代化的國家，成就今天令人羨慕的績效，至少也花費了四五百年。一百年，相當於一個百歲老人的生命時間，在歷史的長河中只算得上一小段。有了這種宏觀的大時間觀，盡可以坦蕩蕩地看待過去百年的跌宕起伏，一局大戲才演了一半，好戲正在後頭。社會變革是一種不隨意認同於主觀設計的自然創造物，它有它自己的軌道，重要的是不要中斷，更不能倒退。

經歷許多挫折、失敗之後，直到最近，花了很長時間才弄清，我們進行的社會改革，從本質上說，不是以誰為師，而是人類歷史上各民族（除非中途消亡）都要經歷的一種社會轉型，一種歷史大轉折。它是要由原來的傳統農業社會轉變到現代工業社會，也就是美國托夫勒所說的由「第一次浪潮」進到「第二次浪潮」，一般簡稱之為「現代化」。

變革最初只是少數人的事業，慢慢才擴展開來。現代化真正成為中國全社會的主題，進入尋常百姓家，牽動億萬家庭的神經，從上層到下層，全民都跟着為之或喜或怒或哀或樂，我以為只有到了我們這個時期，改革開放的近二十年。

從這一點可以看出，剛剛過去的二十年很不平常。它既是一個半世紀以來中國改革進程中從未有過的最好時段，同時也是整個「現代化」歷史鏈條中的一環。瞻前顧後，後來還有後來者。現代化的長篇「連續劇」，

雖然演過了一幕又一幕，跨過了兩個世紀的門檻，看來真正的好戲還在後頭。我們仍然處在社會轉型的「現代化」過程之中。

世界現代化運動的總結，上升為現代化理論，在西方也要到 20 世紀的後半葉。直到現在，西方的現代化理論也還流派紛紜，莫衷一是。關於現代化的目標體系，怎樣才算實現了現代化，至少有十幾種說法。有關這方面的內容，有許多參考書。但有一點越來越清楚，現代化沒有唯一的、標準化的模式，任何國家都不可能原樣照搬別國模式，都必須走出符合自身特點的現代化道路，才有希望獲得成功。

最近一次現代化的重新驅動，最重要的特點，便是鮮明地提出了建立和完善市場經濟體制的目標。其實，市場經濟的歷史十分悠久。從文明時代一開始，市場就進入人類社會生活，承擔起產品—商品流轉的經濟角色。而市場經濟體制相對就年輕得多，但從其基本完善而言，至少也已經有一二百年的歷史。它是隨人類經濟變革的「第二次浪潮」應運而生，在現代工業文明時代才確立起來的。甚麼叫作「市場經濟體制」？它是以流通領域在空間上極大的拓展（跨地區、跨國貿易）為先導，通過創建現代金融業的特殊手段，實現了用市場經濟特有的「遊戲法則」——通常所說的價值規律或價格法則（看不見的手）——將生產、消費、流通、分配等環節以市場為核心實現高度一體化，並進一步滲透到社會生活的一切領域，由此造就了像西方經濟學家所說的「市場遍及一切的社會」。這就是市場經濟體制的基本特徵和主要功績。

從世界範圍來看，英美等國是屬於市場經濟體制的「先行者」（一稱「早發內生型」），像中國等發展中國家都屬於「後來者」（又稱「後發外生型」）。後來居上的國家和民族，歷史上不乏其例，我們完全有理由自信中華民族也有這種可能，但是，後來者的成功必定是有條件的、相對的。其中一個不可或缺的前提，首先必須能夠通盤熟悉先行者的全部歷史經歷（包括成功的和失敗的經歷），並且融會貫通，合理消化，然後依據自身的情況和特點，加以創造性的轉換，才有可能走出一條具有自身特色的成功之路。

　　在奔向世界市場經濟大潮的當下，中國人的腳步是急促而匆忙的，對此，我以為一則以喜，一則以憂。欣慰的是我們終於擺脫了千年傳統的困擾，認識到了「歷史的必然」，代價雖辛酸苦澀，然畢竟匆匆上路了。憂慮的是因急促而無暇深思，浮躁中最易滋生淺薄，好像是第一次跑到別人的「超市」裏，眼花繚亂，甚麼都好，拿到籃裏便是菜，不明是非。據說目前經濟類專業十分火爆，門庭若市，然而求學者卻不耐煩聽講經濟史課程，以至於連一些頗有知名度的經濟系科，也把這類課不斷從課程表上悄然劃去，實在令人為之驚訝。我們這個民族有時太講求「立竿見影」，吃過許多虧還不醒悟。恩格斯曾尖銳地告誡過，如若忘記了「歷史的啟示」，人們「就會陷在半昏睡狀態」，「仍在黑暗中摸索」。一個不善於站到歷史經驗巨人肩膀上，不斷提升自己理論水平、精神品位的民族，是不可能創造出後來居上的歷史奇跡的。

　　反觀20世紀後半葉許多發展中國家這方面的實踐，有一些現象很發人深省。在歐美本已行之有效，屢獲成功的「法門」，一經後來者移植，常常會變味走樣，不再靈驗，甚至變成討嫌的弊端。某些後來者「本土化」的結果，不是舊瓶裝新酒，便是新瓶裝舊酒，異化為傳統的替代物。探究其發生特殊畸變的原因當然很複雜，但其中有一點卻是共通的，便是忽略了先行者成功的「歷史情境」。後來者最容易犯的心理病症是「浮躁症」，或者叫作「壓縮餅乾心態」。此種心態具有兩大癥狀：一是期望值偏高，後來者大多幻想能僥倖地壓縮先行者經歷的過程，伸手就摘採果實，不耐煩培育土壤，耕耘不澆漑，眯大眼盯在別人最高「價位」上，只肯高攀不願低就，幻想「一步到位」。二是心理承受能力偏低，既幻想捨「過程」而收穫「果實」，當然對實施過程中必然出現的代價與難以避免的曲折缺乏心理準備，稍遇挫折，便怨天尤人，自卑自毀，最壞的還有可能亂了方寸，發瘋似的胡亂折騰。有感於此，我覺得學術界、理論界應儘快為公眾切實補上「歷史」一課。

　　在此之前，我想先說一說自己近年來經過思索得到的有關中國現代化進程的一些不成熟的看法。正是出於這些方面認識的求索，才會回過頭去

考量歷史上的現代化過程，並期望從中得到有益的啟發：

（一）對實現中國現代化，具有充分的自信心固然重要，但還必須賦予高度的理性。應該以冷靜、沉着的態度，直面變革，認識變革是一種「歷史性的運動」，需要方方面面的配合協調，過程很長，不可能一蹴而就。對中國而言，由於現代化帶有被動和後發的性質，內在缺乏現代化的理論資源和歷史資源，先天不足，後天又多次失調。因此，不能過分期望甚麼都會「必然出現」。「上帝」（市場經濟、第三隻手）不會特別恩寵中國人，讓中國人走一條筆直又筆直的「康莊大道」。一路飆升，長期高速（高增長、低通貨），而沒有回落、衰退，乃至引爆危機，外國現代化歷史上沒有，中國人也不會有這種特別的福分。無論從歷史經驗還是從學理上探討，在現代化實現的可能性上，與其想得容易，還不如想得艱難些（不是所有人都必然自動成為「上帝」的「選民」，都可輕易登上「天國」）；在實現的時間上，與其想得短，還不如想得長些（西歐大約花了 5 個世紀）。現在權威的說法，是需要幾代乃至十幾代人（20—30 年為一代）的努力，頭腦還算清醒。

（二）我們幾乎是在理論準備和心理準備都不甚充分的情況下，在中斷了近 40 年後（1937—1978 年，間隔着戰時經濟、計劃經濟），突然驅動、突然起飛的。實踐中學習（摸着石頭過河），這是明智的選擇。我們不能再延誤時機了，否則，就有可能被開除「球籍」。對「摸着石頭過河」，正確的理解是，首先必須敢於實踐，同時也意味着學習這一任務的緊迫性，實踐再忙，也必須擠出一切可能有的業餘時間盡力補課：補有關世界各國現代化歷史的課，補市場經濟歷史經驗的課，補有關市場經濟所需要的制度環境的課，減少實踐的盲目性。目的是一個：讓我們能以充分健康的心態去應對現代化可能遇到的一切難題。

（三）不正常、不正確的心態的產生大概緣於以下幾個原因：

（1）對「國情」「球情」是甚麼缺乏深刻的了解；

（2）對社會轉型是甚麼缺乏深刻的了解；

（3）對市場經濟是甚麼缺乏深刻的了解；

（4）對社會發展或社會進步的真實內涵缺乏深刻的了解。

（四）需要打破以下幾種幼稚的觀念：

（1）可以照搬別人成功模式、依葫蘆畫瓢的觀念；

（2）社會轉型靠經濟「一馬當先」，就能萬馬奔騰的觀念；

（3）市場經濟沒有風險、不會出現危機的觀念；

（4）社會發展兩大準則公平與效率沒有衝突的觀念；

（5）社會全面發展十全十美的觀念（即只有正面效應、沒有負面效應的觀念，平均受益、人人滿足的觀念）。

（五）應樹立以下幾個觀念：

（1）社會轉型是一個經濟、政治、文化全面轉型的長過程，不可能很短、很快就完成。它要經歷許多發展階段（長時段、中時段、短時段），每一發展階段都有其自身的特徵及其局限性。從總體上說，可以有先有後、有高有低，呈波浪形螺旋狀的上升態勢，其中有高峰和坦地，也有低潮和險谷，既不能盲目樂觀，也不必驚慌失措。但真正完成轉型必得是「全面轉型」，這一結論是毫無疑問的。

（2）從一個階段的巔峰狀態下落，即意味着新的一輪發展時機的到來，兩者之間稱作「瓶頸效應」，最容易產生危機，能否確立新的目標，敢於衝破、越過是一種考驗。

（3）市場經濟會有它自身的規則（遊戲法則），有不可捉摸、不可預測的方面，其中能否及時反省，不迴避矛盾，不諱疾忌醫、諱莫如深，非常重要（對東南亞模式的憂慮，最早產生於 1994 年李光耀與金大中就「文化能否決定命運」所展開的爭論，它是由美國《外交》雜誌挑起的。可惜當時未能引起世人的關注）。

（4）正確看待分化，適度控制分化，這是市場經濟下社會管理、社會控制的一門新的領導藝術，不容易，但非做好不可。

（5）社會發展從每一段落看都不完美，完美的追求存在於全部過程之中。一種發展趨勢，一經驅動，就會如危崖轉石，不達其地而不止。改革產生的問題只能通過改革的深化才能解決。

王家範 著

中國歷史通論 （下）

全新增訂本

中華書局

目　錄

後編

回顧與反思

　　世紀即將煞尾，很自然就想到「百年總結」。一位中年學者對我說，他認為無論哪個領域，都必須認真讀他們的原書，該讀的都必須讀完，然後各自從個案分頭做起，前後左右摸清底細，才可能為寫出有質量的百年學術史提供條件。此說極有見地，我是十分贊同的。

　　但是，作為《中國歷史通論》，不能不對百年來中國歷史通解的「家底」有個回顧照應。前人的終點，就是後人起步的始點。更重要的是，由於特殊的歷史跌宕曲折，前半個世紀的許多成果久被遮蔽斷裂。在新的一代人那裏，前賢所論聞所未聞的，幾不足為怪。前賢已經認清的，後人摸黑重複在做，越說越糊塗的，也時有發現。所以我覺得，如果我們要想獲取對中國歷史的真切理解，幾乎無法越過他們開拓的山峰；用力攀越過去，再往前走，才可能有一個新的峰巒展現眼前。

　　綜合上面兩點，我放棄了「史學史」式的敍述，只能如實地以「讀書隨感」的形式，就我所讀、所關心的問題作些回顧。

　　本編分兩個部分。頭兩篇是對前賢在重估中國歷史方面大的關懷和所涉及的路向，說一點自己的讀書心得。後兩篇是針對我 20 世紀後半期所關心的，用以觀察和理解中國歷史的觀念和方法，做一點清理。

一

百年史學建設歷程回顧

20 世紀許多史學名家，從個體看，他們有的注重宏觀闡發，以縱覽大局取勝。有的則專擅實證，以具體而微見長。或激越，或苛刻，或冷峻，或寬容，取向、思路各個不同。但通過編纂形式或個性風格，綜合其整體精神，圍繞的是同一主題，即面對現代化挑戰的壓力，重新認識中國。壓力轉化為推動變革的動力，使史學呈現出前所未有的蛻變，走過了為新史學艱辛創業的百年。

百年史學主題：重新認識中國

中國古來是一個最重歷史經驗總結的國度，史學發達。每逢王朝鼎革，社會急劇轉折，必牽動對歷史的重新審視。通過「鑒史」而「資治」，歷來都如此。漢、唐之初圍繞秦亡、隋滅的兩度討論，即有《新書》《過秦論》與《貞觀政要》等名作傳世。明清鼎革之際，王、黃、顧三大家更以明亡為話頭，引發了一場對中國傳統社會歷史深沉的全面檢討。他們對秦以來歷史病症診斷檢討周詳尖銳，為空前所未有，但現今論者以「啟蒙思想」稱許，我覺得未免言過其實。很明顯，直至被動海通之前，對歷史的審讀，都只是在既定的歷史格局之內，只限於討論「治道」，而從不涉及「政體」（錢穆先生語），並未走出「中世紀」。三大思想家雖然大膽地說出了自秦以來，「國家」只涉「一家一姓」的利益，與關係民族百姓命運的「天下」，絕不是一回事。然而，究其議論仍不越「微調」的樊籬，方案則多為過去用過的舊武器。例如用加強相權來抑制皇權；為克服隋唐以來流官任期制的「短期行為」，外地官員不關心地方利益的習弊，就提議選擇本地的豪紳來代替流官；這些都是用過而被拋棄，後者更又回到

了東漢魏晉「世族門閥」「九品中正」的老路。這也是時勢使然。沒有新的社會政治資源的輸入，沒有新政治格局賴以產生的社會力量，只能朝後看，從舊日光景裏尋生路。

中國王朝的反覆輪迴，到了大清季年，漸漸露出了斷港絕潢的景象。海通之後，迫於外族侵凌，內亂不已，原有的體制衰疲腐朽暴露無遺。史家的頭腦裏，第一次被嚴復「物競天擇，優勝劣汰」的洋論所震懾，感受到中華民族「生存危機」深重，以致有亡國滅種的險虞，開始了對舊日體制和民族歷史的解剖。在這種情景下，史學必不可免地要經歷傷筋動骨的蛻變，開始它與近代社會新陳代謝相呼應的變革。

20 世紀史學，最大的情結便是「救國保種」，或者説如何使中國能自立於世界之林，步入現代化世界。這只要觀察一代新史家崛起的動因，便不難明了。他們之中絕大多數最早都是在中國「亡與不亡」的心理刺激下，或先或後地走上史學一路的。

在上一代有影響的史學家裏，梁啟超、王國維較年長，是 19 世紀 70 年代出生的；陳垣、劉師培、呂思勉等居中，出生於 19 世紀 80 年代；90 年代「甲午」前後，陳寅恪、郭沫若、顧頡剛、錢穆、傅斯年等相繼出生。正是憑藉這一群「跨世紀人才」的卓越建樹，大抵到 20 世紀三四十年代，新史學已然成形，跟上了新文學行進的步伐。

梁啟超是那一時代新思想的「吶喊者」，自稱為「新思想界之陳涉」。可以毫不誇張地説，20 世紀前期各種風雲人物，很少不受任公汪洋恣肆雄文的撥動，產生一種必欲起而「新民」「救國」的衝動。晚年，他的精力逐漸由政治轉向了史學，頗有論著，其中《歷史研究法》一書，則集中展示了他對歷史理解的新視野。接着就是胡適之。他很像偷火種的普羅米修斯，從西方偷來「科學主義」的火種，燒遍文史各界。他在文學史、哲學史方面點燃的「野火」，也燃燒了古老沉悶的史學界。他們倆對史學界的影響，可以聊舉兩例：前者啟發了錢穆，後者直接推動了顧頡剛和傅斯年。

手擎胡適給予的「火把」，義無反顧，向舊史學發起叛逆衝擊的「急先鋒」，應該是顧頡剛。1923 年，顧頡剛首次提出了他的「層累地造成的

中國古史」說，劈頭就說「三皇五帝」以來的上古史盡是「作偽」，迅即惹起疑古與反疑古的軒然大波。這一舉動無異起着打破乾嘉百餘年來史學沉寂局面，從根上鬆動舊史學基石的「破壞」性的作用。據其自傳體的《自序》（載《古史辨》第一冊），先生是在長期徘徊於經今文與經古文學之後，疑竇叢生，忽遇胡適之先生指點迷津，走上「疑古」之路。他說：「我心目中沒有一個偶像，由得我用了活潑的理性作公平的裁斷」，秉承「科學理性」的精神，盡情「破壞」傳統史學的心境，寫得坦白直率。同受胡適與「科學主義」的感召，傅斯年走了不同於顧的另一路向，稍後再議。顧氏自述其治史動機：「我心中一向有一個歷史問題，渴想得到解決，且把這個問題作為編纂中國通史的骨幹。這個問題是：中國民族是否衰老抑或尚在少壯？」這再次證實了新史學共同心理情結的所在。在我看來，這番話的分量極重極重，不啻是驚心動魄的一問，起死回生的一問。今日研究中國歷史的人，又當如何回答？怕只怕有的人連這份關懷都不存在了，那才是真正的悲哀。

　　顧先生當年曾自謙他只是做「破壞工作」，現在「走出疑古時代」的人也經常以「破壞」過頭責難先生。我不想去糾纏辨偽的那些具體歷史細節，只想提醒一個似乎已被遺忘的事實：1923 年，先生還有一份史學重要建樹，永留史冊。這就是在《答劉胡兩先生書》中提出的四個「打破」：（1）打破民族出於一元的觀念；（2）打破地域向來一統的觀念；（3）打破古史人化的觀念；（4）打破古代為黃金世界的觀念（《古史辨》第一冊）。這四條標準不僅有許多史學前賢（如傅斯年、蒙文通、徐中舒、呂思勉、楊寬、繆鳳林等等）關於民族起源史方面的建設性研究成果作支撐，而且也絕不會因今日眾多考古新發現而失去其預見的敏銳性。相反，新的考古發現正不斷地證明上古中國確實存在過「方邦林立、滿天星斗」這種多中心並起的格局，民族非出於一元，地域也並非向來一統。這是認識中國文明發生史的一大關節。今天有些人的認識，反比先生落後，這是很可奇怪的。

　　錢穆先生是因受了梁任公的《中國不亡論》的激勵，由此而轉入歷史

研究的。可以說，賓四一生都在思索如何通過史學，尋找到使中國靠自己內部的「生力」不亡，特別是「精神」（歷史命脈）不亡的根據。一部《國史大綱》就是他用心血凝成的史學「救亡曲」。弟子余英時對賓四老師有深刻的理解。他借外國學者評論先生「是中國史學家之中最具有中國情懷的一位」，深情地說：「主流派的中國知識分子或認同於北美的西方文化，或認同於東歐的西方文化，都能勇往直前，義無反顧；他們只有精神解放的喜悅而無困擾之苦。但是像錢先生、陳（寅恪）先生這樣的學人則無法接受進步與落後的簡單兩分法，他們求新而不肯捨舊，回翔瞻顧，自不免越來越感到陷於困境。」（《錢穆與中國文化》）這種困境和焦慮，是不是已經過去？我覺得很值得作為後學的我們細心體味。

如果說當年顧頡剛對「中國亡不亡」採用的是疑問句，那麼錢穆繼之則已應對為肯定式。先生的應答是：這無關乎衰老或少壯，「國有魂，則國存；國無魂，則國將從此亡矣」。因此他是立基於文化生命觀，執意要以「中國歷史精神」重寫中國通史，以振元氣，以醫病痛。這就是《國史大綱》的「一貫體系，一貫精神」（嚴耕望語）。《國史大綱》成書於 1939 年國難當頭之時。通讀全書，先生對中國民族得以自立的文化生命和精神元氣（總稱之「中國歷史精神」）鍾情珍愛之意躍於紙上，嚴「華夷之防」貫通於對中國古代歷史的闡釋之中。然其惴惴不安者，並非單單關注「外邪」的侵襲，最令其揪心、痛心者卻是民族、國家「所流通之血脈枯絕」，「社會元氣之斫喪……生機奄息不復」，故對國史的探求特強調絕不可將「生原」（民族潛在之本力）與「病原」（造成一時病態之外邪內毒）混為一談，反對「非自頂至踵脫胎換骨不可」的激進史觀（見《引論》）。或許我們有理由對其過分文化自戀的立場持異議（我個人也有此同感），但絕沒有權利不尊重他的那份感情（只要回想一下當時他的講課受青年熱烈歡迎的情景，即知其有他人不可企及的精神魅力），以及他對一個民族想醫治衰病時應不應立基於自身「元氣」「生機」培養的思考。後者至今仍是擺在我們面前的中西如何會通的難題，值得深思。走向現代化，我看中國人要學外國的一切長處，但絕不要幻想：別人能救我們！

　　與顧頡剛同屬義無反顧，而取向迥異的，是郭沫若先生。早年，他曾是一位具「鳳凰涅槃」激烈情懷的天才詩人。「大革命」失敗後，在日本潛心研讀甲骨金文，開始用唯物史觀研究上古史。1930 年，《中國古代社會研究》一書正式出版。他在該書序言中說：「中國的社會固定在封建制度之下已經兩千多年了，所有中國的社會史料，特別是關於封建制度以前的古代，大抵為歷來御用學者所湮沒、改造、曲解」，其疑古情緒較之頡剛他們有過之而無不及。又說：「對於未來社會的展望逼迫着我們不能不生出清算過往社會的要求。目前雖然是『風雨如晦』之時，然而也正是我們『雞鳴不已』的時候。」新史學出現的時代背景，再一次凸顯無遺。但非常值得注意的是，雖與胡、顧兩氏同出於「清算」歷史的心境，同是為了擺脫黑暗，為未來中國尋找一條「生路」（顧氏在《自序》中也說：「若換了一種樂觀的眼光看去，原還有許多生路可尋」），沫若卻特別聲明，他與適之他們並不同道，「對於他們（指胡、顧等）『整理』過的一些過程，全部都有重新『批判』的必要」。他宣告將要批判的對象是從封建「巫覡」直到「近代資本制度下新起的騙錢的醫生」，幾有橫掃一切牛鬼蛇神之勢。我們要到很後才清楚，這一分道揚鑣，在社會取向方面將意味着甚麼。文化的「自虐」，已經預伏了將來文化摧殘的禍根。可以說，其中有不少連沫若也是始料未及的。

　　在 20 世紀史家中，陳寅恪先生可謂是壁立千仞的一位「奇人」，看不出他有明晰的師承。他早年是在日本讀的中學，後到上海入讀復旦公學，在清華任教前，更多的時間都在海外遊學，歷日、德、瑞（士）、法、美五國，不求學位，懂十數種語言。據姻親兼哈佛同學俞大維回憶，「他平生的志願是寫成一部《中國通史》及《中國歷史的教訓》」，「目的是在歷史中尋求歷史的教訓」（見蔣天樞《陳寅恪先生編年事輯》所引）。看寅恪《隋唐制度淵源略論稿》《隋唐政治制度史論稿》《元白詩箋證稿》等名著，考證精微細瑣，幾乎很難相信大維所說的，他對通史曾有過興趣。但有一點可以肯定，先生對「中國歷代興亡的原因」始終給予高度關注，並融注於考辨的深處。寅恪的史識與同時代許多史家比照，很有獨特之處。

他的視域開闊，思慮也極深，這種思慮給人以超越具體歷史，略帶人類悲劇情味的東西在裏頭的那種神祕。例如早在 1919 年哈佛，他就對吳宓說：「救國經世，尤必以精神之學問（謂形而上之學）為根基」，「稍讀歷史，則知古今東西，所有盛衰興亡之故，成敗利鈍之數，皆處處符合。同一因果，同一跡象，惟枝節瑣屑，有殊異耳。蓋天理人情有一無二，有同無異」（《吳宓與陳寅恪》）。所以，我覺得弟子王永興強調老師治史源於宋學，未必就非常貼切，而任繼愈徑稱「陳氏史學是中國現代學人對古代傳統史學的總結，從陳氏起，也宣告了中國傳統史學的終結」，更是不明陳氏史學的真價值，離題太遠了。任先生的這一評論，假若從對時代的認識而言，王國維先生庶幾近之，但也還欠公正，何況是寅恪先生？到現在為止，我們也只能仰之彌高，從「不古不今，不中不西」的自語裏去揣摩體驗先生的史學。

　　寅恪先生亦中亦西、亦古亦今，勝善於融會中西古今，別出化境，此即「必須一方面吸收輸入外來之學說，一方面不忘本來民族之地位」（《馮友蘭〈中國哲學史〉下冊審查報告》），不像錢穆多強調中西之異，嚴於華夷之辨。故寅恪先生能對魏晉南北朝間民族遷移與隋唐王族「胡漢混雜」特致精神，對佛禪之影響考證至微，開西方人類學融入中國史學之先局。此其不同之一。其二，寅恪先生對文化與文化所託之社會經濟制度的相關存亡有極冷峻客觀的認識，申言若社會經濟制度已變，依託該社會經濟制度的文化必「消沉淪喪於不知不覺之間，雖有人焉，強聒而力持，亦終歸於不可救療之局」（《王觀堂先生輓詞》），不若錢穆力執不疑，文化自戀情結特濃。故先生對中古時代各項（財政、職官、禮儀、文化等）制度淵源沿革用力甚勤，並兼及集團宗派的分析，考證精微，多發前人之所未覆，向為史家敬崇。而其治學路向，王永興先生說得極確，「先生從來不放過小問題的考證解決，但他更看重有關國家盛衰生民休戚大問題的解決；即或是解決小問題，也要歸到有關民族國家大問題」上來。他以《隋唐制度淵源略論稿》為例，說「先生此書名之為隋唐制度淵源，並不主要論述制度沿革本身，而是探討人、社會對制度的影響，區域保存制度的可

能性，人在保存制度文化中的作用等。隋唐制度之所以能夠再呈輝煌，正是由於江左、中原及河西三區域保存發展了漢魏文化，使五百年延綿一脈。寅恪先生所以用這種方法研究制度，探討隋唐制度淵源，正是由於當時（即抗戰時期，身處西南大後方之時。——引者）國家民族生死存亡的背景。先生此書，也正是先生對中國學術文化惜之若命的體現。此先生撰是書之苦心孤詣也」。當今研究陳氏史學者，無有像王先生那樣體會深切，有無窮回味。

與寅恪相似，獨闢蹊徑，路向卻殊異的，還有僻處上海（那時史學中心在北京）、完全靠自學成才的呂思勉先生。他在歷代制度演進方面的建樹，以及他對社會史的特殊關懷，可能因為當今正意識到制度變遷與創新的重要，故越來越為史家珍視，留在後面再議。

開頭就說了，本篇不是「史學史」。還有許多史學名家，我不可能在此全數列舉。上面聊舉數例，無非想說明：跟明末清初大不同，20 世紀初因有了西方歷史文化、西方社會體制的參照對比，對中國歷史的重新審視，必呈現出多元觀照選擇的複雜格局。現在大家所習稱的「西化」「民族本位」以及「中西會通」等等思想路徑，都不同程度地轉換為歷史學家對本國史考量的「話語」系統。在這個意義上，也可以說史學是從整體上反省和檢討中國全部歷史，探索中國發展前途的現代思想運動的一部分。固然沒有「思想」的「學術」也還有不少人繼續在做，但真正有影響的，體現史學革新風貌的，都有相應的思想影子跟隨其後。但也得提醒一句，上面說到的「不同程度」幾個字不能忽略。因為思想史畢竟不等於學術史，說下去，就明白。

由上面蜻蜓點水般的敘述，看得出 20 世紀的史學，活靈活現地映照出中國民族面對現代化的複雜心態。由歷史的重估，引發了對世界文化的選擇比照與對本民族歷史的自我反省，在這兩方面，都有許多值得珍惜的認識成果留下來，可供我們後人體味再三。

我們很快就會看到，塵封已久的歷史陳跡，在一種新的情景下，受新的心理感召，換了新的觀察視角，不僅入手的路向不一，史學家筆底呈現

出的評判、感受也都不盡相同，甚至於針鋒相對。歷史的複雜性，非常像
具有無限棱角的多面立體模型，由於觀察者所站的方位不同，選擇的角度
和光線明暗程度的反差，觀察所得的印象也就各不相同。所謂客觀、整體
的歷史，只能存在於無數次掃描的總和之中。新史學的整體發展和完善，
只能在認識多元化的互動激盪中，通過不斷融合而獲得昇華。所以在作學
術史回顧時，與其苛責一方，還不如「同情地理解」，綜合甄別比較，於
同中求異，於諸異中見一同，對我們更為有益。

新史學：對科學實證的追求

新史學最初是以近代科學的姿態出現的，決定性的時間要到 20 世紀
30 年代後期。用科學主義的態度重新審視中國歷史，還原客觀的中國歷史
（那時稱「重建中國歷史」），這是當時新史家最崇尚的潮流，也是與舊史
學賴以區別的標誌。

在這方面，傅斯年先生的功績最大。這倒不完全是指他個人在史學上
的成就（如夷夏東西說、性命古訓辯證）。胡適對斯年的評論最確，說「他
能做最細密的繡花針工夫，他又有最大膽的大刀闊斧本領。他是最能做學
問的學人，同時又是最能辦事、最有組織才幹的天生領袖人物」（《傅孟
真先生遺著序》）。儘管今天的青年學子恐怕很少知道，但中國現代史學
史已經鄭重地記下：從 1928 年起，傅斯年先生把主要精力都傾注於學術
行政，創建並長期主持了中央研究院歷史語言研究所——中國第一個史學
研究專門機構，業績輝煌。據說他當時曾想邀另一位先生出任所長，那位
先生不肯，且說：「第一流人做學者，第二流做教師，第三流才去做官。」
傅先生當即大笑：「看來那只好由我自己來做了。」他本可以做成皇皇的
第一流學者，卻最後選擇了辦所。然而正是靠着先生的行政天才和人格
魅力，特別是學術開拓、動議策劃的非凡識力，在他連任的 22 年裏（至
1950 年病逝止），會聚並成就了近世實證最有成績的一大群史學名家。胡
適說他是實行了英國培根所講的「集團研究」的方法，「培根三百年前的

理想，到了一百多年前才由世界上一般先進國家慢慢地做到，孟真在中國做到了」（《傅孟真先生的思想》）。還有一點也極為重要，就是傅斯年所倡導的「上窮碧落下黃泉，動手動腳找東西」（書面的、實物的），「一分材料出一分貨，十分材料出十分貨」，支配了大半個世紀實證最有成就的史家治學路向，影響深遠。他是中國考古的偉業——安陽發掘和清內檔明清史料、《明實錄》整理等重大工程的發起者和組織者。他在 20 世紀上半葉確實無愧為中國史學界的領袖人物、中國新史學事業的重要奠基者。這樣的學術組織天才，能不能說是「前不見古人，後不見來者」？下結論或許尚早，似乎只能靠最後的「實踐檢驗」了。

但在此之前，還有一個情節、一位人物不應忘記，那就是對新史學的創建起過「清道夫」作用的顧頡剛先生，及其由他一手掀起的「疑古」風波。

以懷疑開道，是新學科產生的常規。懷疑不僅總與實證結伴而行，而且它恰恰是科學革新的前提。有了懷疑，才激發起新的實證要求。在傅斯年創建史學「集團」之前，先有對「古史」真偽的一場大辯論，說明新史學的產生有其內在的邏輯。因此，20 世紀 20 年代的「古史辨」論戰，我是把它看作新史學誕育的陣痛期。

顧剛的「疑古」，除了科學主義的外來思想背景外，還包含着關乎中國本土學術的重大突破：在中國歷來「經學即史學」的背景下，史學必須先叛離、擺脫經學的桎梏，才有重新審視和論析中國歷史的可能。假若還是剿襲「六經皆史」的陳說，不清理層累地積澱於國史裏的種種「意識形態」污染，後人最多只能在顧炎武這樣的舊史學的基地上加加減減，哪來超越？哪來新史學？圍繞着《古史辨》展開的那場論戰，雖然沒有「真正的結果」（顧剛語），但它無疑是一次史學上必不可少的思想解放運動。

明乎此，我們就沒有理由為「古史辨」派某事某書的論斷「過頭」，而對疑古這一宗旨大加懷疑。說實在的，即使到了今天，地下發現比從前大大豐富了，對於古人出於各種原因假託、修改、偽造古史「事實」的證據是增多了，而不是減少。這類事後來的歷朝歷代也都有，如蘇洵的《辨奸論》、高拱的《病榻遺言》等等。否則，史家對史料鑒別這一基本環節，

不就可以從史學中取消？我很懷疑，有沒有「走出疑古時代」的一天？史學存在一天，懷疑包括質疑剛剛過去的「史實」永遠也不會了結。至於有人說偽書也有史料價值，這完全是另一個話題。反問：不明其偽書，何來另一層意義的「利用」？

當時胡適、錢玄同，也還有傅斯年，都對顧剛的一系列疑古舉動予以特別的支持。傅斯年從歐洲寫回的信裏，給了顧剛的疑古綱領充分的肯定，稱「史學的中央題目，就是你這累層地造成的中國古史」，以至認為「顧剛是在史學上稱王了」，「你們（指搞史學的朋友）無論再弄到甚麼寶貝，然而以他所據的地位在中央的緣故，終不能不臣於他」（《傅斯年選集》「與顧剛論古史書」）。

大約在 1926 年歸國後，傅氏開始疏離「疑古」，路向一變，轉而專致於倡導科學實證。用他自己的話，叫作「從懷疑到重建」（1925 年致顧剛信）。而這一轉折也正合着發生學的邏輯——由破壞到建設的節律，新史學就是在這一過程中慢慢成形的。

用甚麼重建？當時的口號，就是胡適提出的「用科學方法整理國故」。這一主張在史學的真正實踐，最具代表性的就是傅斯年創辦史語所。科學主義是否能成功地解決對中國歷史的重新認識，獲得一個確定不移的客觀的、真的中國歷史？看起來，我們的前輩中有不少人曾是篤信不疑的。

例如傅斯年先生當年有三句話震動一時：史學便是史料學，史學本是史料學，史學只是史料學。新中國成立後，凡是附和這話頭的，無不捱批判。實際就在 1928 年建史語所的那個「綱領性文件」裏，「傅大炮」的火力還有比這更猛烈的。文末是這樣作結的：「我們高呼：一、把些傳統的或自造的『仁義禮智』和其他主觀，同歷史學和語言學混在一氣的人，絕對不是我們的同志！二、要把歷史語言學建設得和生物學地質學等同樣，乃是我們的同志！三、我們要科學的東方學之正統在中國！」（《歷史語言研究所工作之旨趣》，載《傅斯年選集》）

不瞞諸位，最初讀着這些已經陌生的話語，特別讀到「要把歷史語言學建設得和生物學地質學等同樣（科學和精確）」，我私下曾不免發笑過：

真天真！等讀到寅恪先生的教訓：「所謂真了解者，必神遊冥想，與立說之古人，處於同一境界，而對其持論所以不得不如是之苦心孤詣，表一種之同情，始能批評其學說之是非得失，而無隔閡膚廓之論。」（《馮友蘭〈中國哲學史〉上冊審查報告》）方感受一種愧疚不安。

為了說明這一層意思，先得回到前面說過的「學術」與「思想」的關係上來。史學總有兩個層面，客觀的和主觀的。新史學的創建，無疑地首先會帶上主體參與者的主觀色彩。這不僅是指他們史學研究的動機、價值取向，而且還包含了他們用甚麼不同於前輩的觀念、方法，去質疑舊史，重估國史。

說到治史的動機，在它的背後，或明或暗地總隱含着各自的價值評判標準。如此，20世紀初的思潮，必不可免地要帶進新史學的初建過程裏來，牽涉「主義」之爭，或者像現在說的，牽涉進關於「西化」與「現代化」之類路向的爭論裏來。

這種論戰實包括了「中西文化」和「社會史」大同小異的兩種論戰。我覺得應該說明的，上述的爭論，聚訟的中心舞台在「文化」「社會」，而不在「歷史」；論戰的代表性人物對政治目標或「道路」取向的關心，遠過於學術建設。這只要翻一下羅榮渠主編的《從西方到現代化》論爭文選前三編，所謂「西化論」（如胡適、陳獨秀）、「本位文化論」（如梁漱溟），對中國歷史的論析，總喜歡一步直接進入「整體特徵」的把握。他們的「歷史通感」由於沒有經過嚴格的重新研究過濾，多少是跟着自己的感覺和先入為主走，不免容易把中國歷史（也包括西方歷史）的特徵說死。這也包括後來發展出來的「中國化」的一批學者（如張申府、艾思奇）這些人物，嚴格說絕大多數都不入史家之林。還有一點，是到很後才逐漸清晰起來的，就是幾次「文化史討論」都潛伏着一種隱患，開了直到今天還有極大影響的「文化決定論」的先河。「文化決定論」，究其實質也還是意識形態決定論。認定甚麼都最終是由文化特性決定的，與意識形態高於一切、決定一切，意味是差不多的；至少由前者走向後者，是一條暢通無阻的直道。

但是，若低估了這種論戰對新史學的影響，無疑也是不真實的。除了

史家個人的政治傾向會或多或少影響到學術的因素而外，更重要的是，論戰對峙雙方，從不同的方向都給中國史學術重建輸送了一系列的「問題意識」，「問題意識」則是史學創新意識不可或缺的能源。

這些「問題」大概可歸納為：中國目前的落後，是「東西」不同，抑或「先後」不同？是中國歷史根性決定的，還是中國歷史變遷決定的？改變落後，是按着西方的面貌來個根本改造，還是循着中國歷史內在特性「舊邦維新」？中國走向現代化主要是靠外因，還是主要靠內因？假若說有內因，中國歷史能夠提供哪些根據？如此等等。

重讀當年論戰的文章，如同前十多年重複經歷過的那樣，新舊名詞、概念滿天飛，各以「主義」爭勝，愈辯愈絕對化、極端化；時間長了，唱的人還在不停地唱，可聽的人就會因無甚新意而起厭倦和懷疑。中國歷史真的是像他們說的「一、二、三」那樣簡單嗎？在爭論「我」好與壞，「我」應該變成甚麼之前，是不是應該先弄清究竟「我是甚麼」？「我」是怎麼走過來的？即使舊史不可靠甚至有偽史的成分，那客觀的真史（「真我」）又如何而得？

到了這個關節，史學家與政治家，以及那些隨時都想變成政治家的「道德家」的分道揚鑣就開始了。如果道德家看重的是「善」，政治家看重的是「利」（即富強等等），那趨向科學主義的史學家，更為看重「真」。蘇格拉底的「認識我自己」，就轉換成「認識我中國」。由此，關心的重點必轉向認識論，亦即治史的方法——如何尋求真史？他們不再滿足於演繹，而相信歸納法的運用或許更為可靠。

傅斯年曾經是五四運動的一位學生領袖，參與了「火燒趙家樓」著名事件。但在留學歸來辦史語所時，他的心態已大變。許多生前友朋的追憶都說到他是因不滿政治而轉入學問一途的。在他的文集裏，能找到的最有力證據，便是1942年寫給胡適的回信。此時病中的傅斯年，大約躺在病牀上曾經多次為自己「放過電影」。信中對老師訴說道：「病中想來，我之性格，雖有長有短，而實在是一個愛國之人，雖也不免好名，然總比別人好名少多矣……我本心不滿於政治社會，又看不出好路線之故，而思進入

學問，偏又不能忘此生民，在此門裏門外跑來跑去，至於咆哮，出也出不遠，進也住不久，此其所以一事無成也。」（《傅斯年選集》「致胡適書」）信中「看不出好路線之故」與「不能忘此生民」兩語最堪回味。

前面說的「國亡不亡」的情結，先是化為一陣狂風暴雨，急欲用行動找出一條路來。等到「五四」「火」的熱情褪盡，一大批人轉向學問，就像傅斯年那樣，很有點像現在說的「邊緣化」。這大概就是許多學科、包括史學到 20 世紀 30 年代都有相當建樹的一個重要內因。

自始至終跟隨一起的同事、著名考古學家李濟對所長的了解最深刻。提到傅氏辦所的心意，李濟這樣說：「他在中央研究院，創辦歷史語言所的中心目的，固然是由求純知識的觀點出發，但是潛在他的下意識內，所以幫助他推動這一學術事業的真正力量，還是一個愛字。因為他愛中國及中國的文化，他就先從研究中國的歷史開始；他想徹底地明了中國文化的本體，原先的長處與短處。他提倡新文化，正是要扶植舊文化裏好的、燦爛的及有益於全體人類的一面。但是中國固有文化的長處在哪裏？短處在哪裏？卻不是單憑幾個主觀所能斷定的。這一類的判斷，若要作得準確可靠，必須建築在真正的知識上。他所以畢生的精力用功史學，並提倡語言學、考古學、民族學，都是要找這一類的知識。並世的朋友，與他具同一理想，有同一見解的，當然不止他一個人；但在別人僅能託於空言，他卻能實際地把這一理想發揮出來。」（《傅斯年印象》）

明乎這種特定的情景，似乎可以為傅斯年先生的「史學就是史料學」作點辯解正名了。細讀先生的《旨趣》和其他史學方法論的相關文章，同後來批判者把這一主張簡單化地歪曲為「史料即史學」，是大相徑庭的。

這裏不可能對這個話題作詳細的展開，從文本看，有兩詞最關鍵、使用頻率也最高，即「材料」和「工具」。按我的理解，要點有二：一是離開了史料（即「材料」），史學只能無中生有、形同胡說；離開了新史料的發現，史學的發展也就極為有限。二是離開了對史料蒐集、整理、歸納、分析、綜合（也包括辨偽）的科學方法和新學科（語言學、考古學、人類學）等一系列操作「工具」，史學也就沒有甚麼過程可言。因此，史

學就是由史料出發，經一系列操作「工具」，最後從史料推出結論的全過程。除此而外，別無史學可言。他還特別警惕觀察者主觀價值的介入帶來的「污染」。傅先生的第一句，即拒絕某些人為自己的「同志」，就是針對這種「主觀污染」而發的。這裏已經包含了後來爭論很大的「為科學而科學」「為學問而學問」的意思。我想這就是「史學就是史料學」的本義。

這一主張明顯來自西方自然科學的觀念和方法，帶有濃厚的「科學實證主義」的色彩，但其目的是清晰的：科學地認識中國歷史。傅斯年還有一個志向，就是要由中國人自己建立起「中國學」，並擴展為「東方學」，與歐美「漢學」爭一高低。史語所在傅先生主持的 22 年裏，應以商周考古（含甲骨金文學，如李濟、董作賓、容庚）和明清內檔的整理（《明清史料》等）成就最著，且最能代表傅氏風格。而在此時及其後，諸如斷代史（如陳寅恪、徐中舒、勞榦、許倬雲）、政治制度史（如嚴耕望）、社會經濟史（如全漢升）、人文地理（如嚴耕望）等方面的成績，雖然諸學者治學都有其各人的個性特點，考察視域和學術包容也越來越開闊，但無不可以看作傅斯年實證風氣下的皇皇成果。稱史語所為「史料派」，雖然不盡貼切，但極重史料搜索考辨，窮盡所能，以小見大，治史講求精深而有新解，確實是以史語所為代表的一種鮮明風格，並為中國史學的發展帶來深遠的影響。

史語所的這一治學路向，在當時及以後，在史學界不是都全盤認同，沒有爭論、沒有批評的。這裏且不去說史學能不能做到像自然科學那樣，就說中國史學本身治學的風格，也有多種。對此，作為他們後輩的嚴耕望、余英時在回顧性質的相關文論裏都有涉及。讀者可詳細查閱《治史三書》和《錢穆與中國文化》。

我個人覺得嚴耕望先生在評論呂思勉時說的一番話，很可以拿來作為對上述科學實證風格的一種總結。他說近代（指 20 世紀前半期）史學風尚，一是偏向尖端發展。一方面擴大新領域，一方面追求新境界。這種時尚，重視仄而專的深入研究與提出新問題、發揮新意見，對於博通周瞻但不夠深密的學人就不免忽視。二是近代史學研究，特別重視新史料——包

括不常被人引用的舊史料。史學工作者向這方面追求，務欲以新材料取勝，看的人也以是否用新材料作為衡量史學著作之一重要尺度。而主要取材於正史，運用其他史料甚少，更少新史料，雖博通周瞻能成系統者也不免被低估。我想，正因為嚴先生治學出入於兩者之間，對科學實證一派的長短俱有體驗，故方能出此公允之論。

　　史學作為一門現代學科，講求實證，講求專深，朝分化、細密、深入的方向發展，既是近代學科發展普遍性的標誌，也是中國史學本身求發展、求完備的需要。這一路向，在 20 世紀上半葉無疑是秉承了牛頓經典力學時代的方法論風格。但即使在今日也仍然應該成為史學事業建設的基調。在此基礎上，才能伴奏出多音調、多色彩的交響樂來。

詮釋：史家與時代的對話

　　上面所說的科學實證一路的史學，很容易給我們一個感覺，似乎他們與史學的時代主題是偏離的。或者說他們採取一種「邊緣化」的立場，是不是疏淡了史學回應時代的功能？因此，當歷史詮釋學觀念強化後，對這一路向的批評也就必不可免地要產生。

　　1998 年，恰逢史語所建所 70 周年，台灣有關方面出版了《紀念文集》。當時在任所長杜正勝撰有一文，題名《史語所的益友——沈剛伯先生》。沈剛伯，我是從讀他追思故友傅校長（台大）的文章始識大名，知道他對傅氏的人格極為推重，文中也看得出他們之間史識有歧異，儘管只是一筆帶過（《傅斯年印象》）。正勝先生的文章，則明白告訴我們，沈先生早在 1968 年史語所 40 周年所慶的演講中，從史學的取向再次發表了頗與故校長相左的意見。兩位好友屬「和而不同」的君子之交，爭論絕非個人閒事。

　　兩位先生之間意見的歧異，涉及百年史學的一些重要關節，很具有代表性。所以在這裏，我特地把正勝先生的介紹綜合一下，備錄於下：

　　一是沈先生強調史學的內在理路是講「通變」，反對一味講「專深」。

他認為歷史就理論上講，應該是整體的，因為沒有古就沒有今，沒有過去就沒有未來，所以嚴格而論，只有通史才是真正的歷史。很懷疑傅一味倡導崇尚專深，弄不好，就成了「象牙塔」「餖飣之學」。傅則認為「通史的做法不會造就知識性的突破」。這一點我還可以引錢穆《傅斯年》作旁證。錢先生也說傅「不主張講通史」，說有「某生專治明史，極有成績」，傅先生卻不許他上窺元代，下涉清世。錢穆不以為然，認為若不能「上溯淵源，下探究竟」，怎麼可能「真於明史有所得」？所說之事是否為真，我無處證實，但錢、傅「專」與「通」相互對峙，嚴、余兩弟子相關憶述甚多，這是沒有問題的。

二是沈先生強調必須講求史學的外緣即意義和作用。這也可以分成兩部分。

首先是從學理上說。沈先生說他不敢相信人類的歷史也同自然界的歷史一樣，可以「成為一門完全信而有徵的科學」。也不同意傅氏主張「不以史觀為急圖，純就史料以探史實」，所謂「存而不補」「徵而不疏」，「材料之外，我們一點也不越過去說」。沈先生認為，事實上史料無一不是經過寫作人主觀的選擇與主觀的組織而成的，無論他存心如何公正，寫出來的東西總是表現他個人的思想與識見，絕不能說是客觀的。史書所載只是「史事」而不能說是「史實」。史學是史家與史料的互動的結果。歷史所研究的過去不是死了的過去，而是在某種意義上，仍然活到現在的過去。

第二則是從史學外緣的意義和作用，亦即與時代的關係上說。沈先生認為史學必須隨着環境的轉變而不斷變化，「世變愈急，則史學變得愈快；世變愈大，則史學變得愈新」。歷史著作之所以不斷求新求變，因為「我們大都抱着鑒往知來的目的去讀歷史，一逢世變，便想從歷史中探尋世變之由；求之不得，自然就不滿意於現有的史書，而要求重新寫過。於是乎每一個新時代必有好些根據其時代精神所改修過的新史書」。他不贊成所謂純史學，史家成為象牙塔內的玄思冥想者。他認為傅先生關於歷史研究的定位和寫作的形式已經過時，那是蘭克時代的產物。他擔心：與時代隔離的純之又純的史學，如何維持不斷的創新力以免於枯竭？又如何得以接

受外界不斷地刺激而產生新觀念，寫作新史書，以完成新史學呢？所以沈先生主張史學還是要回歸於社會，回應時代，尤其是強調史家對時代和社會的看法。

沈先生關於治史的觀念，大約是因為和我前幾年的思路比較吻合，感到特別地親切（參見本編後兩篇文章）。但在我因為要做這項回顧性質的工作，前賢的書讀得稍多之後，覺得問題比較複雜，不是三言兩語說得清楚的。這裏實際包括了兩個需要討論的問題：一是史家與時代的關係；一是史家治史的史觀和史學方法，也包括「通」與「專」等不同的學術風格。從學術史回顧角度，第一個問題比較重大，關係到百年史學的評估；後一問題，見仁見智，只能共存共容，我看不必求同。

關於史學與時代的關係，從百年過程來說，恰恰不像沈先生所憂慮的那樣（當下怎樣，又是另一個問題）。正如第一節所述，由於特殊的情結，中國新史學與時代的關聯實在是非常緊密的，有時緊密得離了譜，產生了負面的效果。這方面，反顯出了史語所的某種「獨立人格」。自然，正因為「救亡」的情緒強烈，新史學在對中國歷史整體認識方面所做的努力是艱辛的，爭議多，所積澱的成果也不少，以至直到今天，我們還在不斷咀嚼，不斷重複。

歷史學永遠是現在（懷抱着未來追求的現在）與過去的對話。這不是甚麼人的特別發明，而說的是一個事實，自有史學以來就存在的事實。所謂孔子「春秋」筆法，一字褒貶，不也是史家的「靈魂」在與「過去」對話？史家首先關心的應該是「歷史事實」，這是他工作的對象，他的獨特資源；接着，他必然要思考這些「歷史事實」背後的「意義」，並訴諸閱讀對象，發揮社會功能，這是他工作的目的，體現其價值之所在——他絕不會或者絕不甘心把自己降為實錄文書的「史官」。這些在史家群體裏應該是不需共識的共識。

在 20 世紀，恐怕史學家中很少有人認為中國社會不需要「變革」。胡適在總結傅斯年一生思想演化軌跡時，便說「從他《新潮》時代以來三十多年中，只有一句話，就是希望國家近代化。反過來說，就是反中世紀主

義」。（《傅孟真先生的思想》）問題是變甚麼，怎麼變？正是由於對現實變革所持的觀念和所取的路徑不同，由此而反觀過去的中國歷史，通過跟過去的重新對話，對中國歷史的整體認識，就必歧異多姿。正是在這一點上，我們不能把傅斯年為代表的科學實證派說得過於簡單。其實他們自己何嘗沒有主觀意識的滲入，最多只是比別人淡薄些、警惕些（即他們所說的「客觀」些）就是了。

或許更關鍵的，還不完全在自己主觀的「價值取向」，因為一個真正的史家都有起碼的職業道德，不以自己的所好去「作偽歷史」（可惜也不是所有人都是如此，容後再議）。從史學本身來說，最關鍵的是用甚麼樣的參照系統，來幫助我們通過史實、串聯史實，達到分析、認識中國歷史整體特徵的目的。純粹的事實歸納，最多只能描述過程，比《紀事本末》《十通》做得更細密些，在西方也仍屬於「傳統史學」。何況當時的中國，對「意義」的關心何等強烈：歷史發展到今日的中國，好在哪裏，不好在哪裏？為甚麼會這樣？等等都是懸念。沒有比較的參照系統，就無所謂中國歷史的特質、特點，也無所謂用廢取捨、變革保守，我想，這是不言而喻的。

正因為如此，我覺得傅斯年當初關注的「科學工具」有狹隘的弱點，當時和後來的史家都必然要超越他的「新工具」論。歷史，人類的歷史，不可能像分析一塊石頭、一種地層那樣明白乾脆。「社會」是人群不同時代、不同民族的「集合方式」，這是中國舊史學中從不曾有過的概念，到了新史學手裏，變成了必須首先面對的大問題。人類學，狹義的體質人類學，只解決中國人種本土產生還是西來的問題；而廣義的人類學，就轉化為文化學、社會學——這時候，人文社會學科與自然科學的差異就不可迴避。這時候，新史學所要採取的「工具」，就必須從語言學、考古學擴展開去，更多地仰賴於越趨分化的人文社會多學科（社會學、政治學、經濟學、人文地理學等等）的幫助。還有一點不能忽視，就是必須依靠外國歷史的比較坐標——那時主要是西歐北美的歷史。順便說一下，傅斯年自己也意識到了遺漏「社會」一項研究目標的不妥，他在《清代學問的門徑書

幾種》一文提出後人應做的幾項工作，第三即為「中國古代的社會學正待發明」（參《傅斯年印象》趙天儀文）。

新史學與「西學東漸」的關係，是一目了然的。中西歷史、文化的比較更是熱點。問題是待到我們的史學接納西學的人文社會學科資源的時候，「西學」已經分化為對峙的兩支。這就使百年的史學在借鑒「西學」以透析中國歷史時，產生了嚴重的路向分化。

針對當時中國落後於世界潮流、企求現代化的歷史走向，在新史學裏，以批判的態度重新估量歷史，應該說是主流、大趨勢。批判過頭，才會有另一種聲音出來，但也不能說他們就沒有批判性的思維。但批判的主要資源似有兩大類別：

一種是以西方現代社會為參照坐標，以自由主義為主流的歐美思想觀念和方法論切入批判，重新界定中國歷史的特質。這在新史學創建的前期，曾經是一種比較普遍的趨向。例如中國社會歷史是一個以家族為核心的宗法社會，道德政治化，政治道德化；高度集權，專制主義，國家利益至上，沒有獨立的個人價值；有國家而沒有社會，沒有中間階層（晚近又增加了「公共空間」的概念），沒有公民意識或公民權利；是「人治」社會，人情大於法，不重法治；以農為本，主靜、主和諧，發展比較遲滯；重實用，不重形式邏輯，不關心抽象思維，以及輕視工商和科技等等。這些見解也常見於社會文化各界的議論和通論（如胡適、陳獨秀、梁漱溟、馮友蘭等），並非完全出於史學家。但無疑它們都是基於中國史實，通過中西比較而得出的中國歷史特質的認識。中西歷史意韻的不同，其中最膾炙人口的，要數錢穆《國史大綱》「引論」說的：「西洋史正如幾幕精彩的硬地網球賽，中國史則直是一片琴韻悠揚也」，「中國史如一首詩，西洋史如一本劇。一本劇之各幕，均有其截然不同之轉換。詩則只在和諧節奏中轉移到新階段，令人不可劃分」。

另一種是「以俄為師」，以社會主義的「蘇式」思想觀念和方法論切入批判的。以社會主義為路向的，批判的領域就更為開闊：業已存在過的社會，無論東西方、傳統的或現代的社會，都必須為社會主義所取代，均

屬於批判的對象。因此，這一路向的歷史學家，在相當長的時間內，對五種社會形態「普遍規律」情有獨鍾，不自主地放棄對中西歷史文化比較的深入思考，精力專注於「社會性質」「階級定性」「階級壓迫」「階級鬥爭」等共性概念層面上，影響到本國歷史文化自身的深沉考察和開拓深挖，而與政治的過度關聯又或多或少影響到他們的求實求真，生搬硬套的毛病很突出。

但是，我覺得需要指出的，即使在 20 世紀前半葉，社會主義思想對史學家的影響面要比我們現在想像的寬得多，包括後來分化到另一陣營裏的人物，這種影響也還存在。且不說陶希聖，傅斯年就一直自稱他是自由社會主義者（羅家倫《元氣淋漓的傅孟真》）。這種影響從史學角度說，主要是促進了兩方面的進步：一是關心國計民生和下層百姓的生活，對社會不公正的揭示；二是重視社會經濟對歷史進程的作用。無論是中國古代，還是西方人文傳統裏，文化形態史觀是彌漫性地佔據着優勢；而高度重視社會經濟的作用，是歷史考察視角的重大轉換。有識力的史學家一般都能敏感到這種方法的價值，並不完全與個人的政治傾向相關。這方面典型的例子，就是呂思勉先生。在新史學裏，中國社會經濟史研究的興起，這一路向的推動作用，不容抹殺。但真正在這方面做出較深入研究而富創見的，則要到熟悉西方經濟學原理和方法的一代學者手裏，突出的如全漢昇、楊聯陞等。

在 20 世紀諸史學大家中，呂思勉先生可能是治學心態最平心靜氣的一個。這與他淡泊寧定，素不喜結交知名之士，「埋頭枯守、默默耕耘」（《呂思勉先生編年事輯》）的為人風格極相契合。誠之先生治史多取材於常見正史，運用新史料很少，所以不容易被傅氏科學實證派看重。等到嚴耕望先生關於「四大史家」（二陳、呂、錢，見《治史三書》）一說出，他的地位才陡然升格。嚴耕望的不拘門戶、慧眼識賢，令人敬佩。但先生博通周贍（二十四史、三通熟讀數遍）、著述極富（不少於五六百萬言），以及第一個用語體文寫出通史（四冊《白話本國史》，1920 年起寫作，1922 年出版），開風氣之先等等，亦屬實至而名歸。

　　誠之先生受家學的熏陶，早年即入史學一路，或者也可以說是自學成才。雖然也有許多論者以為他與其家鄉常州今文經學關係至深（他教中學時的學生錢穆就這樣說），但對先生一生影響最深遠的只是康有為的「大同希望及張三世之說」，至於今文經學只是他辨析史料時選擇參考的方法，後來更兼採「今古」兩家，左右旁通，絕無舊經學的門戶之習。讀先生遺著遺文，很難見到有像前述諸賢那樣關於民族興亡的大議論。其中與先生的個性稟賦不無關係，此處暫不討論。但必須指出，先生絕不是「兩足書櫃」，對國禍民憂無所動心的「書齋學究」。先生《遺文集》問世，讀其時文書信，有兩個特點可說：（一）先生極具平民意識。此與寅恪、賓四特重精英文化迥然有別。先生十分關注民間社會的生計，大至水利、賦役、吏治，小至百姓飲食起居，所到之處，必細為調查，對物價波動尤其敏感，至幾元幾分，均一一載錄；更為難得的是，他奔波南北，細心詢問農家生活，對他們收支負擔，作了許多紀實性的報道。先生眼睛向下，關注民間基層生活，重視社會經濟研究，在同輩史家中恐少有與之匹儔的。（二）對社會進化向持樂觀向前的心態。他信從社會進化的觀點，認為制度的變遷最為緊要，隨經濟而進，勢異則事備，制度的不斷變遷，是一定的。這同寅恪的悲觀成鮮明對比，似與沫若相近。但從其主張自然演進（「自然」者，非揠苗助長之意）的立場看，與沫若之激進，更像「同牀異夢」（有一點殊可注意，先生論著絕不提及沫若，似非偶然）。晚年《自述》他一生思想經歷「三次變化」：由欽佩康梁嚮往大同，進至信服法家，1930 年前後轉而服膺馬克思學說。先生辛亥後，因不滿「政黨作風」，「遂與政治卒無所與」，一生也絕少參與社會活動。因此，作為他的後輩，對其服膺馬克思學說如此之早，着實有些驚詫。細想之後，似乎也不突兀。如將 1930 年有關遺文《瀋遊通信》與晚年《自述》互讀，即知理想大同（「於此主義，深為服膺，蓋予夙抱大同之願」）與重視社會經濟（「馬克思之說……大抵抹殺別種原因為非，然生計究為社會發展原因之最大者」）實為先生服膺的兩大內在因素，而平民意識則為更深層的心理根據，與前此的思想路向實一脈相承。難得的是，他之接納，出諸學術追求，不沾激

進情調。例如他從不主張中國有奴隸制社會，對歷史上的貴族政治、民主政治持論公允不偏，也不贊成「階級鬥爭」「階級專政」之說，俱與沫若相違。至此，我方始領悟寅恪先生所言「不要有桎梏，不要先有馬列主義見解，再研究學術」的真諦。這絕不是要情緒性地排拒馬克思學說，而是說必須基於自身獨立思考的基點之上，信則信，疑則疑。因此他晚年對把馬克思主義弄成教條十分反感，也是自然的事。

　　誠之先生因參編《古史辨》第七冊，後人也有誤派他為「疑古派」的。先生與顧氏出發點最大的不同，是一心旨在「建設」。入至近世，編著新式通史，呂先生是當之無愧的先驅者和開拓者。他不僅留下了兩部通史，四部斷代史實際也是先生計劃中的大通史工程的一部分。先生自云，他以「理亂興亡」和「典章制度」兩個板塊構成他通史的大框架。兩者相較，史家共識，先生在「典章制度」方面留給我們的財富最堪珍貴。今之講史、治史者仍時時翻閱，受惠不已。這固然是潛心積累、鍥而不捨所得慧果，但絕非只是抄書。治史者都有體會，制度研究，特別是貫通古今、涉及全方位的制度淵源沿革，從細瑣繁複、茫無頭緒的材料中梳理出線索脈絡，沒有分析綜合、比較鑒別的功力，絕難摸到邊際。先生於著作中常透出一些精彩議論，知道他實得益於對社會學、人類學等新知識的吸收，社會經濟、社會組織、社會生活都進入了他的中國通史，他實為中國社會史研究的先驅。先生治史特立獨行，不屑追逐時勢。例如他一方面頗推重今文經學「三世說」，懷抱「大同世界」的理想；一方面又認同法家的「督責之術」，以為可以有用於節制資本與權力之無限。在《先秦史》的結論一節，特別說到老子「邦治之世」、孔子「大同理想」，從其追求的人類境界有「不可移易」的道理，但「徒存其願，而不知其所由至之途」，實在是「說食而不能獲飽」，墜入空想，所以研究考察社會制度變遷所需條件和必不可少的過程特別重要。後來的「農業烏托邦」實踐，證明誠之先生確是先天下之憂而憂，具有歷史的預見性。

　　對於要不要運用社會科學理論於歷史研究，也有許多批評。嚴耕望先生在《治史三書》裏多次說到，他贊同運用各種社會科學方法與理論作為

治史工作的輔助工具。但各種社會科學理論在史學的運用也各有局限，不能恃為萬應靈丹。他特別反感每一論題大體都先有了一個結論或意念，這個結論或意念是由他們奉為神聖的主義思想推演出來的，然後拿這個結論或意念作為標準，在史書中蒐錄與此標準相合的史料，來證成其說。中國史書極多，史料豐富，拿一個任何主觀的標準去蒐集材料，幾乎都可以找到若干史料來證成其主觀意念，何況有時還將史料加以割裂與曲解。這一批評在今日仍當為我們治史的人時時警惕，而其所指俱有事實根據，無須例證。前即硬指西周為「奴隸社會」，後則有「四人幫」評法批儒，發展到了極致，參與其中的不少亦是名列史林的人。

　　對社會科學理論的誤用，除了政治的原因外，也多半有功利之心的污染，久處鮑魚之肆，平時弄習慣了，不以為非。隨手就可舉出一例。現行的許多「通史」在每一大王朝末，必大書階級矛盾尖銳，以作農民起義爆發的背景。到大明王朝，萬曆皇帝為三皇子婚禮動用戶部銀 2400 萬兩，敕令湖廣山東河南三省撥田 4 萬頃於福王，這兩項都是必寫的。黃仁宇就揭穿兩事俱不實。前者是皇帝故意出難題，要知道這 2400 萬的數字，等於整整三年半全國的收入銀兩的總數，稍用腦就知道怎麼可能？當時也果然把戶部尚書楊俊民嚇死在任所，萬曆帝總算達到了報復朝臣力阻他想立常洵為太子的目的，出了一口惡氣。後者先沒有弄清這是給「佃金」（由地方政府所交的官田現金津貼），而不是直接賜給由其自己管理的「莊田」，這數字又是皇帝漫天叫價，明知也達不到；福王實際年收入是 2 萬兩，離此「指標」遠甚（詳參《放寬歷史的視界》「明《太宗實錄》的年終統計」）。久治中國古代史的不會不知道，我國古來對數字沒有概念，成千成萬大而化之說的不少。「千百萬」，是千萬還是百萬？說的人口無遮攔，無非極其形容。例如崇禎時堵允錫上奏，說「長沙、善化兩邑，舊額百萬畝，今人藩封者，且七八十萬畝」，日本學者清水泰次在 1928 年就作文考證，證明堵純屬「信口胡說」（《投獻考》，轉引自黃仁宇前書）。數字不顧史實隨己意誇大，也包括了很權威的所謂「封建社會中國農民要交地租七成、八成」說法，到了我接觸地方經濟史時，才弄明白這是一種「數字遊戲」。

為甚麼會鬧這麼多的笑話？就是先入為主，屈從風氣，見了這等材料，不假思索就用上，甚至不惜在數字上做手腳。這種「以論代史」，在「文革」前就已經很厲害，不是到了「四人幫」時期才這樣。

余英時也介紹過楊聯陞先生在這方面的一些見解。楊先生為清華經濟系出身，早年對經濟學和社會經濟史有濃厚興趣，後來擴展到社會科學的其他領域。恰好 20 世紀 40—50 年代，史學和社會科學合流在美國蔚然成風，先生原有的治學傾向也因此發揮到淋漓盡致。他的《侈靡論》從中國傳統經濟思想史上發掘出一種近乎現代凱恩斯以來所強調的關於消費的理論。到 20 世紀 60 年代，在歐美「漢學界」主張以社會科學代替漢學的人逐漸多起來，並在《亞洲學報》上展開熱烈爭論。楊先生始終守住一條，「訓詁治史」是治史的基本立場，如果解釋與事實之間發生衝突，則必須尊重事實，放棄解釋。他對美國「漢學」後起之秀往往富於想像力，抓着幾條感興趣的史料便急着運用，「誤認天上的浮雲為地平線上的樹木」，妄發議論，提出了不客氣的批評（參《錢穆與中國文化》「中國文化的海外媒介」）。這種風氣，據我所知，現在的美國「漢學」研究中還時有發生。我們也應以此為戒。

這些都說明「實證」與「詮釋」，並不註定是相互對立的，關鍵在史家必須遵循基本的史德。它們理應成為一對好朋友，互濟互補。我們很難割捨任何一方。

除了上面說的基本路向外，也還有一種比較特殊的治史路線，其中以錢穆、陳寅恪最具影響，我想陳垣先生亦當屬於這一類型。現在一般有稱之為「民族本位論者」的，也有呼之為「文化保守主義」的，還須仔細推敲。他們的研究，一方面也接受了來自西學的影響，實證的、邏輯的論述方法，以及人文觀念的關照，都有許多與古賢迥異的新識見，另一方面卻極端反感對本國歷史文化的虛無主義態度和淺薄狂妄的進化觀，以及似是而非的「文化自譴」（將我們自身種種罪惡與弱點，一切推諉於古人），力持對本國已往的歷史必須有「溫情與敬意」（以上為錢穆《國史大綱「引論」》所言）。強調「國可亡，而史不可滅。今日國雖幸存，而國史已失

其正統，若起先民於地下，其感慨如何？」（陳寅恪：《吾國學術之現狀及清華之職責》，1929 年）對於他們，典型的社會主義者和自由主義者都視之為「保守」，自在情理之中（如胡適就譏諷寅恪先生頗有「遺少」氣味）。時至今日，這種印象仍磨滅不去，如認定「陳氏史學是中國現代學人對古代傳統史學的總結，從陳氏起，也就宣告了中國傳統史學的終結」（任繼愈為《陳寅恪先生史學述略稿》所作「序」）。或者說「陳寅恪是繼王國維之後唯一的中國文化亡靈守護人」（李劼語）。我知道後者與前者的意味南轅北轍，絕不可相混，但有一點是明白的：我們今天當如何評估這一類型的學者，仍是一個未有確論的懸案。個人的認識已寫在《歷史檢討的視域及其多義性》一文中，此處不再重複（載《中西文化交流》1999 年集刊）。

餘話

「回顧」行將結束。很明顯，這裏給出的只能是極為粗略的輪廓，主要着眼於 20 世紀史家的治史路向。有關諸史家具體的研究成果以及諸多精警的學術創見，待到相關專題討論時，將盡自己所知，酌情地再作推薦。

20 世紀史家的各種治史路向說明，從重估中國歷史的同一源頭出發，衝出的卻是兩條河牀：一種是實證的、邏輯的、工具性的，他們關注的重點在「我們的歷史是甚麼」；一種是價值的、體驗的、批判性的，他們關心的是「歷史給了我們甚麼」。正因為如此，要說 20 世紀史學的精彩，正來源於這種內在的緊張，才顯得出它多姿多彩，特別耐人尋味。一旦這種緊張，因外在的或內在的原因消失，史學也就會失去它的光彩。

在我看來，史學的這種兩難景況，恰好與歷史的實相（像）是非常吻合的。歷史，人類的歷史，總不離「歷史領着我們走」，或是「我們領着歷史走」兩大路向，似乎歷史就生存在這兩種對峙的張力構成的「物理場」裏。任何想擺脫約束，執着一種路向獨斷孤行，結果都被重新拉回到「歷史場」裏來。在這種時候，不能不使人正視：歷史的真諦究竟是甚麼？我們是不是真正領悟了它的真諦？

　　有人説，史學不應該與哲學相摻和，因為歷史是不以人的意志轉移的客觀存在，實證才是它的真正本色。但我卻總喜歡往反方向去想：史家假若沒有了對人類命運的根本性關懷，沒有了對人性的深刻反省，我們是不是很容易被歷史的沉重拖到海底，再浮不到海面上，向世人説清楚：大海的故事究竟精彩在哪裏？

二

被遺忘的個案：
張蔭麟及其《東漢前中國史綱》

　　百年來在新史家裏頭，關於「通博」與「專深」，確實歷來都有不同的看法。傅斯年是代表了一種意見。他認為應該先從斷代史做起，其潛台詞便是只有斷代史做齊、做成功了，才可能有像樣的通史出來。我想這個意思，直到今天，史學界的絕大多數同人仍會有同感。斷代史、專史沒做好，再有本事，能做出好的通史嗎？

　　但問題跟隨着又出來了：通史是不是只需要把斷代史「接龍」接起來就成了？後來的實踐已經告訴我們，斷代史出得也不少，也有嘗試大規模「接龍」工程的，但也很難理想。記得 1941 年當張蔭麟出版他的《東漢前中國史綱》第一冊時，就在他的「自序」裏說：「在這抱殘守缺的時日，回顧過去十年來（指 20 世紀 30 年代）新的史學研究的成績，把他們結集，把他們綜合，在種種新史觀的提警之下，寫出一部分新的中國通史，以供一個民族在空前大轉變時期自知之助，豈不是史家應有之事嗎？」說得多好！然而，冷不防，在分別一一說明了他剪裁調度通史主張的五條選擇標準後，突然插上一句：「寫中國通史永遠是一種極大的冒險！」不能不承認，這是一句大實話。

　　通史不容易寫好，不容易寫得使多數人滿意，原因很多。從實際的操作層面上說，「通」是專的綜合。通史的寫作者必得「通博」，對個人來說，這是極難做到的。雖然他完全可以藉助現有的成果，但在個人精力方面必會遇到許多主客觀條件的限制。「無所不知」是不可能的，「歸納」總是先天地具有「不完整性」。所以，百年裏，有好幾部個人的通史是沒有寫完的，而且沒有一部通史能完全經得起專家的仔細挑剔。正因為如此，才有集合各方面專家集體協作的念頭。這樣做，在「專、博」方面的矛盾

或許可以緩和些，卻引來另一個大缺陷：通貫始終的「氣」沒有了，我把這叫作「氣散神消」。因眾多作者各自操作，難以相互關照、前後呼應，缺乏一以貫之、整體理解的精神氣質，是預料之中的事。即使像《劍橋中國史》那樣，採取「專題集合」的形式，且有一主編總領其「精神」，「神散」的先天性弱點還很明顯地存在。

無論怎樣說，通史真正的難，還是難在史識，那種能居高臨下，「一覽天下眾山小」的把握能力，即「識大而不遺小，泛覽而會其通，達人情，明事變，洞幽隱，晰條理」（徐哲東讚呂誠之先生語，見《呂思勉先生編年事輯》）。這種能力或許需要某種不同尋常的稟賦。但有一點是可以從比較成功的通史寫作中得到體驗的，這就是：此種能力的獲得，僅僅有具體史實的資源供給一定是遠遠不夠的。它更需要作者對人文領域更廣闊的知識背景和深入的體驗，對人類，對社會，對世界方方面面多視角的體察。這時，我領悟到了呂思勉先生特地把一句俗話加以強調的意義，這就是「世事洞明皆學問，人情練達即文章」。

我粗略地統計了一下，在顧頡剛《當代中國史學》出版的 1945 年以前，大約已有 42 部通史（不包括史話一類，據《1900—1975 年：七十六年史學書目》）。到今天，究竟總共出版了多少通史？我沒有統計，或許已不下百部。這只要看近二十年各地編通史教材成風，就可知數字一定很壯觀。

時間作為一種特殊的過濾器煞是無情。大江東流不止，潮起潮落，風行的未必就能傳承，精粹遭遇冷落亦時或有之。所幸時光似水，反覆沖刷篩洗，是沙礫是金子總會逐漸分明。這裏，將要向大家推薦的是，張蔭麟教授（1905—1942）短暫一生留下的唯一著作：《東漢前中國史綱》。它是經長期遺忘後，重新被記起的一部未完成的通史。其人其書，因為有一些前面「回顧」中沒有說得盡興的意思，所以增加了這一篇「個案」。

為學貴自闢，莫依門戶側

《東漢前中國史綱》是當時教育部計劃出版的高中歷史教材《中國史

綱》的第一部。1935 年，張蔭麟已從美國留學歸來兩年有餘，任清華大學歷史、哲學兩系教授。受部聘後，他當即放下手裏的其他科研課題，「遍諮通人」，潛心策劃《中國史綱》體例和細目。還特別向清華請了長假，專致筆耕其所負責的先秦至唐以前部分。其餘部分原計劃邀請吳晗、千家駒、王芸生等分任。

　　未及兩年，「盧溝橋事變」突發，國難當頭，張蔭麟被迫離京輾轉南下浙大、西南聯大，其事遂不如願。經諸多友人的催促力助，將此前已完稿的八章，加寫「自序」，遂由他改教的浙江大學史地教育研究室，最先以石印本形式在貴州遵義面世。原初題名《中國史綱》第一輯（此據張其昀《張蔭麟先生的史學》，筆者尚未見原本），時為 1941 年春夏之間。初次印行匆促，著者名還曾誤植為楊蔭麟，張蔭麟也不在意。又據「自序二」「自序三」，知次年再版，始增入九至十一章（前據吳晗《記張蔭麟》，後一點吳文回憶則有誤）。此後，先生興奮中心轉移，改攻兩宋史，僅撰寫三章（第三章未完），就因病撒手西歸，終年 37 歲。如天假以年，從其已發表的宋史成果預測，《中國史綱》的宋史卷必將更為光彩奪目——想到至今尚沒有一部能與張氏風格相匹敵的兩宋史，對他的英年早逝怎不叫人傷感備至？

　　讀過《東漢前中國史綱》的，多會驚羨它的文筆流暢粹美，運思遣事之情深意遠，舉重若輕，在通史著作中當時稱絕，後也罕見（唯錢穆《國史大綱》可相匹敵）。全書沒有累贅冗繁的引文考證，不故作深奧高奇，史事都以「說故事」的方式從容道來，如行雲流水，可令讀者享受到一口氣讀完不覺其累的那種爽悅。也因為讀來悠然輕鬆，據我個人的觀察，讀者很容易輕忽了對著者構思和寓意的細心體察。一不經意，書中潛心涵泳所得的精警見地，屢屢就從眼皮下滑過。為此，我想先從著者的人格、學術風貌說起，特別是他對歷史學與哲學「聯姻」的特殊關注，作些介紹，或許對讀者進一步體會該書不無幫助。

　　離張蔭麟去世才四五年，謝幼偉博士著文懷念故友，就不無憂慮地說：「這一位天才學者，俗人不必說，即學術界中也許已忘記了他。他的

著作以報章雜誌發表的短文為多。這些短文到現在還沒有集合出版，整部的著作有《中國史綱上卷》，而這也只有浙江大學史地研究室的石印本。所以在某一時期內，他雖曾驚動我國的學術界，到目前他卻很可能為學術界所遺忘。但他是最不應遺忘的一人。」此後，情況雖然還沒有到謝氏杞憂的那麼糟，文集、《中國史綱》海峽兩岸還都出版或重印過，但流傳不廣。世俗總多勢利和健忘，也是無可如何的。

張蔭麟的名字，今日大多數學人恐怕都會感到陌生。然而，恰如謝氏所説，回溯到 20 世紀三四十年代，張蔭麟名聲不小，曾被學界譽為奇才，受到了前輩和同齡學者的普遍敬重。1929 年夏與張蔭麟同船赴美留學的謝幼偉博士，更是熱情讚美蔭麟為天才，在長篇的紀念文章裏寫道：「張君是天才，這是無疑問的。他在清華讀書的時候，曾寫過一篇《老子生後孔子百餘年之説質疑》，寄到《學衡》雜誌，《學衡》的編者認為是一位大學教授的作品。這一點即可證明張君的聰穎是遠在一班學人之上的。所以大名鼎鼎的梁任公先生遇到了這一位年輕學生，也不能不特別注意、特別賞識。」（《張蔭麟先生言行錄》）

張蔭麟來自廣東東莞，自幼喪母，家境貧寒。1923 年秋季考入清華學堂（時為留美預備學校）中等科三年級，直至 1929 年大學畢業，經歷了清華學校改制的全過程。入學伊始，即如上述所記，不足 18 歲的張蔭麟，已經著文向老師梁啟超挑戰「老子後生」説，且考辨精細，徵引經典鑿鑿有據，名驚京華。在繼後的兩年裏，他在《清華學報》《學衡》《東方雜誌》等一流刊物上發表的學術文章不下十餘篇，涉及經學考據、中外交流史、科技史等多項領域，還參與了當時正轟動學界的（顧頡剛）「古史辨」論戰。今天，重讀這些論文，我們簡直不敢相信，一個二十來歲的學生，學術水準竟可以讓當下有些大學教授感到汗顏。其中《明清之際西學輸入中國考略》不僅大大擴充和修正了乃師（啟超）關於這個論題的史料，而且對西學輸入的影響以及清代並未因此而改變「科學（思想）不盛」的原因發表了精警見解；《張衡別傳》和《宋盧道隆吳德仁記里鼓車之造法》兩文，則更應該看作首開我國古代科技史研究風氣的力作，具里程碑意義

（劉仙洲先生即如是説）。據不完全的統計，去美留學前的六七年時間內，他已積有學術成果（包括譯文）40 項。怪不得謝幼偉博士終發為「天才」的讚歎。

張蔭麟自號「素癡」，常用作文章筆名。我以為，無論從哪方面看，例如對學術的癡情專注，孤傲內向，不通人情世故，不易適存於現社會（友人謝幼偉、張其昀、賀麟、吳晗等回憶他的個性），以及治學「神解卓特，胸懷沖曠」（熊十力讚其學術境界），也包括過早地夭折，難享永壽等等，張蔭麟都很符合天才學者的特徵。然而，如若只從個人天賦角度去理解，那很容易忽略了今天重新認識張蔭麟先生的許多更有價值的啟示。

近代以來，人才成群風湧而起，明顯有過兩個突出的高峰時期。一是晚清咸、同年間，以曾、胡、李、左、張以及圍繞在他們周圍的幕僚文士為代表。是時人才濟濟，不拘一格，政壇文氣之盛為中古以來所未有。其中能集道德、事功於一身如曾、胡者雖鳳毛麟角，但在經世致用一隅有卓識奇功、建樹不凡的可以數出一大群。稍後在他們的影響下，還走出了一批最早通達世勢、熟悉「洋務」的新人。二是 20 世紀二三十年代，具現代意義的各種學科相繼開端，「篳路藍縷，以啟山林」，一代溝通中西的學科權威名家大抵成形於這一時期。假如説上一高峰「事功」派佔盡風光，許多人物多似電閃雷鳴般倏然過眼，有力度而少餘韻；那麼第二個高峰承上輩及其時代的恩澤，別開新天地。是時激盪過後，「朝野」尚稱「苟安」，中西文化教育往來更密。淡出「事功」的「學問」派那廂真現獨好風景，其山高水長，遺澤後世且深且厚，更堪百年後回味不已。

張蔭麟生而有幸，及時親逢學問盛世的文化滋潤，並能以新秀的身份參與其間。他天性聰穎，造化把他從嶺南送上京華，進入風雲際會的文化中心，後來又留學西洋，確是時勢造就了他天才有為。那時，「五四」個性解放、自由探索的新風吹拂神州，學術報刊似破土春筍湧出，自由討論風氣盛極一時。張蔭麟又直接生活在梁啟超、王國維、劉師培、胡適、陳寅恪、吳宓、傅斯年、錢穆、顧頡剛（其中最年輕的，也比蔭麟長十幾歲，均屬老師輩）等等一群知名學者輝映的人文光環下，猶魚得水，遨遊

自如，才有了上面「少年英發」動人的一幕。

讀張蔭麟的傳記，最令我感動甚至妒忌的，是那個時代學者的氣度和學術自由討論的文化氛圍。同在清華，哲學家賀麟比蔭麟高三級，兩人很快就成為終生摯友。據賀麟的回憶，蔭麟給他的第一印象是：一個清瘦而如飢似渴地天天在圖書館鑽研的青年。一天晚上，在梁任公的中國文化史演講班上，梁任公從衣袋裏取出一封信來，向聽眾中問哪一位是張蔭麟。張蔭麟當即起立致敬。原來是蔭麟寫信去質問老師前次演講中的某一點，梁先生在講台上當眾答覆他。這事發生在張蔭麟已於《學衡》著文與先生商榷之後。他倆常去聽梁任公的演講，可見對先生的仰慕。但張蔭麟的脾氣向不願意拜訪人（終生不改，時人稱其為「怪」）。1926 年夏，被賀麟拖着才第一次拜謁梁任公。先生異常歡喜，勉勵有加，當面稱讚蔭麟「有作學者的資格」（另據王煥鑣《張君蔭麟傳》，說「梁任公得其文歎曰：此天才也」）。此後二三年中，他卻從未再去謁見過梁任公。他很想請梁任公寫字作紀念，也終於沒有去請（見賀麟《我所認識的蔭麟》，載《思想與時代》第 20 期，1943 年 3 月）。還值得補一筆的是，1929 年初，張蔭麟正在撰寫長篇學術論文《偽古文尚書案之反控與再鞫》，針對梁先生燕京大學演講《古書之真偽及其年代》而發。論文在《燕京學報》刊出時，梁任公已病逝。張蔭麟在文末特別有一段附語，說「此文初屬草時，梁先生尚在世。本當重校付印，先生已下世，竟無從請問以決所疑矣。作者極不願意於此時舉其素所尊敬之學者之旨為錯誤之例。惟以愛真理故無法避免耳」（台灣 1956 年版《張蔭麟文集》，全文長 48 頁）。

有這樣的老師和這樣的學生，氣度、風範盡在不言中，這正是那個時代的驕傲。張蔭麟與同時代學者多有評論商榷的文案往來，不獨對梁任公。本着學術面前人人平等的天則，對其他師輩如周樹人、陳寅恪，年長而頗負盛名如顧頡剛、馮友蘭，他的評論也總是「是則是，非則非，毫不掩飾，毫不客氣」，而被評論者都豁達大度，師長更以獎掖新進的態度深許之，至少也不會像現在那樣，弄不好就扯到別的地方去。不信，可以去讀寅恪先生詩《輓張蔭麟二首》（載《陳寅恪詩集》）！

　　張蔭麟一生信奉恪守的治學格言，是「為學貴自闢，莫依門戶側」（《致賀麟留美贈別詩》）。張蔭麟在他光彩而短暫的一生中，這種個性氣質實在是太強烈了，因此也特別地感人。誦讀他的學術論著（也包括編寫的教材），我們處處都能觸摸到那種不甘因循剿襲，勇於求新求突破的自由創造精神。這再一次證明，寅恪先生所說的「獨立之精神，自由之思想」，「思想而不自由，毋寧死耳」，絕非義寧一人所獨執，而是曾經沐浴了「五四」精神那代人的真誠追求。那時，「吾愛吾師，吾更愛真理」的話很流行，沒有任何權威偶像是碰不得，不可說不的。這樣的氛圍不可復得，方有「壁立千仞」之說。唯其如此，優秀學者於「五四」後一二十年內成群成團地噴湧而出，才可以被通解、被體認。

　　這種不依門戶、自由創造的風格，絕非世俗常見的那種無端狂妄，藉淺薄挑戰名家以博一笑。張蔭麟從心底裏尊敬一切有學術成就的前輩和師友，細微地體察汲取一切有價值的學術創造，治學厚實而見地敏銳，執著底定而鄙薄趨俗。據說他最崇拜的是章太炎，對梁任公表面上「敬而遠之」，再而三地「挑戰」，內心實則一往情深。熟悉他的朋友說，張蔭麟最欽佩任公文章「筆鋒帶有情感」，「張君的文章頗受任公的影響，一篇之中總含有多少任公的筆調」。

　　那時，剛從經學考據的桎梏中叛離不久，國學的根子依然深縶在一代新學的底部，欲連根鏟除（也畢竟鏟不盡）那是幾十年後的事。張蔭麟的學術是以考據起家的，很見功力。對太炎先生服膺至深，即是明證。有人統計，他有 2/3 以上的文章都涉及考辨，學問有根據而不流於空疏。然而，張蔭麟可貴的是，承傳而不因循，勇開風氣敢為先。張蔭麟曾對謝幼偉坦言：「寫考據文章是很容易的」，言之似極輕鬆。反之，為了《中國史綱》，他卻喟歎：「寫這種文章是很費苦心的。」一輕一重，其味無窮。

　　在闡明這輕重內涵之前，我先得把張蔭麟對任公的紀念文章拿出來，一則彰揚他對老師真誠而不帶一絲虛假的愛（這是最有價值的尊師），一則為理解他在這個問題上的立場提供一份證據。據現在掌握的材料，梁任公剛去世，「全國報章雜誌，紀念追悼他的文章，寂然無聞」。張蔭麟在甫

將赴美前夕，即草寫了《近代中國學術史上之梁任公先生》一文，首次從
學術史演進的角度，將老師一生智力活動劃分為四期，分別評估他在各時
期的「特殊貢獻與影響」，客觀公允，敬仰之情含而不露（載《學衡》第
67 期。賀麟所述赴美後一文，已是第二篇，記憶有誤，不贅）。十多年
後，他所參編的《思想與時代》特地刊登了張其昀錄存的任公未刊遺箚中
數十事為《梁任公別錄》，張蔭麟親為之跋。文章起首即聲情並茂：

此時為此文，不禁起予空谷足音之感也。方戊戌前後，任公之在文
界，何啻如旭日中升？一篇之出，百數十萬人爭誦。曾不四十年，後生已
罕或能舉其名。其一知半解者，甚且為蚍蜉之撼。「或榮譽若天仙光寵，
消逝時迅越流星」，歌德之詩，可為任公賦矣。

接着大段論述任公與政的種種曲折，反駁攻擊者，並檢討自己十年前
「年稚無知，於（先生）民國後之政治生涯，妄加貶抑」，評析平恕允直，
可與寅恪先生《讀吳其昌撰梁啟超傳書後》對讀，此處略過。筆鋒轉至學
術，張蔭麟說道：

以言學術，世人於任公，毀譽參半。任公於學，所造最深者唯史。而
學人之疵之者亦在是。以為其考據之作，非稗販東人，則錯誤百出，幾於
無一篇無可議者。實則任公所貢獻於史者，全不在考據。任公才大工疏，
事繁騖博，最不宜於考據。晚事考據者，徇風氣之累也。雖然，考據史學
也，非史學之難，而史才實難。任公在「新漢學」興起以前所撰記事之巨
篇，若《春秋戰國載記》，若《歐洲戰役史論》，元氣磅礴，銳思馳驟，
奔磚走石，飛眉舞色，使人一展復不能自休者。置之世界史學之林，以質
而不以量言，若吉朋、麥可萊、格林、威爾斯輩，皆瞠乎其後矣。（《跋梁
任公別錄》）

此跋的文風，酷肖乃師，磅礴之勢不減。活潑潑的張蔭麟就是這樣：

對自己素所尊重的老師，他不諱言其短，「才大工疏，事繁驚博，最不宜於考據」寥寥幾筆，可謂彈無虛發，正中鵠的。而於先生史才、史識之長尤三致其意，領悟深得精髓，亦屬「就有道而正焉」。我做教師的有經驗，百依百順的，盡說好話的，未必就是最好的學生。還是賀麟説得極有餘味：「哪知這位在學生時代質問梁任公批評梁任公的蔭麟，後來會成為梁任公學術志業的傳人。」梁任公是個大忙人，晚年轉而治史已時不我待。張蔭麟靠着他對前輩史才、史識的獨具慧眼，《中國史綱》的創制獲得了非凡成功，而這便是對老師最好的回報。

從上文即可讀得張蔭麟的心聲。他絕對不是故意看輕考據。考據是很苦的事，是一種特別的工夫，只有耐得住寂寞的人才能做出實在的成績。然而，不以考據為底止，注重推出義理，這才是張蔭麟治學的個性特色。而且，這義理也是經過改造，充實了新的內涵的。他的治學理路，在從美國斯坦福大學寫給張其昀的信中說得最明白：「國史為弟志業，年來治哲學社會學，無非為此種工作之預備。從哲學冀得超放之博觀與方法之自覺。從社會學冀明人事之理法。」（海峽兩岸《文集》均有載錄）所以，他對謝幼偉說的一易一難，絕非故作危詞，內中大有深意存焉。這實際關聯着一個時代大話題，就是：考據與義理的關係。

我以為謝幼偉的確算得上是蔭麟的鍾子期了。張蔭麟選擇對謝氏發此駁俗之論，亦可謂「擇其善鳴者而鳴之」。張蔭麟死後 5 年，謝氏在紀念蔭麟的文章中作了如下的發揮：「寫通史是需要思想，需要有很高的識解的。有人認為專門弄考據的人是思想上的懶惰者，這雖不見得完全正確，但若在考據上兜圈子而不能有進一步的工作，則至低限度，這種人是難得有甚麼思想可言的。考據必進至義理，必以義理開拓其心胸，然後其考據不落空。一位良好的歷史學者不能光是一位考據家。不管他的考據做得怎樣好，然而這只是史料的提供，尚不是史學的完成。史學的完成，有待於史學家理解的深入和同情的洞察。這一點又須待史學家具有史學的修養。治史學而不兼治哲學，這是一種缺陷。」（《張蔭麟先生言行錄》）

張蔭麟在新史家群雄紛起的那個年代，能夠獨樹一幟，特具風骨，確

實應該歸諸他不滿足現狀，不隨眾亦步亦趨。眾史家中，他是最先覺悟到
史學的改造創新，應該藉助哲學革新理論觀念和思維方法，藉助社會學認
識歷史上的社會構造和社會變遷，以滋補舊史學義理的「營養不足」。可
以這樣說，在史家中，對西洋哲學和西方社會學了解的廣度和深度，當時
無人可與之倫比，他可謂獨居翹楚。特別需要指出的是，從《「可能性」
是甚麼》《論同一》等文來看，一些 20 世紀初西方哲學新潮已進入他的視
野，如柏格森、羅素、懷特海、斯賓格勒；特別是現象學剛興起，張蔭麟
就注意到了，這在中西哲學交流史上也值得記一筆。

　　當時，編著中國通史蔚然成風，因為學識才華的特殊，學者普遍對張
蔭麟都期望很高。錢穆在 1942 年底，把他的《中國今日所需要的新史學
與新史學家》一文作為對蔭麟的悼念，發表在《思想與時代》雜誌上。文
末即說：「故友張君蔭麟，始相識於民國二十三年春夏間。時余與張君方
共有志為通史之學。當謂張君天才英發，年力方富，又博通中西文哲諸
科，學既博洽，而復關懷時事，不甘僅僅為記註考訂而止。然則中國新史
學之大業，殆將於張君之身完成之。豈期天不假年，溘然長逝。」史家偏
好經驗事實，一般很少像張蔭麟那樣深陷於哲學沉思。因此，熊十力耐不
住破門而出，說道今之言哲學者，或忽視史學；業史者，或詆哲學以玄
虛，二者皆病。特讚張蔭麟先生，史學家也，亦哲學家也。其為學規模宏
遠，不守一家言，使天假之年，縱其所至，則其融哲史兩方面，而特闢一
境地，恢前業而開方來，非蔭麟莫屬（《哲學與史學——悼張蔭麟先生》，
1943 年）。

　　張蔭麟天性聰穎，但他從不自恃天賦而學點偷懶。束書不觀，空談義
理，天才成為無知淺薄的狂漢，張蔭麟是不願為之的。張蔭麟治學的勤奮
幾乎近於癲狂。每寫一篇文章，精神高度集中，老是幾晚不睡覺，直至文
章一氣呵成時，然後才大睡幾天，大吃幾頓。寓所裏滿地滿牀的書，束一
本，西一本，凌亂狼藉得不成樣子，他也無所謂。到病重的時候，他開玩
笑地對友人說：「我從今後要學懶了。」可他還是做不到，連勸他改讀點
輕鬆的小說，改不了習慣，依然捧起哲學書，手不釋卷，直至臨終。因為

讀的書極多極廣，著文不論古今中西，隨處觸發，總見火花。他的時評也寫得極犀利明快，有時惹得當局十分惱怒。在史學、國學、哲學、社會學四方面所積功底，使他可以和當時任何一門的專家對話。然而，通博並不是他的真正驕傲。張蔭麟對社會、對歷史那種全局統攬和深刻洞察的獨特把握能力，才是在當時出類拔萃，最具價值的。

在我看來，張蔭麟《論歷史學之過去與未來》《傳統歷史哲學之總結算》兩文，代表了他那個時代史學理論認識的制高點。有些觀點後來不僅未有超越，甚至有所倒退。

《論歷史學之過去與未來》，發表於 1928 年《學衡》雜誌。我覺得它明顯受到乃師梁任公 1922 年《中國歷史研究法》的影響，但因其對現代西洋文化、哲學的了解超過任公，故而想申述老師未盡之意。應該注意的是，那一年，正是傅斯年正式在北京創辦史語所，並發表了上篇說過的「科學實證宣言」。張蔭麟的觀點是不是與之有意關涉，我不清楚，但其間的不同，讀開首第一句話即知：「史學應為科學歟？抑藝術歟？曰：兼之。」

他認為理想的史學應具備兩個條件，一是正確充備的資料，二是忠實的藝術的表現。後者不純粹是說文筆，主要指把握人類歷史具有「思想情感性質」活動特質的能力；這種能力「半存乎天才，非人力所能控制」。對歷史這一特質的認識，即歷史是人的歷史，是人為追求自己的利益和意願的活動，他特舉了斯賓格勒關於文化的見解，思想淵源是清楚的。很顯然，強調史學還具有人文的特性，這是含蓄地表示他同傅斯年純科學派有所區別，而「半存乎天才」一說，則是他對獲取歷史通感之難的一種解釋。

上面的觀點實際只是提個頭，全文卻完全是圍繞歷史資料性質展開的。他詳細論析了歷史資料本身的局限，分為「絕對之限制」和「相對之限制」兩種。第一種，是史料客觀存在的限制，為後人無法補救的，諸如記載史料時觀察範圍、觀察人、觀察地位、觀察時之情形、知覺能力、記憶、記錄工具、觀察者之道德、證據數量九種限制以及傳訛、亡佚等共十一種情況。第二種是指史家處理過去資料時所產生的限制，有因絕對的限制而產生的謬誤未經發覺者、偽書及偽器未經發覺者、史料本不誤因史

家判斷的不精密而致誤和事實的解釋因時代的進化後此證明前此為謬者四種。讀者可以拿它同乃師《中國歷史研究法》第 5 章對照着讀，即知有發展。這樣的論證，最後還是想要說明史學不能直接面對研究對象──歷史，而離不開「人」（記錄史料的人和研究史料的人）的主觀活動，故史學很難做到像研究物理化學那樣「科學」；但追求「信史」的目標不能放棄，唯有認識到種種限制，庶幾或可近之乎。

如果說《論歷史學之過去與未來》着眼於史料學，那麼《傳統歷史哲學之總結算》則轉向對歷史觀本身的檢討。兩文寫作，雖間隔着留學美國的六年多時間，卻仍可以看作是姊妹篇。後一篇，將在下節結合《東漢前中國史綱》寫作背景再作扼要介紹。

最後，還想特別說說他的一篇不容易引起注意的短文：《玩「易」》。1956 年台灣版《文集》就因疏忽（或別的甚麼緣故？）而漏收，實在不應該。因為，這代表着他關於社會進步一種獨特的歷史思考。

這篇短文寫定於 1933 年 9 月。從文內「異國晚秋」字句推測，寫作的時候人還在美國。張蔭麟藉發揮《易經》的哲理，實際談的主題是社會變遷和「革命」。這麼一個很深奧的社會哲學問題，他卻幾乎是用了散文詩的形式來表述，很含蓄，也很深沉。短文直指《易經》的着眼處在生命，故曰：「生生之謂易。」而近世流行的「革命」一詞又恰好是從《易經》「革卦」裏推演出來的。與時潮最不同的是，文內反覆申述，要把「易」應用到「革命」上，要懂得革命是新生，要懂得「生」是不能急催的，不能揠苗的。社會秩序原是活的，原是一個活的有機體。所以革命的「命」要當生命解。只有創造新的生命才能革掉舊的生命。不然，革命只等於尋死。他極為感慨地說道：「創造新的生命，以一個新的社會秩序易一個舊的，那豈是病夫易室、貴人易妻那樣容易的事，而急促得來的？」用不着我多加饒舌，熟悉百年來思潮變遷的學人，都能掂出這些話的千鈞分量。這才是真正經得起百年歷史檢驗的義理。我要補一句，這裏反映出了張蔭麟對孔德、斯賓塞以來的社會學基本學理的圓熟運用，而且妙在不着痕跡，極似寅恪先生的風格。所以他對歷史的考察，往往側重社會層面，在制度的

創設和功能演化方面，非常用力，頗多新的洞見。這種史識後來被應用到對歷史上農民起義和改革、改制的全新詮釋上，極其成功，如《宋初四川王小波李順之亂（一失敗之均產運動）》《南宋亡國史補》和《東漢前中國史綱》第 11 章《改制與「革命」》。行內人讀了多能體會這些文篇在史學史上的特殊價值，但一般讀者則未必。尤其是前兩篇，形似考辨之作，更不合現在讀者的口味。除專門理論探討文章外，張蔭麟的史學論述風格，是從不脫空搬弄理論概念，橫插大段議論，義理即寓於史事鋪敍之中，偶有一二句點睛之筆，亦淡淡而出，極容易被放過。或許這就是中國史學的傳統，所謂《春秋》筆法。讀者宜多加咀嚼，細細消化才是。

眾竅無竅，天然自成

編著新式通史肇始於 20 世紀之初。1900 年，章太炎先生發表《中國通史例略》，首先發起設計新通史的動議。梁任公隨即響應，於 1901—1902 年開始醞釀寫《中國通史》，但始終未能履踐心志（張蔭麟對此最感痛惜），留有一些關於通史新體例的設想和春秋、戰國《載記》《年表》等片段嘗試。最早真正付諸實踐並開創章節體「通史」的，要數夏曾佑及其《中國歷史教科書》（寫於 1902—1904 年）。進入到三四十年代，編著中國通史教材已蔚然成風。據不完全統計，截至張蔭麟《東漢前中國史綱》出版時，至少已不下三四十種（此依《七十六年史學書目》統計所得）。

然而，到了 1945 年，顧頡剛先生編著《當代中國史學》時，卻秉筆直書道：「中國通史的寫作，到今日為止，出版的書雖然不少，但很少能夠達到理想的地步……故所有的通史，多屬千篇一律，彼此抄襲。」「編著中國通史的人，最易犯的毛病，是條列史實，缺乏見解；其書無異為變相的《綱鑒輯錄》或《綱鑒易知錄》，極為枯燥。」顧先生的這些評點，對今日大多數教材還基本適用，最多增加了變相的《通典》，算是人事物俱備，實在是難為情。

當時顧先生認為較理想的通史，點名有呂思勉《白話本國史》《呂著中

國通史》、鄧之誠《中華二千年史》、陳恭祿《中國史》、繆鳳林《中國通史綱要》、張蔭麟《東漢前中國史綱》、錢穆《國史大綱》，共六人、七部。應該說，這一點評大體公允。蔭麟的書雖未完成，顧氏為之惋惜，但仍給予刮目相看，亦見得《東漢前中國史綱》的價值。

張蔭麟剛剛經歷顛沛流離，生活甫定之後，1940 年 2 月在昆明為《史綱》寫下了篇幅不短的「自序一」。文氣與正文迥然不同，讀起來不輕鬆。一般讀者在讀完全書後，再去啃「自序一」比較合適。「自序一」，與其說是張蔭麟對《史綱》調度構思和剪裁史實標準的一個交代，毋寧說它更像是將《史綱》昇華到歷史哲學的高度，為理解整個人類史（不獨是中國史）提供一種經他梳理過的理路。歷史專業的學生若能將張蔭麟的理路與他的實踐對照着反覆品味，會加深體會熊十力所說的：「融哲史兩方面」，境界就不一樣。

我想首先要提到的，是張蔭麟在「自序一」裏說：「寫中國通史永遠是一種極大的冒險。」這話夾在大段理論闡發之中，很容易滑過。然而，這確確實實是個中人的肺腑之言。教了許多年中國通史，不能不常與教科書打交道。我有時也隱約覺得，通史好編，也最難編。所以，讀到張蔭麟這句話，特別感到震動。

記得嚴耕望先生說過，中國通史必須折中於重點與全面之間，並能上下脈絡連貫一氣，與斷代史有別，與專史也有別。因為有此種種考慮，所以大學「中國通史」可說是所有歷史系課程中最難講的一門課。過去大學「中國通史」課程教得最成功的，耕望以為應該數錢穆賓四先生為最（據筆者所知，較晚還有一位，就是 20 世紀 50 年代曾在山東大學教中國通史的趙儷生先生）。

說到教材，嚴耕望認為，目前所有各種中國通史中，仍以錢賓四先生的《國史大綱》為最佳。此外，可以呂思勉先生的幾部斷代史為輔。他的理由是：錢先生才氣磅礴，筆力勁悍，有其一貫體系、一貫精神，可謂是一部近乎「圓而神」之作，所以講者可以拿他來作一條貫穿的線索，也要諸生仔細地閱讀。呂書周贍綿密，可謂是一部近乎「方以智」之作，所

然擺脫不了成為傳統社會整合基礎力量的命運，未能走到社會「轉型」的新軌道上去。當然，這僅是一個事例。社會分層研究應該從各個層面上展開，以利於從權益（財富、權力、地位）結構的角度深入理解傳統社會的總體結構與特徵。

　　中國社會史學科所擔負的歷史使命，規定了它在發展道路上充滿了希望，但也有許多荊棘等待闢除。社會史從傳統史學中突圍而出，表面上看是一種分裂行為；但它將從一種全新的角度去探尋重新解釋社會—歷史的理論與方法，在一片新的疆土上建設起認識社會的理論學術體系。到了功德圓滿之日，很可能會復歸尋根，為建設新的歷史哲學貢獻自己的所能。只有到了歷史哲學變革成熟之時，新史學的誕生才能真正成為現實。而其前提是社會史必須敢於掙脫傳統的束縛，融會當代世界文化的一切積極成果，加上自身的創造，走自己的路。

文後附識

　　社會史是因歷史學變革的時代需要而應運興起的，它確實為變革中的歷史提供了一種具有活力的新樣式。但是，僅僅引入一些社會學、人類學的新名詞，改換上「社會史」的包裝，很難為學術界所認同。這應該是一次從外延到內涵，從觀念到方法的全面性、創造性的大轉變。

　　我想，為了使社會史真正承當起歷史學變革的學術角色，從事社會史研究的學者首先應顯示出與之相符的、強烈的維新變革意識，力求在「變」字上做文章，敢於另闢蹊徑，踏出一條新路。

　　基於探尋歷史海平面之下深層的、奧祕的認識論使命，社會史關注的中心不再是「國家」的歷史，而是「社會」的歷史；歷史編纂也將以「釋義」為特色，取代舊的「描述」為主的傳統模式。隨着史學研究中軸的變易，傳統史學着力烘托的王朝興替、政治震盪，以及相關的事件、人物隱退到第二線，而「芸芸眾生」及其沉默的生活世界、心理世界被擁到歷史學的前台。這意味着，我們熟悉的、積累經久的東西許多將被擱置起來，需要

特徵明顯的「整體」（或曰「體系」）。

「通史」的最高目標，自然是「精神」與「體系」二者統一。所造之境必合乎歷史之自然，所寫之意亦必凸顯歷史之真義。境與意能渾然圓融，恐怕只存於假設之中，「此曲只應天上有」。張蔭麟雖心嚮往之，也明乎此事仰之彌高，所以在「自序」裏一再申明：編寫通史有許多無可奈何的「天然限制」（對這種相對的與絕對的限制，張蔭麟在《論歷史學之過去與未來》一文裏有詳盡的論析），自己所做的「與所懸鵠的之間有多少距離」，只好付之讀者的判斷了。這不能作一般謙詞讀過，而是唯賢者能有之的真誠坦陳，甘苦盡在其中。

如果明白了「意境」之說，那我們就不會相信有所謂標準化的「國定」教材。假如把張蔭麟的《史綱》與呂、錢兩書對照着讀，就看得出 20 世紀上半葉的通史教材，成功的地方就是極有個性，多姿多彩。

《呂著中國通史》着眼處為社會的演化，在制度的考訂梳理方面最具優勢。今日雖不能說無可挑剔（畢竟許多專題研究有了長足的進步），但精細而富獨見的地方在在皆有，極見學術功力，當日無出其右，現下亦頗可燭照「左愚」。不足的是條分縷析甚細，政治大勢與制度沿革兩部分又截然分開，從「通」的標準要求，算不得上上策。誠之先生讀史之多，公認首屈一指，但在制度演化方面，也只能詳於隋唐以前，而略於宋明之後，不可謂全備。這再次證實張蔭麟所說，通史之難，還在於人力的「天然限制」。這部書對專業學習（特別是研究生）很有用，由此再去讀誠之先生的斷代史、專史，實為登堂入室的最好門徑。但最大的缺憾，就是不容易引起一般讀者的閱讀興趣，因此流行不廣。

這方面，錢穆《國史大綱》就異峰凸起，讀者佔有率之高，是完全可以想見的。一篇「引論」正可以視先生為當代賈誼，痛哭復長太息者再而三，特憂「中國文化命脈」的衰息斷絕，「歷史生原」的遽然中斷。當日情景，以嚴耕望的親歷記述為最真切。賓四先生才思橫溢，民族情懷熱烈，亦擅講演天才，行文一如其演講，詞鋒所煽，動人心弦，「一以中華文化民族意識為中心論旨」。是時正值抗戰艱苦時期，一經刊出，大後方

爭相傳閱，極一時之盛（詳參《錢穆賓四先生與我》）。《國史大綱》可以說是以氣盛情深而獲取成功的一部通史。黃仁宇曾在《中國大歷史》裏稱譽賓四先生是「將中國寫歷史的傳統前接後帶到現代的首屈一指的大師」。但若以專家的角度來看，疏闊之議勢所難免（耕望也委婉說到）。然最可斟酌的，倒是這種近乎自戀式的本位文化情結，不免對本屬歷史批判的應有之義，多有遮蔽回護，總欠幾分冷峻。對近世的落後、變革的艱難，也缺乏深沉有說服力的內省。這也是黃仁宇說的「寫歷史的傳統」的弦外之音，缺乏現代性。就通史不可或缺的制度和社會層面的揭示而論，《國史大綱》比起呂著要遜色，也是毋庸諱言的。

　　張蔭麟寫《史綱》，上述兩書均不及見到。與錢穆先生有所互商，詳情亦不可而得（似得讀過「引論」）。然而，以書論書，張著正介乎二者之間，平靜冷峻有似誠之，而文采飛揚則不減賓四。思維切入的理路和注重社會全貌，與呂著更易謀合。他在「自序二」中給自己規定的重點是：「社會的變遷，思想的貢獻，和若干重大人物的性格，兼顧並詳。」對歷史全局因果的理解，特具哲學思辨的那種網狀的發散性，運用起來又能不着痕跡，以平易淺顯出之。我以為，這才是張蔭麟《史綱》的長處，而為上述兩大家所不逮。遺憾的是，寫出的畢竟是片段（包括兩宋），還看不到他對國史全局統攬的「底牌」。所以，就通史的影響和實際成就而論，尚不能與呂、錢倫比。

　　與現今的風氣大不同，作為一位在史壇已負盛名的專家，張蔭麟獨把編著高中歷史教材看得極重。說其鞠躬盡瘁不為過。臨終前一直陪伺身邊的好友張其昀追憶說：「他是一位飽學之士，能禁其閱書，而不能禁其運思。他念念於史綱之完成，雖在病中仍精思不休，而病勢遂陷入深淵。」（《張蔭麟先生的史學》）

　　在歷史教材方面，張蔭麟不願重蹈舊徑，極想披荊斬棘，開出一種使人人能讀、讀而有所得的新體裁。這在他的「自序二」中已交代得十分清楚，讀者自可檢閱。《史綱》體裁的創制是極其成功的。文筆的簡潔優美，說理的平易生動，讀者初展書，一股久違的醇香就會迎面撲來。

　　我一直在想，張蔭麟何以要這樣做？要知道這正像他自己感慨的，深入而淺出，勞神費心，是「很苦的」。何況他對社會和歷史的思索很投入，不少地方帶有形上的色彩，超凡脫俗，沉潛雋永，最可以在這種地方顯示高深。然而，這些高深的議論在《史綱》中竟消失已盡。他自己苦心「玩索」所得的體驗，都化為了「以說故事的方式」淡淡托出。

　　我私下揣度，恐怕不僅僅只是為了「高中生」。近世以來，生搬強灌的「道理」，不勝其煩。新概念、新名詞滿天飛，摧枯拉朽，氣勢逼人。蠻橫之餘，負面的效應就是人人高談闊論，以主義角爭高下，卻忘掉了許多腳下最平易的事實，最通常的歷史知識。無論上下貴賤，愚蠢的歷史錯誤總不斷重犯，就說明了這一點。張蔭麟寫有《中國民族前途的兩大障礙物》《說民族的「自虐狂」》兩篇評論，可以窺見他這方面的思慮。與其空談主義，何不即事求理？要求國人素質的提高，使他們自然地浸沉於歷史的演化裏，潛移默化，用心神會，不是比填鴨式訓政更切實有效嗎？

　　寅恪先生晚年潛心箋證錢柳因緣，自述其心志「不僅藉以溫舊夢，寄遐思，亦欲自驗所學之深淺」。聯想及此，莫非張蔭麟亦欲以《史綱》「自驗」其歷史哲學運思的「深淺」？筆者不揣愚妄，對若干關節點，謬效前人「代下註腳」於下。不敢說能為先生「發皇心曲」，亦算是為讀者諸君深入閱讀《史綱》，從《文集》與《史綱》互讀的角度，聊盡「導讀」的微薄之力。

　　在構思《史綱》的時候，張蔭麟腦海裏早就有了對歷史大格局的思考。1933 年，張蔭麟從美國寄回長篇論文《傳統歷史哲學之總結算》（簡稱《總結算》），刊登於當年的《國風》雜誌。台灣版《文集》所註刊名、年份均有誤，此係去世後友人重刊以誌紀念。大陸教科社版則未能入錄，恐不能不說是智者之失慮。教課之暇，我常以讀歷史哲學書籍作為業餘愛好，這方面的信息也不算閉塞。我敢說，這是一篇超凡脫俗的歷史哲學力作。讀完《史綱》，再誦讀該篇，許多意猶未盡的深意，真是「看山水底山更佳」。

　　《總結算》對 20 世紀東西方流行的四種史觀（目的史觀、循環史觀、辯證法史觀、演化史觀），逐次論析其本義，「抉其所見，而祛其所蔽」，

火候把握不溫不燥，頗見功力。令人敬佩的是，張蔭麟對這些各具方法論價值的思想遺產，都以一種獨立思考的批判精神，用求實求真的歷史感一一加以過濾，是則是，非則非，不偏執，更不迷信。經這種積極的思慮和批判，凸顯出來的是 20 世紀最難能可貴的思維成果——對機械進化史觀和單線一元決定論的摒棄，代之以寬闊發散性的整體思維。他的基本立場可以表述為：人類的歷史是人自身創造自身的歷史，「一切超於個人心智以外之前定的（亦即先驗的——筆者按）歷史目的與計劃皆是虛妄。」「歷史之探索，乃根據過去人類活動在現今之遺跡，以重構過去人類活動之真相。無證據之歷史觀直是譫囈而已。」

　　任何理論概念再好，比之於實際生活本身，總顯出它的貧乏和單調。歷史觀念之於歷史實際，亦是如此。近年來這一聲音高起來：「讓歷史自己說話！」自然，歷史哪能自己說話？它無非要提醒我們，史學必須一步也不能離開對歷史證據的蒐集和甄核。歷史不是為概念而活着的。相反，任何概念都必須經受經驗事實的證偽。忠實於歷史，乃是史家的職業道德。直到現在，通史的整體框架還是板結硬化的。一個重要的原因，就是拘泥於一些固定化的程式，出於這種或那種緣故，不能直面歷史實際。重讀張蔭麟寫於 50 多年前的教材，不能不感慨繫之：張蔭麟正是靠着他這種歷史認識論的獨立思考，《史綱》才會有不同於眾、至今還光彩依舊的許多歷史洞見。比之於他，我們是進步了還是退步了？真不敢說。

　　《史綱》只寫到東漢建立為止。全書最精彩、最富學術價值的，是第 2 章到第 7 章。因為這 6 章，正好關係到我國歷史走向最早的兩次大轉折，為認識中國歷史的大關節，非同一般。在這 6 章裏，張蔭麟層層交疊錯綜推進，着眼於歷史複雜的因果網絡關係，有放有收，構思極費匠心。我上節所說的對歷史全局的統攬和深刻的洞察能力，這裏體現得淋漓盡致。

　　現今中外史學界都有同感，中國社會有許多迥異於西方的歷史殊相，制度、文化、意識形態等等的傳統和歷史走向都極具個性。費正清在經歷了長時期挫折之後，最後也不得不放棄「歐洲中心史觀」，承認必須「以中國看中國」。然而這並不容易。20 世紀 70 年代後期，鬧鬧了好一陣的

「封建專制主義批判」，像是「燈謎大會」，很能說明生活於「此山中」也未必就識得「真面目」。原因很多，重要的一點，在做出得失是非的歷史價值判斷之前，最要緊的倒是必須從源頭清算起，弄清中國社會何以會一步步地走到後來這樣的田地。

如何定位中國文明歷史的開局？張蔭麟在前述論文裏，對黑格爾以來「目的論」史觀的批判用力最大，其中很有深意。

通史界對「目的論」一詞多覺陌生。這麼玄乎的問題與我們有何相干？然而，只要往深處想，許多已習以為常的國史判斷，思維背後的潛台詞，不都有「人類史為一計劃、一目的之實現」（黑格爾）的意味？這種先驗的「計劃、目的」，可以託為「天作之君」之類的神學體現，也可以化為「世界精神」的意識產物，即使是以「社會組織遞次演進」的「必然規律」來強行框架特定的具體的民族歷史，所謂「五步論」中國也「概莫能外」，從哲學意義上說，不都是「目的論」的翻版？

第一個顯例，即為中國是否經歷過「奴隸制社會」。所幸現在相信的人越來越少了。我至今最不能理解的，商代歷史裏野性的氣味（例如人殉、犧牲等等）較濃，還容得聯想。「郁郁乎文哉」的西周，還一口咬定它仍為「奴隸制社會」，豈不是硬閉起眼睛，存心不想辨認歷史事實？史學為着「概念」活着，還有甚麼生氣？

第 2 章「周代的封建社會」，是張蔭麟對先秦歷史文獻多年潛心研究心得的晶體，先行刊登於 1935 年《清華學報》。他通過九個角度的組合，繪聲繪色地揭示出了周代社會的整體面貌，包括社會各階層、城鄉生活狀況、政治管理體制乃至意識形態等方方面面，靜態的和動態的演化史跡，說得都有根有據，平和易懂。在所有通史教材裏，對周代社會的整體勾勒，我至今還沒有看到比蔭麟更周全、更清晰的，無一句落空。

通過九節逐次的生動描述，讀者可以信服地看明白：周代既沒有希臘、羅馬那種「奴隸制社會」的模樣，也與西歐中世紀的「領主制社會」迥然相異。它就是具體的一個社會歷史個案，是由我們祖先獨創的，獨一無二的中國式的「封建」，以家族、宗族聚邑為基礎，由部族方邦聯合，而進

至以宗法制為紐帶的「封邦建國」,「散漫」(注意,這是蔭麟的特別用詞)
的「封建」。再走下去怎樣?稍後就說到。

　　張蔭麟並不迴避奴隸問題,而且描述細緻具體。但置於他的整體結構
之中,奴隸的地位、作用也是一目了然,不容有異想天開的餘地。對奴
隸,我們有許多先入為主的「誇張」。張蔭麟在書中具體比較了貴人的奴
隸與鄉邑農民(庶民)生活處境的同異後,說道:「(庶民)他們的地位
是比奴隸稍微高貴;但他們的生活殊不見得比奴隸好」,說的是在特殊的
情景下,苛稅雜役法外擾民。張蔭麟就是那樣真誠,不肯遷就流行,不願
意把話說死。說死了,歷史就不是活生生的,可以讓人回味的。試想數千
年的中國古代社會裏,這種情形在史書中不就經常見到?極端的例子,明
清河北正定、河間一帶專出太監,怎麼理解?為甚麼好好地不當自由的農
民?要說有「奴隸社會」,一座大觀園不就是,還用得着到說不清的商朝
去找?

　　如果不是過於偏執觀念的成見,能說張蔭麟描述的不是實實在在的周
代歷史?對周代社會認識之重要,還因為它關聯着對中國歷史能不能有一
個連續把握的歷史通感。只要前後上下打通去思考,問題也就不難豁然解
開。於此,蔭麟在第 2 章第 1 節開首的點睛之筆:「周代的社會組織可以
說是中國社會史的基礎」,看似平易,卻有千鈞之重。

　　我特別佩服張蔭麟敏銳的歷史通感。其時,地下考古發現還很有限,
對幾千年前社會基層,一般人的聚落生活遺址,全然無知。他完全是憑着
文獻捕捉到歷史靈感的。今天,早於商周以前,新石器時代的考古發現也
越來越豐富,完全證實了以同一血緣的家族、宗族聚合在一起的聚落——
「鄉邑」,始終是上面屢經變遷的國家(從方國、王國到帝國)政治的基
礎。原先陝西姜寨發現的是以公共廣場為中心的同心圓模式,大中小房子
分五群圓拱圍繞着廣場(像是公社集會的場所)。我曾自作聰明地提問:
是甚麼時候,我們的民居聚合離開了「羅馬廣場」而變成排房模式的?
很快考古發現證明這是一個假問題。在遼寧,在湖南,連續發現了五六千
年前的聚落遺址,竟然活脫脫地就像舊時我家鄉村落的排房,五排、六排

的，一個村落；南方還發現了一條小路通向遠方，「小橋」流水的畫面似在眼前。你說奇特不奇特？數千年裏我們絕大多數人口就沒有走出過這一情景。最近十來年，才有了一點點走出的樣子。

甚麼「人人普遍皆奴隸」？甚麼「奴隸軍事集中營」？現在覺得真有點好笑。許多前賢的感覺我們都疏離了。他們老說，一家一戶，同族相拱相助的鄉村生活，在平日裏是「自由」的、「平等」的，除非天災和從外面衝進來的人禍（參許思園《中西文化回眸》，華東師範大學版。張蔭麟書裏也有類似的描述）。現在想想，那時同族相聚，「死徙無出鄉」；即使到了郡縣制時代，「天高皇帝遠」，政府只設到縣一級，若風調雨順，老百姓所求不高，外面的人也不大管，這情景也真有點像。否則，《老子》裏關於「小國寡民」的描繪，《桃花源記》裏的世外村落，想像的根據哪裏來？漢呂后、唐武則天年代，上層、宮裏殺得天昏地暗，甚至「陰陽倒錯」，只要不苛政猛如虎，還懂得「休養生息」，連正史也承認，是時天下尚稱「乂安」，百姓「逸樂」。這情境現代洋人不容易看明白，從山村裏走來的多少都能體驗。上面變化萬千，底層依舊如故。甚麼「王」、甚麼「帝」，能給我安靜，都無所謂。山還是那座山，水還是那樣的水，這就是直到開放以前中國的歷史底蘊：數千年以不變應萬變。

由第 2 章而下，直到第 7 章秦統一止，實際整個成一系統。這是有關中國歷史走向的一個大關節。對這種歷史變動，在第 5 章第 1 節，以優美似散文的筆調交代了總的態勢：「春秋時代的歷史大體上好比安流的平川，上面的舟楫默然潛移，遠看仿佛靜止；戰國時代的歷史卻好比奔流的湍瀨，順流的舟楫，揚帆飛駛，頃刻之間，已過了峰嶺千重。」

歷史有靜和動兩方面。前者，張蔭麟稱之為「一個有結構的全體之眾部分的關係」，亦即社會學裏的「社會結構分析」。「周代的封建社會」一章主體部分，用的就是這種方法。相對於靜的結構的描寫，後 5 章，就是張蔭麟稱為的「變動的記錄」，有時就徑稱「演化」。它所涉及的，相當於社會學中的「發展」和「變遷」兩個範疇。張蔭麟的基本立場，在「自序一」下半部分作了扼要的說明。

　　呂思勉、錢穆在他們的通史引論裏，都說到「人類以往的社會，似乎是一動一靜的」，呂稱之為「生命的節奏」；「人類歷史之演進，常如曲線形之波浪，而不能成一直線以前行」，錢稱「歷史的風韻」由此而異。這都說明由辨同異而斷動變，是通史家着力入針的「要穴」。歷史的靜不好寫，但動的歷史更難駕馭，特需要識見。

　　張蔭麟稱自己是傾向於「演化史觀」的。但在《總結算》裏特別申明，他與近世流行的進化論之間有不少原則性的分歧。他所特別不能苟同的，一是崇尚「突變」。他說：「吾人若追溯其過去之歷史，則必為一演化之歷程；其中各時代新事物之出現，雖或有疾遲多寡之殊，惟無一時焉，其面目頓改，連續中斷，譬若妖怪幻身，由霓裳羽衣忽而為蒼髯皓首者。」他不相信靠朝夕之間「天翻地覆慨而慷」的舉動能造作出奇跡，甚麼事情前後都有糾葛絲攀，只能漸漸地變動。這層意思，在關於春秋戰國變化態勢的描述裏，已經用近乎文學的語言表達得很生動。二是迷信「必然」。張蔭麟主張：「一切民族之歷史之通則，宜從一切或至少大多數民族之歷史中歸納而出結論。其能立與否，全視乎事實上之從違。」他戲稱郭沫若氏《中國古代社會研究》中所執世界同一的演化程式，為「一條鞭式的社會演化論」，是「欲將我國古代生活記錄生吞活剝以適合之」。

　　張蔭麟後一段意思，需要略為申述一下。我試問過自己，甚麼叫歷史必然？天下本沒有路，走的人多了，就成了路。中國的歷史也是一步一步慢慢踩踏出一條路來的。回過頭看，曲曲折折的長路，一直連到天地洪荒，一代接一代的人，精心算天算地算人算己，都算不準確，那長程軌跡、那總的結果卻是明白的。這結果一定跟「理念」有偏差，跟別的國家、民族更不一樣。事後，對這種結局作因果的清理，便得出了所謂的「必然」。以後呢，以後再說。歷史學家除此而外，還能做甚麼？

　　當然，張蔭麟對這種「過程」的歷史感覺，絕不會像我上面說的那樣淺陋。他既有高度，也有深度，把這稱之為「定向的發展」。他說：「所謂定向的發展者，是一種變化的歷程。其諸階段互相適應，而循一定的方向，趨一定的鵠者。這鵠的不必是預先存想的目標，也許是被趨赴於不

知不覺中的。這鵠的也許不是單純的而是多元的。」（「自序一」）我想，這就是張蔭麟對多元發散性思維一次成功的運用。

西周之後，中國歷史走向如何？張蔭麟在剛開始說西周時，就早早埋下伏筆，它實際上是後 5 章的總起：「從這散漫的封建的帝國到漢以後統一的郡縣的帝國，從這階級判分、特權固定的社會到漢以後政治上和法律上比較平等的社會，這其間的歷程，是我國社會史的中心問題之一。」一千來年的變動軌跡及其特徵，張蔭麟的歸納就這樣要言不煩。

中國的歷史雖然還有許多問題一時還說不清，但她的神韻讀多了總有一種特別的感覺。張蔭麟這一個「散漫」，一個「統一」，真是把前後兩種不同的歷史意境點化得「神」了。在之前，中國人還沒有享受到「大」的好處；在之後，中國人從此也要同時備嘗「大」的難處。這種歷史的通感，張蔭麟猶如名醫，號脈是如此準穩。

商周王國（張蔭麟稱「帝國」，因為商王或周王有時也自稱「帝」），絕對不像現今有些史家說的，已經是一個「統一」的國家。它更像是一個散漫程度略有差異的方邦聯合，但都必須以我（商或周族）為核心，不是平等的聯合（有君臣的名分）。它明智的地方，表現在儘可能不破壞原有方邦的社會組織，穩定基層，「一國多制」。正像張蔭麟說的，周人實行的是地方分治：「在一個王室的屬下，有寶塔式的幾級封君，每一個封君，雖然對於上級稱臣，實際上是一個區域的世襲的統治者而兼地主」，「諸侯國的內政幾乎完全自主」（第 2 章第 1 節）。在中國歷史上，只在這個時期才有真正名副其實的貴族階級和地方分權。如果這種歷史格局一直延續不變，那中國的歷史也許與歐洲的歷史不會有那麼大的差異，不至於後來誰也認不得誰，如同陌路人。

然而「天下沒有不散的筵席」，周的「禮制」再完美、再周密，也抵不住人性惡的情慾本能。世襲貴族階級（公室、世卿）為算計自己的利益，算計別人的利益，「宗族和姻戚的情誼經過了世代愈多，便愈疏淡」，「名分背後的權力一消失，名分便成了紙老虎，必被戳穿」（第 2 章第 9 節），終於不斷地相互爭鬥、相互殘殺，出新招，換花樣，竟把一個舊的

社會秩序給毀了，也親手把自己所屬的那個階級送進了墳墓。在春秋戰國的五六百年裏，再沒有比貴族階級漸次在自殺中消滅再重大的事件。不知不覺中，所有好事、壞事，都圍着這個中心轉；誰也沒有料到，人人都在唱「葬花詞」。自殺總比他殺更多悲劇的情味。中國歷史終於朝着另一方向走去。這就是張蔭麟花了 5 章的篇幅（其中包括相應的思潮起伏，此處割愛不贅），講了許多故事，要託給我們這種特具中國韻味的「動的歷史記錄」。

　　對這一變動，前輩史家間的價值評判頗有出入，但大歷史的構架都是一致的。其中以誠之先生說得最明白。他把中國古代史分為三個時代：（甲）部族時代，（乙）封建時代，（丙）統一時代。錢氏《國史大綱》大體也是循這一思路定綱目的。張蔭麟在《史綱》裏沒有總括，但與呂、錢兩家完全不謀而合。讀者可以比照現行市場上出名的「通史」，孰為真實，孰為虛假？

　　第 7 章第 3 節，張蔭麟破例地引證了秦始皇紀功石刻的原文，然後似乎很不經意地寫道：「在這幅員和組織都是空前的大帝國裏，怎樣永久維持皇室的權力，這是始皇滅六國後面對着的空前大問題，且看他如何解答？」

　　張蔭麟沒有能把《史綱》寫完，但就在上面那段不經意的點題裏，已經把此後全部歷史的總題目交代給我們了。這就是大家的筆法。

　　從此，「乃今皇帝，一家天下」，中國再沒有真正意義上的貴族，滿天下多是皇帝任命的官，直到宣統遜位。在考試（科舉前亦有考試）面前人人平等，布衣士子平地可「跳龍門」，但到頭來都是爭着為皇帝打工。不求有功，但求無過，就成了這種官僚政治深層的劣根痼疾（呂思勉先生多次論及）；也正因為如此，「清官」物以稀為貴，才特別叫座。對皇帝的好處是不用說的，「科舉市場」人才資源充足，誰不老實，就招別的人來打工，所以宦海浮沉，風波不斷，至有「新鬼又來了」的笑話（武則天宮女語）。對這一點，唯有已故傅衣凌先生一語中的：中國古代的體制，特點不在「長期停滯」，妙在它「最富彈性」，死去還可以活來。

　　試想，此後兩千來年，所有的歷史還不是圍着這「空前」的「大」字，

一代一代不停地補苴罅漏，為中央與地方的關係，為「鐵打」的君王與「流水」的職官之間的關係，為寬猛、收放、和戰、治亂等等難題，費盡心機。其中歷史學起了關鍵的作用。前車傾覆，後者修軌；撥亂反正，正又復生奇。我們的全部古代政治學，都寫在《資治通鑒》之類的史書裏頭。平心而論，成功是巨大的。林語堂好刻薄，記得他説過：「不管怎樣，無論怎樣混法，中國能混過這上下五千年，總是了不起的，説明我們的生命力很頑強。」（大意）能説語堂先生刺耳的幽默裏不包含真理？《東漢前中國史綱》剛開了頭，例如關於漢武帝的經濟對策、關於王莽脱離實際的改制鬧劇，都寫得很有意思。在兩宋的遺篇裏，對興亡盛衰的討論要深入得多。

　　總之，中國歷史可以回味的地方很多。張蔭麟《史綱》裏值得回味的地方也還有很多。「百聞不如一見」，還是自己去讀出味道來，才是真切的。

　　參考文獻

　　（1）《東漢前中國史綱》，遼寧教育出版社「世紀萬有文庫」本，1998年版。

　　（2）《張蔭麟文集》，倫偉良編，台灣「中華叢書委員會」，1956年版。

　　（3）《張蔭麟文集》，張雲台編，教育科學出版社，1993年版。

三

中國社會史學科建設芻議

　　社會史與文化史先後在傳統史學領地上突兀而起，被認為是改革開放以來我國史學變革的兩大標誌。與文化史相比較，社會史似乎略顯得有幾分拘謹，畢竟它還是一門很年輕的學科。即使在社會史研究比較發達的西歐、北美，其興盛也僅始於 20 世紀中葉，至今仍充滿爭議，很難找到一致認同的定義。對剛剛復興的中國社會史來說，它既要充分關注世界範圍內該學科的進展和成功的經驗，又必須依據中國社會的特點，做出自我選擇，走自己的路。因此，目前應該努力創造一個多元化的、充分開放的學術討論環境，從容地思考學科建設的各種方案，以期在沉着中求突破。

走出低谷的歷史抉擇

　　社會史研究如何驅動，將規定社會史學科發展的軌跡，以及它能否駛向變革的彼岸。在這裏，至關重要的是必須對社會史興起的學術情境和歷史學的時代變革有一個深刻的認識。

　　目前社會史很容易被界定為歷史學的一門專史或分支。我感到這需要斟酌。這種界定很可能會因為簡化了社會史興起所包含的豐富學術變革內容而沖淡其對傳統史學叛逆的意義，從而使之淪為傳統歷史學的附庸。

　　沒有異議，社會史同傳統史學有難以割斷的歷史血緣。而且，無論東西方，史學危機都曾對社會史的興起產生過催生作用。大約在 20 世紀中葉前後，西歐、北美都經歷過程度不同的史學危機，社會史由此乘時而起。30 年之後，中國史學也備受「無用」和孤獨的煎熬，其深重得多的危機意識迫使史學工作者由西方的啟示而找尋解脫的生機。文化史與社會史的崛起，便是由不同角度做出的選擇。

　　當前史學遇到的危機實質上是社會信任的危機。以政治史為核心、深深糾纏於「事件—人物」固定框架的史學傳統，顯得老態龍鍾，無力回應社會變革對史學提出的一系列斯芬克斯之謎。悠悠數千載的中國歷史，雖經古往今來史學家不斷敷演，卻總擺脫不了王朝興亡與貴人榮辱的基調，而津津樂道於政治藝術，政治偶像、人物偶像被供在史學的祭台上，不斷受人朝拜。近代馬克思主義唯物史觀的引入，衝擊過「帝王將相史」，一度喚起了人們對史學變革的熱情，然而巨大的歷史惰性卻又把它拋入了傳統的海洋中而被融合同化。特別是片面強調政治鬥爭為歷史唯一主線與動力的觀念，為特殊的中西方融合鋪設了暗道。除了社會形態之類的術語略微改變了史學的外觀，中國社會結構的特殊性和社會變革的艱難，仍像一個猜不透的啞謎。到了 80 年代，現代中國人經受內外的刺激，再也不能忍受百年來的落後。為了奔向世界現代化的時代洪流，中國迫切需要知悉一切有關傳統農業社會向現代社會變遷的奧祕。社會神經興奮中心轉移到了現代化經濟建設這一嶄新的主題上來，由此牽動了整個社會的改造，社會改革涵蓋了以往被階級鬥爭籠罩的一切領域，滲透進社會生活的各個角落。一向自尊的歷史學突然墜落——關於政治鬥爭藝術的歷史遺產不再受人鍾愛，經濟決定一切的簡化論使歷史學拙於「社會」研究的短處捉襟見肘，職業的慣性使大多數研究仍囿於「事件—人物」舊模式徘徊不前，因而偏離了時代需求的中心。雖然也有少數勇士採用破門而入的反傳統戰術，試圖用新的理論和方式回應社會與時代的詰難。固守傳統的歷史學卻以不屑一顧的心態用沉默來對付新的變革，只是在年輕人心中才激起感情的漣漪。試問，歷史學既不願與傳統決裂，又與時代相隔離，怎麼能奢望社會給予它公正的對待呢？對此，史學工作者不能不反躬自咎，尋找走出低谷的新徑。

　　正是在這種時勢的推動下，衰敗、中斷了數十年的社會史在中國再度復興。這主要是由史學界的一些學者倡導的，與當初社會史在中國最早落戶的情境很不相同。20 世紀二三十年代，社會史是由接受西方社會學教育的第一代中國社會學者移植而興起的。當時的史學界則採取輕蔑或旁觀的

態度，不輕易介入。現在，中國的史學工作者似乎傾向於自信：社會史可以通過自身的擴張，由歷史學家來完成。史學變革的這種主動精神殊為可貴，問題是這種變革是否僅靠領域的拓寬、課題的更新就能實現？我們是否能由此走出史學的低谷？

初始動機的相似，很容易使人忽略了東西方社會史興起所依托的學術情境方面的差異。最明顯的便是過急地將視線集中於西方社會史所顯示的新課題上，忽略了變革賴以實現的許多重要前提。據此我不贊成目前認為社會史只是傳統史學領域的拓寬，是歷史學分支的論點。相反，主張社會史為了取得自己成長所必需的獨立學術地位，目前急需下決心割斷傳統史學的臍帶，在一種新的學術氛圍中發育壯大，開拓自己的路。從這種意義上說，社會史首先應作為傳統史學的叛逆角色出現在學術舞台上。

也許法國的同行——歷史年鑒學派給了中國史學界以巨大的鼓舞，使上述的自信心有了厚實的支撐。為此，有必要對法國年鑒學派的歷史經驗作一番分析。

我以為，年鑒學派的成功經驗，有兩點是值得借鑒的。首先，它是對舊史學傳統（19世紀實證主義史學）的一種叛逆。用該學派第三代傳人勒高夫的話，歸結為：打破政治偶像、個人偶像、編年偶像，將政治史趕下王位，是他們的首要任務；進而衝破「事件—人物」的舊格局，以實現使「一切成為歷史」的整體研究的新目標。經過他們創造性的史學實踐，歷史已不僅是政治史、軍事史和外交史，而且是經濟史、人口史、技術史和習俗史；不僅是君主和偉人的歷史，而且是所有人的歷史；是結構的歷史，不只是事件的歷史；是有進化、有變革的運動着的歷史，不是停滯的、圖表式的歷史；是分析的、有說明的歷史，不是純敘述性的歷史，總之是無所不包的歷史。正因為這樣，年鑒學派的創始人寧願用一個模糊而多義的「社會」作為他們史學流派的概括語，由此年鑒學派也就被看作是當代社會史的開拓者。這就啟示我們，將社會史看作等同於政治史、經濟史、軍事史一樣的專史，過窄地界定社會史的研究範圍，是與年鑒學派的精神不符的，稱不上是對舊史學的叛逆，而只能是舊史學的補充。第二，更重要

的是，為了使沉睡的歷史獲得現實的生命，實現使歷史成為「整個生命的復活」，年鑑學派認為歷史學不應只停留在肌膚表面，必須深入到內臟、血脈乃至整個神經系統，探索「社會」這一「特別狡猾的獵物」的生命奧祕。為此，必須變革觀念，變革理論，變革方法，變革——至少部分地變革語言。很明顯，這一全面的變革，僅靠史學原有的財富是不敷使用的。因此，拆除學科間的高牆，博大地容納經濟學、心理學、地理學、社會學、人類學乃至數學等多種學科，實施「學術雜交」正是年鑑學派成功的最大祕訣。

應該指出，法國年鑑學派在社會史後一方面的實踐是有局限的，對此，勒高夫有過中肯的檢討。這是因為法國是一個史學傳統特別悠久的國度，年鑑學派依然保持着史學矜持自大的傳統色彩，輕視理論的作用。從法國移開去，視線轉向英、德、美諸國，我們的認識就會更深一層。社會史的興起，不僅是基於史學危機而產生的史學變革的戰利品，它更是整個西方社會科學普遍歷史化的積極成果。社會史能形成為富有特色的新學科，更大程度上應歸功於其他社會學科的變革，其中起關鍵作用的則是社會學。

社會學儘管資歷不深，但從它誕生伊始，便沐浴着近代理性精神的恩澤，既不像歷史學那樣醉心於因果的線性排列，也不像歷史哲學高懸空中，用人類本性、社會本性之類摸不到邊的抽象觀念去製造種種幻覺，而是用實用主義方法，抓住「社會」這一「特別狡猾的獵物」，進行機體解剖。儘管社會學的鼻祖孔德編織了一套頗富哲學意味的社會學理論體系，在相當長時期內，社會學卻是用功能主義的觀點，竭力探尋某一特定社會能持久維持和自我調整的結構的內在祕密，致力於社會問題的病理診斷。因此，社會學常常被認為是一門應用性很強的學科。現代工業社會的社會結構和社會問題的研究是最引人注意的主題；貼近現實，富有社會改良意識和職業良知則是社會學家的最大特色。可以這樣說，現代西方社會能在危機中駛過一個又一個險灘，社會學自有其不容抹殺的一份功績。

假如社會學始終保持這種態勢，那將與歷史學絕緣，不可能走到一起。發生於 19 世紀末 20 世紀初的社會學的變革卻為這種聯姻提供了機

緣。兩個重大的因素影響了社會學向新的方向變革。其一，西方社會內在的矛盾和危機，使社會學家已不滿足於關於社會結構協調和諧之類的「整合」神話，日益關注因利益、權力、地位的矛盾而引起的衝突、緊張等客觀存在，社會衝突理論取代功能理論受到社會學家的青睞。在這一理論的推動下，關於社會變遷的研究被擁上社會學的王位，其中卡爾‧馬克斯的影響之大是毋庸置疑的。而馬克斯‧韋伯則用其畢生的精力出色地完成了關於由傳統社會向現代社會（「理性資本主義」）變遷的一系列開拓性論著，奠定了社會學歷史化的變革基礎，創立了歷史社會學，第一次為社會學與歷史學溝通架設了橋樑。其二，第二次世界大戰後不發達世界的現代化浪潮強烈吸引了西方社會學家，社會學第一次大規模離開本土轉而考察非西方社會的歷史變革。原有的關於西方現代工業社會結構和變遷的理論與方法在一片新的疆土上受到嚴峻的檢驗，碰到了一系列的困惑。社會學家為了解開非西方社會變革的繩結，不得不逆向追溯包括非西方社會在內的全部世界史，進行綜合比較，再一次與歷史學會合。由於以上兩個原因，繼馬克斯‧韋伯之後，更多的社會學家開始運用歷史研究風格進行社會變遷的研究，進一步推動了社會學的歷史化。與此同時，歷史學也以「一切歷史都是世界史」作為回應，接納了社會學的歷史化。這兩股力量互相激盪，使一向深藏在社會學理論深處的關於社會整體的認識升上水面，被更廣泛地觀察思考，於是社會學的宏觀理論藉助 20 世紀自然科學方法論的引力迅速轉向結構—功能主義，試圖構築一個能包容全部歷史時空和社會整體的理論體系。無疑它又重演了當年歷史哲學烏托邦式的宏願，至今仍未能取得一致認同，而且常受到譏笑。但是應該看到，它畢竟為宏觀把握全部社會歷史提供了種種有啟發性的新思路。為了變革浸透了實證主義惰性、缺乏宏觀理論的西方歷史學，社會學的這一最新變革成果猶如甘霖，澆灌出了社會史這一枝新葩。

　　強調社會學理論對社會史學科創立的關鍵作用，絕非意味着要抹殺經濟學、人類學、心理學等其他學科的影響。社會學的優勢在於它一開始就佔領了社會這個制高點，而不像歷史學始終被政治遮住了視線，陷於迷

津。唯其如此，社會學在它成長的道路上，從理解社會的總目標出發，總是毫不遲疑地吸收其他學科的長處。綜觀社會學理論的各個主要流派，功能學派源於生物學的有機理論和社會人類學；交換論明顯受到古典政治經濟學的薰陶，而後又受到社會人類學的深刻影響；互動論更多地體現出心理學的滲透；而衝突論則表現出社會進化論與人類解放的哲學理想主義的交互作用；當今被認為最有發展潛力的結構主義學派，不僅綜合了以上各家之長，又深受現代語言學、自然科學以及數學的影響，正向溝通微觀層次分析與宏觀整體把握的更高目標挺進。現代社會學理論以其不斷吸收、不斷消化的積極態度濃縮了各種學科對社會認識的理論貢獻，因而富有朝氣和活力。

到這裏，我們已經看到，20世紀各種學科普遍變革與綜合交融的大潮，正是社會史興起的最佳學術情境。社會史並非歷史學家孤軍奮鬥的結果，而是各路學術大軍協同作戰的集體戰果。其中，社會學（特別是社會人類學）則起着開道的作用。說社會史是歷史社會學與社會歷史學聯姻而誕生的嬰兒，雖然未必完全貼切，但也不算離譜。依據「總體大於部分之和」的現代思維方式，它只能被確認為一門新學科，而不再歸屬於歷史學或社會學。

之所以要強調這一點，絕非是因為它關係到定義之爭。我認為，如果對社會史在一種新的學術氛圍中獨立成長起來的這一根本性的事實沒有足夠的認識，就很難下決心主動實現角色轉換。歷史學的古董鑒賞習慣是頗為根深蒂固的。簡單地移植新課題，已經有跡象表明，很可能變成羅列奇風異俗、陳規舊習的民俗展覽。這當然是與社會史倡導者的初衷大相徑庭的。它提醒我們，新課題最多只能提供變革的外在形式，而變革的成功與否，將最終取決於用甚麼樣的內涵去賦予課題以新的生命，顯示其社會史的意義。可見，社會史研究的驅動，不能讓擺脫「史學無用」的淺表意識所支配，而必須從學科變革的更深層次上去設計它的發育環境和運行軌跡。佔領社會認識的制高點，以促進社會變革為學科的時代使命，這才是中國社會史復興的出發點和第一推動力。

揭開中國社會變革艱難的奧祕

中國社會的特殊性是為世界學者所公認的。它以其特有的魅力吸引過許多外國學者的關注，但他們畢竟缺乏親身體驗，所以有時連他們自己也不得不懷疑是否有隔靴搔癢之弊。我國學者卻又有身在廬山不識真面目之歎。將認識的困惑歸之於「身在此山中」有一定的道理，因為一方面由於身處其中，對民族和歷史的弱點容易失卻自我批判的敏銳；另一方面又因長期封閉而找不到與之比較鑒別的參照目標。但是，不能完全歸咎於此。我們對自己民族的歷史嚴格說來既熟悉又不熟悉，社會生活的許多方面被遺棄在暗角裏，無人問津，不知深淺；更為關鍵的是，我們用以觀察和解析的認識手段已顯得落後陳舊，經驗性的、線性因果排列的傳統歷史學缺乏足夠的穿透力進入到歷史的深層；歷史主義的方法往往強化了存在即合理的民族主義遺傳基因而無法產生強烈的社會批判意識。中國社會史以這種未經西方學者透徹認識的特殊社會為研究對象，既要認真吸取西方社會學和社會史一切成功的經驗，又必須根據我國國情進行理論與方法的再創造。社會史的復興，應該用學科的實踐證明，中國人完全有能力認識歷史的「自我」。建設一個具有中國特點和中國氣派的社會史新學科是我們的共同奮鬥目標。

當然，認識歷史的「自我」並不是中國社會史的全部終極目標，社會史應該有自己的時代精神和歷史使命。法國年鑒學派的大師曾呼籲社會史家應該「全身心地投入生活中去沉浸在生活之中，沐浴在生活之中，把自己和人類打成一片」，認為「理解活生生的現實的能力是歷史學家的最基本的素質」。歷史與現實奇妙地溝通，即使憑直覺也是能切身體驗到的。近現代中國變革的艱難，同歷史的傳統千絲萬縷地緊相粘連、扭結在一起，更使處在改革進程中的中國人感喟深歎。處在特定國情中的中國社會史，既要拋棄傳統歷史學的狹隘民族主義，也要避免重蹈歐洲將社會生活史變成瑣碎的古董鑒賞的覆轍，克服西方社會史已經拋棄了的建立一個無所不包、雜然並陳而無中心的「大歷史」式的「社會史帝國」的野心，

要佔領時代變革的制高點，以促進社會向現代化變革為自己學科的中心使命。歐洲社會史在整體研究的指導下，確立了「以重建社會結構變遷及其過程中的普通人的歷史」為學科的中心任務。正如有的學者已經正確指出的，這是在 20 世紀西方社會的世俗化進一步發展，普通人在社會生活各個方面影響和作用日益明朗與強化的社會氛圍中產生的，反映了西方「人」的觀念的變革潮流。這對中國社會史無疑有先導作用。但根據中國社會的特點，我們的社會史研究還必須集中在社會結構與社會變遷的聚焦點上，採取逆向考察的方法，從俯瞰當代的戰略高度，去深刻解剖一切妨礙中國社會變革的歷史陳跡和歷史傳統，揭開中國社會變革艱難的奧祕，為掃除變革的一切障礙提供特有的貢獻。不能設想，社會史可以沒有明確的社會觀和社會變革意識，可以不體現學者的社會價值判斷和理性的社會選擇。應該看到，在歷史學界乾嘉煩瑣考據的遺習仍有市場，由於「四人幫」利用史學功能而產生的逆反心理也妨礙着學者接近現實。中國社會史復興之初，有必要扭轉此種與現實隔離的傾向，弘揚接近現實的時代精神。當然，這並不意味着社會史應該讓道德選擇之類的個人感情色彩去污染學科的科學性，而是應嚴格恪守學術上的「價值中立」原則，使理性的判斷儘可能建立在對世界歷史清晰的認識基礎上，這就要求學者具有合理的理論觀念與研究方法，並不斷接受經驗事實的證偽檢驗。

社會史應該一反歷史學偏重經驗敍述的舊習，通過「構建」和「理解」歷史，使歷史成為具有活的生命的、「有靈魂的人」。社會史必須緊緊圍繞着從遠古而來的我們是何模樣，我們又是怎樣走過來的，我們會走向何處，我們應該走向何處等一系列問題進行新的社會歷史反思，尋找新的角度和新的理論去重新認識歷史的自我和現實的自我。

中國社會史將以「我們是誰」為中心，綜合回答以上四個相關的問題。為了解答這個難題，我們應該採取多種方法論策略。首先應該提到的，便是接納現代社會科學「整體研究」的新思維方式，從橫斷面上將中國傳統社會看作是一個具有整合機制的動態社會大系統，實行結構—功能主義的系統分析，這就意味着必須拋棄經濟單線決定論，從經濟、政治、文化科

技與生活等各個側面去探尋中國傳統社會如何實現「整合」以及這種「整合」為甚麼難以打破。中國傳統社會「整合」的凝固性曾經引發了史學界關於中國封建社會長期停滯的多次大規模討論。但是由於拒絕或忽視了整體研究的策略，眾說紛紜、各執一端的爭論，導致多數人在支離破碎地肢解社會整體。這其中也有突破，那就是一度被史學界視為異端的「超穩定系統說」的提出，特別是關於「政治一體化」與「同構效應」的假說，無論從方法論的啟示和潛在的理論解釋能力來看，都值得社會史學者重視。該假說也有不盡如人意處，它間接來自系統論、控制論等自然科學方法論的引入，未能充分關照到經西方社會學消化、改造過的社會宏觀結構理論，對社會系統與自然—物質系統的區別，對社會各種系統功能的分類、社會控制與運行的特殊性以及社會整合的各種不同類型與特性等關鍵性問題缺乏理論性的說明。顯得過於籠統、抽象。與此相關聯，用以論證假說的經驗事實，大多藉用史學界現成的有限成果，這就局限了這一假說穿透歷史表層的能力。同時也不夠豐滿，留下了許多空白急需填充，中國社會史如能抓住這一具有發展潛力的假說，從強化經驗事實和改進理論解釋方式兩方面用力，藉助西方社會學關於社會整合的理論解釋方法，也許會有更大的進展，例如迪爾凱姆曾區分了兩種不同的社會整合類型，中國高度發展、極為成熟的傳統社會無疑是世界上獨一無二的「機械整合（或稱關聯）」的範例。在這方面的進一步驗證和發揮，很可能為世界社會學的社會整合理論增添一份新的財富。

　　第二種方法論策略，便是與社會學共時性認識相呼應，改造歷史學歷時性的傳統認識手段，利用時間的多元性的新理論策略，實行逆向考察法。這就要求社會史將「我們是怎樣走到這裏來的」與「我們是誰」聯結在一起考察，實現社會學層次（社會類型或模式構建）與歷史學層次（時間序列與因果分析）的統一。我國史學界對年鑒學派布羅代爾的「時間多元性」理論還相當生疏，社會史必須儘快補上這一課，才能與傳統歷史學的時間觀告別。傳統歷史學常常被「最任性和最富欺騙性」的短時段所捉弄，咀嚼了無數戲劇性的事件，而對歷史的總體特徵卻仍一片模糊。

社會史應以此為戒，力圖通過短時段、中時段去探索隱藏其間的社會深層結構——長時段。例如史學界常常根據明清之際的某些事件與變動的跡象，樂觀地判定已由此開始「走出中世紀」。然而，對自明清至近代的歷史作總體研究，就不難發現在變動不居的後面，一切都以半靜止的深層為轉移，萬變難離其宗，即使被人難堪地「轟」着，也沒有真正「走出中世紀」。深入觀察明清至近代，會在駭浪滔天、瞬息即變的歷史之外，看到還有另一種沉默的、隱祕的、幾乎不受時間侵蝕的歷史。這種常被稱為一半歸於結構、一半歸於時機的「無意識歷史」，為地理格局、自然社會生態、生產率限度以及思想文化積澱等長遠起作用的因素所規定，凸顯出不同的原始運動和節奏。社會史必須學會用新的方法策略去區分光亮表層和黑暗的深層，並準確地捉摸住它們之間的聯繫和運動節奏。具有了「時間多元性」和長時段特殊價值的觀念，才會敏感到常易被忽略的隱藏在戲劇性事件中的「原始運動」怎樣以新的形式復活，「死人」是如何緊緊地拖住「活人」的。中國社會變革的艱難，往往在這種時而前進、時而倒退的複雜扭結中給人留下最深刻的印象。

比較研究已被證明也是一種行之有效的重要方法論策略。由於法國年鑒學派的推動，「一切歷史都是世界史」的觀念深入社會史界，世界範圍內的比較研究蔚然成風。中國傳統社會的特殊性，只有在與西方和東方的許多參照系統的比較研究中才可能得到進一步確認。例如張光直通過比較研究，提出瑪雅—中國文明代表了具有世界普遍意義的歷史連續性強，與突變型的西方社會有別的社會類型，就發人所未發，很具啟發性。

我國學者已經充分注意到了整體研究這一當代世界學術發展的總趨勢。然而，應該如實地承認，關於整體研究的理論路線和方法策略即使在世界範圍內至今也未曾獲得圓滿解決。當代社會學名家也坦率地說，從微觀層次分析到宏觀結構與過程把握間尚有鴻溝難以填平。創造高度抽象、幾可與自然科學媲美的社會定律甚至公理的嘗試，試圖靠公理、定理演繹社會運行法則的願望，常被譏諷為烏托邦。看來比較現實的，是採納功能、交換、互動與衝突諸種理論策略，用命題或分析框架來構建由經驗事

實昇華的中觀或微觀性的認識，以期為宏觀的整體研究提供可信的溝通基礎。例如馬克斯‧韋伯關於習俗—指令經濟與商品—市場經濟的類型分類、傳統權威與法理權威政治類型的劃分，以及由比較宗教學得出的文化倫理類型等眾多命題集；迪爾凱姆關於區分機械關聯和有機關聯的命題，習俗、禮儀包含的「社會團結」的命題等等，對認識傳統社會與現代工業社會的區別，中國傳統社會結構與變遷的特殊性，都可以提供許多思路。

這裏，不能不指出，在學術界，有一部分學者頗瞧不起微觀研究，沒有艱苦紮實的資料積累，不對經驗事實作細緻的歸納解析，就急於下判斷、發宏論。西方學者構建的某些宏觀理論固然以其氣勢和觀念的新穎而頗有吸引力，但那裏微觀研究的風氣仍然很盛，也頗受尊重，被看作是宏觀理論得以奠立的基礎。遵守邏輯的嚴密性，講求實證主義，是西方學術的「根」，幾經合理改造被包含在一切新的學術變革中。對此，我們應充分認識，才不致失之偏頗。我國學術界缺乏實證主義發展的這種「中間性」階段，尤應注重經驗事實的積累、歸納和證偽等基礎性工作。中國社會史，如同西方社會史所經歷的那樣，首先就面臨着一場資料革命。一向使中國引以為自豪、具有很強連續性的官方歷史文獻，儘管汗牛充棟，能提供的有用成分卻是相當有限的。有關城鄉基層的經濟生活、社會生活、社會組織、民情風俗，以及屬於民間的人際關係、觀念信仰、社會與個體心理等，大量散見於地方志史、文集筆記、野史軼聞、戲劇小說，民歌俚曲、家譜族譜與碑刻墓誌中。特別到了近代，戶籍人口資產企業檔案和包括民間訴訟在內的刑法、民法等司法檔冊，尤屬珍貴，這些都亟待人們去分析利用。有組織、有計劃的社會考察和民俗調查，將提供活的社會標本，理應列入中國社會史的基礎建設規劃，並應設法取得正在進行的地方志編纂系統的支持和協同，只有認真地對我們民族的社會歷史作充分的包括文獻與實地多種形式的調查研究，中國社會史的學科建設才會有堅實的基礎，學科的中國化也才不致成為一句空話。

當然，任何微觀研究都不應是純粹經驗事實的考證和歸納，它必須滲透着對社會總體與社會演進的宏觀意識，設法疏通由微觀到宏觀的通道。

即使疏通的是羊腸小徑，也比材料堆砌、純粹敍述有價值得多，已故的陳寅恪先生在隋唐政治制度淵源的專題研究中，曾對隋唐兩代皇族的血緣姻親關係以及魏晉以來民族的社會的世情風俗作了極為翔實的考據，功力之深為後人一致讚歎。這種精緻的微觀研究沒有流於乾嘉的瑣碎，而是引發出了關於隋唐社會政治演變的宏論卓識。其原因之一，就是他對西方社會學（包括社會人類學）不僅有過研究，而且還出色地使之中國化了。這一事例很可以為社會史的微觀研究提供一個示範。

中國社會史微觀研究的天地是相當廣闊的，不應作任何具體的限制。但從學科建設的角度看，似也應有一個引力中心以形成相對寬鬆的引力場。這個引力中心，以筆者之見，便是本文強調的中國社會史的中心任務——認識中國傳統社會的社會結構與社會變革艱難的特殊性，圍繞着揭示中國傳統社會何以變革艱難這一奧祕，設計一系列課題研究計劃，僅舉例如下以供討論：

婚姻—家庭制度研究。中國傳統社會的社會關係都是以血緣親屬之鏈為基本符號的。即使是形似複雜的國家政治結構，實際上也只是宗法家長制家庭的放大。由這種血緣結構的同構串聯而形成的垂直政治系統，是一種非常典型的「機械關聯」模式，社會整合的祕密即深藏於血緣親屬的一系列禮儀、習俗、倫理中，婚姻親屬制度的研究可能為社會制度化和社會整合提供內在的「社會密碼」。

社會控制機制研究。中國傳統社會凝固停滯，但也不乏緊張和越軌，中國傳統社會依靠甚麼能不斷消解緊張和越軌，以維持社會結構的穩定，這就是社會控制所要研究的內容。其中包括各種形式制度化（約束人際關係的禮儀、習俗和法律、倫理）社會控制的物化實體機構，還有安全閥的設置等。目前社會史的討論似有將政治、經濟、法律制度排除在外的趨向，我以為是不妥的。關鍵是必須調換新的視角，從制度化與社會控制的意義上去尋求它與社會結構維持、調整等功能的關係。例如隋唐以後的科舉制，促使士階層納入政治系統並高度流動，以消解社會異己力量，無疑具有安全閥的作用。

　　社會心理和個體心理研究。關於文化心理在社會結構和社會變遷中的作用，現在已得到認同並逐漸強化。現實的研究策略，最好先選擇不同社會層面的人物做個案研究，進而歸納上升為各種不同群體或亞文化心理的剖析，創造一種有別於個人傳記的集體傳記，然後才有希望對難度很大的民族心理與社會心理做出貼切的概括。目前急於描述民族心理特徵的做法近乎空中樓閣，使人難以首肯。假若有人願意將某一時空的非身份性「士」從文集、墓誌、傳狀中選擇數百人作一歸納性分析，可以預計會產生受人歡迎的效果。

　　社會反抗運動研究。儘管農民起義和農民戰爭的研究在我國號稱繁榮，但由於簡單的「動力論」的束縛，至今仍徘徊不前。如果合理地採納社會衝突論的許多命題，就應該深入考察社會衝突各方的價值觀、社會規範、社會信仰、社會心理、社會目標，以及衝突的組織（包括組織內部的權力、權威方式）等，由此領悟衝突的激烈性、持久性不同，對社會結構的作用也不同，並揭示出何以激烈的衝突未能產生使社會結構轉變的功能。激烈的農民戰爭最終卻起了調整緩解社會衝突、穩固社會整合的作用，這是頗耐人尋味的。

　　社會區域研究和社會人口研究。中國傳統社會的凝固與社會領土幅員、人口密度、人口流動率以及地區間的自然生態、物質資源的不平衡等因素都有相關性。加強區域社會的比較研究與人口社會學的研究，或許對揭示我國傳統政體模式以及向法理權威轉化的艱難能提供若干啟示。中國歷史上多次發生的少數民族南下和人口的大遷徙高潮，以及由此產生的小農社會的頑強再生，對強化軍事—官僚的政治專制體制，以及緩解社會衝突，似乎有過奇異的功能作用，值得深究。

　　社會分層研究。中國傳統社會始終面臨着調處中央與地方關係的難題，這是作為一個高度集權的統一大國特殊的社會整合難題，國外學者非常注意對明清東南沿海「士紳精英」的研究，我國社會史工作者似應對此有更多的發言權，並由此做出更切近實際的解釋。在我看來，國外學者過高地估計了地方主義。士紳精英儘管有種種新的利益要求，然而，他們仍

然擺脫不了成為傳統社會整合基礎力量的命運，未能走到社會「轉型」的新軌道上去。當然，這僅是一個事例。社會分層研究應該從各個層面上展開，以利於從權益（財富、權力、地位）結構的角度深入理解傳統社會的總體結構與特徵。

中國社會史學科所擔負的歷史使命，規定了它在發展道路上充滿了希望，但也有許多荊棘等待闢除。社會史從傳統史學中突圍而出，表面上看是一種分裂行為；但它將從一種全新的角度去探尋重新解釋社會──歷史的理論與方法，在一片新的疆土上建設起認識社會的理論學術體系。到了功德圓滿之日，很可能會復歸尋根，為建設新的歷史哲學貢獻自己的所能。只有到了歷史哲學變革成熟之時，新史學的誕生才能真正成為現實。而其前提是社會史必須敢於掙脫傳統的束縛，融會當代世界文化的一切積極成果，加上自身的創造，走自己的路。

〔文後附識〕

社會史是因歷史學變革的時代需要而應運興起的，它確實為變革中的歷史提供了一種具有活力的新樣式。但是，僅僅引入一些社會學、人類學的新名詞，改換上「社會史」的包裝，很難為學術界所認同。這應該是一次從外延到內涵，從觀念到方法的全面性、創造性的大轉變。

我想，為了使社會史真正承當起歷史學變革的學術角色，從事社會史研究的學者首先應顯示出與之相符的，強烈的維新變革意識，力求在「變」字上做文章，敢於另闢蹊徑，踏出一條新路。

基於探尋歷史海平面之下深層的、奧祕的認識論使命，社會史關注的中心不再是「國家」的歷史，而是「社會」的歷史；歷史編纂也將以「釋義」為特色，取代舊的「描述」為主的傳統模式。隨着史學研究中軸的變易，傳統史學着力烘托的王朝興替、政治震盪，以及相關的事件、人物隱退到第二線，而「芸芸眾生」及其沉默的生活世界、心理世界被擁到歷史學的前台。這意味着，我們熟悉的、積累經久的東西許多將被擱置起來，需要

重新學習，從頭做起。只有研究者完成「自我」的轉變，才能期望實現史學樣式的創造性變易。

「變」談何容易。我以為應對由傳統史學脫軌走向社會史學的艱難性有充分的心理準備。不要期望社會史會在極短時期內一蹴而成「名牌」。現在，許多基礎工程正亟待上馬，需要默默埋頭耕耘，涓涓細流，為將來奔騰呼嘯，各自貢獻自己有限的可能。正像國外社會史學界曾經「狂妄」宣稱的，社會史的最終目標，將是重新改寫「歷史」。為了這個最終目的，應該先從細部做起，從難處入手，綜合性的工程只有積聚到了水到渠成之時，才有可能堅實地拔地而起。

為了變革傳統史學的慣性，我建議，中國社會史研究目前應迅速將透視的焦點從國家上層移向社會下層，下力氣研究芸芸眾生：農民、手工業者（近代工人）、商人、平民（近代市民）、士兵以及平民知識分子等，透過他們日常普通的物質生活、精神生活和心理世界，展示千百萬人的「眾生相」，由下而上地展開對中國社會深層結構的揭露。當然，這不排斥多元、多側面的其他課題的研究。

歷史視角的轉換，合乎邏輯地要求有一場動作幅度很大的「史料革命」緊隨其後。社會史沒有「新米下鍋」，不用說展示新貌，甚至會發生「生存危機」。例如，中國社會史不研究農民是不可想像的，中國的文明史是從山坡、田野走來的，農民及其社會生活、社會組織和社會心理，不僅構成了中國人的主體歷史，而且也是其他一切中國人歷史的原始基因。令人深以為憾的是，法國的馬克·布洛赫寫出了《法國農村史》，而泱泱農業大國的中國卻至今沒有一部農村史或農民史。成功要取決於史學的理性論證，這就需要有足夠多的、頗具說服力的史料作為實力後盾。這時，「二十五史」「十通」之類的舊庫藏卻於事無補。由此可見，中國社會史的轉變，首先將逼迫一切有志者重新尋找礦藏，艱辛地去勘察、開採新史料。

值得欣慰的是，已經有一些中青年學者不畏艱難，領先一步了。例如福建的陳支平、鄭振滿等，歷十載艱辛，從家譜、宗譜、族規、鄉約、田契、當約等大量珍貴的民間資料着手，結合對「活化石」實地調查，對明

清福建的家族組織和鄉村社會做出了卓有成效的兼實證和理論分析於一體
的研究。上海的錢杭、謝維揚對江西幾個縣的家族法制的人類學田野調查
亦已數度春秋，積有可觀的研究資料和論證成果。陝西的秦暉對關中地區
大量土改檔案資料（這是歷史上最全面、最系統、最準確、質量最高的一
份鄉村統計資料）進行了現代的數理統計分析，並追溯到新發現的明代魚
鱗圖冊，據此提出了令人驚異的「封建社會關中模式」。上海的羅蘇文等
別出心裁地以近代上海石庫門普通的市民群為對象，通過檔案、文書、報
章雜誌、口碑乃至春聯、賀語等資料的發掘，展示了百年來在中西文化衝
突、交融中「上海灘」人群變動中的「海派」心態。凡此種種，有力地説
明，中國社會史的希望在青年。我相信，只要有更多的人耐得清貧，甘於
寂寞，一批又一批社會史新史料會不斷發現並被成功地應用，在這方面，
近現代的前景可觀。以上説的是中青年學者。我覺得有責任補充，在我們
這一輩人中間，相識二十餘載的摯友孫達人教授，關注中國農民史，數十
年如一日，衷情不減。特別令我感動的是，他毅然「解甲歸田」後，在杭
州與王志邦等同志熱心覓尋搜索家譜、族譜與魚鱗圖冊，成績可觀。祝願
他有新的成果不斷問世。

　　我無意貶低理論對社會史變革的重要性。假如説，採集和使用新史料
是社會史「原材料革命」的話，那麼，史學觀念、史學方法的變革則是它的
「能源革命」。問題不在於孰主孰次，而是要把這兩種變革真正融為一體。

　　實際上，史料和史觀總是處在一個互動的研究引力場中，相互感應，
匹配成偶的。整體史觀（即關於「結構」和「過程」的觀念），社會學、
人類學、經濟學和心理學的介入，肯定會推動我們去發現新史料，或是
從原有的史料中「嗅」出新意義，並編織成新的網絡。我在接觸明清徽商
時，有一個念頭盤旋不散：明清時代的商人能不能成為推進社會變革的主
體力量，如歐洲中世紀晚期商人那樣？偶然由徽商生活方式和消費行動中
引發出奇想：徽商平日生活的吝嗇和刻薄，與其在賄賂官府、結交權貴，
以及熱心辦私塾、行「善舉」方面卻又揮金如土，反差何以如此強烈？怎
樣來解釋這種二極背反的行動背後的心理機制呢？追究其動機，實是無奈

地屈從於政治壓抑。「賄賂」是「現實」地甘心為附庸，轉化為儒是為了尋求同化，而大興善舉則多是出於心理自卑，為擺脫社會的「鄙視」，求得社會輿論的承認。這從一個側面反映了仍然處在「政治一體化」的明清中國，商人沒有歐洲同行的那種「野性」和勇氣，根深蒂固的心理自卑情結，引導他們以同化為封建政治勢力為最佳、最安全的歸宿，缺乏強烈的追逐資本和資本原始積累的慾望，仍深戀着權力和土地。他們也仍然屬於沒有希望、面向過去的一代。作這樣的理解，關於徽商生活方式、消費行為的那些資料就「活」了起來，並有可能幫助我們開掘出社會史的新視角。

我認為，從事社會史研究，關鍵不在於是做宏觀還是微觀的研究。最終的成功，將取決於能不能以富有穿透力的新概念、新範疇、新方法去重新破解、詮釋新史料，為揭破中國社會歷史上一系列傳統史學所不能解釋的謎團，拿出渾然一體的研究成果來。

四

社會歷史認識若干思考

　　古往今來，人類各民族的社會歷史及其演進變革的軌跡，已為數量可觀的歷史學著作不斷載錄描述。但是對這種一向被認為不依人們主觀意志轉移的客觀存在的闡釋，社會歷史「密碼」的破譯，總不盡如人意。

　　假若歷史學家僅僅告訴人們歷史「是甚麼」而對「為甚麼是這樣，而不是那樣」表示沉默，不能從過去─現在─未來的連續與變異的曲線（注意，不是直線！）中揭示歷史內在的生命祕密，並作出很具説服力的闡述，實在不能算是合格的、有價值的歷史學。以消閒的心態視歷史為「古玩鑒賞」或者滿足於「附庸風雅」的人也許不會有多大的反感。但對那些為着追求現在和未來而必須回溯過去的人來説，他們一定會感到極大的失望。因為歷史學家沒有給出他們極想領悟的社會運行及其變遷的奧祕。

　　也許歷史學家應該為這種缺憾或不滿感到高興。正是這種曲徑通幽的神祕感，這種永無止境的不滿，才產生出無窮的誘惑，使歷史學具有探索不盡的魅力。歷史，即使是某一特定時空的有限的「歷史」，總是可以不斷地被重寫，被重新解釋。

　　然而，有一點必須説明，歷史學家也有着他們自身難以名狀的困窘和苦惱。他們絕非是天生就能對自己領域內的「社會歷史」做出解釋的「萬能博士」。實際上，在他們的研究生涯中，能給出的解釋不可能很多；即使已經做出的解釋也常常會被反駁，其中也包括自我質疑、自我反駁。越深入其間就越會深刻地體驗到：對社會歷史的理解，要比對自然的認識難上幾十倍。

　　社會歷史，這是變動不居、利益意向互相衝突的人所創造的「歷史」，充滿了偶然性和變異性。歷史存活於時間和空間之中，一切都瞬間逝去，「人不能進入同一條河流」，也不可能複製，更談不上猶如自然科學那樣可

以在「實驗室」裏演示操作。歷史的社會情景是由眾多人群的「心」（心理動因）和「力」（利權分享的競爭行為）相互激盪造成的，決定這種情境之所以如此而不是那樣的變數不可勝測。即使身臨其境，情境中人，也免不了有「當局易迷」之失。何況隔着一個不可回逆的時空，後人只能藉助於間接的「中介」——遺存的史料去揣摩猜測？我曾經設想過一個即時的情景，選派十名學生去街頭等候某一「事件」的發生（例如兩輛自行車相撞而發生的圍觀），並要這些「當事人」提供「實錄」。憑經驗就可以斷定，每一份「實錄」既不相同，也不可能將「事件」的所有「變數」涵蓋以盡（不用説，其中還必摻入記錄者的主觀介入）。可見史學必仰賴史料，而「史料即史學」之説絕不可靠。陳寅恪先生於此體驗最為深切，説道：「吾人今日所依據之材料，僅為當時所遺存最小之一部，欲藉此殘餘斷片，以窺測其全部結構，必須具備藝術家欣賞古代繪畫雕刻之眼光及精神，然後古人之用意始可以真了解。所謂真了解者，必神遊冥想，與立説之古人，處於同一境界，而對其持論所以不得不如是之苦心孤詣，表一種之同情，始能批評其學説之是非得失，而無隔閡膚廓之論。」（《馮友蘭〈中國哲學史〉上冊審查報告》）其意雋永，最堪玩味。

中國歷史有沒有自己的「謎」

我最尊敬的老師，陳旭麓先生，生前在《浮想錄》中寫道：「歷史沒有自己的謎，謎都是創造歷史的人的設想。」無可彌補的缺憾是，現在已不能起先生於地下，先生的話必有深意存焉。學生不敏，只能在此妄加揣度。

我想，歷史沒有自己的謎，這是因為特定的「歷史」是這樣而不是那般，其千姿百態，乃是創造着歷史的人在特定的情境中的「自然創造物」，是所有參與創造的「力」互動所構成的「平行四邊形」的「對角線」。人人都參與了歷史的創造，而被創造出來的歷史卻永遠不是人們意料中的歷史。這裏不存在「謎」，而是必須領受的「歷史」的「鞭子」（西人喜好稱作「上帝的鞭子」，意思也一樣）。追求完美是人類固有的稟賦（康德語），

唯其如此，社會歷史才具有那種大江東去浪淘舊跡的生命活力。歷史又常常開人玩笑，讓人走錯房間，於是就有了期盼完美後的失望，又有新的不滿意。社會歷史就是靠這種滿意與不滿意的往復擺動，像一架碩大無比的鐘錶，遵循着它自身的脈動運行而不息。對其自身而言，這是一種大化流行的「自然」，是無須裝飾的本色，確乎不是甚麼「謎」。

　　然而，歷史，已經過去的歷史，必有許多會永遠消失、死亡，不被記憶。那些被記憶、被重複敘述、再度激活的，總是屬於被生活在當時或後世的人們認為具有「意義」的東西。歷史是人們選擇後的歷史，歷史只有在人們選擇中才得以繼續存在。僅僅從歷史被選擇的這一事實出發，就比較容易理解：所謂真實的歷史、整體的歷史，只有在認識論的意義上才相對地存在。歷史自然進程的本身已經被深埋於時間塵土中——這是一種自然，一種大化，隨緣而生，隨緣而轉，已隨時間而遠去；它卻又作為遺傳基因深藏在現實生活中，無形而有跡，可意會而難言傳。從這種意義上說，所謂「歷史的邏輯」，或者說「歷史之謎」，確乎是由試圖理解它的人「人為」設定的。人們對歷史的興趣，歸根到底不是尋求歷史自在的「存有」，而是尋求現實的「存有」。一切被邏輯化的歷史，實際上都是理解歷史的人的「心中的歷史」。由此也就產生了人們理解上歧異紛然的「謎」，有些「謎」是由思考、認識過程的開放性引起的，也就是說對「自在」意義上的歷史的認識本不可能窮盡；有些則是為了人為地「創造歷史」、試圖強加於歷史而造成的（例如「四人幫」的「影射史學」，就是企圖強扭歷史自然邏輯的最近也最拙劣的一個案例）。陳旭麓先生似乎更多的是有感後一種人為設定的「謎」而發的。對此，先生在後期遺著中曾不遺餘力地痛加鞭撻，文案俱在。

　　我以為，前一種「謎」也是存在的。例如，在歷史上，中國社會的特殊性，向為世界學者所公認而無異議。坦率地說，外人，即使是國外很著名的漢學家，雖身處局外常能道出我們不易想到或不情願去想的「問題」，細品起來，也多有瞎子摸象、隔靴抓癢的那種隔閡。其中誠實的學者也承認，面對這種獨一無二的「社會歷史」，不由自主地會產生一種神祕感，

有許多「謎」猜不透。在這裏，我已經把那種基於「西方中心主義」的偏見排除在外（讀者自可檢閱美國學者柯文《在中國發現歷史》所提及的種種案例）。著名的法國年鑒學派第二代扛鼎人物布羅代爾，著有三卷本《15至 18 世紀的物質文明、經濟和資本主義》。他以不凡的功力展現了 4 個世紀歐洲現代化進程的全幅歷史（體現其整體史觀）。這樣一位具有新的史觀和嚴肅態度的當代史學大師，在世界經濟背景中時而也涉及同時代的中國，常常表現出某種不解與迷茫。例如他感歎明朝於 1421 年由南京遷都北京，認為這實際上是「背離了利用大海之便發展經濟和擴大影響的方針」，不無遺憾地說：「不論這一選擇出於有意或者無意……中國在爭奪世界權杖的比賽中輸了一局。」他對「中國人」放棄「林業和畜牧業」而表現出的「無知」表示不可理解，說「這委實太可惜了」。假若這些還多少帶有中西比較的價值評判意味，那麼，當他說到鄭和下西洋，「我們不妨想一下，如果中國的帆船當時向好望角以及印度洋和大西洋之間的南大門埃吉海角繼續前進，那又會造成甚麼結果」（指中國若如此，將搶在歐洲之前享有「地理大發現」以及由此展開的全部「上帝之手」賜予的優惠），無疑袒露出他面對中國歷史「怪謎」的那種茫然若失、無以自解的神態。

殊不知中國學者卻又有另一番苦衷，常感身在廬山而難識廬山真面目。將認識的困惑歸之於「身在此山中」不是沒有道理：一方面由於身處其間，對民族的和歷史的弱點容易失卻自我批判的敏銳；另一方面也因為長期封閉，找不到鑒別的參照系統，難有比較評判的大眼光。但是也不能完全歸咎於此。我們對自己民族的歷史嚴格說來既熟悉又不熟悉。問題在於：貼身的社會生活經驗若不經知性的洗練，最容易噴突為情緒化的宣泄，而不是智慧的閃光。古典超驗性的或近代經驗性的解說策略，缺乏足夠的穿透力深入到歷史地平面以下的深層。歷史主義的方法往往強化了存在即合理的民族主義遺傳基因，無法產生強烈的社會批判意識。一位由自然科學破門而入的中年學者，在通覽了歷史學家的許多成果之後，以特具的敏銳感慨道：中國歷史學家像是跌進了一張碩大無比的因果網絡，變化出數十種解釋模式，到頭來，它們之間卻可以隨時相互駁詰、質疑，甚至

互相置換。用目下本地最流行的語言：擺在我們面前的是一盆「糨糊」，攪過來攪過去，終究模糊一片、一片模糊。情景中人都清楚，他所批評的，正是七八十年代產生過數以百計論著的「中國封建社會長期停滯問題」的討論。

筆者從求學到執教中國古代史，一晃竟也有四十來年。近若干年，我常有一種難以言傳的苦惱，越教疑惑越多，方知真要看懂中國歷史絕非易事。例如，我們常說中國是一個君主專制中央集權體制根深蒂固的國家（至少從秦始皇算起）。「根底」在哪裏？古人說是「天作之君」，那麼為甚麼希臘、羅馬那個「天」卻造作出貴族民主制、貴族共和制？夏、商說不清，西周不很有點像歐洲中世紀的風味，假若按西周的方向發展，侯國並立，天子乃為「天下」的「共主」，中國歷史的格局又當如何？假若不是秦滅六國，或者七國不相統一，又怎樣？自然，人們完全可以用歷史不容許「假設」去避開這些幼稚的提問，正面的解釋又當如何？總不能歸咎於始皇帝一人即可了事？何況，這離中華文明歷史的「根」未免還遠着一大截呢！

從這「未名」之根滋榮的枝葉確乎茂密異常。殊為怪異的是，中國人一方面相信「龍生龍、鳳生鳳」，一方面「龍」固然不斷地生「龍」（君主世襲），而「蟲」卻也可以變「龍」——深受專制主義之害最苦的農民一旦奪取全國政權，也一定會做起「真命天子」來。細究起來，普通中國人的生理基因中似乎都有「帝王心理」的遺傳密碼。日常生活中，只要比別人高一點或多一點甚麼，就難免會不由自主地流出準「帝王」意識，所以民間有「土皇帝」之說，家庭還有「小皇帝」的雅號，商業廣告戲稱顧客為「皇帝」！民主觀念在中國最難生根。直至近代，還有不少人（而且還是大有名氣的學者）期望出一個「好皇帝」，因為他總比那些賄選總統、軍閥土匪強。這會不會就是一種「根基」？不是，又當如何解釋？

比較，是研究任何事物、辨明其特性最通常有效的方法。中國比較史學的興起，表明我們也開始重視這一早為其他學科接納的方法論手段了。然而，中西比較，若只關注名相，而不是從整體上去體察，也會造成新的

困惑。例如，歐洲中世紀許多導致折入近代的變革因素或條件，從現象上說，在中國似乎早就存在（布羅代爾在書中這類感慨特多）。13 世紀前後歐洲領主莊園的衰落，是以地租制、租佃制的確立為標誌的，而此兩項在中國至少從西漢起就已具備。至於僱傭制、土地私有制、商品貨幣經濟，以至城市的繁榮等等，近代化這方面的歷史前提條件，與歐洲同時期相比，有時還勝出一籌（故而已去世的傅築夫曾創戰國秦漢「資本主義因素」論，說明先生已看出這一點）。13 世紀初歐洲大城市巴黎、倫敦之類只有3 萬人左右，到 1328 年巴黎增加到 8 萬已聳動遐邇，同期中國一個地方大市鎮就有 5 萬之多的居民，何況歷史上有過超百萬的六大都市？紙幣也是中國最早發行，錢莊、典當也扮演過「類金融」的角色。最可奇怪的是，引起歐洲工業革命和農業革命的不少科技條件，卻源自中國「出口」（例如四大發明、輪作制、有機農肥等），「牆內開花牆外香」。再如，韋伯認為官僚制度是近代政治的產物，但他也注意到中國的官僚制度卻歷史非常悠久；更不必說有的漢學家還從唐代發現了「內閣制」，對官員的檢察系統也很發達，這就更說不清楚了。

按照目下很流行的觀點，文化形態要比政治、經濟對社會的作用更深刻、更久遠，甚至說它本身就是社會存在的某種「深層基因」。我知道，在西方，「文化形態史觀」的傳統是源遠流長的，然以此通釋中國也不免捉襟見肘。一般地說，中國的文化是最富人情味，最少「物化」意識，倫理至上，民本為要，政治也是被濃重地道德化了的。關於理想人格的議論，也很見精彩。可是，有正面必有負面。翻開正史、野史，迎面而來的不乏人與人的「窩裏鬥」，履踐理想人格之說的卻是鳳毛麟角，故而特別感人肺腑。宋之理學、明之心學，雖入手有歧異，旨歸都是高揚性理或良知，即最高的道德追求。細讀古賢的原書才明白，他們的激憤首先是指向士風的淪喪（而並非像「左派」史家所說是為了蒙蔽百姓），隱約地也不滿於君王。陽明倡言「理在心中」，說明當時社會最缺乏的正是純美的人性——人心被嚴重地污染，以致誰能保持自身內在的良知，誰就可以成賢成聖（恐怕這就是「人人皆可為堯舜」的註腳）。何謂「心即理」？身外

的社會是如此惡濁，找不到一塊淨土，無可奈何，唯有一個權利是別人剝奪不了的，那就是守住自己心中的良知，淨化自身的靈魂，往自己心中下功夫，即體即用，體用不二。由此可見，單從文本上去確認文化，而不關注真實流行中的變異，並不能切中要害。有的學者很迷惑於趙宋一代文化之與國勢的反差，在我看來，若想以唯文化的視角推理辯說，多半會言不及義，距離實情太遠。此中微妙，若對錯綜複雜的（也就是由眾多因素摻雜的）具體社會歷史情境無有深切的體驗，難有「形似」的言詮，更不用說「神似」的意會了。

對社會歷史的認識能否成為科學

在我求學的年代，歷史學是一門科學，必須、也必能做到「恢復歷史的本來面目」，那是毋庸置疑的。執教長了，才體會到「獨上高樓，望盡天涯路」的意境，水天一色的地平線還不是最終的邊界。疑惑總想化解，從科學哲學那裏獲得靈感的期待依舊強烈。曾經相信，跟蹤時代，尋求思維方法的變革，史學才能更上一層樓。

中國素稱史學發達、遺產最富有的國家。「究天人之際，通古今之變，成一家之言」，太史公的話，一經印入剛趨步走入史學殿堂的青年學子的腦海，多半會化成終生縈繞的「夢」。至少在我個人的經歷中，可能還因着對《史記》這一史家「絕唱」的傾倒，特別感受到這句話在史學境界上震爍古今的力度：沒有穿透天人古今的歷史通識，就不能算是真正的歷史學家。繼續深入古典史學的世界裏，夢也就不那麼圓了。以下的說法，可能不算過分：二十五史，除了前四史，其餘說到底都不過是些「斷爛朝報」（正確地說，更像帝王官員的人事檔案袋）；其實前四史，後三史也已經失了太史公的原味，《史記》真的成了「無韻之離騷，史家之絕唱」。何以如此？就是因為後來的「正史」丟卻了太史公原話的第三句：「成一家之言。」「官家氣」太重，「經學味」又太濃，失其一則三者俱失之。唯有涑水先生的《資治通鑒》，勉存事件繪聲繪色描述的史家筆法，一脈未斷，然靈氣

與銳氣幾已悄然褪去。沒有了來自生命的體驗，也就不會有生命的激情；失卻了生命的激情，也就失去了太史公對天人古今揮灑自如的那份誠摯。史學的感染力即源於發自心底的自然。

　　然而事情遠不那麼簡單。時過境遷，我們不容選擇地註定要生活在一個科學主義分析實用的世界裏，追求的是一個明明白白的世界，一顆明明白白的心。包括太史公在內，即使如船山先生《讀通鑑論》如此空前絕後的史論，其思辨的「空靈」和義理的「玄虛」，對我們後輩卻顯得迷離隔膜；更重要的是，它們已經不再能滿足現代人心中正欲尋問解答的飢渴。

　　無論中外，傳統史學都是讓人物、事件唱了主角，長於從事件中描述人物，事件史最見光彩。各種因果的探索也多圍繞這一中心舞台而旋轉出眾多的解釋模式。中國史學向以王朝輪迴迭替、人物盛衰榮辱為主題，以敍述為主的史學編纂方法從來就沒有構成「危機」。以「理」「氣」為形上框架，以道德人心變遷為衡定標尺，君子小人交爭的唯文化主義古典解釋模式，較之西方也自有獨具的意蘊。然而待到中國傳統社會以其整體形象，裸露在實力角勝的世界大舞台上，備嘗恥辱之日，有識之士方開始有了整體思考與比較研究的急迫感，嘗試着分析「中國社會」整體的特性（它的優點和弱點，主要是與西方現代社會比較）。「社會結構」（較早稱「社會形態」）和「社會制度」凸顯出前所未有的意義，全民族強烈地關注着社會轉型（變遷）與制度創新的進展及其可能有的前途。這就使我們在回溯歷史時必發生熱點和視角的轉向，尋求新的天人、古今史學通識。傳統史學唯人物、唯事件的解釋模式遭遇到時代的挑戰，不免要黯然失色。

　　我們常常感歎，作為萬物之靈的人類以其獨具的思維能力而自信，但是與他對外在世界的認識相比，對自身的認識有「模糊」的形上把握（如中國的大易陰陽理論、西方的「絕對」理念流轉），卻缺少清晰的「透明」。從世界文化的全幅屏幕上看，由「認識你自己」到認識你自己生活於其中的「社會」，人文學科朝「透明」方向的探索最為艱難。相反，經歷三個多世紀變革積累，到 19 世紀和 20 世紀之交，自然科學在宏觀（宇宙系統）與微觀（物質結構）探索方面極其輝煌。抵擋不住的誘惑，使一向追求形

上思辨的人文社會學科情不可抑地也想追蹤「科學」的成功之路。在西方，這種轉向也不是「一窩蜂」而上的。一般地說，經濟學（或許還有法學）最早也最先取得某種成功，孔德開創的社會學就起步較晚，而歷史學這塊古老王國的變革可能發生得是最遲緩的。這種思維方式的變革，如果想用最概括的語言來表述它與形而上學思辨的區別，那就是「除非有適當的觀察作為輔助，不然就無法建立起任何堅實的理論」的「實證精神」（孔德《論實證精神》）。說得更直白些，就是與「古典精神」反其道，由演繹走向歸納，由綜合走向分析，先把「人」或「社會」當作「物質」那樣對待，分析—歸納—架構—驗證。

　　這裏，我聯想起了不久前冒出來的關於「社會科學規範化」的大議論。一向孤陋寡聞，對這種議論的背景知識實在一無所知（因為據我所知，在西方一般地指認自然科學為「規範」，而人文社會學科為「理解」），故而恍如霧中看花。揣摩着，若以上述變遷的本義而論，所謂「規範」云云，當是指向自然科學效顰，首先拋棄任何形而上的先驗之見，以足夠的「事實陳述」，即由嚴格的觀察所得的證據為始點，繼而在由觀察所得的「陳述」中間尋找內在的邏輯聯繫，進行理論的架構（「假設」）。然後，在「陳述」與「假設」之間互相甄比，按公認的法則或程序來決定其架構的被確認程度：證實或證偽。最基本的要求是，首先必須保證觀察陳述是真實的、準確的，同時論證至少也得不違反最基本的邏輯法則。參照這種「規範」最基本的要求，對歷史學只可大而化之地說，首先就是史料的嚴格考辨，並保證史料與史論之間的邏輯一致性。

　　治史者第一步必須把握史料，精於考辨，然後才可能進行歷史的「邏輯化」（正確地說是「形式化」），這是不言而喻的，而且也不算「新聞」。在我國，史家歷來崇尚史料的淹博、識斷和精審，不以孤證立論，切忌胸臆武斷，貴在反覆參證互通，求真別偽。至乾嘉學派錯綜運用小學音韻、名物訓詁、版本校勘，對史料的此種考辨功夫幾達長袖善舞之境。轉至近世，雖新學紛起，仍有不少先賢十分講究這種辨偽考真、溯源返流的功夫，並與西方實證方法在精神上探求溝通（在這方面，嚴又陵先生首倡考

訂、貫通、試驗的「實證三層次」與內導、外導相結合的邏輯論，可謂溝通中西方法論的第一人；履踐而至妙境當首推寅恪、賓四、誠之三先生）。此種治史傳統一度失落過甚，亦無可諱言。特別值得一說的是，有些人「誤讀」了一切歷史都是試圖理解它的人的「心中的歷史」，以為史料無足輕重，妄憑主觀先驗生造只有自己看得懂的「專有名詞」，隨意從歷史長河中撿起些許浮草，就歪唱歷史，且名之曰：架構「新範式」，叫人啼笑皆非。近年有鑒於此，故又有「讓歷史事實說話」的呼聲再起。我想，這絕不意味着要重返「乾嘉時代」，它的真正意義在力糾輕忽史料、空闊浮談之風，再度強調史學若離開史料的依託將成「無米之炊」這一「常識」。

如果認為由「事實」建構「理論」、由「現象」揭示「本質」的路途僅一步之遙，那是過於天真了，何況「歷史事實」本身還有一大堆「污染問題」暫且不論。像牛頓的「哲學思維準則」所宣佈的那樣，「正規」意義上的科學，它的「目標和基本前提」是：「找出（物質世界的）普遍秩序和規律。」所謂規律性，就意味着事實本身不是純粹的素材，不是無聯繫的因素的大雜燴；相反，必須在事實中並且通過事實，能夠證明存在着一種貫穿這些事實並把它們統一起來的「形式」。眾所周知，在自然科學那裏，只有當它具有嚴格的數學表達「形式」（定理或定律），並能夠反覆驗證，才被確認為科學的理論。那麼，人文社會學科又做得怎樣呢？

我覺得，把經濟、人的生產方式和經濟生活方式，看作這種或那種社會存在形態成為「現實」具有決定性作用的「深層原因」，是馬克思對史學思維方式變革最重大的貢獻。這不是說，在此之前，西方歷史學中沒有人關注過經濟。但是，人文主義源遠流長，文化形態史觀根深蒂固，幾乎湮沒了經濟這一人類生活的根本「基礎」，應該是不爭的事實。直至近世，所謂以「科學實證」精神「征服歷史領域」的大家，如伏爾泰、吉本、羅伯遜、維柯，乃至被譽為「為歷史哲學建立基礎」的名著《論法的精神》的作者孟德斯鳩、《論人類不平等的起源和基礎》的盧梭等等，也仍不離從「法」「民族精神」「人性」等政治文化或道德文化上立論的柏拉圖、亞里士多德「傳統」。正是馬克思，他作為西方傳統思想的「叛逆者」，說

出了一個極尋常的「歷史事實」：「一切人類生存的第一個前提也是一切歷史的第一個前提，這個前提就是：人們為了『創造歷史』，必須能夠生活。但是為了生活，首先就需要衣食住行以及其他東西⋯⋯」（《德意志意識形態》）三卷《資本論》，展示了在社會歷史領域欲與牛頓、達爾文一比高下的氣度，對有關近世商品、貨幣、資本經濟運行的歷史考察，確實不能不令人敬佩其經濟學、社會學乃至數學的天才。

別笑話我在這裏講的是人所共知的「ABC」。或許是逆反性的反彈，也可能是時下的「流行」，唯文化史觀（説輕一些是過分誇大文化在歷史中的作用）造成的混亂，已經到了不能不棒喝的地步。例如前文曾提到的趙宋國勢與文化的反差，問題提得尖鋭，也確有才氣。可是，作者過分偏好「文化思辨」，竟「辨」出原來是「中國文化（他指稱為審美型文化）」本就含藏的「玩」文化「基因」在作祟。「文化」被玩到這等田地，真該還他一句：這種歷史觀察法，「怎一個玩字了得！」趙宋在為消弭歷朝一再出現的破壞君主集權與國家大一統的眾多離心因素方面，進行了一系列的體制改革，其苦心經營亦曠古所未有，而且也比較成功（元明清的大一統某種意義上應歸功於它），但是代價也很大。政治體制，特別是軍事官僚機構的惡性膨脹，給國家經濟帶來了創歷史紀錄的重負；圓滑的「杯酒釋兵權」以及重文輕武等等開國祖制，意想不到的是緊收「事權」與放縱置產、慫恿「娛樂」的新平衡術，利權之間，向利傾斜、以權謀利之風乘時而起（至明清愈演愈烈）。連帶説到若干年前有關王安石變法的爭論，有些論者也不明此理，責怪荊公「聚斂」，我曾作文指出，此原非介甫本意，乃趙宋政治、經濟格局所致，與上述國窮「民」富態勢也不無關聯（故「富民」反對最烈）。司馬君實台下可以説風涼話（因為，他當時是「富民」的代言人），他若當政長了（此時他必須站到國家的立場上），也只得如此。故民間有「不當家，不知柴米貴」之諺。歸咎於一人，是謂沒有歷史感。該文作者還舉了一些理學之士的「兩面作風」佐證，其實也是迷執於「文化」而忘了包括「吃」在內七情六慾這一本有的「人性」（更不了解宋明商品貨幣經濟上升的歷史氛圍），下意識地以為理學本可以不食

煙火、包治百病。《明儒學案》開卷説到一位康齋先生（吳與弼），家境窘迫，時向鄰家借穀度日。儘管他日日打坐東窗，習練理學工夫，但也一再坦認：「病臥思家務，不免有所計慮，心緒便亂，氣即不清」，「思債負難還，生理蹇澀，未免起計較之心」，真實至極，也深刻至極。説實在的，像這樣懂得自律的並不多，大多數人都像太史公所説「熙熙攘攘，皆為利來，皆為利往」（這點就是太史公的「偉大」，所以寫出了《貨殖列傳》這一絕作）。理學之士屢見不鮮的「言不顧行」，古賢誤解為文化問題（或曰：思想問題）尚可曲諒，今人不該如此——科學不是講觀察嘛，稍稍用心琢磨一下周圍的「事實」，就不難明白「以食為天」確是歷史的「第一前提」。百年來關於「國民性」的議論，西土「主動」、本土「主靜」説久盛不衰，然準之於近二十年，耳聞目睹的事實教訓我們，中國的「國民性」（包括一向被認為最保守的小農）同樣經不起商品貨幣「魔力」的「誘惑」，動勢之猛、之速為世界歎為觀止。至此，我們應該領悟，忽略了經濟的作用力，也就不可能穿透歷史運行「非理性」的迷霧，自以為憑「概念遊戲」捉住了的歷史「特徵」，終究還要露出虛妄的破綻。近年來將近代化的曲曲折折歸罪於這種或那種文化思潮，「文化誤國論」甚為流行，造成「文化不能承受之重」，少有人願意從經濟的角度（還有政治體制等等視角）去追索更深層的原因。不承認經濟比文化更具支配人和社會行為的能量，實在是一種不小的偏差。寅恪先生終以因緣際會而復活，學人競相仰之彌高，頌詞紛出。然真了解先生絕非易事，如謂先生「文化遺民」、偏執文化史觀，終是不確。細讀先生之文，則中西新舊融通，於社會經濟制度致意再三，亦要羞煞今之侈論文化者。下面即是一段傳誦已熟的文字：「夫綱紀本理想抽象之物，然不能不有依託，以為具體表現之用；其所依託以表現者，實為有形之社會制度，而經濟制度尤其重要者。」接下來談到佛教，談到道光以來「社會經濟之制度」「劇疾之變遷」，發以「雖有人焉強聒而力持，亦終歸於不可療之局」的感慨（《王觀堂先生輓詞·序》）。在文化與經濟兩極之間往來無礙，既不以主觀遮蔽實在，亦不俯世以自損義命之所託，唯大師能之。

　　我確實比較推重社會學對史學變革可能起的「助產婆」角色。社會學家曾意味深長地感歎道：「社會是一頭狡獪的獵物。」正是這種真誠的謙遜，使得他們能感悟出一個至今仍為多數史學家所輕忽的概念：「社會」是一個有似於人體複雜有機系統的「超有機體」（孔德、斯賓塞、迪爾凱姆等由此發展出功能整合系統的方法論策略，此處不贅）。湯因比曾從 26 種文明的盛衰歸納出「挑戰應戰原理」；其實，「文明類型」概念的提出，最富啟發意義，因為每一種「類型」（或曰結構）確實都是獨特的、持續的，且有不可比性。中國人從自身歷史「六道輪迴」中悟出了另一條「定理」：越是成熟、越是發展得完備的文明形態，轉型變遷就越是困難。國人向重詩性形象思維，把這種真實的歷史感叫作「百足之蟲，死而不僵」。

　　可以說經濟、政治、文化諸項子系統整合而呈現出來的社會結構，就像人頭頂上的「天」，一旦成形，相當長（！）的時段內，「人」都在它的籠罩下，顯得很「小」。因此，結構、制度的系統分析有其特別重要的方法論意義。然而，正像人是不能活體解剖的（故而醫學總有限度），但又是靠着靜態的人體解剖學才總算有了醫學。「超有機體」的「社會」至今也只能巧藉生物學、生理學細胞、組織、器官、系統等類似的概念和分析方法，去把握它的結構和功能。不像對社會學無知者所指控的那樣「庸俗」，社會學也不滿足初期的「有機類比」，其理論與方法論發展得流派紛呈、日新月異，對此史學界知之不是甚多，而是知之甚少。我覺得，它的（方法論）靈魂是整體有機觀，而其最值得史學虛心學習的，是容納百川的博大氣象，經濟學、政治學、文化學、心理學、考古學、人類學乃至地理學、數學等自然科學方法，無所不試，極融合滲透之能。如果說，某一歷史形態，像是多棱的晶體，那麼，多側面、多視角、多方位、多學科地觀察、考察它，恐怕是唯一現實可行而又明智的做法。我是很看重「結構」一詞對史學方法論的啟發的，也未失了理智，即使像年鑑學派布羅代爾那樣的大師，讀了他的兩本名著，由衷敬佩他的學識廣博和著述的大氣魄，但也不能不如實地說：結構的整體把握，整體史觀的實現，路漫漫其修遠兮⋯⋯

　　不管怎樣，當我們追求「科學化」的時候，意想不到的是，拋棄了一種形上的「邏輯」架構，卻又不得不接受另一種形下的「邏輯」架構方式，落進了無可奈何的尷尬境地。孔德曾經把這種困窘稱作「人類智慧深度的惡性循環」，說道：「在這一循環中，我們的智慧首先必然被兩個同樣迫切而卻又根本對立的條件困住。因為，雖然現代人不得不明確宣佈：除非有充分的適當觀察作為輔助，不然就無法建立起任何堅實的理論，但同樣不容置疑的是：如果缺乏某種既定的思辨觀念作一貫的指引，那麼人的才智就絕不可能收集必不可少的材料。」（《論實證精神》）此時人們最簡單也是最武斷的做法，就是快刀斬亂麻，由科學主義的「法庭」宣佈：歷史和邏輯的一致（提升到哲學層面，就叫作「思維與存在的同一」），是最高的判決準則。

　　現在我們多少已體驗到，「歷史和邏輯的一致」，既是一把裁決「真理」的刀，更是一把遠沒有成形的刀。即以歷史學而論，如何保證史料與史論的邏輯一致性，就是一件十分棘手的事（正因為如此，我對「社會科學規範化」的討論能否有結果，不抱希望）。在我想來，似乎有着兩種意義迥然不同的「歷史邏輯」。無以準確名之，姑且說一種是歷史的「自然邏輯」，一種是歷史的「人為邏輯」。前者是指歷史本有的、外在於史家指認的內在的邏輯，真如勝義，不假外道而自在。可是，寫歷史的總想廓清歷史的雲遮霧障，還個明明白白，於是就有了邏輯化的歷史，亦即「人為」的「歷史邏輯」。最難的誠如前述，如何確保這兩種「邏輯」能契符而互不相悖？

　　何謂歷史的「自然邏輯」？當然，我們在這裏討論的是狹義的歷史，即人類社會的歷史。社會的歷史，歸根到底是「人」的歷史（自然生態狀況是它的背景），是各自懷着一定的目的和利益意向的人，相互共處又相互衝突的歷史。由於人是唯一能思維的高級動物，因此，與任何別的有機生命和無機的物界的歷史有着許多截然不同的特性。作為個體，每一個人都有追求自我利益不斷增長的內在機制，名之曰：「利益最大化原則」。人又是一種高級的群居動物，不合群就無以生存，更不用說改善、提高生

存質量。合作就成為人類第一社會需求（但相對於原生性的個體生存的本能，它只是次生性的需求）。正如不少社會學家所指出的，「合作」是一種社會功能，它產生於衝突又只能通過衝突的調節來「整合」。殊為驚異的是，我先哲對此卻早有深刻的洞察，他就是先秦的荀子。荀子即指出「人生而不能無群」。「人何以能群」？他用了一個極富中國哲學意味的範疇，叫作：「分」（讀如「份」）。下面的一段話應該說是非常精彩的：「人生而有欲，欲而不得則不能無求。求而無度量分界則不能不爭。爭則亂，亂則窮。先王惡其亂也，故制禮義以分之，以養人之欲，給人之求，使欲不必窮於物，物不必屈於欲。」（《荀子・禮論》）除了「先王制禮義」之類的古人陳詞濫調之外，確實已經刮剔到了歷史「自然邏輯」的脛骨，其「分」簡直就可以看作是社會整合所必有的「制度建設」的同義詞。可惜後儒因其為「法家」之濫觴張本而故意充耳不聞。順便一說，對中國社會，往往法家既是支配着社會制度運作的「黑手」（躲在幕後），又對社會認識別具慧眼，有「歪打正着」之妙，切不可輕易放過。

當代美國新制度經濟學派諾斯在《經濟史的結構與變遷》等一系列著作裏表達的思想，明顯是「現代派」的。他認為，為了便於合作，必須有一種向人們提供發生相互關係的指南，以力求減少交往中的不確定性（經濟學的術語叫「降低交易成本」）。因此，人類從「合群」的洪荒時代起，便有了「制度」的創設。諾斯說：「制度是一種社會的遊戲法則。」它們非常類似於一種競技性運動中由正規規則和補充的非成文規則（習慣規則）所組成的遊戲框架，用以制約相互關係，保證既對抗又合作的競技活動持續進行。由此可知，人主動選擇了制度，而制度又約束和限制了人的選擇行為，使人處於被動（或者說是壓抑）的境地。人類社會的全部歷史，從這一意義上說，就是創設制度、變革制度的歷史。選擇和再選擇是社會歷史變革驅動的能源。再選擇，既來自競爭各方的意願變化，更是由競爭對抗各方在「綜合情景」中通過協議對「遊戲法則」的修改來實施的。「制度」的成文化只是對這種實際的選擇行為的事後確認而已。

這裏，我不是要具體討論諾斯學說的短長（說到底，也只是模擬自然

邏輯的一種「人為邏輯」），而是想指出，諾斯所運用的「遊戲法則」一詞大有深意。它恰恰非常形象地表達了一種歷史學家很少願意徑直道明的社會歷史觀：人類歷史充滿無數偶然性和隨機性。選擇甚麼，怎樣選擇，都不是任何個人、團體、組織所能主觀設定的。它取決於一種「合力」（在特定的時空中，所有自然力和社會力的函數總值）。人人都參與了歷史，人人都無法知道自己的選擇將落到何方。這是一種生存意義上的「遊戲」。而且，這種再選擇的「遊戲」永遠處在不斷的流變之中，伴隨着人類生存情景的多變而無邊無涯，殆無止境。

按照上述的理解，歷史的「自然邏輯」，只能被看作為歷史運行狀態的自身。動態的歷史自然進程本身就是它的內在「邏輯」。這裏，我想到了 20 世紀中國最富哲學原創性的熊十力先生的「恆轉觀」。十力先生說：「本體之流行，是剎剎新新而起，未有一剎那頃，守其故……流行者，不是憑空忽然而起之流，乃本體之流行也。本體是萬變萬化之真源，含藏萬有，無窮無盡。」（《原儒》）這是對歷史真如勝義的一種超時空的體驗。唯其不執着於一時一境，始能有如此深邃的洞察。由此可以說，歷史的邏輯就是歷史「本體」的「流行」。若一定要追問它是甚麼，固然可以列舉種種「色相」，總是舉一而漏萬，反不如說：「一切法都是剎那滅……即凡法於此一剎那頃才生，即於此一剎那頃即滅。」凡是用心思辨的人，其實多多少少都會有這種心領神會。現在少有人去讀恩格斯的《社會主義從空想到科學的發展》，書中就有這樣一段類似熊氏色彩的話：「當我們深思熟慮地去考察自然、人類歷史或我們自身的精神活動時，在我們面前首先呈現的是種種聯繫和交互作用的無限錯綜的圖畫，其中沒有任何東西是不動的和不變的，萬物皆動、皆變、皆生、皆滅……」（順便一說，在中國體用不二思維方式原難二分為唯物唯心，西方也並無絕對清晰的二分邊界。）

康德說過，本體不可知，但可以思。「思」甚麼，思「存在」，很玄。相比之下，「天空不留痕跡，鳥兒卻已飛過」，似乎更容易啟發人去想像有限與無限的對待關係。設想鳥兒飛過的那瞬間（人生也是一瞬間！）留下了一幀「攝影」，雖則我們不能說它就是「鳥兒飛過」的本身（絕對的真

實），卻總是它的剎那「印象」（同時也打上了攝影師的印記，如特定的視角），是一種不離真實的「似」。有了「鳥兒飛過」的印象，我們才可能實在地感受到蒼穹的浩渺。我想，史料之於歷史的價值大致也只是如此這般。若從歷史是一種自然進程，是一次性的、不可重複的意義上說，只有按其留下的儘可能連續的「痕跡」，摹寫描繪，方能得到一種「似」，故而敍述未必劣於闡釋。這可以看作是一種死（死去活來）工夫，卻是史學必不可缺的基礎工作，憑空起不了華廈。或許是現代人的浮躁，太急於功利，因此，「闡釋」卻成了「聰明人」的遁詞，「史論」加舉例竟創造出了目下「最現代」的「歷史編纂學」和「最現代速度」的史學編著業。有感於重史料風氣的淡薄，我很為過去有點情緒化的鼓吹「闡釋為主」感到不安。

還有一種情形，是誤用了自然科學的方法，卻不理會人類歷史及其文明形態本有的「自然」。斯賓格勒說得好：每一種文化都是獨一無二的經驗。各民族的社會歷史也是一種獨立存在的整體。所謂「獨立的整體」，就是在世界歷史的大背景上顯示的是「它」，獨一無二、不可替代的「它」（殊相）。「整體」的內在結構可以分析但不可以分解，是莊子所說的那個「混沌」。例如說中國傳統社會結構是「超穩定」亦可（這是從整體上與近世之資本主義形態相比較），然可推敲之處甚多，且不說數千年間制度變化之微妙讓所有歷史學家窮其一生也不能盡傳其真跡（中國古代制度之變化軌跡，唯有遍讀過二十四史數次的誠之先生，方可謂得其形似，見《呂著中國通史》），而且一些制度的演進創設也不是以「古代」「現代」死概念可以理喻的（像科舉制度，布羅代爾驚異地說「雖然考試並非絕對沒有舞弊，但它在原則上對社會各階層全都開放，其門戶遠比 19 世紀的西方大學開得大。科舉給人擔任高官的機會，這實際上是社會機遇的再分配，也就是牌局中的重新發牌」）。何況還可以反詰，若以千年後之新人看來，西歐數百年的「資本主義」，也未嘗不可以用「超穩定」一言以蔽之（因為這時又有了新的參照系統）？在歷史的長河中，千年、百年都是「剎那頃」，豈有「超穩定」的神話？現在不是很時行「後現代」「後後現代」……恐怕還可以一直「後」下去，未見得有底止。佛家說得好：「境隨識轉」，

執着於此情此境而斷論「歷史」終究是虛妄，紛繁複雜，變化莫測，刹刹
新新，這就是歷史的本相，人類歷史固有的特色。在域外，關於歷史的
「自然邏輯」，康德算是以西方方式深得其中三昧的一個。讀他的《歷史理
性批判文集》，這位哲學老人以其特有的狡黠避免正面回答歷史的「自然
律」是甚麼。因為他清楚，他無法直面他眼中的「歷史情景」：「當我們看
到人類在世界舞台上表現出來的所作所為，我們就無法抑制自己的某種厭
惡之情；而且儘管在個別人身上隨處都閃爍着智慧，可是我們卻發現，就
其全體而論，一切歸根到底都由愚蠢、幼稚的虛榮甚至還往往是由幼稚的
罪惡和毀滅慾所交織成的；從而我們始終也弄不明白，對於我們這個如此
之以優越而自詡的物種，我們究竟應該形成甚麼樣的一種概念。」此時，
形上哲學的全部狡猾性在這裏表現得淋漓盡致，且聽他說：「對於哲學家
來說，這裏別無其他答案，除非是：既然他對於人類及其表現的整體，根
本就不能假設有任何有理性的自然的目標，那麼他就應該探討他是否能在
人類事物的這一悖謬的進程之中發現有某種自然的目標；根據這種自然的
目標被創造出來的人雖則其行程並沒有自己的計劃，但卻可能有一部服從
某種確定的自然計劃的歷史。」（《世界公民觀點之下的普遍歷史觀念》）
「自然的目標」「自然的計劃」是甚麼，讀完他的全書，也不可能有明確的
回答；若強迫他一定要回答，我想他還是會說：你若能長生不老，讀完人
類全部歷史，答案也就有了。非常有意思的是，新近譯出的布羅代爾論文
集《資本主義論叢》，載有布氏在一次國際學術討論會上的答辯。當辯者
反唇相譏說「希望自己的觀點符合實際」，布氏以稍帶調侃的口吻說：「我
沒有絲毫的把握。假若能讓歷史重新開始，把所有的事情都恢復原狀，歷
史將成為科學。可惜歷史不是科學。」這再次證實了如寅恪老所言，歷史
本有的「邏輯」（本體）只能在「神思冥遊」中被體悟。它是不可言說的。
無奈時也可以被描述（「言詮」），但被描述的相對於「本相」終究拙劣
（不用說康德方式，就是熊氏方式，十力先生自己也聲明這只是一種「言
詮」），不可言說才是最高境界。

　　上面所說，極容易被認為是歷史的「不可知論」。我也是很晚才對這

種略帶玄氣的說法，似乎突然有了某種感悟——其實，最先的感受倒是從「科學革命」的衝擊波中獲取的。先前，出於對科學的崇拜，我總覺得「科學世界」是「透明」的，上天入地、唯精唯一的祕密都是可以窮盡的。後來是庫恩、波普爾溫和而彬彬有禮地教訓了我，而那位被稱為「無政府主義者」的法伊爾阿本德則近乎粗野地重複了這種訓斥：宇宙之外尚有反宇宙物質不可知地維護着宇宙的生存，量子力學的宇稱定律並非完全「宇稱」，科學也處在永遠「刹刹新新」的「恆轉」過程中，忽而透明，忽而模糊。「不可知論」對任何執迷不寤是當頭棒喝，而它又往往是誘導新知的搖籃。較自然科學相形見絀的人文歷史學，難道不更應該有這種破執去惑的心境？我的直覺告訴我：唯有真切地承認歷史「自然邏輯」是一種「恆轉」的「混沌」，才不致困於有限的歷史「人為邏輯」之中，成為「井底之蛙」；才有足夠的勇氣沿着「自然邏輯」的「神引」，去探尋歷史留下的蹤跡，儘可能地去親近不可預測的未來。

也許是人類思維的優點，也是不可割捨的弱點：當一切處在朦朧之中時，我們會不滿意它的「模糊」；當我們來到一切都是明明白白的分析世界之中，我們又懷疑它的「透明」是不是一種欺騙，又因丟失了朦朧美而興味索然，少了想像馳騁的詩境。這裏，我想偷竊福柯的一段話，歪其意而用之：人類把自己的命運交給了帶有千條支流的水道、帶有千條航道的大海，交給了處在一切事物之中的偉大的不確定性……他將去的地方是未知的——可他一旦上了岸，那地方其實就是他的故鄉。他只有在「模糊」和「透明」之間的廣漠的空間裏（或許它就是熊氏所說的「本體」的「恆轉」）才擁有他的真理。

社會歷史的認識能否「價值中立」

社會歷史，歸根到底是人的歷史。由單數的人變為複數的人群的集合，不只是量的累積。複數的人群不可能簡單地還原為單數的人。「社會」作為一種「整合」人群的「突生現實」的出現，意味着人的境遇因此而迴

然不同於生物界。自然科學（包括生物學、生理學）的方法不能不在這裏受到嚴峻的挑戰。

　　無論是對自然界還是對社會歷史的深層思考，都存在着有關「一與多」的「哥德巴赫猜想」試解。萊布尼茨或許是受周易的啟發，他創造了「單子」概念，說單子既不是單純的一，也不是純粹的多，而是「統一性中的多樣性的表現」，是一個動力學的整體，只能在無限豐富的結果中表現自身。這雖然仍不脫「概念遊戲」的技法，還是頑強地再現了不滿足於「多樣性」而欲尋求「統一性」的人的思維天性。同樣，百年來關於中西社會及其文化的比較研究，多專注於殊相的抉發，也忽略了一個實在不應該忽略的思考，這就是：「從本質上來看，不同的國家的人民為同樣的難題所困，為同樣的疑團所惑。」（許思園先生語）從自然中脫胎出來的人，既是一個理智的存在物，又是一個社會的存在物。當他（這裏指複數的人）脫離幼年的混沌狀態開始獲得「自我」意識起，命運註定了下述難題必將伴隨其始終：個體與群體的矛盾，自然賜惠與人為索取的矛盾，物質享受與精神需求的矛盾，自由與秩序的矛盾，理想與現實的矛盾，穩定與變異的矛盾等等。除此而外，對個體而言，還有情感與理智的矛盾，生與死的矛盾等。中國古代關於群己之辨、理慾之辨乃至心物之辨、生死之辨，說明我列祖列宗對人類生存境地的思索絕不遜於世界任何別的民族，也再次證明人類面對的難題都是相通的。

　　社會，乃是人群合分聚散無定的「驛站」，天地悠悠，過客匆匆。個體的人既天賦有獨立自由發展的要求（因為他是理智的存在物），又無以單個生存而必須合群，始於男女，成於家庭，外化為民族和國家（因為他是社會的存在物）。社會歷史上所呈現的種種戲劇性的變化，無不基於人內在的本能要求（本我）與外在群體整合的要求（超我）的張力，其餘一切矛盾都是由此而派生的。本我與超我、個體與群體的對立統一，是社會內在的結構性矛盾的「根」，是它一切變化的最終的「深層原因」。當我們的視線轉到「社會」，就必然首先地要指向個體與群體的整合。群體總是以利益的遊戲法則扭合的，人與人之間是以有形的或無形的「協議」（或

曰：契約）互相聯結，求同存異。每個個體必須出讓部分權力以獲取可能得到的權利，「利益最大化原則」只能在邊際效率的函數集上才能得到確認。「正義」「公正」「合理」等等都是以特定的「協議」認可為前提的。最好的「平等」也只是機會的平等，而不是每個個人權利的平等。克爾凱郭爾不無深情地說：「在一切痛苦中最為痛苦的是，既要完成精神任務（他指的是『精神自由』），同時又要生活在人群中。」這是個體精神至上者想擺脫「協議」的痛苦。盧梭是屬於激進的一派，「人生而自由，卻無處不在枷鎖之中」，着眼的是政治或國家形式對個人「約束」的誇張。道德理想主義者，恰如馬克思所說，一個理想的社會，應該是為實現「人的自由的、全面的發展」提供充分條件的社會。然而迄今為止，個體與社會的匹配契合，始終為一些最基本的難題所困惑，由此包括馬克思在內的人類先知聖賢們所渴求的那種完美，就成了社會發展中驅之不去、揮之不就的永恆「情結」。

　　人文學者，包括歷史學家，通觀古今中外已有的社會演進，不能不感慨萬千，面臨着評判上的尷尬。猶如人生諸多煩惱，歎道「人生就是過程」，社會的歷史何嘗不是如此，「過程」本身即是它的真義所在。我們找不到無可挑剔的完美，看到的只是對完美不懈的追求。轉而不能不修正我們的期望，說道：「尋求的不是結果的統一性，而是活動的統一性，不是成品的統一性，而是創造過程的統一性。」（卡西爾《人論》）「上帝」給我們的是一杆永遠找不到合適平衡的、處於擺復中的「天平」。前述的種種兩難，如陰陽兩極相濟，此重彼輕，過分傾斜到哪一頭，而冷落另一端，社會都難得安寧，人們也不會感到滿足。重則輕之，輕則重之，矯枉而過正，過正則再矯之，無窮的擺復調整，這就是社會動態的運行，這就是全部社會歷史的真義。從這一意義上，甚至可以這樣說：人類社會的歷史，也是不斷「試錯」（借用科技術語）的歷史。那些為眾人不滿意、不合理的舊事物雖隨變革潮流而淘汰，新的不滿意、不合理又跟蹤而來，不捨晝夜。變革，將是無窮無盡，如危崖轉石不達其地而不止。試看古往今來，轉折之際變革熱情高漲，人們基於對現狀的不滿，在先賢聖哲的理想之光

的照耀下，一往無前。對未來期望值之高，必會鼓動出那種以身殉道、義
無反顧的勇氣，造作出種種可歌可泣的事件和人物。可是，一旦峰回路
轉，進入新的坦地，失望的情緒便會慢慢爬上心頭，愈積愈重，社會現實
並沒有像期望的那樣完美，還平添出原先想不到的許多討嫌，於是就有了
新的不滿意，又有了所謂「超越」之類的新的追求。即以現代市場經濟所
引發的社會變革而言，無疑是對傳統社會「群體」窒息「個體」極端傾斜
的矯正。現在又對個性的過分肆虐感到威脅，試圖壓抑之，故而西哲又忽
然對東方群體主義格外垂青。湯因比與池田大作的對話（《展望二十一世
紀》）透露的便是這樣一種信息。作如是觀，方不致誤讀了湯因比中國將
充當「世界大同的領導者」之類的預言。

　　我很欣賞卡西爾富有哲理的闡釋：「人類生存的基本要素正是矛盾……
人是存在與非存在的奇怪的混合物，他的位置是在這對立的兩極之間」，
「人之為人的特性就在於他的本性的豐富性、微妙性、多樣性和多面性。
因此，**數學絕不可能成為一個真正的人的學說、一個哲學人類學的工具**」
（《人論》）。人是如此，社會則更是如此。傳統的邏輯和形而上學本身由
於同一律（不矛盾律）而不能理解和解釋人與社會那種「方生方死，方死
方生，方可方不可，方不可方可，因是因非，因非因是」，永處於創造和
流變中的謎。社會的不和諧就是它自身的相和諧。前述永恆性的兩難，對
立面並不是彼此排斥，而是互相依存。社會正是在這些不同的力量之間的
吸引中獲取張力，在對立、摩擦和衝突中展示頑強的生命活力。歷史的長
鏈上每一環，好與壞都是相對而言的，無絕對的好，也無絕對的壞。

　　自從赫胥黎、達爾文發現並確證生物進化的歷史以後，社會進化的概
念也就深入人心。社會進化既與時間的尺度「同一」，演進的價值似乎也
就變得可以用算術級數甚至幾何級數來計量，一切都會由低級到高級那樣
有序地向前「邏輯發展」。中國古代哲人本不是如此看的（他們將歷史運
行的軌跡看作為圓），到了近世，我們也就相信了進化論，數典忘祖，追
蹤流行。細究起來，實在也很難判定究竟哪種說法更逼真地還原了社會演
進的複雜性、多樣性和多面性。前面我曾經提到過英國白德庫克的《文化

的精神分析》一書，他是採取倒過來的說法，聲稱農業社會是採集經濟的「回歸」，而資本主義卻是畜牧經濟的「回歸」。我並不認為此種說法就一定成立，但應該承認它在觸及社會心理乃至時代精神（前者馴順內斂，後者野性外溢）方面是不可多得的傳神之筆。最激烈的要數盧梭，他曾「忽如狼嗥般狂吼」道：「文明是道德的淪喪，理性是感性的壓抑，進步是人與自然的分離，歷史的正線上升，必伴有負線的倒退，負線的墮落……」（轉引自朱學勤《啟蒙三題》）也許人們可以將這種激憤斥之為「道德」情緒化。想不到一向被認為「理性」的經濟領域也存在着進與退的悖論。前面多次提到布羅代爾的三卷本《15 至 18 世紀的物質文明、經濟和資本主義》，洋洋 150 萬言，只在讀到他本人多次演講、答辯後，對該書的微言大義，才開始有某種感通。布氏認為「市場經濟」不等於「資本主義」（這對中國大多數讀者是一則「新聞」，可惜這裏不容許展開，請參閱原書），由前者發展為後者，原先任何人都不佔優勢的、完全憑運氣決定輸贏的公平競爭的遊戲規則被破壞，變成可以由「少數人串通交換紙牌」來「作弊」，造成了交換方面更大的不平等。布氏說道：「當有一種權力主宰市場時，那就是資本主義，因為在市場上進行的是不平等的交換。」對此，美國紐約州立大學布羅代爾研究中心主任沃勒斯坦，作為朋友和該著作的研究專家，替布氏的「作弊」說下了更直白的註解：「沒有政治作後台，誰也不可能獨攬經濟，更不可能有駕馭市場的能力。為了對經濟活動設置非經濟的柵欄，為了讓桀驁不馴的價格唯命是從，或為了保障非優先項目的採購，必須由某一政治權威施行強制。所謂沒有國家為後盾或與國家作對的資本主義，純屬無稽之談……某種意義上說，近 500 年的歷史是市場節節敗退的歷史。」實際上，布氏反對的是經濟的「壟斷」趨勢和國家及國際政治的「寡頭統治」，他認為這不是縮小了不平等而是擴大了不平等。關於這些判斷的正確與否絕非本文所能說清的，這裏無非是想說明，單線的、絕對的「進化」，把「進化」等同於「進步」，並非毋庸置疑、不可反駁的。

這種情形在由傳統農業社會向現代工業社會轉型時，中國人遭遇到的

工具理性與價值理性的交戰中，也反映得十分明顯。再次證明對社會歷史的動態運行，我先哲前賢的認識也遠非清晰透明的。

　　無論是嚴復、章太炎、梁啟超，還是王國維、陳寅恪，作為 20 世紀的一代學問大家，國學根底深厚，多兼通西學，也接受過進化論，嚴氏更是這方面的播火者。然而，真的面對社會轉型種種「色相」，諸賢似乎就頓然失態，對西方現代化的負面特別敏感，擔心中國步其後塵，重罹「物質富裕，道德淪喪」，以及弱肉強食、殘酷鬥爭，人被嚴重異化的災難。他們以「人心」或「國民性」為題旨，對當時社會演進的不滿、激憤，形之於色。章、嚴晚年更趨悲觀，頗眷戀中國往昔的輝煌，不堪直面未來。由此在中國近世思想文化領域，出現了一種奇特的景象。首先，我們的先哲前賢睜眼看世界時，感覺到的不僅僅是現代化耀眼的榮光。這是因為，帶血腥味的資本，西來殖民者對中國橫蠻的掠奪，在中國人面前盡情裸露出了西方現代化的另一個側面──醜陋陰暗的一面；與此不無關聯，歐風美雨下中國社會特殊的變形，表明傳統與現代之間並非完全排斥，權力之惡與金錢之惡可以交互為用，人性中原有的惡很可能會被新的誘惑教唆得更惡、更放肆。對此，民族的文化基因做出的回應又是西人所沒有想像到的：原始儒學開創的理想人格與倫理至上的文化傳統，使中國的人文學者特別注重人性向善的追求。老莊反社會、非難理性的哲學思維，特別是周易的變易哲學，又為中國人考察西方現代化提供了一種東方式的敏感和非線性的變易觀，使中國人有可能擺脫西人那種昏昏然浸染於單線進化和滿足於物質成果之中的自得，藉助變易的觀念預感到肯定與否定、進步與退步必將負陰抱陽兼容並蓄，由此陷入極度的困惑之中。

　　多年前，我還不能讀懂前賢的苦惱，現在卻有點開悟了：其實，既有的現代化模式，都是有利有弊、有善有惡，進步中包含着某種退化乃至退步。利益也不可能一體均沾。它不僅是利益的再分配，更為難堪的是，必然要從魔瓶中放出「惡鬼」，來個「孫行者大鬧天宮」，野性發作，使原有的秩序和平衡不復存在。西方先行者因為是自然演進，很像是摸着石頭過河，顧前不顧後，見不到為淨。後隨者則大為不然，前轍清晰可辨，泥

沙俱下，心態就複雜尷尬，進退取捨頗費躊躇在情理之中。嚴復是以翻譯
《天演論》而名震遐邇的，可晚年卻對他一度鍾情的進化論有非常刻薄的
批評，說：「不佞垂老，親見支那七年之民國與歐羅巴四年亙古未有之血
戰，覺彼族三百年之進化，只做到『利己殺人、寡廉鮮恥』八個字。回觀
孔孟之道，真量同天地，澤被寰區。此不獨吾言為然，即泰西有思想人亦
漸覺其為如此矣。」我以為，進化論自有其思想史的價值，但對進化論的
詰難，更有它獨特深刻的意蘊，不可忽視。（這話題太大。有一點可以指
出，即使在生物學界，達爾文進化論也已經修正，出現了不少新的學說。
就說進化，它也不是絕對的。例如人為萬物之靈，是生物進化迄今為止的
最高成就。但是人的視力不及貓頭鷹，聽覺不如鳥類，行走還比不上兔子
敏捷。當然這只是就個體生理功能而言。人類即複數的人之高明，在於能
創造出許多替代物，以彌補生理的退化。）1920 年春，梁啟超由歐洲考察
回國，一改常態，竭力渲染歐洲的混亂和悲觀主義，申言科學雖在歐洲贏
得了絕對的勝利，但現在在凋謝乾枯的、機械唯物論的西方，人被賦予了
無人格、不安全感、憂慮、疲勞、閒暇的消失以及擴張慾凝聚的恐懼和喪
失自由等特徵，這是一種典型的精神貧乏症，故必用「以精神為出發點」
的東方文化「救治」之。不期然，相隔不到半個世紀，卻成了西人的「文
化情結」，歷史就是這樣值得玩味！如果今天還把前賢對我們生存困境的
普遍憂慮，祈求、警戒中國近世切莫重踏人性異化的歧路，看作為一種文
化保守，那實在是對上述人類的生存困境和社會演進的矛盾性缺乏必要的
哲學感悟了。

　　近代中國的哲人基於對本民族的人文終極關懷，不期然地與西方 20 世
紀「物質—精神」的「世紀難題」發生偶合，早熟或超前地對資本主義理
性（尤其是工具理性）作了許多深刻有價值的批判，其精彩絕不遜於 20
世紀批判「理性主義」的西哲，並顯示出東方特有的人文主義的德性智
慧。近來陳寅恪研究成了一個新的「熱點」，我很不同意有些學者把先生
看作「文化遺民」或甚麼「文化亡靈的守護人」。恰恰相反，基於前述的
理由，在我看，與其把先生比作過去，毋寧將先生視作代表着未來，更切

近對先生學術思想普遍價值的理解。先生雖激憤地說過，文化無法遷就實用，道德尤不濟飢寒，但先生發自內心的祈願，是他相信，一個民族，一個國家，遲早會覺悟到文化與道德是他們永恆存在的「根」。哲人說得好：「無用之用乃為大用。」這裏的「無用」，就是那種屬於最高的、永恆性的東西。此時人們看來無用，說不定彼時突然會感到大大地有用。無論是陳寅恪，還是章太炎、嚴復，今天讀來就要比一二十年前親切可解得多；我相信，後來人會更清晰、更強烈地意識到他們的價值所在。前輩的道德關懷和道德感召力，將使後輩獲得一種張力，不致隨着「資本」的誘惑而盲目狂奔，失去人類應有的自制力，淪為另一種動物——物質和金錢的動物。

相信科學客觀主義的人，很可能會站出來大聲叱責：對社會歷史的科學認識，不容許摻入主觀的價值判斷。學界朋友都熟悉，正是馬克斯・韋伯主張對社會歷史的認識應該持「價值中立」的立場。然而，當我把他的名作《新教倫理和資本主義精神》讀了好多遍，有一天突然發現，韋伯自己也不可能保持「價值中立」。因此，我寫下了一篇讀書簡記，題名為《悼念韋伯的精神分裂》，茲轉錄於下：

知識分子是人，是人就理應具有情感趨向和精神寄託。韋伯是一位著作頗豐，多方位有成就的學習者。但，他首先是一個德國人，一個大日耳曼人。無論是他的經濟學，還是他的社會學著作，字裏行間都流露出對德意志這個國家和民族深摯的愛和熱切的期望，期望它能在整個世界中扮演主角。唯因其愛之深沉，故而恨又顯得特別激烈。他哀怨德國資本主義的發展不該落後於英美與歐洲大陸其他國家，特別不滿意那些「一心只想吃得舒服的有名無實的」德國新教徒。精神分裂病症發作後，他去美國旅行考察，更加深了這種刺激。

韋伯是以提出西歐資本主義發生獨特的論證而享譽全球的。但即使在寫作《新教倫理與資本主義精神》這部核心論著時，他對當時歐美資本主

義現狀也並不完全滿意。這也是很值得注意的一種內在的心理矛盾。在該書的最後幾頁，他竟詛咒起資本主義文明。他要比他的同胞斯賓格勒和美國的湯因比都更早敏感到資本主義的機械理性正在吞噬着人性，文明的發展將要以文化的墮落作為代價，招致人心腐臭，道德淪喪。他說深受機器生產技術和經濟條件制約的資本主義經濟秩序已經把「財富」這一昔日聖徒們隨時可以拋掉的輕飄「斗篷」，變成了一隻禁錮人性、污染靈魂的「鐵的牢籠」。他接着發表了一段略帶怨憂淒楚和無可奈何的獨白：

　　沒有人知道將來是誰在這鐵籠裏生活；沒有人知道在這驚人的大發展的終點會不會又有全新的先知出現；沒有人知道會不會有一個老觀念和舊思想的偉大再生；如果不會，那麼會不會在某種驟發的妄自尊大情緒掩飾下產生一種機械的麻木僵化呢，也沒人知道。因為完全可以，而且是不無道理地，這樣來評說這個文化的發展的最後階段：「專家沒有靈魂，縱慾者沒有心肝，這個廢物幻想着它自己已達到了前所未有的文明程度。」

　　我不知道最後引號內的那段警世之語出自何處（原作者和後來的譯者均未加註），夠尖刻的。整段話連語言的風格，都活現出哈姆雷特式精神分裂的特徵。不是一個具有精神分裂「異常」的人（或許這就是福柯所說的「癲狂」），是寫不出這樣深刻的話來的。至今讀來，痛徹肺腑，又那麼真切。

　　出人意料，強烈的激憤，沒有使韋伯變成尼采，發展成尼采筆下呼叫「上帝死了」的瘋子，相反他卻從「上帝」那裏找到了自認為可以慰藉破碎心靈的一塊「淨土」。那就是新教倫理。正是靠着這一直覺加細密的論證，發現了前人從未發現過的資本主義的「發生學」祕密。其實，這也並沒有醫治好韋伯心理的創傷，填平他與現實之間的鴻溝，更沒有使他的情緒稍微樂觀、開朗些。他內心的精神分裂因此變得更深沉，更難熨平：越是覺得「斗篷」的珍貴，就越難忍受「鐵籠」的煎熬，恐怕只有在他全身心地投入寫作時，才短暫地忘卻了痛苦和焦慮。唯其如此，越是要奮筆寫

作。這就是他最後 10 餘年創作速度、數量驚人，以及 56 歲英年早逝深層的心理背景。

新教倫理是不是西歐之所以率先產生資本主義獨特性的關鍵原因，在東西方都有爭論，不想在此多置一詞。眾所周知，韋伯在歷史因果模式上是持多元、相對的立場的，即使是以新教倫理在資本主義發生史上的地位而論，韋伯在其著作中也從未有過肯定性的明確單一的界說，而且非常反感別人由此引出簡單化的「決定論」色彩的公式。正是新教倫理潛移默化的影響（特別要歸功於他母親的身教）促成了韋伯精神性的創造，他分裂而不瘋，憤激中始終保持着穿透歷史迷霧的冷靜，依然不失學者縝密思辨的風格。

韋伯自己從不承認信教。但以我看來，在他的靜脈裏流淌的正是新教徒的血液。或者也可能是猶太血統的緣故，天賦中就有一份宗教的精神。新教精神救了他，也成全了他的學術偉業。是新教的敬業嚴謹，促使他崇尚科學精神和「價值中立」。他一再告誡自己，也對別人宣傳，科學不容許將主觀價值和信仰判斷引入學術研究領域，為此，他決心走進歷史王國，以冷峻的歷史感審視全部資本主義發生史，暫時將個人的情感趨向和精神寄託拋在一旁，如實地發掘資本主義產生內在複雜多樣的原因。正因為這樣，多少人誤以為是韋伯為資本主義作了最善最美的辯護，以致列寧不無反感地稱他為博學、膽小的「資產階級教授」。為了澄清對韋伯的誤解，我想在這裏引一段他最富哲理性的話：

今天，我們再一次認識到，一事物之所以為神聖，不但不為其不美所妨礙，而且唯其為不美，方成其為神聖……
一事物之所以為美，不但不因其有不善之處所妨礙，而且唯其不美，不神聖，不善，方可成其為真。

韋伯的內心無疑最虔誠地皈依真善美，有神聖的理念追求，但在他將歷史倒過去、翻過來認真嚴肅地審視之後，出語驚人：拋掉幻想，世上本

無真善美集於一身的神聖。近乎阿Q式的解嘲，生動地凸顯出摒棄一切感情色彩的歷史學家的冷峻。在歷史的法庭上，道德的辯護是不被接受的。人們只看，今天是不是比昨天、前天多提供他甚麼。這裏，只有加法受到歡迎，至於減法卻只能深埋進心底。由此推論，正宗的歷史學家，內心恐怕很少不是精神分裂的，一定要換成學術性的表達，也叫作價值理性與工具理性之間的緊張和焦慮。

我敢說，韋伯從骨子裏痛恨對財富貪慾的追逐。然而，他目睹了積聚財富有效率的經濟制度，以及支撐這種經濟秩序的工具理性，這正是他期望德國強大所需要的。價值理性與工具理性、道德與效率，韋伯深知在近代歷史發展進程中發生着嚴重傾斜，後者還有可能將前者撕成破布。他不平衡（因為他深知人類捨此沒有別的更好選擇），卻必須找到平衡。我從韋伯的學術實踐中，對他的「價值中立」終於有了保留，到頭來，韋伯還是唱出自己心中的歌。這又非憑空從「子虛」中捏製出個「烏有」來。韋伯的辦法，猶如整理一團「歷史發生學」的亂絲，果敢地撕斷捨棄他認為對他無用的絲線，將有價值、有意義的穿起來，編織出一個美的境界——他告訴人們，不是那些貪得無厭、縱情聲色的政治暴發戶、奸商、海盜，而是刻苦、勤奮、吝嗇的新教徒在「天職」的信念下開創出近代工業文明。無疑，這是大可爭議的。其實，社會轉型並不是一首田園詩，倒像是一場亂哄哄的鬧劇，生、旦、淨、丑，各色俱全，魚、龍、蝦、鱉均有傑出的表現。然最終成功者，還是韋伯所斷言的那樣，必是正正經經的人，而非七歪八扭、靠不正當手段致富者。那種人成不了大氣候，匆匆過客，其興也勃其敗也速，下場、結局未必好；即使老子僥倖保住，兒子揮霍，一樣輸得精光……這是很值得正朝着「工具理性」路上狂奔的所有人三思的。

從社會歷史評判的源頭出發，流出的卻是兩條河牀。一條是實證的、邏輯的，它以其嚴謹、科學的態度講求重事實、重證據。在這個意義上，也可以說「存在即是合理」，某一社會形態及其運行都有存在的理由；只有論斷是不是能經受證據的嚴格證實或證偽，而任何主觀價值判斷都不容許去改變證據或論斷的客觀性。一條是價值的、體驗的，它是以對人類的

終極關懷或普遍的人道主義來審視一切歷史，更正確地說，它是以批判的態度從對歷史的審視中展示人的最高理想境界。我們對此很難割捨任何一方，魚與熊掌都欲兼得。正因為如此，我寧願用「精神分裂」這一可能難以被人接受的形容來指稱歷史學家的學術境況。一切富有價值的創造可能正是源於這種內在的緊張。不過，在我看來，作為人文學科的歷史學，與經濟學、社會學、政治學等應用性的社會學科，都應該有兩者的心思，但側重點或主旨是不同的。社會學科往往更多地關注當下社會發展的難題和操作路線，具有明顯的社會功利性。可行不可行，有利與無利，是他們所關注的重點。作為人文學科，歷史學家應具有超越功利和特定時空的氣度，儘管他們的研究對象具有時代性和暫駐意義，但透過對特定「存在」對象的意義闡釋，表達的則是超時空的真、善、美最高準則的追求。當有人以經濟學理論（即市場會促使成本和利潤趨向均衡化）責難布羅代爾前述的資本主義「更大不平等」說時，布氏十分含蓄地回擊道：「您已為我證明，一位經濟史家不可能同是經濟學家。同樣，經濟學家又兼顧歷史的實屬罕見。因為這很不容易……」此處省略號是會議記錄中原有的，言猶未盡，然一切都在不言之中——對學者而言，其間的微妙都是不言而喻的。

不能了結的「情結」

中國這個民族天分極高，智慧多來之於直覺，即使是對民族歷史的認知也離不了心靈的感悟。太史公寫完《（漢）高祖本紀》，突發一段「古今之變」的通論，值得誦讀：「夏之政忠。忠之敝，小人以野，故殷人承之以敬。敬之敝，小人以鬼，故周人承之以文。文之敝，小人以薄，故救薄莫若以忠。三王之道，若循環，終而復始。」教學的需要，《史記》讀過多遍，唯有這段覺得最深奧，最難讀懂，也最耐讀（恕我孤陋寡聞，今人治史學史，也少有對此段作解釋的）。讀船山先生的《讀通鑑論》，也隨處皆有這種西人無以理解的特別的感悟。試舉一則：漢平帝時，陵陽嚴

詡任潁川守，以孝行為官，「謂掾吏為師友，有過不責，郡事大亂」（略有歷史常識的人都知道，地方胥吏的貪黷向為人不齒。放縱這類人物，沒有不壞事的）。王莽卻「慧眼識人」，將他推舉為全國「美俗使者」另加重用。史載「詡去郡時，據地而哭，謂己以柔徵，必代以剛吏，哀潁川之士類必罹於法」。船山先生說：「乃思其（指嚴詡）泣也，涕淚何從而隕？詰之以偽，而詡不服；欲謂之非偽，而詡其能自信乎？」由此引出一長段議論：「嗚呼！偽以跡，而公論自伸於跡露之日；偽以誠，而舉天下以如狂，莫有能自信其哀樂喜怒者，於是而天理、民彝漸滅矣。故天下數萬蚩蚩之眾，奔走以訟莽稱莽而翕然不異，夫豈盡無其情而俱為利誘威脅哉？偽中於心腎肺腸，則且有前刀鋸、後鼎鑊而不恤者。」識者皆知，這是針對王莽特定的時代現象而發的，回答了一個為人疑惑不解的問題：王莽何能以「偽」而獲譽於當時？以「偽以誠」三字立論，在我看到的今人王莽研究中幾乎未見，假如到了西人手裏恐怕可以做成一篇大的歷史心理分析的文章，但也未必能盡達船山先生的意境。聯想上面太史公的引文，我朦朦朧朧覺得，它簡直就是「文之弊小人以薄」絕好的註腳。千年之間，互通感應若此契符，這是因為我先哲思維深處都有一部《周易》：「《易》無思也，無為也，寂然不動，感而遂通天下之故……夫《易》，聖人之所以極深而研幾也。唯深也，故能通天下之志；唯幾也，故能成天下之務……」這也就是我近年來對寅恪先生「神思冥會」說由衷服膺，而以為它應該成為史學仰之彌高境界的緣故。

有詩云：「眼處心生句自神，暗中摸索總非真。畫圖臨出秦川景，親到長安有幾人？」我在想，反正誰也不可能親到「歷史」的「長安」，畫出的秦川景是由畫者的心靈託出的，盡可以責之「非真」，也應無怨無悔。也許，過不了多少時候，連我自己也會對所寫的東西感到討嫌。這完全無所謂。福柯的話很合吾意：「不要問我是誰，也別要求我一成不變」——當然，朋友們大可不必擔心，我沒有能力成為福柯，別說才智，最大的障礙還在我畢竟理性過剩。

後十年思考鱗爪

一

呂思勉：「新史學」向社會史的會通實踐

　　從「新史學」之名由梁啟超於 1902 年正式揭出算起，至今已有 105 年。呂思勉自述 6 歲至 8 歲即和史學發生關係，13 歲起讀梁先生的文章，治學的道路實受康、梁的影響，雖父師不逮。16 歲起讀「正史」，至 23 歲已將正續《通鑒》、「二十四史」與「三通」¹讀過一遍，從此專意治史。在往後 50 年的生命歷程裏，呂先生筆耕不輟，把畢生的精力都貢獻給了「新史學」事業，給我們留下 1000 餘萬字的遺著、遺文。筆者不揣淺陋，茲就呂先生的學術創造與「新史學」的關係，以及「思勉人文學術」的特點，略抒己見，以紀念先生逝世 50 周年。

引子：「燕石」之為寶在識與不識

　　呂思勉先生在世時，不喜張揚，遠離名利之場，但其孜孜以求的業績早為學界同人看重。1945 年，顧頡剛盤點已編著出版的新式通史，不下四五十部，看得上眼的有 7 部，呂先生一人佔據兩席。這就是 1923 年出版的中國第一部《白話本國史》，以及 1940 年、1944 年先後出版的《中國通史》上、下冊（今命名為《呂著中國通史》）。顧先生對前者已讚揚其為通史寫作的「新紀元」，而對後一部再加 71 字點評，可見欣賞備至。²

1　生平紀事請詳參李永圻：《呂思勉先生編年事輯》，上海書店，1992 年版。「三通」之中，呂先生最推崇馬端臨 348 卷《文獻通考》。中國通史合「理亂興亡」（政治史）與「典章經制」（文化史）兩大板塊的想法，就是受馬氏的啟發。

2　顧頡剛：《當代中國史學》下編第二節。對《呂著中國通史》的評點如下：「其體裁很是別致，上冊分類專述文化現象，下冊則按時代略述政治大事，敍述中兼有議論，純從社會科學的立場上，批評中國的文化和制度，極多石破天驚之新理論。」上海世紀集團「世紀文庫」本，第 85 頁，2006 年版。

追溯至 4 年前，呂先生把全部「二十四史」從頭至尾至少閱讀過兩遍以上，系統讀完正續《通鑒》、「三通」的時間要更早些，由此而被前輩譽為史界傳奇。[1]

　　呂先生離世 50 年後，超過 1000 萬字的遺著、遺文大部分都獲得了重印出版，另有一些未刊的文字亦在整理之中。其中除大家熟悉的兩部通史、四部斷代史、一部近代史外，兩套完整的初高中教材在長期隱沒後，也將陸續重新面世。[2] 正值新時期中學歷史課程改革頗多爭議之際，建議教育界給予應有的關注，相信細讀之下必會產生不少啟發。[3]

　　先生從 6 歲起就開始讀經史古籍，每讀不僅句讀批點始末，且認真寫作劄記，68 年風雨不輟，積篋累筐。[4] 1937 年 3 月，先生把從少年起就開始寫作的讀史劄記彙輯成《燕石劄記》，第一次交商務印書館出版。上

1　先生自謂《史記》《漢書》《三國志》四遍，《後漢書》《新唐書》《遼史》《金史》《元史》三遍，其餘都只是兩遍而已。但這是 1941 年時說的話。見《呂思勉遺文集》第 33 頁，《我學習歷史的經過》。黃永年教授的回憶：「呂先生究竟對『二十四史』通讀過幾遍，有人說三遍，我又聽人說是七遍，當年不便當面問呂先生，不知翼仁同志是否清楚。但我曾試算過一筆賬：寫斷代史時看一遍，之前硃筆校讀算一遍，而能如此作校讀事先只看一遍恐怕還不可能，則至少應有四遍或四遍以上。這種硬功夫即使畢生致力讀古籍的乾嘉學者中恐怕也是少見的。」回憶錄收入《學林漫錄》第 4 集，中華書局，1981 年版。

2　據目前不完全統計，呂先生編著的大學與中小學中國通史教材，按時間順序先後有：《新式高等小學歷史教授書》（六冊，與莊啟傳合著，中華書局，1916—1917 年出版）、《國立高等師範學校中國歷史講義》（1920 年，未刊）、《自修適用白話本國史》（上海商務印書館，1923 年出版）、《更新初中本國史》（四冊，上海商務印書館，1924 年出版）、《新學制高中教科書本國史》（上海商務印書館，1924 年出版）、《復興高級中學教科書本國史》（二冊，上海商務印書館，1934 年出版）、《高中複習叢書本國史》（上海商務印書館，1935 年出版）、《初中標準教本本國史》（四冊，上海中學生書店，1935 年出版）、《呂著中國通史（上冊）》（上海開明書店，1940 年出版）、《呂著中國通史（下冊）》（上海開明書店，1944 年出版）、《初中本國史補充讀本》（上海中學生書店，1946 年出版）等，另有許多提綱、教學參考與演講、問答等通史教學樣式。四部斷代史實是先生另創的「史鈔」樣式大通史的一大半。此處六部計其代表作。

3　對呂先生在中學歷史教材方面的成就，筆者另有《呂著中國歷史教材研究芻議》，刊於《歷史教學問題》2008 年第 1 期。

4　錢穆先生回憶：「（1945 年後）誠之師案上空無一物，四壁亦不見書本，書本盡藏於其室內上層四周所架之長板上，因室小無可容也。及師偶翻書桌之抽屜，乃知一書桌兩邊八個抽屜盡藏卡片。遇師動筆，其材料皆取之卡片，其精勤如此。」《呂思勉先生編年事輯》，第 292 頁。

年 10 月，先生寫成「自序」，稱這些箚記為「半生精力所在，不忍棄擲」，自謙地說：「千慮一得，冀或為並世學人效土壤細流之助而已。儻蒙進而教之，俾愚夫不至終寶其燕石，則所深幸也。」[1]

這裏說的「愚夫寶其燕石」，先生在後來的著述和演講中多次使用，源自《後漢書・應劭傳》。《太平御覽》把這則故事演繹得更細一些。說是宋國有一個「愚夫」，從齊國宮室「梧台」以東覓得一塊燕石，以為是無價珍寶，西歸收藏於室，遐邇聞名。有一位周人慕名前去觀寶，主人鄭重其事，「端冕玄服」接待客人，打開裏三層外三層的絲綢包裹，寶藏終於露面。不想這位客人見後，掩口盧胡而笑曰：「此燕石也，與瓦礫不異。」主人大怒，自此藏之愈固。[2] 用「燕石」典故或可視為一般的自謙，若聯繫先生學術的百年遭際，則覺得內中大有意思。

先生不喜走訪知名人士，自述見名人輒自遠，不涉無謂的社會交際。沒有學歷學位，無黨無派，遵從父訓，一生唯好教書授業，小學、中學、大專、大學都教過。1926 年進入光華大學，不久即受聘為新辦的史學系系主任，遂自託為終身歸宿，重要的學術創作都是在這裏完成的，前後凡 30餘年。他多次提到，與康、梁、章、嚴、蔡這幾位當世名人皆不曾謀面，雖無雅故，但讀其書想見其為人。尤其是康、梁，治學宗旨和路徑受他們的影響，遠遠超過親炙的父親和老師。[3] 先生讀了不少國外社會科學的書，多靠「和文漢讀」，以及當時為數不多的中譯本。日看報章雜誌，自少年時就養成習慣，時事動態了然於胸。可以說，先生的拜師問道是不論古今、不拘門戶，眾採博取的，但也絕不依傍藉重，隨風披靡，始終一依自

1　現由華東師大出版社彙編前後兩輯總成《呂思勉讀史箚記》，恢復了過去許多刪文。華東師範大學出版社，2005 年版。

2　見於《後漢書・應劭傳》，又載於《太平御覽》卷 51 引「闕子」。

3　先生自謂：「予年十三，始讀（梁）先生所編之《時務報》（創刊於 1896 年——筆者按）。嗣後除《清議報》以當時禁遞甚嚴，未得全讀外，梁先生之著作殆無不寓目者。粗知問學，實由梁先生牖之，雖親炙之師友不逮也。」《呂思勉先生編年事輯》，第 10 頁。對康、梁、嚴、章、蔡，先生均撰有紀念文章，參《呂思勉遺文集》上冊，華東師範大學出版社，1997 年版，第 385—406 頁。

己的秉性，治學講求沉穩平實。唯其沉穩內斂，不好張揚，議論的深刻往往也只有在反覆品味後，讀者才會突如其來獲得頓悟，眼前為之一亮。

僅舉非史學、實史學一例，以為「引子」。1952年，先生寫有一篇《三反及思想改造學習總結》，《遺文集》收錄這篇未刊手稿時改題為《自述》，全文12000餘字。先生殫精竭慮，精細寫作，把一生治學觀世的經歷，以及學術事業、個人思想方面的變遷過程，作了要言不煩的綜述，沒有一句空話假話，卻不少婉曲折的筆法。對研究晚清民國以來知識階層的複雜心態，這是一份難得的「原生態史料」。[1]

此文內容涉及太廣，這裏不可能作專門的討論。有一情節，頗見先生歷史通論的特色。當1952年高校「思想改造」之時，每個教授都必須檢討自己是屬於哪個階級的。先生的檢討，說自己的思想來源「屬於資產階級」，不同意一些人把他定性為「有封建時代餘習」。理由申述，着實叫人驚歎，由近及遠，由此及彼，恣肆發揮開去，簡直成了一篇有關「時代與個人」主題的史學宏論。

先生說：因為我的立身行事常常以古賢士大夫為楷模，喜好引用他們的話，所以往往把我看作有封建時代餘習的人。這樣的看人，這樣的人物鑒識，太粗糙，太淺了。因為人的性質，在深處自有其根底。所處的環境與這種根底沒有傷害的時候，可以接受環境的熏染。到了兩不相容的時候，這種德性的根底就可以把過去的習性棄如敝屣。

接下來一段時代總括，就顯示出先生歷史通貫的水平。他說：人類的德性，隨社會的發展而發展。「封建主義時代曰勇，資本主義時代曰智，社會主義時代曰仁。」這不能不使我聯想到司馬遷論三代風氣周轉如環的那段著名史評，那種史學名家獨有的大氣。[2]

先生茲後的解釋，列舉了好些古代人物的典型習性，用以論證封建時

1　《呂思勉遺文集》上冊，第434—452頁。

2　《史記》卷8《高祖本紀》「太史公曰」：「夏之政忠，忠之敝，小人以野，故殷人承之以敬。敬之敝，小人以鬼，故周人承之以文。文之敝，小人以僿，故救僿莫若以忠。三王之道若循環，終而復始。」

代之德性為「勇」，亦即是「忠」。又回到了正題，反問：後世還有這樣的人物嗎？難道就不再有像他們那樣看重志節、視死如歸的人了嗎？不是。只是因為社會的變化，他們的心理安頓也發生了變化，知道不應該再效忠於一個人。資本主義興起，人日益向「智」的方向發展，知道個人是不足為之效忠的。因此也可以說，封建主義久絕於中國，死灰是不可復燃的。「在今天，有進於社會主義而滌除其資產階級之積習者，守封建主義之餘習而未達資產階級之思想者，則無有也。」

最後一句話，是夫子自道，但意義不止於此。發揮開來，是說知識階層隨時代行進，思想陳陳相因，相疊相變，十分複雜，內含有關於人類之德性乃至社會的變遷均連續累進而非絕對斷層決裂的歷史睿智。一個人的思想，特別是處在社會動盪轉折時期，哪有像劃階級成分這麼的鐵定單一？其實，社會的變遷又何嘗不是如此？新舊並陳，因緣交疊，抽刀斷水水更流。這一意思乃是先生畢生史學通貫功力的透出，絕非信手寫來。

讀這篇《自述》也有許多難點。例如前頭曾交代過自己的思想有過三期變遷，大意是第一期信康梁之說，篤信大同之境及張三世之說；第二期，信仰開明專制主義之說，但以改善政治為大同之第一步，認為法家督責之術可以治政治上的弊病；第三期，深為服膺社會主義，認為這是大同之境的可致之道，人類之行動可致轉變一新方向。[1]到思想改造交代個人階級屬性時，可以理解當時不便以「社會主義思想」自居，然而卻給自己套上「資產階級」的帽子，初讀莫名所以，殊不可解。

再讀下面一段話，就覺得先生竟有幾分難得的幽默，幽默中不乏犀利。先生緊接轉向又一話題，但在當時也是人人必須交代過關的一個問題。先生說：現在有人認為親美、崇美、恐美，大學教授比比然如此，這都是資產階級思想在作怪。那麼你有沒有？沒有（大概當時認為先生乃屬於舊式民族主義者，故並不懷疑他會親美——筆者按），怎麼說你也屬於資產階級思想呢？先生回答說，親美、崇美、恐美，不能說是資產階級思

1　《呂思勉遺文集》上冊，第 439—440 頁。

想。資產階級無親，唯利是圖。資產階級，特色在智。智則知人之所至，我亦能之，何足崇焉？唯利是圖，知己知彼，力足敵之，則抗之矣，又何恐焉？故真資產階級，當贊成抗美。其不然者，其利依附美帝，所謂買辦階級也，直奴才耳。[1]

　　上述那種設問與論證，層層剝繭，環環力逼，很像孟夫子的善辯文風。先生雖然套了當時習用的「封建」和「資產階級」等詞，但顯然是在「現代性」勝過「封建性」的意義上使用的，是在討論「數千年未遇」的社會變遷，以及時代精神的演進。先生用這一方法為「資產階級」說話，在那時真是足夠大膽，不知道捱批了沒有？而在今日，較有些談論「現代性」的，特別像回答「全球化」與本土意識這類兩難詰問上，還是棋高一着，說得深透。「資本主義精神」幫助人類發現了自我，這種「智」的精神，即民智的開發，傳播到哪裏，自我中心的意識便高漲到哪裏。由此，我們到20世紀末21世紀初便看得更清楚了，「全球化」的風潮刮得越厲害，個人主義、民族主義也隨之喧囂奔騰。看似矛盾衝突，實為世界變遷的一體兩面，不能割捨。甚麼叫作識大而會通？這就是。

　　這雖然是比較特殊的一例，但像這樣有深意的歷史通識或時事見解，在先生的學術論著中隨處可見。除初高中本國史教材和一些演講稿比較好讀外，四部斷代史、一部《中國制度史》，包括最負盛名的《呂著中國通史》，不說大學生，就像我這樣教了多年通史的人，也得慢慢細讀，讀了好幾遍，才逐漸品出一點醇香來。

　　歷史待我們終究還是寬厚的。先生的學術成就終於得到了如實的肯定，值得欣慰。經得起時間考驗而傳世的，一定有長久的價值存在。如何準確估計和透徹認識「思勉人文學術」的獨特價值，真正把先生畢生凝聚的學術精神和治學路徑學到手，正是作為學術後輩的我們需要做的事情，是對先生最有意義的紀念。

1　《呂思勉遺文集》上冊，第448—449頁。上述原文，有些地方因多帶文言語氣，筆者不揣陋拙，試譯作語體文。但關鍵處，不敢徑改。

梁啟超構建新式中國通史理想的實現

　　我最初讀的是呂先生的四部斷代史，作為教學依託，覺得資料非常豐富，省了許多檢閱古書之勞。90 年代後，終於能讀到《呂著中國通史》和《呂思勉遺文集》。讀得多了，有點覺悟，才進而想到我們應如何定位呂先生的學術成就比較準確？前幾年做百年史學歷程與通史編纂的回顧，在幾篇文章裏約略説過一些不成熟的看法。[1] 現在我試作這樣的定位：呂先生既是梁啟超「新史學」旨趣的實踐會通第一人，又是把新史學向中國社會史方向開拓的先驅者。是否準確妥帖，不敢自信，誠懇期待學界批評指教。

　　在中國，近代意義上的「新史學」，特別是編纂新式通史，是由梁啟超先生倡導、鼓動起來的。對梁任公，呂先生是崇敬有加。13 歲起就從《時務報》上讀梁文，除被禁的《清議報》不得閱覽，那時「梁先生的著述殆無不寓目耳」。[2] 照呂先生的説法，梁任公是狂與狷兼而有之。唯其狂，故敢開風氣之先，登高一呼，樹立起「新史學」的大纛。作為新史學的開創者，當時代的潮音初到，他較別的人更敏感，而且有那種本領，能夠用振聾發聵的方式，喚醒舊環境中人起而變革。從後來史學的進展來看，梁先生的許多看法確實極具前瞻性，但也不免有些偏激和粗糙。呂先生在 1941 年説：「梁先生的史學，用嚴格的科學眼光看起來，或許未能絲絲入扣。從考據上講起來，既不能如現代專家的精微，又不能如從前專講考據的人的謹嚴。他所發表的作品，在一時雖受人歡迎，到將來算起總賬來，其説法能否被人接受還是有問題。但他那種大刀闊斧，替史學界開闢新路徑的精神，總是不容抹殺的。現在行輩較前的史學家，在其入手之初，大多數是受他的影響的。」[3] 呂先生始終忠實於「新史學」的旨趣，通過自己的努力，在後來的實踐中豐富也修正完善了梁先生的新式通史計劃。呂先生雖不曾親炙，卻從不忘梁任公引領啟牖他走上新史學道路的「師恩」。

1　參拙著《史家與史學》，廣西師範大學出版社，2007 年版。
2　《呂思勉先生編年事輯》，第 10 頁。
3　呂思勉：《史學上的兩條道路》（1941 年），《呂思勉遺文集》上冊，第 469 頁。

　　梁啟超的大志在政治上，奔走呼號，席不暇暖。儘管後期多次動搖，屢屢反悔，直至臨終之前，外界環境和他本人的心志，仍不容許他專心史學。那為甚麼還要選擇史學變革展開大動作呢？在以前的中國，甚麼學問最發達？為帝王「資治通鑒」的歷史學。與世界其他國家相比，最豐富的學問是甚麼？還是「資治通鑒」的歷史學。[1]試想經史子集四部，其他三部也都是史材。再進一步說，中國歷史學的核心內容是甚麼？政治。從上古三代起，歷代當政者無不推崇史學。幾千年來，一般人受的教育，環境裏受熏染的，也都是這些東西。所以說，中國人的政治意識特強，運用政治鬥爭的手段和經驗往往也滾瓜爛熟，人人有一手。這裏頭禍福相倚，但從長時段的社會變遷來看，梁啟超認為，史學專注於王朝政治，專注於少數帝王將相、大人物，「群體」的歷史、「普通人」的歷史被冷落掩蓋，舊法子、陳藥方不斷被沿用而乏自省，民主意識不容易成立，畢竟禍大於福。「今史家多於鯽魚，而未聞有一人之眼光有見及此者。此我國民之群力群智群德所以永不發生，而群體終不成立也」，梁先生說這話時是痛心疾首的。[2]

　　梁啟超在政治上多半是失意的，但他對這方面的思考應該說相當有深度。他較早就意識到，愈後愈強烈，舊邦維新，要使帝制中國變為現代民族國家，「新國」必先「新民」。他從正反兩方面都強烈地感受到了，要想成功地改造中國社會，不改善國人的知識素養，勢將緣木求魚。這就想到了要改造原為統治者「資治通鑒」用的舊國史，用新文化、新方法編寫國史，讓新一代人用現代的眼光檢討中國的過去，以利於走向未來。[3]因此，梁啟超提出「史界革命」的同時，就立志要編寫一部全新的《中國史》，把「新史學」的主張轉化為可以廣泛傳播的通史教材。可梁先生又實在是

1　梁啟超：《中國歷史研究法》，上海世紀出版集團「世紀文庫」本，第 13 頁。
2　梁啟超：《新史學》，《飲冰室合集》文集之九。
3　日本明治維新的一個經驗，就是藉編寫歷史教科書刷清一代人的思想，故明治時期編教科書風氣極盛。後來，內藤湖南倡「唐宋變革論」和新東洋史，也是通過其與弟子合編中等學校教科書《新制東洋史》廣為傳佈。梁啟超受到日本這方面的影響，也不可忽視。

太忙了，心志雖高，終無真正靜下心來做學問的充裕時間。算到 1921 年
在南開作「歷史研究法」的演講，「蓄志此業逾二十年」，先生自己説已經
積累了不少初稿。從現在掌握的材料來看，直至臨終前，除了兩份草擬目
錄外，只有《戰國載記》《社會組織篇》屬通史計劃之內，其餘學術史、
思想史的論著都是為之做準備的。最後一次與清華同學聚會在 1927 年
夏，先生已經轉為寄希望於同志和清華同學用二三十年工夫集體編著《中
國通史》，力不從心的悵惘，溢於言表。[1]

　　梁氏「新史學」後繼有人是不成問題的。因為這不純是個人的意向，
而是時代潮流使然，是社會變革在召喚。從成果方面評估梁啟超「新史學」
的傳播及其影響，可以從兩方面來展開：一是「專門史」的成績，即「史」
的分支領域的開拓，不少新分支確是直接受「新史學」主旨的啟發，由成
立而壯大，從事的學者也最多，不在本文討論範圍。二是「普通史」（通
史）的成績，這方面從事的人相對前者要少得多。其中梁氏及門弟子張蔭
麟、蕭一山均得「新史學」通史旨趣之真傳，成績卓然，但都沒有能夠一
通到底。一個開頭至東漢，不幸英年早逝，戛然而止；一個以清代收尾，
未能如老師所許，回頭收拾，中間空缺大半截，梁氏通史的壯志終未能
在自己的弟子手裏實現，殊為遺憾。[2]可梁先生怎麼也沒有想到，真正實踐
其旨趣，並完成他構建中的新通史理想的，竟是一位從未謀面、從舊學走
來的東南「私淑弟子」呂思勉。憑兩部出色的中國通史、四部中學教材，
以及四部功力非凡的斷代史（實際是先生精心設計的「史鈔」樣式「大通

1　有關情況我在《蕭一山與清代通史》《中國通史編著百年回顧》兩文裏有過簡略的介紹，
　　不贅。《戰國載記》收入《飲冰室合集》專集之四十六，專集之四十七收有《地理與年
　　代》，專集之四十八收有《誌語言文字》，專集之四十九收有《誌三代宗教禮學》，後附兩
　　份通史目錄，詳拙文後議。《中國文化史·社會組織篇》則被收入《飲冰室合集》專集之
　　八十六，全文八章，最見先生通史編撰新意。
2　「專門史」與「普通史」相對待的説法，自西方史學引進，為 20 世紀 20—30 年代中國學
　　者所習用，我們在梁啟超與呂思勉著作裏經常可以見到這樣的區別法。普通史，一譯「普
　　遍史」，就是今天所説的通史。斷代史，嚴格意義上是不能稱「普通史」的。梁啟超原希
　　望蕭一山在完成清代史後，續寫全部通史，卻未能遂願，參拙著《史家與史學》有關章節。

史」[1]），説呂先生是梁啟超「新史學」旨趣實踐會通第一人，我想梁先生在泉下也會首肯的。需要特別補充説一句的，呂先生的六部大、中學通史教材不僅學術含金量高，而且都是從遠古一直寫到編著時的當下，個人獨著，一通到底，往時罕見，今也無有。

歷史就是那麼有趣，雖不能説是梁先生「桃李不言」，但還是應了梁先生開出的新路徑「下自成蹊」的佳話。偶然中還有必然，這是學術史上的一種因緣，因緣中的一種互緣，特別值得説一説。

這種因緣首先來自學術的內在理路。關於梁啟超的「新史學」，學者多側重從「變革」張揚其作用，卻多少輕忽了其承繼前學而來的脈絡。1923 年北大歷史系創始人朱希祖為蕭一山作《清代通史敍》，先生曰：「清代學術，以考據之學為最長，直超出乎漢唐以上；而斯學發達之原因，有正因，有旁因。每觀世人泛舉旁因，而不能抉發正因，誠為治史者一大憾事。」[2] 朱先生竟從明中期文章復古之風追溯起，謂欲復秦漢之文，必讀古書，必先能識古字，於是説文之説興焉，由此而音韻之學興，繼而實學訓詁之風起，再至歐洲算術輿地之學輸入中夏，乃由綜貫中西的考據之學起而易為今之新學。這一梳理學術脈絡的長篇大論，無疑是藉蕭一山的創作，提示「新史學」不是憑空而起，無源不能成活水。

20 世紀以來，像梁啟超、朱希祖那樣，殷切期待有一部足以擔當得起開發新民智的「中國全部通史」，幾乎是所有新知識階層的共識。然而對承擔這一任務的史家來說，目標是那麼地高大，條件又是十分地苛刻，能之者百無一二，以致傅斯年當年認為編寫新通史的時機遠不成熟，而張蔭麟在 1940 年，一方面強烈感覺到「一個民族在空前大轉變時期」非有一部新的中國通史作「自知之助」，一方面卻感歎「編寫中國通史永遠是一

1　已出版的有《先秦史》(1941 年)、《秦漢史》(1947 年)、《兩晉南北朝史》(二冊，1948 年)、《隋唐五代史》(二冊，1959 年)。先生晚年體衰多病，餘下兩部斷代史《宋遼金元史》《明清史》已做了史料摘錄，惜未能完稿，是為史學界一大遺憾。此一樣式，在《中國史籍讀法》中先生有説明：「現在史學界最需要的，實為用一新眼光所作的史鈔」，蒐選材料，仍依原文，已見則別著之。《史學與史籍》，華東師範大學出版社，2002 年版，第 89—90 頁。

2　朱希祖：《清代通史敍》，見華東師大出版社 2006 年新版蕭一山《清代通史》前列原序。

種冒險」。呂先生 1952 年議論到華東教育部組織專家研討中國通史教學大綱的編寫，儘管他也擬出了一份大綱，但劈頭即説：「中國通史是一個極重要而亦極難講授的科目。」[1]

　　基本的一條，要編寫「中國全部通史」，必先通讀完中國歷史最基本的史料，對史料蒐輯、考據、述論、編纂諸事要有一定的閱歷和造詣。梁啟超在正、補兩編《中國研究法》裏開出了一長串書單，分門別類，可謂精要周到，以為是治史者所不可不讀的，但在「自序」裏還是如實地承認：即使是從幼童時讀起，「白首而不能殫，在昔猶苦之，況以百學待治之今日，學子精力能有幾者」？梁先生感歎這樣的標準，「在昔」苦讀詩書的時代還少有人做得到，而今新式學校是覓不得這樣的寶了。像梁啟超這樣的天賦聰明，無暇坐冷板凳，看書稍粗糙些，不免也被非議。所以，呂先生反覆強調「苟講學問，原書必不可不讀」，「不論在甚麼時代，學問之家，總有其所當循的門徑，當守的途轍，此即所謂治學方法」。[2] 以此衡量，治通史的「入門線」是很高的。此非筆者妄自造作嚇人，特引章太炎 1933 年在上海大學教職員聯合會上的講話，就可以見得當時幾有共識的「入門」標準，恐怕今天的博士生也難能做到：

　　太炎先生曰：《史記》文義平易，每日以三點鐘之功，足閱兩卷有餘。《二十四史》三千二百三十九卷，日讀兩卷，四年可了。即不全閱，先讀四史，繼以正續《通鑒》《明通鑒》，三書合計，不過千卷，一日兩卷，五百日可了。不到十七個月，紀事之書畢矣。欲知典章制度，有《通考》在。三通除去冗散，不過四五百卷。一日兩卷，二百餘日可了，為時僅須八月。地理書本不多，《元和郡縣志》《元豐九域志》《明清一統志》大致已具，顧氏《讀史方輿紀要》最為精審，不可不讀，合計不過五百卷，半年內外可畢。《歷代名臣奏議》，都六百卷，文字流暢，易於閱讀。一日兩

1　呂思勉：《擬中國通史教學大綱》（1952 年），《呂思勉遺文集》上冊，第 537 頁。
2　呂思勉：《史學上的兩條大路》（1941 年），《呂思勉遺文集》上冊，第 469　474 頁。

卷，不過十月。他如《郡國利病書》《清史稿》等，需時亦無多。總計紀事之書，需時半年，典章之書，需時八月，地理之書，需時半年，奏議之書，需時十月。以三年半程功，即可通貫。諸君何憚而不為此乎？[1]

所幸天不絕人，「在昔苦讀」的人那時還有少數保存。梁氏通史的計劃要由這些稀有的、梁先生素不相識的「讀書種子」來完成，很像是傳奇故事。以筆者有限的閱讀，除呂先生而外，當時還有像范文瀾等少數老先生，兼通新舊兩學，在通史的大天地裏皆能出入自如，不失通史原旨。[2]

呂先生的讀書不僅完全符合上述「入門線」，而且加數倍之力超額完成。1941 年先生在《從我學習歷史的經過說到現在的學習方法》裏說蘇、常一帶讀書人家，本有一教子弟讀書之法，使其先讀《四庫全書書目提要》，不啻在讀書之前讓他先了解目錄學和學術史。此項功夫，先生在 16 歲已經做過，經史子三部都讀完，唯集部僅讀一半。故先生不無驕傲地說：「我的學問，所以不至於十分固陋，於此亦頗有關係。」17 歲，先生受同鄉「小學」名家丁先生的指示，把《段註說文》閱讀一過，又把《十三經註疏》閱讀一過，後來經史出入自在、相互打通，植基於此。至於遍讀正史、三通，前節已詳，更是奇跡。此外，先生早年讀《日知錄》《廿二史劄記》十分用心，特別服膺亭林先生經世之學。[3]對章太炎的文字學，先

1　呂先生在 1939 年寫有《史學雜論》一文，內云：「苟講學問，原書必不可不讀。」文內記述自身體驗，稱：小時讀康南海《桂學答問》，嘗見其勸人讀正史，卷帙實亦無多，不過數年，可以竣事，倘能畢此，則所見者廣，海涵地負，何所不能乎？當時讀書之精神為之一壯。及近年，復見章太炎在上海各大學教職員聯合會之講話（二十二年五月），謂正史大概每可讀一卷，史乘之精要者不過三四千卷，三年之間，可以竣事。其言與南海如出一轍。上述章氏引文，見錄於《呂思勉先生編年事輯》，第 202 頁。

2　參拙著《史家與史學》「范文瀾：追求神似的馬克思主義史學家」，第 22—25 頁。

3　先生自謂 6 歲從塾師讀《四書》，先生竟讓還是幼童的學生開始讀《通鑒輯覽》《水道提綱》和《讀史方輿紀要》，着實令人驚訝。8 歲時，母親為其愛子講解《綱鑒正史約編》，10 歲後又從另一位塾師讀《綱鑒易知錄》，將《易知錄》從頭至尾點讀一遍。其後，父親讓先生通讀《四庫全書總目提要》，更令先生泛讀《日知錄》《廿二史劄記》和《清經世編》。從此顧炎武、趙翼，後來加龔自珍，為先生最早私淑的史學三先生。16 歲後立志治史，開始獨立並系統閱讀正續《通鑒》《二十四史》與「三通」。詳《呂思勉先生編年事輯》。

生也用過功，對訓詁考據之法相當重視。但先生認為：考據是由讀書時發現問題才去應用，而發現問題，一半係天資，一半由學力，不能刻意追逐。大抵涉獵的書多了，自然讀一種書時，容易覺得有問題，就需要考據。所以講學問，歸根到底，根基相當地寬闊最為重要。[1]

在立志治史之前，就已經讀了那麼多的書，稱絕於常州。這是因為呂先生是在數百年讀書仕宦世家長大的，父母兩人合力悉心培養，完全按照嚴格的經史子集四部之學來訓練；常州又為「今文經學」學派的文淵之鄉，碩儒眾多，習經成風。先生從幼童起就熟讀古代經書、史書，浸染於「經世濟民」的精神領域裏，又受到父親「隱而不仕」人生觀的影響。他的讀書沒有個人功利的目的追求，崇尚的是知性和德性的奠基。但必須看到，如果不是遭遇「數千年未有之大變局」，不是內亂外患的激烈震盪，呂先生要想成為他心目中所崇拜的顧炎武，恐怕也難。沒有切膚的亡國之憂，沒有新思想的澆灌，深入骨髓的歷史反思，既無動力也無營養滋補。最好也只是趙翼、王鳴盛、錢大昕再世，常州學派中多了一位更以史學見長的傳統學者。受康梁問道之學的啟牖，在「新史學」的召喚之下，方有先生一生通史事業的創造。現在有學者研究指出，由今文經學的「經世」轉軌為「新史學」，是學理內在的自然脈絡[2]，呂先生恰恰正是連接兩者「轉軌」成功的典範。在梁先生是平生不識呂常州[3]，可算是意外收穫；而在呂先生，讀書無意「急用」，乃最後顯為大用。

梁啟超壯志未酬，留下兩份草擬的通史目錄，前已說過。我發現《呂著中國通史》的構架非常符合梁先生殫精竭慮設想的原旨；不同處，呂先生的通史目錄較為簡練合理，更切大學通史教材的實際。茲將梁先生草擬

1　文見《呂思勉遺文集》上冊，第 407—411 頁。

2　請參閱路新生：《經學的蛻變與史學的轉軌》，上海古籍出版社，2006 年版。

3　1923 年，呂先生《白話本國史》出版，同年寫有長文與梁任公《陰陽五行說之來歷》商榷，刊於《東方雜誌》（今收入《論學集林》），上海教育出版社，1987 年版，第 19—33 頁。此為先生早年第二篇正式發表的史學論文。文末云：「倘梁先生不棄而辱教之，則幸甚矣。」未見梁先生有回應，故有「不識」之語。

的通史目錄與《呂著中國通史》目錄列表於下，讀者可以對照[1]：

原擬中國通史目錄	原擬中國文化史目錄	呂著中國通史
一、政治之部	（不分部）	（分上下編）
朝代篇	朝代篇	下編政治史（目錄略）
民族篇	種族篇上下	婚姻
地理篇	地理篇	族制
階級篇	＊＊＊	政體
政制組織篇上·中央	政制篇上	階級
政制組織篇下·地方	政制篇下	財產
政權運用篇	政治運用篇	官制
法律篇	法律篇	選舉
財政篇	財政篇	賦稅
軍政篇	軍政篇	兵制
藩屬篇	教育篇	刑法
國際篇	交通篇	實業
清議及政黨篇	國際關係篇	貨幣
二、文化之部	飲食篇	衣食
語言文字篇	服飾篇	住行
宗教篇	宅居篇	教育
學術思想篇上中下	考工篇	語文
文學篇上中下	通商篇	學術
美術篇上中下	貨幣篇	宗教

1　梁先生的兩份目錄，到林志鈞編輯出版《飲冰室合集》後，方始為外界讀到。是書由林氏
　　於 1932 年編就，中華書局 1936 年排印出版。呂先生對社會史的考慮，始於 1920 年，目
　　錄成於 1929 年。先生是否看過這兩份目錄，從現有見到的文字裏找不到確證，有理由認
　　為，屬於心通暗合。

原擬中國通史目錄	原擬中國文化史目錄	呂著中國通史
音樂戲曲篇	農事及田制篇	
圖籍篇	語言文字篇	
教育篇	宗教禮俗篇	
三、社會生計之部	學術思想篇上	
家族篇	學術思想篇下	
階級篇	文學篇	
鄉村都會篇	音樂篇	
禮俗篇	載籍篇	
城郭宮室篇		
田制篇		
農事篇		
物產篇		
虞衡篇		
工業篇		
商業篇		
貨幣篇		
通運篇		

*** 讀者當會注意到，梁先生前一目錄有兩處列有「階級篇」，可見太忙，不暇校訂。後一目錄未見有「階級篇」，則非漏列，而是與梁先生對這一問題的觀點變化有關。

《呂著中國通史》上篇目錄，最初醞釀於 1929 年，是時先生在常州中學講授「中國文化史六講」，大體內容已經具備。[1] 關於目錄透出的結構體系，體現了「新史學」甚麼樣的目標意義，將在下節再論。從上面的目錄對照可以看出，梁啟超「新史學」的通史計劃，由呂先生實踐而落到實

---

1 參《呂思勉遺文集》上冊，《中國文化史六講》第 95—146 頁，及《中國階級制度小史》第 273—314 頁。前者當時未刊，後者 1929 年由上海中山書局初版。

處，不僅符合梁先生理想中的知識儲備要求，而且目標和構想也靈犀相通。由「坐而言」的倡導，至「起而行」的實現，這是一個需要極大毅力和久長耐性的創作過程。呂先生積極地擔當起了這個責任，加以修正完善，成就了自己在「新史學」中的獨立地位。

「新史學」旨趣的豐富和會通

梁啟超先生呼喚「新史學」之起，實因晚清內外時事形勢的逼迫，偏重於「功利」方面的考慮，合乎當時的實情。「宣言」一段結論性的話，給人的印象至為深刻：「今日欲提倡民族主義，使我四萬萬同胞強立於此優勝劣敗之世界乎？則本國史學一科，實為無老、無幼、無男、無女、無智、無愚、無賢、無不肖所皆當從事，視之如渴飲飢食，一刻不容緩者也。然遍覽乙庫中數十萬卷之著錄，其資格可以養吾所欲，給吾所求者，殆無一焉。嗚呼！史界革命不起，則吾國遂不可救。悠悠萬事，惟此為大。」再看「宣言」給出的史學定義：「史學者，學問之最博大而最切要者也，國民之明鏡也，愛國心之源泉也。今日歐洲民族主義所以發達，列國所以日進文明，史學之功居其半焉」，仍着眼於「愛國」「民族」的意義。因此，當梁啟超1902年發表「宣言」之時，論其思想，民族主義意味的濃烈不容掩飾；論其宗旨，則顯為救亡圖存、革故鼎新、創立現代民族國家的目標服務。

這種「功利」的考慮，最能說明梁啟超是站在時代潮流前頭的先進代表。梁啟超關於「新史學」主旨的基本看法，直到今天也還沒有過時。但發表「宣言」的當時，目標固然高遠，用甚麼手段、怎樣去完成，尚不及細細琢磨。還有一點容易被人忽略，或許也是新舊轉換不可避免的「過程」。凡帶有革命性質的運動，它初起時的一個策略，往往喜歡把新與舊轉換成黑與白的對立。既要說明「新」的東西應該產生，就千方百計，甚至不惜危言聳聽地開出「舊」的必須死亡的理由，許多人相信極端才會產

1　梁啟超：《新史學》，見前註。

生魅力。這樣的策略用之於政治鬥爭可能成功，畢竟政權是可以取而代之的。但用之於學術變革，何況是歷史悠久的歷史學，這就比較煩難。知識是連續累進的，新的樹木還須從舊的土壤裏慢慢生長起來，其中也離不開舊的養分滋潤。呂先生在 1937—1938 年撰有《論基本國文》一文，估計是在光華大學的演講，內中特別指出：國文與其他學科一樣，異常複雜，均由「堆積」而成，這是常識，不待費詞。所以新的既興，舊者不會廢，也不能廢，因為社會的文化非常複雜，舊者仍有其效用之故。[1]

　　較早敏感到梁啟超「新史學宣言」提法過於偏激，有可能誘導走古今割裂極端之途的是東南大學的柳詒徵先生。他曾直言不諱地説：「此等風氣，雖為梁氏所未料，未始非梁氏有以開之。」[2]我覺得呂先生對梁啟超的人品和學術的鑒識，比起柳詒徵要平恕得多。先生在 1930 年著文説道：「梁任公是冰雪聰明的人，對於人情世故見得極其通透。早年的議論，還未能絕去作用；到晚年，新更趨於平實了，然亦只是坐而言不是起而行的人。」[3]

　　綜合梁啟超當年批判舊史學「四弊二病三惡果」的內容，他理想中的「新通史」實際包含有兩大改革目標：一是通史內容的改革，二是通史體例的改革。[4]前者是帶有根本性的改造，「史界革命」的意義集中就體現在這裏；後者則要起枝葉扶疏的匹配作用，也需要別出心裁，才能相得益彰。對這兩大改革目標的定位準確與否，以及改革的廣度和深度如何，不僅會影響到「新史學」事業的發展前程，也將規定「新史學」在甚麼意義上説它是真正成功了。因此，百年回頭看，新史學目標的提出，固然需要有石

1　　呂思勉：《論基本國文》，《呂思勉遺文集》上冊，第 679 頁。

2　　柳詒徵對梁氏的批評見《國史要義·史德第五》。柳先生對梁氏視《二十四史》為帝王家譜、斷爛朝報、相斫書等等議論耿耿於懷，非關個人恩怨，有關情況參抽著《史家與史學》，廣西師範大學出版社，第 91—108 頁。

3　　呂思勉：「從章太炎説到康長素梁任公」（1930 年），《呂思勉遺文集》上冊，第 392 頁。

4　　梁啟超在《新史學》一文內稱舊史學有「四弊二病」，並由此產生「三惡果」。四弊為：「一曰知有朝廷而不知有國家。」「二曰知有個人而不知有群體。」「三曰知有陳跡而不知有今務。」「四曰知有事實而不知有理想。」二病為：「其一，能鋪敘而不能別裁。」「其二，能因襲而不能創作。」「合此六弊，其所貽讀者之惡果，厥有三端：一曰難讀……二曰難別擇……三曰無感觸。」見前註。

破天驚的勇氣，唯有改革先知者能為之。但相比較提出高遠的目標，既能傳達新的意義，又能在學術上充分站住腳跟，切實地編寫出為世人欽服的「新通史」，就不是那麼容易。在變革的過程中，有太多的荊棘，太多的險關，需要許多人切切實實地開拓耕耘，需要許多人艱難地用力於攻關拔寨。這裏，不僅不會有憑「精神勝利法」美夢成真的神話出現，也不可能提起頭髮完全離開原土壤。它必將是一次學術上具有「推陳出新」意義的創造。

呂先生與梁啟超不同，一直生活在社會的基層，對國事和民生都非常關心，但從不願涉入政界，故旁觀者清，有濃厚的平民意識。[1]他的看法較少摻雜近視的政治功利考慮，心中有大理想，但平實而沉穩。這不僅體現在當時寫的一些時事評論裏（可惜大多尚未系統整理出版），對「新史學」發展進程中出現的一些現象，敏感並做出批評的時間也較早。

早在 1920 年撰寫《白話本國史》的序例，先生已經不指名地批評近來所出的教科書，隨意摘取材料，隨意下筆，憑虛臆度，把自己主觀羼入，失掉古代事實的真相，甚至錯誤到全不可據。[2]同年，在《新學制高級中學教科書本國史》的序例裏又說：「本書力矯舊時歷史偏重政治方面之弊，然仍力求正確及有系統。須知道偏重政治方面固然有弊，然而矯枉過正，拉着甚麼書就抄，不管它正確不正確，而且都是些斷片的事實，其流弊亦很大。」[3]到 1934 年寫《復興高級中學教科書本國史》的序例，則在「緒論」裏明白道出他盤旋已久的憂慮，說「凡講學問必須知道學和術的區別」，批評前人常說的讀歷史乃在知道「前車之鑒」，失諸膚淺實用，須知「世界是進化的，後來的事情絕不能和以前的事情一樣。病情已重而仍服陳方，豈惟

1　呂思勉先生自述：早年無意於科場功名。稍後目睹戊戌變法以來，苟且盛而政事益壞，朋黨成而是非益淆。辛亥革命起，予往來蘇常寧滬者半年，此時為予入政界與否之關鍵。如欲入政界，覓一官職之機會甚多，亦可以學者之資格，加入政黨為政客。予本不能做官；當時政黨之作風，予甚不以為然，遂於政治卒無所與。詳《呂思勉先生編年事輯》與《呂思勉遺文集·自述》。

2　參上海古籍出版社 2005 年版《白話本國史·序例》。

3　《新學制高級中學教科書本國史》，商務印書館，1924 年初版，1927 年第四版。此書今尚未重印。

無效，恐更不免加重」。[1] 在經歷了許多時事的變遷和內心的思考，他的看法趨向深沉，對史學急於眼前的功用覺得不妥，覺得需要把史學變革引向「根本」之途。他在《蔡孑民論》開首發表了一通議論，言辭委婉，卻飽含深意。先生譏刺關於「有用之學」的說法，認為總不免有輕學術而重事功的味道，「其實學問只問真偽，真正的學術，哪有無用的呢」？接着，正面的見解就上來了：「當國家社會遭遇大變局之時，即係人們當潛心於學術之際，因為變局的來臨，非由向來應付的錯誤，即因環境的急變，舊法在昔日雖足資應付，在目前則不復足用。此際若再粗心浮氣，冥行擿埴，往往可以招致大禍……所以時局愈艱難，人們所研究的問題，反愈接近於根本。」[2]

　　誠如呂先生所憂慮的，檢閱百年來「新史學」的發展歷程，梁啟超當初對「新史學」旨趣的論述，那種不注重「根本」、急於「作用」的隱患，引發某種負面影響，並非完全是意外事故。兩千多年來，在中國人的觀念裏，「朝廷」與「國家」、政權與社會原就是混通不分的，用「國家」取代「朝廷」，也就極容易滑向新的「資治通鑒」，政權意識蓋過社會意識，重視意見發表，將當下政見、方略的不同硬與歷史認識糾纏在一起，不重疏通知遠，不從整體上通盤檢討歷史，釐清中國歷史自在的軌範和發展理路無從談起，那麼所治者多在標不在本，徒費口舌，難有真正的收穫。

　　呂先生對中國歷史所持見解，有異於此。在呂著的論述裏，頻率出現最多的用語，就是：「觀其會通」「攝其全體」和「深求其故」，而這一切又最後歸之於史學的根本在「認識社會發展過程及其變遷因果」。這些道理在梁氏《歷史研究法》裏，前兩者未得到應有的強調，第三條似與梁氏反覆申述的「因果律」說相通，然意境亦很不一樣。至於用「社會」取代

1　此教材係前教材由文言改白話，篇幅亦由 12 萬字擴充至 40 萬字，商務印書館 1934 年分上下冊出版。今重印本由上海古籍出版社 2006 年推出，改名為呂著《中國史》。其實仍稱「高中本國史」，有甚麼不好？

2　呂思勉：《蔡孑民論》（1930 年），《呂思勉遺文集》上冊，第 402—403 頁。其實早在 1920 年撰寫的《白話本國史》「序例」裏，已有委婉的批評：隨意摘取幾條事實，甚且是在不可據的書上摘的，毫無條理系統，現加上憑虛臆度之詞，硬說是社會進化現象，卻實在不敢贊成。上海古籍出版社，2005 年版。

「國家」作為主題詞，則是通史主旨的一大深化。因此說呂先生豐富和修正完善了「新史學」的旨趣，在這些方面體現得比較明顯。

呂先生論著反覆申述「觀其會通」「攝其全體」的重要，有很強的針對性。先生於 1945 年有與梁氏《歷史研究法》的同名之作[1]，其中特別講了讀史固然有益，但讀史不得法也會造成大害，再次告誡諸生：「須知道，應付事情，最緊要是要注意學與術之別。學是所以求知道事物真相的，術則是應付事物的方法……由於一切事物，有其然，必有其所以然，不知其所以然，是不會了解其然的性質的。」所以淺薄的應付方法（術）終必窮於應付而後已，而深求其故，尋根究底，會通全體，則是治史者的任務（學）。先生說明，純為「應付」而把歷史知識當作實用的，足以誤大事，這也是為治人者貢獻「策論」的通病和大弊。舉的例子是籌安會諸人策劃袁世凱做皇帝。他說：當時大家看到這個通電，就說袁世凱想做皇帝了。我卻不以為然。我以為生於現今世界，而還想做皇帝；還想推戴人家做皇帝，除非目不識丁，全不知天南地北的人，不至於此。後來事情果然是如此。你說他們沒有歷史知識？袁世凱和籌安會中人，何嘗沒有他們的歷史知識？在中國歷史上，皇帝是如此做成的，推戴人家做皇帝是如此成功的，例子多得很。反對的人從來就有，豈不可期其軟化收買？即有少數人不肯軟化收買，又豈不可望其動用武力削平（這使我馬上想到了趙匡胤「陳橋兵變」的故事——筆者按）？但說到底，造成策士誤事的，不是歷史知識，而是歷史知識的不足，是執一端而不顧全體，不能會通古今中外歷史。這一事例說的策士就是楊度，梁任公則草文堅決反對，說明有無歷史通識，對一個人的進身處事關係也至深。

反觀梁啟超對通史新體制的考慮，打破以政治史為核心的舊樊籬是必需的，藉助各種學科的幫助，欲將考察的範圍擴充至更多領域的意圖也很

1　本書作於抗戰後，1945 年由上海永祥印書館出版，故流傳不廣，至 1981 年始為上海人民出版社收入「史學四種」。抗戰前，先生在光華大學有《史籍與史學》講義，觀其文意，前後相通。該講義雖兩次被收入，均不全，且有刪節。至華東師大 2002 年版《呂著史學與史籍》始完璧歸趙。

明顯（參見前目錄，其中也包含有社會史的內容）。但僅有「多」，僅有領域的擴大，沒有一以貫之的東西去攏合，體系骨架也就顯得散亂。看來他當時還不及從容考慮，只是採納了西方文化形態史觀，想用「大文化」的觀念來組織新通史，因此在晚年把新通史徑直改名為「中國文化史」。呂先生則思慮比較深入周詳，認為要改造舊史學，僅有泛泛的構想，火花四濺，僅是壯觀而已；要搖動一棵樹，枝枝而搖之則勞而不遍，只有抓住「根本」，才能搖動整體，枝枝俱動。[1]

呂先生為甚麼特別提出通史必須抓「根本」，方能「多」而不散，才有一貫的精神、一貫的體系呢？還得回到中國通史難寫的話題上，才能細細體味。

「新史學」再怎麼「新」，假若不姓「史」了，也就不會有人承認它是「史學」。史學的共性就是必須基於史料，由史料入手獲取事實，一切都得靠史實說話。梁啟超的《歷史研究法補編》，明說是為補充前書不足的，因此在「總論」開頭對歷史的定義就變化了，說「歷史的目的在將過去的真事實予以新意義或新價值」，把「真事實」作為「第一性」加以強調，且專列小節特講如何「求得真事實」。這個例子，再好不過地說明呂先生對梁氏的觀察和評論非常到位，有鑒於早年的偏激，「到晚年，新更趨於平實」。

前輩史家均有共識，史學之難，難在真事實的獲取，大海撈針，反覆比勘，苦不堪言。說史學本是一種功夫，怕苦偷懶的人絕對不要去幹這個行當，就是從這個道理上說的。進而言之，史學著作之難，還難在事實的「別擇」（鑒別選擇）。而編寫通史尤難，誠如張蔭麟所體驗的，難在「剪裁」。顯然誰也沒有本事把全部中國歷史的事實，細大不捐、應有盡有地寫進去。通史水平的高下，取決於用甚麼方法「剪裁」才堪得當。在這一意義上，張蔭麟甚至發揮說：史學不僅是一門科學，也是一種人文藝術。

呂先生對這種通史創作的艱難，不唯體驗深切，而且一生都在反覆琢

---

[1]　呂思勉：《論基本國文》（1937—1938 年）：「古人有言，要搖動一棵樹，枝枝而搖之則勞而不遍，抱其幹而搖之，則各枝一時俱動了。一種學問，必有其基本部分，從此入手，則用力少而成功多。」見《呂思勉遺文集》上冊，第 678 頁。

磨和提煉。他對清代章學誠的見解非常推崇。章氏把史材和史學著作（史籍）分為兩物，提倡儲蓄史材，務求其詳備；作史則要提要鈎玄，使學者可讀。「提要鈎玄」實際上是張蔭麟說的「剪裁」所必須達到的境界，非此不是胡剪亂裁，便是史材堆砌成團，不成章法。呂先生評價章氏的這種見地實可謂史學上一大發明，說「章學誠和現代的新史學只差了一步，而這一步卻不是他所能達到的。這不是他思力的不足，而是他所處的時代如此。如以思力而論，章氏在古今中外的史學界中，也可算得第一流了。」[1]

「只差一步」，這是甚麼樣的一步呢？就是史學必須得西方近代社會科學之助，特別是有關社會整體狀況及其變遷的學說，為觀察歷史增添顯微鏡和望遠鏡，才可能「鈎玄提要」，透識其整體。所以先生多次強調，古今中外，國家政權多變，各類人物如走馬燈，其底下都是社會的變化在使然，絕非像過去人誤解的那樣，以為舞台不會變，演員在屢變而已。在這一點上，呂思勉先生的認識，不僅沒有一絲「遺老」的氣息，而且稱得上得風氣之先，是一位名實相符的思想先進者。

西方到了近代，學科的分化成為一種普遍的趨勢。這種風氣傳到中國（這方面，梁啟超藉助於日文介紹，敏感得很早，可惜無暇細讀鑽研），史學在各門現代學科的推動下，專業內分化的趨勢也發動起來了，於是有政治史、經濟史、文化史、民族史、外交史、科技史等等，它們之中還分出更多、更細的專題。論「新史學」，專門史的成績最顯著，令人稱羨。專門史的範圍畢竟要小一些，而且那時多半都是做專題，還談不上做專中之通，能夠把「竭澤而漁」作為高目標。史學作為一門學科，做得越是仄深越見功夫，這是最符合職業特點的做法，容易為業內所承認，故有唯「專」為家、「通」不成家的習慣偏見。但基於社會變遷的要求，新式學校的廣泛興起，培養一代新人對中國的過去與未來有一種正確的態度，通史再難也不可或缺。傅斯年「暫不宜編通史」，是從專家的角度高調要求，生怕粗糙的製品泛濫出來誤人子弟。但首先鼓動張蔭麟接受編寫中國歷史高中

1　呂思勉：《歷史研究法》，《呂著史學與史籍》，第 12—13 頁。

教材任務的，不就是傅孟真先生嗎？

專門史走的是由「合」而「分」的道路，而普通史（通史）則是要將「分」重新返回「合」。這不是簡單的拼湊合攏，新的回歸應該有所綜合、有所昇華。呂先生認為通史可以走出困境，開闢新境界，但應該學習專門史創新的榜樣，需要在眾多與「社會科學」各分支相關的內容間架構一座橋樑，才能通向新的綜合。橋樑的架構方法，呂先生認定了，它就是「社會學」。

查閱先生各時期的論著，正面的回答應是連貫的，即向社會史方向開拓。新通史必要以研究社會為樞紐，以考察社會變遷為主線，方能轉動全局，開出新境界。據現在查考得到的資料，呂先生這一史學新主旨的表述最早見於《白話本國史》，時間在 1920—1923 年，也正是梁啟超宣告從政界隱退，醞釀制訂新通史體制（草擬目錄），並且寫出了《社會組織篇》之時，真有點靈犀相通的味道。呂先生在「緒論」第一章開宗明義即說：「歷史究竟是怎樣一種學問？我可以簡單回答說：歷史者，研究人類社會之沿革，而認識其變遷進化之因果關係者也。」在全書的綱目中，我們看到按歷史順序穿插了一些名目全新的章節，如上古史第一章中的「三皇五帝時代社會進化的狀況」，第八章「古代社會的政治組織」（共有六節），第九章「古代社會的經濟組織」（共有三節），中古史（上）第六章「社會的革命」，中古史（下）第三章「從魏晉到唐的政治制度和社會情形」（共有七節），近古史（下）第五章「宋遼金元的社會和政治」（共有八節），近世史（下）第五章「明清兩代的政治和社會」（共有八節）等。至於不標出「社會」兩字的內容在許多章節裏也有滲透。對社會情形和社會生活的敍述，在當時是非常新鮮的事。這全仗先生對史料的通貫圓熟，比較梁氏的《社會組織篇》文稿要翔實深入得多了。[1] 這本在 19 世紀 20 年代初就

1　《白話本國史》，原名《自修適用白話本國史》，從 1920 年底確定序例，至 1922 年完成。1923 年由上海商務印書館初版發行。這是中國第一部完整的白話中國通史，初版後一再重印，影響廣泛。初版後作過幾次局部修訂。現在由上海古籍出版社於 2005 年再版，以初版本為底版，參照了作者生前的修改和其女呂翼仁的校記，為最完善的本子。1949 年後，歷 50 餘年始能重新排版面世，感慨繫之。

出版的《白話本國史》，已經被學界公認為我國第一部用白話文寫的系統新通史，卻至今還很少有人注意到，它也是一部把通史引向社會史方向的開拓性著作，不能不說有點遺憾。[1]

　　從 1922 年《白話本國史》開始試驗和探索，到 1941 年應《中美日報》副刊之約，專題寫作《從我學習歷史的經過說到現在的學習方法》，先生已經完成了《呂著中國通史》的寫作，思慮和考量非常成熟，語氣也顯得特別地堅定。他說：「史學是說明社會之所以然的，即說明現在為甚麼這個樣子。對於現在社會的成因，既然明白，據以猜測未來，自然可以有幾分用處了。社會的方面很多，從事於觀察的，便是各種社會科學。前人的記載，只是一大堆材料。我們必先知道觀察之法，然後對於其事，乃覺有意義，所以各種社會科學，實在是史學的根基，尤其是社會學。因為社會是整個的，分為各種社會科學，不過因為一人的能力有限，分從各方面觀察，並非其事各不相干，所以不可不有一個綜合的觀察。綜合的觀察，就是社會學了。」[2]

　　今天談多學科交叉滲透無甚稀奇了。只要看從本科生的畢業論文到博士生的學位論文，就知道已經成了時尚流行，無不聲稱自己是採用這種「驕傲」的方法研究課題的，後面跟着就是一個不短的多學科清單。在呂先生那個時候，西方社會科學理論還只是初潮驟至，找書不易。梁啟超很早就注意到「群學」（社會學），呂先生也受到影響。斯賓塞的《群學肆

1　據筆者閱讀所得，較早使用「社會史」名詞的是 1902 年 8 月鄧實在《政藝通報》上發表的《史學通論》，鄧氏稱舊史「則朝史耳，而非國史；君史耳，而非民史；貴族史耳，而非社會史。統而言之，則一歷朝之專制政治史耳」。這裏的「社會史」是與「貴族史」相對，亦即有「民眾史」的意思。通史著作採用社會進化階段說的，早者推 1904 年 6 月出版的夏曾佑《最新中學中國歷史教科書》上冊，夏氏云：「凡今日文明之國，其初必由漁獵社會以進入遊牧社會。自漁獵社會改為遊牧社會，而社會一大進」，「又由遊牧社會以進入耕稼社會。自遊牧社會改為耕稼社會，而社會又一大進」，「天下萬國，其進化之級，莫不由此」。這實際上也只是文明史——文化形態觀的一種表達，尚未自覺地藉助社會學方法把通史引向社會史的開拓。同年 12 月出版的劉師培《中國歷史教科書》（國學保存會版）也類似於此。這些資料都說明呂先生採納社會學運用於通史編寫，有時代的背景，有前輩的影響，非純粹代表個人，而是晚清以來新舊史學蛻變過程中早晚要走出的一大步。

2　文載《呂思勉遺文集》上冊，第 411—413 頁。梁氏《社會組織篇》，共八章，與《中國文化史》原擬目錄不盡相同，亦見梁先生對通史的結構安排一直游移不定。出處參前註。

言》、甄克思的《社會通詮》、馬林諾夫斯基的《兩性社會學》等，可能是先生最早直接讀到的西方社會學譯著。[1] 先生在 1920 年已經關注到馬克思主義的引入，到 47 歲（1930 年），因友人的介紹，開始閱讀馬克思主義的書籍，對唯物史觀看重經濟基礎的作用，非常之欣賞。[2]

同鄉摯友陳協恭 1933 年為《先秦學術概論》作序，謂先生天資極高，兼弘通與精核二者而有之，且深研近世社會學家之說，非徒專事古書疏通證明可與之同年而語者。[3] 相比於褊狹考據風氣，先生的通達尤其顯得突出。從今日情景而言，又與頗多新派生搬硬套、作勢唬人者不同。先生藉「社會學」之助，全在細心領會其觀察視角與思想方法的優點，反觀中國歷史事實，融通不離治史精核的要求，反對鑿空泛言，生硬灌注。因此先生的運用「社會學」，見不到新名詞、新概念滿天飛，甚麼模型、模式的莫名堆疊，一如陳寅恪藉西方「人類學」的啟示，發明隋唐政治制度淵源奧妙，運用存乎一心，了無痕跡。這就是學界老前輩新舊之學兼通的高明。

呂先生接觸到的西方社會學理論還處在孔德─斯賓塞初創原理的階段，甚麼功能、衝突、交換、結構等等分派分系的理論與方法尚未進入。看先生強調「社會學」是對社會的「綜合觀察」，與孔德當時的意思最切近。後來那種以西方現代社會為模型，通過愈益煩瑣化、形式化得出的所謂理論「概念」和「範式」，還不致像現在這樣「污染」到古代社會的觀察，折騰得不倫不類。呂先生對「社會學」原理的領會，最能證明前面老友所說「天資極高」，對孔德「吾道一貫」的獨到領悟，恐怕連這位西方「孔夫子」也會驚歎後生可畏。孔德把「社會」比喻似人體那樣的生命有機體，

1　先生的著作文章不喜藉別人自重，徵引他人書籍或言論者極少，文內偶有「斯賓塞有言」之類，言簡意賅。具體看哪些西人的書，不易尋得證據。此處據張耕華為上海古籍版《中國史》（後一種高中教本）寫的「導讀」。耕華教授從李永圻整理先生論著多年，熟悉先生家中藏書情況，當有所據。其他書名省略，可參閱張文。

2　呂先生對唯物史觀的接觸較早，也很敏感。見到的文字為 1920 年在瀋陽時所寫的《瀋遊通信》，源自先生讀《太平洋雜誌》的介紹文章，載《呂思勉先生編年事輯》，第 87─88 頁。後者參先生《自述》，載《呂思勉遺文集》上冊，第 440 頁。

3　陳協恭：《先秦學術概論序》（1933 年），載《呂思勉先生編年事輯》，第 163 頁。

是更為複雜的「超級有機體」；又模仿物理學原理，説社會運行有「靜力學」和「動力學」兩種定律。我們看呂先生一開口，立足點很高，意境很遠。他用本土化語言描述的「社會學」，注重揭示的是社會整體運動，富有強烈的歷史感：人類已往的社會，似乎是一動一靜的，這節奏像是人生的定律。昔時的人，以為限於一動一靜的定律，這是世界一治一亂的真原因，無可奈何。這種説法是由於把機體所生的現象與超（有）機現象並為一談，致有此誤。人個體活動之後，必繼之以休息，社會則可以這一部分動，那一部分靜。人因限於機體之故，不能自強不息地去不斷地應付，正可藉社會的協力，以彌補其缺憾。社會固然也會有病態，如因教育制度的不善，致社會中人，不知遠慮，不能豫燭禍患；又因階級對立尖鋭，致寄生階級不顧大局的利害，不願改革等等。我們藉社會的協力，就能矯正其病態，一治一亂的現象，自然可以不復存在，而世界遂臻於郅治了。這是研究歷史的人最大的希望。[1] 這段議論，於孔德—斯賓塞之説有所超越，對早期西方社會學曾有過的庸俗生物學偏向有「先天」的免疫力，把它轉化成了一種看重社會制度變遷、積極進取的社會變革學説。這不是創造性地藉用西學而別出境界的一個很好事例？

如何用這種新的社會學眼光觀察歷史，逮住「社會」這一歷來為治史者陌生的「動物」（西人有言社會為不易捕捉的狡猾動物，即指其似有形似無形，變動而不居），是個難點。首先就是史材方面的困難。我們看歷史學與社會學的結合，即便到了改革開放後，也仍然有不少人以為只有社會生活方面的史料可以利用開發，而原來正史大部分都不得不因「無用」而被廢，「社會史」便無奈地變向，朝史學一個分支——「社會生活史」的窄路上走去。不能否認，這方面的史料開發和研究有許多突破，但這只是一支專門史的成立，而非當年「新史學」期待中的「普通史」的成功，甚至弄不好，還可能偏離「新史學」的旨趣，與認識中國社會特點、推動社會變革的目標顯得隔膜不合。

1　《呂著中國通史》「緒論」，華東師範大學出版社，1992 年版，第 5—6 頁。

藉「社會學」之助，疏通知遠，通觀其變，目的是為了認識中國社會整體狀態及其變遷的方向，先生畢生精力盡萃於此，是他認為不可須臾疏離的「新史學」主旨。從這個角度上考量，細緻梳理並深入認識先生在社會史開拓方面究竟有哪些突出的建樹，就顯得很有必要了。

片面理解甚至誇張梁啟超對舊史學批判的某些意見，先生向存不同意見。他說：舊史偏重政治，人人所知。偏重政治為治史之大弊，亦人人所知。然（一）政治不可偏重，非謂政治不可不重；（二）政治以外的事項，亦可以從政治記載之中見得。此二義亦不可不知。現在很多人喜歡說社會史是眼睛向下，寫民眾的歷史，當時新史家稱「人群的歷史」。但若從史材而論，至近現代天地稍寬，越是往前史材愈少，緣木求魚，久為史家苦惱。至於人民為歷史的主人，這是從宏旨大義上說的，政權不為人民所有，情景就難以一言而盡。對此，先生的見解比較切近實際。他說人民方面的材料雖云缺乏，但須知（一）此乃被壓迫階級不能自有政權，而政權乃為壓迫階級所攘奪，自不能與政府方面的材料相比；（二）正史中也絕非一無所有，要費心開發。先生畢生花在這方面的精力真不少，打破了靠舊材料不能編著新通史的疑慮，開發的範圍除史部外，兼及經、子、集，對集部價值的敏感也最早，故後來有集萃史材大成的「史鈔」通史——四部斷代史的編纂（今人對文集的開發正漸成風氣，明清數量太大，故稍嫌遲緩）。[1]

史材之開發，已如上論。由史材出史識，則一靠眼光，二靠靈氣（先生則說一由工夫，二由天賦）。先生常說「社會體段太大」，舉一端而概全體，無有是處。正確的方法，就是先得有一種全局性的眼光，把社會看作綜合的、流動的、進化的，活用中國古人的老話就是「通觀其變」。

回顧百年史學的歷程，呂先生所做的建樹，無論史材還是史識，下功夫最深的是制度通史，成就也最為卓著。最早可追溯到 1925—1926 年在滬江、光華兩大學對歷史系學生的講授，講義初名《國故綱要》《國故新義》，一度改為《政治經濟掌故講義》，後改名為《中國社會史》，原稿設

---

1   呂思勉：《中國史籍讀法》，見《呂著史學與史籍》，第 75—77、97 頁。

18 個專題。其中 5 個專題於 1929 年正式出版時，命名為《中國國體制度小史》《中國政體制度小史》《中國宗族制度小史》《中國婚姻制度小史》《中國階級制度小史》。[1] 這方面的研究始終在深入，心得愈後愈成熟，最後完善、凝聚於 1940 年出版的《呂著中國通史》上冊。從 47 歲至 58 歲，經歷了由「不惑」到「知天命」，也標誌着先生的學術生命達到巔峰，爐火純青。

通觀呂先生的學術編年史，在 20 年代前期完成《白話本國史》和初高中教材編著之後，精力專注於制度史的研究。治史者都有體會，制度史研究，特別是貫通古今、涉及全方位的制度淵源沿革，要從詳紀傳人物、略制度事物，細瑣繁複、茫無頭緒的正史材料中，梳理制度沿革的線索脈絡，不博覽群書，沒有分析綜合、比較鑒別的功力，絕難摸到邊際。為甚麼要去幹別人看來事倍功半的這等苦活呢？

筆者現在終於讀得明白了一些。先生憑着自己治學積累的特長，觸悟到歷史學與社會學的結合，社會歷史學的本土化，必須通過制度史入手，方能曲徑通幽。先生自我的表述，有下面兩層意思：（一）《文獻通考序》把史事分為理亂興衰和典章經制兩大類。前者是政治上隨時發生的事情，今日無從預知明日；後者則關於國勢盛衰、民生大計的內容最多，是預定一種辦法，以控制未來，非有意加以改變，不會改變。前者可稱為動的歷史（「社會動力學」），後者可稱為靜的歷史（「社會靜力學」），當然這是僅就形式而言，不可泥執；[2]（二）進言之，歷史上的一切現象，都可包含在這一動一靜的交叉變化之中（實際上，動與靜也是相對的，動中有靜，靜中有動。這一點，先生的闡述還不夠清晰）。先生說「理亂興衰」，就是古人所說的求治法之善與不善，精力不可謂不多。不可繼行的制度不

1　初由上海中山書局於 1929 年初版發行。1936 年 4 月上海龍虎書局增訂第三版，改書名為《史學叢書》。1985 年上海教育出版社出版，易名為《中國制度史》，然《中國階級制度小史》被省刪。《中國階級制度小史》後收入《呂思勉遺文集》下冊，第 273—314 頁。據張耕華教授告知：上海古籍出版社將推出這部重印書，不僅恢復呂先生自己的命名《中國社會史》，原刪去的部分：《階級》一章，商業、財產、徵榷、官制、選舉、刑法諸章中近代以後的敍述，以及各專題內的一些分析、評論的段落，總計 10 多萬字，全部恢復。

2　呂思勉：《中國史籍讀法》，《呂著史學與史籍》，第 97 頁。

變，治平之世不可得。然當政者對制度的保守為一種集體無意識的惰性，常轉為抗阻革新之弊；只有制度的革新，才能治絲理紛、排難堵亂，開出歷史新局面。而入至近世，情境又變，青年經歷未深、閱讀不廣，民之情偽未知，囂囂然以為天下事無不可為，舉武輒躓，戊戌變法以來，屢變而終不得其當，實由是也。先生把會通這兩方面的情況看得極重，明乎於此，研治歷史則探驪而得珠，教授史學之意義亦由此而達彼岸。[1]

呂先生還從另一角度申述這種歷史認識方法的意義。過去的人總說「史，記事者也」，史事僅止於敘事而已。但歷史上發生過的事情實在記不勝記，不能盡記，也不必盡記。深求其故，必從社會制度上着眼，方見得深，看得透。例如以往專重特殊的人物和特殊的事情，卻不知道這些特殊的人物和事件總發生在一定的制度環境之中，是那時社會關係和社會環境的結果。制度總在不停地「潛運默移」，重大事件看起來像「山崩」那樣激烈，卻是由社會的長期「風化」積累而成的，由此而造成所謂「世運」的轉移，劃分出中國歷史內在各個時段的變遷。[2] 過去因為沒有「社會」這個概念，遇到時局艱難，囿於所謂歷史的經驗，便誤以為只要古代的某某出來，只要用過去的某某方法，就能解決問題。若知道社會是動態的，變動而不居，歷史便是維新的佐證，而不會再是守舊的護符。「深求其故」，還要講清歷史各個方面相互發生的因果關係。社會是整體的，任何現象必與其他的現象有關係。這因果關係看似複雜，但其中必有影響力大小的不同，有時此重彼輕，有時彼重此輕，但以物質為基礎，經濟發展的力量總是歷史變化的原動力。有這樣的歷史認識，就可以改變許多陳舊的認識習慣。例如中國的舊史學一向以政治為核心，習久了就誤以為政治才是社會的原動力，國家的治亂興亡全由於政府中幾個人措置的得失。時局不行，換些人就可以了。真知道歷史的人，便懂得改善制度比人治更重要，制度變遷的後面，又是由經濟變遷慢慢推動的。

---

1   呂思勉：《中學歷史教學實際問題》，《呂思勉遺文集》上冊，第 479—480 頁。
2   呂先生對中國歷史分期問題的見解，有專題研討的價值，容後再論。有關情況，可參見張耕華為上海古籍版《中國史》所寫的「導讀」，對先生的分期法有具體的介紹。

在這樣一種識史方法觀照下，開出會通歷史的新境界是自然之理。閱讀呂著通史，有許多具體歷史情節，後之史家研治專深，更賴史料新的開發，呈現得更為細密可靠（最出色者當如嚴耕望的地方行政制度研究，從弘通處着眼，精密則稱雄一世[1]），但先生許多精彩通觀評論，直擊要害，能傳達出常人輕易看不出的歷史意韻，讓讀者享受知性旅行的愉悅，得益的不僅僅是歷史知識的豐富，更是增進了對社會狀態和社會變革的認識。我想，先生的作史願望原就是如此。

先說「人民為歷史的主人」。這是社會前進的方向，也是新時代治史者應有的宏旨大義。先生始終追求現代「大同」社會的實現，欣賞有理想激情的人，但通過歷史的考察所得的結論，認為通達和理性更是現代人必備的品質素養。他從中國歷史梳理所得的社會進步，認為必基於社會組織的改變，基於公眾參與度之擴大。簡約概括為：（一）事權自少數人漸移至於多數，此自有史以來其勢即如此。自今而後，事權或將自小多數更移於大多數，移於公眾性的社會組織。（二）交通範圍日擴，密接愈甚，終必至與世界合流，此觀於中國昔者之一統可知。世界大同，其期尚遠，其所由之路，亦不必與昔同，其必自分而趨合，則可斷言也。（三）公眾的受教育程度漸高，公眾參與的範圍就越廣，專擅之少數人祕密政治也愈來愈難得逞，「天下」必為天下人的天下。真正的民主，植根於真正的教育。政治的解放，必先之以教育的解放。[2]這裏我們看到呂先生富有特色的治史方向，關注歷史上的社會風氣、制度變遷，是為了現在和未來社會的進步，也飽含着他對「大同世界」的美好憧憬。

1　嚴先生的中國中古政治制度研究的代表著作是《中國地方行政制度史——秦漢地方行政制度》《中國地方行政制度史——魏晉南北朝地方行政制度》。嚴著既有精密的考證，又有寬闊的視野，對重新認識中央集權政治體制的複雜性有突破性的貢獻。嚴先生為錢穆門生，錢氏又為呂先生的學生。筆者以為，嚴先生制度史的眼光更近呂先生，故對呂先生有「四大史家」之譽評。見《治史三書》，遼寧教育出版社，1998 年版。

2　前引參呂思勉《中國史籍讀法》，原為先生在光華大學講授之講義，生前未刊，時間在抗戰之前。《遺文集》收錄不全，請見《呂著史學與史籍》，第 66—67 頁；後引參《中國文化論斷續說》，《呂思勉遺文集》，第 335—336 頁。因先生敘述甚長，此處由筆者精簡而述之，自信大致不違原義。

這種通觀的認識，落實到中國歷史發展脈絡的梳理，先生持異於常人的見解，有不少獨到之處。先生認為周以前為上古史，這一時期是我中華民族從初淺之群，由部族、邦國逐漸演進為一個大國的過渡時代。夏商周三代，好似一個「國際社會」，有大大小小的許多「封建」邦國。其中握一國之主權者稱「君」，而能駕馭列國之上的強國，稱「天下共主」。秦以後進入統一時代，既不再封邦建國，用人亦不拘貴族階級，封建勢力好像是解決了，實則新問題又起來。封建古制的「反動」，是不可避免的。不僅表現在思想文化乃至王莽改制的復古，更深刻的是，「封建勢力」仍以各種變相在延續。從邊遠至內地，各種區域內各有惡劣的「封建」勢力，事實上即等於上古時代的各個小國，其中有州郡割據，有豪強霸橫，有文化較低民族建立的政權，甚至宗室外戚的專權，地方官的「自行其是」，都未嘗不是「封建」遺逆的表現。因此長期以來政治上的擾亂，內亂外患，甚至部分時期的大分裂，莫不是這些勢力輪流反覆在起作用。封建勢力的根源，實在於土地上的剝削，而消除封建勢力要靠資本主義的發展。中國疆域廣大，交通險阻，資本主義勢力的發展多在交通大道一線，難以向腹地深處發展。所以中國政府的統一性、積極性，說起來實極可憐。這只要看中國歷代，行放任政策尚可以苟安於一時，行干涉政策即不旋踵而招亂。言治皆輕法治而重人治，地方唯有派一能員就此地方定出相當的方策，才有一定的成效。故秦漢以後，代表國家主權者所當嚴加監督者乃在官僚，治官之官日益，治民之官日減，治民者但求無過。[1]我們看，這樣地觀察中國歷史，自較許多拘泥於書本或外國理論概念的，更注意到社會組織方面特有的弱點和弊病，政治內在變遷的「中國特色」。

此就歷史長時段之形勢而言。落實到短時段，事件的歷史，其眼光一樣地銳利。茲舉一例。先生的歷史分期頗多獨特，獨特之一，即先生反覆

---

[1] 以上簡述綜合《本國史提綱》（1944 年）、《中國文化論斷續說》（1946 年）、《中國通史的分期》（1952 年），請分參《呂思勉遺文集》第 330—331、558—585、633—663 頁。先生對商業資本的看法也有許多獨異之處，如認為資本主義可以破壞「封建」勢力，但它們也容易相互勾結，故亦應「節制資本」。容另文討論。

申論「王莽改制」為中國歷史的又一轉捩點。先生在各本通史中敍述此事，可簡約歸納如下：遠古社會始於公產，自公產之制破壞後，人心始覺不安。授田之制既壞，然而有官稅、私租之分，遂至漢代起有兼併之害，後世有加派之弊（稅外加費）。實則公社、封建的社會組織既已逐漸墮壞，古制本無所依託，然先秦以來言改革者總覺應返古法，分為兩大派，一主平均地權（儒家重行井田之說），一主節制資本（法家打擊豪強富商）。至王莽乃將兩說合而為一，其決心加以貫徹，魄力可謂極大。改革不但沒有得預期的結果，反而鬧出滔天大禍。這失敗絕非王莽一個人的失敗。王莽的行政手段拙劣，但這只是枝節。即使手段很高強，亦不會有成功的希望，因為社會環境已經變化，社會組織沒有大的改變，根本上是註定要失敗的。這是先秦以來言「公產」改革者共同的失敗。漢代的多數人對社會現狀都覺得痛心疾首，漢以後則主張姑息保守成了大多數，以為「天下大器」不可輕動，「治天下不如安天下，安天下不如天下安」。所以這是中國歷史上的一大轉變，思想學術方面相應的變化，即是徹底改變社會的組織業已無人敢提，解決人生的問題遂轉而求之於個人，於是後來有玄學、佛學、理學的迭相興起，直至明末清初才有學術啟明星的出現，「天下興亡，匹夫有責」，對政治制度的痼疾等根本作深刻的反省。[1]我們看眾多通史教材，直至當下，多數也還是紐結在王莽改制是耽於空想，還是虛偽作假的個人品質之辨上，未曾從政治變遷的大關節上着眼，就見得呂先生確是極少數能達至疏通知遠高度的史學大師。

　　再舉王安石變法一例。先生論熙寧變法，認為王安石的新法，範圍既廣，流弊自然不能沒有。例如青苗，以多散為功，遂不免於抑配（強迫攤派）。抑配之後，有不能償還的，又不免於追呼，甚至勒令鄰保均賠。保甲則教閱徒有其名，而教閱的人，反因此而索詐。在當時，既要大改革，不能不憑藉政治之力；而在舊時官僚政治機構之下，藉行政力量來實行改革，自然免不了弊竇百出。既處於不能不改革之勢，照理應大家平心靜

1　以上據《復興高級中學教科書本國史》與《呂著中國通史》有關章節綜合而成。

氣，求其是而去其弊。而宋朝人的風氣，喜持苛論，又好為高名。又因諫官權重，朋黨之風，由來已久。至此，新法遂因黨爭而宣告流產。比較新舊兩黨，新黨所長在看透社會之有病而當改革，且有改革的方案，而其所短，徒見改革之利，不措意因改革所生之弊。舊黨攻擊因改革所生之弊是矣，然只是對人攻擊，自己絕無正面的主張。最無道理的是，當時的政治沒有問題，不需要改革嗎？明知其不好，怎能聽其自然？面對這個問題，我想舊黨就無話可說了。由歷史上改革的失敗，先生預言：「將來總要有大的改革出來。」[1] 讀到這裏，先生精細閱讀各種史料，感覺敏銳犀利，穿透古今的力度就顯示出來了。先生説「探原過去以證現在及將來」的會通意境，由此倍感親切，可以心領神會了。

「思勉人文學術」精神

1984 年，著名歷史地理學家譚其驤先生為紀念呂思勉誕辰一百周年題詞，寫道：「近世承學之士，或腹笥雖富而著書不多；或著書雖多而僅纂輯成編，能如先生之於書幾無所不讀，雖以史學名家而兼通經、子、集三部，述作累數百萬言，淹博而多所創獲者，吾未聞有第二人。」[2] 「四部之學」為中國傳統的人文學術，至現代則分演為文、史、哲等科。先生的著述除通史外，於民族史、思想學術史、古典文學史均有專著纂述。因長期兼授國文教學，對大學、中學的國文教學和語言文字改革，也有許多獨立的見解。[3] 今日稱呂先生之學術為「思勉人文學術」，與先生出入於文史哲

1　以上議論，係綜合《復興高級中學教科書本國史》與《中國政治思想史十講》（1935 年光華大學講義）。後者載《呂思勉遺文集》下冊，第 69 頁。

2　引文出《呂思勉先生編年事輯》，第 357 頁。

3　需要提到的有 1931 年商務出版的《宋代文學》、1934 年商務出版的《中國民族史》，前者收於《論學集林》，後者今收入中國大百科全書出版社《中國學術叢書》。1933 年出版的《先秦學術概論》，與多側重哲學不同，此著獨注重社會政治方面，頗具特色。1937 年，針對光華大學設立的「基本國文」一科，特撰《論基本國文》長文，對今日大學國文教學亦有啟發。原文收入《呂思勉遺文集》，第 678—696 頁。

三科均有創獲的經歷相符,庶幾可以成立。

先生名思勉,字誠之,均富人文涵義。一生學術的主要成就大都是在光華大學完成的,先生視其為最後的精神家園,畢生學術歸宿所在,有名校堅聘亦絕不忍棄「鄉」他走。光華大學創辦於 1926 年元月,據《尚書大傳‧虞夏傳‧卿雲歌》「日月光華,旦復旦兮」取名,故以日月卿雲為校旗,紅白為校色,「格致誠正」四字為光華大學的校訓。[1] 無巧不成書,「誠」字把先生與光華合為一體,而「思勉人文學術」的真精神也正是在「誠正」兩字上體現得最為鮮明。

呂先生讀古書之多,無人不欽佩。但視先生為舊時代中人,係舊式人物的錯覺,曾經流傳一時。至少在我做助教的時候,聽得教研室某老師回憶先生上課,不帶片紙,手拿粉筆,在黑板上捷書史料,講完再寫,寫完再講,事後對照,洋洋灑灑,一字不誤,覺得非常神奇。但講說者對先生的思想觀點作不屑狀,不願多言,因此我一直誤以為呂先生確為「封建遺老」,是屬於過時的舊人物。現在把呂先生的書大都讀過了一遍,方始覺悟「讀其書,想見其為人」,先生從幼年起對國內外時事就非常關心,讀新書,也讀外國人文社科類的書,且篤學深思,對新思想的吸納,凡有善者、可信者,無不虛心渴求,但絕不苟取,也不尾從權威,有獨立的主見。

呂先生是在光華大學創辦的當年 8 月入校任教的,先任國文系教授,不久即創辦史學系,出任系主任。先生一手制定史學系的課程,並向諸生講述辦系宗旨。先生要求學生用新方法整理舊經典,既要用心閱讀必要的古籍,也須通過外國史事,精研西籍,更要明了現今世變之所由,目光不唯在書本上。治學的精神,則是「必先立平實之基,進求高深之漸。求精確而勿流於瑣碎,務創獲而勿涉於奇襲」。[2] 此數語實集萃先生一生治學的精神,其中「平實」兩字尤為緊要。

1　光華大學創始人、校長為張壽鏞。公子張芝聯教授作有《日月光華,旦復旦兮——追憶母校光華大學》,記述辦校經過,以及本人就學、任職時代的掌故頗詳,載《萬象》2000 年第 6 期,讀者可參考。

2　文見《呂思勉先生編年事輯》,第 1422 頁。

　　唐史名家、陝西師大歷史系教授黃永年是呂先生抗戰時期的蘇州中學常州分校（高中）的學生。生前回憶説：「現在，我也是五十好幾的人，已接近當年呂先生給我們講課時的年齡了，也勉強在大學裏帶着幾位唐史專業研究生。可是捫心自問，在學問上固不如呂先生的萬一，在為人處世上也深感呂先生之不易企及。呂先生當年曾為我寫過一副對聯：夙夜強學以待問，疏通知遠而不誣。聯上寫明是錄梁任公語。它促使我時常考慮怎樣真正做到這兩句話，真正不負呂先生當初對我的勉勵。」黃先生後來把從呂先生那裏得來的師訓，轉化為自己的治學格言：「做學問不趕時髦。」[1]黃永年的這句話，作為先生「平實」兩字的註腳，確是十分貼切。

　　在 20 世紀諸史學大家中，呂先生是治學心態最平心靜氣的一個。他有激越的理想抱負，但從不張揚，治學有似陳、王兩位，也是「外冷而內裏極熱」。這與他淡泊寧定，「埋頭枯守、默默耕耘」的為人風格極相契合。先生絕不是「兩足書櫃」，對國禍民憂無所動心的「書齋學究」。他的學問，有兩個特點：一是極具平民意識，與陳寅恪、錢賓四特重精英文化迥然有別。先生十分關注民間社會的生計，大至水利、賦役、吏治，小至百姓飲食起居，所到之處，必細為調查，對物價波動尤其敏感，至幾元幾分，均一一載錄。眼睛向下，關注民間基層生活，重視社會經濟研究，在同輩史家中恐少有與之匹儔的。二是對社會進化向持樂觀向前的心態。他信從社會進化的觀點，認為制度的變遷最為緊要，「大同」是人類必走的道路。這同陳寅恪的悲觀成鮮明對比，似與郭沫若相近。但從其主張自然演進的立場看，與郭沫若之激進更像「同牀異夢」。他之接納社會主義學説，出諸學術追求，不沾激進情調，亦即先生講求的學問須求「平實」。

　　先生的論治學，一直強調應抱有理想，服務於社會改革的根本，勿流於瑣碎餖飣的考證。先生評述年長一輩著名學者，反覆陳述他們的成功實是時代使然。是社會的變遷，改革的艱難，玉成了這些學者的事業，而先

1　黃永年：《我的老師呂思勉》（1998 年 10 月），載《學林漫錄》，中華書局，1999 年版。

決條件是他們都對社會改革抱有誠正的熱情。他說：對於現狀的不滿，乃是治學問者，尤其是治社會科學者真正的動機。若對於其現狀，本不知其為好為壞，因而沒有改革的思想，又或明知其不好，而只想在現狀之下求個苟安，或者撈摸些好處，因而沒有改革的志願，那還要講做學問幹甚麼？[1] 1943 年，在《學制芻議》一文中，藉孤寒子弟教育的重要性發表議論，這段文字少為人注意，卻足以傳達先生治學的真精神。先生說：「不論國家政治社會事業，總是要有人去辦的，而人之能善其事否，實以其有無誠意為第一條件。必有誠意，然後其才可用諸正路，其學乃真能淑己而利群，不至於恃人以作惡，曲學以阿世，反造出許多惡業來。道德為事功之本，誠意為道德之本。」[2]

　　理想必不可少，但要在激情與理智的平衡。他對康有為與章太炎都很敬佩，說他們當其早年，感覺敏銳，迫之於旺盛的感情，出之於堅強的意志，所以能做出一番事業。但因為感情較重於理性，及至晚年，則漸與現實隔離，遂至不能適應環境，終至招來失敗。相比之下，先生更欣賞嚴幾道與梁任公。他說：嚴復頭腦是很冷靜的，其思想亦極深刻。他不是單憑理想、不顧事實的人。梁任公介乎狂狷兩者之間，既有激情，亦不失通達。從許多文字透出的才性來看，先生於梁啟超最為心儀，雖然「大同」理想是得之於康有為的啟迪，在理性論事、做學問求深刻通達方面，「最於梁先生為近」。[3]

　　先生認為處於社會變遷的時代，使人人具有改革思想最為當務之急。然而，社會的進化有一定的速率，並不是奔逸絕塵，像氣球般隨風飄蕩，可以不知落到哪裏去的。目標雖好，沒有好的方法，沒有好的實現途徑，往往好事會造做出壞的結果。所以，改革思想非可以空言灌注，亦非單憑熱情就可以的，必深知現在社會之惡劣，而又曉然於其惡劣之由，然而對於改革的志願和改革的計劃應有理性的考慮。這種理性的考量從哪裏來？

1　《從我學習歷史的經過說到現在的學習方法》，《呂思勉遺文集》上冊，第 412 頁。
2　參《呂思勉先生編年事輯》所錄，第 251 頁。
3　呂思勉：《從章太炎說到康長素梁任公》，《呂思勉遺文集》，第 385—401 頁。

一是靠從現實得來的閱歷和鍛煉，一是求之於書籍，求對以往社會的總結和檢討。歷來理論之發明，皆先從事實上體驗到，然後藉書本以補經驗之不足，增益佐證而完成之。先生在《讀書的方法》一文裏特別地說明：「讀書，到底是有益的，還是有害的事，這話是很難說的。學問在於心間，不在於紙上。要讀書，先得要知道書上所說的，就是社會上的甚麼事實。如其所說的明明是封建時代的民情，你卻用來解釋資本主義時代的現象；所說的明明是專制時代的治法，你卻用來應付民治主義時代的潮流，那就大錯了。從古以來，迂儒誤國，甚至被人訕笑不懂世事，其根源全在於此。所以讀書第一要留心書上所說的話，就是社會的何種事實。這是第一要義。這一着之差，滿盤都沒有是處了。」[1]因此做學問的，須將經驗與書本匯合為一，把經歷鍛煉和書本知識相互證明，才會有真體會，有真心得。對現實的觀察有多少深度，對歷史的理解就會有多少深度；反之亦然。治史學的，如果對現實生活漠然無所心動，完全悶在書齋裏，無所用心，不敢思想，學問的格局不會大。先生把世上的一句俗話，賦予新的意義，變成了治史者應置於書案前的座右銘：「世事洞明皆學問，人情練達即文章。」

　　現在我們來紀念先生的學術，其經歷已不可能複製，學術隨時代而進，更不允許亦步亦趨，專事保守。如何從精神氣韻上領會和融通先生的文化遺產，是為我們這些後學者所當鑽研的課題，亦即古人所說的「當師其意而用之」。

1　　呂思勉：《讀書的方法》，原刊 1946 年 6 月 3 日《正言報》。

二

農業、農民與鄉村社會：
農耕文明新審視

　　有關農業、農民與鄉村社會的歷史研究，在這 60 年裏總共有多少論文著作，筆者作文之初曾想做出約略的總量與分類統計。瀏覽一圈下來，只得放棄這個太過奢侈的念頭。古代中國，是一個比較完整意義上的「鄉土中國」，然而在號稱發達的古代史學裏，關於農業、農民的史籍沒有地位，僅滄海之一粟。入至近代，我們卻遇到了一種意外的情景，越是要現代化、城市化，逃離「鄉土中國」，「三農」的話題越是從另一側牽動神經，變得敏感和熱鬧。可以不無誇張地說，在中國，從近代以來，幾乎很少有談歷史、議現實，一點兒也不涉及「三農」話題的。在我們即將敍述的 60 年，特別是近 30 年裏，規模、數量更是大大超過往昔。通史、斷代史、專門史不用說，就是政治學、經濟學、法學、社會學、人類學、地理學乃至考古學、農學、環境生態學等等，友鄰學科相關的「三農史」研究成果不斷進入並挑戰史學，愈後愈多，總量之巨，不比專業史學為少。

　　本文給定的「農耕文明新審視」主題詞，雖說有相當難度，畢竟還是為筆者擺脫前述材料繁冗的困境提供了一條思路。各分支領域的綜述已不斷見諸報刊，實無必要作重複勞動，而全面的綜述與總結又力不勝任，選擇一些變化的環節，憑自己所能達到的理解水平，述評一下 60 年來有關研究的若干變化軌跡，或許還是比較明智的。但在選擇若干陳述方向並加以展開之前，還不得不對「新」字作些解釋。即就本主題而論，無論是學者的認識，還是學科研究的視界，「新」與「舊」永遠是相對的，往往一體兩面，新舊相互滲透與轉化，迭相推進。百年來的許多舊話題，一直不斷被各種新說法所激活。時勢的變化也會從歷史遺產裏激活出

一些新話題，引出當下關注的視角。再細緻地體味，還可以發現有不少舊
話題被恢復記憶，重新詮釋，似是復舊「翻案」，實是在新的情勢下，忽
然由灰暗而變得明朗起來，填充了更為實證的內涵，獲得了新的認識意
義。這些都從不同角度豐富和改善了今人對「三農問題」的認識水平。

農業生產力研究

　　中國是世界上最古老的農業國度之一。農業起源極早，在七八千年以
來的漫長歷史時期，中國農業經濟發達的水平，始終居於世界領先地位。
然而，顯得不甚協調的，儘管中國任何歷史記述實際都離不開農業和農村
的背景，在浩似煙海的歷史典籍裏，卻只有歸入子部農家類的農書以及時
令書、救荒書一類雜家書，才有關於農業的經濟與技術層面的敍述，而歷
代的食貨志（以及類似的會典、詔令、奏議）都是從財政賦稅或者社會治
安的角度，間接地觸及農業經濟的社會關係層面。後者的立足點，全在國
家政策的制定實施上，即使是繁複的田制敍述，也不是土地產權狀態的實
際反映，長達幾千年裏竟然沒有全國農產總值的官方統計數據。因此，有
關農業經濟的史學，嚴格地說，它在古代並不曾真正存在過。

　　略具諷刺意味的是，輝煌過後，傳統農業在近代工業經濟壓迫面前漸
形窘態，鄉村與農民的處境日益維艱，大約是從 20 世紀 20 年代開始，備
嘗中西比較煎熬之苦的國人，不得不對自己國家的特點進行反思。經濟與
社會的反思，「三農問題」成為繞不過去的關節，農業和農業歷史的考量
進入學界視野，受到不同程度的關注。

　　「三農」，農業經濟是核心、是基礎。農業經濟實際包含有技術應用與
社會關係兩個層面，亦即關涉唯物史觀所說的生產力與生產關係、經濟基
礎與上層建築兩對關係。綜觀百年歷程，在很長的一段時期裏，「三農問
題」多偏重於生產關係、上層建築的檢討，精力集中於社會性質與土地佔
有狀態的定性，社會形態的政治取向爭論成為焦點，包括資源、生產要素
配置與經營方式等內在的生產力研究，一直處於邊緣和被冷落的境地。整

體性地全面評估中國傳統農業經濟的水平及其世界地位，從歷史學主體而論，是在以經濟建設為中心的近 30 年裏才獲得明顯的突破。

究其原因，入至近代，農業狀況的受關注，首先是迫於現實的困境，在與「西方工業化」對比的刺激下，「農業」是需要被改造（革命和改良都是「改造」）的主要對象。檢討最先是從社會學和農業經濟學界開始的。1923 年陳達對北平西郊和安徽休寧的農戶生計調查，開了叩問農業現狀風氣之先，他們重點關注的是農民。隨後，農業經濟學介入。1929 年起，金陵大學農林科由美國教授卜凱領銜，開展了對 22 省 168 個樣本點、38256 個農戶的農家調查，生產力狀態與經營方式受到關注。左派學者明顯對卜凱的調查不滿，以陳翰笙為代表的「中國農村經濟研究會」繼後在江蘇、河北、廣東進行了針對性的調查，重點轉向封建剝削和政府賦稅等社會關係方面。然而，時勢的逼迫，等不及這種慢條斯理的實證調查之間產生的重大差異能否以及如何得出「合題」，多數人覺得中國農業落後於時代是不成問題的「問題」，如何通過社會革命擺脫落後的困境才是當務之急。1927 年「大革命」的失敗，導致社會性質的論戰更趨激烈，「主義」和對策的尖銳衝突迅速吸引住了國人的視線。革命與改良的方略對峙，成了貫穿於全部爭論的主線，觀點決定論據，意見代替考證。對中國農業歷史的冷靜調查、評估與總結，顯然不合時宜，被冷落在一旁。然而這一等，竟然等待了四五十年，待到 1978 年改革開放後，才真正迎來了研究態勢的明顯轉變。

1. 農業史艱辛的學科創業之路

在「傳統─現代」兩分對立的思維佔優勢時代，也有不同的聲音與取向。20 世紀 30 年代開始，接受西學影響的學者，曾多次試圖引進西方農業品種（棉種、蠶種）與農業技術（無機肥、殺蟲劑），用以改造傳統農業，遭遇的困難卻是始料所不及的，挫折多於成功。於是，有一部分學者想以近代科學的眼光重新審視中國農業的傳統，整理遺產，自覺認識我國農業的特點和經驗，謀求不脫離國情，中西結合地改進農業。農書的整

理、農史的梳理就這樣被列入到研究的課程裏。其中，農業科學研究機構的創立、高等院校農業系科的成立，無疑為它的催生起到了決定性的作用。最著者即為 20 世紀 20 年代末，南京金陵大學、東南大學農科率先開出了中國農史課程，而金陵大學農史研究組主任萬國鼎苦心經營古農學資料，成為中國農史學濫觴時期的領軍人物。還有鄭辟疆任校長的江蘇蠶校（後改名為蠶絲專科學校），張謇創辦的南通農校，其宗旨都不離「農吾立國之本，非研究無以改進」。他們對蠶絲、棉業等農業商品經濟領域傳統經驗的開發與改進，為中國農史學研究拓寬了視域。[1]

然而，農史學當時只是時代大潮一側的小溪，不事聲張，埋首「窮經」，不要說激烈的社會性質論戰無暇顧及他們，就是鄉村建設運動者也很少關注他們的成果。這是一群「為學問而學問」的人，而且一棒接一棒地薪火相傳，直至大廈落成。看似「無用」，卻是為未來的「有用」在耕耘播種。在如此艱苦的條件下持之以恆，足為今天規劃學科建設者作歷史的借鑒。

1949 年新民主主義革命的勝利，土地改革的成功，為農業生產力的解放掃清了政權和社會關係方面的障礙。傳統的小農經濟在解除了各種超經濟強制束縛後，獲得了它前此從未有過的良好環境。如何迅速恢復和發展農業生產，是革命成功後首先要解決好的政治任務。新政權在以農業為基礎的治國方略指導下，十分重視農業科學研究與農學遺產的總結。農學史由此進入了最好的發展時期。在 17 年裏，建設成功了好幾個出色的農史研究機構，隊伍、人才都有較大的擴展，農史學終於成長為一門獨立的學科，出現了像萬國鼎、石聲漢、陳恆力、辛樹幟、游修齡、王毓瑚等一批具有國際聲譽的農史權威專家。其中由萬國鼎領銜彙輯編製的《中國農史資料》正、續兩編，共計 613 冊、4200 萬字，另有《方志綜合資料》《方

---

1   詳情與具體成果請參見李根蟠、王小嘉：《中國農業歷史研究的回顧與展望》，載《古今農業》2003 年第 3 期。這是筆者見到最有質量的百年農史綜述專文。此處筆者所選擇事例，專用以圍繞本文題意展開議論，千百挑一二，主觀片面或所難免。如舉例失當、議論有偏，則請方家指正。以下各節，均有類同情況，不及一一註明時，將酌情推薦筆者認同的綜述文章以供參考，特此申明。

志分類資料》《地方志物產》三大類，共計 689 冊。工程之宏偉，為自有農業以來所僅有，超越百代。石聲漢的《齊民要術今釋》、陳恆力的《補農書研究》對標誌中國南北兩區域傳統農業生產經驗高度的古農書，用今人的科學眼光和科學方法進行高水平的整理研究，還補充了許多田園調查的材料，堪稱農學史研究的經典力作。這些研究成果證明糧食畝產在古代傳統生產條件下，通過精耕細作、集約經營，也可以創造出相當的高度，而兩書所總結的諸多生產經驗，例如水利灌溉的開發、水稻合理密植的方法、有機肥料的使用以及注重選種、育種和品種的改良等等，都能不同程度地服務於當時的農業生產，而且也取得過相當好的現實效果（例如各地水利事業的蓬勃展開，科技站的普設，陳永康水稻種植法在江南的推廣）。

停滯 10 年，改革開放後，政府恢復了對知識勞動的尊重和支持，農史學也進入了蓬勃發展的新時期。《中國農業科學技術史》《中國農業百科全書》《中國農業通史》等一系列國家級標誌性成果的出現，多種農史刊物的活躍，以及農史研究向多層次、多領域開拓，都表明學科的發展呈現出前所未有的活躍。筆者以為，更值得稱道的是，農史學界主動向史學界「進逼」挑戰，而史學界更多的人也逐漸重視和引用農史學的研究成果，經這一段時期的醞釀，關於農業經濟整體歷史的研究與評估的多學科攻關，等待了很久的發展新轉機，終於在 90 年代的中期變成現實（詳後）。

2. 傳統農業生產力評估問題的提出

農業史研究在 1967 年前，基本上是作為科技史的分支從屬於農學口，可能稱為「農學史」更為貼切些。它在「三農問題」的整體話題裏，在史學的整體研究框架裏，頗顯孤單，沒有引起相關的連鎖呼應。農學史在通史的文化科技章節中仍然被壓縮到不能再小的地位，議論分析往往嚴重滯後甚至陳舊，而經濟史、社會史的「主流」與農史學相當隔閡，徵引的資料仍然集中於正史（制度史），農書不受重視。

新民主主義革命的勝利，實踐認定了論戰主張革命道路的一方是符合

國情的，而勝利一方在有利的形勢下，鞏固和繼續擴大「戰果」，也是順理成章的事。因此批判封建主義，是當時的主旋律，向社會主義的過渡，是邏輯的必然，學理的配合不可能離開這兩個方向。在這種情勢下，很少會考慮到，中國農業生產有其相對獨立、內在的傳統發展優勢和寶貴經驗，否則長達數千年的時間裏能夠創造世界上少有的「經濟奇跡」，養活一個超等大國的眾多人口，就不可思議。到 70 年代末，終於覺悟到生產關係大改造的超前試驗實際上是失敗了，事實還證明傳統的小農經營模式簡單粗暴地拋棄行不通。對此，農學史界的感覺最敏銳，而且幾乎是出自職業的天性（少數人違背職業道德的附和，受到業界的蔑視）。種種違反常識的試驗，源於對歷史的無知，實踐也證明農史學科並非在現實生活中完全「無用」。

然而，慣性的作用，即使在現實政策已經撥亂反正，農業家庭承包責任制遍及全國之後，史學界主體關注中心仍是封建社會長期延續的問題。這一討論發生在「文革」結束之後，乃情理之常，然而在討論中小農經濟被與封建主義捆綁一起，作為「有罪」的一方繼續受到譴責，甚至被認為是「中國貧窮落後的根源」，暴露出以往史學研究存在的誤區要改變不容易。白鋼主編的《中國封建社會長期延續問題論戰的由來與發展》非常客觀全面地為我們保存了這樣的歷史記錄，今天讀來別有一番滋味。那時，雖也有一些人隱約地感到對小農經濟的合理性應持有歷史主義的態度，但在大批判的聲浪裏，幾乎被多數人所忽略，更不用說認真思考、深入研究這一問題。

在此情勢下，農學史界起而「抗辯」了。最早在 80 年代初，郝盛琦、董愷忱等人就已經撰文批評這種全盤否定中國傳統農業和傳統農藝的觀點，指出精耕細作的傳統、集約化的經營，雖然是在小農經濟基礎上產生的，它卻是我國農民智慧和經驗的結晶。我們沒有理由不去下功夫研究中國傳統農業的長處和優點，為今天的農業發展提供足資借鑑的經驗。許多農史學家還認為，通過精耕細作、集約經營提高農業生產水平的這一發展方向，仍然符合我國今天人口多、耕地少的國情。相關情況可詳參葉茂等

人編撰的《傳統農業與小農經濟研究述評》。[1]

筆者認為，農學史界之所以異於「主體」史學界，沒有陷入片面論和非歷史主義，正是 20 年代以來積累的農學史研究「內功」發力，到時就體驗到「無用乃為大用」的深刻哲理。可惜前者的成果卻被史學界許多人有意無意地忽略，鑄成這樣的學術隔閡。所幸經歷 80 年代的碰撞和醞釀，到 90 年代中期前後，學科間互不對話的情況終於有所扭轉，新的轉機出現了。

新視界的開拓，需要有不甚固守「邊界」的跨學科嘗試，而突破壁壘森嚴的行業習見，必須具備勇氣，更需要敏感和眼光。記起最初的情景，以筆者有限的閱讀經歷，想補充兩個事例，稍示情景的前期狀態。

在溝通農業科技史與通史研究方面做出特殊努力的，陳文華是眾多代表中較早的一個。他由歷史學科班出身進入農史考古界，「兩棲」的身份為他開展跨學科嘗試提供了有利條件。記得 1981 年，他在江西艱苦創辦了《農業考古》雜誌。從友人那裏讀到刊物，覺得對我們治古史的人非常開眼界，我就成為最早去信獲得贈閱的讀者之一。刊物不斷介紹農史學的新進展，同時也看得出主編和作者都對中國通史有一種整體的關懷，十分難得。董愷忱，我正是從那裏讀到他較系統地論證中國傳統農業優勢和特長的通論性大文，改正了我對歷史上小農經濟的不少成見[2]。這在當時學界算是發出先聲的文章之一。陳文華還主辦了中國古代農業科技成就展覽，巡展於各地，凝聚了多年積累的相關研究心得，把農學史的成果以通史的

1　詳參葉茂等：《傳統農業與小農經濟研究述評》，載《中國經濟史研究》1993 年第 3 期。綜述覆蓋面極寬，資料翔實，按論點邏輯編排。如能兼採學術史的時序寫法，顯示變化與進展過程，就更理想了。

2　董愷忱在《農業考古》撰文的同時，以中西比較的方法從五個方面進行了較為系統的總結：（1）中國是世界栽培植物起源中心之一。（2）中國框形犁是世界上最發達的傳統犁之一。（3）中國是歷史上有着較高土地利用率的國家之一。（4）在世界農業發展較早的國家中，中國是沒有出現地力衰竭的僅有的幾個國家之一。（5）中國傳統農業曾一度處於世界領先地位。文末指出，我們有必要「總結中國傳統農業的合理內容，比較中外農業的特點和差異，作為農業現代化的借鑒和參考……（這樣的研究）會有助於我們開闊眼界，更好地去探索中國農業的未來和出路」。見《世界農業》1983 年第 3 期。

體裁、圖譜的形式推向社會各界，同時也給史學界傳遞了相關的學術信息，產生過一定的輻射作用。

另一位就是李伯重。他出身於史家名門，學業根底好，再兼治史勤勉，成名較早，上升速度之快，在同輩人中數一數二。1982—1986 年間，年輕的李伯重在《中國農史》《農業考古》雜誌上連續發表 6 篇文章，都是討論明清江南農業集約化和資源利用的，實證細緻周詳，取材領域和論析方向異於當時明清江南研究的「一般」，而顯示出「個別」的特色。因注重生產力的研究、肯定小農經濟歷史合理性的成分居多，當時就引起筆者的注意。至今雖沒有看到他這種研究方向選擇的最初背景交代，但筆者認為初出道的文章都刊登在農史雜誌上，就蘊藏着內在的聯繫。他以後的研究就是從這裏開始，越走路子越寬（由集約農業而進至「早期工業化」），越走方法論的意識越濃，理論上也越自覺。博士論文完成後，終於撩開「神祕的面紗」，2001 年成書時即鮮明點題：《發展和制約：明清江南生產力研究》。很明顯，李伯重是有意識地對着忽視生產力研究的長期弊端，要在研究視域與方法上作更弦改張的嘗試。其發動之初，藉着農史學的陣地和資源亮相，可以看作是兩種學科滲透結合的一段佳話。進入90 年代後，李伯重更是活躍異常，頻繁出入於中西學界，鮮明地舉起「理論、方法」的旗幟，倡導「多視角」地考察經濟史，成為傳統農業經濟再評估討論中重要一派的「發言人」。他的個案，在開拓「三農」新視野的學術變遷軌跡中，頗有一定的代表性。

傳統經濟再評價

經 80 年代的醞釀，90 年代掀起波瀾。突出的標誌便是「中國經濟史論壇」從 1993 年起，連續四次舉行「傳統經濟再評價」討論會，「這是論壇歷時最長、涉及面最寬、探討有關理論問題最多的一個討論系列。討論以清代經濟評價為中心輻射到傳統社會經濟的各個方面，把具體歷史問題的討論與理論方法和研究範式的檢討結合起來。這是在對既往研究的反

思，尤其是對西歐中心論批評中產生的不同認識的爭論，而在討論中出現了國內和國外有關學術研究前所未有的相互激盪和相互呼應局面。」[1]

檢閱四次討論會提交的成果，農業史從初創伊始，經歷半個多世紀，到 90 年代末，已經發展為多學科滲透綜合的「大農史」，有一種大豐收的喜悅。考古學、歷史語言學、經濟學、社會學、文化學、民俗學、生態學、氣候學、比較農史、史學理論與方法等紛紛加盟。農史研究領域極大拓展，不僅作物、工具、土壤、水利、林牧漁蠶桑各分支都有很大的發展，還出現了諸如生態史、環境史、災害史、地區史、民族史、文化史、比較農史、農村工業史、農村市場史等新分支。傳統農業與現代化的關係，更是成為學者研討聚訟的中心，歷史與現實的議論交融，中外各種不同觀點都在這裏展開交鋒，氣氛十分活躍。

從 90 年代起，歷史學界被多數人認為專業細化已成為主流，各理門戶、輕視理論、日益碎片化的趨勢難見改善。事有例外，像「傳統經濟再評價」這樣的大話題，這樣帶有理論性嚴重分歧的宏觀關懷，持續不斷討論 12 年之久，除「五朵金花」外，60 年來恐怕少有這樣的「奇跡」，緣由值得探究。

「一切歷史都是思想史」。如果把任何學術問題的提出或轉軌，簡單地看作是對現實的回應，就滑向了庸俗化的泥潭。學術演變有其內在發展的動力與脈絡。學者「求異」創造是一種職業本能，基於學術自身延續與變異的軌跡，不同的取向，會有許多個別特殊的因素，反應從來都是多種多樣的。然而，我們也不能否認，學者的思維活動，必然會受到他生活環境裏思維方式與思潮的影響，具有時代的特點。當代問題的感受會以各種不同的形式影響學者的選題、立意與議論的發揮，特別是形成聚焦的熱點，說明許多人都在關注共同的問題，「共性」的背後，隱藏着比較普遍的當下感受。

---

[1]　「中國經濟史論壇」發佈的《記中國傳統經濟再評價第四次學術研討會》（葉茂），2005 年 1 月 28 日。清史纂修工程「中華文史網」也有轉載。

　　以本文所涉主題而論，還有其特殊性。百年來史學圍繞「三農」話題提出的考察課題，許多是過往歷史上不曾遇到過的。傳統史學裏沒有相應的歷史積累，先秦過後，「農家」不成其家。因此，我們看到的景象，率先開拓這類課題的是接受西方科學影響很大的農學家，以及經「西化」過的社會學家、經濟學家，隨後才是對前兩種新學科有興趣、把研究方向轉向經濟和社會的新史家。這種態勢規定了「三農」問題的研究，「三農史」也不例外，必將圍繞着「現代化」中軸轉動，必將受許多相關新潮的影響，不斷經受「現代化」複雜性及其難度的磨難，從而才會變得逐漸成熟起來。

　　儘管當下最新的議論，認為中國歷史內在自有經濟走向現代化（或稱之為早期工業化）的「可能性」，但「工業化」「現代化」的概念畢竟是從近代西方輸入的，並無先天的本土理論資源。外來的理論概念因其攜帶着強大的社會事實對比而使中國的先行者不能不為之動容。正如創造始於模仿、成於超越一樣，西方工業化極大地改變了社會面貌的先行事實（過程），以及由這種事實攜帶進來的理論學說，嚴重地影響並制約着最初「三農」問題的研究，鑿壁借光、邯鄲學步地開始走路，後人是沒有權利譏笑它幼稚可笑的。

　　西方現代化理論的資源不是一種，經濟現代化藉以完成的道路或方式也不一樣，例如英式與法式、德式區別就不小。30 年代中國社科領域革命與改良之爭，其背後都打有西方資源、西方模式的烙印，認識、取捨並不一致。但對本文主題而言，在「現代化」的既有大框架裏，傳統農業是現代工業的反面，小農經濟都是作為被改造對象消極地看待，各方卻無異議。因此小農經濟的落後面，例如工具陳舊不變、土地經營細碎、不計成本的經濟「非理性」、生產力低下，以及如何阻礙甚至拖累商品經濟、市場發育以及工業的改革⋯⋯成為「三農史」敍述的基調，就非常「自然」。在對過去懷有灰色情緒的情景下，希望出現為傳統小農經濟的歷史合理性辯護，那只是孤鴻哀鳴，被看作是保守的表現。

　　正如前述，我們用以檢驗外來理論的本土資源實際上相當稀缺，因此難免人云亦云，說明我們對家底心中無數，鑒別批判缺乏自我的「本錢」。

以農業經濟領域而論，號稱發達的中國史學，能夠提供的資源奇特的稀少。明清時代，對農業經濟真正用過功夫的人少之又少，皓首窮經搞考據的不勝其多，罕有看農書的，收有 3500 餘種古籍的「四庫全書」，僅錄有農書 9 種（其中還包括救荒書 2 種）。許多珍貴的私人撰寫農書，僅以抄本在民間流傳，能讀到的人更少。[1]因此，直至 20 世紀 20 年代以前，我們對自己國家的農業經濟歷史，實際仍是處於憑「印象」（包括史籍裏浮光掠影的碎片）說話的水平。待到近代學科誕生，有了用力整理、研究農學、農書的一代人出來，我們的知識狀態就改變了，才有根底發出自己的聲音。

　　這種時候，我們特別不能忘記萬國鼎的開拓。1924 年萬國鼎回到母校出任金陵大學農業圖書研究部主任，為撰寫《中國農業史》，開始着手史無前例的古農書（包括古方志物產資料）整理的偉業。在此過程中，他特意翻譯了《歐美農業史》，請教了卜凱等外國專家，藉以了解西方農學史的基本概貌，以資與中國比較鑒別。他憑着對古農書閱讀得到的靈感，1928 年就已經意識到「古農書所記，不乏經驗之言，往往歐美耗鉅資、費時日累加考驗而僅得者，已於數百年前載諸我國農書，是其價值可知。晚近學者知農業之重要，審其非按科學方法力圖改良不可。顧農業非純粹科學之比，可以推知世界萬國無不然者。風土異宜，風俗異情，農業即受其影響。異國經營研究之所得，未必即可負販而用之吾國。要當考諸學理，驗之事實，使其適合於時與地。是則前代遺書尤不可不加之意，以為研究改良之參考焉。」[2]古農學研究達到現在這樣為國際同業界敬佩的水平，大約花了六七十年工夫、至少是三代人的耕耘。今天許多人喜歡誇口侈談「本土化」，豈知哪裏是高談闊論一番，就會從天上掉下來？它需要窮年累月苦學鑽研才能達到目標。

---

[1]　古代農書經長期搜尋探索，估計有五百種以上，明清現存的約有 390 種。詳參董愷忱、范楚玉主編的《中國科學技術史・農學卷》「導言」，科學出版社，2000 年版。

[2]　萬國鼎：《古農書概論》，原作於 1928 年 5 月 1 日，載《萬國鼎文集》第三篇，第 328—330 頁。先生事跡與成就請詳參本書附錄王思明、陳少華紀念文。中國農業科技出版社，2005 年版。

實踐強過理論。「西化」模式的簡單移植，無論宏觀、微觀層面都在實踐中遇到困擾。微觀的，像西式農業技術或品種移入中國，遇到人情風土「不宜」，屢受挫折。像這樣的「變種」尷尬，南橘北枳，在各個領域都有，迫使國人轉而對自己國家的歷史和本土的根底也要有一番考究。萬國鼎在這方面比一般人先知先覺。以後有關傳統農業評價的反思、再反思，都是在這樣的背景下，話題不斷更新，直到今天也未見「終結」。

現代化是個過程，對現代化的認識，也只能藉助實踐過程積累「習得」，也包括不斷試錯、糾錯，才會逐漸變得聰明。能夠糾正並改變理念偏差的，離不開知識的力量，也離不開實踐對知識觀念的修正。中國古農學遺產的發掘，給了突破片面「落後論」予知識實證的力量。沿着先行者開闢的這條道路，不斷深化，才會有今天重新認識傳統農業生產力乃至整個中國經濟歷史發展特點的新視野。

回顧百年歷史，許多西化的「理論概念」為我們打開了眼界，獲得了新的知識。但當我們睜開眼，用這種理念觀察現實的進行時，又不時產生許多的「想不到」，需要用實踐修正知識。例如按照一些國家現代化的模式，小農經濟必須被大農場或集體農莊取代，以致國外學者用「農民的終結」寫成了一本大書。然而，農民家庭承包責任制取代人民公社的實踐證明，即使在工業化已經取得相當進展的 70 年代末至 80 年代，它仍然有「生命力」。這就啟發了學者探究歷史上小農經濟有哪些「生命力」使它能持續在中國生存兩千餘年，沒有死亡。與此同時，也希望能把歷史上擁有的以精耕細作為主、講究天人相參協調的農業生產寶貴經驗，在新的歷史條件下繼承發揚，為工業化，特別是國家的穩定提供糧食等生活供給的安全保障。這是第一次「想不到」引起的學界積極反應。80 年代的許多關於小農經濟的深入研究與重新評價，背後都有這樣的意識或潛意識在起作用。

把傳統與現代對立的觀點，在這一時期遭到了強烈的批判。不少農史專家通過研究指出：精耕細作的傳統，雖然是在小農經濟基礎上產生的，它卻是我國農民智慧和經驗的結晶，不僅許多技術經驗足資今天借鑒，而且就通過精細管理提高單產這一發展方向而言，也仍然符合我國今

天人口多耕地少的國情，絕不能簡單地貶之為走「老路」。在中國農業發展過程中，不是放棄精耕細作的傳統來實現現代化。相反，必須利用精耕細作的傳統來實現現代化。把精耕細作和現代化結合起來，這將是中國農業現代化的特點和優點，是加快實現中國農業現代化的最基本的依據。[1]

比這個更大的想不到，就是 90 年代後的城市化以及伴隨而來的「進城潮」。如果說改革開放後鄉村企業興起，啟發學者對歷史上農村經濟與商品經濟、耕織結合、鄉村手工業等現象進行了新的掃描和評估，還覺得於史有證、游刃有餘，那麼隨後出現大規模的「進城潮」、農村「空巢老人」與留守兒童造成的農業「虛弱化」，農業史學者不免感到悵惘。

90 年代後，中國的現代化、城市化進程加速發力，喜中有憂。城市化（房產業）發猛勁圈佔農村田地，頗有點像英國式消滅小農模式的變種，我們能重蹈覆轍嗎？現實的「問題」又一次逼問「三農史」學者的研究，需要做出清醒的判斷。然而，有一些「著名」的「三農」專家，不是憂天下之憂，卻是異想天開地發揮「現代」的想像力，把「問題」又拉回到當年爭論的起點。例如党國英大發高論：「在現有土地上擴大糧食生產規模，走糧食自給自足的道路，將付出巨大的經濟成本、生態成本和社會成本，甚至將使中華民族與現代化無緣。」不計勞動成本的精耕細作，已經是「青山遮不住，畢竟東流去」。他主張在國際分工的大框架內解決中國糧食供需（成為糧食進口大國），只留少數優質農田、少數的農民實行大規模的現代耕作方法，實現農業現代化。[2] 忘記歷史，就難免無知而無畏。試想：如党氏所云，中國丟掉了農業，人口眾多的大國需要別人來養，這樣的現代化能成功嗎？

1　楊直民、董愷忱：《集約農業發展過程和趨勢的初步探討》，《學習與探索》1980 年第 1 期；劉瑞龍：《論傳統農業向現代農業的轉化》，《人民日報》1983 年 5 月 13 日。

2　党國英：《中國：能突破農業制約嗎？》，1997 年 11 月發表於《中國國情國力》，《新華文摘》1998 年第 2 期全文轉載。筆者讀後覺得這位出名的專家不知所云，例如說：「如果繼續擴大糧食生產規模，更多的劣等地將投入耕種，土地報酬遞減規律的制約將日趨明顯，糧食成本將進一步增加，國內糧食價格將持續高於國際市場價格。」說到底，他根本不希望中國人用田種糧，因此與他談歷史是沒有意思的（然而文內竟大談中國歷史上農業的甚麼三次大挑戰，還提到孫達人。達人看到會氣死）。我懷疑他是在為大規模批轉出賣農民田地做「敲邊模子」，就像許多房地產專家高喊房價只能漲、不可降一樣。

　　正是出於這樣的憂慮，當 2005 年《萬國鼎文集》行將出版之際，另一位農學史權威、學生輩的游修齡作文紀念先生，説出了一段含蓄內斂卻非常有針對性的話：「往前看，農史研究已經從早期的總結傳統農業成就，向現實農業延伸，注意到中國傳統農業急速向現代化農業的過渡中，出現重複西方石油農業帶來的種種弊病，要不斷付出沉重的環境污染和生態破壞、資源喪失的代價，只有繼承發展傳統農業中的天人合一、能量循環利用、用養結合、可持續發展的思想和實踐，提供理論依據和成功的實踐範例，才有可能走出依賴非再生的石油農業的死胡同。凡此一派欣欣向榮的景色，飲水思源，都是與前輩們在農史園地不斷播種、施肥、灌溉的辛勤勞動分不開的。」[1]

　　還有一件事，也頗值得説説。因為它是從技術層面上，反映近 30 年這一問題爭論還會出現反覆，傳統農業與現代化的關係，無論認識還是實踐上都遠未達成一致。《農業考古》2003 年第 1 期刊登左淑珍的一篇尖鋭批評文章，題目是「中華民族精耕細作傳家寶不能丢」。文章以某農業大學「免耕法」課題組為批評對象，大意是：經濟全球化，使我國各行各業均面臨機遇和挑戰。農業面對世界農業對中國農業的重大衝擊，更令人擔憂。由於大量施用化肥、農藥、除草劑，我國將出口的糧食、水果因其殘毒超標而不被國外接收；畜禽因使用污染的飼料和過量的激素，其肉蛋同樣因殘毒超標不能出口而被退回。我國的農業實行清潔生產，提高糧食安全性迫在眉睫！然而恰在此時，在社會上，某些大報中卻出現了在土壤耕作上大力實施免耕法的宣傳，某大學課題組為了早出成果，多寫論文，更是通過各種渠道大力推廣免耕法，在各地培訓、試驗，這對我國本來就較差的糧食質量，無疑是雪上加霜。免耕法既不符合清潔生產、保護環境，也不符合農業持續發展方向，同時也是對耕地不負責任。免耕法的實質是用化肥代替土壤中好氣性微生物轉化速效養分供給農作物；用農藥和除草劑代替機械除草和消滅病蟲害；用大量不可再生的化學能代替可再生的生

1　　游修齡：《懷念萬國鼎先生》，載於上書《萬國鼎文集》附錄部分，寫於 2005 年 7 月 7 日杭州。

物能，以及燃料機械能。這不僅與我們發展中的中國國力民情不符，無法接受；更重要的是免耕的基本特徵是因不動土造成土壤總孔隙度小，供肥能力弱和地面秸稈覆蓋，雜草繁茂，而秸稈是病蟲害的寄主，促使病蟲害大發生，因此更需要增施化肥、農藥、除草劑。滲透到地下造成地下水污染，由於土壤緊實，下大雨時，產生徑流，土壤不能蓄水，是造成洪水肆虐的隱患（更多科技細節的批判，此處從略）。針對有關課題組一方面全盤抹殺歷史傳統，宣稱「精耕細作違背科學」，一方面功利主義地盲目西化，誤導農業高層領導的決策，甚至不惜造假。作者文末感歎道：「免耕法不是少投入高效益的耕作方法，免耕更不是一種新的耕作方法。美實行免耕法為前提條件，即便如此，免耕法還是在美國走入死胡同，1988 年改為保護性耕作。為甚麼 21 世紀的今天，我們不去研究繼承和發展我國精耕細作優良傳統中一切耕法的精髓，卻讓我國農耕不顧國情，無條件的、盲目步美國已經淘汰的免耕法的後塵呢？」

　　2003 年，李根蟠在總結百年中國農史研究歷程後，說到當下的形勢，意見非常中肯。他說：「在洶湧澎湃的全球化和現代化的潮流中，傳統文化正在受到嚴重的衝擊。許多傳統的東西，或者迅速消失，或者嚴重變形，達到了令人觸目驚心的地步。傳統農業科學技術也同樣面臨嚴峻的形勢。應該說，在這一浪潮中，傳統農業科學技術中有些東西消失或發生變化是難以避免的。但我們應該十分慎重，應該從歷史文化傳承的高度來認識這個問題……現代化不能與傳統割斷。傳統的東西有的可以吸收改造為現代化中的因素或成分，有的在一定時期仍然需要加以利用；對這些東西，要認真加以研究總結，使之能夠發揮應有的作用。要防止玉石俱焚，防止在現代化浪潮中把傳統中有價值的東西毀掉。即使傳統農業中那些當前派不上用場的東西（技術、農具、品種等），我們也不能棄如敝屣，而應當以適當的方式（博物館、錄像、影視、文字記錄、保存有關文獻等）把它們保存下來，因為這些東西包含着寶貴的歷史信息和歷史智慧，而當某種新條件、新需求出現的時候，其中的某些部分就可能成為創新的基點；科學文化史上的許多事實都已證明了這一點。正如我們建立基因庫，把包括傳

統品種在內的各種種子資源保存起來一樣；有些品種現在看似無用，以後
卻可能成為培育新品種的有用材料。」[1]

　　因為要說「農耕文明新審視」，筆者首先想到的，由忽視生產力的研
究而進至重視生產力和生產經驗的總結，優秀農業傳統與遺產的繼承，確
實是 60 年來的一個進步。到今天歷史上農業生產力和農業技術經驗的研
究已經做得很細很細，成果豐碩，不再在此贅列。通過討論，多數學者的
認識是一致的：這個歷史悠久的農耕文明會不會在工業文明面前消亡？不
會，也不可能。至於生產關係、上層建築的研究，如何與生產力的研究結
合起來，開拓整體性的研究新局面，將在下面通過農民和鄉村社會的歷史
命運這一話題，接着講下去。筆者覺得後 30 年比之前 30 年，最大的進步就
是思維方法糾正了喜歡偏向一邊、東倒西歪的形而上學習慣，有了全面、全
局、整體的意識。但這是就進步的主流而言，從剛剛前面提到的兩個事例，
也提醒我們，整體全面地考察農業的歷史和現狀，還會有許多的反覆。

農民、鄉村社會的過去與未來

　　近 30 年考古發現把中國農業起源的年代不斷向前推，可能會有一萬年
左右的農業史。至少，到春秋戰國時期，中國農耕文明精耕細作的特點已
經展示明顯，許多成績令人驚異。所以，在這樣一個經濟上以農為本、農業
人口占絕大多數的古老國度裏，無論甚麼樣的歷史，生活在農村，抑或出了
農村走向了城鎮，都不離農民的「鄉土」味。城市離開了農民，根本無以生
存。李悝、晁錯關於五口之家、百畝之田的議論，擺到世界歷史上，恐怕也
是最早的重農思想範本。儘管直至近代以前，還沒有見過真正由農民自己寫
的歷史（這裏僅指力田的勞動者，不包括經營者，詳下），有關農民的直接
史料，說少也確實是少，但間接的卻是不少。從皇帝到士大夫，從官僚到一
般文人，從詔書、奏議、文集到方志、筆記，經常說到農民，而且都是居高

1　　李根蟠、王小嘉：《中國農業歷史研究的回顧與展望》，載《古今農業》2003 年第 3 期。

臨下，以憐憫的心情說事的。在這些史料裏，有關農民的各式各樣「歷史碎片」散落一地，隨處可撿，就是需要後人精心地加以收集和整理。

　　受近代社會學、人類學、經濟學的影響，從 20 世紀 20 年代以來，有了專心用新方法調查記述農民生產、生活的科學研究隊伍和專業成果。這些成果極大地豐富了以農民為主題的史料積累，是古代求之而不可得的。1949 年後，農民戰爭史研究熱鬧了很長一段時間。高潮過後，研究者目光逐漸轉向其深層的背景，探求農民、農村的日常生活，從古農學書、黃冊魚鱗冊、宗譜族譜到近代調查報告等等原始史料在最近 30 年裏終於得到了充分的開發和利用。研究者由此而視界大開，知識量大幅擴增，從描述同情一般性的農民命運，進而對他們不同時空條件下的利益訴求、獲利機制的群體狀態、動態變遷以及區域間的差異等等專題作更為深入的探索，鄉村社會與國家的關係成了新的關注中心。鄉村社會在社會學與歷史學兩支學科裏都佔有相當的地位。前者注重當代，後者追溯往昔，在貫通古今上已經難於分出彼此。因為時勢的變化，可以說，我們比過去任何時期都更了解農民，更關心農村。城市化的高潮，絲毫沒有減弱對農民、農村乃至鄉土社會的關注度。相反，因為「三農」的走向在未來有許多不確定性，社會的關注度預料還會有所提高，新的問題還會不斷被提出。

1.「農民」的定義是甚麼

　　1983 年，孫達人感慨繫之，痛說中國至今沒有一部農民史，無顏直面「中國歷史的主體——農民」。25 年過去了，但仍未有見。[1]中國娼妓史、流

---

[1]　1983 年，孫達人在《中國史研究》上發表了後被《新華文摘》全文轉載的《在馬克思主義指導下加強農民史研究》一文。話題是十分尖銳的：「現在，中國甚麼人的歷史都有人寫，以至於有了不同版本的流氓史、太監史、妓女史，帝王將相更從來就是被作為歷史和社會的主體而研究，唯獨缺少農民史。」可能是年歲與健康的原因，孫先生在出版了概論性的《中國農民變遷論》後，也未見有後續的專著問世。南開大學中國社會史研究中心於 1997 年舉辦過「中國歷史上的農民」學術講座，雖因人設講，斷代有缺，但已經是難得見的通貫講述。講稿後以同名由馮爾康、常建華彙輯，1998 年在台北出版，因此流傳不廣。

氓史等等，也詳細不到哪裏，熱衷於寫作的倒是不少。竟沒有勇氣寫出一部
完整的農民史，即使是彙編性的，粗糙一點也可以，為甚麼？是有點兒怪。

　　若換個角度看，60 年裏，關於中國農民的歷史研究成果並不算少。
前 17 年的農民戰爭史，本是農民史的一部分，只是着重反映「非常時期」
的農民狀態而已。後 30 年，農業經濟史、農村社會史以及政治史、法制
史、賦稅史、人口史、災害史等等成果豐碩，實際無不直接或間接地涉及
「農民」這一主題，從各個角度深入挖掘或反映「常態」時期農民的生活
狀態，較前深入多了。專門探究農民生產、生活情節的專題著作與論文數
量不斷增加，特別是自明清以降至近現代，然斷代居多，時代愈後，材料
愈詳，實證分析與理論解釋更趨平實有深度。有不少學者還試圖作數量化
的統計或估算（如畝產、收支、消費狀態等），以補充定性分析的不足。

　　現今的研究風氣，崇尚資料翔實，講求細節與實證，恐怕也是未見有
人敢寫農民通史的一個因素。但從各種相關研究的成果說，我們對歷史上
農民的認識和了解，發生了很大的變化，是一個最值得欣慰的成績。這要
感謝我們遇到了百年以來未有的轉軌性質最大的社會變動。正是改革開放
帶來經濟與社會的劇烈變動，農民終於獲得了從未有過的主動自我「表演」
的時機和舞台，數千年以來對農民習慣性的偏見，似秋風落葉般散去，刺
激研究者的眼球，審視他們的目光因此大變，而且不少懸念，對農民的未
來在迷茫中也有多種猜測。由專深而走向通達是學術發展的常規。有理由
說，將來一定會出現使人眼睛一亮的中國農民通史，可能不止一部，但目
前需要耐心等待。

　　隨着時勢的發展，觀察的深入，研究者發現我們在理論與實踐的結合
上，對農民既熟悉又不熟悉，既了解又不了解。新的問題不斷被提出。

　　「農民」的定義是甚麼？當政治與經濟全能強制的國家形態趨向弱化，
傳統的農民和農民的生存方式因流動開放而變得複雜起來（如最近 20 年
的「農民工」、外來妹等離土不離鄉現象）。只有到這時，研究「三農」
問題的人才會比較強烈地意識到，「甚麼是農民」是個需要重新加以認識
和釐正的問題。

　　史學家的回應，則首先是從事實層面上仔細考究歷史上究竟有多少種「農民」。概念釐正的苗子大約醞釀於 70 年代末 80 年代初，經 90 年代較多討論，在南開「中國歷史上的農民」講座上，馮爾康列舉的範圍比以前就複雜多了：從土地所有制的多樣性和複雜性衡量，農民應包括自耕農、半自耕農、平民佃農、佃僕、國農佃戶、農業備工、農業奴隸、富裕農民、平民地主九種。從生產勞動角度講，主要成分是屬於平民身份的自耕農和平民佃農，其次是依附農。從影響社會變化的視角看，自耕農、平民地主和佃農三種「農民」最重要。[1]

　　馮爾康的「新定義」，實是對 80—90 年代以來農業、農民研究方方面面探索的一種提煉概括，內裏包含着不少歷史認識的深化。這一新視角，意味着學者不再單單從「勞動」的角度定義農民，而牽涉經濟角色、職業身份、社會地位甚至社會等級等更為廣泛的方面，力圖還原其本有的複雜性和歷史變動，以克服過去簡單化的傾向。

　　例如自耕農被歷代王朝政府看作是承擔國家賦稅徭役的主體，王朝興衰強弱的「溫度表」，佃農常被撇在一邊，甚至認為自耕農淪變為佃農是農村經濟衰敗的標誌。由此研究者只重視自耕農經濟，對後者的經濟功能常不加注意。30 年來研究新成果充分揭示，自宋以來，租佃關係發展得比預想的快，有些地區（南方）比重相當高。再從經濟學分析，自耕農經濟與租佃經濟在土地耕種經營方式、勞動資金技術的投入以及提供的經濟效益方面各有優勢和弱點[2]，兩者的地位至少並重。自耕農與佃農比重的升降，不能等同於農村經濟的盛衰。近現代的調查統計更顯示，在農村，自耕農與佃農多一身兩任，完全的自耕農或佃農不具代表性，而且在南方的永佃制裏還包含有產權的逐步轉化，有些佃農擁有部分產權（田面權），

1　馮爾康：《中國古代農民的構成及其變化》，參見第 487 頁註〔1〕。

2　詳參胡如雷：《中國封建社會經濟形態研究》，生活・讀書・新知三聯書店，1979 年版。先生對自耕農與佃農經濟所作的比較分析，周詳細密，運用了多種經濟分析手段，是最早對佃農經濟作開拓性分析的力作，對後起學者有重要啟發。張五常運用新制度經濟學派的產權理論分析租佃經濟，對史學界也有間接的影響，但多數不認為適合於史學的實證研究。

經濟效益不低。因此研究者厚此薄彼是沒有道理的。這方面，到今天學界的認識已經趨向一致，沒有太多的異議。相反，把「平民地主」也歸入農民，爭議就很大。贊成者有之（如黃宗智、蕭國亮等），他們把農業看作如同工、商一樣的產業，着重於由誰來經營，而不再局限於勞動耕作必須由自己獨立完成。對這種新說法，遇到的阻力就比較大，至今也仍有不少人持反對意見。把農業經營者稱為農場主，是國外的通例。因此，像卜凱、黃宗智、趙岡等在相關調查和研究報告裏，常把小農在內的經營農耕主體稱作「家庭農場」或「農場」，這在中國聽起來很不順耳。基於 1949 年後全國範圍的土地改革政策的影響，我國主流史學界一直是把富農與地主劃入剝削階級，與勞動階級的農民二分對立看待的。如果從產業經營既有體力勞動又有腦力勞動的參與，經營管理也是一種「勞動」，筆者以為不是所有的「平民地主」都可稱為「農民」，因為他們之中絕大多數到明清時代已經單純靠收租過日子，不參與任何農業經營。但確有一部分「地主」直接參與耕種的計劃、經營、管理（富農更不必說），僱用長工和短工，指揮完成全部農事，把他們視之為廣義上的「農民」（或曰：經營性農民），在道理上也還是講得通的。

這種定義上的開放，反映的是學界考察的視界從過去以單純的政治定性為主，擴展為更多地注意農業作為一種產業在經營者身份方面的歷史變化，以及農業經營可能有的多種發展趨勢，提法背後有許多不同於古代觀念的時代變化。簡單的贊成或反對「新定義」，反會糾葛於概念名詞之爭，把引導研究走向深入的意義給遮蔽掉。

土地是農民的命根子，這一觀念在中國特別強烈。但是，對於農民與土地的關係，這種關係的歷史變動，近代以來多歸入階級和剝削一類的政治範疇來評估，忽視經濟自有的運行邏輯，把「耕者有其田」理想化和簡單化。近 30 年社會經濟領域產生的許多新現象，給了學者以生動的「經驗事實」啟發。租佃、僱傭關係，反映了物權（或資本）與勞力（體力與腦力勞動）兩種資源主體間在交易場合下構成的一種協議，是雙方可以有條件地互相接受的經濟契約規則。因此研究者改從世俗經濟的層面，開始重新審視農

地耕種使用以及責權利分配方面的複雜性（所謂產權關係以及引起的一系列權利配置），對租佃、僱傭關係有了新的評價。自西漢以來，歷代王朝實行過各種土地佔有限制甚至最嚴厲的土地「國有化」、禁絕買賣的政策，最後都不成功。這證明還是馬克思說得對，皇帝權力再大也不能對經濟發號施令，相反還得服從經濟的「命令」。所以，土地經常性的買賣以及土地處置權力的分化組合，即使不能說是人類社會經濟生活中「不可或缺的構成」，至少也是政府的行政力量無力禁絕的「民間行為」。在這樣的前提下，揭示農業經營者的多樣化，即農民定義的多樣化，也反映了學術研究逐漸脫離概念化的教條傾向，趨向於更加務實求真的經驗性研究。

　　不少學者認為，自宋代以後，隨着土地日益商品化和因人口增長速度超過耕地數量增加這兩大趨勢而凸顯的業佃經濟，是經濟社會成長過程中出現的一種自有其合理性與價值的制度性選擇（如吳毅）。更有學者分析，在以傳統工具耕作的條件下，農業經營宜小不宜大，租佃制提供了制度上的靈活性，大田產的所有人可以不必經營無效率的農場，而將田產租佃給佃戶，形成許多小型的高效率的家庭「農場」，使資源得到合理配置（如趙岡）。民國直至土改時期的實地調查材料還揭示了一種令學者感到非常驚異的現象，田地業主與租佃人之間達成的地租形態，並不像原先理論上認定的那樣，按勞役地租→實物地租→貨幣地租由先進淘汰落後的線性規律演進。即使在經濟比較發達的江南地區，如嘉定、太倉等地區，三種地租形態同時存在。選擇哪種方式，是由業主與租佃者之間的經濟狀態和利益分配意願來決定的。例如外來「流民」無屋可居，更無能力支付租地典金，業主則把荒地或半荒地出租給他們，由他們墾荒成熟，允許在田邊搭棚居住，提供種子肥料等物力上的幫助，但須為業主耕種若干田地（提供勞役）。這樣兩得其便的協議，完全基於各自利益和能力的考量。這就啟示我們，在沒有政治或其他外力的強制干預下，「經濟人」之間可以達成雙方情願的經濟協議關係，而這種協議關係的靈活性及其多樣性，往往超出學者自身的想像力。它是一種民間的創造，許多治政者對這種創造力的估計太低，因此鑄成越俎代庖式的「指令性」錯誤，其效果適得其反，教訓也是沉重的。

另外，中國傳統農業長期積累的精耕細作經營方式，確實能使農業產量（畝產與總產）和農業效益達到相當高的水平，同時期西方農業與之相比，黯然失色。但也應該注意到，有些研究者為了證明這種優越性，選擇的是一些成功的事例和高產的案例，而忽略了對農民整體經營水平的客觀考察。最佳狀態的經營不是任何情況下、所有農民都能達到的，生產效率的高下懸殊，不平衡是絕對的。高產、平產、低產三種狀態，不僅表現在地區的差別上，也更廣泛地表現在不同經濟實力的經營者個體的差異上。賦稅、徭役繁重以及吏治的敗壞，是干擾、損害農業達到可能良好狀態的具普遍性的負面因素。但也應該看到除此而外，農業經營者勞力狀態、家庭經濟實力、知識經驗水平甚至勤勞程度上的各種差異，也會造成同等「自然條件」下經營的好壞、效益的高低，由此而發生經營者之間收入懸殊乃至等級分化，也是鄉村社會裏常有的情景。如果考察稍微深入，就會發現每個時代都有一些通過自身經營得法，勤勞致富發家的「農戶」，他們或是上升為富裕農民，或是變為自身也參與經營的「平民地主」。他們的經營水平明顯高於一般農民。前節介紹過的陳恆力《補農書研究》，反映的就是這樣一種案例。浙江桐鄉地區沈氏和張氏按傳統的界定都是參與經營農業的地主，不同於單純坐食地租的非經營性地主。這樣的「地主」在整個地主中所佔的比例極小，但也不是絕無僅有。在陳書的基礎上，近20年內學者圍繞《農書》《補農書》所作的專題研究數量不少，有的提高到生態農業高度加以讚揚，有的鑽研其土壤利用與改造方面的啟發，更有就其中的農業經營計劃、決策、成本計量、人力管理等方面作了較充分的闡發，都說明如能按其理想模式（農書本具有標準教材或模範教材的意義）實施，中國農業的成就比歷史實際狀況不知要好上多少倍呢！[1] 意在言外，

1　另外的事例在山東。羅崙、景蘇對山東農村進行了有關的實證研究，於 1959 年出版了名為《清代山東經營地主底社會性質》的專著，在海內外都產生較大影響。他們的研究說明使用僱工的較大規模經營式地主在農業投入、勞動力利用、生產組織方面都有一定的優勢，可以實現較高的畝產量，體現了相對進步性。但當時的生產力水平使其直接經營規模被限制在 100 畝到 500 畝之間，過此限度後「從剝削者的觀點出發，衡量其利害」，地主就會轉而採用租佃制。

不言自明。未來的農業經營必然要精細化（農地的減少已成不爭的事實），
那麼明清以降的世俗經驗已經向我們展示過這種成功的案例，可以作為歷
史的借鑒。在這一意義上，把這樣的經營者稱之為歷史上經營成功的「農
民」，甚至還可以成為將來成功經營農業者的歷史榜樣，有何不可？

2. 農民有沒有經濟理性

　　由前者的討論，引申開來，帶出一個更帶理論性的話題，即傳統農業
時代的農民，他們有沒有「經濟理性」？

　　略去古代農民觀不談。在百年變革的背景下，知識界用新眼光看農
民，自離不開中西比較和現代化思潮的影響。由「現代」的憧憬回首歷
史，那時都抱「多少事、從來急」的心情，改革的願望強過於實證研究與
冷靜分析。直至 1978 年前，不管對「三農」問題的看法與對策有多少流
派，相互間歧異怎樣嚴重，認為傳統農業屬於落後經濟，代表落後生產力
的農民必須被「現代」或「科學」改造，傾向是基本一致的。「鄉村運動」
要以文化復興和科學知識改造農民「落後面」，是由知識精英自外而內地
灌輸、推動的，唯其因農民被動接受，也不易持久。曾經強調農民的革命
性，認定農民是新民主主義革命的動力的學者，革命成功後從經濟方式上
批判農民的觀點也十分鮮明，急於奔向社會化大生產的目標。因此，他們
總是認為「長期的小農經濟阻礙了商品經濟的發展」，「建立在勞動農民
私有制基礎上面的小農經濟，是分散的、封閉的、孤立的，在技術上極其
落後的」，「是一種自給自足的自然經濟，僅限於生存的目的，不能產生擴
大再生產的動機」。長期來，主流的觀點一直堅持改造農民是個嚴重的問
題。農民由於小生產者地位的局限，拒絕變革，不能產生改變自身命運的
內在動力，自私保守狹隘的農民只能被他者「改造」。

　　天下沒有未卜先知。認識只能來自於實踐的積累。對於農民特性的認
識，是否覺悟農民具有自身發動經濟轉變的能動性，經歷百年來反覆的審
視、思考，到 1978 年後才逐漸被褪去許多「灰色」的誤解。但現在的認

識是否準確，未知的部分有多少，仍需要進一步研討。究其原因，社會轉折過程充滿了不確定性，農民將如何應對現實還猜測不準，因此他們的真面目還在繼續展示中。可以這樣説，百年來對農民特性的認識過程，始終處於歷史與現實「經驗事實」的雙重拷問之中。

現在提到關於小農具有經濟理性的理論，不少人多以舒爾茲所説為典範，似乎這種説法是靠外國進口的。舒氏認為傳統農業的小農是理性的，同樣追求利潤最大化，對價格反應靈活，資源配置有效率，能像特定條件下的資本主義企業家那樣行事。這一西式理論明顯有拿現代比較發達的市場經濟體系中的小農説事的痕跡，用之於歷史考察太誇張。更須辯證的，中國學界完全根據自身的感受，由前後事實的反思，大約是在 80 年代中期前後獨立地做出了關於歷史上農民也具有經濟理性的判斷，這與舒氏之説引進與否關係不大。

反思和對舊觀念的更正，史學界是從「資本主義萌芽討論」的持續深入延伸開來的。學者在掌握了更多、更全面的史實情況下，對歷史的認知必然地要發生「局部質變」，故而有學術自身的內在發展脈絡。但思路的開啟無疑有來自感受現實的靈感觸動。這就不難理解方行、經君健等經濟史家都在 1984—1988 年間發表了有關農業、農民與商品經濟關係的新論。經君健對「中國封建社會自然經濟始終佔主要地位」「耕織結合是自然經濟的典型表現」的主流觀點公開提出批評，認為農民耕織結合正是商品經濟的表現，是與商品經濟的發展成正比的。方行也著文認為，農民家庭並不是單純自我完成再生產的經濟單位，而是一個包含有一定程度的以流通為媒介的再生產的經濟單位，有自給、半自給與贏利為目的的三種經濟成分的混合，自然經濟與商品經濟相結合的小農經濟模式在中國封建社會中隨着農業生產和商品經濟的發展而長期發育，到清代前期臻於成熟。[1] 他們的討論雖並不是直接針對「農民特性」這一話題，但已經為舊的

---

1   經君健較早的代表性論文為《試論地主制經濟與商品經濟的本質聯繫》，《中國經濟史研究》
     1987 年第 2 期。方行較早的代表性論文為《清代前期小農經濟的再生產》，《中國經濟史
     研究》1984 年第 4 期；《中國封建社會經濟與資本主義萌芽》，《歷史研究》1988 年第 4 期。

「農民」觀念的修正提供了強力的史實背景支持。

　　關於農民「經濟人」特性的研究，不僅從農業與商品經濟的互動上得到了新的開拓，而且還從農業技術與土地資源配置等傳統農學方面進行了更深入的發掘，具體進展詳參張研有關綜述報告[1]。報告涉及的內容有農田水利建設、劣質土地的開發與改良、引進高產作物實行多熟耕作制、農具的合理使用與改進、根據人地實際合理配置土地資源以及有利於資源利用的土地權屬的多重性等。這裏僅以農具的合理使用為例，說明農民的經濟理性是無處不在的。李伯重通過研究指出，以往中國經濟史研究中常常過分強調某種高效率、節省勞動的新農具所起的作用，無疑是受到西歐經驗的影響。如有人將江東犁視為唐宋經濟發展的主要物質基礎之一；將鐵搭視為明清農業生產力停滯不前乃至衰落的重要證據。事實上，就江南而言，明代發明的鐵搭，雖然結構簡單，效率不高，但是在實際生產中卻有很好的效果。他引陳恆力和游修齡的研究成果說，江南（特別是太湖地區）的水田土壤黏重，牛耕既淺而又不勻。如用鐵搭，雖然功效較低，但可翻得更深。因此就實際效果而言，鐵搭的重要性並不遜於曲轅犁，其對江南農業經濟發展所起的實際作用甚至更大。這裏還關聯到農戶有無能力養牛的關節，所以有些研究者對此作了重要的補充。他們認為，用江東犁功效比鐵搭要高出許多倍，但必須有牛拉動，而江南相當多數農戶經濟上無力養牛，因為養牛成本太高。所以江東犁在明清江南的出局，與江東犁技術優劣無關。大多數農戶耕種的畝數較少，完全可以用勞力補拙，而家境較好的「上農」耕種畝數多，牛耕仍是他們的首選。所以用鐵搭，還是用江東犁，都是根據農戶的經濟能力和利益考慮做出的選擇，「不待教而治」。

　　對農業停滯、農民保守的陳舊觀念進行釐正，史論結合比較完備而又有理論深度的學者之中，吳承明是最突出的，影響也最大。先生古今中西之學融通，學識博大精深。更難得的是，極富理論勇氣，敏感在前，針砭於後，始終恪守學術的尊嚴。他是經濟學界推動改革開放有數的幾個先行

1　張研的綜述是以清史為例，也涉及前後比較。載《古今農業》2008年第1期。

者中間的一個，人稱「吳市場」。正是因為突破局限於生產—消費舊模式而開拓流通領域研究，以這樣的新眼光審視農業與農民的經濟行為，發現了許多過去因被遮蔽而忽略的情節，所得自然豐盛。從 1982 年起，他連續發表了明清至近代以來國內市場考察的多篇重量級論文，在市場理論和市場史方面開拓出一片新天地。以 1990 年發表的《早期中國近代化過程中的內部和外部因素》為中心，80—90 年代通過一系列史論結合的重要論述，實際上他已經擺脫「衝擊—反應」論和「傳統—現代」對立論，創立了一種新的觀察中國現代化進程的理論：「內部能動因素」論。他認為傳統農業生產力有內在的「能動因素」，可以承擔近代化的任務，利用手工業的功效及工業與小農經濟的結合，也可能走出一條立足本土、城鄉結合、土洋結合的現代化道路。[1] 在這樣的研究框架裏，農民的經濟理性已經不是有待證明的問題，而是轉變為今人如何「總結歷史經驗，以為今用」問題。他是站在現代化進程全局統觀的高度來重新認識農業和農民的，其價值和地位自然非同尋常。

據吳承明先生自述，他在 1986 年 9 月 12 日讀到《人民日報》一篇題為「家庭能量釋放之後」的報道後，受到極大的震動：「報道說的是安徽一個沒有商品生產傳統的落後縣，不用國家或集體投資，通過交換和能人效應，發展出專業村、專業片，25 萬多人加入第二、第三產業，從一個典型舊農區，推向商品生產的汪洋大海。」[2] 這種體驗具有代表性。仔細考察近 30 年的中國學術史，不難發現改革開放後商品經濟從禁錮中躍起，強力刺激着農村與農民必須與市場的變化相聯繫，這個時候噴發出來的農民智慧着實令知識界為之驚異萬分。待神情鎮定後，學界迅速對此前的史實和理論做出重新審視。他們不僅對傳統的看法有所檢討，而且從史實與理論的結合上做出了許多富有歷史內涵的實證。這些判斷不僅有力地說明農民也具有經濟理性，而且還合理地揭示出這種經濟理性不是有無之辯，問

1　全面情況請詳參葉坦：《吳承明教授的經濟史研究》，原載台北《近代中國史研究通訊》第
　　26 期，1998 年 9 月號。
2　吳承明：《試論交換經濟史》，原載《中國經濟史研究》1987 年第 1 期。

題的根本反而是在外部的市場環境能夠為他們提供多少寬闊的天地，障礙在前者而非後者。農民經濟理性的發揮充分與否，與社會經濟體制的開放度有關。

2003 年于建嶸為溫銳所著《勞動力的流動與農村社會經濟變遷》寫了一篇書評，題目就是「要重新認識農民和解放農民」。文章結束前一段話耐人尋味：「正是他們自己孩提與青少年時期在當地的親身經歷和成長為學者後重新對三邊故土長期進行艱苦的田野調查與獨立的觀察，兩位作者才向我們展示了中國農民所具有的歷史真實；也正是由於中國農民所具有的這種自主的頑強創新能力，才使我們有了解決目前所面臨的中國農村問題的方案和思路。也許，正是從這個意義上，溫銳教授才說：重新認識農民，重新認識農村社會，任何理論與政策都必須立足於解放廣大農民勞動者，給農民以公民待遇和公平的機會；要避免以貴族的眼光研究農民，要防止用主觀的空想改造農民與農村社會。我們再不能把農民束縛在小塊土地上！」他的老師徐勇在 2006 年撰文指出：理論匱乏和現實需求呼喚對當今中國農戶需要進行「再認識」，並以此為基點建構分析框架。從經營規模看，中國農民本質上仍然屬於小農，但已被捲入或者融入一個高度開放的社會化體系中間，社會化水平之高史無前例。傳統的經典小農學派已難以充分解釋現代農民的動機與行為模式，需要建構新的小農理論範式。他提出了「社會化小農」的新概念，以有別於傳統小農、商品小農和理性小農。[1] 由此可以預計，隨着現代化進程的步步深入，我們對小農的過去與未來，還會有許多新的探討，新的認識也未可窮期。

3. 農民有沒有自己的「鄉村社會」

說到「鄉土中國」這個詞兒，就會想起社會學家費孝通。從學統上說，

1　于建嶸：《要重新認識農民和解放農民》，載《中國農村經濟》2003 年第 11 期。徐勇、鄧大才：《「再識農戶」與社會化小農的建構》，載《華中師範大學學報》(人文社科版) 2006 年第 3 期。

費先生屬於人類學或社會人類學，與歷史學的差異甚大。1939 年的《江村經濟》描述的是一個農民生活於其間的村落，而時隔 11 年後出版的《鄉土中國》，則試圖從「鄉村社會」的角度對許多富中國特質的村落內涵給出理論性的詮釋（內含中西比較）。兩書從調查和體驗到的現代中國農村經驗事實中抽象概括出諸如「禮俗社會」「面對面的文盲社會」「差序格局」「無為政治」「教化權力」「長老統治」「血緣社會」乃至男女有別、無訟、小家族、名實分離等等特徵，對於史家藉「他山之石」理解和詮釋相關史料的意義是很有啟發的。[1]然而，對於更關心宏觀性的社會性質和社會結構變遷的歷史學家來說，這樣什錦式地靜態羅列「鄉村世界」的多樣特徵，心理的滿足程度也有限。因此，關於農民與其生活所在地「鄉村」的關係以及「鄉村世界」屬於甚麼樣性質的管理模式的討論，就被另一話題吸引了過去，這就是從 20 世紀 80 年代逐漸熱起來的歷史上「國家與社會」的討論。

「社會」這個專用名詞是從西方引進的現代概念，奇妙的是，「社」與「會」卻是中國本有的。但在西方的意義上，「社會」則是與「國家」相對應的，因此有無能夠與「國家」（實質是代表國家意志與權力的政權）談判與構成協議的「社會」，是現代與傳統兩分法中的一種特質。在中國傳統社會裏，有無西方意義上的「社會」本是個大問號，因此在歷史學的討論中，常常將此舶來話題轉換為「國家與農民的關係」，覺得這對研究會更實在些。這與城市史熱衷於從歷史中尋找或發現「市民社會」的探討非常之不一樣。想從西方本有意義上討論這一問題的史學家也有一些，其中尤以秦暉最為突出。他也是把過往中國不存在的、西方意義上的「社會」作為現代轉型的目標，當討論農村問題時，則採取把「市民社會」轉換為更具普遍性的「公民社會」的策略，兩方面的口徑就一致了。秦暉這方面的著論極多，核心觀點的表述如下：「傳統中國鄉村社會既不是被租佃制嚴重分裂的兩極社會，也不是和諧而自治的內聚性小共同體，而是大共同

---

1   相關介紹和評論可參閱劉世定：《鄉土中國與鄉土世界》，《北京大學學報（哲社版）》
      2007 年第 5 期。

體本位的偽個人主義社會，與其他文明的傳統社會相比，傳統中國的小共同體性更弱，但這非因個性發達，而是因大共同體性亢進所致。它與法家或儒表法裏的傳統相連，形成一系列偽現代化現象。小共同體本位的西方傳統社會在現代化起步時曾經過公民與王權的聯盟之階段，而中國的現代化則可能要以公民與小共同體的聯盟為中介。」[1] 很能說明這種討論是在「現代性」的背景下展開的，目的性突出。

進入 90 年代以後，學界有疏離「主義至上」的傾向，其中的一個表現便是對理論能夠包容事實的程度多了一份謹慎甚至是警惕的心理，致力於用事實修正或補充理論概念的不足。不少學者強調需要檢驗「理論中的事實判斷」以確定其適用程度，黃宗智則倡導「連接經驗與理論──建立中國的現代學術」。筆者覺得朱英 2006 年說的一席話非常實在，雖然話題是針對中國近代史（主要是城市史），卻代表了目前史學界在城鄉兩方面研究進展的普遍路向：「由於市民社會既是一種理論解釋模式，又是一種經驗史實，而且都是源於西方，因而當這一理論引入中國時，最初所面臨的問題主要是對其理論本身以及在中國是否具有適用性的爭論……出現對市民社會理論的爭議並不奇怪，問題在於，如果只是長期停留於理論層面的爭議，而不將其應用於實證研究和專題探討，這一理論就沒有實際意義。對此，一部分學者已有所認識，並且在不久之後的研究中即做出了有益的嘗試。」[2]

同樣地，要問歷史上的中國農民有沒有自己的「鄉村社會」？假若要以農民應該是公民這樣現代的標準來衡量，「社會」的主體既不存在，這一討論就會變得毫無研究價值。所以，近 20 多年來，史學界致力於搜尋史料並從中發現「鄉村世界」實在的歷史經驗事實。這樣的「地方性知識」與以前「整體性知識」不同的，路徑由下而上，由家庭、家族、宗族、村

1　秦暉：《「大共同體本位」與傳統中國社會──兼論中國走向公民社會之路》，連續發表於《社會學研究》1998 年第 5 期，1999 年第 3、4 期。

2　朱英：《近代中國的「社會與國家」：研究與回顧思考》，原載《江蘇社會科學》，2006 年第 4 期。

落、鄉里而至縣、省、中央政府逐級上升，亦即由微觀研究而逐漸會聚為
宏觀性的討論。不能諱言，不少微觀的研究有時返回不到宏觀的層面，兩
者隔閡、脫節的現象時或有之。但這是「進行中」的目前狀態，終究會
九九歸一。

　　村落或村莊研究的重要性，有社會學家稱之為「農村研究之母」，十
分形象。但由於史料的缺乏，一向多由社會學（或曰：社會人類學）主宰，
講究的是田園實地調查，有效的時間段就比較狹窄。近 20 年史學界才逐
漸由近現代不斷努力上溯，直至考古學上的史前聚落研究，歷史的線索總
算可以勉強地古今連貫起來，有一種「通」的感覺。然而，對村莊內部關
係的分析，目前至多也只能上溯至明清（主要靠族譜、契約、方志等地方
性材料），嚴格的實證性描述，恐怕至今也還是數現當代的調查研究成果
比較理想些。

　　對中國傳統村莊的特性，筆者覺得徐勇的概括具有相當的代表性。他
認為：「分散性是中國古代農村的突出特點。農村經濟的基本組織形式是
一家一戶分散生產的小農經濟。家是社會的基本生產和生活單位。即使是
缺少土地的農民，在人身上也是相對自由的，自我生產，自我消費，自給
自足。如老子所說雞犬之聲相聞，老死不相往來。各家之間，各村之間缺
乏內在的經濟文化聯繫，即缺乏組織性，農村社會呈一盤散沙狀態。用馬
克思的話說好比是一袋馬鈴薯。為了將這分散狀態的農村社會統合起來，
在農村社會之上建立起以皇權為代表的專制官僚體系，通過政治力量將農
村社會連成一個整體，即將一個個馬鈴薯裝在一個麻袋裏，如此就有了
戶。國家通過編制戶籍收取稅費，維護秩序，治理社會。所以，在中國，
一家一戶不僅是一個經濟概念，而且具有特定的政治社會意義。家是基本
生產和生活單元，戶是基本的行政單元。古代中國鄉村社會奉行的是以家
戶為本位的家—戶主義，它既不同於中世紀西歐的地方主義，也不同於近
代西方的個體主義。這種家—戶主義具有嚴密的內向性和強大的再生性，
是社會的基點，村莊和國家都是以家戶為基點擴展的。儘管這種由一個個
細小家庭構成的社會具有一定的互助合作要求，但沒有能形成制度化的有

機組織整體，因此有着天然的分散性。」[1] 這裏的「古代社會」從語意的表達來看，如改為「傳統社會」適用範圍還可以擴大些。

徐勇之所以提到「具有一定的互助合作要求」，是區別於過去小農自私或者「偽個人主義」的理念偏見，以及把「一個個馬鈴薯」的比喻絕對化的誤區而發的。90 年代以來，對村莊的研究趨向於描述性的情節細化，對人與人、家庭與家庭、家族與家族之間的關係，以及村莊政治、經濟、文化諸種行為，多從人類學或社會學的角度進行詮釋性的還原。諸多研究（主要是華北地區）揭示，村落中的農民在生產勞動、水利管理、自治防衞、宗族、祭祀、信仰類的精神活動以及日常生活等多方面存在多樣式的協同合作關係。類似「伴工」形式的勞力互助性的交換支援，還比較普遍地流行於南北各地農村。至於禮尚往來的各種「社交」應酬，人類學家更是津津樂道地用「交換圈」理論予以詮釋，探索人際交往的網絡空間的有限性。

與理論的絕對性不同，從事實經驗裏不難發現自私與利他，同樣地在村落這樣的人群聚合單位並存，同其他的「人群集合」在本質上並無二致。因此在被稱為「農村共同體」的村落裏，利益的分化以及利益間的糾葛隨處都有，只是程度的深淺不同。進一步的研究還發現，在時間的縱向軸上，越是經濟往前發展，商品經濟的參與度越是提高，親情、人情的比重就慢慢地下降，而利益的爭奪則漸次在強化。那種以強凌弱、欺貧愛富的風氣不斷滋長，以致造成與城市間的風氣差異也逐漸縮小，古樸風俗的遠去總是令鄉土研究者為之傷悲。[2]

1　徐勇：《鄉村社會變遷與權威、秩序的建構》，原載《中國農村觀察》2002 年第 4 期。文章的第二部分，作者對中國由古及今長時段（實際是自秦以來）的村莊特性作了俯瞰式的概括，認為它經歷了分、統、分、合四個階段，直至當下。第二階段，以 1949 年為界標。筆者認為，這種通感雖然粗一點，但韻味還是很濃的。微觀研究在分寸感的把握上時有偏頗，缺乏的就是這樣的歷史通感。

2　這方面的材料很多，筆者在這裏推薦張思的《從近世到近代：華北社會結合的變質》。原文載《中國社會歷史評論》第 2 卷，作者選擇的個案是河北順義縣的沙井村。此文在事實敘述與理論詮釋的結合上用功夫，問題意識鮮明，發揮得也很有張力。

學界已經注意到，「村落共同體」的話題在日本最熱，彼國學者之間曾經有過長期的爭論，在農村史學研究的諸多方面都有投影。[1] 我國有一些史家也頗受其影響。其實這一話題，在日本是與鄉村自治（或稱鄉治）的話題聯結在一起的。正確地說，「共同體」的話題是為「鄉村自治」的話題托底的。[2] 現在中國更多的學者已經意識到，中國與日本的農村歷史根基非常之不同，日本農村治理的基礎也與中國非常不同，因此移用這樣的話題於中國農村歷史的考察，很容易進入誤區，強為之比喻或模仿則一定是驢唇不對馬嘴。中國自秦以來，中央政府制定的鄉里制度不斷完善，特別是通過「編戶齊民」的戶籍人口管理，每個農民都組織進國家控制的網絡之中，承擔國家的徭役賦稅。徐勇「家—戶主義」的形容在這裏再次反映中國本土學者的體驗比較到位。所以，鄉村社會的研究必與「國家與農民」的話題合二為一，或者把它轉換為「農村治理問題」，或許更切合中國歷史實情。

中國古代國家體制與農村的關係，從 20 世紀 30 年代起，就有兩種截然不同的判斷。一種是專制主義全面統制說。此論貫穿於一系列封建主義批判以及「長期停滯」的論著中，至 80 年代有接西方話頭演化為「有國家而無社會」的。與此相反，則是「皇權不下縣，縣以下皆自治」說。此論在 40 年代的文化保守主義者的論著中經常有所流露，秦暉從批判的角度把它概括為「國權不下縣，縣下唯宗族，宗族皆自治，自治靠倫理，倫理造鄉紳」，形容幾達極致。後一說在國內影響不大，而海外漢學家相信者卻甚多。這多少與他們期望在中國歷史中尋找到「地方自治」傳統因子的主觀意願分不開。有美國學者還衍生出所謂一端為血親基礎關係，一端為中央政府，兩者之間看不到任何「中介組織」的極端「二元論」。[3]

1　詳細情況可參閱李國慶：《關於中國村落共同體的論戰——以戒能—平野論戰為核心》，載《社會學研究》2005 年第 6 期。

2　詳細的綜述請參閱高壽仙：《關於日本明清社會經濟史研究的學術回顧——以理論模式和問題意識嬗變為中心》，載《中國經濟史研究》2002 年第 1 期。

3　有關學術信息可參閱《社會學研究編輯部》周曉虹等：《2003：中國社會學學術前沿報告》，載該刊 2004 年第 2 期。

　　自秦以來，中國政治體制比較起世界上其他國家都要來得複雜，過去有過的各種理論定性，今日看來都不能盡達其意（例如韋伯視科層官僚制為現代特徵，而中國的文官制卻早熟而發達。對「封建專制」的說法，不少史家也在注意修正其片面化、絕對化的傾向）。另外，史學以外的社科各界對長達兩千年左右的動態變化了解不夠，特別是對以宋為界前後不同的政治狀態、階層變化、城鄉民間狀態間的差異（例如宗族制的衰微變異、豪族門閥勢力消退、官紳平民地主崛起等等），幾乎多數不曾加以注意。因此想從「統」與「通」的觀點上來立論定性國家與農民的關係，以歷史實證的標準衡量，往往經不起史料的嚴格推敲。在這方面，史學界也有一定的責任。政治制度史的研究長期停留在政制、官制層面，而正式的地方設官分治確實也只到縣一級，因此才使「皇權不下縣」的說法不脛而走。這種狀況在90年代以來得到了極大的改善，《官箴書》的大量開發以及司法檔案的利用漸成風氣，推動對縣以下基層政治權力實施系統的研究有了長足的發展，更可喜的社會經濟史的研究也越發向下深化，賦稅徭役實施操作過程得到了區域史研究者的重視，經濟與政治的研究被打通一氣。因此到今天，我們對國家與農村（農民）關係的認識，已經有可能擺脫非此即彼的形而上學尷尬，比較實證與綜合地看待這種中國特色的「官民關係」或所謂「官治（或官域）」與「鄉治（或鄉域）」的關係。

　　中國基層行政管理系統的研究，近十多年發展很快，有專題細化的，有區域性分論的，也有通貫縱論性的，成果相當可觀。討論大多集中於明清以來，因為它離現在比較近。從研究的實踐看，自明清延伸到近現代，也確實能夠尋找出對現實比較有解釋力的「連續與變異」軌跡。

　　研究實踐呈現出的情景相當複雜，因此各方的判斷實際差異也甚大。情景的複雜性，表現在國家政權通過縣級政府把權力管理（或曰：社會控制）系統一直下伸到戶丁，糧長、里長、甲首、保甲長、耆老、墟長、塘長等等「鄉役」負責為官府徵收賦役，也兼有治安防衛、司法調解、教化勸善等功能。統一的稅制、統一的司法，是國家政權實施對基層管理的主要手段，也是「社會控制」一直延伸到戶的重要標誌。因此「皇權不下

縣」根本經不起地方性史料的檢驗，是一種主觀性的印象，今天已經不須再行「質疑」。但研究者從這些「地方性知識」裏會發現理解上實際也存在許多困惑。一方面，「國家無處不在場」，「鄉役」實際上是縣級權力系統中的、不食祿的「業務代理人」，其職能與縣衙門裏的胥吏等「低級公務員」既是直接聯結，也相當類似。另一方面，「鄉役」中的糧長、里長、耆老等又是農村中田產較多、有一定的威望的「精英」式人物，他們或是紳士家族出身，或是與紳士家族有較多情緣，許多場合可以單獨處理民間事務，且得縣府鼓勵或表彰。縣府在賦役徵收「硬性指標」的完成上是集權的（但是包括士紳在內，農村裏各色人等對賦稅徭役的逃避逋欠，手段多樣，統一的稅制在各地也都走樣，各行其是），而在倫理教化、風俗維持、司法調解、賑恤慈善以及制定鄉約民規、舉辦「祭社」「社會」儀式等「軟性任務」方面卻是放權的（重要事件，政府則必加干預）。因此許多史料確實會給人一種印象，似乎民間存在着一種「以紳士—地主為中心」的「地域社會」。假如把這兩種現象並列而不加整合，就會像費孝通先生所說的，這種從縣衙門到每家大門之間的特殊情形，其實是有趣的，同時也是很重要的，「因為這是中國傳統中央集權的專制體制和地方自治的民主體制打交涉的關鍵，如果不弄明白這個關鍵，中國傳統政治是無法理解的。」[1] 在這一問題上，申恆勝的論斷是十分鮮明的：在鄉村社會的研究中，「國家」的存在始終是研究者無法迴避的核心問題之一。鄉村社會中，國家不僅「在場」，而且國家利用自身的權力，加強對鄉村的整合和滲透。鄉村社會為了達到自身更好的發展，必須對「國家」作為一共同體的整合表示認同，同時又形塑出一定的空間，國家和民間社會都可以進入其中，對其中的資源進行攫取和爭奪。[2] 現在許多細部研究的成果也透露出，在縣府與民間之間存在多層利益糾葛，在「從縣衙門到每家大門之間」發生過各種利益主體或群體（如紳士階層、宗族勢力甚至黑幫勢力）之間的既對

1　費孝通：《鄉土重建》，上海觀察社出版的「觀察叢書」第九種，1948 年。
2　申恆勝：《鄉村社會中的「國家在場」》，《理論與改革》2007 年第 2 期。

立排斥又互相滲透交易的「利益博弈」，但最終「國家」力量仍是其他任何利益主體所無法抗衡的，即使是在近代鄉紳勢力有所上升的時期。

　　筆者覺得，申恆勝的感覺是敏銳的，他認為如何探悉在鄉村社會的運作中，具體體現出「國家」的「在場」，是一個很有深入價值的研究課題。不能諱言，相當一部分史學研究成果在這一「悖論」面前，或是有意迴避，或是無意糾纏，所謂「用事實說話」，大多變成了史實白描，混沌的狀態未曾得到有意識的澄清。能夠進入「現場」、又跳出「現場」，具有方法論自覺意識的，筆者特別推薦閱讀陳春聲的《鄉村的故事與國家的歷史》。陳春聲先是指出在中國的鄉村社會研究中，「國家」的存在是研究者無法迴避的核心問題之一。但「國家」是如何進入、怎樣得到體現、多大程度上能夠得到體現，與漫長的歷史文化過程中形成的鄉村社會生活的地域性特點，以及不同地區的百姓關於「中國」的正統性觀念有關，情景複雜，地域差異也多，其中通過士大夫階層的關鍵性中介在「國家」與「民間」的長期互動中如何得以形成和發生變化，是研究者最須用力的地方。當作者通過個案完成其細緻敍述與詮釋後，在結論部分說：當研究者在與「國家制度」相對應的意義上，使用「鄉村社會」這一概念的時候，有必要考慮在甚麼樣的前提下或程度上，「鄉村社會」可以作為一個具有「均質性」的分析概念被使用的問題。如果在運用這類概念時能多一點自覺，我們對鄉村社會生活的理解要豐富和深刻得多。又次，在樟林一類在地域社會中有重要地位的鄉村中，我們可以見到地方官員直接干預鄉村事務的大量例證，而更重要的是，鄉民觀念中關於來自國家的「正統性」的理解，如何在鄉村的組織結構和日常事務中有意無意地表達出來。再次，要用「整體歷史」的觀念去理解地域社會的歷史脈絡，而將鄉村置於地域社會的脈絡之中，對更深刻的理解鄉村的故事與國家歷史的關係，具有方法論上重要的意義。[1] 或許有些人會不滿意這種有點隱晦的表述（其實，從其

1　陳春聲：《鄉村的故事與國家的歷史——以樟林為例兼論傳統鄉村社會研究的方法問題》，《中國鄉村研究》第 2 輯，商務印書館，2003 年版。

對個案的閱讀中可以體味作者的意思，此之謂可以意會不須言傳），但卻
能證明筆者前面說的研究的進步，表現在「我們對國家與農村（農民）關
係的認識，已經有可能擺脫非此即彼的形而上學尷尬，比較實證與綜合地
看待這種中國特色的官民關係或所謂官治（或官域）與鄉治（或鄉域）的
關係」。

　　對「紳權」的權力邊界以及與「國家」的關係，始終是個不易得到理
想解答的難題。從某種程度上說，近代的變遷或許可以幫助我們反觀或反
思明清「紳權」是否具有走向「地方自治」的可能性。在這一方面，張靜
的研究頗值得關注。為節省行文，筆者在這裏援引書評所概述的張靜《基
層政權》相關論斷：（作者）把國家權威和地方權威分別視為中央集權和
地方自治這兩軌的代表。在中國傳統社會，由族長、鄉里、長老、士紳、
退休官員等組成的地方精英，與普通民眾結成了地方利益共同體。前者是
地方權威的來源，並為傳統地方社會確立了穩定的自治基礎。但是，自近
代以來，中國社會在強大外部壓力下開始急劇轉型，基層政權與鄉土社會
利益之間的疏離不斷加劇，而國家又試圖將地方權威變為基層政權分支，
納入國家管制範圍，服務於國家目標，從而導致地方精英與普通民眾的利
益共同體逐漸瓦解，社會關係越來越緊張。然而，基層政權仍被賦予更多
權力，仍然處於控制並整合基層利益的中心地位，在經濟政治和社會權力
方面保持控制優勢，使之與社會力量的對比處於嚴重不平衡狀態，由此不
斷「生產」出基層政權的不穩定結構。[1] 筆者覺得，張靜對於頗為流行的「國
權」與「紳權」對立的假設持批判的態度。她異常清醒地指出：很明顯，
「對立假設」注意的是支配權所處的位置，而不是它本身的規範性質。作
為一種概念工具，這種對立假定正在「領航」當前的鄉村自治研究。從世
界現有的現代國家歷史進程積累的經驗事實表明，建立稅收體系和法律體
系，是與國家組織密切相關的制度支撐。這兩個體系，確保着國家與公民

1　張靜：《基層政權（鄉村制度諸問題）》，上海人民出版社，2004 年版。歐樹軍：〈張靜：〈基
　　層政權：鄉村制度諸問題〉〉，《洪範評論》第 10 輯，北京大學出版社，2008 年版。

之公共事務的制度化關係。而許多學者所假定的中國近代「國家政權建設」中，雖然官吏的稱號和身份普及基層，但是在權力界定和治理的方式上，並沒有完成權限的重新分配；在實質性的管轄權方面，基本的權力格局還是舊的，統一的行動規則——法律和稅制體系並沒有確立，農民仍然處於分割化政治單位的統治中。這些是我在《基層政權》中力圖表達的結論。人們可以看到，這一點可以解釋，為甚麼「響應號召」總是浮在表面，而「政令暢通」始終是難以克服的困難？因為它對分割式管轄權構成威脅。這樣看來，我們似乎就不能斷定，中國確實有着現代新政治單位——國家政權——的建設進程，也無法確定「它」和自治的對立關係。[1]

張靜的研究思路，再一次啟示我們，國家權力與民間的任何權力（自然包括農民的權力、農村的權力）之間總存在着相關性，不可能完全合二為一，也不可能完全對立與隔離。重要的是必須建立兩者之間的一種規範和制度化的關係，而這種關係不可或缺的必要前提或必要條件，就是必須對國家權力實施下的任何個人賦予公民的權利，然後才可能建設確保國家與公民在公共事務方面的健康的「制度化關係」。到這裏，再讀開頭介紹的秦暉關於鄉村社會理想是「公民與小共同體的聯盟」，也就有點意思了。

1　張靜：《關於國家政權建設與鄉村自治單位——問題與回顧》，《開放與時代》，2001 年 9 月號。

ꔄ 三 ꔄ

解讀歷史的沉重：評弗蘭克《白銀資本》

　　在討論的推動下，我認真拜讀了由劉北成先生翻譯的《白銀資本》及相繼推出的諸家評論。此前還曾閱讀過王國斌先生的《轉變的中國——歷史變遷與歐洲經驗的局限》（李伯重、連玲玲譯）。

閱讀心理鏡像

　　閱讀弗蘭克的書，確實感受到了因強烈的攻擊性而帶來的刺激，但不一定是震撼。假若文如其人的話，我感覺中的弗蘭克，自尊心極強，個性張揚，屬於多血質一類的人物。他思維敏銳而情感外露，很難控制自己的情緒，或許就不曾想過需要控制自己。他像我們生活中時或遇到的那種人，一旦認定了甚麼，「十頭牛也拉不回來」，難以分辨這種異乎常情的堅韌，是執着還是執拗。他攻強於守，猶如衝擊力、爆發力俱強的足球前鋒，不管能不能打進球門，必須使自己始終處在不斷射門的亢奮狀態。他更像海底生物，時刻張開富攻擊性的思維觸鬚，敏感地捕捉一切可以被送上祭壇的獵物，只要對方暴露出極細微的弱點，即或是自己的盟友，都毫不遲疑地將其捕捉到手，絕不姑息。他對中國的推崇自然會使我們中國人感到高興，但總擔心他對中國歷史沒有足夠的體驗，擔心不是因為先有了對中國歷史全面深入的觀察，更像中國是因為體系的需要才被選擇為利器。

　　王國斌的風格正好相反，沉靜委婉，從容而有耐心。他的質疑是在反覆思考的過程中進行的，並力求把思考的各個側面剝筍似的層層呈現於讀者之前。他也質疑「歐洲中心論」，卻更多的是不斷向自己提問，讓「問題意識」反覆困擾自己，給人一種沉重感。我的感覺，他當然也在乎自己

的結論，但更關心這種問題意識的展開能不能更周全、更具啟發性，避免一個極端跳向另一個極端，希望把方法懸念留給讀者。他很像足球場上出色的前鋒，專致於用頭腦踢球，細心環顧雙方隊員的站位和跑動路線，突然插上射門中的，或不時使出一腳妙傳，為隊友進攻創造空當，其機靈令人叫絕。他親身深入過中國歷史的腹地，諳悉地形的複雜，知道名山大川在哪裏，哪裏又有沼澤泥淖。或許在弗蘭克看來，王國斌缺少那種摧枯拉朽的果敢和徹底決裂的勇氣，沒有解決的比解決的多得多。但在我想來，恰當的謹慎是必需的，至少不會因行色匆匆有誤入陷阱的危險，或因過於主觀而堵塞進一步思考的空間。

與弗蘭克一樣，王國斌也堅信中國歷史有過長期的輝煌，曾經有理由傲視群雄，但他更能體驗和貼近行動中的「中國心」，把討論的重心放在爭議叢集的「中國何以沒有發生或何以不能順利實現近代化」的老話題上，希望跳出是或否的絕對判斷，開拓一種新的思考境界。我覺得他在為《白銀資本》所寫「序言」的結尾，説了一段實在與弗氏之書搭不上脈的話，卻很堪回味：「他向中國人也提出了另一種挑戰，即超越中國的絕對核心論，用一種體系架構來更仔細地考察中國的變化與歐洲的變化之間的平行關係，更周全地考察中國與世界之間的關係。」（請注意「絕對核心論」與「平行關係」的提法！）然而，這些卻正是《轉變的中國》所要表達的善意。書中他特注重回溯，對預測未來保持極度的謹慎，只是提示我們一切都必須從歷史的連續性方面出發思考，用心聚焦世界歷史屏幕上民族、國家間一切同異、似與不似的軌跡，進行反覆較量，尋找屬於自己的答案──對歐洲、對中國都是如此。作為一個中國讀者，我從情感和理智上都更願意接受王國斌的思考方式，從世界背景上反省自己對中國歷史的認知。

弗蘭克的經歷，我只是從推薦者和著者「前言」那裏稍知一二，極其有限。在閱讀過程中我曾反覆揣摩，是甚麼造就了弗蘭克這樣強烈的個性和堅忍不拔的意志？是早期的挫折感推動他走上摧毀主流意識形態的不歸之路，還是拉丁美洲叢林裏的「游擊生活」把他錘煉成了思想界的「格瓦

拉」？他那種烈火般的個性，橫掃一切的狠勁，雖然其攻擊的對象是西方
（主要針對美國）的「歐洲中心論」和「歐洲特殊論」，卻讓我不時聯想起
現代中國「打倒孔家店」到「橫掃四舊」無所畏懼的鬥士們，勾起複雜難
言的感情。

　　必須坦白承認，我只是從閱讀本書中去認識弗蘭克──這顯然有誤讀
的風險，但在我只能如此。希望有更多了解弗蘭克經歷和學術資源的方家
能提供深入的解讀，並糾正本文極可能有的理解過失。

「中心」偏好與「單腳走天下」

　　當許多中國人正在熱烈高喊「衝出亞洲，走向世界」的時候，從域外
傳來一個陌生的聲音。弗蘭克充滿激情地提示我們：錯了，正確的是全世
界都必須「調整方向（re-orienting，重新面向東方）」。

　　弗蘭克申言 21 世紀世界經濟的「中心」將重新轉回到「東方」。他
對這項預言看得很重。我沒有把握說他的全部立論完全是由這種未來─現
實─歷史的逆向路線而得，至少《白銀資本》的主體部分恰恰是循着相反
路線展開的。但我也注意到，對弗氏的預言，王國斌採取了謹慎和保留的
態度。

　　王國斌為本書所寫「序言」確有學者風度，讚其所是，疑其所疑，批
評含蓄平和，觀點差異也明白無誤。其中有一段說道：「1997 年夏季開始
的亞洲金融危機表明，在預測未來的增長軌跡時要小心謹慎。亞洲各地的
各種結構性和制度性調整已經使金融市場穩定下來，但是亞洲各國經濟在
近期或長期究竟會如何變化，分析家們眾說紛紜，莫衷一是。大多數人不
會贊成這樣的假設：美國在世界經濟中的主宰地位將很快被中國取代。」

　　我以為對本書的理解，最好將預言先撇在一旁，看看弗氏對歷史的論
證是否確實可靠。因為即便有關未來的預測可能失算，也不構成推翻弗
氏「世界體系」歷史陳述的充足理由。在這一點上，王國斌說得深刻：
「當我們從時間上的某一點朝後看，並且探討一個經濟是如何達到其現狀

的時候，我們通常能解釋某些變化為甚麼發生。但是追溯這種變化的特別途徑，並不意味着某種事情必定會發生，因為還有其他可能的變化途徑存在……事實證明：創造經濟發展是非常複雜的過程，所以任何計劃者都不能肯定地預見（更不用說有效控制）未來的結果。」（《轉變的中國》）

　　我也持這樣的保守態度：歷史學沒有任何理由過分擴張自己的功能。歷史學應該高度關注現實，善於從現實中不斷汲取對社會和人生的體驗，並以歷史的智慧為人們正確把握社會發展提供某種（有限的而不是無限的）幫助。但當由歷史進而預測未來時，則需要十分地克制。歷史學家能夠成功扮演「事後諸葛亮」的角色，布洛赫曾戲稱為「放馬後炮」，卻絕不能硬充善逮「未來」的獵手。因為「未來」原是一頭狡猾的獵物，瞬息多變，不要說歷史學，就是專以解決現實問題自詡的經濟學理論與對策不是一直處在不斷的試錯過程之中，遭遇到的難堪還少嗎？就在亞洲金融危機發生的當年年初，國際貨幣金融組織發表的研究報告還在肯定亞洲經濟現狀，與金融相關的眾多指標表明運行狀態「一切良好」。還是庫爾諾對社會運行的或然性深有體會，說得最妙：「所謂不可能的事情，無非是指該事件發生的概率極低。」有誰能擔保下一輪危機必發生在此而不在彼？

　　弗蘭克把自己考察歷史的制高點設置在「整體主義」理論的平台上，用以對抗「歐洲中心論」，無疑選擇了一個最能克敵制勝的有利地形。在實證史學和分析主義佔盡風光之後，疲態日益顯露無遺，開拓整體主義的歷史考察視野，「一切歷史都是世界史」的呼聲，這兩個既聯繫而又有區別的思潮，成了 20 世紀後半葉歷史學變革的重要標誌。弗蘭克一再批評布羅代爾，書前引語卻特別青睞布洛赫，然而他們原屬於一家。布洛赫和布羅代爾所屬的法國歷史年鑒學派就以倡導「整體史觀」（「唯有總體的歷史才是真歷史」）而薪火相傳，享譽國際學界。但是多數同人也都意識到，如何實踐整體主義的考察方法，甚至如何理解「整體歷史」（有的譯為「總體歷史」）和「一切歷史都是世界史」，仍佈滿荊棘，是一個尚待開墾的處女地（可詳參年鑒學派第三代傳人勒高夫的《新史學》）。系統論、控制論等自然科學方法論，包括弗蘭克頗自豪的「整體大於局部之總

和」定理，用之於完全不同的人文歷史學科，只具方法論啟發意義，絕無越俎代庖、立竿見影的能耐。我想弗蘭克也知道，結構主義在社會學和歷史學方面的嘗試，至今所取得的成績遠不到可以趾高氣揚的程度。他所批評的帕森斯，其結構主義的理論體系就被社會學同行嘲笑為「烏托邦」。

據我所知，「整體史觀」的主體精神表現為由過去相互割裂的人物史、政治史、經濟史、文化史等全面轉變為「社會的歷史」（注意：不是「社會史」），歷史研究的重心將不再是「國家」或「國家」林林總總的各個側面，而是一個「整體的社會」。政治、經濟、文化、精神狀態、社會生活、生態環境等等都是相互聯繫的有機構成，牽一髮而動全身，因此必須用整體主義的眼光全面考察歷史。很明顯，整體主義首先是衝着曾經流行過的文化決定論、經濟決定論、地理決定論或別的甚麼決定論而來的，是對傳統一元論單線思維方法的革命性顛覆。簡言之，「整體史觀」反對歷史研究中的一切決定論和目的論企圖，主張整體綜合高於一切。

整體史觀非常強調時空兩大要素。在時間要素方面即有著名的三時段論（長、中、短三時段），其中尤以「長時段」論最富原創性。「一切歷史都是世界史」則是整體史觀在空間運用方面的延伸。

整體史觀的空間延伸，「一切歷史都是世界史」，我以為它有兩個不盡相同的涵義。首先是從「整體史觀」的原義上展開的。不管世界上有多少民族、國家，是隔絕的還是相互聯繫的，其歷史形態百色千姿，個性各不相同，但人性、社會特性從深層次上說都有相通之處，社會歷史構成及其運作的基本面異中有同、同中有異，任何比較研究都應該納入「整體歷史」的分析框架，才可能在「整體社會史」的立場上對一切共相殊相獲得全面理解。1927 年，當大多數中國學者正專注中西相異的比較時，許宣圓先生一語驚人：「民族性不過是偶然性質的表面點綴，而人性才到處都是同一的實體。從本質上來看，不同的國家和人民都為同樣的難題所困，為同樣的疑惑所惑。」王國斌在《轉變的中國》中不贊成任何以「中國經驗」或「歐洲經驗」為準的單向估量，主張在中國與歐洲歷史之間作互動式的往復比較，骨子裏就貫穿着這一整體主義的思路。第二層意思才是針對着「開通

新航路」引發的一系列國際關係變局，提出需要有一種全新的歷史考察視野：「一切歷史都是世界史。」只有在世界大多數國家間的聯繫已經進入能夠發現有一個真實的「世界體系」之時（這是一個歷史過程，延續到現在還沒有最後完成），整體史觀才可能在名副其實的「世界史」舞台上演繹新的意義。布羅代爾以及沃勒斯坦（依附理論）等人的「世界體系」，基本上都是從這一意義上去發揮「整體主義」理論，而與「歐洲中心論」相抗衡。在此之前，所謂「世界史」只是指必須將世界上曾經存在過的歷史都看作它必須包容的對象（不管它們是否曾經在空間上相對甚至絕對隔絕，各自循着獨立的路線發展），正像「中國史」必須包含今日中國疆土內的一切歷史，然而絕不等於它自古以來就是「一體化」的「歷史」（詳下節）。

我認為弗蘭克不是不知道，從第一層意義上解讀「世界史」（不管有沒有一個「世界體系」），必高度關注「人類歷史」的許多共通之處，凸顯史學即人學的原味。他所徵引的蘭克名言「只有普遍的歷史，沒有別的歷史」，就是從這一意義上立論的。弗蘭克有時提到過，他贊成「人類中心論」的立場，可見亦知第一義底蘊。然而轉變到第二層意義上來，歷史學家會會從千姿百態的歷史比較中充分領悟「特殊性」或「個性」的神祕魅力，「歷史自主性」就成為處理國與國歷史互動關係必得堅持的要義。也就是說，當第一層意義與第二層意義相貫通，面對發展不平衡和發展多樣化的世界歷史，應該承認每一民族、國家的歷史都是一種自然進程，都有自己獨特的歷史運行軌跡和歷史連續性，不可能不經過自身的選擇去接受外來的影響或干預（包括暴力征服者也不能隨心所欲地改變被征服者的歷史）。唯其「天下沒有相同的一片葉子」，層林盡染的世界歷史才會變得豐富多姿，各顯光彩。當歷史學家要架構「世界體系」時，「人類中心論」是一塊不可撼動的基石。「史學即人學」，任何別的中心論或支配論的觀念，都是與「人類中心論」的精神相悖的。歷史從來都是歷史主體的一種自主選擇過程，並非通過強加於人能夠奏效的。「歐洲中心論」並不像弗蘭克咬定的，沒有任何歷史證據可作依憑，然而正是在這一大原則上捽跤

不輕，逐漸敗北而落勢。

　　不知其他讀者有無同感，我總覺得弗蘭克在至關全書主題的基本概念運用方面很隨意，喜歡在不同概念之間強烈跳躍，一句進、一句出，真叫人不知所措。例如他在「中文版前言」裏針對西方某些人的指責，曾鄭重申明：「本書所傳遞的主要的『意識形態』信息實際上絕不是甚麼『中心論』，除非是人類中心論，當然最好是生態中心論。」這裏，在「全球主義」的基本主張之外，又生出了「人類中心論」「生態中心論」兩個新概念。他在處置三者關係方面脫節相悖甚多，暫且不說。這段告白至少表明對別人指責他「中國中心論」是極其忌諱的。可又怎能怪別人呢？閱讀全書各章，凡遇到下斷語的關鍵時刻，他總忍不住脫口而出，在燈火闌珊下，「中國中心論」的身影時隱時現。「（1990 年）我和喬杜里都認為，在歐洲之前的世界經濟中，亞洲是極其重要的，甚至接近於稱霸」（1994 年與吉爾斯合作的項目即以《亞洲霸權下的世界體系：1450—1750 年的銀本位世界經濟》為標題，第 11、17 頁）；「作為中央之國的中國，不僅是東亞納貢貿易體系的中心，而且在整個世界經濟中即使不是中心，也佔據支配地位」（第 19 頁）；「當時的全球經濟可能有若干個『中心』，但如果說在整個體系中有哪一個中心支配着其他中心，那就是中國（而不是歐洲！）這個中心」（第 168 頁）；「我們能夠而且應該做出比濱下武志更強有力的證明：整個世界經濟秩序當時名副其實是以中國為中心的」（第 169 頁）；「如果我們對 1800 年以前的整個世界經濟進行這種分析（如本書第 2、3 章），就會發現把中國稱作『中央之國』是十分準確的」（中文版前言），等等。如果說以上論斷尚有「如果……」之類的閃爍其詞和諸多自相矛盾之處，肯定的說法則見之於第 2 章第 12 小節的標題：「對以中國為中心的世界經濟的總結」（第 180 頁）。在該節中弗氏特別創造了一個全球經濟「同心圓」模式，說中國（以及中國的長江流域或中國南方）「應該是最核心的一圈」，由此一圈一圈向外擴展；「這種全球經濟的同心圓構圖不僅把中國和東亞和亞洲依次看作主要的經濟地區，而且也把歐洲甚至大西洋經濟體置於邊緣地位」（第 185 頁）。從上述論斷看，中國是世界體系同心圓的

唯一核心（內核），歐洲乃為邊緣，應該明白無誤。然而意想不到的是，在全書最後一章，他卻又提出了一個與之相對立的「等級結構」模式，並說：「全球範圍的世界經濟／體系沒有單一中心，至多有一個（我懷疑譯文或植字漏一『多』字，否則無法讀通）中心的等級結構，中國很可能處於這個結構的頂端。因此在地區內或某些地區間有某種中心—邊陲關係，但也很難確認有一個由中心—邊陲關係構成的單一中心結構。」（第435頁）這種沒有單一「中心—邊陲關係」的「等級結構」，雖說原是為批判布羅代爾、沃勒斯坦「體系」發揮出來的高論，但在我讀來不更像是在批判他自己前面提出的以「單一」的中國為「核心」的「同心圓」模式？「單一中心論」與「多中心論」相差何止千里，我真不知道弗蘭克在他的頭腦裏是如何自圓其論辯邏輯的？

王國斌在《轉變的中國》「導論」裏就明白表態：「歐洲中心論的世界觀固然失之偏頗，但從其他的中心論出發來進行比較，情形亦然。」不知王氏是否具體有所指？弗蘭克卻大不以為然，決意獨上偏峰，繼續冒險前行。他欲以「中國中心」的「世界體系」取代「歐洲中心」的「世界體系」的情緒如此強烈，用「狂熱」一詞來形容亦不為過。但從本書看，畢竟心急慌忙，缺乏一種顧盼前後左右的穩重，行進時不免步履跟蹌。現在且不說究竟能有多少夠分量的證據足以支撐他「五千年」來「世界政治經濟體系」早已形成的大歷史觀，就是在1500—1800年的歷史時段裏，這一「世界政治經濟體系」該如何正確表述，從上面摘出的論斷來看，我想說：弗蘭克似乎自己也還沒有最後拿定主意——他游移於二者之間，理智上知道第一義的不可違背，情感上卻執着於第二義。遮遮掩掩的「亞洲（中國）中心論」是怎麼也不願捨棄的通靈頑石。若如此認識，則全書種種論斷的自相矛盾和不能連貫，也就多少可以獲得通解。

最值得推敲的是，「以歐洲為中心組建一個世界」固然謬誤，但以亞洲或中國為中心「組建一個世界」就符合歷史邏輯了？弗蘭克給我們描繪的「世界歷史」圖景實在太過神奇：自1800年上溯五千年，亞洲和中國始終是這個「世界體系」的中心。19—20世紀只是雄獅打了一個盹，短暫的西

方「插曲」絕不妨礙全劇劇情的連貫。以亞洲或中國為「中心」的喜劇很快將會接着演下去，一直到遙遠的未來。「面向東方」不就幾乎成了全部人類歷史永恆的主旋律？

不知弗蘭克在火一樣的激情噴發之後，有否冷靜地反問過自己：是哪條「充足理由律」註定了亞洲或中國必然要永遠扮演「中心」的角色？假若這一「世界體系弗氏定律」成立，那不就出現了一個「世界歷史」發生、發展的「亞洲特殊論」和「亞洲起源論」？這同他所批判的「歐洲特殊論」和「歐洲起源論」又有甚麼區別？且不論經驗事實如何，僅從邏輯上說，如果「世界體系」除了即將結束的兩個世紀的短暫「錯位」，過去、現在和未來將永遠「面向東方」，西方人不也完全有理由懷疑：是不是上帝的「第三隻手」在作弊？這不是新的決定論或目的論，又是甚麼？

歐洲並非從來就是世界歷史的「中心」，弗蘭克的說法並不新鮮。中國史學界早在 60 年代就提出反對世界史研究中的「歐洲中心論」傾向，記得周谷城先生是當年最積極的一位。80 年代孫達人先生又提出世界歷史曾發生過西亞—上古中國—希臘羅馬—中古中國—近代西歐等多次「中心轉移」，「先進變落後，落後變先進」是世界歷史發展的通則。必須指出的是，過去史學界使用「中心」或「中心轉移」的提法，都是從比較史學的角度上立論的。它是指在一個比較長的歷史時段內，某些國家或地區的發展狀態一直居於世界「先進水平」，具有代表歷史發展某一階段「界碑」的意義。很明顯這種認識方法源於「進化論」思潮，在今天尚有許多可以檢討的地方，此處不便展開。這裏我只想說，若從「人類中心論」的觀點來看，各個民族、國家的歷史發展都各有長處和短處，先進落後乃至優劣短長的比較都是相對的，用某國、某民族的歷史尺度來衡量「發展」的正常與非正常是荒謬的。直到今天，人類還沒有理由說迄今存在過的哪種歷史狀態或制度創新就是「完美」的、「理想」的。由時、空、人三維構成的人類歷史坐標系上，每個民族或國家都留下屬於自己的特定歷史軌跡（是曲線而非直線），都有屬於自己的一份創造，也都有興有衰、有利有弊。沒有永久的輝煌，也沒有永久的沉淪（除非亡國滅種）。任何民族或

國家都沒有理由以歷史的名義認定自己是「優等人種」或「優等民族」。正是在這個意義上，我更不贊成「世界體系」以誰為「中心」的提法。假若有甚麼中心論，那只能是以關心人類全面和自由發展為主題的「人類中心論」。

　　非常遺憾的是，弗蘭克也幾次提到過「人類中心論」，但全書的展開卻落在與此完全相反的方向上，南轅而北轍。弗蘭克對「歐洲中心論」嫉惡如仇，但是他用以批判的話語系統甚至思維方式，很難說已經擺脫了西方「話語體系」的「支配」。全書經常可以看到亞洲或中國「中心」在「世界體系」中具有「支配」甚至「霸權」地位這樣的表述方式（第11、17、26、168、266等頁）。我實在弄不懂弗蘭克從整體主義的立場，完全可以找到類似「互動」這樣中性的詞，為甚麼偏偏喜歡使用通常被看作帶有「話語暴力」傾向的用詞？

　　如果我們還把握不住弗蘭克使用「支配」一詞的涵義，那麼下一段話也許會加深我們的印象：「馬克思主義者可能會宣稱，他們更關注經濟『基礎』是如何塑造社會的；但是他們根本沒有意識到，一個『社會』是被它與另一個『社會』的關係塑造的，更沒有意識到，所有的社會共同參與一個世界經濟這一情況，也塑造着各個社會。」（第55頁）「一個社會」竟是被它與「另一個社會」的「關係」所塑造，按照弗蘭克的話語邏輯，後一個「社會」只能被理解為處於它的「世界體系中心地位」的那個「社會」，它「支配」着前一「社會」的歷史發展方向乃至盛衰榮辱。為了證實這一理解並無大誤，不妨再讀一段弗氏有關本書主旨的陳述：「歐洲不是靠自身的經濟力量而興起的，當然也不能歸因於歐洲的理性、制度、創業精神、技術、地理——簡言之，種族——的『特殊性』（例外論）。我們將會看到，歐洲的興起也不主要是由於參與和利用了大西洋經濟本身，甚至不主要是由於對美洲和加勒比海殖民地的直接剝削和非洲奴隸貿易。本書將證明，歐洲是如何利用它從美洲獲得的金錢強行分沾了亞洲的生產、市場獲得好處——簡言之，從亞洲在世界經濟中的支配地位中謀取好處。」（第26頁）

　　我覺得弗蘭克的前段陳述，細細品味，實在問題多多。第一感覺便是這比起他所批判的「衝擊—反應」論更「衝擊決定論」，差不多成了「衝擊—撈一把」論。看，歐洲自身的努力不值得一提，西方從亞洲經濟的「支配地位」中只需順勢撈一把（「分沾」），就可以頓成暴富並超過原來的「中心」。你能相信世界上真有這樣便宜的勾當？「衝擊—反應」論不管怎樣總還保存着「挑戰—應戰」的韻味。弗蘭克批判湯因比的「文明論」，但在我看來，湯因比要比他更重視每個民族的自主創造能力。「世界體系」並不能保證每一民族都能成為「強者」。接受並應對挑戰的能力，決定着自己的命運——在全球化呼聲越來越高的今天，湯因比的警示仍不失為至理名言。

　　弗蘭克稱「所有的社會共同參與一個世界經濟這一情況，也塑造着各個社會」。這話只說對了一半。為甚麼不可以進而說：各個「社會」也不斷「塑造」着這個「世界體系」？各個「社會」對「共同的世界體系」也各有各的應對，成敗得失也各不相同？「歐洲中心論」的偏頗，就在於抹殺歷史的個性，把某種發展模式的普適性看得過死，因而無以面對「資本主義的擴張」在歐洲、亞洲、美洲所產生的極端多樣的「反應」。成功者不少，但也有許多不成功，「嫁接」失敗抑或激起逆反的事例也不勝枚舉。即使最成功者如美國，它與其「母國」英國政治、經濟、文化方面的差異，也證明「體系」的「塑造」絕非只是簡單的「翻砂」功能。所謂「趨同」不僅不可能消滅差異，而且在主體意識強化的情境下，各國的社會結構與社會運行將更趨個性化和多元化；國與國爭取在「體系」中分享分額，使各種形式的摩擦和衝突難以避免。當弗蘭克堅決否認歐洲自有其歷史的特殊性（如同中國也有其歷史的特殊性），極度誇張「東方」對「西方的興起」的「支配」作用時，他萬沒有想到自己的「世界觀」也正在沿着「歐洲中心論」舊轍愈走愈遠。

　　意氣用事和主觀意志的膨脹，使得弗蘭克對造成「一個社會」發展狀態的種種內因條件以及「世界體系」內部必然存在的發展道路的差異都變得視若不見。當別人以「外因論」詰難時，他只得用「外因在世界體系中

即是內因」一類偷換概念的方式蒙混過關。然而整體主義方法論要求對內外因作互動的比較綜合分析，而絕不是取消一方。即使像弗蘭克所假設的，亞洲或中國作為「五千年世界體系」的「中心」是事實，而且真具有「支配」或「塑造」其他「社會」的能力，若沒有「反應」方必要的內部條件，石頭也孵育不出小雞。捨遠而就近，反駁的事例俯拾即是。眾所周知，在歷史上，中國自己的周邊民族因為生產和生活方式的差異，曾不斷與中原王朝爆發軍事衝突。儘管內地的經濟、文化水平明顯高於周邊，但除非他們移居內地、長期融合，否則即使近在咫尺（相對與西方的距離），他們的「社會」仍會一如其故，弗蘭克所謂「中心」塑造另一「社會」的法道也大失水準。最典型的是元王朝滅亡後，重返大漠的蒙古族又恢復到原先遊牧部族分散的狀態。在此之前的「金」遺民北返白山黑水，情況亦然如此。直到 1949 年前，南邊的一些少數民族有的還始終生活在「母系制」時代。進而說，弗蘭克所極力推崇的明清江南經濟，是謂「同心圓」核心的核心，其輻射能力也遠沒有遍及中國所有內地，在第一小圈內就不靈。中國自身的經濟發展呈現出高度不平衡的狀態，至今仍為每個中國人所深切體驗。近距離的「塑造」不成功，而遠距離卻成功地「塑造」出了「西方的興起」，對這樣再明顯不過的悖論，離開了各社會的「內因」分析，不知弗蘭克「世界體系」的整體論（所謂「共同」參與、「共同」塑造）將如何通釋？

　　「五千年」一貫制的「世界體系」還迫使弗蘭克走向更危險的偏峰，用「世界體系」的橫向聯繫遮蔽甚至頂替了時間向度方面的縱向考察。在他解讀的「世界史」裏，只有「康德拉捷夫周期」的往復循環，而沒有歷史學基本的歷史分期概念。他不僅主張「徹底拋棄『資本主義』這個死結」，也不承認有甚麼「現代性」，而且明確宣佈世界歷史上「根本不存在從一種生產『方式』向另一種生產『方式』的直線『進步』」（第 441、439 頁）。歷史成了圓形的「金色池塘」，而不是一條奔騰不息的時間長河。其結果就像王國斌在「前言」中委婉批評的：「他缺少的是這些變革（具體指工業革命以及 19 世紀發生的一系列技術和制度變革）的驚奇感。」

　　實際弗蘭克並非屬於感覺遲鈍的一類人，也絕不缺少機智。他拒絕任
何標誌社會「進步」的歷史分期方法，恰恰是充分利用了史學界在世界歷
史分期問題上聚訟不決的短處。已有的各種分期方案確實無不受到駁詰，
評價標準也存在「文明與文化之爭」深刻的價值對峙。因此弗蘭克不難找
到各方提供的「子彈」，進而否定各方。周而復始的「圓」是一種混沌，
混沌能説明歷史嗎？大時段的歷史演進雖一時難以名之，「進步」也非「直
線」，但從文明演進的角度看，世界範圍內的時代進步畢竟是遮掩不住的
經驗事實。假若説「農業時代」變化節奏緩慢的特性使世界各地農業社會
的生活方式大同小異，東西方孰優也可以各執一詞，至少從 19 世紀起，
以西方工業革命為重要標誌，物質生產、科技發明、制度演進等領域創新
變革幅度之大，是此前數千年來所無法想像的，人類的生活由此發生全新
的變化。「工業社會」與「農業社會」的差距完全被拉開了。我相信弗蘭
克一定讀過《第三次浪潮》，然而他就是不提托夫勒粗線條的，最適宜用
以宏觀關照的「大歷史」分期方法。他可以跳開「第二次浪潮」這樣的概
念，但他怎麼也不能跳開由工業革命所造就的「西方興起」一關。

　　「東方的衰落」與「西方的興起」，成為難以逾越的一道險關，阻住了
弗蘭克一路狂奔的步伐。他神氣頓失，話語也變得結結巴巴，如「儘管我
們對這些（指亞洲和中國）經濟和政治困境還沒有一個充分的解釋」，「在
亞洲人的遊戲中，西歐人和美國人後來為甚麼與如何能夠藉助於工業革命
的技術進步戰勝亞洲人？我們現在可能還得不出一個完全滿意的答案」（第
393、383 頁）等等。我想他心裏也明白，這兩大問題的解答不是無關大
局，可以隨便含混過去的。

　　弗蘭克對「東方的衰落」與「西方的興起」兩大歷史關節時序的交代，
表述含混而不確定，連秦暉也不免被迷惑而造成誤讀。固然本書第 6 章第
2 節的標題明白寫着「東方的衰落先於西方的興起」，但正文一開始就申
明這是阿布—盧格霍德《在歐洲霸權之前》中使用的標題（第 356 頁）。
我檢索了弗蘭克在各章節中的相關提法，實際更多的場合他堅持的是「同
時論」或「同步論」。如「直到 1800 年，具體到中國是直到 19 世紀 40 年

代鴉片戰爭，東方才衰落，西方才上升到支配地位」（中文版前言）；「我們指出，比較而言，亞洲的許多地區的發展不僅在 1400 年，即我們論述的這個時期的開端遠遠領先於歐洲，而且直到 1750—1800 年即在這個時期的結束時也依然如此」（第 305 頁）。第 5、6 章有關康德拉捷夫長周期的討論，似乎才稍微放寬為 1762—1790 年的時限內（所謂收縮「B」階段），但仍強調亞洲「B」與歐洲「A」處在同一「體系」內，升降是同步發生的。

　　歷史演進是一種漸進累積的長過程（年鑒學派所說的「中時段」）。即使某一歷史事件被歷史學家選定作為時代變革的「標誌」（歷史分期的方法論需要，也最易引起爭訟），但升降盛衰一定在此之前已有許多跡象說明是一種不可逆轉的趨勢，才能成為此前與此後經驗事實可以不斷證實並證偽的「中時段」界標。弗蘭克不是不知道這一歷史學的基本常識，然而出於維護自身「體系」的潛意識，嚴重的心理障礙使他無論如何不能承認歐洲先前已具備許多優越於亞洲的「發展優勢」，更不能承認亞洲先於西方衰落，且先前有其自身不可逆轉的內在結構性敗因，必須堅持「直到 1800 年」「這個時期結束時」亞洲仍然「遙遙領先於歐洲」。這樣極端固執的結果，勢必引出一個令人不解的神祕邏輯：東方的衰落與西方的興起，只能在 1801 年（在中國是 1840 年）的某一時刻同步發生。這就像他諷刺別人的，自己不也面對着「在一個針尖上能容納多少個天使跳舞」的詰問？

　　如果我們理解（或習慣）了弗蘭克的風格，上面那種死摳詞句的做法，或許對澄清爭論不會有甚麼積極的意義。弗蘭克最關心的是他的思想火花，沒有耐心做正—反、反—正「兩重證據」或「三重證據」式的嚴謹考據。風風火火的個性，使全書議論充滿跳躍性，大部分敍述都在批判他要「清算」的一切對象中進行，硝煙彌漫。為着「對着幹」就必然追求立論的強刺激，也就無暇顧及論點與論據之間的契合。他甚至可以採納別人的部分論據，立即宣佈對方「走得不夠遠」或受制於「歐洲中心論」，然而將論據隨意往自己方向延伸而盡收囊中，並不考慮別人的論據與結論

之間有着切不斷的邏輯關聯。這樣的事例甚多，典型的莫過於對濱下武志《朝貢貿易與近代亞洲經濟圈》一書的引用（第164—169頁）。濱下在討論前近代時非常謹慎地只以「亞洲經濟圈」為限，且突出這種貿易的特性並非現代意義上的「國際貿易」而是「朝貢貿易」，強調「西歐進入亞洲時首先要面對一個有着自身規律的、按照自身秩序運行的亞洲朝貢貿易體系」。這一切都是嚴格地以歷史證據為前提的。弗蘭克三言兩語把這兩個關鍵論點甩掉，就完成了「轉化」工作。這種在史學界通常很犯忌的做法，弗蘭克用起來一點思想障礙都沒有，只能説是風格使然了。面對這種情形，我們的處境真有點像弗蘭克感慨奧布賴恩那樣：「證據永遠也不能平息這個爭端」，即使「舉出多少證據，也是白費口舌」（第75—76頁）。

　　説弗蘭克沒有試圖為「東方的衰落」與「西方的興起」提供自己的一套解釋，顯然是不公正的。但他此時立論的躊躇和缺乏某種自信溢於言表。弗蘭克何以會一反常態，落到如此尷尬的境地呢？

　　之所以造成這種解釋困窘，首先應該歸咎於弗蘭克沒有能堅持把考察歷史的「整體主義」方法論路線貫徹到底。他在討論史學理論的最後一章裏作過交代，認為全面的「整體主義」研究思路應由三條腿（「三維」）支撐，接着便直率申明：「本書的探討也僅限於生態／經濟／技術這條腿的經濟部分，幾乎沒有提到另外兩條腿，更談不上如何在一個全球分析中把這三條腿結合起來。」（第452頁）謙虛和誠實無疑是值得讚揚的，但僅憑「單腿走天下」，有可能走遍天下嗎？沒有了三條腿的全面支撐，作為一項試圖全面清算推翻現代社會理論和歐洲中心論的學術偉舉，怎能期望贏得勝利且被學界認可？

　　實際弗蘭克並非不能而是不願「三結合」。細讀全書，不難發現其餘兩條腿的內容，在他的分析框架裏只是需要隨時打掃出門的「歐洲中心論」垃圾。正像他曾經宣佈過的：歐洲的興起「不能歸因於歐洲的理性、制度、創業精神、技術、地理的特殊性」，因此必須把制度（法律、政治、金融、企業組織等）創新、科學革命等要素在「西方的興起」中的作用貶低到最低程度，最好是掃地出門。

對「制度」的看法，他說道：「本書的一個主題恰恰是，與其說制度是經濟進程及其各種變動的決定因素，不如說是它們的衍生物；制度僅僅是利用而不是決定經濟進程及其變動。」他特別贊成這樣的觀點：「人類社會的運動是由基本的經濟力量——『首要的動力機制』——推動的，制度是通過『次要的機制』對這些力量做出反應，而不是推動這些力量。」（第283頁）為了與「歐洲中心論」對着幹，他甚至宣稱「1800年以前，亞洲許多地方的制度比歐洲更有效率」，「中國的財產權和土地買賣自由比西歐多」，「（亞洲和中國）國家及其對經濟的干預促進了經濟的發展」等等（第285、300、282頁）。

對科學技術的看法是：他贊成「經濟增長與科學的領先之間的聯繫不是直截了當的……西方經濟中應用的技術大多數發端於並非科學家的人」，「除了化學家外，科學與工業在行業上的隔絕是相當徹底的」，因而斷言：「不勝枚舉的證據表明，17或18世紀甚至19世紀的科學對技術或工業革命的所謂貢獻不過是庫恩所說的『神話』。」（第264頁）然而為了貶低歐洲，他卻藉着李約瑟的《中國科技史》，發揮道：「中國人只是發明，而不想或不懂如何應用」的說法是錯誤的，似乎又在強調亞洲科學對技術、對經濟的「應用價值」（第267頁）。

儘管議論有點顛三倒四，如果弗蘭克的批判真是針對着制度、科技片面決定論，也還不無合理性。但是熟悉當代學術的人都可以感覺到，上述對諾斯、庫恩，也包括韋伯的指責非常武斷，許多「罪名」都是預設的。不顧人家論述的完整性，先給對方戴上「歐洲中心論」高帽，未經嚴肅論證即一錘定音。讀者可試着對閱前幾位學者的原著，他們何曾迴避過制度、科技與經濟需求的對應關係？回頭再看弗蘭克自己，面對制度、科技與經濟在近代社會進程中互動推進、不斷創新，從而極大地改變人類生活面貌的大量經驗事實，卻閃閃躲躲，說明對這種整體主義的互動分析缺乏起碼的尊重。主觀的執拗把自己逼到了死角，他只能循着上面說的「人類社會是由基本的經濟力量推動」的單向路線走去，不期然地踏上了早被學界拋棄的「經濟決定論」老路。

　　弗蘭克在「西方為甚麼能夠（暫時地）勝出」關鍵一章裏真正提供給我們的答案，全是經濟方面的，而且多數從亞當·斯密和馬爾薩斯時代的經濟學裏推導出來，相當陳舊。歸結起來主要有兩條：

　　一是有關資本積累。據說歐洲人從美洲和亞洲的白銀來去的運動過程中兩頭大撈好處，從而造成了歐洲「勞動分工和利潤」的優勢，「最終中了頭彩」。先不論他錯誤地把資本積累完全看作是貿易的結果，更妙的是他似乎完全忘卻了前面幾章剛剛大肆渲染過「白銀大量流入中國」的議論。試問：居然大量白銀資本流入中國，運回去的只是來自中國的生活消費品（絲綢、茶葉、瓷器），而且又堅決否認「中國祕窖」一說，中國理應首先得到「資本積累」的好處，在「勞動分工和利潤」優勢方面領先一步，為甚麼歐洲卻能乘時「興起」而超越中國？這一悖論本不難回答，但弗氏既然犯有「制度忌諱症」，只好自打耳光。這種「制度忌諱」甚至發展到對任何有關「強調中國官僚制度和階級結構」的歷史陳述都非常反感（見其對黃宗智的批評）。從這點上我就敢肯定，弗蘭克對中國歷史缺乏足夠的體驗──他的熱愛「東方」並非完全出於理智。再有同是歐洲，同樣地從亞洲的貿易中撈得好處，為甚麼捷足先登的葡萄牙、西班牙、荷蘭不能領受工業革命的風騷，卻一個接一個地衰落，最終讓英國佔先得利？上面說的好處在那些國家又是給甚麼樣的「天狗」吃掉了，中不了「頭彩」？弗氏無疑讀過布羅代爾的《15 至 18 世紀的物質生活、經濟和資本主義》鉅著。針對上面的問題，布氏關於世界經濟空間轉移的大量陳述不是已經提供了足夠詳盡、精彩的解釋，為甚麼視而不見？別無他因，又得回到「制度分析」上來。忌諱制度的作用真的成了弗蘭克不敢直面歷史的「心理死結」。

　　二是關於人口、勞動成本和技術變革的關係。據說由於長期的白銀資本大量流入，使亞洲和中國人口增長得很快，而「（高於歐洲的）人口增長阻礙了由於和基於對節約人力和產生動力的機械的供求而發生的技術進步，歐洲較低的人口增長產生了這種刺激」。與之相關，歐亞形成了兩種經濟模式反差：在亞洲是低工資─低成本，在歐洲是高工資─高成本；後

者成了技術變革的推動力，亞洲則沒有。這一假設涉及的問題太多，實在無法在這裏一一清點。例如上面的概括及其憑藉的數據是否真實，在歐亞都大可懷疑。造成技術變革的因素是否如此單一，決定技術變革的要素究竟有多少，他迴避了甚麼，隱匿了甚麼，也值得追究。前面肯定亞洲特別是中國的科學技術高於歐洲，人口—勞動成本的背景未變，如此將何以處置等等。我只想反駁一點：弗蘭克不是對 20 世紀後半葉亞洲經濟復興曾給予高度的評價，那裏人口的增長未見緩和，在中國甚至出現了前所未有的人口高峰值，而低工資—低成本的背景也未有大的改觀，這種經濟的高增長率又將何以解釋？同樣的背景，為甚麼以前拒絕技術變革，而現在卻能成功引進和發展本土化的高科技，並無阻礙？可見馬爾薩斯人口論並不是一帖包打天下的靈藥。歷史的演進絕不是這個或那個單一因素論就能圓通解釋的。

　　弗蘭克大概也感覺到自己的這些解釋缺乏必要的說服力，無奈之下，他竟然搬出「貓論」試圖解脫困境。他在為中文版寫作「前言」時突發奇想，原話照錄於下：「本書中的歷史事實表明，任何一種具體的制度或政治經濟政策都不可能導致或解釋競爭激烈、風雲變幻的世界市場上的成功（或失敗）。當代現實也表明了這一點。在這方面，鄧小平的著名說法是正確的。問題不在於貓的制度顏色是黑是白，更不要說意識形態顏色了。現實世界的問題是，它們在世界市場上的競爭中是否能抓住經濟耗子。而這主要不取決於貓的制度顏色，而取決於它如何利用它在世界經濟中某一特定時間和地點的適時地位。另外，由於在競爭激烈的世界市場上障礙和機遇隨時隨地會變化，要想成為下一隻成功的經濟貓，無論是甚麼顏色的貓，都必須適應這些變化，否則就根本抓不着耗子。」如果這是用來解釋某種短時段的事件，這些議論雖不算高明，但作為謀略貢獻給當政者也算是一份菲薄的禮物。然而卻要把它作為全書的主題，用以解釋至少兩個世紀的「衰落」與「興起」，那我們這些學究真只能無言以對了。我很奇怪，既然事情本如此簡單，一切都取決於「謀略」，取決於「一念之差」，弗蘭克為甚麼還要寫那麼厚的書來故意為難讀者？

　　同持批判「歐洲中心論」的立場，同樣面對 18—19 世紀歐亞歷史發展道路分叉的一系列詮釋難題，我覺得王國斌的治史心態要平和得多，考察視野也開闊。王國斌認為近代早期的歐洲與明清時期的中國，經濟變化的動力頗為相似，許多經濟現象有同有異，總的差距不大，直到 19 世紀才變得截然不同。這點一定會使弗蘭克感到高興。但是與弗蘭克最大的區別，王國斌認為「不應因為反對歐洲中心論，就斷言以歐洲為標準來進行比較不對；相反，我們應當擴大這種比較。為了進行更多層面的比較，我們特別應當以中國的標準來評價歐洲」。在《轉變的中國》一書裏，王國斌固然在「經濟變化」編裏曾鄭重指出，歐洲由「有機經濟」向「礦物經濟」的過渡，即以煤為新的熱能而以蒸汽為新的機械動力所引起的「工業革命」，是促成東西方分道揚鑣的「歷史界標」，但始終堅持歷史局面的形成是一種多因多果的網絡，並把分析的重點放在國家與經濟、國家與社會、國家維護秩序三個方面，進行細緻的中西互動比較研究，「制度環境研究」成為全書的核心。正像我國經濟史權威學者吳承明先生為該書所寫的序文中指出的：「從本書的研究中可以看出，19 世紀以來，歐洲國家思想和制度的影響，包括民主和公眾領域概念，在中國歷史上並非完全陌生。而以個人為單位的和國家與經濟分離、國家與社會分離的國家組成模式，迄今未在中國生根；而中國源於儒家政治哲學的一些國家組成原則，一直延續到今天。」吳承明先生還對全書作了一個總結，說道：經濟變化、國家形成和社會抗爭三大項比較研究課題，「當以本書中編（『國家形成』）運用最為成功。這是因為：根源於文化和歷史傳統的中西之間在國家理論和實踐上的差異，遠較雙方在物質生活上的差異為大。政治比之經濟有更大的選擇性」。這一言簡意賅的提示非常重要。我們自身歷史的體驗，包括百年來抹不去的記憶，完全可以領悟其中的微言大義。中國人對物質生活的追求、實用經濟理性、經濟發展能力確實絕不比別人弱，經濟自在的發展邏輯也未必構成選擇新型經濟不可逾越的障礙，但在政治與文化方面的選擇卻不然，往往故步自封，不容易衝出「圍城」。這就使我想起了 20 世紀之初陳寅恪先生一段精彩的申論：「此後若中國之實業發達，生計

優裕，財源浚闢，則中國人經商營業之長技，可得其用。而中國人，當可為世界之富商……今人誤謂中國過重虛理，專謀以功利機械之事輸入，而不圖精神之救藥，勢必至人慾橫流，道義淪喪。即求其輸誠愛國，且不能得。」（《吳宓與陳寅恪》）行至世紀之末，雖不能說已達此境界，庶幾亦不遠矣。

因此離開了中西國家理論與實踐方面的比較研究，「東方的衰落」與「西方的興起」這樣的話題，只會像弗蘭克那樣治絲益棼，愈理愈亂。

在我看來，妨礙弗蘭克事業成功的真正敵人是他自己。他幾乎像是有意地忽視許多眾所周知的重要歷史論著，只選擇對他有利的論據，而置不利的歷史證據於度外。過於強烈的主觀邏輯偏執使他變得十分任性，非理性地拒絕承認有悖主觀邏輯的任何歷史和現實的經驗事實，像是活在自己所羅織的虛幻概念世界裏，不願感應外在世界的真實。不說遠的，生活在20世紀後半葉的人們，無不感受到科技革命對人類生活的巨大作用，變化之快出乎想像。由此人們不能不追溯這一進步的歷史由來，也不能不思考甚麼樣的制度比較能激發人們的創造能力和保護這種創造能力，甚麼樣的經濟環境和制度構架比較能促進或適應這種社會進步的大趨勢。這樣的感覺弗蘭克就沒有？我表示懷疑。

我對西方學術的業餘偏好，很大程度上是因為喜歡他們不迷信任何權威和習慣自由討論的那種風格。記得當初讀英國 BBC 推出的與當代各流派著名思想家電視對話，麥基說道：「我認為值得強調的一點是，不穩定性的某些結果是有利的，而不是有害的。例如對權威信仰的喪失已經與知識的增長相結合，形成了對幾乎所有現存權威的積極的懷疑主義，直接推動了各種自由思想——如自由、寬容、平等等觀念的產生。我以為這種現象具有難以估量的價值。」（《思想家》）這一觀念在以後的日子裏幫助我在心理上慢慢習慣了這種「不穩定性」。但閱讀經驗也時常提醒我，清算或推翻權威理論（當然是真正稱得上權威的理論），絕不是通過簡單地「翻燒餅」就可以達到的。這樣的教訓在中國近百年史上還少嗎？沒有對權威理論「了解之同情」（陳寅恪語），包括對整個學術背景透徹的理解，挑戰

會變得像唐‧吉訶德大鬥風車那樣滑稽，甚至還可能演化出極左的鬧劇，慘不忍睹。

弗蘭克對「歐洲中心論」的批判，我是同情和理解的。遺憾的是他沒有抓住要害。如果把「歐洲中心論」的批判導向全盤否定近代以來歐洲歷史提供的社會發展經驗，否定這種經驗的社會發展價值以及為人類生活帶來的巨大變化，無異又走向了極端。在「人類中心論」的立場上應該具有這樣的氣度：凡是有利於改善和促進人類物質精神生活的一切創造，不論是由甚麼民族和地區提供的，都必須把它們視作全人類的財富而加以珍惜。即使就像弗蘭克所說，西方僅僅領先東方兩個世紀，那兩個世紀的成功經驗（包括教訓）也值得東方人認真總結和體會，並設法變為自己的財富，不能以「歐洲中心論」的名義籠統排斥。

我認為「歐洲中心論」被質疑並激起反感，除了對歐洲經驗本身的總結歸納仍存在許多異議，有待進一步研究外，很大程度應歸咎於某些人的「西方自大」情結。致命的錯誤發生在把歐洲經驗加以普遍化和絕對化，並試圖以強力推行這種經驗。無端的傲慢和粗暴的干預更使「歐洲中心論」聲名狼藉，甚至敗壞了自身本引以驕傲的自由主義真諦：每個人都有選擇的自由，每個人都必須為自己的選擇負責。民族或國家亦如此。深刻的根源還在於由於「暫時」的勝利（若從歷史哲學看，一切勝利都是暫時的），誤以為自己的經驗是最完美的，缺少了那種對歷史不確定性和多樣性的敏感，也怯於承認有任何超越歷史的可能。但應該公正地說，這些錯誤絕非是「民族性」的。「歐洲中心論」的批判由西方學者發起並形成思潮，就足夠說明這一點。

如果弗蘭克不是從物質文明的層面上去挑戰「歐洲中心論」，而改從文化層面甚至哲學人類學的深層次上去「清算」它們，或許他的處境會有利得多。

弗蘭克很看不起他的德國老鄉韋伯，我以為大錯特錯。韋伯雖是以提出西歐資本主義發生獨特的論證而享譽全球的，但即使在寫作《新教倫理與資本主義精神》這部核心論著時，他對當時美國資本主義現狀也並不完

全滿意。這是很值得注意的一種內在的心理矛盾。在該書的最後幾頁，他竟詛咒起資本主義文明。他要比他的同胞斯賓格勒和英國的湯因比都更早敏感到資本主義的機械理性正在吞噬着人性，文明的發展將要以文化的墮落作為代價，深受機器生產技術和財富追逐慾望制約的資本主義經濟秩序已經把「財富」這一昔日聖徒們隨時可以拋掉的輕飄「斗篷」，變成了一隻禁錮人性、污染靈魂的「鐵的牢籠」。

我敢說，韋伯從骨子裏痛恨對財富貪得無厭的追逐。然而，他目睹了積聚財富有效率的經濟制度，以及支撐這種經濟秩序的工具理性，這正是他期望德國強大所需要的。價值理性與工具理性，道德與效率，韋伯深知在近代歷史發展進程中發生着嚴重傾斜，在他的學說裏構成一種特有的緊張。正是這種緊張使他的學說成為 20 世紀最富內涵的學術經典。

韋伯學說給我們最深刻的啟示，莫過於出色地揭示了，從自然狀態脫胎出來的「人」，既是一個理智的存在物，又是一個社會的存在物。當他（這裏指複數的人）脫離幼年的混沌狀態開始獲得「自我」意識起，命運註定了下述難題必將伴隨其始終：個體與群體的矛盾，自然賜惠與人為索取的矛盾，物質享受與精神需求的矛盾，自由與秩序的矛盾，理想與現實的矛盾，穩定與變異的矛盾等等。社會演進是由眾多人群的「心」（心理動因）和「力」（利權分享的競爭行為）相互激盪造成的，決定歷史情境之所以如此而不是那樣的變數不可勝測。人文學者，包括歷史學家，通觀古今中外已有的社會演進，不能不感慨萬千，面臨着評判上的尷尬。我們找不到無可挑剔的完美，看到的只是對完美不懈的追求。從一定意義上甚至可以這樣說：人類社會的歷史是不斷「試錯」的歷史。那些為眾人不滿意、不合理的舊事物雖隨變革潮流而淘汰，新的不滿意、不合理又跟蹤而來，不捨晝夜。變革將是無窮無盡，如危崖轉石不達其地而不止。前述種種兩難，如陰陽兩極相反相成，重則輕之，輕則重之，矯枉而過正，過正則再矯之，無窮的擺復調整，這就是社會動態的運行，這就是全部社會歷史的真義。社會歷史正是在這些對立力量的吸引中獲取張力，在對峙、摩擦和衝突中展示頑強的生命活力。歷史長鏈上的每一環，好與壞都相對

而言，無絕對的好，也無絕對的壞。可能性無限，然落到實地只能是最不壞的。偏激的感慨要數盧梭：「文明是道德的淪喪，理性是感性的壓抑，進步是人與自然的分離，歷史的正線上升，必伴有負線的倒退，負線的墮落……」就以現代市場經濟所引發的社會變革而言，無疑是對傳統社會「群體」窒息「個體」極端傾斜的矯正。現在又對個性的過分肆虐感到威脅，試圖壓抑之，故而西哲又忽然對東方群體主義格外垂青。湯因比與池田大作的對話（《展望二十一世紀》）透露的便是這樣一種文化信息。作如是觀，方不致誤讀了有似湯因比發出的中國將充當「世界大同的領導者」一類預言。

弗蘭克並不自我認同於職業歷史學家，似乎更喜歡思想家的稱號。歷來思想家都愛與歷史學結下不解之緣，深沉的歷史感往往是他們獲取思想靈感的源泉。但在弗蘭克那裏，歷史更像是為了張揚主觀戰鬥精神而隨意擺佈的「道具」。今日的思想家若取這樣的態度對待歷史，不說可怕，至少也逼着我們不能不敬而遠之。

中國不需要「皇帝的新衣」

讀完《白銀資本》，我一直在想：同是解讀中國歷史，弗蘭克的感覺何以如此特別？

弗蘭克在《白銀資本》裏對中國歷史評價之高確是「史無前例」的。儘管弗蘭克的評價可能會給我們帶來某種感情上的愉悅，但我仍然希望學界能鄭重地對待這種「大膽的假設」。在未經充分證實證偽之前，這些假設的意義僅止於「問題意識」的層面。「外來的和尚好唸經」，「見風便是雨」，不是一種好辦法。

弗蘭克全書着筆最多的是關於以白銀為潤滑劑的外貿運動史的描述，但在不少地方為了證實「中國中心論」（他有時也忌諱這一用詞，但全書遍處可見，有關論證詳上節），涉及了對明清時期中國國民生產總值、人均收入水平、城鄉農工商業狀況的評估，而且常常舉出很精確的數據以支

持自己的立論。這些數據之出人意外，真可用「不鳴則已，一鳴驚人」來形容。然而離奇的數據卻讓我懷疑起這些立論的可靠程度究竟有多少。

　　例如為說明中國內地城鄉工業的發達程度，他援引了17世紀晚期到達上海的耶穌會傳教士的記述，實則是「道聽途說」，一看就知道歷史情景被大大誇張了：「僅此一地就有20萬織布工人和60萬提供紗線的紡紗工人。」（第164頁）該「地」是上海縣、松江府還是範圍更大些，弗蘭克沒有說明。再則這數據是指城鎮專業工人，還是農民家庭手工業？如此含混的數據着實可以拿來嚇唬西歐！弗蘭克在書中還藉助拜羅克的研究成果，稱1800年世界「發達」地區的人均收入為198美元，所有「欠發達」地區為188美元，而中國為210美元（第241頁）。更有意思的是，麥迪遜在另外的地方還推出頗具現代味的估算：在1700—1820年間，中國的GDP（國內生產總值）在世界GDP中所佔的比重從23.1%提高到了32.4%，年增長率達0.85%；而整個歐洲的GDP在世界GDP中所佔的比重僅從23.3%提高到了26.6%，年增長率為0.21%。「因此直到鴉片戰爭前不久，中國經濟規模依然雄踞世界各大經濟地區之首，其地位遠遠超過今日美國在世界經濟中的地位。」後一結論與《白銀資本》完全吻合，可見他們屬於同一流派。

　　未見麥氏原書，弗蘭克也不作交代，上述數據的推算過程不得而詳。根據從業的經驗，在近代以前中國經濟史的數理統計難度之高，常使學者望而卻步。古代中國是一個極不注重數量概念的國家，各種數據資料陷阱頗多，稍不小心就可能鑄成大錯（請詳參楊聯陞《中國經濟史上的數詞與量詞》）。史學傳統不重經濟記述（此與歐洲中世紀大異），私家記載奇缺（僅存者也一再毀於劫難），官方只有財政數據，不確且多文牘主義（如明代中葉後多照抄前代文檔），可信度之低，人所共知。基於如此等等複雜情景，經濟史界老前輩彭澤益曾坦言中國古代經濟史進行數理統計幾無可能，而後個人的實踐更體會誠哉斯言，出自肺腑。僅以弗蘭克特別稱道的明清江南經濟而言，有關耕地平均畝產以及地區年總產量、人均收入等等重要經濟指標，恐無人敢像麥迪遜那樣有膽量徑自推出精確的統計數據，

更遑論全國各業的「國內生產總值」。從散見的資料僅知道江南發達地區稻米畝產正常年景大致在 2—4 石之間。如果取 3 石為平均數似乎順理成章，實則大謬不然。至少有兩大變數必須考慮：一是平年、豐年與災年的計算，大致江南為三、三、三開。二是地區內部耕地肥瘠狀況參差不齊，松江西部與東部就差得很多，直到晚近全國各地區都有豐產田、平產田與低產田之分，也必須平均計算才近情理。究竟多少？誰也說不準。過去為了論證「資本主義萌芽」，不少論著稱頌江南農業多往高處說，以偏概全，造成的誤導恐怕已遠及西洋，又回來變成了需要我們反芻的「美食」。王國斌在《轉變的中國》一書裏就曾對布蘭德關於 1890—1930 年中國非農業人口增長的統計方法提出批評。同樣的問題也出現在弗蘭克多處引用的關於中國人口增長估算上，此處不便細說。總之，我對上述數據不能不表示驚訝——中國之大，發展高度不平衡，又缺乏各種必要的統計資料，竟能推算出如此精確的全國「GDP」總值與人均收入（何況這種人均收入對認識帝制中國的社會實情並無多大意義），真像是天方夜譚。基於這樣「大膽假設」的立論，給人感覺弗蘭克等學者為着「翻案」，太不顧及學術的嚴肅性。面對這樣主觀張揚過度的做法，我們不能不格外謹慎對待。

撇開許多細節不說，這裏我想着重從解讀歷史心境的不同說開去，就有關中國歷史的大局觀談點看法。我覺得，與國外漢學的對讀，相互間常有語境、心境和情境的差異，其中心境的隔膜更關聯着對歷史情境的體驗，不可不辯。對弗蘭克的書尤其應注意到這一點。

中國歷史確曾有過相當長時期的輝煌，這沒有疑問。關鍵後來是否陷入沉淪，造成這種沉淪的原因何在，在這一節骨眼上，我們與弗蘭克的分歧就會變得非常嚴重。弗蘭克既取消了「現代化」這一概念，又對「前現代」的境遇也就不屑一顧。他像世外高人那樣逍遙自在，竟可以拿兩個世紀「歐洲暫時勝出」的話輕輕帶過重大的歷史坎陷。然而不論說是「衰落」也好，還是說「沉淪」也好，生於斯土的我們卻不能不感到後兩百年歷史的沉重，種種切膚之痛逼着我們必得苦苦追索：曾經長期領先於世界的農業中國，為甚麼反會落在歐美之後，不能率先實現向現代工業社會轉型，

卻被別人「轟出中世紀」（陳旭麓先生語）？即使被迫「走出中世紀」，一個半世紀裏由傳統向現代的轉型何以又一波三折，如此的艱難？輝煌與沉淪之間有沒有內在的關聯？若有，是甚麼樣的關聯？歷史的回顧總是向着未來才有重新對話的價值。如果中國通史有甚麼義理，我認為這些問題就至關着最大的義理。

　　弗蘭克的心境全然不同。他的高度興奮點始終只有一個，那就是清算和推翻「歐洲中心論」，越徹底越好，因此常常指責別人「走得不夠遠」，甚至不無自豪地說他已經「把所有流行的理論翻了個腳朝天」（第 422 頁）。然而思想學術史的常識告訴我們，反對一種思潮，或者說檢討一種思潮，絕非必須來個頭足倒立，正面翻轉為反面才算「徹底」。這樣的「徹底清算」，民間譏諷為「翻燒餅」，由一個極端跳到另一個極端，中國人吃的虧還少嗎？弗蘭克對「歐洲中心論」清算時恰恰犯的是同樣的忌諱。

　　有理由認為，弗蘭克對中國歷史無條件的推崇就是這種主觀邏輯極端化的產物。他把中國歷史截斷成三橛，五千年的「中心」地位（1800 年止）與即將恢復的未來「中心」地位為首尾二長橛，兩個世紀的「衰落」為一短橛。何以輝煌，何以「暫時衰落」，又何以必然會再度恢復「中心」地位，這些關鍵判斷，全書幾乎沒有從中國歷史的角度做出過認真的因果分析。這絕不是疏忽，而是邏輯自圓必須跳開的「電閘」。例如關於「東方復興」何以必然，中文版前言共羅列了十條理由，只有兩條是切合主題的：一是「這些成就」都不是「基於西方方式獲得的」。二是到「不久以前為止」亞洲和中國都「曾經在世界上具有強大的經濟力量，因此它們很可能會很快重新崛起」。若按第一條邏輯，日本的「脫亞入歐」和當前中國的「改革開放」都被這一刀「閹割」殆盡，這是對歷史極不負責任的態度。第二條恐怕才是弗氏真正能用以自圓的邏輯。弗蘭克潛意識地認為只要把一頭敲死，另一頭不就活了？因此他一再強調近代歐洲的歷史甚麼都不是，所謂「優勢」「特殊」以及可以說明其成功的諸種現代「特徵」等等，都是別人杜撰出來的烏有之物；歐洲的歷史又甚麼都不如亞洲，如「歷史上亞非的經濟和金融發展及相關制度都超過歐洲」，「亞洲的生產力、生產

和積累都比世界上其他地方要大得多」，「歐洲的積累的增長可能完全得益於亞洲的積累」等等（第 7 章「歐洲特殊論」）。歐洲的「暫時勝出」即建築在沙灘之上，歷史的誤會過去，東方和中國的復興不就成了一條不證自明的「定律」？種種議論清楚地顯示出，對中國歷史的看法是基於「徹底」反歐洲中心論立場推導出來的，歷史的真實究竟如何，他不想深究，也不便深究。

　　説實在的，我真有點擔憂弗蘭克這種奇異的中國歷史觀客觀上會給中國讀者造成嚴重的誤導。因為基於全盤否定歐洲歷史主觀邏輯的擴張，從反面誘導出一種類似天命論的「中國特殊論」。説白了，弗氏的基本歷史邏輯不就這樣簡單：中國歷史不僅一貫輝煌，歐洲無與倫比，而且未來的輝煌也不需要理由——它是過去輝煌（短暫中斷後）的自然延續。把歐洲甩在後面是五千年歷史（扣去不足道的兩百年）早就證明了的。沒有必要照搬任何西方模式，「走你們自己的路」就是。如此，改革開放、社會轉型這樣至關中國歷史命運的主題在他甜蜜蜜的歷史決定論裏沒有任何位置，全然成了「多餘的話」。試問我們能相信中國只需循着原來的老路走去，躺在輝煌歷史的溫牀上等來「再度輝煌」嗎？

　　弗蘭克不可能不知道因果分析是歷史學方法論的最低基礎，變革的恆轉更是民族生命力的根本。即以弗蘭克提供的模式而言，輝煌—衰落—再輝煌理應是一種具有內在聯繫的歷史因果鏈，輝煌之中必潛藏着導致衰落的「種因」，衰落才不會成為「無因之果」；衰落之後能夠再度輝煌，「衰落」之中必有克服衰落的「種因」的積累，再度輝煌就不再是原路「循環」，而是一種新的歷史昇華，新的歷史境界出現。記得佛家人有一偈説得妙：「欲知前世因，今世嚐着是；欲知後世果，今世做着是。」這對單個的人，是無法驗證的。但相對在時間流中不斷徜徉的群體歷史檢討，卻不無深刻性。歷史效應裏深藏着正負潛顯四大種子，變革是一種不斷把負能轉為正能、把潛能變為現實的奮鬥過程。歷史學應該為這種瞻前顧後、參透因果提供一種富變革性的思考智慧，才不負歷史學存在的價值。

　　我總覺得對弗蘭克來説，非不能，實是心理障礙使得他不能為之。為

了體系的需要，他有意無意地走上認識論的歧路：好就是絕對的好，壞就是絕對的壞。前者突出地體現在對中國歷史的高評價，後者表現為一意貶低歐洲歷史的價值。他的「世界體系」主導方向永遠是單向的，其中唯有「面向東方」才是正常態；否則便是變態，不能長久。由於他過度專情於網羅一切足以表達中國經濟發展水平高於歐洲的歷史現象，以致不願對這些現象細加透析，作具體的歷史分析，「拿到籃裏便是菜」。他更是力圖排斥一切關於中國古代社會發展局限性的歷史分析，例如國家對發展經濟的強控制能力、官僚制度的低效與腐敗、特權階層對金錢的聚斂、貧富的過度分化以及經濟金融制度的保守封閉等等，在他看來，這些都不能構成導致「衰落」的原因。不是這些又怎麼會「暫時」衰落？大概除了歐洲「剝削亞洲」的外部因素外，只能把內因無奈地歸結為馬爾薩斯的「人口論」：「更高的人口增長阻礙了由於和基於對節約人力和產生動力的機械的供求而發生的技術進步。」這一論點反覆出現於整個第 6 章，成了他唯一用力陳述的「理由」。前幾章把「人口增長」看作是中國經濟發展的標誌（第 2 章「人口、生產和貿易」；第 3 章更贊同人口的增長「很可能是對經濟增長中的重大進展的一個直接反應」的論點，第 319 頁），到這裏卻又成了阻礙發展的絆腳石，顧此而失彼不說，最足以反駁的是：現在中國的人口是歷史人口高峰時期的好幾倍，又為甚麼反倒不妨礙中國走向工業化，再度雄起於世界？對於這樣一個經歷種種因素長期積澱而產生的「衰落」與「勝出」的反差，有關「社會結構」轉變的複雜歷史問題，用如此簡單的「人口論」一丁點來支撐，真像它有足以把兩個世紀全球歷史攪動起來的特異功能，不可思議！

　　說弗蘭克有關中國歷史的評論一無是處，顯然也不完全公正。例如中國人並不缺乏精於計算的「經濟理性」；中國的農業和家庭手工業曾經達到相當高的水平，或許在傳統農業時代世界的許多地方（包括歐洲）都難以企及；中國區域間的市場經濟和對外貿易（特別在亞洲地區）也有一定程度的發展，有些水平並不比中世紀歐洲低，原先封閉的「自然經濟說」必須有所修正，如此等等的相關評論，畢竟還傳達了西方漢學從「第三隻

眼睛」看中國的一些獨到之處，屬於「旁觀者清」。然而旁觀者也有缺乏切身體驗的先天性弱點。試問：中國五千年的經濟發展水平不低，科技也頗多第一流的發明，何以不能自轉變到現代工業社會的軌道上去？中國的有機農業（使用糞肥）、壟耕制度以及中國犁等農業先進技術都在歐洲「農業革命時代」發揮過作用，三大發明（火藥、印刷術、羅盤）外傳對歐洲戰爭（以及民族國家的建立）、啟蒙文化傳播和航海殖民所造成的歷史效應也顯而易見，又何以會出現這種「牆內開花牆外香」現象？弗蘭克可以不回答這些與己無關的歷史悖論，但中國史學本着「靜以藏往，動以知來」的宗旨，對攸關民族歷史命運的困惑和疑難，就不可能無動於心，不作認真的追索。

中國歷史不是很容易看得明白的，身在域外的弗蘭克為一些經濟表象所惑，也不足為奇。例如他最感興奮的話題便是白銀的大量流入中國，幾乎成了他滾動全球歷史的一根縱軸。據他估算 16 世紀中期到 17 世紀中期最終流入中國的白銀在 7000—10000 噸左右，即中國佔有了世界白銀產量的 1/4 到 1/3（第 210 頁）。1 萬噸白銀即 3.2 億兩，以百年計，年平均流入中國為 320 萬兩白銀。這一數據初看驚人，但是不是像他說的「這種貨幣的湧入刺激了亞洲的生產、拓殖和含含糊糊的擴張」（第 220 頁），「自 16 世紀中期起，白銀注入中國經濟所造成的經濟擴張更為壯觀」（第 224 頁）？大可追究。

先説説這一數字放到中國具體的歷史環境，也沒甚麼了不起。弗蘭克所指的時期正當明朝嘉、隆、萬三朝近百年的「盛世」。這一時期或許也可以稱作中國的「白銀時代」，但正確地説，16 世紀中期是中國統治集團瘋狂追逐白銀時代的開始，萬曆年間礦監、稅監滿天下飛，民怨沸騰激起民變達到「喜劇」高潮，終以崇禎上吊煤山悲劇收場。早在嘉靖二年即有官員疾呼：「宗室之蕃、官吏之冗、軍士之增，一切用度，俱出其中（指國庫收入）。以賦入則日損，以支費則日加，雖巧者莫能為之策矣。」查閱相關《明實錄》，財政官員的歷次「歲支」報告，吞吞吐吐、進進出出，數據不盡一致，但大致輪廓還是比較清楚：帝國政府各種支出的白銀數

量驚人，「內庫空虛，無以為繼」的呼聲不斷。其中僅北部軍事地帶（九邊）各項費用支出額每年即需 350 萬—450 萬兩之鉅；皇室消費及各項賞賜歲費也不下 220 萬—250 萬兩。以收支不抵為理由，自嘉靖中葉起直到明亡，政府遂有三餉加派的橫徵暴斂，各項加派總計「一年而括二千萬兩以輸京師」（崇禎十二年御史郝晉奏言）。入至清初名義上雖取消明朝的「加派」，實則國庫財政年收入卻增至 1900 多萬兩，嘉慶時增至 4000 多萬兩，其中海關收入乾隆中葉曾達到 540 萬兩。但支出亦鉅，兵餉一項雍正時仍高達 1700 餘萬兩，文武百官俸祿（加養廉銀）總計 451 萬兩。試問：每年流入的 320 萬兩白銀即使全部收進帝國政府的財政大漏斗，瞬間即變為烏有，帝國政府更從來沒有外來白銀多得滿地流淌用不盡的感覺，這在歐洲可以想像嗎？

我們與弗蘭克的嚴重分歧不在中國有沒有經濟創造能力。過去的歷史已經證明在傳統農業時代，中國確曾創造過莫與倫比的農業與手工業的諸多成就，也有那時代相當活躍的商品經濟。分歧主要集中於何以這樣成熟的農業社會卻不能順利地實現向現代工業社會的轉型？我們認為根本性的原因就在適應於大一統農業社會的社會體制缺乏創新的動力，時過境遷，前者卻成了阻礙其向現代化轉型的障礙。

與王國斌相比較，弗蘭克對中國歷史真實情景的隔膜相當驚人。與過去認為中國歷史一無是處相極端，在弗蘭克筆下中國歷史竟一無壞處。例如他認為「中國的財產權和土地買賣自由比西歐多」，這是中國歷史一個突出的優點（第 300 頁）；並認為利皮特等人「中國的官僚制度和階級結構阻礙經濟擴張」的觀點是不能成立的（第 369 頁），「所謂亞洲『專制主義』國家無力促進經濟發展的說法完全是無稽之談」（第 282 頁）。如此等等不切實際的推崇在書中遍處可見。

本文不可能就弗蘭克上述相關觀點作更詳細的駁辯。我只能概括地說，歷史情景與弗蘭克想像的完全不同。中國傳統社會的基本政治模式既是一種世界極少有的大一統中央集權垂直管理體制，指令性經濟的強度，在中國歷史上隨處可得體驗。好處是它確實具有動員和組織經濟力量的特

殊魅力，足以創造出類似長城、運河以及其他一切公共工程的奇跡，西歐任何民族國家望塵莫及。它的反面，卻是對任何私人經濟強力干預和過度剝奪十分有效，西歐也莫之能比。難道這些都不是歷史的真實而是人為臆造出來的「謊言」？

　　中國傳統時代的產權狀態確實很複雜，特別是在進入大一統帝國時代，產權狀態隨時勢的演進變得越來越複雜。各種「國有」的、「私有」的甚至是「宗族」「部落」式的產權，兼收並蓄地共存於帝國體制之中。但就其整體特徵而言，「國家主權即是最高產權」，「普天之下，莫非王土」，產權「國有」的觀念始終佔主導地位，並且是政治的、行政的力量干預經濟最權威的根據，各種經濟勢力都莫之能抗。說不存在某種形式的私有產權，也不合乎實際，平日裏財產佔有者之間可以專賣轉讓。但是，說「私有」，甚麼時候都可以宣佈「國有」，像王莽時的「王田」、北魏到隋唐的「均田」，南宋的變民田為「公田」，明代的「遷徙豪強」，清代的「科糧案」以及歷代都有的「抄家」等等，究其實質都擺脫不了「國家主權是最高產權」（馬克思語）的陰影。下面的狀況恐怕是中國所特具的一種歷史特徵：「公」與「私」的兩種要素猶如陰陽兩極，負陰而抱陽地包容於這種特殊的「國有」產權觀念之中，在中國形成了一種非制度化的，產權模糊和動態變化的特殊權利結構。任何名正言順的國有產權，都會受到各種形式的侵蝕，被「化公為私」；而任何看似私有的產權，通過賦稅、徭役或正常或非正常的行政法令隨時都可以「化私為公」。總之，在中國傳統社會，政治的強制度化與產權的非制度化形成強烈的反差，私有產權的發展是不充分、不獨立、不完全的。沿着這一思路體驗其進退演化，才可能理解中國傳統社會後來為甚麼會難以「走出中世紀」。

　　就以弗蘭克支撐其「白銀資本論」的最重要根據——明清江南紡織業的背景而論，「國有產權」觀念通過苛重的賦役，體現出的是政權機構有權以「國家」的名義對任何經濟形式實施超限度的剝奪，市場商品經濟呈現出許多繁榮的病態特徵，發展的空間是極其狹窄的。這些歷史事實早為國內學者充分論述過，只是弗蘭克不願面對而已。至於明清政權是實施

「海上擴張」政策還是對外貿實施嚴格管制，我想有關專家多得很，他們完全可以做出如實的解答。本文已經過長，不能再展開了。

我不得不坦率地說，弗蘭克把推翻過去的歷史陳述看得太容易，也把宏觀把握世界歷史的困難估計得太少，激情有餘而沉靜不足。只要看弗氏「指點江山」時揮灑自如，批評犀利尖刻，然自己片面疏漏和經不起推敲的地方也所在有之，就知道他是過分看輕「進入情景」對一個歷史學家的重要性了。不到大海，焉有河伯望洋之歎？不近「樹木」，何能把握「森林」？我以為他兒子的贈言，恐怕也包含有委婉提醒的意思。

最後，我只想說弗蘭克為了自己的思想體系可以這樣擺弄歷史，但國人萬不能因別人的捧場失掉對自身歷史的冷靜分析。套用弗蘭克的話：中國歷史也不需要「皇帝的新衣」。

四

閱讀歷史：前現代、現代與後現代

　　歷史閱讀是一種主體與客體交流的活動，如同看小説、聽歌曲一樣，與我們自己的經歷和當下的心情都不無相關。當然，在我看來，它更是一項有益於提高自己觀察社會與思考人生的智力鍛煉。中國有一句老話説得好：「世事洞明皆學問，人情練達即文章」，歷史可以助你在洞明世事、練達人情的成長過程裏多一份經驗。學過歷史的人，往往容易被人誤解為老氣橫秋，像出土古董死氣沉沉似的。不，不應該如此。他們理應有一種比較豁達的胸懷——甚麼世面都見過，甚麼人都交往過，有一種灑脱和冷峻。

　　學問家往往把簡單問題複雜化。若要破除對學問的神祕，則可以反其道而行之，把複雜問題簡單化。歷史是甚麼？歷史由三要素構成：時、地、人，是在特定的時間和空間範圍內，由特定的人群演繹出的一系列故事。現在發生的叫「新聞」，過去發生的叫「歷史」。例如 2003 年情人節前，上海某大學飯廳前張貼一張海報，匿名女生誠情徵邀男生，在寢室陪伴度過情人節之夜，以一人為限。新聞傳出，遠近轟動，每個人都不懷疑自己擁有評論權，褒貶不一。設想百年之後，有一位社會史的研究生發現了這些材料，以此為中心，寫出一篇研究轉型期中國女性社會心理變遷的論文，這就變成歷史社會學或者歷史心理學範疇的專門學問了。有些事情，距離的時間越長，越容易看得清，因為「當局者迷」，「只緣身在此山中」。這是歷史學家常常自以為得意的地方。但如若那位研究者漏看了一條網上信息，即事後有人揭發，此海報作者實非女生，乃男生玩笑之作；如果這條揭發真相的史料是確鑿的，卻又因某種原因毀滅了，不存於世了，那篇論文資料的真實性就大打折扣，那時只有上帝才知道。這就是「後現代」史學要説的——別相信史料記載、史家評論的絕對真實性。

研究歷史，兩個基本條件不可或缺：一是材料，要熟悉過去與現在有關「人」與「社會」互動的經驗性材料，掌握檢索和辨偽史料的技術；二是思想，有自己的體驗和心得，能言人所未言，道人所未道。前者是苦功，是技巧，有一個逐漸熟練的過程；後者是靈性，是思想，要許多相關知識的綜合，更需要判斷和聯想的能力，發表意見的能力。所以學歷史的人一定要耐得住寂寞，肯坐冷板凳，要地毯式地一寸一寸搜尋資料，「上窮碧落下黃泉」。太乖巧而不刻苦的，難成為歷史學家。當然，刻板而缺乏思想，不敢獨立思考的，就很難成為出色的歷史學家。

我一直有這樣的看法：以歷史學為職業，其實是很苦的，有少數「志願者」參與就可以了；但人人都應該學一點歷史。人之所以異於動物，重要的是人發明了語言文字，使集體性的記憶得以長久保存，人也就藉此得以超越時間、空間和個體生存的局限，有可能把握更多的集體性記憶，從而補充和豐富自己的經驗。從每個個體而言，生命有限，經歷有限，若能從長久積累的歷史記憶中汲取經驗，就等於把自己生命的長度延伸了許多倍，多活了幾百歲乃至幾千歲，從經歷上說你有可能「千歲、萬歲」。

現在大家都在談民主，談自由。從歷史上看，這可是兩個特大字眼，真不好輕易評說。記得丹麥的克爾凱郭爾（祁克果）說過，人最大的苦惱，就是每個人都想自由地按照獨立意志生活，但又必須跟別人生活在一起。一部人類史，就是一部不斷嘗試如何調適個體與群體、個人與社會相互關係，失敗多於成功的經驗史，自然我們也很可以從這些苦澀多於歡樂、艱難多於順暢的歷史經歷中得到許多啟示。知道調適人與人之間的關係，是一門大學問。民主與自由，若不建立在一種合適的關係準則（或曰遊戲規則）之上，不說緣木求魚，南轅而北轍的教訓反正是不少。

我是從研究明末農民戰爭史起步的。今年是甲申年，距郭沫若寫《甲申三百年祭》，又過了一個甲子。360 年前，1644 年，即是明王朝被農民戰爭滅亡之年。有關明末農民戰爭的史料極其豐富，野史筆記多的是，這在古代很難得。史料看得越多、越細，感觸越強烈。

一是感慨大明官場，人才濟濟，濟濟變成擠擠，搞窩裏鬥倒是一隻

鼎，包括知識分子。但在不起眼的小地方，偏鄉僻壤、山坳荒漠，藏龍臥
虎有的是，到了兵荒馬亂的年頭，就獲得了出頭露臉的機會。你說李自
成、張獻忠，一個驛站馬伕，一個為地主打工，原先誰會把他們當人才
看？可在 1628—1644 年間，他們叱咤風雲、不可一世，要意志有意志，
17 年裏屢敗屢戰；要智慧有智慧，野戰、陣地戰都勝過官軍。兩人稍有
不同的是，張獻忠殘暴些，李自成厚重些。若沒有東北滿族的橫插一槓，
李自成完全有可能建立新朝，成為第二個朱洪武似的開國皇帝。若做了皇
帝，他過去是當馬伕還是當小和尚都不敢提了，天才的帽子不戴，別人也
會鬨然給你戴上，古書上叫作「解民倒懸」「天縱英明」，十分偉大。

　　李澤厚主張「告別革命」，不是沒有道理。但他採取的卻是指責，而
不是同情地理解的態度，說如果沒有就如何如何，這就不是歷史的態度。
歷史上有過的，必有不得不發生的理由——大家都知道，古時候，中國農
民是最老實、最聽話的，年復一年地埋頭「修地球」、過苦日子，很少進
城，見到官兩腿發軟，大官稍說幾句好話，就感激涕零，說是「見到了好
官」。誰會平白無故地用生命去賭博？可一旦到了活不下去的時候，飢餓
是死，造反也是死，你說他們選擇甚麼？「民不畏死，奈何以死懼之」，此
話是有條件的，大約數百年才一遇，天災人禍到了極點，樹皮草根吃完，
就鬧人吃人的慘劇。到那時，革命想阻擋也阻擋不了。

　　感慨之二，到了非正常狀態，人心會變得叵測不定，控制不住。在前
現代社會，中國是創造物質財富能力最強的國家。長城、運河不說，周
秦、漢唐、兩宋、元明的宮殿、王府、豪宅、園林，建築瑰寶不勝其多，
到今天都可以為旅遊業賺回大把大把的外匯，可地面上存留下來的卻少得
可憐。去過意大利、法國、德國、英國的，就感覺得到，中國地面上的文
物與其悠久的文明極不相稱。每一次戰爭動亂，一個王朝的許多宏偉建築
往往被付之一炬。

　　我曾經為此疑惑不解。打進京城的農民痛恨皇帝、大官、闊佬，看了
這些用農民血汗錢堆起來的豪華住宅、奢侈器具，怒火中燒，氣不打一處
來，這可以理解。為甚麼非燒了不可？後來讀了心理學的書，才有些開

窮。埋下的怨恨越深，積蓄的不滿越多，它釋放需要的能量就越大。農民由盼望皇恩浩蕩的熱望，到苛政猛如虎的失望，再到災難叢生、瀕臨死亡的絕望，這一不斷上升的長過程中，如若沒有許多渠道獲得緩慢的釋放，積蓄起來的能量大極，非通過極富刺激性和破壞性的行為，就不可能得到宣泄。李自成在攻陷洛陽時，曾用吃「福祿酒」的方式處死福王，既是一種宣泄，更是一種向敵對者的示威。但甚麼樣的行為最具刺激性呢？熊熊烈火，騰空而起，聲光並作，全場騷動，肯定是最富刺激性的。另外，個人行動往往多理性的計算，至少恐懼的本能也能起約束的作用。到了群體騷動的場合，集體的非理性就會戰勝平日裏的膽怯，情緒衝動會因相互感染而得到極度強化，個人的負罪感和恐懼感消失。這就是民眾運動多容易演化為暴動、暴亂的一種心理學解釋。

俗話說：「可以共患難，但難於同富貴。」農民軍的兄弟情誼和團結，在困難時期是摧不垮、打不散的——軍事共產主義的平均分配，在大順軍中執行得很成功，這就是李自成高於打家劫舍式盜寇的地方。到 1643 年，李自成在河南、湖北取得七大戰役的勝利，看到了希望的曙光，開始籌建統一政權。也就在那時，裂縫就出現了。首先，農民聯軍內部開始重演《水滸傳》裏的「火併王倫」。李自成先後藉故殺了「革里眼」賀一龍、「左金王」藺養成、「曹操」羅汝才和「小袁營」袁時中，取得獨尊的地位。當時一位河南的知識分子鄭廉就評論：「一國不堪兩君，一營寧堪兩帥，或南面而臣人，或北面而臣於人，為順為逆，莫不皆然。」「天無二日，人無二君」「一山不容二虎」，這叫「專制心」，即使是曾經仇恨帝王將相、仇恨被別人壓迫的普通農民，到了那個份上，成者為王，他心理也會發生變化，自然而然地會回到這個死節上來，這就是數千年社會體制積累下來的集體無意識，不容易擺脫。

原來義軍內部，頭領稱「掌家」的、「管隊」的，由大家推舉，不時以兄弟相稱，都是「哥們兒」，相互之間只有職務差別，沒有大的收入落差，關係比較融洽。現在，義軍士兵不能不對將領和降官們刮目相看。大將軍劉宗敏府前高懸大紅燈籠，人稱劉國公，門衛森嚴；官員、將領俱以

九品分等，服裝、帽子都有嚴格區別，尊卑分明。舊禮制的恢復，在新官與士兵百姓之間築起一堵不可逾越的牆，人與人的關係發生了微妙的心理變化。

河南文人鄭廉，講了一個他朋友的故事。那朋友被抓在軍營裏，有一個年輕小頭目負責嚴密看守，防止他逃跑。一天，他對那位年輕農民說：「你又不是天性想作盜賊，何苦來？即使老賊頭做了皇帝，也封不到你。」那人聽後號啕大哭，把他放了，自己也跑回了老家。

進京後，李自成招降一批明朝中低級官員，授以新朝官職。有一個士兵問某明官：「選你做甚麼？」那人回答：「兵部主事（國防部科長級官員）」，士兵一臉無奈地說：「也好，也好。只是不要再像前朝那樣死要錢。我新朝立法森嚴，貪官污吏是要殺頭的。」這還算是有點骨氣的。更差的例子也有。無錫人趙士錦在明朝只是工部的小科長，絕食三天，拒不「從逆」。看管他的一些頭目紛紛相勸，說：「老爺，你何必苦呢，餓壞了身子，可是大事。我們家的官好做得很，與明朝一樣。如果老爺能轉升到我們家裏做大官了，可千萬別看不起我們。我們還求你老爺多照顧着些呢！」

大順軍 17 年裏屢敗而屢戰，百戰不殆，靠的是共同擺脫困境、走出生死峽谷的巨大凝聚力。然而，勝利只能改變少數人的境況，而多數人仍是希望渺茫。經過短短的進京城 39 天，在與清軍的山海關戰役中，農民軍一敗塗地，判若兩支部隊。其中人心渙散，導致軍紀失控，在去山海關之前，已經非常嚴重。眼看封王封侯的，接受闖王賞賜，一籮筐一籮筐金銀珠寶抬進抬出，一般義軍士兵、軍官怎能不感慨萬千？前面說到那位號啕大哭者算是覺悟早的，稍晚的正趕到抄沒明朝宗戚官僚家產的風潮，紛紛「順手牽羊」。據當時在京城的一些親歷見聞者的記載，說義軍士兵到酒店吃酒，隨手給的都是金銀首飾或珍珠，出手特別大方。有一位秀才，被一群士兵抓了就走，此人嚇得面色發白，以為大禍臨頭。誰知到了軍營，士兵們口口聲聲稱他為「大官人」，特別客氣，原來是要他為山西陝西的家人代寫書信。言語間不時流露出對闖王多怨言、有牢騷，思鄉氣氛濃烈。他們每人都把身邊的金銀首飾折斷了裝在布袋裏，託便人連信捎回老家。

事情辦完，那秀才也得了不少金銀珠寶，興沖沖地揣着高額「勞務費」，向夫人報平安去了。因此，當義軍退出北京，往山西、河南、陝西撤退的路途上，逃跑的越來越多，失敗的態勢已經不可挽回。

這是最後失敗了的，成功了又如何？朱元璋是再好不過的例子。朱元璋發佈的聖旨許多是用白話寫的，通俗易懂。他也說農民終年辛苦，如何如何，講得有板有眼，好像不忘舊日情景，可一涉及賦稅皇糧，口氣就變，說這是每個老百姓（子民）必須盡的義務，誰不認真完納，就對誰不客氣。為了杜絕隱漏田賦勞役，他把軍隊放到地方上，一個村一個村地實地調查人口田地，聲稱凡作弊者格殺勿論。這比起那些養在深宮裏的皇帝要厲害百倍。

我讀明清的材料多起來，思想也發生了變化，意識到不改革舊制度本身，走馬燈式的換人，甚至用暴力的方式把一批人打倒，擁戴一批人上台，對此不應抱有很大的熱情。

我真正從事史學研究，起步很晚，大約 40 歲前後。所幸「文化大革命」刺激我從迷誤中清醒過來，強烈地意識到中國如若不能走出千年歷史的陰影，跳出一治一亂的「周期率」，真的已經很難自立於世界之林。從那時起，我的史學觀念發生了很大的變化。要而言之：一是意識到史學必須有批判的意識，二是追溯歷史是為了現在和未來。我的研究，不管是大題目還是小問題，想要回答的是千年的輝煌，何以會變成百年的沉淪？或者說是：「中國如何才能走出中世紀？」

頭十年，我近乎瘋狂地讀西方的書，社會學、人類學、經濟學、心理學，乃至科學哲學，甚麼老三論、新三論。不懂外文，看中譯本，翻譯得差極了，像馬克斯‧韋伯的《世界經濟通史》，近乎看天書——總之囫圇吞棗、一知半解，硬着頭皮讀。頭腦裏，盡是韋伯、弗洛伊德、海德格爾、薩繆爾森、諾斯……福柯還敢看，就是尼采不敢問津，怕自己入迷了，得神經病。沒有甚麼人在逼着我，甚至我的老師還批評我離經叛道，有壓力。為甚麼？事實勝於雄辯，曾經比我們落後的西歐、歷史短得可憐的美國，在近幾百年裏確實獲得了很大的成功。160 年前的林則徐都看到

了這一點，20世紀差距拉得就更大了。單純從中國看中國，就像身處廬山之中，必須與西方歷史相比較，才有可能看出中國缺甚麼，中國弱在甚麼地方，別人成功的經驗有哪些。當然，更重要的是思維方式──例如從牛頓到愛因斯坦，啟示我們對自然界的認識是永無止境的，對社會、對歷史更是如此。史學研究的觀念與方法也必須不斷質疑，不斷吐故納新。

中國的文化有許多精彩的地方。古代中國是一個以農業見長的國家，文化也具有農業社會特有的平和、含蓄、持重和沉穩的風情。我們對四季變化的感覺非常敏銳，春耕、夏種、秋收、冬藏，四季、十二個節、十二個氣，每一種微小的氣象、物候的變化，預示着甚麼；日月風雲的變幻，會對農作物產生何種影響，農諺很多，微觀方面「變」的學問深奧。放在宏觀方面，總相信年復一年，周而復始，循環論佔了上風──所有的變化都是在一個圓的平面上展開，陰變陽，陽變陰，冬去春來，否極則泰來，這就是《周易》裏的那個八卦。以這樣的世界觀看社會、看歷史，我們的心態是平和的，盛的時候，想到可能會衰；衰的時候，相信離開轉盛不遠了。「冬天到了，春天還會遠嗎」；「不是不報，時候未到；時候一到，一切都報」──在「文革」災難時期，有一些人就是靠這樣的文化信念堅強地活了下來。中國人的忍耐性、生命的韌性，非常像植物──魯迅寫《野草》，實際上是寫中國人的精神。

以開放的態度看世界文化，各民族的文化各有千秋、互有短長。有長必有短，有利必有弊。我們的循環觀否認突變，強調經驗和秩序，「天不變，道亦不變」。中國歷史上盛衰治亂，反覆震盪，不比西方差，但解釋這種動亂的原因，傳統史家不從制度上檢討，也不檢討我們的意識形態，多強調道德人心的絕對性──人心不古、道德淪喪，官不像官，民不像民，就判斷危機已近，知識分子開始聲嘶力竭地呼喊；呼喊、改革都不濟事，每況而愈下，民眾就造反，成者為王、敗者為寇，周而復始。所以中國傳統史學的核心是道德史觀，君子、清官、好皇帝──小人、貪官、暴君對立的兩面，構成了史書敍述的主體。教育我們的，就是要維護現有的道德秩序，把希望寄託在出現好皇帝、清官上頭，仰望星空，耐心等待天

才降臨，「五百年必有王者興」。這樣的史觀在今天的一些歷史影視和歷史小說裏仍在延續，津津樂道，把陳腐當作新奇，我只能說一聲：遺憾。

西方的史觀也有過這樣的階段，但進到向現代社會轉型時，他們把研究的重心從「英雄」轉移到經濟發展、社會規則的考察上來（經濟學、社會學興起）；把「人」的研究從精英轉移到大眾對精英的制約上來（政治學興起）──發展的理論、制度分析的理論幫助史學家完成了從舊史學向新史學的變革。因此，中國的新史學必得從西方的社會理論中汲取資源，借鑒別人的經驗。

近幾年來，西潮又一次東來，在思想文化領域，新概念、新話語層出不窮，轉換之快，目不暇接。現代性還在無休止地爭論，後現代已經登場。我覺得，我們應該以健康的心態對待這種變化。

一種新的概念、新的話語，往往代表着一種新的思考方式、新的觀察視角。例如現代社會理論中的結構主義，就是對那種以甚麼甚麼為綱──片面決定論的反駁。它既反對經濟決定論，也反對文化決定論。決定一種社會狀態的，是許多方面、許多力量的總合。這種總合的效果，許多時候更取決於它們以甚麼樣的方式組合和相互作用，例如一個現代社會，一定是一個建築在高度分化基礎上，以有效的制約機制實現高度整合的社會，而不是分化好，還是整合好，或者是分權好，還是集權好的問題。假若不解決民「管」官的問題，亦即民意對政府的制約，沒有更多獨立的民意機構去監督政府，大集權、小集權的弊病還是半斤八兩。

弗蘭克、彭慕蘭的「反歐洲中心主義」是一種新話語，與之相連的還有「後殖民主義」等等。雖然他們還不能說是正宗的「後現代主義」，但有一點「後現代」的味道──其中有一條，就是反駁「現代化理論」的。在他們看來，「現代化理論」是歐洲成功之後的總結，而不是歐洲歷史的真實，是想藉以炫耀自己唯一正確，並向全球擴張的理論。歷史並不能證明非有這些條件，才能發展到「現代」。它的出現或者成功，取決於許多偶然的因素。即使在西方，也沒有一個國家的現代化是相同的；每個國家都可以有自己走向現代的道路。兩個人也都認為，現在中國的經濟發展非

常成功，再一次證明了他們的看法。

這一刺激對我震撼特別大。我們民族主義的那根神經非常敏感，也非常脆弱。外人說我們的壞話，就想到揮動拳頭；說好話就感到舒心——但假若忘記了我們歷史上還有許多陰暗面，還有許多弱點，把好話當補藥，那就容易變成虛榮，而非自信。因此，對於西方的新話語，我們應該有所鑒別和選擇——它的基點，應該是以自己的生活體驗和歷史體驗為準，立足於對自己的發展有利。

19 世紀以前的世界，是以歐洲為中心，還是以中國為中心，估計學界還會有激烈的爭論；也有人提出「中心說」本身就有問題。不管怎樣，弗、彭有關歐洲中心主義的質疑，對中國史而言，還是有新的啟發。例如馬克斯·韋伯把我們通常說的資本主義社會，在前面加了一個「理性」的前綴詞。也就是說，資本、市場這些東西古已有之，現代社會區別於傳統社會，最重要的特徵便是講究經濟理性——工具理性（具體而言，即價值法則），亦即亞當·斯密說的利益最大化原則，通過市場規則，實現投入與產出的理性化。「理性」，有的翻譯為「合理性」，似乎就成了「現代」的一個標誌。細想，中國傳統社會，政府行為往往是不計成本的，政治至上，講政治賬，不算經濟賬，證明韋伯說得非常對。但由此能說中國人生活裏、頭腦裏就沒有經濟理性？人的第一本能就是生存。為了生活，誰不想賺更多的錢，誰不在收支方面斤斤計較？最近一位寧波人告訴我，寧波人為甚麼善於經商，只要拿生活中兩句俗話就可以說明。一句是「親兄弟明算賬」，這就是市場經濟中的核算成本原則。一句是「碗對碗、籃還籃」，鄰居送我一碗菜，我就要還一碗菜；親戚上門送一籃禮物，回去也得奉還一籃禮物，這是市場經濟中的等價交換原則。

明清時代的江南經濟的發展，確實有非常閃亮的一面。在人口高度密集的地區，糧食種植的精耕細作水平以及單位面積產量之高，在世界上首屈一指。而且在蘇松，發展出植棉和家庭棉織業；在嘉湖，發展出蠶桑和家庭絲織業。17—18 世紀，歐洲人用白銀從中國進口棉花、棉布和生絲、絲綢，估算世界白銀產量的 1/3 流到了中國。江南農民很能適應市場的

發展需要，不單純靠糧食生產，發展出商品性的家庭手工業，人人織布，家家繰絲，收入自然比其他地區高。城鎮在這樣的基礎上顯現出市場的繁榮，不要說蘇州、杭州了，像盛澤、南潯這樣的大鎮，簡直就是一個全國性的絲綢市場中心；而松江的朱涇、楓涇鎮也曾經是全國棉布市場的中心——它們通過廣東、福建的海商（包括走私商，即海盜），又與中西國際貿易聯繫在一起。怪不得弗、彭要說那時世界經濟中心在中國，在中國的江南。這一點，使我更加深信，中國人並不缺乏經濟頭腦，也有自己的經濟理性——中國人發展經濟的素質和能力不低於世界哪個國家，否則數千年的輝煌就不可理解了。因此，近代落後的原因，不是經濟發展本身有甚麼先天性的阻礙。主要原因還在別的方面。

　　弗、彭無限誇大明清江南的經濟發展水平，最大的毛病是出在對中國國情缺乏真切的了解，這不能苛求——但他們經濟史研究的方法，用的是純經濟學，而不是諾斯等人的制度經濟學，就有點落後了。表面看明清江南最有可能率先在中國發展到資本主義，實現現代化。事實卻是不能。為甚麼？他們忽視了非常重要的一點，中國是個大一統的、高度中央集權體制的國家，江南是中國的江南，而非獨立的江南。在中國舊體制裏，往往不是鼓勵先富，而是像孔老夫子說的，「不患寡而患不均」。最近我根據明後期中央與地方的財政檔案，做了一個統計，僅蘇州、松江、常州三個府，面積和耕地的全國比是 0.336%、2.85%，而農業的財政負擔卻佔全國財政總收入的 23.96%，還不包括名目繁多的官吏額外勒索和地方攤派。總之哪裏油水多，國家從那裏榨得就越厲害。從唐代中期開始，就不斷有知識分子說，東南財政佔全國之半，不合理。可體制決定了，不這樣就維持不了這個「大一統」政權的巨額開支。江南農民為甚麼會發展出多種經營的經濟模式？當時人就說得很清楚：農民光種糧，交不起國家田賦雜費，更不用說地租了。農民負擔重，是個老問題，江南更是突出。因此棉織、蠶絲，是被逼出來的，是用來彌補收支缺口的。大量的史料可以說明江南農民實際終年勞碌，仍然是窘迫不堪，日子也過得緊巴巴——沒有多少剩餘去改善和發展經濟，長期徘徊在一個低成本經營水平線上；不過

國家藉人口之多，產品積少而成多，聚沙而成塔，到了市場上、到了城市裏，倒顯得頗有繁榮氣象——這叫作表面花團錦簇，內囊卻是空虛的。

假若與西歐中世紀相比，問題就凸顯出來了。現在教材裏中世紀的中國與西歐都是封建社會，殊不知彼封建而非此封建。中世紀歐洲的社會體制，它是分權體制，君主下面有許多分封的貴族，國王的財政收入主要靠自己的直屬領地和一些國有的自然資源（如礦藏、森林），各地貴族領地的土地產權和行政管理基本是自治的。更重要的是，或許是受羅馬城邦民主制歷史傳統的影響，至少到 13 世紀後，有些國家也搞中央集權了，但工商城鎮卻蓬勃興起，而後或城市自治，或獲得特許，貴族（原有的土地貴族加上新興的工商貴族）組成的市政廳獲得了自治權。這樣，國王、教會、城市貴族構成相互制約的三角關係，而不是像中國那樣皇權無限、無任何社會力量可以與之抗衡或談判。市政廳後來演化為議會，現代民主制由此脫穎而出。就以稅收為例，明清中國的官僚機構不斷膨脹，每年財政支出從數百萬兩漲到數千萬兩白銀，地方官員都必須無條件執行皇權旨意，特別是保證賦稅的徵納，沒有討價還價的餘地。在西歐，國王與各地貴族、納稅人代表之間必須通過市政廳或議會的討論，反覆談判，才能確定能不能增稅，增多少。國王有時不得不通過借款來取得財政收入（特別是戰爭時期），為此必須出讓部分權力；工商貴族藉此又得到發展。在古代中國，雖有富商大賈，但沒有任何可稱之相對獨立地位的工商階層——中央政權一直奉行打擊豪強的政策，實際上是要消滅異己力量；工商依附於政府，官商結合倒是大傳統。民主制沒有強大的中產階級，很難成立，這是歐洲史與東方史很大的一個差別。因此歐洲工業革命，率先走上現代化的原因很多，因素複雜（例如法制傳統、產權觀念、思想革命、科技革命，也還包括農業革命等等），甚麼是最關鍵、最起決定性作用的因素，確實不容易說清楚，但絕對不是完全偶然的。它至少要經過 3—4 個世紀的歷史綜合積累，才能完成突變。

在我看來，「後現代」是對着「現代」來的。「現代」肯定不完美，「現代」的話語系統已經產生了「話語霸權」的負面功能。既然不完美，既然

已經朝着新意識形態方向發展，就有必要加以反駁和質疑，動搖它的王牌地位，促使多元文化的活躍。這就是「後現代」存在的理由。如果「後現代」想要把「現代」的歷史成果和歷史經驗統統丟進大海，肯定也是一種極端，不能上當。而且這裏也有個情景的問題。從社會發展角度說，在現代已經充分發展的社會裏，「後現代」的產生是自然的；但在發展中國家裏，就不能把「後現代」看得太認真。我覺得西人對中國問題的看法，時常表現出不是「飽漢不知餓漢飢」，便是「此山望見那山高」，忽高忽低，難以捉摸，我們也得姑妄聽之。我們能不能超越？超越當然是最理想的，可不顧實際地超越，百年中國在這方面吃的虧可大呢，所以我們自己還得有主見。我的直觀的印象是，在思想文化方面，「後現代」的「破壞性」（或者說「顛覆性」）強過於建設性，它四面出擊，八方「搗亂」，總姿態是要挑戰任何權威、任何信仰，有點「造反派」的脾氣，很容易刺激年輕人的「青春躁動」。美國的老史學家魏斐德就已經感受到了「代溝」，不無牢騷地說：社會責任感丟失了，現在年輕人的史學與好萊塢的卡通片已經沒有甚麼差別，有一種嚴重的失落感。再下去，我會不會也落到他那種灰色的心境裏去呢？現在沒有，將來不敢說。

五

明清易代的偶然性與必然性

1644 年皇城根下的老百姓，不到兩個月的時間，「子民」的身份歸屬一變再變，前後經歷了「大明」「大順」和「大清」三個朝代。雖說中國歷史向有周期性改朝換代的習慣（新名詞叫作「王朝周期率」），成王敗寇已成常識。但這樣的「半路殺出程咬金」，讓京城裏的人怎麼也弄不明白，剎那間紫禁城的皇帝寶座怎麼倒讓「第三者」莫名其妙地給奪了過去？

360 年，6 個甲子過去了，往事如煙。所幸保存下來的明清易代記載算是多的，僅在京親歷的回憶錄就有十來部，擴大到相關人士著述也不下三四十部（不包括南明部分）。20 年前，我蒐集並閱讀過這些「記憶」資料，也做過研究。這次重讀，說實話，仍是一頭霧水——歷史永遠是混沌不清的：這結果是偶然還是必然？為甲申再祭，首先想到的是這個題目。要對這段歷史進行哲理性的探討嗎？不，我能做的，就是作些歷史性的敍述。老祖宗叫作「述而不作」，西方流行的新名詞稱「後現代」。後現代史學推崇「敍述法」（而非過去流行的詮釋法），認為故事說完了，「敍述者也就死了」，餘下都是讀者自己的事。

歷史學家比過去謙遜多了，不好意思再用「揭示歷史發展規律」來標榜自己職業的絕對神聖——想藉助陳舊的歷史構築未來的藍圖，實在是一種奢望。新的說法，歷史學實際上只是一門重新處理「記憶歷史」的人文學科。歷史既已經遠逝，不可能被原模原樣地得到整體「克隆」——留下的都是些記憶碎片，有的是落花繽紛，滿地枯葉，不知如何收拾是好；有的則是荒蕪零落，依稀見到的只是模糊的歷史背影。但是，以「記憶歷史」為名，拂去歷史學神聖的光彩，絕不意味着歷史思考的艱難性和智力考驗的程度降低了。這些陳年往事，無一不是我們先輩煎熬過的人性歷練、社會寫照，也不斷地在考問後代子孫的智力水平：你們怎麼認識，是比我們

聰明，還是依然故我，沒有進步？

　　崇禎十七年春夏之交，北京城的老百姓，雖說向來見多識廣，處變不驚，但怎麼也想不到，在短短的兩個月裏，歷史的造化要讓他們經歷接二連三的大事變，體味甚麼叫作驚恐萬狀和不知所措。

　　崇禎皇帝登基已經有 17 個年頭。18 歲時接手的是他「木匠」哥哥撂下的，被大宦官魏忠賢恣意搗亂 7 年，朝綱千瘡百孔的爛攤子。[1] 即位伊始，對着前任政治狂燒了兩把火。一把火，不動聲色地把大宦官魏忠賢的勢力消滅殆盡；第二把火，為東林冤案平反昭雪。一時道路相傳，都以為「大明中興」有希望了。然而，沒有多久，崇禎皇帝對臣僚的謙遜和柔情消失了，脾氣變得越來越壞。令他煩心的是，官僚們辦事不力，相互間的攻擊隔三逢二，無有休止。經心腹太監密查，說是在高尚的詞句和說不清的是非之爭背後，仍在玩門戶黨爭老一套。17 年裏，他先後更易內閣「宰相」50 人（其中處死 2 人、充軍 2 人），任免刑部尚書 17 人，兵部尚書處死 2 人、被迫自殺 1 人，誅戮總督 7 人、巡撫 11 人。[2] 崇禎帝辯解說：「朕所誅者是貪欺二字。」[3] 處理的都是那些伸手要權要錢，說假話大話卻失職連連的「劣臣」，下此狠手，也是出於無奈。他發狠說「但要文官不愛財，武官不怕死」就滿足了，以此表達對官僚層素質普遍低下的強烈不滿。[4] 當幾度整肅無效，失去耐心之後，崇禎帝再度起用宦官和東廠，重蹈永樂皇帝開創的宦官干政覆轍。

　　最令他頭大的，則是起自陝北的農民起義軍。崇禎執政 17 年，農民軍跟着他 17 年，猶如幽靈附身，是專來催命、索命的。應對當政者的剿撫互用，農民軍東奔西突，轉戰秦、晉、冀、豫、鄂、徽、魯、川、甘九

1　天啟皇帝熱衷木工技藝，水平一流，然不問朝政，魏忠賢等由此得逞，肆虐天下。明政權之崩壞，天啟七年間已然成形，死後 17 年明才滅亡，說明事有不可預料者。詳參《先撥志始》《三朝野記》《三案始末》諸書，不贅。

2　孟森：《明清史講義》（上冊），中華書局，1981 年版。

3　史惇：《慟餘雜記》，載趙士錦《甲申紀事》本內，中華書局，1959 年版。

4　文秉：《烈皇小識》（「中國歷史研究資料叢書」），上海書店，1982 年版。以下凡出於該叢書者，不另註。

省，死去活來。崇禎九、十年間，農民軍經盧象昇、洪承疇等人的合剿，幾臨滅頂之災，可遼東的清兵南下襲明，盧、洪先後抽調到抗清前線，一死一降，無意中幫了農民軍。躲過大劫大難之後，崇禎十三年冬，李自成離開隱伏多時的陝南山區，向連年旱蝗饑饉至極的河南挺進，五戰五捷於中原大地，氣勢極盛（唯有三攻開封無功而返，以黃河決堤、水淹全城為結局，北宋東京的繁華陳跡蕩然無存）。崇禎十六年冬，被崇禎帝強令離開潼關出戰的明軍最後一支精銳部隊全軍覆滅，時勢已經為李自成敞開了一條通向北京的勝利大道。甲申年正月初一，李自成在西安宣佈大順政權正式成立，並親率 10 餘萬大軍渡河東征。

因此，甲申新年剛剛撩開它的面紗時，中國的政局實在是迷霧重重，有三個政權相互對峙着，前景深不可測。除正統的大明政權、西北的大順政權外，還有一個從遼東崛起、由「金」改名為「清」的東北政權。努爾哈赤是在統一女真族後，於萬曆四十六年（1618 年）宣佈與明政權處於敵對狀態的。到其子太宗皇太極手裏，父子兩代經營 50 多年，屢敗明軍，邊境不斷東展西擴，基本懾服了蒙古諸部落，崇禎九年（1636 年）正式改國名為「大清」。到甲申，年輕的新政權已經長大成人，進入了它的「青春躁動期」。

大約是從三月十六日大順軍攻陷昌平、火燒十三陵的消息傳來，京城的緊張氣氛開始擴散彌漫。但九門緊鎖的北京城，在冷兵器時代，固若金湯，從來不容易被攻破。北元、後金的部隊曾幾度抵達城下，都望洋興歎，轉一個圈便開溜，百姓因此並未意識到將有特大事變發生。不祥的預感也是有的。上年夏秋之交，京城裏遭遇到一種很奇怪的瘟疫，身上突生一隆起贅肉，數刻莫名死去，患病者有十之四五。年初又有嘔血病流行，不時聽到出喪的號哭，撕心裂肺，再加北來風沙暴襲擊，「飛沙走石，或二三日一見，或一日再三見」，上上下下都高興不起來。[1]

1　劉尚友：《定思小記》，鄭振鐸「明季史料叢書」第八種，1944 年聖澤園刻本。據周同《被瘟疫滅亡的明朝》一文稱，前者為「疙瘩瘟」，是一種腺鼠疫引起的淋巴結腫大，後者則為肺鼠疫。載《光明觀察》2004 年 1 月 27 日。

　　事也蹊蹺，北京城的攻陷，全出李自成的意外，幾乎兵不血刃就城門洞開。三月十七日半夜，崇禎帝最倚重的守城太監曹化淳率先打開外城西側的廣寧門，義軍由此進入今復興門南郊一帶。義軍在北面的德勝門、西面的阜成門、西直門三處擺出攻城態勢，炮聲震天。十八日，在昌平投降的太監杜勳由軟梯入城，代表李自成與明祕密談判，要崇禎帝遜位，未獲成功。十九日清晨，兵部尚書張縉彥主動打開正陽門，迎接劉宗敏率軍進入，此後內城各門齊開；中午，李自成由太監王德化引導，從德勝門入，經承天門步入內殿。沿途百姓早聽得傳令，各個在門前擺設「永昌」香案，書「順民」二字於門上，閉門不出。不到半天的時間，京城的百姓已經從「大明」的子民變成了「大順」的子民。宮中遍搜崇禎帝不得，全城嚴查。二十二日，確知崇禎皇帝已自縊於煤山（今景山公園內，死時虛齡36 歲）。李自成下令收屍入棺，予以「禮葬」，在東華門外設廠公祭，後移入佛寺，有和尚為他誦經。二十七日，大殮畢，下葬於西山的田貴妃墓中，未能入圍昌平明皇陵。[1]

　　大順軍佔領京城，前後 42 天，幾度宣佈要舉行登基儀式，卻一再推遲，百姓惶惑不解。進城初秩序尚好，店舖照常營業。轉折發生在三月二十七日起拷掠明官，四處抄家，連累店舖商家罷市，恐怖氣氛逐漸濃重，人心開始不安。四月十四日，西長安街出現「貼示」：「明朝天數未盡，人思效忠，定於本月二十日立東宮為皇帝，改元義興元年。」謠言四起，甚有說觀音託夢「明當中興」，估計都是吳三桂一類人放風，藉此動搖大順軍心。[2] 吳三桂南下投順途中，獲知吳家被抄，反叛回山海關。義軍高層四月初已經獲悉，經過一段躊躇後，於十二日殺戮大臣勳戚 30 餘人[3]。十三

1　以上敘事據楊士聰《甲申核真略》、趙士錦《甲申紀事》、錢軹《甲申傳信錄》、文秉《烈皇小識》等書記載綜合，並參考徐鼒《小腆紀年附考》。《甲申核真略》，據前引鄭振鐸「明季史料叢書」所收聖澤園印本。

2　詳陳濟生《再生紀略》、聾道人《遇變紀略》（又名《燕都志變》）與《甲申核真略》《甲申傳信錄》諸書。《再生紀略》據嘉慶白鹿山房刊本「叢刻三種」。《遇變紀略》據《荊駝逸史》本。《燕都志變》附於鄭廉《豫變紀略》後，載「三怡堂叢書」，並指作者為徐應芬。

3　據趙士錦《甲申紀事》。有說 90 餘人，甚至更多，日期也不一致。此據趙說，似較確。

日，李自成親率 10 萬大軍，奔赴山海關前。二十六日，義軍從山海關敗歸，僅餘三四萬人，城裏軍紀開始嚴重失控。二十九日，在舉行登基儀式的煙幕下，大順軍怒殺吳三桂家大小 34 口，部署焚燒宮殿和各門城樓，並於次日清晨急促撤出北京，由山西、河南兩路向西安方向退卻。[1]

此時京城的官民百姓，但知吳三桂得勝，將奉明太子進京即位，不知清軍緊跟着也已經於三十日晚抵達薊縣。多爾袞在得知李自成軍撤出後，與吳三桂一起統領滿漢精銳，星夜趕路，於五月初二晚進抵京城腳下。吳三桂受命不准進城，繼續追殺西逃的義軍。初三，大明一些在京官員準備好「迎駕」的一應儀仗設備，身着白色喪服，齊集東郊，打開朝陽門，吹號擊鼓，迎候大明太子入城。但令明官大吃一驚的，「望塵俯伏」，山呼之後，登上寶輿的不是大明太子，而是胡服拖辮、人高馬大的滿人（即多爾袞）。不等眾官弄個明白，即有清傳令兵怒喝：着所有內外官民人等，悉去喪服白冠，「我大清攝政王率滿洲兵入城來了！」有腦子轉得快的幾位明官，迅即聯名上「勸進表」，不想被清國內閣大學士范文程搶白一頓：「此未是皇帝，吾國皇帝（即皇太極的兒子福臨，史稱順治帝，虛齡 7 歲即位）自去歲已登基矣，何勸進之有？」[2]

生當明清易代之際，事前、更多的是事後，有許多人都在檢討和思考這段歷史。檢討細緻到了應該任用甚麼人、處置甚麼人、這個戰役該怎麼打、那個戰役打得如何不對頭，以及執行哪些政策就可能逢凶化吉，苦思冥想，嘔心瀝血，雖不無「事後諸葛亮」的嫌疑，但看得出是十分用心的。

先說崇禎皇宮裏的一幫人。20 年前，一位好友特從南開大學歷史系收藏的古代孤本裏，給我寄來一份複印件，內容是由杭州人韓順卿在蘇州的故紙堆中發現的，題名為《天翻地覆日記》的手抄本。從文字表達判斷應出自內宮宦官之手，也有學者懷疑它就是久已失傳的宦官王永章的《甲申日記》。其中有這麼一段情節：

1　據《定思小記》《再生紀略》《甲申核真略》《甲申傳信錄》等書，略加考訂斟酌。

2　據《定思小記》《甲申紀事》《再生紀略》《甲申傳信錄》等書，參考徐鼒《小腆紀年附考》。

　　崇禎十七年三月十六日，萬歲諭娘娘云：「賊陷昌平，悔不從汝言，早令太子南還。」入夜，賊犯平則等門，竟夜未睡。

　　十七日早朝，怒書御案曰：「文武個個可殺！」（原話如此，皇帝的批文常常是白話，清君有時還狗屁不通，明朝沒有發現）（此一情節在《烈皇小識》等書中均有記載，《小腆紀年附考》亦採入）

　　……（罷朝後）大門樓接進偽詔一封，召太子、永王、定王入宮，諭「汝等」二字，即哽咽不成語，撫其手。

　　諭娘娘云：「廷臣惟爭義氣，全忘忠義。十七年辛苦，仍為若輩所誤。朕惟一死報祖宗，但苦百姓耳。」

　　娘娘云：「毛文龍不誅，袁崇煥不殺，盧象昇、洪承疇不必勤王，賊猶可滅。天運人事，一至於此。」

　　萬歲又云：「除卻數人，竟無人可圖大事耶？」

　　娘娘云：「早年求治太急，朝廷皆不安於位。後來已補救不及。或者永樂爺殺戮忠臣太過耶？」

　　撇開《甲申日記》的真偽不論，「娘娘」的看法在當時極具代表性。明方的檢討異口同聲地都這樣說：當年袁崇煥不殺「皮島」上的毛文龍，遼東一幫驕兵悍將就不會叛明而降清，明就會有從背後牽制清人不敢貿然南下的武裝力量，驕悍的軍閥們也無緣替清軍滅明充當「馬前卒」；不是誤中皇太極「蔣幹盜書」式的離間計，殺了袁崇煥，遼東的失守以至後來吳三桂的出賣山海關，都可能避免；更要緊的，如果不是把剿殺義軍最為得力的盧象昇、洪承疇調到抗清前線，改剿為撫，而是趁熱打鐵，崇禎十三、十四年左右，說不定農民軍的事情也就僥倖解決了。此後，回頭全力對付遼東，何至於有「清兵入關」這局悲劇呢？

　　擱下明君臣各種「假設」不論，再說李自成方面。在古代，有關農民軍的「記憶史」，都是別人給他們寫的。那麼多的甲申實錄，都把他們寫成「禍水西來」，所幸還注重描述，北京 42 天裏農民軍的行動細節，無意中被保存了一部分。讀這些相關資料，頭腦裏曾閃過一念：但看義軍東

征沿途，直至入京前後，明朝大批官僚、將帥望風而降，爭先恐後「改頭換面」，其中不少人品低劣猥瑣，寡廉鮮恥，大明王朝人氣之差，超乎想像。魏斐德曾據《明季北略》等書作了統計，在京自殺的明官 40 人，其中大多數來自南方，且多居高位；投降大順的高級官員竟有 167 人，南北方籍貫相等，年齡與資歷偏低者佔大多數。[1] 需要補充說明的，魏沒有統計在此前後投降的武官和太監，文官投順名單中也有一些是受黨爭之害被誣陷的（南明清查「從逆」，是黨爭的延續）。有一件事更帶滑稽色彩。五月初，有目擊者看到，大約是江淮地區的一個前科舉人，不知北京已經易手給清人，仍乘船由運河北上，「大為招搖」，到處聲稱他是去趕「大順朝」的官員招考的。[2] 這一切似乎預示事變也有另一種可能：不是遼東的清兵在中間橫插一槓，李自成是可以慢慢坐穩皇帝寶座的。果真如此，「二十五史」煞尾，就不是《清史稿》，而是「大順史」了。

李自成終究沒有做成皇帝。說大順軍因為驕傲而失敗，今天看來是皮相之見。我倒覺得，李自成一幫人身上「樸素的階級情感」未能及時褪去，這對想做穩皇帝是致命的。在立足未穩之前，就忙於對京城勳戚與官僚實行大規模的「拷掠」抄家，固然也可以認為出於建立「財政基礎」的考量，但給人的感覺，總更像窮漢子積久的情緒發泄和劫奪「富有者」急哼哼、時不我待的膚淺心態。他們不夠「狡獪」——不能透徹地意識到這是改朝換代、生死攸關的一局大棋，完勝需要大智慧、大手段。為着徹底制勝對方，有些棋子要先走，有些要後走，有時更要捨得拚「炮」棄「卒」，以迷惑對手。譬如對吳三桂，既然知道他軍隊所處戰略地位事關緊要，派人招降他，卻又在北京抄他的老家、奪他心愛的陳圓圓，這與劉邦在「楚漢戰爭」緊急關頭，對韓信、彭越的隱忍妥協相比，就知道李自成他們太沒有「文化」，吃了不讀歷史的虧。還有，李自成不像朱元璋那樣一早就下決心「轉世投胎」，與知識分子的關係若即若離，缺乏表示誠意

1　魏斐德：《洪業——清朝開國史》，江蘇人民出版社，1992 年版，第 239—243 頁。
2　陳濟生：《再生紀略》。

的策略手段。但我也想為李自成叫一聲屈。李自成實在沒有朱元璋幸運，他遇到的時代，活躍在功名場上的知識分子，多數心態浮躁，專長內耗，沽名釣譽，不務實學。黃仁宇的《萬曆十五年》點了明亡的一個死穴：明中期開始產生了一種叫作「道德災變」的社會風氣，知識分子很喜歡唱高調，也熱衷抱小圈子，動輒以「異端」「偽學」整人，結果假人走紅，真人受氣[1]，連李卓吾這樣的書呆子也不放過。李自成身邊，投順者甚多，但既沒有李善長那樣幹練的行政高才，也沒有劉伯溫那樣胸富韜略、世不再出的智囊（李巖是個虛構的人物，史家已有考證[2]）。那時中國也不是沒有高人，李自成遇不到，或者那些人不屑與「流寇」為伍。清國的大學士范文程是一位民間高人，但他「養」在遼東，被太祖、太宗慧眼識中，幫助清人完成了「入主中國」的大業。可以說，毀壞明王朝與李自成帝業，是各類人物的綜合作用，但范文程，也包括洪承疇等「貳臣」，都有一份「功」或「罪」參與其間。

　　說一說「第三者」清人的「記憶史」。清人始終堅持，他們不是從明朝手裏奪得江山的。1645 年清兵南下，攝政王多爾袞有一封信寄給史可法，半為恐嚇、半為勸降。信寫得很機巧，說：「闖賊李自成，稱兵犯闕，肆毒君親。中國臣民，未聞有加遺一矢。」因此，「夫國家之定燕都，乃得之於闖賊，非得之於明朝也。」[3] 現在看來，明清易代這一官方「辭令」，是清政權深思熟慮後創造的「意識形態話語」（首倡者為范文程）。事隔73 年後，康熙五十六年，有一篇長達 2700 字的「聖祖長諭」，歷數平生，大講興亡治亂之道，其中有一長段與前說呼應。康熙帝對臣下說：

1　萬曆年間，臨川湯顯祖先生早發此感慨。他在給王肯堂的信裏直抒胸臆，曰：「世之假人，常為真人苦。真人得意，假人影響而附之，以相得意。真人失意，假人影響而伺之，以自得意……大勢真之得意處少，假之得意時多。」《湯顯祖詩文集》卷 44，上海古籍出版社，1982 年版，第 1236 頁。

2　顧誠：《明末農民戰爭史》，中國社會科學出版社，1984 年版，第 132 頁及註 14。

3　抱陽生：《甲申朝事小紀》（任道斌點校）卷 7「攝政王與史可法書」，書目文獻出版社，1987 年，第 608 頁。

自古得天下之正，莫如我朝。太祖、太宗初無取天下之心。嘗兵及京城，諸大臣咸奏云當取。太宗皇帝曰：「明與我國素非和好，今取之甚易；但念中國之主，不忍取也。」後流賊李自成攻破京城，崇禎自縊，臣民相率來迎，乃翦滅闖寇，入承大統。昔項羽起兵攻秦，後天下卒歸於漢；其初，漢高祖一泗上亭長耳。元末陳友諒等並起，後天下卒歸於明；其初，明太祖一皇覺寺僧耳。我朝承席先烈，應天順人，撫有區宇，以此見亂臣賊子，無非為真主驅除耳。[1]

我仔細琢磨過康熙帝的說法，覺得「味道濃極了」。康熙帝既承襲先輩的「話語霸權」（得手了，甚麼話都可以說；那時沒能力，可以說成不忍取北京等等），但也增加了一層意思：過去我們是尊重你們大明天子為「共主」的，可你們的皇帝不爭氣，老百姓造反，把天下丟了，這怪誰？在中國，在歷史上，誰是「真主」，不是看出身，而是看誰有能力為天下掃除「亂臣賊子」，「應天順人，撫有區宇」，把握中國全局。在這種「英雄不問出身」典型的中國話語背後，還包含有強烈的反駁：別以為我們是「少數民族」，多少也是一族的大頭領；你們過去的皇帝，一個是小小的亭長（最多相當於鄉長），一個是窮村小廟裏的和尚，你們怎麼就沒有覺得不對味呢？

清人的成功不容易。這裏只能說一項：清人在入關前後，對漢族王朝政治體制和意識形態等「合法性資源」一直是在努力學習、認真鑽研的，也很重視發揮為他們服務的漢族知識分子的作用。這方面，與過去遼金、蒙元相比，都可謂「當刮目相看」。因此，機會到來時，在運用漢族意識形態資源，收攏人心方面，真是「後生可畏」，緊緊抓住「救民」「安民」這兩條漢族統治的「祖訓」不鬆口。例如入關前，即宣稱「此行除暴救民，滅賊安天下，勿殺無辜，勿掠財物，勿焚廬舍」。隨軍大學士范文程在代表多爾袞接受吳三桂投降時，特別強調此次「兵以義動」，是為你們報君

1　《聖祖仁皇帝聖訓》卷九「聖治四」，文淵閣《四庫全書》史部六、卷218。

父之仇，「國家欲統一區夏，非乂安百姓不可」。入京後，立即宣佈廢除明末加派，減輕民眾負擔；另一條也很厲害，下令「故明內閣部院諸臣，以原官同滿洲官一體辦理」，對在京明官一攬子包下，概不追究他們「從逆」大順的「政治問題」；發現強迫剃髮感情上有大阻力，從策略考慮，果斷暫緩剃髮，能進又能退。[1] 因此清兵在華北、西北的軍事行動，幾乎通行無阻，頗得漢人的協助。現代清史研究的開山祖是孟森。先生在《明清史講義》裏評論這段歷史，也說：「世祖開國之制度，除兵制自有八旗根本外，餘皆沿襲明制。明之積重難返，失其祖宗本意者，清能去其泰甚，頗修明代承平故事。順治三年三月，翻譯《明洪武寶訓》成，世祖製序頒行天下，直自認繼明統治，與天下共遵明之祖訓。此古來易代所未有。清以為明復仇號召天下，不以因襲前代為嫌，反有收拾人心之用。」稱讚滿族為「善接受他人知識之靈敏種類，其知識隨勢力而進」，前期諸帝比明中後期都強，可惜末代子孫「死於安樂，以致亡國滅種」。[2]

當時，無論是明人還是清人，都明白事變是由所謂「流寇」即農民起義引起的。不是農民軍17年對明的長期消耗，幾無可「勤王」之兵（明的軍事主力全在北方），京城也不會坐以待斃，大清兵更不可能如此輕易地闊步走入紫禁城。因此，明清易代之際的「記憶史」，議論的焦點自然要落到追究大明君臣的「責任」上來：大明政權究竟出了哪些致命的毛病，才變得不堪一擊，拱手與人？

「記憶史」在這方面提供的材料不勝其多，觀點卻十分混亂。皇帝那邊直到臨死前還冤氣沖天，覺得是臣僚坑了他，「君非亡國之君，臣皆亡國之臣」；寫「記憶史」的也有不少同情這種說法。另一種聲音則明裏暗地指向了崇禎皇帝，埋怨他專斷自負，隨意殺戮，喜怒無常等等。總括起來，總不離導致王朝滅亡的那些陳舊老套，例如皇帝剛愎自用（或昏聵荒淫，但崇禎不屬於此），「所用非人」，特別是任用宦官，更犯大忌；官僚

1　據蔣良騏《東華錄》（中華書局，1980年版）、《清史稿·范文程傳》，並參孟森《明清史講義》下冊。

2　孟森：《明清史講義》下冊，第379、397頁。

群醉生夢死，貪婪內鬥，「不以國事為重，不以百姓為念」，雖了無新意，
卻都一一可以援事指證。

有沒有可質疑的餘地呢？我想是有的。這些毛病在王朝的早期、中期
也都存在，不照樣可以拖它百來年，甚至長達一二百年？萬曆皇帝「罷工」
20 年不上朝，經濟不是照樣「花團錦簇」，惹得一些史家稱羨不已？再
說徹底些，無論哪個王朝，農民的日子都好不到哪裏去，農民個別的、零
星的反抗無時不有，但真正能撼動根本、致王朝死地的大規模農民起義，
二三百年才有一次。因此，用所謂「有壓迫必有反抗」的大道理來解釋王
朝滅亡，總有「燒火棍打白果——夠不着」的味道。

重讀明清易代史，新的發現和體會也有一點。近幾年西方人對明清史
研究的熱情很高，出了不少書。他們的視角獨特，往往能言人所未言。譬
如美國的弗蘭克，他在《白銀資本》一書裏，憑藉已有的各種研究成果，
估計 16 世紀中期到 17 世紀中期（即明中期到明末）的百年間，由歐亞貿
易流入中國的白銀在 7000—10000 噸左右，約佔當時世界白銀總產量的
1/3（其實這項研究，中國學者梁方仲、全漢昇走在前，只是沒有引起國
人足夠注意）。1 萬噸白銀，相當於當時中國的 3.2 億兩白銀。弗蘭克等人
為了向歐洲中心主義展示「造反有理」，說那時不是歐洲而是中國佔據了
世界經濟中心的地位，因此推論鉅額「白銀資本」的流入，促進了中國當
時「國民經濟」的發展和增長。

這一項被西人渲染得有些特異的「白銀」功能，在明代歷史上，是
否像弗蘭克說的那樣，使明史變得一片光明？還產生了別的甚麼效果沒
有？假若經濟形勢真那麼好，明末的社會動亂和政權的崩潰，當如何解
釋？很明顯，從「白銀資本」話題出發，有一個疑問是必須被提出，並
加以深究的：這麼多閃閃發光的白銀到哪裏去了？在哪些人手裏？作甚
麼用途，是用以發展經濟、改善國民生活了呢，還是用到別的甚麼地方
去了？

不錯，從眾多的「記憶史」裏，也能夠確證明王朝君臣上下搜刮到的
白銀數量，多得驚人。崇禎末僅國家財政收入，已經上漲到年 3000 餘萬

兩白銀。[1]五六十年間，民間負擔增加到三倍。崇禎五年有人揭發，淮陽巡撫半年內即有贓款 17 萬兩私入「小金庫」，不防突然調任，僅支 2 萬兩離去，餘額盡為後繼者所得。後者又兼了緝私的「巡鹽」，欺匿鹽稅 21 萬兩[2]。然而，數額巨大的白銀儲備，花在奢侈性消費方面，多少還能對各類「生活服務業」起點「推動」作用，遺憾的是相當部分卻被收貯在國庫或官僚的私宅裏。更具諷刺意味的是，我們今天之所以能掌握實據，竟是因為他們死到臨頭還抱住不放，最終被大順軍抄沒，原形畢露。

據《甲申核真略》《再生紀略》《甲申傳信錄》等書記載，甲申正月初一，前線告急，內閣向皇上詢問庫藏究竟還有多少銀子。崇禎愁眉不展，含糊地說：「今日內帑難以告先生。」不願透底。三月初十，義軍離北京越來越近，為籌措軍餉，皇帝派太監向大臣、勳戚、大璫逐家強行「捐銀」。眾人各個哭窮，都說「家銀無多」。龍顏大怒下，老皇親張國紀捐 2 萬兩，皇后父親捐 1 萬兩，其餘「未有及萬者」。退休太監頭司禮監王之心最富，紛傳家產在 30 萬兩以上，也只肯認捐 1 萬兩。大學士陳演推託「從未向吏兵部討一缺」，向來清苦，一毛不拔。

然而，到大順「拷掠」抄家，老底全兜了出來：陳演被拘，派人送 4 萬兩至劉宗敏府，結果為家僕告發，「先後搜掘黃金 360 兩，白銀 48000 兩，珠寶盈斗」。太監王之心家，搜得白銀 15 萬兩，珍玩珠寶大抵價值也在 15 萬兩左右。在皇后父親周家，搜得白銀 53 萬兩，「緞匹以車載者相屬於道」。據說大順軍早有「坐探」潛入京城，對官僚的家底深入摸排，因此劉宗敏等對他們的「追贓」定出了「指標」：內閣大臣級為 10 萬兩，各部、院、錦衣衛以及順天府長官 7 萬、5 萬、3 萬兩不等，科道監察官員和吏部官員 3 萬—5 萬兩（這是受賄最多的部門），翰林 1 萬—3 萬兩，

1　倪元璐於崇禎末接任戶部尚書，有《併餉裁餉疏》，詳列全國三餉各地區（收）與兵餉各軍鎮（支）分項數，是至今最為詳盡可靠的三餉與兵餉數據。總計三餉總收入 20101533 兩，兵餉總支出 21221487 兩，仍有赤字。再加原正常年財政收入 1000 餘萬兩，總數當在 3000 萬兩以上。參《倪文貞集・奏議》卷七，文淵閣《四庫全書》集部六、別集五。

2　文秉：《烈皇小識》卷三，前為曹暹，後為史垙。

其餘部屬（司長、處長）則各以千計。當然，這種「毛估估」也有個別是虛誇的，有的被酷夾而死，仍不足此數。但若考慮到這些官僚勳戚還有收貯或存放在別處的大量金銀，例如票號、錢莊，以及蓄藏於老家的，佔有的白銀肯定還有不少未被大順軍抄走。在京抄得總數多少？《懷陵流寇始終錄》的作者說：劉宗敏上交1000萬兩，而李巖、李牟「用刑寬，所得少，以己物充數」。李巖有否其人也成問題，此說只能姑妄聽之，但總數有千萬兩之多，似不算誇張。這裏，還沒有包括各書透露的大順軍官和士兵私抄入己之數。《甲申核真略》作者由接觸義軍所得印象是：士兵囊中多者五六百兩，少者亦有一二百兩。

　　從國庫裏抄沒的有個大約的總數。據目擊者楊士聰《甲申核真略》敘述，從四月十日起，即有馬騾等車輛不斷裝運各庫銀錠往西安。十六日更是以千騎計。據他觀察，所載的內庫「鎮庫銀」，刻有「永樂」字號，每錠500兩，每騎2錠（千騎則為100萬兩），其他尋常元寶則打成包裹搭裝在一起，不易辨認。估計白銀總數是3700萬兩，黃金為若干萬兩。[1] 趙士錦任職戶部，比較清楚底細。他在《甲申紀事》中說：載往陝西的銀錠上有萬曆年號，因萬曆八年以後所解內庫銀尚未有動，計白銀3000餘萬兩，黃金150萬兩。白銀數與前楊士聰記述比較接近，再將黃金折為1500萬兩白銀，總價值約為4500萬兩白銀。史惇在《慟餘雜記》裏說崇禎帝確實以為內帑已空，為廠監內臣所欺隱，一直蒙在鼓裏，結果盡為「闖賊」所得，「宮中得金銀7000餘萬」，此恐得之道路傳聞，未必確鑿。我約莫地估算，掌握在京城皇宮和官僚手裏的白銀，總數至少在5000多萬兩以上，約佔弗蘭克所說白銀總數的1/6。至於貯藏在各地藩王、官僚、富紳私宅裏的白銀，其數亦當十分可觀。文秉為明末內閣大學士文震孟之子，依據父親及親友所藏大量邸報奏疏抄件，按年匯輯成《烈皇小識》，保留

---

[1]　楊士聰文內又云：戶部銀數，外解銀不及40萬兩，捐助20萬兩。若此，戶部歷年積存已為戰爭掏空，上年度的財政應收款3000餘萬兩，解京只及零頭。但劉尚友《定思小記》則說海內應解「京銀兩」歲2000萬兩（其餘則解往規定地區），到戶部僅200萬兩，似較合情理。

了揭發官僚賄賂的諸多「原始材料」。書中記載崇禎三年，後金兵入犯永平（今盧龍縣，屬唐山地區），鄉官白養粹降敵。督師孫承宗命遼東明將祖大壽（此人後降清）、馬世龍退敵。收復永平後，「叛人白養粹已死，其母尚在，張春先至，盡封所有而出，絕無染指。世龍則盡取其所有。大壽至，遂將白母用極刑，乃盡出其窖藏，蓋幾百萬云」。河北的一個鄉官（退休官僚），窖藏白銀達幾百萬兩，由此推想全國官吏聚斂的總數會有多麼大！弗蘭克不理解「國富」、官富不等於民富。在此情景下，普通百姓能捧些小銀子過過手氣，就算闊的了——保不定今天在手，明天還得交進官府（明末賦稅是要交白銀的）。

　　各書記載，都對京城勳戚、官僚的貪財吝財以及種種媚態，極盡暴露譏諷的能事。例如對大順長官將士使用賄賂舊技，多有送金銀珠寶的，甚至也有送婢女或以婢女冒充女兒上門的，無恥至極。清朝康熙年間計六奇彙編的《明季北略》，因收錄雜蕪、考辨不精，史家使用常取謹慎態度。其中收錄有宋獻策、李巖兩人的長篇對話，我估計是落第文人藉宋、李之酒，澆自己心中的憤懣，顯屬編造，卻點出了大明政治與白銀貪婪的關聯。大意是：李巖問明朝經科舉選官入政壇非常不易，「何以國家有事，報效之人不多見也？」宋獻策的解釋，大明天下，滿朝公卿，哪個不是坐享榮華富貴，年薪豐厚，怎麼肯隨便捨棄？剛考上的，會說「我功名實非容易，二十年燈窗辛苦，才博得一紗帽上頂。一事未成，焉有即死之理」？老官僚則認為「我官居極品，亦非容易。二十年仕途小心，方得到這地位，大臣非止一人，我即獨死無益」。因此宋獻策總結說：他們每個人都認為「功名」是自家辛苦掙得來的，各處和各個環節都得花費白銀，子母相權，贏利至上，棄舊事新，把忠義二字拋到九霄雲外，是毫不足怪的。

　　以上所述，足以說明社會實情與弗蘭克等人的想像大相徑庭。在明代，白銀滾滾，並沒有顯著改善民眾的生活；白銀的誘惑，倒是極大地刺激了當權者的貪慾——要知道，白銀不只具有資本流通的作用，更有易於貯藏的功能。因此，在白銀時代，官僚層的貪婪，是實物經濟時代所無法比擬的。明中期以來廷臣間無休止的爭鬥，以及亡國前後投降失節之風的

極盛，都與白銀的誘惑不無關聯。後者在甲申變故中暴露得淋漓盡致，前一種情景，則可援引周延儒事為證。周被崇禎帝罷歸後，於十四年再度出山，任內閣首輔，就是由復社張溥、吳昌時等人集資 6 萬兩白銀，賄通親信內監辦成的。事後證明復社此舉愚蠢至極。周延儒以及與周勾搭成奸的一些人，「表裏為奸，無所不至，贓證累累，萬目共見」，最終在京城陷落前一年，被崇禎帝因「交通內監」無情誅戮，復社亦蒙受污穢。[1] 總之，白銀的權力化，權力的白銀化，從明中葉開始直到清亡，除順治朝、康熙前期和雍正一朝稍有收斂外，貪污賄賂的規模是一波比一波擴大，官場腐敗，人心不古，吏治每況而愈下。明清官紳消費奢靡成風，「春風薰得遊人醉」，自然覺察不到嚴漿的「地下運動」，突然井噴，懸崖勒馬也就來不及了。

文秉描述編寫《烈皇小識》的心情是「悲憤填膺，扼吭欲絕，涕泗滂沱，幾執筆而不能下」，發問道：「天乎，人乎，豈氣運使然乎？」其實，凡說到明亡的原委，明末清初人必追問「殆由天運，抑或人謀所致」，困惑不解，非文秉獨然。[2]

現代人往往指「天運」為迷信、愚蠢，不屑一顧。今天我要為這一說法「翻案」。明清易代的原因，可以羅列幾十款，款款都找得到證據；但若強行證偽，每一款都很難單獨成立。然而，還有一種因素長期被忽略，或者說意識不那麼強烈，那就是：在明代的中後期，東亞大陸適逢稱為「小冰河」的自然災變周期，從中國到朝鮮普遍受災，西北與中原尤為嚴重。正是這一「天變」的因素，把所有的矛盾都集中在一起，中國政壇才最終演繹出百年一遇的「火山爆發」。

最近韓國學者朴根必、李鎬澈在我國《古今農業》上發表了題為「《丙

---

1   事詳文秉《烈皇小識》卷七，謂「庶吉士張溥、禮部員外郎吳昌時為之經營，涿州馮銓、河南侯恂、桐城阮大鋮等分任一股，每股銀萬金，共費六萬兩，始得再召」。並參夏允彝《幸存錄》、陸世儀《復社紀略》兩書。

2   佚名：《明亡述略》，文內曰：「嗚呼！天之厭明久矣，其興可復望哉？使得賢主建國，君臣同心，無蹈前代之轍，江以南猶不能長保，況承以淫昏之人，欲苟延其祚得乎？」這是連南明之事都說透了。文附於《崇禎長編》本後，「中國歷史研究資料叢書」版。

子日記》（1636—1640）時代的氣候與農業」的論文，指出「17世紀的東亞通常被稱為近代前夜的危機時代，即所謂的寒冷期（小冰河時期）」，這種災害性的氣象危機，因有《丙子日記》的發現，在朝鮮境內已經得到確證。我國中央氣象局科學研究院編著出版的《中國近五百年旱澇分佈圖》以及相關論文集刊，也證實1470年至1644年為我國旱災嚴重（且旱澇互生）的歷史時段，其中全國性大範圍有旱象的年份為18年。[1] 現在看來，由於氣象史專家搜索的歷史資料不全，實際情況遠比他們已經調查的要嚴重得多。河南商丘人鄭廉在清初著有《豫變紀略》一書，因對農民戰爭期間河南省情熟悉，記載詳盡，在明清易代諸書中具有獨特的地位。他對河南全省災害，作了詳細的統計年表，閱後觸目驚心，摘錄於下：

崇禎三年	旱。
四年	旱。
五年	大旱。
六年	鄭州大水，黃河冰堅如石。
七年	夏旱蝗。
八年	夏旱蝗，懷慶黃河冰。
九年	夏旱蝗，秋開封商丘大水。
十年	夏大蝗，閏四月山西大雪。
十一年	大旱蝗，赤地千里。
十二年	大旱蝗，沁水竭。
十三年	大旱蝗，上蔡地裂，洛陽地震，斗米千錢，人相食。
十四年	二月起大饑疫，夏大蝗，飛蝗食小麥如割。
十五年	懷慶地震，九月開封黃河決。

1　《中國近五百年旱澇分佈圖集》，地圖出版社，1981年版；《氣象科學技術集刊（氣象與旱澇）》，科學出版社，1983年版。

　　《豫變紀略》還抄錄了呂維祺給朝廷奏摺的全文。呂氏曾任兵部尚書，退休在家，目擊河南災情嚴重、備受徵派增餉之苦，不吐不快。奏疏寫於崇禎七年，字字瀝血，不忍卒讀：

　　蓋數年來，臣鄉無歲不苦荒，無月不苦兵，無日不苦輓輸。庚午（崇禎三年）旱；辛未旱；壬申大旱。野無青草，十室九空。於是有斗米千錢者；有採草根木葉充飢者；有夫棄其妻、父棄其子者；有自縊空林、甘填溝壑者；有鶉衣菜色而行乞者；有泥門擔簦而逃者；有骨肉相殘食者。兼以流寇之所焚殺，土寇之所劫掠，而且有礦徒之煽亂，而且有防河之警擾，而且盡追數年之舊逋，而且先編三分之預徵，而且連索久逋額外拋荒之補祿……村無吠犬，尚敲催徵之門；樹有啼鵑，盡灑鞭撲之血。黃埃赤地，鄉鄉幾斷人煙；白骨青磷，夜夜似聞鬼哭。欲使窮民之不化為盜，不可得也；使奸民之不望賊而附，不可得也；欲使富之不率而貧，良之不率而奸，不可得也。[1]

　　易代之際棄官返鄉的宋應星，除所著《天工開物》向為學人推崇外，尚有刻於崇禎末的政論著作《野議》。他是預感到危機逼近的晚明「醒人」之一。在該書《民財議》一文裏，點出了「民窮財盡」的時代要害，也說到了多年災荒對北方農業生產的影響，亦轉錄於下：

　　普天之下，「民窮財盡」四字，蹙額轉相告語……其謂九邊為中國之壑，而奴虜又為九邊之壑，此指白金一物而言耳。

　　財之為言，乃通指百貨，非專言阿堵也。今天下何嘗少白金哉！所少者，田之五穀、山林之木、牆下之桑、洿池之魚耳。有饒數物者於此，白鏹黃金可以疾呼而至，腰纏篋盛而來貿者，必相踵也。今天下生齒所聚者，惟三吳、八閩，則人浮於土，土無曠荒。其他經行日中，彌望二三十里，而無寸木之陰可以休息者，舉目皆是。生人有不困，流寇有不熾者？

<hr>

1　鄭廉：《豫變紀略》，浙江古籍出版社，1984年版。

所以至此者，蚩蚩之民何罪焉！[1]

　　這一輪「小冰河期」，綜合南北方志的記載，災變的前兆可追溯至嘉靖前期，萬曆十三年（1585年）開始變得明顯，但時起時伏，崇禎一朝才達到災變的高峰，收尾一直要拖到康熙二十六年（1687年），態勢呈倒 U 形。[2] 魏斐德《洪業》開篇就注意到了自然災害對當時中國社會和政局的影響，援引埃爾文的統計，1585—1645年，中國人口可能減少40%。[3] 但從整個周期看，不是自然災變立即就會引發社會動亂；清初順治朝和康熙前期，儘管仍處於災變期內，社會秩序卻在逐漸修復之中，兩者的關係絕非完全重疊「同一」。

　　嗚呼，說不盡的明清易代種種歷史原委！面對偶然、必然的哲學難題，甲申之際的各種人，都表現出一種迷惘：說完全是天變所致，是也不是；否則「謀事在人」，又怎麼說？難道混沌的歷史，真像先哲王夫之在《讀通鑑論》裏所說，有一種神祕的綜合力量在主宰，它叫作「氣運」？那麼，「氣」是甚麼，「運」又是怎樣產生的呢？

　　王夫之說「氣運」，概念演繹得有點神祕，但反覆讀《讀通鑑論》就知底了，老先生其實還是得從「人氣」「民心」上去發揮。每當王朝中後期，總會有神經過敏的知識分子憑感覺跳出來，大叫世風日下，國運不濟，實際上卻是：甚麼都可能發生，也可能甚麼都不發生。但有一點沒有疑問，「生於憂患，死於安樂」。有憂患意識，意識到危機，說明還有希望。凡屬王朝滅亡，都是麻木不仁，聽不得危言聳聽的警告，結果甚麼毛病都改不了，天災人禍一起奔來。天災可能造成經濟恐慌，若無人禍烈火澆油，「天崩地裂」也是可以避免的。

1　宋應星：《野議》，載《宋應星佚著四種》，上海人民出版社，1976年版。
2　這一災變在江南也有明顯的反映。筆者據《楊園先生全集》《閱世編》《歷年記》《補農書》，參《松江府志》《嘉興府志》以及《啟禎聞見錄》《李煦奏摺》等資料，作過年表彙總，證明周期變化也與文內所列時間範圍對應。將另文敘述。
3　魏斐德：《洪業》「導言」，第8頁。

六

時間、空間與經濟理性
——《大學中國史》序論

　　歷史是甚麼？講故事，講過去的經歷。這本書講的不是一個人的故事，是全體中國人的故事，1840 年以前中國人經歷過的許多事情。

　　許多中學生覺得歷史要死記硬背，不喜歡。準確地說，他們感到厭煩的不是歷史本身，而是那種上課讀課文、考試背答案的歷史課。教師和學生又常常發現標準答案不「標準」，圍繞高考試卷提出異議的每年都有。我多次建議中學的歷史課程取消期末書面考試，而通過平時經常進行課堂討論來考核，不要讓老師和學生戴着鐐銬跳舞。想不到這一建議剛啟口，連歷史課老師都不樂意了。他們說：這麼一來，中考、高考的次等地位都沒有了，誰還來理睬歷史課？我無言了。但是，我至今不悔，仍然堅持歷史課如果能從教學內容到教學方法進行一些有效的改革，就不信跌宕起伏、故事連篇的歷史，不能吸引求知慾和好奇心都很強的初、高中學生。55 年前，我考大學選擇歷史專業，就是受高中老師的影響。老師姓劉，蘇州人，每次上課都乘火車趕來崑山，大概是學校特聘來的。矮矮胖胖，對學生很和氣。每次上課，先讓大家打開課本，用紅筆把重點、要點標好，叫我們回去背熟，好應付考試。20 分鐘過後，開始選擇課本裏的內容講故事，「天馬行空」，有點蘇州「評話」的風味，學生聽得忘乎所以。下課鈴響，老師掉頭走時，我們還沒有回過神來。一次，講法國大革命攻佔巴士底獄，破例地給我們唱了《馬賽曲》。男中音，音色醇厚，餘音繞樑。一堂課影響甚至可以說改變了我一生。後來，我一直向人推薦這一聰明的權變——既顧全了「教學要求」，又傳遞了歷史動人的魅力。

　　怎樣讀歷史才能有滋有味？專門家談過各種各樣的經驗。我比較欣賞那個叫卡爾的英國人的說法：歷史，是讀歷史的人與歷史事實永無休止的

對話，是現在與過去從不間斷的問答。

　　對由中學升入大學的你們，下面的勸告或許有些「另類」，這就是：若為學分、為考試而讀歷史，享受不到智力鍛煉的興味，不如不去選修歷史課。為甚麼不能嘗試用另一種生動的方式，像讀小說、聽故事那樣地去接近歷史事實，把自己的經歷和思想放進去，自然自在地生發出許多感受與聯想，改進和完善自己的思維方法，體會一下甚麼叫「讀史使人明智」？

　　歷史的功能有層次深淺之分。業餘喜歡歷史的人實在不少。我在醫院結識了一位在醫藥與臨牀結合上極有成就的著名教授，閒談中，他對我說：「不學歷史，不能做人。」他的話令我很感動，真覺得「人生得一知己足矣」。也有另外一類人，停留在淺層次的「古為今用」，例如做官的看以前如何做官，經商的看以前如何經商。一些人爭着閱讀高陽寫的慈禧太后、紅頂商人（胡雪巖），但真正有大收穫的甚少。因為他們抱有太強的實用主義目的，專注於配自己胃口的細枝末節，一味揣摩模仿，而對歷史大局缺乏應有的敏感與合格的認知度。

　　中國歷史不是一泓清澈的泉水。它像滾滾東去的長江黃河，夾帶泥沙俱下，奔流到海不復回；又像浩渺無垠的太平洋，水面波浪起伏，海底深不可測。沒有長遠的歷史眼光，缺乏沉潛探底的功夫，不容易參透歷史的真正奧祕。有些人把歷史學歪了，熱衷於成王敗寇的「歷史經驗」，不走正路，而醉心於歪門邪道。例如那首傳唱一時的「我真的還想再活五百年」的電視劇片頭曲，激情萬分地宣揚推崇帝王心理，傳播了十分錯誤的歷史觀。諸如此類形象生動、深入人心的「歷史」，無疑助長了某些人貪戀官位和權力的灰暗心理，以致為惡性「競爭」、打敗對方而喪失理智，直至動刀動槍。這些人只顧膨脹個人意志，就是不肯下功夫好好體會：決定社會走向、掌握人們命運的，是歷史的「合力」，即由大眾力量綜合形成的歷史趨勢。他們的自作聰明，就像當年司馬遷批評楚霸王項羽所說的，「自矜功伐，奮其私智……乃引天亡我也，非用兵之罪也，豈不謬哉」！

　　甚麼叫「參透歷史奧祕」？「歷史」最初靠代代口耳相傳，用以保存祖輩人與事的記憶，以求「不墜祖業」，因此難以做到超越。到後來，先

進者的眼光高一層，想從人與事的眾多經歷裏尋找一些看待和處理人事的根本道理，使後代比祖輩有更多的智慧，至少也學得更聰明些。司馬遷的「究天人之際，通古今之變」（《史記》），王夫之的氣運學說（《讀通鑒論》），都屬於古代超凡脫俗、壁立千仞的代表。這樣的史學眼光在古代雖屬罕見，但已經敏感到一連串「短時段」歷史通貫起來，能夠透視出「長時段」所蘊含的大道理，裏面包藏有關人性世道與民族興亡的許多哲理。從這個意義上我們也可以說，西人的所謂「長時段」理論，在中國古代先進者那裏曾經用自己的語言方式思考並表述過。

從長時段看歷史，對編纂歷史教材是個高遠的目標。需要在講清人與事的基礎上，進一步提高昇華，會聚各個方面的事實及其變化，給出各個時期的歷史總體格局以及變化發展的趨勢，方能有望逐漸接近峰頂。前者是綜合形成的整體感，後者是通貫前後的歷史脈絡。要把這兩個要求落到實處、講到點子上，有極高的難度。就像是中國足球，臨門一腳，不是放炮飛天，便是偏出門框，所以，一說出來，捱批評、被嘲笑是經常有的事。

現在藉着寫「序論」的機會，以身試法，說說我這個老朽多年閱讀歷史品嚐出來的一些味道。絕不是要大家全部接受我所表達的思想觀點；相反，若是你對這些說法有疑問或不滿意，我會從心底裏感到高興——你也讀出自己的味道來了！

空間：活躍的歷史大舞台

研究歷史的人喜好尋根索源，摸清來龍去脈，從歷史的塵埃裏設法打撈起各種情節，盡力拼合，復原在時空中已經消逝的先人活動軌跡。混跡當下，不能瞻前顧後；計較結果，不能用心檢討過程，都屬於世俗浮淺一類。歷史教育要用自己的資源優勢，努力幫助人們擺脫世俗心態，學會理智冷靜地看待世事人情。

追溯中國歷史，劈頭第一問是：中國人從哪裏來？教材以「中國境內的遠古人類」開篇，引證考古統計材料說：至20世紀90年代末，在中國

境內發現的直立人化石和遺址有 22 處，智人化石和遺址為 59 處。晚期智人已經十分接近現代人，他們的化石和遺址遍佈於東西南北許多省份。中國境內有着一個獨特的古人類演化進程。

細心的讀者不難發現：教材沒有深入下去，具體交代中國境內各地發現的古人類，有哪些是前後相承或相互關聯，有哪些則是各自獨立生存發展的？有沒有一個共同的古人類始祖？有個學生非常聰明，狡黠地問我：「北京人」是「巫山人」或「元謀人」經過一百多萬年慢慢跑到北京來落戶的嗎？距今 18000 年周口店居住的「智人」，是「北京直立人」進化變過來，還是從別處搬來的另一支？中國「現代人」是否都是「山頂洞人」一脈相傳的後裔，或者各地的「現代人」都起源於當地的「直立人」，例如安徽「現代人」的始祖是「和縣人」嗎？

天下沒有問不倒的老師。史學大師顧頡剛先生從母親非正規的歷史教育裏養成了一種習慣——「打破砂鍋問到底」。這位學生無意之中接過衣缽，甩出了至今還沒有能力完全破題的中國人與中國史的初始之謎。

從人類學得到的知識，我們目前只知道從幾百萬年至幾十萬年前，古人類受自身能力和生態環境的雙重制約，生存下來的艱難程度遠遠超出現代人的想像。考古跡象表明，在亞洲和非洲，有些古人類抵禦不了滅絕的威脅而從歷史上消失了，有些則是採取「大搬家」的方式，翻山越嶺，長途跋涉，尋找到新的空間，重圖生存和發展。空間大流動的嚴峻考驗增強了他們的發展能力，也使他們付出過沉重的代價；考古線索上的缺環和空白，背後可能隱藏着不少慘烈的故事。因此，有越來越多的科學家相信，古人類漫長的進化過程，並非採取類似亞當、夏娃故事或女媧、伏羲交合圖那樣暗示的單一起源形式，走的是多元、多線、多樣發展的道路。中間充滿了此起彼伏、交錯發展以及相互融合的曲折情節，不少模糊空缺的環節只能等待更多的考古發現來充實填補。

大約到距今一萬年農業起源以後，中華文明早期歷史的面貌相對變得清晰起來。十分豐富的新石器考古發現揭示出中國境內文明起源呈現滿天星斗、八方雄起、方邦林立、天下萬國的壯觀場面，東西南北各地域文化

色彩斑斕，風格各異，互有短長。至此，中華文明多中心起源的論點終於得到了學界多數人的認同。

上面展示的是靜態的平面格局，動態的變化更耐人尋味。在各個地域，氏族部落間不斷發生分化與聚合的雙重運動，出現過不同規模的中心型方邦，超地域的流動更是促成了不同文化間的融合，悲歡離合，故事不斷。極盛一時的良渚文化，大約在距今四五千年突然消失，形成某種考古文化的斷層（後繼的馬橋文化較之落後）。然而，良渚文化的「因子」卻在蘇北、安徽、山東存活，並融入了當地文化之中。紅山文化曾因發現「中國蒙娜麗莎」的女神像和神廟名聞中外，大約也是在良渚文化消失的同時在西遼河流域失蹤。有研究者稱：紅山文化先民群體向外流動，大致有三個走向：有一支沿「醫巫閭山」（今遼寧錦州閭山）進入遼東半島；另一支順大興安嶺餘脈越過蒙古草原進入現俄國貝加爾湖以東的遠東南部；主體部分則通過河北逐步進入河南，經過相當長時間與中原諸多文化的碰撞、交融，最後成為先商文化的重要構成部分。

某些地域遠古文化的突然消失，原因目前還不能完全確定。主要有兩種猜測：一是「繁盛」過頭，方邦首領和部族貴族的奢華超出了當時生產力水平所能承受的限度，引起內亂或戰爭；一是自然災變不可抗拒，例如「海浸」、洪水、地震或氣候異常等。我認為，內亂與戰爭的誘因，還可能包含有生物資源枯竭的因素，如採集漁獵資源急劇減少，地力衰竭（原始農業），由此引發饑荒性的群體騷動與相互爭奪。文化的空間轉移有主動與被動兩種形式，良渚文化似屬後者（突如其來的海浸，只有少數幸存者逃逸轉移），而紅山文化更像是前者（發生群體性騷亂，撤離原地，各奔前程）。在動態變化中，凡是能主動應對生存挑戰的，就會在空間運動中博取新的生命能量，變得更為堅強。上古時代強悍的部族大凡都經歷過長期遷徙併合的奮鬥史，由此在眾多的部族中佔據領先的地位。商族和周族都是經歷了這樣的磨煉，終於崛起稱雄。

在這個「戰爭與和平」不斷交替、居地動盪不定的漫長歲月裏，留下來的傳說多聚焦於黃帝、炎帝、蚩尤、共工、三苗等部族間的戰爭勝負

上。深一層次的提問應該是：在部族興亡背後，決定性的因素有哪些？我以為主要是兩大要素：生態與經濟。擺脫採集、漁獵結合的有限食物供給方式，發展出農耕與家畜飼養結合、食物供給較為持續穩定的新經濟，是中國文明史上的第一個重大事件。一些氏族、部落從森林走出，先後經歷山前台地、河谷至大河流域的流徙，永不停步地進行空間大流動，最後來到適宜於鋤耕農業開發的良好生態環境裏。而那些在不同階段止步不前的，則成了時代的「落伍者」，逐漸淡出歷史，不被人注意，成為邊緣人物，即被前者稱為「蠻夷」。氣候溫暖濕潤、黃土沃壤覆蓋的渭河、汾河、伊洛平原，即人們通常所說的「中原」地帶，吸引了東西南北一些勇敢的部族紛紛先後進入。於是世界人類學上的一條定律在這裏得到了應驗：凡是部族混合雜處與相互衝突最活躍的地區，多種文化碰撞、融合內容最豐富的地區，歷史發展的速度總是最快，也最具活力。因此，我認為在文明與國家產生的初始階段，中原已經成為全國最先進的地區，長江流域屈居其後。這裏正是中國多種文化融合的核心地區，雪球將越滾越大，並為最終形成「多元一體」的中華文化奠定了堅實的基礎。

先是「多中心」，後來又怎麼會走向「大一統」的呢？距今一萬年到四五千年間，在這個被我們稱之為「部族時代」的幾千年裏，最重大的事件，莫過於上面所說的，眾多部族通過空間的大流動，由接觸、衝突、兼併、交融等多種形式產生更高級的「共同體」整合。雖然在各個地域出現過規模不等的方邦聯盟，多由強者兼併其他方邦或部落而成，成為某一地域的「中心王國」（浙江餘杭「良渚古國宮殿」、遼寧朝陽「牛河梁積石塚群」以及四川「三星堆遺址」都釋放出這樣的信息），我稱之為「小統」，但只在中原地區出現了更高一級的「中統」（商、周王國），並且最後在這裏成功實現了由「小統」「中統」向「大一統」的轉變。

有直接文字記載確證的王國是商與周。大量甲骨文的釋讀使商史成為世界公認的文明信史。商、周都是有久遠歷史淵源的古老部族，從東、西兩個不同方向先後「入主」中原。在商王國（自稱「天邑商」）全盛時代，周是屬於商方邦部族聯盟中的一個西陲「屬邦」，自謙「小邦周」，後期

與商的關係逐漸惡化。

　　從部族分合聚散的歷史運動的連續性來看，西周取代殷商，是中原「共同體」核心的一次重大轉移。當孔子說出夏商周三代的文化是相遞「損益」時，可能沒有想到他正在表達一種深刻的歷史理念——只有把歷史放在長時段裏加以考察，才能對中華文化既連續又變革的發展特點具有真切的體驗。商周易代相替，並非只是簡單的「天下共主」地位轉移，更為重要的是，多元文化在衝撞交融過程中爆發出巨大的能量，推動了重大變革的產生。良好的文化交融往往具有提升創造的「化學」效果，一加一大於二。如果說周王國實施「存亡國、繼絕世」的政治策略（如「分封」焦、祝、薊、陳、杞、宋等小國諸侯），具有容納保存先前各類部族文化傳統的寬大胸懷，那麼比較完備的禮儀制度與宗法制度的設置，就是昇華部族文化的內涵，把它提高到一個全新的文明境界。無論「禮儀」或「宗族」的一些內容，都起源於早先氏族、部族文化的古老習俗，不是無源之水。周公的創造性，在於他用敬天保民的「重德」觀念作為指導思想，建立起有等級層次的社會制度與有嚴格操作性的行為規範體系。我認為，對周公以「德」為中心的思想體系，放在漫長的文化演進過程裏，無論給予怎樣高的評價都不算為過——褪去和革除的是「野蠻」的習俗與「酋長」的霸道，新創的是文明治國與國王應該接受道德制約的先進理念，為中華文明做出了奠基性的貢獻。在以農業為主體的古代中國，經濟的持續發展，必須依靠安定平穩的社會環境，以及社會成員間行為的節制協調。周公創制的意識形態滿足了上述兩個基本要求，怪不得身處亂世的孔子會以不再能夢見周公為莫大的遺憾和悲哀！

　　繼殷商與西周兩次強化與完備，歷時 800 餘年，成熟的宗法舊制度越過巔峰而開始下墜，再經春秋戰國「亂世」的競爭，逐漸孕育出新的郡縣制度。秦始皇作為「大一統」的皇帝，也就瓜熟蒂落地出現於中國大地，政制完成重大轉型，開出「帝國」歷史新階段。

　　寫到這裏，我想到了「綜合國力」這一概念的頗多玄妙，不是望文生義地可以用數字相加或相減來計算的。過去常說秦統一六國是「落後戰勝

先進」，這是受了所謂「秦始小國僻遠，諸夏賓（擯）之」，「秦與戎翟同俗，有虎狼之心」一類敵國傲慢偏見的影響，掉進了六國「心戰」的圈套裏。但掉過頭來改説：秦國贏得「大一統」的勝利，是靠軍事、外交、經濟、文化、民心的綜合實力佔優，恐怕質疑的聲音會更多。

　　文化的先進與落後，從來都是相對而言的；而各種文化互有短長，卻是絕對的。三晉（韓、趙、魏）與齊、魯，當時都以先進者自居。齊、魯保存正宗周公文化最為虔誠，有眾多「吾道一以貫之」的學術「守園人」。三晉宗法貴族則多沉溺於權力爭奪與生活享受，對意識形態的信仰已被利慾污染而趨弱化；政壇失意的邊緣人則轉而攻乎異端，另創法家學説，實質是利慾熏心的另一種表現。地曠人稀、與「戎翟蠻夷」雜處的秦、楚，在西周文化覆蓋下，處於被邊緣化的角色，保留有較多「蠻夷之風」，勇武豪放，風格自異。秦較之楚「野性」更為濃烈，「虎狼」之譏專指秦國治道與民風的「落後」，卻未涉及楚國。因此，當我們在説到文化的交融與統一的時候，千萬不要遺漏了文化的多樣性與文化在空間上發生的差異。差異可能產生衝突，但差異也可以產生出比較與互補的效果，衝突又往往是促進這種比較與互補的「壓迫性」動力。沒有這種「壓迫」，任何一種文化都會因停滯凝固而喪失更新的活力。

　　秦族歷史同樣久遠，後又居於周族故地，多受西周文化的陶冶，中原「諸夏」將其排斥在外是沒有道理的。但在氣質上，秦族保留有不少舊習俗，周公的「宗法制」未能深入其地，因此身上帶有明顯的「戎翟」一類遊牧部族的「野性」。「野」相對於「文」，説好聽點是進取心強，習於變動，不安分；往壞處貶就叫作「虎狼之心」，喜好對外劫取掠奪。進取心上升的秦，相對於自滿自負的六國，更有發展活力，表現在引進人才、文化開放方面則較少心理障礙。引進的重心傾向於功利主義法家，對儒家無有多大興趣，也合乎其「國情」。戰國紛爭，強者勝，弱者亡，講究的是實力與智力的結合。當時打仗，一靠武器精銳，二靠糧食充足，三靠士兵「勇於公戰」（外交需靠實力做底才有效果）。以軍功獎勵農地開墾，即能一箭雙雕，兼收耕戰之利。這一帶有戰略意義的政策設計，源出於三晉

法家思想。誰能把這一思想落實到舉國體制上，誰就佔領了制勝的戰略高地。所謂秦國「阻山帶河，四塞之國」，關中有利的地形只是說明六國攻入秦地不易，卻不能解釋秦人最終「振長策而御宇內」，「履至尊而制六合」。秦人之得「勢」，其根本不在地勢，而在對事勢變動關鍵點的把握：耕戰政策實施堅決，士氣旺盛，故而所向無敵。總之，秦統一六國絕非僅靠「蠻力」，賈誼《過秦論》有比較全面的總結，不可不讀。

　　部族時代就開始崇尚「民惟邦本，本固邦寧」，西漢初流行「治國之本，務在安民」，權力的穩固需要以「安」「寧」的社會環境作為保障，或「野」或「文」的統治者都懂得這個大道理。秦帝國經濟政策服從這種政治需要，強調農為本、商為末，把穩定農業和農民放在第一位。至今猶在的秦始皇琅邪山刻石上寫得分明：「上農除末，黔首是富」，堪稱兩千年帝國揭幕後的「一號文件」，看不到儒法對立的色彩。西漢士人指責秦始皇言不由衷，背仁義之道而行。這批評沒有錯，秦朝的致命性錯誤確實是因大勝利衝昏小頭腦，對實現統一後亟須撫眾「安民」的重要性缺乏足夠認識，遷徙六國豪富與民眾，大興土木，「力役三十倍於古」，樹敵眾多，擾民不息，終致吞食了「一夫作難而七廟墮」的苦果。漢初實施「休養生息」實是受益於前朝覆亡教訓，做得還算比較認真。然而，遍讀「帝國」全史，得到的感覺多少有些異樣：「休養生息」真正得到切實貫徹的時間都不會太長。從劉邦稱帝到武帝即位大約有 65 年，其中近 30 年的「文景之治」，史稱「輕徭薄賦，與民休息」，被推為歷史典範。其實就在文帝「休養生息」執行之初，晁錯的內心是悲觀的：「今法律賤商人，商人已富貴矣；尊農夫，農夫已貧賤矣。」到董仲舒「民無立錐之地」的泣訴，「鹽鐵會議」上桑弘羊們贏得勝利，從兩個不同的側面等於宣佈「重農抑商」政策終告失敗。對後者，或許有人會質問：這難道不是抑商達到極端的標誌性事件？讀書多的人知道歷史上常有「正論反讀」的現象：凡叫喊抑商聲音越響，越是表明商人的暴富已經達到高峰，連統治高層都不能再容忍了，結果是「以商制商」，捉襟見肘。這樣算來，西漢統治 200 年，滿打滿算執行「休養生息」的時間遠低於 1/3。下一個「減輕賦役、與民休息」

的典範是「貞觀之治」，言行集中在《貞觀政要》一書裏，翻版古人思想，少有新意。「貞觀之治」虎頭蛇尾，總計 23 年，佔近 300 年唐史不足 1/10 的時間；如果把「開元之治」等勉強連上，最多也不會超過 1/3。此後，宋、元、明三朝都沒有出現算得上正宗的「某某盛世」，「休養生息、輕徭薄賦」只是一紙空文；清朝的「康乾盛世」，與文景、貞觀之治風味全然不同。由此可知，農業的特點是需要安定的環境，統治者的意識形態也反覆強調穩定的重要性，然而「休養生息」卻可求而不易得，歷朝歷代的農業多數是在不穩定的狀態裏才艱難尋覓到一個又一個發展轉機。這是一個常被人忽視，卻很值得深究的中國歷史悖論。

　　20 世紀曾經流行有「中國封建社會長期停滯」的說法。「停滯」之說，在哲學上不成立。無論個體生命還是社會生命，變動是絕對的，「大化流行，生生不息」，靜態的「停滯」等於死亡，還能有歷史的延續嗎？人，年輕時生病少，即有病痛恢復得也快。至年邁體衰，病痛不斷，每況愈下，「日暮途窮」，終有一死。每個王朝的命運也類似於此，但作為王朝寄生的社會超有機體，則不同於生命個體。個體逃不出「生老病死」的生理規律，社會超有機體則可以通過人的努力越過生死界限，不斷調整，不斷改善，不斷轉型。帝國時代的「政治病」不少，如君主昏庸，政治腐敗，內爭頻繁，等等；「經濟病」不輕，如賦役繁重苛細，政府財政大幅超支，土地流轉兼併劇烈，統治層奢靡揮霍，貧富懸殊不公，等等；社會生態的種種病患，遇上自然生態的災變，雪上加霜，王朝休克。生即死，死即生，老莊說的哲理放在社會變動上就是空間的轉移。某姓王朝滅亡，另一姓殺入京都，「新桃換舊符」，王朝體制的生命延續。漢人統治沒有生氣，近乎僵死，被貶為「蠻夷」的周邊民族活躍起來，「入主中原」，再現多元一體。真所謂「東方不亮西方亮，黑了南方有北方」。歷史上王朝都城也是變動不居的，趨勢逐漸自西向東、再向北轉移；關中衰落，洛陽代之，再轉至開封，最後落腳於北京。經濟發達地區則先是由西向東，而後由北向南大轉移。後者始自三國，歷經東晉南北朝、五代十國，至兩宋，經濟中心南移的大變局完成，東南地區成為國家財賦徵收的重地。各式各樣的

空間轉移，類同於社會有機體的肺部運動，藉一呼一吸以吐故納新，用新的發展彌補舊有的不發展。靠了「大一統」提供的特有空間優勢，歷史在運動中永不會終結，不論災難有多麼嚴重，中國社會都能周旋於巨大的空間裏，新陳代謝，起死回生，中國人的生命力是堅韌的。

「變」是歷史永恆的主題。就說現實生活裏的地域歧視、種族歧視、族群歧視乃至職業歧視，通過各種途徑污染我們的視覺和聽覺，泄露的是知識的淺薄與人格的缺損。何謂「知識淺薄」？因為壓根兒不知道這些東西都是「歷史形成的」，活躍在不斷變化的時空之中，絕非從來如此，也非從此不變。

追溯古人類以來，世界上所有民族都經歷過長時段時空的轉換，經歷過交往接觸、衝突兼併、交融整合等等大悲大喜，純而又純的所謂「血統論」是虛構的。以中華民族人口最多的「漢族」來說，即使在「大一統」之後，多源融合的過程仍在進行之中。明清以前，戰亂大多肇始於政治中心所在的中原，人口大遷徙運動的主要方向是由北向南。不妨以今天著名的東南「客家人」為例。今天的「客家人」多認同自己是來自河南，始於西晉滅亡，北方大亂，中原民眾大量南下。其時北人南下有三個方向，江淮是其中的一個大站，在該地區形成了由北方通語與吳地方言混合形成的「金陵話」，為「客家方言」的初源。這次移民運動到唐代穩定期暫時「休止」。南遷的第二浪潮發生於唐末五代，「黃巢之亂」、五代軍閥混戰，江淮殘破，民眾再度大量南下逃亡，進入閩、粵、贛三省邊界的三角地帶，「金陵話」再與當地語言融合，初步形成「客家方言」，揭開了「客家」立足於南方三省的歷史序幕。宋元之際的戰亂又發生過一次東南地區的內部移民運動，福建移民大量進入遭受嚴重破壞的粵東、粵北人口稀少地帶，與當地居住的畬、瑤等族融合。鑒於「主客」矛盾尖銳，「客家」的觀念被逐漸強化成一種「族群」意識，大概完成於清前期。此外，由北向南的移民落腳於四川、湖廣、雲貴者也不少。

中國歷史的一個特點，就是所有的變化都是連續中的變化，變中有不變。就拿「客家」為代表的東南移民來說，時勢逼着他們從平原一步一步

地退入山區，但仍以農業為主，甚至比平原民眾更「農業」（受生態條件限制，更具封閉性，商品經濟不活躍，全靠小塊坡地為生），生活方式無大變。「不變」更突出地反映在文化上的「中原認同」。這正好印證前面所說的，自進入文明時代，中原是「中國」的中心，即使在經濟重心南移之後，文化中心的地位沒有動搖。這種文化穩固的特點可以超越地緣的差別，深層的原因就在「中原」所創造的文化普適於農業的中國，或者說自戰國以來形成的多源文化及其整合的中心地始終在中原。這種文化普適於「大一統」農業中國的民眾心理需求，只要農業社會的特點還在，就有紮根於地氣的生命力。按這樣的思路，也就比較容易解釋遼、金、元、清「入主中國」後仍然堅持以漢族文化為核心的意識形態（舊稱「漢化」），清代比其他人還做得更有成績。

　　我們再反觀北方地區。北部地區長期處於農業民族與遊牧民族毗鄰狀態，導致軍事性衝突頻繁發生，乃至有長達 300 年的混亂與分裂。壞事也會變為好事。秦漢時期的匈奴、西晉末期的「五胡」，凡是南下進入「中原」地區的，最後都在文獻視野內基本消失，與原住民不斷交錯雜居，直至變為與漢人無異的農業民眾。陳寅恪先生由隋唐制度淵源考證獲得具有中國特色的人類學創見，為大唐文化的繁榮提供了「動力」來源與歷史根據。細看唐太宗的一幅畫像，臉部有鮮明的「胡漢融合」特徵，不必懷疑在他身上流有鮮卑人的血液。而「貞觀氣象」因民族融合獲得活躍的生命力，掙脫了西晉以來漢族統治層萎靡沉淪的宿習，一變而為進取與開放。到了明清時代，又產生了一種與過去「由北向南」反方向的空間移民。學者趙世瑜說道：「兩千年以來北方民族南下牧馬的趨勢到 18—19 世紀時戛然而止，開始另外一種由南向北的移民運動。這種反向運動其實從明中葉就開始了，當時這種方式叫『雁行』，主要是山西和陝西北部的老百姓，春天的時候跑到邊外去開墾土地，收了糧食賺了錢又返回老家。這種從南到北的浪潮一直持續到清代，西北的廣袤區域也成為遷徙的方向。而從當地的檔案中可以看出，這種『雁行』的方式逐漸變成一種定居的模式。隨着定居，他們把內地中原的文化傳統以至很多社會組織形式帶到草原，這

樣經過長時間的融合，才從組織上保證了帝國的版圖。」此外山東、河北民眾「闖關東」的故事，已為大家熟知，不贅說了。

這裏選擇耕地拓殖事例再稍加引申，説明移民除戰亂「非常事件」外，還有經濟方面的動因；經常性的、小規模的移民也在長期起作用。前面所説的早期「多中心」，省略去了發展高度不平衡的情節，而選擇「滿天星斗」作為形容，實際已經包含着耕地稀疏和多有空隙的底色，只是沒有點明而已。觀察影響農業發展程度的諸要素，可主要歸納為四項：勞動力（人口）、農具、耕作制度（含品種、肥料、灌溉）與耕地，其中人與地的結合是起碼的必要條件。儘管我們有理由在中國農業起源很早、精耕細作傳統形成於戰國、領先於世界等方面大做文章，但從今天中國廣闊的領土往前追溯，直到西漢前期，農地開墾比較發達的地區仍然有限，耕地可供進一步開拓的空間十分廣闊。中國農業在近兩千年裏，正是通過一次又一次空間的橫向擴展，獲得新的發展生機，從而彌補了生產力水平縱向上升緩慢的不足。

從西周分封歷春秋戰國至西漢前期，在中國耕地第一次拓殖高潮裏，黃河中下游的開發成績最顯著，「三河」（河東、河內、河南）與關中最為風光。司馬遷稱三河地區已經到了「土地狹、民人眾」的「臨界」狀態，而「關中之地於天下三分之一，而人眾不過什三，然量其富，什居其六」，地位尤在三河之上。廣義的中原又稱「關東」，還包括西周分封後得到迅速開發的齊、魯，形成沿黃河中下游由西東走的寬闊經濟帶，是當時中國農業經濟最先進的地區。同一時期的南方，在司馬遷的筆下，被描述為「江南卑濕，丈夫早夭」，基本上處於半開發狀態，人口稀少，大部分地區為原始森林所覆蓋。

繼後的耕地拓殖高潮出現在魏晉南北朝，重心已由黃河流域轉向長江流域，所以也可以稱之為南方耕地拓殖的第一次高潮。自秦末直到隋初，北方地區遭受到三次大規模的政治軍事動亂，其中東漢末到隋統一動亂長達 3 個半世紀以上，北方經濟遭受重創。關中、關東傳統農業經歷兵燹之災的破壞，耕地荒蕪，迫使北方人口大量流徙。大規模的人口流動沿着三

條路線進入巴蜀、湖廣與江淮，促成新的三大農業經濟區形成，揭開了中國經濟重心由南向北轉移的序幕。

唐宋為我國黃河流域耕地衰退老化與南方耕地拓殖第二次高潮時期。江南地區藉助唐末五代、北宋亡國兩次北方動亂，獲得進一步開發的契機。這一時期，耕地的拓殖已由長江流域推向珠江、閩江流域，整個南方興起築圩田、壚田、湖田、塗田、沙田、畲田等開發風潮。在太湖流域、湖廣平原之外，又增加了粵、閩農業經濟區。到南宋，中國經濟重心南移過程終於得以完成。

明清時期耕地拓殖仍在緩慢發展。雖然南方耕地到兩宋時期幾乎也到達合理開發臨界點的邊緣，但由於帝國政府財政向南方傾斜的強壓，以及多次人口南遷，造田運動已跳出平原河網地區，向江、湖、海、山要地，攔截水面，砍伐林木，利害相兼，開始付出生態破壞的代價。其中「南方地區」還發生了內部移民流動的過程，例如福建農民向廣東、江西、浙江等毗鄰地帶的移民，江蘇北部向南部的移民，規模不等，因時勢而異。清代除承接前代耕地遺產外，對東北與新疆地區的開發最有成績（如東北柳條邊內農墾區的墾田數，從順治到雍正年間，由 2.7 萬頃增至 170 萬頃，拓殖幅度達 60 餘倍之多），但也標誌帝國耕地拓殖到了「收官」的階段。

根據我國現存官方統計，最早的耕地總數是西漢平帝元始二年（公元 2 年）的 57645 萬畝（已折算為今畝），到清宣統三年（1911 年）上升為 84048 萬畝。即使以光緒十三年較高的數據 91197 萬畝計，經過 1900 年，中國耕地總數僅增長 58%，與同時期人口的高速增長極不協調（從公元 2 年的 6000 萬到 1850 年的 4.3 億，增長 600%），人均耕地從 14 畝急劇減少為 2 畝左右。

造成這種難堪的結果，有生態條件的限制。儘管中國以農立國，但自然生態提供給我們的可耕地其實並不富裕。依據現代地理學家的統計，我國與歐洲的國土總面積大體相近，但歐洲適宜於農耕的平原面積約為 100 億市畝（已經折合），為中國平原面積（12 億）的 8.3 倍。1979 年我國的耕地面積為 15 億畝，說明已經包括山地丘陵的利用在內，耕地的開發臨

近極限。由此逆推，清光緒年間官方數據的 9 億畝，大概不算太少。驕傲的精耕細作農業以勞動力密集為前提，人地矛盾尖銳，在沒有產生有效宣泄剩餘勞動人口通道的情況下，吞食苦澀無比的酸果是「命中註定」的。

當然更必須追究帝國政權在制度與施政方面的種種失誤。戰爭起於人禍，耕地開發過度破壞生態，帶來又一種人禍（河南至山東黃泛區鹽鹼化為最典型事例）。天災人禍之下，耕地雖然有過多次拓展高潮，但往往一方面耕地在繼續拓展，一方面不少耕地卻在退化荒蕪，有時簡直就似大腦不夠發達的猴子吃桃，吃一個丟一個，加加減減、進退盈縮下來的總體成績，就是上面計算的結果：1900 年裏僅增長 58%。

上面概要地回顧了中國耕地拓殖的長期過程，藉以說明古代中國歷史的空間運動，同時也是農業的空間運動，無農不成中國。但我在這裏寫出，也還包含有提示國人珍惜耕地「生態空間」的意思，請勿忽略。地球就那麼大，耕地的開拓總會有限度，而中國到「帝國時代」結束之前，耕地拓展的「餘地」其實已經很小了。作為後代，沒有理由把祖先好不容易積累起來的那些「老本」不斷扒掉、吃光。現今各地都在圈地造房，將耕地爭相澆築成「水泥房」，土壤不可逆地被人慾的不加節制廢了「武功」，後果堪憂。這可是祖祖輩輩用千年血汗換得來的「命根」啊！「大躍進」的當年，領導要我們這些大學生做「共產主義暢想」夢。猶記得一位同伴突發奇想，說是到那時我們不再需要種糧食，因為已經發明出了「空氣麵包」。無知夢囈！除非地球不存在，我們要活下去，還是離不開古老的命根：糧食。

時間：變遷不在一朝一夕

「歷史時間」，比起當下生活中的「時間」，兩者的單位長度相去不能以道里計。研究歷史的人，興奮點莫過於發現歷史進步的時間坐標。然而，回溯走過的漫長歷史征程，免不了會感到心酸。凡具有轉折意義的重大進步，所需要的「時間單位」每每在千年、百年以上。今人如果修煉不

到閱讀「歷史時間」所需要的足夠耐心，想論定功過是非，恐怕「歷史」不太會輕易應答「芝麻開門」的請求！

　　粗粗算一筆歷史大賬。中國從直立人到現代人的「古人類進化過程」在三四百萬年以上。從晚期智人狩獵採集「攫奪經濟」轉變為農業畜牧「生產經濟」的進步過程，花費了一二十萬年時間。從部族時代、「萬國林立」到大一統郡縣制國家成立，前後約一萬年（正宗的「封建時代」最多不過三四百年）。從「君主專制」大一統再到民國「共和」，花費的時間達兩千餘年，期間大的王朝壽命約二三百年，其餘都在百年以下。再往下，最重大的轉變就是由農業社會走向工業社會（也稱「傳統社會」向「現代社會」轉型），中西歷史「進步」的差距開始拉開。鑒於社會體制的比較與認定太過複雜，還是以有較多共識的「工業革命」作為現代工業社會確立的坐標，從瓦特發明蒸汽機（1769 年）算起，到工業革命完成、英國成為「世界工廠」、世界市場形成（19 世紀中葉），總計 200 餘年，此後財富的增長以驚人的速度上升。中國是在「第一次工業革命」的尾聲才趕上了使用機器生產的步伐（洋務軍用與民用工業相繼創辦），是為「百年落後」中國情結產生的根據。

　　總體看來，也許有一點會令我們感到樂觀：歷史上完成重大進步的時間速率在加快，「歷史時間單位」變得越來越小。然而，正是在上面所說「歷史時間」坐標系統的比較上，「中國封建社會長期停滯」的話題也被提了出來。兩千年裏，中國的「歷史時間」完全停轉，「超穩定」地凝固在一個時間節點上停滯不動？我想，學者的頭腦不會簡單到這等幼稚的地步。那麼，問題的癥結在甚麼地方？主要根據是甚麼？這樣的歷史觀念有沒有陷入某種認識誤區的可能性呢？我想到了兩個很可以反思的問題，這就是：歷史的共性與個性，歷史連續性與社會變革。

　　社會形態轉型學說創始於西方，用來標誌社會變革，劃分歷史時代。19 世紀以來，這些眼花繚亂的理論形態隨着全球史眼光的打開，逐漸暴露出它們原有的短處與缺陷，至少有：

　　（1）注意力過分集中於「突變」性的事件，忽略了長期漸進、「潛移默

化」的歷史過程。例如在西歐，以「第一次工業革命」的完成為標誌，實現「現代化」轉變有 200 來年，但這樣的計算也還是有問題。暫且不考慮古代、中世紀與現代的時間連續關係，就是以資本主義萌芽、市民社會興起、文藝復興、啟蒙思想等等「前現代」漸進過程來計算，總計完成的「歷史時間單位」絕不會少於五六百年，也夠長的了。這就說明，世界上不存在「社會突變」的美麗神話。迷信以奇跡式的「突變」獲取「只爭朝夕」的轉型，容易墜入激進主義圈套，欲速則不達。

（2）以西方歷史為樣板，忽略歷史的多樣性，以為世界上存在着一個標準的、統一的「轉型」模式。接受這種「價值觀念」，以歐美為標準來衡定別的國家變遷落後，如同後發展國家拿歐美的「現代化指標集」依樣畫瓢地設計「現代化」進程一樣，都是違反了「歷史主義」的原旨。中國老百姓有句俗話：「一家不知一家愁」，「自病自得知」。歷史上的中國有許多迥異於西方的殊相，制度、文化、意識形態等等的傳統和歷史走向都極具個性，以歐洲看中國常容易走入認識誤區。美國著名漢學家費正清在經歷了許多挫折後，放棄用「歐洲中心史觀」衡量中國社會變遷的視角，也認為必須「以中國看中國」。然而，想釐清中國社會如何一步一步地走到今天，需要從細節處着眼，又要善於跳將出來，看清並把握住大關節，這絕非一件容易的事。個人不敢有這種非分妄想，下面拉扯的只是平時所得的讀史隨感。

秦始皇統一中國是關係中國社會歷史長期走向的重大關節。從散漫的封建的「王國」轉變為統一的集權的「帝國」，郡縣制「大一統」格局由此奠基。世界史上出現過的「帝國」有好多個，像秦王朝創立的「大一統」體制則獨一無二，的確算是中國歷史的一個驕傲。林語堂藉此還幽默了一下「中國」，說道：「不管怎樣，無論怎樣混法，能混過這上下五千年，總是了不起的，說明我們的生命力很頑強。」

秦始皇有幸親嚐「開幕式」的甜頭，傲慢地宣稱：「乃今皇帝，一家天下」，揚言在他之後，子孫必將二世、三世地「傳諸萬代」。好景不長，他家族「自私」的美夢沒有成真，但帝制王朝一代又一代地長期延續下去

卻是真的。有人說秦王朝失敗在「缺乏統治經驗」上，漢初人批評「秦孤立而亡」，實是別有用心地鼓吹「封建復辟」。我想也有些道理，「封建」列國的老路是走不回去了，末路「霸王」項羽的悲劇意味就在這裏。至於秦始皇，不懂得「大有大的好處，大有大的難處」的辯證法，他是第一個吃螃蟹的，天真幼稚也情有可原。

大的好處明顯，不多說了。大有大的難處：大了，必須「統」起來，不統就神散形亂，還不如小國寡民好管得多。地域廣袤，人口眾多，「統」必須講求章法，統死了生氣全無。這個「統」字，學問可大了，歷代執政者「摸着石頭過河」，通過不斷補苴罅漏，把他們的經驗教訓都寫進了中國特色的政治學教材裏。

諸子百家，經史子集，都是中國式的古代政治學教材。但從源頭上說，首先必須歸功於西周建國時的周公，然後才有諸子百家多樣化的出色發揮。周公與亞里士多德可以比肩為古代政治學開創時期中西對峙的雙峰。有關中國治國理念的「神韻」，周公早早就完成了「畫龍點睛」中的點睛一筆。農業的特點決定了中國社會運行追求的是穩定與平衡，當國者都期望長治久安，國富民強。周公從商亡的教訓中悟得「天命靡常」，天從民願，提出「皇天無親，唯德是輔」，老天只會給「有德者」於「永命」的承諾；「德」必須落實到「裕民」，「裕，乃以民寧」。所以，周公是中國第一個把「國家政權合法性」的命題擺到治國者的桌面上，也是第一個交代清楚「合法性」不能靠天命吃飯，不是碰運氣，混日子，而是要實實在在地做好「裕民」這件頭等大事，「裕民」才能國泰民安。

周公的一套治國理念（「神韻」），來源於宗族社會的實踐（「形體」）。「形具而神生」，在「部族」時代，基層同姓聚居，血緣紐帶聯結上下，生產分配以大家族為單位，在同姓部族內部比較容易實現和諧共處；出此範圍，則「非我族類，其心必異」。在氏族血緣親情的原始基礎上，周公創建的理念既有以前宗族社會實踐的基礎，也有人類普遍關懷的理想。西周實踐的成功，在於用王朝的框架創造了「天下」與「分治」結合的國家形態，以「共主」為核心，分國（諸侯列國）而治。二三百年過

去，雖不盡理想，上層、中層添了公卿大夫上下權利「不安分」（僭越）
的許多麻煩，但宗族制的基層結構未變，較之後來也還比較容易治理。所
以，中國的「民本」，與西方的「民主」，都是很好的理念。但恰如亞里
士多德揭示「民主」易於在城邦實現，中國的「民本」也只有在典型的「宗
族社會」較小的區域內方能實現得較為有效。「天高皇帝遠」，「皇帝」高
懸於頭頂，離百姓越來越遠，中央政令由上而下傳遞過程產生「耗散」現
象，效率與距離成反比例遞減。老子最先敏感到這一點，認為「雞犬相
聞，老死不相往來」的「村落社會」，才有理想的和諧世界。這是現實求
之不得，靠早在幾十萬年前就已經消逝的「原始」夢境自慰。直到陶淵明
時代還捨棄不了這類「桃花源」情結，說明中國文化有連續、執着的一面。

　　春秋戰國是治國理念形神變化的醞釀時期。孔子是周公治國「神韻」
的守護人，但面對世局「變亂」拿不出新的辦法，靠「知其不可而為之」
的悲情支撐。荀子是儒門裏最有創新精神的一個，通過亂世把人情世事看
得比較透徹。他認為要把「神」守住，就得變「形」。這個變形，就是禮
治精神須有一個法治的骨架支撐住，當時叫「明分」，很有理論色彩。所
謂「明分」，既有財富、權力如何分配「合理」的意思，更有使這種分配
適乎「有度」、人人懂得節制的意思。因此，荀子不滿足於提出新觀念，
更強調要靠制度的建設來保證「明分」的落實，叫作「處國有制」。「明分」
與「處國有制」，是荀子對中華文明發展做出的思想貢獻，但也只能停留
於提出一些原則性的要求。秦以後基本上也就是學着荀子的路子，一軟一
硬，一明一暗，禮法兼治有制。至於軟得抓空，硬得過頭，九泉下的荀子
大概不會承認他們是真正的荀學傳人。

　　到「大一統」時代，堅持周公治國理念的原先條件變化了，必須要有
適合時勢的「形變」，方可「形神兼備」。這對歷代執政者都是嚴峻考驗，
必須靠實踐不斷摸索。這不是一般的「難」，而是世界級水平的大難題。
消化這個世界大難題，需要足夠長的「歷史時間」。一部中國古代史說明：
在「大一統」演變的動態過程中，經歷過反覆動盪和多次分裂，有許多轉
危為安的關節，在不變中有變，萬變不離其宗。為着實現有效的高度集

權，從中央到地方「一統到底」，付出過昂貴的「學費」。

下面只能粗線條地說點變遷情節。但在做出交代之前，先得改變看問題的思路。治史者過於執着於長期理念（價值評判），當政者過於執着於眼下利害（功利考慮），這是非常不同的思考路線。所以，考察歷史事實，先得去「價值化」，從設身處地的角度去追尋施政實踐的軌跡，然後再回到我們考察的理念目標上來。

從「廢封建」、立郡縣起，凝固不變的「貴族階級」沒有了立足的合法根據，從此中國是一個「君—臣—民」的三角關係。「地主」是不穩定的，「官僚」也是高度流動的（特別是在科舉制之後），帝國的頂端，最大頭目是皇帝，君臨天下，一言九鼎，所以有「君主專制」之說。這麼大的國家，皇帝也是人，一個頭腦、兩隻手，怎麼也想不過來、管不過來，所以必須有一套官僚班子輔佐助理，具體實施。戰國至秦漢，宰相「一人之下，萬人之上」，權力最重。威脅皇權的第一號敵人就是宰相，其次才是外戚、宦官、后妃。這些有條件染指宮廷最高權力的隱患，在荀門弟子韓非的書裏早說得明白，秦漢以來皇帝也多加防範不鬆懈。西漢以後，皇帝不斷變着法子，目標首先就是削弱與分化相權，然後是中央各部門間互相牽制，由此官僚機構的部門、成員數不斷增繁增多，事權分化，疊牀架屋，發展到唐宋的三省六部制算是比較完備了。這個與大一統帝國配套的「官僚工程」建設，前後花費至少有七八百年時間。

自唐至宋，官員主要靠科舉制來選用，有點像外國的「文官制」。皇帝將國家大事交付高級官僚開會商議，由自己來最終拍板。這個機構叫作「政事堂會議」，有宰相與各部負責長官參加。國外研究中國史的看到了這一點，有些人神經突然亢奮，以為中國人在古代早就有了比較完整的文官制度和集體議事的「內閣」機構（國務院前身），比西方還早，「東方專制主義」與西方中心論都是一種偏見。然而，歷史再往下看，他們恐怕都會失望：朱元璋廢除宰相，六部直接隸屬於皇帝，此後無論是「內閣」「軍機處」，都徒有「相」的習慣稱呼，已墮落為皇帝的私人祕書；說好聽些，也可叫「智囊」，收轉文件，代擬決定。試看明代嘉靖、萬曆皇帝可

以十餘年不見「內閣」大臣，深藏不露地把「首輔」（首相）玩得沒命似的「你方唱罷我登場」，操生殺予奪之權於己，可見他打心眼裏就瞧不起「內閣」。入至清代，軍機大臣為首的一班臣僚覲見皇帝，必長跪而受旨，口稱「奴才」，更是莫大羞辱。消除皇權切身威脅的隱患是成功了，換來的卻是「出工不出力」，官僚上下多的是陽奉陰違，敷衍塞責，不求有功，但求無過。一旦國家出大事，越是高官溜得越快。崇禎皇帝臨死前「上朝」，空蕩蕩無一官出席，是這種高層權力運作無效率最富戲劇性的悲哀。

籠統說中國古代沒有權力監督機制，也多少有點冤枉。由漢代御史台發展出的監察機構，逐代擴展，到明代已經規模不小，有好幾個分支，還不包括皇帝直接掌握的「非常」機構（廠、衛）。除監察長官外，一般監察官員（御史，兼及給事中乃至翰林院後備官員）品級不高，但有權彈劾各等官僚大吏，這是中國古代的「監察」特色。唐宋以前以進諫皇帝為主，宋以後就專以監察彈劾百官為目標，這是一大轉折。表面看起來，這有似於西方議員對部長們提出「彈劾案」，很是神氣，但最終裁決的是皇帝，是非好歹都由皇帝說了算。在明代，皇帝不高興了，御史常被扣上「說錯話」、犯上不恭等罪名，給「廷杖」打得半死不活，有的當庭就「嗚呼哀哉」。這就比較容易理解嘉靖、萬曆何以能「無為無不為」，任御史們不斷挑起「內鬥」，足可坐收漁人之利。清代皇帝看清這一點，討厭「御史」異化成朋黨相互攻擊的道具，索性改用「密摺」制度。由此皇帝不怕沒有耳目消息，朝野官員人人自危，就怕身邊有同僚告密者「潛伏」，直通皇上。

「大一統」做到明清的分上，從高層政權穩定的層面上說已經相當成功了。明清將近五百多年間，再沒有出過全國大分裂，連南北分治也沒有，不容易。宮廷政變，大臣篡權，苗子有一些，但都被消滅於萌芽狀態，權力分化、相互牽制是收到了實效的。民國以後，出現混亂，有些水平不低的人主張中國還是要有皇帝（君主立憲），「假如人人都想做總統，鬧得天下大不安，還不如先前的帝制」，就是基於這樣的歷史情結。

中國地域廣闊，地情千姿百態，中央政令如何落實到地方施政效果

上，實踐「邦固民寧」，這件事難度最大。凡屬頭腦清醒的皇帝，都不容許地方官吏和地方勢力離心離德，分裂割據更罪不容誅。帝國初期對地方治理還比較「迂闊」（詳後），到宋以後相當嚴密。從體制上說，先是郡—縣兩級，而後經歷「道」「路」的醞釀試驗，到元代正式確定行省為地方最高一級行政建置，從此就實行行省—府（道）—州縣垂直的三級地方行政體系。三級政府都要對六部和皇帝負責，也都實行軍、政、監察分治的原則。總的精神：有一官必須有另一官牽制，於是管官的官越來越多，條條塊塊交叉重疊，「條塊」千條線，最終匯總到縣，就靠一個縣衙門小班子具體實施。這是一個奇怪的倒三角的「形體」：中央官員數目最多，省、府、縣三級官員設置均不多，而知縣一級才是直接管民的官。所以古人說：「親民之官莫如州縣。州縣造福易，作孽亦易，其造端甚微，而身家民命皆繫之。」

到古稀之年，讀方志筆記稍多，方懂得古代做一個縣官難處多多。但這裏面也還有個隨歷史衍變的過程。宋代以前，沒有後來那麼難當。原因是郡縣制度產生於戰國，新舊體制轉換不可能乾脆利落，尤其在基層，「宗族制」拖泥帶水延續了相當長時期。兩漢郡守、縣令有權獨立聘用僚佐和鄉官，其中多數為本地宗族人士，特別是到了基層，「里（長）胥（吏）者皆鄉縣豪吏，族系相依」（《唐語林》）。流水的（外地）官，靠鐵打的（本地）「吏」輔助，在鄉村基層仍然由宗族來包辦賦稅與治安的管理，所以那時縣令還直接下鄉收糧，顯得很「悠閒」（《安陽金石錄》刻石載唐咸通年間縣令禹璜事）。你可以說這是對「封建貴族」革命的不徹底，但何以不能說更是一種尊重現實、務實權變的聰明？中央法令可以通過四通八達的驛站飛傳至全國各地，政策文本可以把革舊鼎新說得非常強硬，但基層人群聚合的初始方式，即家庭、家族結構的變動很慢，想通過一次「革命性」的國策改變，全面徹底乾淨地鏟除舊基地，歷史上從來不曾有過。

有一利必有一弊。大約到東漢、魏晉南北朝，「豪強」「世族」逐漸壯大，危及「國家安全」。豪強世族未必都是原來的宗法貴族「復辟」，更多的是原有土壤上滋生出來的宗族「新貴」，逐漸稱霸一方，與中央的離

心傾向增加，直鬧到紛紛武裝割據，天下分崩離析，統一局面被徹底破壞。經此重大挫折，就有了宋以來對地方政制的許多改革。特別是實行職業兵制後，軍權歸國家統一掌握、全面調配，皇帝操縱着用兵的最後決定權，地方分裂割據的最大隱患得以消除。

　　另外，經過長時間的演變，基層社會結構也有了很大的變化。大約到宋代以後，異姓雜居的多起來，分家立戶，遷徙流動，田地變換，貧富分化，使得上古沿襲下來的「宗族制度」從社會基層的根基上被逐漸銷蝕弱化（魏晉南北朝時期出現若干姓氏合居的「村」，是最早的例子）。特別是戰亂分裂時期的幾次人口大遷徙，中原不少古老宗族離開原有基地，南下「僑寓」客鄉，與本土居民混處，即使努力抱團，昔日的大場面也難以再現。在經歷了宗族關係多種名實逐漸分離的長期「異化」過程，待到一夫一妻制的小戶成為行政基層最小單元的主流（學術界稱「原子化」），社會基層總體格局遂發生變化，社會觀念也隨之大變，親情逐漸淡薄，政權由上而下直插到底始成為真正的現實——到那時，州縣用收容、同化宗族制度來改變後者的功能，使之俯首匍匐地為其服務。政府通過行政系統，直接面對名副其實的一袋袋「馬鈴薯」（民戶），沒有甚麼「中間群體」敢於插手搗亂。一個個利益分離、各自謀生的個體家庭，再也無力對抗強大統一的國家政權，由國家「大我」主宰民眾「小我」的命運的格局就這樣地被確定了下來。這種格局大約肇始於宋代，顯著於明清時期。

　　壓抑宗族權力使地方無集團性對抗力量，改革軍制又使地方無滋生軍閥的土壤，唐末以前造成地方分裂的重大隱患消除了，照理說政令的通達和執行不會有太多的阻礙，效率也會上來。可是，當我們把視線從正史轉到各類地方「官箴書」，亦即有關府縣做官的經歷和經驗的書籍上來，就知道明清中央政府最頭疼、最鬧心的就是地方施政的無效率，知道知縣最不好當。

　　明清縣級政府主要有財稅徭役、司法治安、教化救濟三大任務，前兩者是硬任務，「官箴書」稱之為「錢穀刑名」。重中之重是「錢穀」，每年必須按戶部規定的額數把田糧賦稅收上來，極小部分「留成」歸縣級支

出包括各類官吏雜職人員工薪在內的行政費用，絕大部分則必須如數上交中央（部分須由地方負責直接送達中央各部以及省、府機關與地方軍隊倉庫，多數上納於戶部驗收）。偏偏就是「錢穀」這項硬任務，如期如數完成變成老大難問題，不足與拖欠是常事，府縣長官常常為「逋欠」丟掉官帽。雖然屢經嚴查監管或改革操作方法，但成效都不顯著。在讀「官箴書」之前，怎麼也想不到情況會這樣糟糕。閱讀下來，才發現大約有以下幾方面的原因：

（1）田賦是國家財政的最大頭，不管是交納實物還是折變銀兩（明中葉後逐漸貨幣化），徵收的單位都按田畝（分等級）來計算。從道理上說，只要把交稅的田畝單位真實地落實到戶，盯住戶主（納稅人）不放，不就行了嗎？問題是當時的田地是自由流轉的，貧富分化與時俱進，時間一長，有些田產不屬該地民戶所有，而該地民戶的好多田產可能在別處，更有許多「主戶」變成了佃戶或是「無主戶」（逃亡），逸出交稅範圍。據以收稅的原有戶冊、田冊失效，各類隱漏逃避嚴重，查核清楚費時費力，必須靠有「公心」者負責去做，這在當時都屬操作上的難題。

（2）那時縣級政府管事的人有多少？有資格領國家俸祿的官員（屬九品官範圍，習稱入流）是知縣、縣丞、主簿，加上巡檢，大約最多也只有七八個人。其餘均被稱「不入流」者，有書吏、雜職、衙役以及知縣自用的師爺、家丁等等。他們的薪酬歸根到底都須由地方自支，從「留成」裏支取不足，這就必得巧立名目，額外徵收。這些人總是嫌縣府給的「工食」待遇太低，於是紛紛靠敲詐勒索、撈「外快」自肥。我從乾隆《吳江縣志》統計所得，這些編制內吃公家飯而拿地方「工資」的，竟有 955 人之多。

即便有近千個吃「公糧」的，但對管理複雜的田糧賦稅仍遠不濟事。這些人多數在縣城負責刑名、治安、送往迎來等事務，其中六房「書吏」對口中央六部，僅有「戶房」書吏直接掌管田糧賦稅的監收與上納。絕大部分納稅人在鄉村，居處高度分散，山川地形複雜，交通不便，山區尤甚。如此眾多且極其分散的納稅戶怎麼交田糧？怎麼保證收齊匯攏到縣府？過去讀史一概都把這些操作情節忽略了。

明代朱元璋編制的地方行政基層系統，是按 10 戶一單位組成 11 甲（110 戶），稱之為一里。「里」是納稅的基本單位，有「里長」督促「甲首」負責徵收與上納。縣與里之間，自明至清前期，除保持了傳統的「鄉」名稱之外，設置了許多收納賦稅的「中間單位」，如都、區、扇、圖、保、墟、莊等等，在所劃定的納稅範圍內，監督、匯總所管賦稅，負責解納至縣上，許多時候還參與解運至中央（或中央指定地區）倉庫的任務。這些名目繁多、時有變化的「管理」等級，有主管人員卻無正式機構，有人以為憑此駁倒了「古代帝國行政設置僅到縣一級」的判斷，是不明細節實情。這些「管理人員」都在「徭役」的名義下由政府「選派」，說是沒有「工資」，實際上還是要從「役費」裏支付少量津貼，屬於縣政府「編制外」人員。按上述乾隆《吳江縣志》統計，總數為 12761 人。總之，縣政府除正式拿官俸的，還有編制內外的人員共計 13716 人，當時直嚇了我一跳。所以，許多書上津津樂道說古代縣府機構十分精簡，是知其一，不知其二。

（3）中國古代史研究的重心已經逐漸從國家層面下移到基層社會，然而起步不久，任重道遠，有許多細緻的工作要慢慢做。限於篇幅，我簡單再說一個要點：不少西方學者認為中國古代田糧賦稅率最多不過在 10% 左右，較西方同時期為低。這是他們不了解當時田糧賦稅徵收與解納的操作環節非常繁雜，每增加一個環節就增加一筆「費用」，環節越多，費用越高。其中就包括上述地方人員的費用以及這些人另立名目、暗詐明索添加的「腐敗」費用，總計超過原賦稅額的三四倍乃至十餘倍。明末蘇松巡撫王象恆報告，他所管轄地區負擔的漕糧加耗費，米 199.8 萬石，銀 151 萬兩，再有加派「遼餉」21 萬兩，闊白布 32 餘萬匹。這就證明蘇松鄉紳所說的並非誇張：「愚歷觀往古，自有田稅以來，未有若之重者也。以農夫蠶婦，凍而耕，餒而織，供稅不足，則賣兒鬻女。又不足，然後不得已而逃。以至田地荒蕪，錢糧年年拖欠。」在「官箴書」以及官員給朝廷的奏疏裏都揭露過這種情況，只是我們過去忽略了。從明中葉起到清前期的各種賦稅操作方法改革，到頭來都是把「費」不斷地疊加到「稅」上。明末

浙江海鹽縣胡震亨為《海鹽縣圖經》編制賦役，特意寫了一段感慨很深的「序」：「凡賦役以戶口田土編里甲，出稅糧與泛差，其正也。稅糧改為增耗，為均則，泛差改為甲首錢，為均徭，為條鞭銀，與今之為均甲，為斂解，其變矣。而課程，而鹽課，又其餘焉。凡此皆東南所同，寧獨余邑。法之弊，遂相為救，而漸調於平者，率漸齮於重。數十年來有一釐改，定有一增派，徵斂之日繁，亦時勢所必趨也。」這是較黃宗羲還早 30 餘年說出了類似「黃宗羲定律」的意思。所以在中國古代，地方上的老百姓不僅苦於稅，更苦於費，因為費比稅重。

（4）痛恨貪官污吏，人同此心。但對於研究歷史的人來說，這是遠遠不夠的。皇帝也恨，正直的官僚士大夫也不乏激烈抨擊，中國史書上寫得太多了！謂予不信，請看朱元璋親撰的《大誥》第一篇文告，發佈於洪武十九年正月，請細心閱讀：

糧長：往常民間不便，蓋是有司官不肯恤民，止是通同刁詐之徒，生事多端，取要財物，民人一時不能上達。如今教你每戶家做糧長，民有事務，糧長除納糧外，閒中會鄉里……今民有數千畝、萬畝，或百畝、數十頃、數十畝者，每每交結有司，不當正差。此等之家不知千萬畝田，千萬畝天覆，數百十頃畝者如是，其風雨霜露與地相合，長養五穀。其家食其利以安生，往往不應正役，於差靠損小民，於糧稅灑派他人。買田不過割，中間恃勢，移丘換段，詭寄他人；又包荒不便，亦是細民艱辛。你眾糧長會此等之人使復為正，毋害下民，了畢，畫圖貼說。果有荒田，奏知明白除豁。糧長：依說辦了的是良民，不依是頑民。民有不遵者，具陳其所以。

皇帝責怪地方官吏（有司），知府、知縣痛罵手下書吏、衙役以及糧長等「編外」，士大夫更是詳細羅列「胥吏之害」，言辭憤慨。深刻一點的則進一步說根子是在知縣，有好知縣就不會有惡胥吏。如果只是照抄這些史料，我們也只能達到這樣的水平，六七百年過去了，有甚麼長進？我

到了這把年紀，有了一點見識，才想到是不是還有可以反思的其他方面？

如果從「設身處地」的角度考慮，聯繫前面所說的各種情節，「大一統」帝國的財政不可能不龐大。所以，自明至清，戶部總在叫喊收入不敷支出，連年赤字（查明朝最後一任「財政部長」給皇帝的報告，那時全國各項財政的總收入是 2100 餘萬兩白銀，收支相抵，赤字還有 537 萬兩之多），地方也叫「留成」太少，苦於稅外籌錢應付。許多錢都有「合法」（不能不用）出處，那時有貪污，有腐敗，但還達不到影響財政大局的程度。從中央到地方，為應付局面，只能不斷地做財政加法，因此下面的考慮是不切實際的：財政能不能做些減法？減甚麼？減機構，減官員，減「管理人員」，都辦不到。兩千年經驗積累，長時間構築起來的官僚制度，「存在就是合理」，誰也動不了。

這裏我想擺脫價值觀念，回到歷史過程裏冷靜地考察我們走過的「歷史時間」。不怕見笑大方，我先把頭腦裏曾冒出過的所謂「靈感」拿出來現醜。中國民間俗話說「三歲見到大，七歲見到老」，這話不是沒有一點道理。對照西方人格心理學的觀點，幼年時期形成的性格雛形對一生都會產生深刻的影響，「江山易改，稟性難移」。再從社會結構變遷的理論來說，有一種現象叫作「路徑依賴」，一開始採取甚麼樣的路徑，往後的慣性力量會使其一直沿着這樣的軌道滑行下去，改變路線非常難、非常難。當然把這些「感覺」性的東西看作絕對的宿命，肯定不合適。但是我想：恐怕也不好截然否認「早年經歷」對以後的發展過程會發生重大影響吧？

回過頭來說，祖宗留給我們的經歷和經驗，有些是繞不開的；只要認真地從現實生活裏去體驗，會明白「脫胎換骨」是一種空想。但如果一直靠吃老本，變成「啃老族」，只能說明後代子孫沒出息。

理念畢竟是理念，理念要變為現實，必須靠制度運作，不斷地化為實踐上的操作。所以，我一直對「文化決定論」不感興趣，因為長期的歷史進程不斷警示我們：中國歷史上不缺思想與文化的高度，但實踐起來卻不那麼簡單。從個體說，有個言必信、行必果的難題。對施政者而言，具體實踐是需要學習的，但每每具有滯後性，非要等到時勢窮極、利益大損，

才下決心進行一些「變革」。走一步，看一步，「歷史時間」都花費在各種挫折的積累上；當個事後諸葛亮，吃一塹長一智，算得上是聰明人了。由上面「大一統」實踐過程來看，留給子孫繼續需要消化的學問多着呢。例如有內外的應對，上下的平衡，中央與地方的協調，集權與分權的互補，等等。所以有一種感覺在我頭腦裏久久盤旋：醫治中國傳統社會許多「病理」、轉型為現代社會所需要的「歷史時間」之長，只有中國人才能比較真切地體驗其中的複雜滋味。歸根到底，因為它是一個世界上罕見、歷史長期連續、文化底蘊深厚的人口大國。

「經濟理性」：在鳥籠子裏跳舞

「食色，性也」，這是與孟子同時代的告子在辯論「仁義」時説出的一句名言。憑這一點，中國人對馬克思的論述不應感到意外：「一切人類生存的第一個前提也是一切歷史的第一個前提，這個前提就是：人們為了『創造歷史』，必須能夠生活。但是為了生活，首先就需要衣食住行以及其他東西。」（《德意志意識形態》）人與其他動物的區別之一，他有「經濟」的頭腦。現在許多人喜歡把「經濟理性」説成是現代獨有的，我是不太迷信這種説法的。

兩千多年裏，農業是全社會賴以生存發展的基礎。創造輝煌的古代文明，第一大功臣無疑是農民。他們終年耕耘不輟，鬥天鬥地，男耕女織，利用一切可能為自己謀生計，也為社會提供衣食之源，直至無奈逃亡，遠走異鄉，重建「綠色家園」，甚麼樣的代價都付出過。歷代皇帝對農民的勞苦也承認，也知道沒有農業創造的 GDP，帝國的財政就會枯竭，也就不可能有政權的穩定。這是鐵打的事實。讀讀唐太宗和朱元璋的言論，凡説到「民為邦本」的老話上，必包含有上面這層意思。

有人説，中國人不懂得成本—報酬（利益最大化）的經濟學法則。粗看，這話很有些道理。最近李昌平就拿出了一組嚇人的數據：中國用全球 7% 的土地，養活了全球 1/5 的人口，卻消耗了全球 35% 的氮肥。查看歷

史，中國單位畝產數據一直居高不下，農業史家為之驕傲是有根據的；但問到人均糧食產量數據，就啞口難言了。能不能更上一層樓：擴展耕地面積，增加人地比例，實行（農場）規模生產，這些都是有可能促使農業轉型的良方。然而，由於種種歷史原因，人均耕地不增反減。這就不是主觀願望的問題，而是有時勢發展所以然的難處，不能不探究。

在中國古代農業經濟結構中，天、地、人，「人」是最活躍的「因素」，因為我們有能力從主觀上將其作用發揮到最大極限。基本辦法有二：（1）增加家庭勞力，用提高人口自然增殖率來彌補生產資料匱乏、耕地不足的缺陷；（2）延長勞動時間，用擴大剩餘勞動對必要勞動的比例，爭取佔有更多的剩餘勞動。在上述兩個條件的基礎上，才可能充分發展出稱之為精耕細作的發達農業，不斷提高糧食畝產。於是「路徑依賴」通過歷史的積累產生出了一個悖論：農業發展需要人力多，但人力多糧食需求就多；糧食需求增長率提高，就需要人力的相應增長率更高。「多子多孫」不只是觀念，更是農民非常務實的「經濟理性」。結果是：糧食總量與單位畝產量水平居世界前列，人均糧食佔有量卻令人無比苦澀。這是歷史時間結下的苦果，不管你說好還是說壞。

農民的「經濟理性」還體現在他們對市場經濟的參與程度上。農民與市場經濟的關係，是近 30 年史學研究開拓出的新課題，這是過去被忽視的農業經濟發展的一個重要側面。記得 20 世紀 80 年代中期，是方行等學者率先打破傳統觀點，指出中國古代經濟整體格局，在自然經濟大樹的旁邊，還生長着商品經濟另一棵大樹，它們是相互攀附依存的。小農經濟不僅不排斥商品經濟，而且也是商品經濟的參與者。假若說在宋代以前，這種新的見解還需要細找史料、力加論證，那麼，在宋以後，特別到了明清時期，已經成了顯而易見的社會風氣，史料遍處皆是。養蠶、植棉以及種植城鎮居民生活所需的其他經濟作物，農民家庭手工業兼業絲、棉，都為農民增加了收入來源，可以聊補田賦、徭役沉重所造成的生產生活費用的不足。徐光啟《農政全書》卷 35《農桑廣類·木棉》說得最明白不過：「（松江府）壤地廣袤，不過百里而遙；農畝之入，非能有加於他郡邑也。所由

供百萬之賦，三百年而尚存視息者，全賴此（棉織）一機一杼而已。非獨松也，蘇杭常鎮之幣帛枲紵，嘉湖之絲纊，皆恃此女紅末業，以上供賦稅，下給俯仰。若求諸田畝之收，則必不可辦。」但需要說清楚的是，農民經濟的這種發展新態勢，是有前提條件的。這要依賴於絲、棉市場的城鎮消費能力增長，也取決於該區域商貿經濟的活躍水平。因此，在城鎮經濟發達的地區，商貿經濟活躍的區域，那裏的農民兼業與商品化的程度就高，家庭手工業也相對較為普及。凡事都不能一概而論。說中國古代農業經濟是「單一」的糧食生產不妥，但在上述前提條件不充分的地區，農民多種經營以及兼業等商品經濟活躍程度相對低下，卻也是事實。這同樣是農民出於經濟理性的無奈選擇。經濟作物產品賣不出去，或賣不了好價錢（利潤風險太大），自然也就只能返回到比較穩定的糧食耕種老路。有力的例證是，即使在糧、棉兼業的地區，當棉花、棉布價格上漲的時候，農民棄糧植棉，而在價格大幅下降，產品滯銷時，他們又棄棉種糧。總之，新的研究不斷提示，古代中國農民也有一定的對市場經濟的敏感度，也內在地具有計算「成本—收益」的經濟本性，這就打破了過去總是認定農民性格為保守愚昧的那種陳舊偏見。

在機器生產進入紡織行業之前，明清江南的紡織業生產規模和總量超過歐洲，我們完全相信。在這裏，充分顯示了中國人口數量眾多和勞動密集型家庭經濟模式的「優越性」。當時歐洲人口數量整體比中國少得多，任何一個國家棉、絲生產「從業人員」的數量，怎麼也比不上明清中國的江南。在蘇松、嘉湖地區，城鄉家庭兼業棉、絲生產，形成一種社會風氣（連地主、官紳家庭的女性也在養蠶繰絲、紡紗織布），「從業人員」（實則兼業人員）總數，現在的計算結果恐怕還是屬於低估的。然而，我們能否不要過分沉溺於數字，改換一下思維方向，想一想：這樣的紡織業生產方式和生產效果，有沒有局限性？阻礙其進一步發展的因素有哪些？儘管目前的研究很薄弱，對此有興趣的人不多，但這些問題卻是不能不加追究的。

我覺得在五口通商之前，至少有下面幾點局限是值得加以認真考慮的：

（1）家庭兼業生產的普及與規模化專業生產（作坊與手工工場）的稀

疏形成鮮明反差，是一個抹不掉的「時代」色彩。當時手工作坊只限於染、踹等第二道加工環節，染色加工還是由商家兼營居多。至於手工工場，官營織造似乎有點像，嚴格說也只是擴大化了的作坊集合。民間真正具有專業分工、流水作業特徵的手工工場幾乎是空白。

（2）這一現象的背後隱藏着另一個重要信息，即消費的有限性。僅是研究生產數量（數量多少永遠是相對的），不去辨析銷售的方向，是哪些人在購買，購買力來自哪裏，購買力的增長是否有潛力，就不可能進入消費能力是否有限以及如何限制生產進一步發展這樣一個幾乎是「未知」的認識領域。作個假設：如果消費有很大的潛力，這些潛力又得以發揮出來，導致實際消費需求遠遠超過現有的生產能力，就一定會激發擴大生產規模和提高生產效率的獲利動機，迫使舊的生產方式得到改進，甚至導致重大技術革新的發生。可惜在我們考察的時段裏，幾乎看不到這樣的「曙光」。

（3）為說明上述觀點，再談一下消費來源問題。全面考察江南絲、棉產品的購買者情況，不難發現政府公款購買是一個不可忽視的大頭。明代軍隊特別是北部邊防軍事裝備對棉的需求量之大，已有學術專題研究揭示。絲織品乃是皇帝賞賜、官場賄賂必備的「禮品」。「物以稀為貴」，絲綢賄賂的流行最能反映這種產品消費的有限性。至於官府織造，純為皇家服務，其外包工生產（明中期至清前期多已交付「機戶」「機工」外包）的數量及其消費量，理應歸入「政府公款生產與消費」一類。至於民間消費，主顧大戶都為各地官僚、縉紳、富商乃至邊緣地區部落貴族（土司、酋長），一般民眾的消費比例極低。生產者不捨得自用，多用以換錢交稅、補貼生計，明清文集感歎這種消費「不公平」現象的史料，不難找到。這樣一種以國家財政作為市場購買力的重要來源，暴露出了市場繁榮背後虛假、灰暗的一面，普通民眾內需嚴重不足更是個死結。最近引起高度重視的海外貿易，確實是「消費」的一個重要渠道。以前研究不充分，現在有了顯著改觀，但仍以材料描述為主，所佔生產總量比例多少，因目前統計尚有難度（海外直接資料不易尋覓），難有確切估算。另須注意的

是，這種對外銷售多藉菲律賓、日本、印度為中介，總利潤相當部分被外人從流通環節分沾而去，因此縮小了國內經濟的實際受益面。

　　(4) 與以上狀況相關，購買潛力增長的空間很小，這從絲棉產品數量增長的幅度上可以得到驗證，可惜喜歡誇大的研究者幾乎避而不論。增長空間受限於以下幾種因素：產地不平衡，江南以外地區呈不發展態勢，就是江南地區發展也不平衡。購買者身份不平衡，已如前述。外貿多以走私形式出現，政策上的限制導致主動佔領歐洲市場的最好機遇喪失。在當時條件下，內需的增長是不切實際的奢望，唯有擴大外貿、佔領海外市場才是求發展的一步好棋。設想強大的走私「海盜船」一旦獲得合法「開放」，主動走向大西洋、太平洋，衝向歐美市場，一定可以大大拉動國內生產量的增長，反過來促進內需的增長。有些研究者揭示，「反走私」並沒有使走私活動真的被完全遏制，這種形式的「外貿」一直在繼續。但應該看到，這與正常合法的開放，不僅增量上差別很大，社會效果更是迥然相異。前者滋長了賄賂腐敗與奢靡消費，惡化了吏治，而後者則可能合法地增加政府財政收入，也有利於民間生產的擴大生產規模。這些都屬於體制（政治的、經濟的）的局限，當權者決策上的嚴重失誤。有一個反證：清前期北方在技術上解決了棉紗紡織的難題後，棉織業開始有所發展，然而江南的棉布貿易卻因此而下滑。這說明當時市場棉布購買力的國內盤子就那麼大，江南的市場被北方分割去，生產量就相應退縮。待到五口通商，絲織、棉業的外貿需求迅速增長，不僅促進北方的棉織業有更顯著的發展，天津港繼上海成為出口大港，就是在江南地區，原來不種植棉花、不養蠶繅絲的地區（如浙東寧波、紹興，蘇南無錫、江陰，還包括宜興、句容）也紛紛趕此潮流，加入絲棉原料供給的外貿需求行列，棉、絲業的生產數量遠遠超過鴉片戰爭前。希望有研究者能夠對五口通商前後的產量與貿易銷售量作一個對比統計，相信上述的假設是可以得到實證支撐的。

　　我在很長的一段時間裏疑惑不解：照理說，北宋以來商品經濟的發展態勢一直趨升，城鎮工商業經營者逐漸進入富裕階層行列，到了明清，官僚、地主也紛紛經商致富。但國家的財政還是死盯住田地不放，把絕大部

分財政負擔壓在農業產出一頭上。為甚麼不能來個轉變，調整稅收目標，增加工商稅比重，以減輕農業稅收負擔？我和我的學生多年來追蹤明清財政史，看的書不算少，卻發現有關工商稅的史料少得可憐，「官箴書」裏幾乎少有交代，連市鎮怎麼收稅的情節也摸不着邊際。這裏不敢強以不知為知之，十分期待學界多加研究。這裏說一點我們所看出的門道：許多工商稅收入都是歸地方政府掌握，不列入上納中央財政的範圍，屬於地方經費「小金庫」。其中也不乏地方官吏和「管理人員」藉此撈「特快」。所以，田賦有《賦役全書》、「實徵冊」這樣的文件留下，細則、賬目比較清楚，而工商稅的細節隱去不載，成了一筆「糊塗賬」。這情況要到民國以後才發生大的轉變，田賦變成地方財政，而國家把財稅重點逐漸轉向工商領域。由此生出感慨：政策常落後於形勢，其中有觀念僵化的因素，也有執政者夾帶「私心」的因素。凡是政策疏漏的地方，正是官吏藉以自肥的「後門」，既得利益促使他們對不能利己的改革抱着能拖則拖的「機會主義」立場。

現在西方有些學者對明清商品經濟的發展評價越來越高，但是他們不太注意中西商品經濟背後的政治背景、社會生態條件有很大差別。兩宋以來，在經濟態勢上確實出現了新的局面，明顯的是貨幣經濟逐漸取代實物經濟的地位，「商業資本主義」在若干地區獲得較快的發展，特別是在江南地區。「商業資本主義」下貨幣積聚的強烈刺激，貪慾（這裏是使用中性意義上的「貪慾」）必然擴張。它有兩條出路：一條是革新生產技術與生產組織，調整經濟結構，擴張實體經濟，創新出「工業資本主義」，使社會財富增長走上更高一級台階。一條是引導消費畸形增長，權力與財富的勾結更趨緊密，有權者愈富，無權者愈貧，生產者停滯在簡單再生產的境地，實體經濟的經營者又缺乏改革的動力，社會財富增長滯緩。明清的狀態只能是屬於後者。現在研究明清商人的人越來越多，試問在所謂的「近代早期」，中國有多少商人投資於生產領域？有多少資本實力和投資衝動？商界的所謂豪富，有多少稱得上真正的「資產階級」？他們大都是靠官商勾結，靠政策的「特許優惠」，異常活躍於流通領域。在「成功」後，

又去模仿官僚消費情態，用錢交結或轉化為官僚，稍有頭腦者即使將部分資金轉移於購買田產，也只是為自己留後路，坐收租金，不思經營。政局大變或權力背景一倒，他們的財富也往往灰飛煙滅。不少還是「死」於「殺富」政策，成為政局變動的犧牲品（明初與清初打擊豪富就是顯例）。

總之，「中國封建經濟長期停滯」說顯然過時了，因為經不起歷史事實的推敲。做一番系統細緻的考察就不難看到：中國人不缺發展經濟的能力。兩千年的「大一統」中國，社會經濟始終處在發展與變化之中，情節非常豐富；但也不是一路順風，發展與不發展成一體兩面。自始至終，制約經濟正常發展的隱患消除不掉。只有在新的歷史條件下，將限制經濟進一步發展的「籠子」逐漸拆除，才能開出新天地。這個任務將怎樣由近代的人接過去，做得又怎樣，已經超出我們研究的範圍，就此打住。

最後，我想說的是：假如文學催人產生愛憎，哲學要人思考「存在」，那麼歷史則是教人學會冷峻。離開了故事不會有真實的歷史，但閱讀歷史絕不只是講故事、聽故事，更需要冷靜思考這些故事是怎樣發生的，為甚麼會發生，對當時以及後人有甚麼樣的影響。歷史學不同於社會學，對於社會歷史的變遷，關注過程重於計算結果，辨析過程的個性重於辨識理論上的共性。藉助於這兩種方法，歷史學常常能顯示出某種觀察的「冷峻」或判斷的深刻性。所以，請大家相信，讀歷史還是有用的。

增訂本後記

《中國歷史通論》編寫 10 年，出版至今又是 10 年，20 年時光硬生生地把自己從「知天命」拽進了「古稀之年」，感受起人生暮色的風景。

增訂本新加入的「續編」，收進了初版後 10 年寫的一些相關文章，一鱗半爪，大體沿襲原來的風格，仍然是「講義」性質，亦即是我所理解的「中國通史」，都是個人思考性的心跡，等待大家的批評。

一年來，在醫院裏陪伺老伴，天天「上班」，真正體會到甚麼叫作「老來伴」。老伴把事業的關懷全放在小學生身上，為家務勞苦了一輩子，直到雙目失明，重病住院，才算安靜下來享點「清福」。當年出這本書，我表示想寫個「後記」，感謝她對我的支持。她反對得非常強硬，我知道這是老伴的個性，放棄了。

藉此機會，我要誠摯地感激上海市靜安區中心醫院（華山醫院分院）內分泌科醫生高超的醫術，是黃仲義教授、趙秀娥主任、李玟玟醫生等，齊心協力，兩度把老伴從病危線上拯救回來，涉險過關。老伴因局部腦梗，許多事情記憶不清楚，夢中卻常常回到自己熱愛的課堂上，心裏丟不下學生。有一回夜裏急着叫醒保姆，說是「公交車方向乘反了，快幫我到學校請假」。清晨，廖護士長帶領一群「小姑娘」例查病房，每每進門就玩笑似的齊聲叫「向老師好」，病中的老伴真以為是自己教過的一群學生來看望她，笑得合不攏嘴。

在老伴病情危急的幾個月裏，有時整夜難得安眠。風雨飄零，柳絲搖落，情何以堪？值得欣慰的是，大學的人文教育還是掙脫了濁慾污流的干

擾，培育出諸多愛心和誠意。從教 50 年，我的一大群學生，其中有的也快 60 歲了，他們對師母的關心勝似親子女，遠遠超出了我期望的範圍。順此也表示衷心的感謝。

現在，我鄭重地把這本書獻給病中的妻子，為全家勞苦了 45 年的老伴。

王家範寫於麗娃河畔

2011 年 5 月

中國歷史通論

王家範　著

責任編輯　周文博
裝幀設計　高　林
排　　版　黎　浪
印　　務　劉漢舉

出版　　中華書局
　　　　香港北角英皇道 499 號北角工業大廈一樓 B
　　　　電話：（852）2137 2338　　傳真：（852）2713 8202
　　　　電子郵件：info@chunghwabook.com.hk
　　　　網址：http://www.chunghwabook.com.hk

發行　　香港聯合書刊物流有限公司
　　　　香港新界荃灣德士古道 220-248 號
　　　　荃灣工業中心 16 樓
　　　　電話：（852）2150 2100　　傳真：（852）2407 3062
　　　　電子郵件：info@suplogistics.com.hk

版次　　2022 年 1 月初版
　　　　2024 年 6 月第 2 次印刷
　　　　© 2022 2024 中華書局（香港）有限公司

規格　　16 開（238mm×165mm）

ISBN　　978-988-8760-43-5